제4판

행정법개론

최정일 저

도서출판 學林

Preface 머리말

「행정법개론」 제3판이 출판된 지 4년 반이 지났다. 그동안 국내외에서 출간된 자료들을 수용하면서 2019년 초까지 있었던 법령의 제·개정 내용과 2018년 말까지 판시된 우리 대법원 및 헌법재판소의 중요한 새 판례·결정례들도 보완하였다.

이번 개정판에서는, 특히 ① 2017년[제19판]에 출간된, 독일의 대표적 「행정법총론」 교과서인, 마우러/빈트호프[H. Maurer/C. Windhoff] 교수의 「행정법총론」[Allgemeines Verwaltungsrecht], ② 2016년[제10판]에 출간된, 독일의 대표적 「행정쟁송법」 교과서인 후펜[F. Hufen] 교수의 「행정소송법」[Verwaltungsprozessrecht], ③ 2018년[제10판]에 출간된, 독일의 대표적 「경찰행정법」 교과서인 쉔케[W.-R. Schenke] 교수의 「경찰법 및 질서법」[Polizei-Ordnungsrecht], ④ 2016년[제4판]에 출간된, 독일의 대표적 「지방자치법」 교과서인, 가이스[M.-E. Geis] 교수의 「지방자치법」[Kommunalrecht] 등이 대폭 참조되었고, 또한 여전히 일본의 시오노[塩野宏] 교수와 우가[宇賀克也] 교수, 다카하시[高橋滋] 교수의 「행정법」 교과서들도 필자의 본서 집필의 지침으로 사용되었다. 한국의 「행정법」 교과서들로는, 필자의 은사이신 김동희 교수님의 저서와, 그 외에 홍정선·박균성 교수의 교과서들, 나아가, 지방자치법, 경찰행정법 등 분야의 여러 동학[同學]의 노작[勞作]들에 힘입은 바가 크다.

제4판(개정판)의 준비과정에서도, 언제나 저자의 지척에서 저자의 든든한 버팀목이 되어준 아내 김일경 님에게, 그리고 저자의 아이들(최선아, 최길성, 최인애)에게 이 책을 헌정하고 싶다.

끝으로, 이 책의 개정작업에서 저자에게 많은 도움을 준, 저자의 제자이며, 동국대학교 법과대학 등에서 강의를 하고 있는 류지웅 법학박사에게 감사하고, 또한 제4판(개정판)을 기꺼이 출간해 주신 도서출판 학림의 이원일 사장님께도 고마움을 전한다.

서울, 2019년 8월

동국대학교 법과대학 교수 최정일

Contents 차례

PART 01 행정법의 기초

Contents 차례

Contents 차례

Contents 차례

Contents 차례

PART 03 행정구제법

Contents 차례

PART 04 행정조직 행정법

Contents 차례

PART 05 행정작용법각론

Contents 차례

PART

01

행정법의 기초

01 행정과 행정법

제1절 행 정

I 행정의 정의

행정법은 행정과 관련된 법을 다루는 것이므로 먼저 행정의 개념을 밝히는 것이 필요하다.

1. 소극적 정의 (소극설 = 공제설) (定義)

(1) 오토 마이어[Otto Mayer] 등 독일의 대다수 학설이 지지하는 "공제설"에 따르면, 행정은 국가작용 중 입법도, 사법(司法)도, 통치행위도 아닌 나머지 활동을 뜻하게 된다. 공제설은 헌법상의 권력 분립의 원칙에 근거한다.[1)]

(2) 그러나 공제설은 기껏해야 각 국가활동간의 경계를 설정해 줄 뿐이고, 그 핵심내용에 관해서는 말해주지 않는 점, 입법・사[司]법・행정의 3권이 항상 명확하게 구별되는 것은 아니고, 행정입법, 행정심판과 같이 인적, 기능적으로 중첩될 수도 있는 점, 광의의 행정・[행정부]에는 협의의 행정과 통치작용이 포함되어 있다는 점이 비판받고 있다.

2. 적극적 정의(=적극설)

(1) 양태설(결과실현설)

독일의 포르스트호프(E. Forsthoff)는 행정을 "법에 근거하여 법률의 범위 안에서 행

1) Otto Mayer, Deutsches Verwaltungsrecht I, p. 7

하는 사회형성활동"이라고 한다. 한편, 일본의 다나카(田中二郎)는, 행정을 "법 아래서 법의 규제를 받으며, 현실적·구체적으로 국가 목적의 적극적 실현을 위하여 행하여지는, 전체로서 통일성을 가진 계속적인 형성적 국가활동" 이라고 한다.

(2) 기관양태설

이 설은 국가기관의 성질에 착안하여, "직무상 상호 독립적이고 대등한 관계에 있는 기관이 행하는 법집행"은 사법이고, "직권행사에 관하여 상급기관의 감독·지시를 받는 상하관계에 있는 기관이 행하는 법집행"은 행정이라고 한다. 켈젠(H. Kelsen), 메르클(A. Merkl) 등 빈(Wien)학파(순수법학파)가 제창하는 학설이다.

3. 결어

(1) 독일의 다수학설은 적극적 정의(적극설)와 소극적 정의(소극설)를 함께 사용하여 행정을 정의하려고 한다. 그러나, 행정의 다양성과 행정의 지속적 발전에 비추어, 행정의 완전한 정의는 실현불가능하다고 할 것이다.[2)]

(2) 행정을 적극적으로 정의하는 것은 거의 불가능함을 나타내기 위하여 독일의 포르스트호프[Forsthoff]는 1973년에 그의 행정법 교과서에서, "행정은 기술(묘사)될 수는 있으나, 정의될 수는 없다"라고 말하고 있다.[3)]

Ⅱ 행정법과 헌법

(1) 행정법은 특히 헌법에 의하여 영향을 받는다. 독일의 「베르너」는, 1959년에 행정법을 「구체화된 헌법」이라고 했다. 이와 같이 행정법은 경제학·사회학·정치학 등 인접 사회과학과 협력해야 하는 유도·이익조절 수단이기도 하지만, 동시에 「헌법에 근거한 가치질서의 표현」이기도 하다.

(2) 행정은 헌법상의 법치국가원칙에 따라 그 활동에 있어 헌법과 법률 [넓게는 국제법, 법규명령, 법규명령적 행정규칙 및 조례 등 자치법규까지 포함하여]에

2) Maurer/Waldhoff, Allg, VwR, C. H. Beck, 2017, p. 4
3) E. Forsthoff, Lehrbuch des Verwaltungsrechts, 1973, p. 1

구속된다. 간단히 말하여 행정은 헌법과 의회의 법률에 구속된다.

(3) 나아가, 행정활동은 법원의 재판통제[=사[司]법심사]하에 놓인다. [헌법상의 기본권인 재판을 받을 권리].

(4) 헌법에서, 행정활동이 지향해야 할 여러 가지 기준과 척도가 나온다.

1) 행정은 헌법상의 기본권에 구속된다. 이로 인하여 설정되는 법적 지위는 존중되어야 한다.

2) 행정은 특히 헌법상의 평등원칙에 구속되는데, 이것은 행정이 유사한 사안을 취급할 때 「행정의 자기구속의 법리」로서 나타난다.

3) 헌법상의 법치국가원칙과 사회국가[=복지국가]원칙으로부터, ① 명확성의 원칙, ② 비례원칙, ③ 신뢰보호의 원칙, ④ 공적부담 앞에서의 평등의 원칙 [예 : 국가보상의 경우] 등 각종 「행정법의 일반원칙」이 도출된다.

4) 헌법상의 「적법(적정)절차의 원칙」은 행정절차의 형성에 대하여 큰 영향을 미친다 [예 : 「행정절차법」, 「정보공개법」상의 청문권(의견제출절차), 서류열람권 등].

Ⅲ 행정의 분류

1. 임무 · 목적에 의한 분류

(1) 침해행정

1) 이것은 공공의 안전을 위하여 국민의 자유영역 내지 재산영역을 일방적으로, 법적 구속력있게 침해하는 행정활동을 말하며, 그 예로서 경찰처분, 과태료부과처분을 들 수 있다.

2) 침해행정은 법률유보의 원칙에 근거하여 언제나 공법적 수권근거를 요하며, 그것과 관련된 분쟁은 공법적 분쟁이다.

(2) 국고행정

1) 이것은 행정이 재화를 조달목적으로 취득하거나, 영리활동[영리경제적 활동]

을 하거나, 그 재산을 관리하는 행정활동을 말하며, 예컨대 관청 사무실 비품의 취득, 주식회사에의 참여를 들 수 있다.

2) 국고행정에서는 고권적 권한이 요구되지 않는다.

3) 국고행정에서는 경우에 따라서 기본권에 구속되지만, 국고행정에서의 행정활동은 언제나 사[私]법적 성격이므로, 그것을 둘러싼 분쟁은 민사소송에 의해 처리된다.

4) 우리 대법원은, 「공공계약은 사경제의 주체로서 상대방과 대등한 지위에서 체결하는 사[私]법상의 계약으로서 그 본질적인 내용은 사인 간의 계약과 다를 바가 없으므로 그에 관한 법령에 특별히 정함이 있는 경우를 제외하고는 사적 자치와 계약자유의 원칙 등 사[私]법의 원리가 그대로 적용된다」라고 판시하고 있다 [대판 2001.12.11, 2001다 33604].

(3) 급부행정

1) 이것은 개인의 생존(생활)을 국가가 보장하고 개선하기 위한 급부의 제공[생존배려]인데, 예컨대 폐기물처리, 상수도공급, 에너지공급, 병원・도서관・박물관・극장의 운영을 들 수 있고, 또한 행정사[私]법 (행정주체가 사[私]법 형식에 의하여 공적 임무를 수행하는 것임)에 의할 수도 있으며, 나아가 재정적 지원[예 : 보조금]을 하는 행정활동을 말한다.

2) 행정은 급부행정에 있어서는, 법규가 특별히 규율하지 않는 한, 공법적 활동에 의할 것인지, 아니면 사[私]법적 활동에 의할 것인지의 선택권을 가진다.

3) 급부행정을 둘러싼 분쟁(보조금의 경우 등)의 해결에 대하여는 「이단계이론」의 이론구성이 유용하다.

① 이단계이론에서는, 「급부행정에서의 결정은 이단계로 이루어진다」라고 생각한다. 즉 제1단계로 행정은 해당 급부를 지급할 것인지 여부를 결정하고, 제2단계로 해당 급부를 지급한다고 결정한 경우, 그 급부를 어떻게 지급할 것인지를 결정한다고 분석한다.

② 이단계이론은, 공공시설의 이용이나 국가의 보조금 교부[보조금지급결정과 보조금지급계약으로 이루어진다고 봄]에서 중요하다.

③ 제1단계인, 보조금을 지급할 것인지 여부 또는 공공시설의 사용허가에 대한

청구권이 존재하는지 여부는 일반적으로 공법에 따라 판단하므로, 그것을 둘러싼 분쟁의 해결에 대하여는 행정소송에 의한다.

④ 제2단계인, 보조금지급관계 내지 공공시설사용관계를 어떻게 형성할지는 제1단계와 구분되며, 그것은 사[私]법적 성격일 수도 있고, 공법적 성격일 수도 있다.

2. 행정작용의 법적 형식에 의한 분류

행정은 법적 형식에 따라서 사[私]법적 행정과 공법적 행정으로 나눌 수 있다.[4)]

3. 1과 2를 종합하여 도표로 나타내면 다음과 같다.

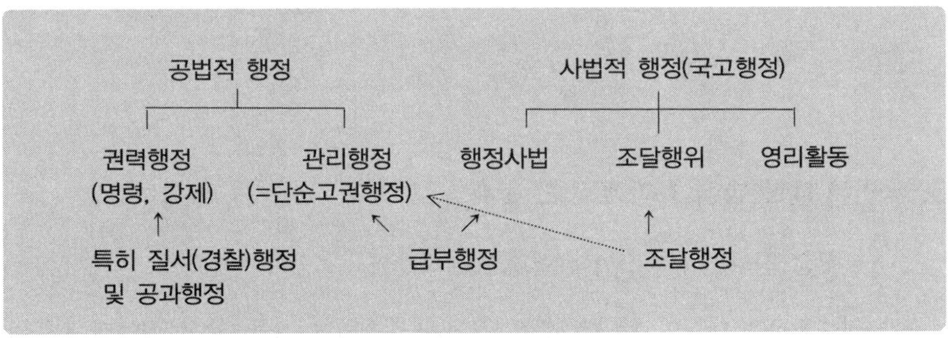

※ 사법(私法)의 형식에 의한 행정임무의 수행(행정사법)

① 행정이 사법의 형식으로 직접 "행정임무"를 수행하는 경우가 행정사법에 해당한다. 예컨대 대중교통수단의 운영, 가스·전기·수도의 공급을 들 수 있다. 행정은 이 영역에서 공적인 행정업무를 수행한다. 이 경우 법률에서 특별히 달리 규정하고 있지 않는 한 행정은 "선택의 자유"를 가진다. 즉 행정은 이 경우 행정임무를 공법적 형식으로든지, 아니면 사법적 형식으로든지 어느 방식으로든지 수행할 수 있는 권한을 가진다. 예컨대 지방자치단체는 수도사업을 사법적(私法的) 조직형태로 운영하면서, 그 이용관계를 사법적으로 규율할 수도 있고(이 경우는 그 이용관계는 반드시 사법적으로만 규율되지 않으면 안 됨), 그 수도사업을 행정

4) Maurer/Waldhoff,, Allg. VwR, p. 11

관청의 조직형태(즉, 공법적 조직형태)로 운영하면서 그 이용관계는 공법적으로도, 사법적으로도 규율할 수 있다.

② 국가가 공적 임무를 사법적 형식에 따라 수행한다고 하여 자신에게 부과된 공법적 구속, 특히 기본권에의 구속을 회피할 수 없다. 예컨대 시에서 설립한 지하철주식회사는 요금책정에 있어 「헌법」상의 평등원칙을 준수해야 한다.[5)]

③ 위에서 설명한 내용을 알기 쉽게 도표로 나타내면 다음과 같다.

지방자치단체
↓
관청조직에 의한 수도사업 → 수도사업을 수행하는 주식회사 설립 (사법적 조직형태)
(공법적 조직 형태)

↕ 공법적 또는 사법적 이용관계 / ↕ 사법적 이용관계

국민 / 국민

3. 국민에 대한 법적 효과에 의한 분류

(1) 이것은 침해행정과 수익적 행정으로 나뉜다.

(2) 침해행정은 행정이 국민의 법적 지위를 침해하는 경우, 즉 국민에게 의무와 불이익을 부과할 때 존재한다. 예컨대 건축법령에 따른 철거명령을 들 수 있다.

(3) 수익적 행정은 이에 반하여 행정이 국민에게 급부 또는 그 밖의 이익을 부여할 때 인정된다. 예컨대, 공적 부조, 보조금지급을 들 수 있다.

(4) 동일한 행정조치가 침익적인 효과를 나타낼 수도 있고, 수익적 효과를 나타낼 수도 있다(이중효과적, 복효적 행정). 이 경우 한 개의 조치에 의하여 어떤 국민은 불이익을 받고, 다른 국민은 이익을 받을 수도 있다. 예컨대, 음식점폐쇄조치의 연장은 음식점 주인에게는 불이익이 되지만, 야간의 소음 때문에 고통받던 인근주민에게는 수익적 효과를 가져 온다.

5) Schweickhardt/Vondung, Allg. VwR, 2004. p. 6-7

또한, 동일한 조치가 동일한 국민에 대하여 부분적으로는 수익적 효과를 가져오는 동시에, 부분적으로는 불이익을 가져 올 수도 있다. 예컨대 수익적 허가에 불이익을 가져오는 부담이 첨부되어 있는 경우를 들 수 있다.

(5) 위의 내용을 알기 쉽게 도표로 나타내면 다음과 같다.

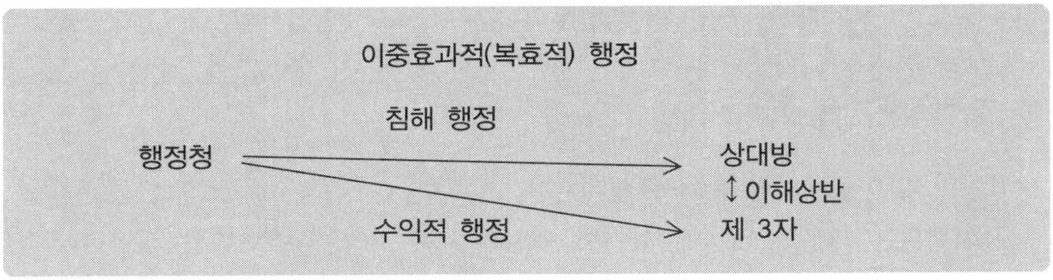

(6) 이 분류는 특히 행정이 활동을 함에 있어서 법률의 근거를 필요로 하는지(법률유보의 원칙)의 문제를 결정하는데 있어 중요한 의미를 가진다.[6] 법률유보의 원칙(다수견해인 본질성설의 입장)을 도표로 알기 쉽게 나타내면 다음과 같다.

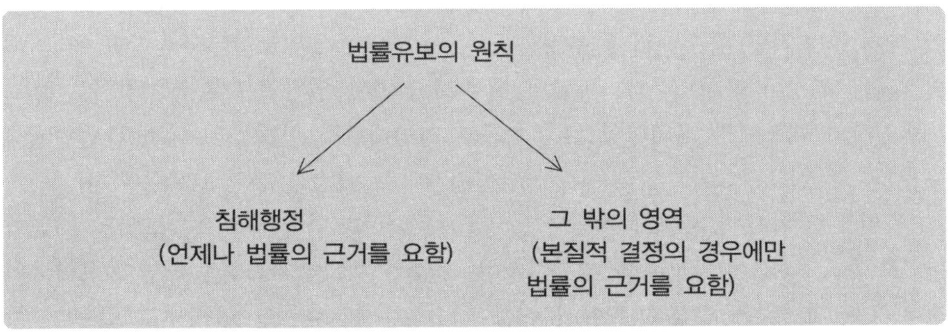

6) 법률유보의 원칙에 관한 학설 중 다수견해인 본질성설 (중요사항유보설)의 입장에 따르면, 침해행정의 영역에서는 법률의 근거가 반드시 필요하지만, 그 밖의 영역에서는 모든 "본질적인 결정"에 대해서만 인정된다. 이것은 독일연방헌법재판소와 우리나라 헌법재판소의 입장이기도 하다.

Ⅳ 행정과 통치행위

1. 통치행위의 의의

(1) 통치행위라 함은 국정의 기본방향이나 국가적 차원의 정책결정을 대상으로 하는 고도의 정치적 성격을 띤 행정부의 행위로서, 사법심사의 대상으로 하기에 부적합할 뿐만 아니라, 비록 그에 관한 판결이 있는 경우에도 그 집행이 곤란한 성질의 행위를 말한다.7)

(2) 먼저, 독일에서의 논의를 살펴본다.

통치행위는 세부적 내용에 있어서 독일의 경우 매우 다투어지는 개념인데, 일반적으로는 「그 본질상 사법심사의 대상이 아니거나, 단지 제한적으로만 사법심사의 대상이 되는 통치작용으로서 사법심사[행정쟁송]의 대상이 되는 행정행위[=행정처분]와 구별되는 것」으로 보고 있다.

독일의 일부 학설은, 통치행위는 대외적인 직접적 법적 효과를 발생하지 않으므로 [예: 집행기관의 임명과 그 밖의 조직상 행위, 정치적 원칙의 수립] 통치행위에 대하여 법적인 특수지위를 부정한다. 광의의 통치행위로서는 「사면권」에 의해 발령되는 결정이 포함되는데, 독일의 경우 종전에는 일반적으로 통치행위로 보고 사법심사의 대상에서 제외하였으나, 최근의 헌법재판소 판례들은 일정한 범위에서는 사법심사를 긍정하고 있다.[독일연방헌법재판소 결정집 30권 108쪽 이하]

독일에 있어서 통치행위 개념은 프랑스, 영국 및 미국에서 유추도입된 개념이다. 프랑스, 영국, 미국의 경우 통치행위 개념은 확고히 정착된 개념이다[미국의 경우, 연방대법원은 일정 범위에서 이를 인정하는 다수의 판례를 내고 있으나, 학설상으로는 찬반 양론이 격렬히 다투고 있음].

프랑스와 독일의 경우, 일정한 행위들이 통치행위의 전형적 예로서 열거되고 있는데, ① 헌법기관들 상호 간의 관계[특히 법률안 제출, 의회의 소집, 의회의 정회, 의회의 해산, 선거의 일시[日時]확정], ② 외교적 행위[대외관계, 조약체결, 전쟁상 행위], ③ 국내의 공공의 안전에 관한 행위[포위공격상태의 선언, 재해방어], ④ 사면권 행사, ⑤ 국외추방, ⑥ 작위수여를 들고 있다.

---

7) 권영성, 헌법학, p. 828-829; 독일에서는, 통치행위의 관념은 그 성질에 비추어 사법심사가 금지되거나 매우 제한적으로만 가능한 통치작용으로서, 쟁송이 가능한 행정행위와 대조적인 것으로 보고 있다(Creifelds 법률학 사전, 1996년, p. 1013-1014).

통치행위의 세 가지 요건으로서는, ① 헌법기관 또는 헌법기관내의 일부기관[예: 의회, 대통령, 내각]이 참여해야 하고, ② 대상에 있어서는, (i) 헌법권역과의 관련, (ii) 국가의 국제법적 교섭, (iii) 국가원수의 특권이어야 하며, ③ 통치기관의 행위로서 정치적 형성의 자유가 주어져 있어 단지 법적으로 보다 더 느슨한 제한만 있을 것이 요구된다.

2. 통치행위의 인정여부

(1) 학설

우리나라의 지배적 견해는 세계각국에서와 마찬가지로 통치행위를 긍정하고 있다.[8)]

(2) 판례

통치행위를 긍정한 우리나라의 대법원 판례와 헌법재판소 결정례로는, ① 비상계엄 선포 ② 파병결정, ③ 대통령의 긴급재정경제명령, ④ 긴급조치, ⑤ 대통령의 지방자치단체장선거일 연기조치, ⑥ 대통령의 사면을 들 수 있다.

3. 통치행위에 대한 사법심사부정의 논거

(1) 학설

1) 내재적 한계설

통치행위는 정치적으로 책임을 지지 않는 사법부가 심사하기에 부적합하며, 그에 관한 최종적 판단은 행정부, 국회 또는 국민에게 맡기는 것이 적당하다는 것이다.

2) 권력분립설

통치행위는 행정부의 전속적 권한에 속하는 사항이므로, 사법심사의 대상에서 제외되어야 한다고 한다.

3) 사법부자제설

통치행위도 법적 문제로서의 성격을 아울러 가지고 있는 이상 사법부는 이를

8) 권영성, 헌법학, p. 834

심사할 수 있고 또 심사해야 하지만, 사법심사로 말미암아 막대한 국가적 손실이 발생한다든가 사법부가 정치문제에 개입함으로써 정치기관화되고, 그럼으로써 독립성을 위협당할 우려가 있는 경우에는, 사법부가 사법심사를 스스로 포기하는 조그만 해악은 감수할 수밖에 없다고 하는 헌법정책적 고려에서 사법부의 자제가 바람직하다고 한다.

4) 재량행위설

통치행위는 정치적 문제이고, 정치적 문제는 재량행위이므로 사법심사의 대상에서 제외되어야 한다고 한다.

(2) 판례

우리나라의 판례는 통치행위에 대한 사법심사부정의 논거로서 내재적 한계설, 권력분립설 또는 사법부자제설에 각각 입각하고 있다.

4. 통치행위의 한계

(1) 학설

통치행위의 관념은 사법절차에 의한 개인의 권리구제를 부정하는 것일 뿐만 아니라, 「헌법」에 규정된 법원의 행정처분심사권(§107 ②)과 헌법재판소의 헌법소원심판권(§111①5호)을 부정하는 것이 되므로 그 범위는 극히 제한적으로 해석해야 하며, 특히 「헌법」의 기본원리를 부정하거나 국민의 기본권보장을 유명무실한 것이 되게 하거나 실정법이 규정하고 있는 엄격한 요건을 무시하는 행위는 사법심사의 대상에서 제외할 것이 아니라는 견해가 다수학설이다.[9)]

(2) 판례

우리나라 헌법재판소는, "**통치행위를 포함하여 모든 국가작용은 국민의 기본권적 가치를 실현하기 위한 수단이라는 한계를 반드시 지켜야 하는 것이므로 통치행위가 국민의 기본권침해와 직접 관련되는 경우에는 당연히 헌법재판소의 심판대상이 된다**"라고 판시하여 기본권침해와 직접 관련되는 경우에는 통치행위에 대한 헌법소원을 인정하고 있다(헌재 1996. 2. 29, 93헌마186).

---

9) 권영성, 헌법학, p. 835

제2절 행정법

I 행정법의 의의

1. 행정에 관한 법

(1) 행정법은 행정에 관한 법이다. 그렇지만, 「헌법」, 「민법」, 「형법」과 달리 「행정법」이라는 단행 법률은 없다. 다만, 「행정법」이라는 통일적 법전은 없지만, 행정의 조직·작용에 관하여 정하고 있는 다수 법령이 존재한다. 이러한 다수 법령을 총괄하여 일반적으로 행정법이라고 부른다. 물론 이들 다수 법령 간에는, 그들만의 고유하고 특수한 원리가 존재한다.

(2) 행정법과 다른 법 분야의 관계를 알기쉽게 도표로 나타내면 다음과 같다.

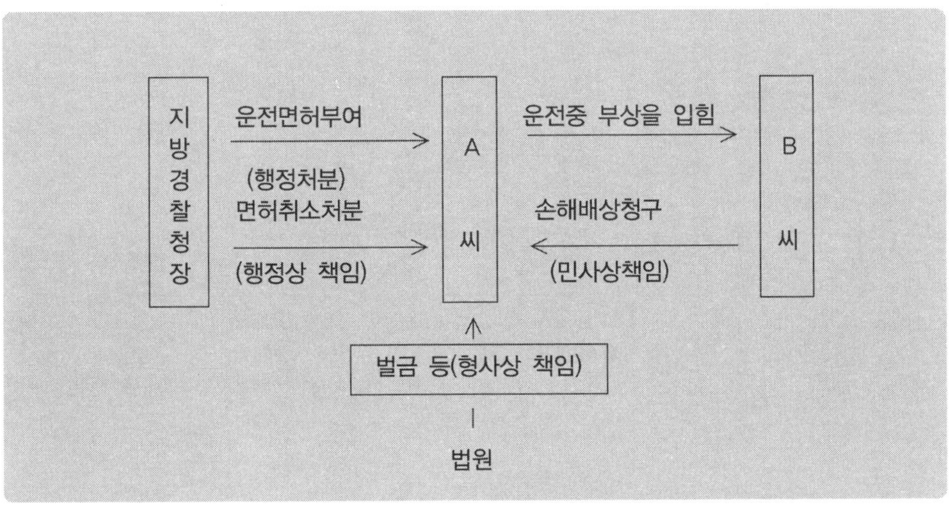

2. 공법

행정법은 흔히 공법이라고 한다. 그런데, 공법이라는 개념 속에는 행정법 외에도 「헌법」, 「국제법」등이 포함되어 있다. 다만, 행정법은 행정에 고유한 법이라는 특색이 있다.

3. 행정법총론과 각론

행정법은 행정법총론과 행정법각론으로 구성되어 있다. 행정법총론은 원칙적으로 행정의 모든 영역에 대하여 효력이 미치며, 특히 행정절차법, 행정의 작용형식, 행정의 집행에 관한 법규로 이루어져 있다.

이에 대하여 행정법 각론은 행정의 개별영역에 관한 법규이며, 대부분이 개별법률로 이루어진다. 일반적으로 행정법각론은 경찰법, 공무원법, 지방자치법, 국토건설행정법, 환경행정법, 사회보장행정법, 공과금행정법 등으로 이루어져 있다고 본다.

4. 위에서 설명하는 내용을 알기 쉽게 도표로 나타내면 다음과 같다.[10)]

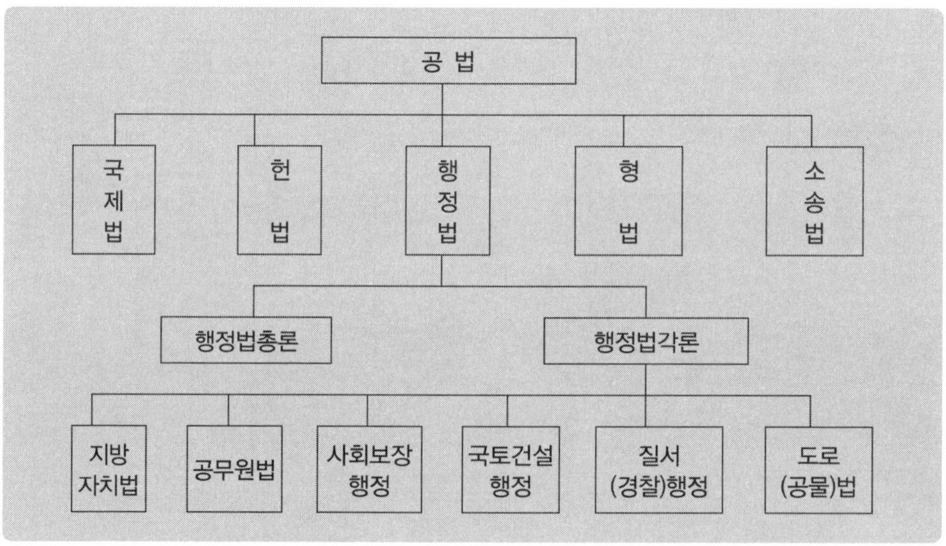

5. 행정법은 행정조직법, 행정작용법, 행정구제법으로 나누어 볼 수도 있다.

(1) 행정조직법

이것은, 국가·지방자치단체 그 밖의 행정주체에게 그 존립근거를 부여하고,

10) Suckow, Allg, VwR, p. 17

이런 행정주체가 설치하는 행정기관의 명칭, 권한, 기관 상호 간의 관계에 관하여 정하는 것이다. 공무원의 임면, 신분, 직무에 관하여 정하는 공무원법도 이것에 포함된다(예: 정부조직법, 각 중앙부처 직제, 국가공무원법).

(2) 행정작용법

이것은 행정조직이 수행하는 행정의 내용에 관하여 정하는 것이다. 행정작용법은, 행정과 국민의 관계에 관하여 정하고 있으므로, 국민의 권리 · 의무에 직접 관계된다[예: 행정대집행법, 경찰관직무집행법 등].

(3) 행정구제법

1) 이것은 행정작용에 의하여 불이익을 받은 국민이 구제를 구하는 절차에 관하여 정하고 있는 것이다. 국민의 입장에서 보면, 행정에 대한 대항수단을 정한 것이다[예: 국가배상법, 공익사업을 위한 토지 등의 취득 및 보상에 관한 법률 (이하 "토지보상법"이라 함), 행정심판법, 행정소송법].

2) 일반적으로, 행정조직법은 행정의 내부관계를 정하고(행정내부법), 국민의 권리 · 의무에 직접 관계되지는 않지만, 행정작용법과 행정구제법은 행정과 국민의 외부관계에 관하여 정하는 것(행정외부법)이다.

(4) 이것을 알기 쉽게 도표로 나타내면 다음과 같다.

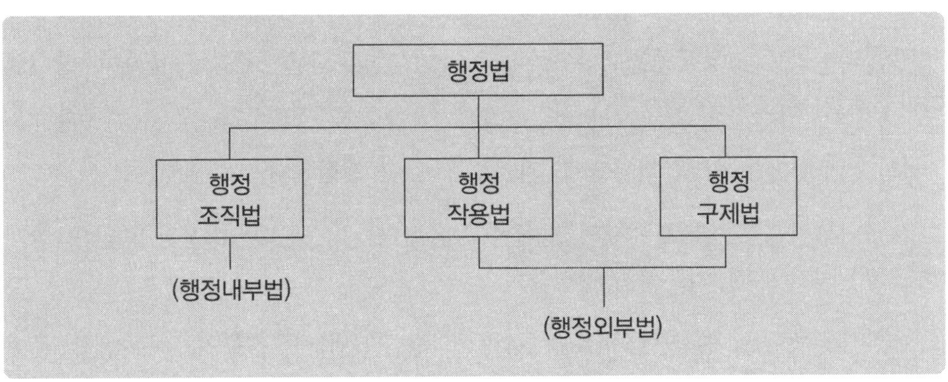

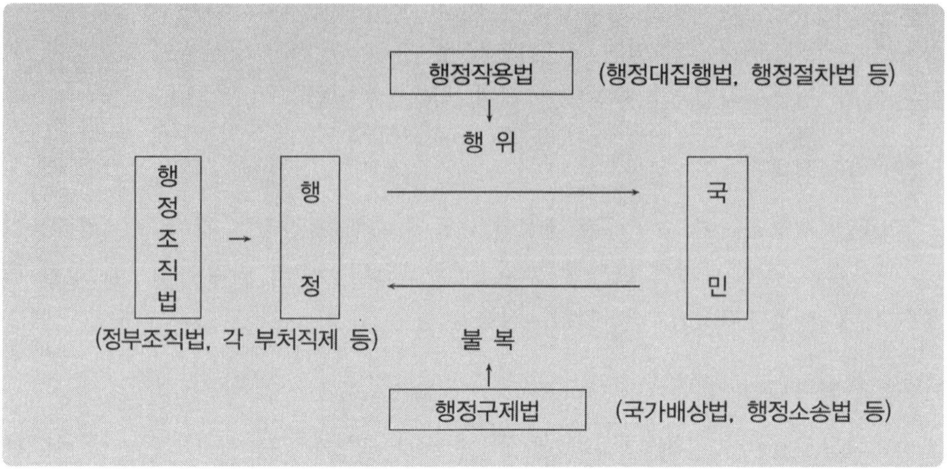

(5) 종전에는 행정법은 가치중립적인 기술적 법분야라고 생각하여, “헌법은 소멸하더라도, 행정법은 지속한다”(오토 마이어)라고 하였으나, 오늘날에는, 행정법은 헌법의 이념과 원칙을 구체화하는 것인 점을 강조하여, “행정법은 구체화된 헌법이다”라고 한다[베르너 전(前) 독일연방행정대법원장].

6. 행정법은 내부법과 외부법으로 나뉜다.

(1) 이것은 행정법의 수명자를 기준으로 한다.

(2) 외부법은 행정활동을 하는 국가와 국민 간의 법률관계를 규율하며, 상이한 권리주체 간에 효력을 발생한다.

(3) 외부법에는 법률, 법규명령, 자치법규 등이 포함된다.

(4) 내부법은 행정내부에서의 관계를 규율한다. 즉 상이한 행정관청 간의 관계와 공무원의 근무상 의무를 규율한다.

(5) 내부법에는 법률(예외적 경우임)[예: 공무원법], 행정규칙, 직무명령 등이 있다.

Ⅱ 공법과 사법

1. 구별의 의의

(1) 행정은 그 임무를 수행함에 있어 공법을 사용할 수도 있고, 사법을 사용할 수도 있다. 이것의 밑바닥에는 로마법에서 기원하고 현재도 독일・프랑스 등의 대륙법계 국가의 기본관념인 공법과 사법(私法)의 구별관념이 있다. 물론 미국・영국 등의 영미법계 국가에서는 이 구별이 별로 중요하지 않다. 공법에는 특히 국제법・헌법・행정법 등이 포함되고, 사법에는 특히 민법, 상법 등이 포함된다. 사법은 개인의 사적 자치를 기본으로 하고, 사인 간의 법률행위에 의한 거래와 그 다툼의 해결에 관한 규율을 포함하지만, 공법은 특히 헌법・행정법에서는 공권력주체로서의 국가를 대상으로 하고 그 권한을 창설하고, 제한하는 것이라고 할 수 있다.

(2) 공법규정이 특별한 규정을 두지 않는 한 일반적으로 행정은 공법적 형식으로도 [특히 이 경우 일방적・고권적으로 국민의 권리와 의무를 창설함], 사[私]법적 형식으로도 활동할 수 있는 선택권을 가진다. 따라서 구체적인 경우에 특정 행정작용이 공법영역에 속하는지, 아니면 사법영역에 속하는지를 판단할 필요가 있다.

(3) 사[私]법은 사[私]법상 주체 간의 법률관계 [일반적으로는 국민 간의 법률관계]에 관한 것이고, 공법과 행정법의 중점은 고권주체로서의 국가와 국민 간의 법적관계의 규율에 있다.

2. 구별의 실익

(1) 법 자체가 명시적으로 규정하고 있지 않은 경우에, 특정한 법률관계에 적용할 법규 내지 법원칙을 정하기 위하여, 그 관계가 공법관계인지 아니면 사법관계인지를 명백히 할 필요가 있다.

(2) 소송형식을 정하기 위하여 필요하다. 즉 「민사소송법」과는 별도로 「행정소송법」이 정해져 있고, 행정청의 위법한 처분 그 밖에 공권력의 행사・불행사 등으로 인한 국민의 권리 또는 이익의 침해에 대한 구제와, 공법상의 권리관계 또는 법적용에 관한 다툼의 해결은 행정소송절차에 의하도록 하고 있기 때문에, 이 점에서도, 공법과 사법의 구별실익이 있다. 즉, 국민의 입장에서는 국가의 조치에 대해 다투려고 할 때, 국가가 공법적으로 활동했는지 아니면 사[私]법적으로 활동했는지에

따라, 다음과 같이 쟁송수단, 권리구제와 절차의 전제요건이 달라지기 때문이다.

① 공법상 분쟁에 대해서만 행정쟁송 [행정심판·행정소송]의 길이 열리고, 사[私]법상 분쟁은 민사소송으로 처리된다.

② 국가배상은, 헌법 및 「국가배상법」에 따라, 특히 「직무수행자(공무원)의 조치에 있어 고권적 행위(공행정 작용=공법상 작용)」의 행사가 관계될 때에 청구될 수 있다.

③ 행정기관의 공법상 행위의 경우에 대하여만 일반적인 「행정절차법」이 적용되고, 사[私]법상 다툼에 대하여는 동법은 적용되지 않는다.

④ 행정의 행위형식 중 가장 중요한 행정행위는 행정기관의 사[私]법상 행위의 경우에는 성립되지 않는데, 행정행위는 공법 분야에서의 조치의 경우에만 인정되기 때문이다.

결국, 공법과 사[私]법의 구별이 적용되는 가장 중요한 영역은 행정쟁송 분야인데, 헌법적 종류의 분쟁을 제외한 모든 공법상 분쟁에 대하여 행정소송의 길이 열리기 때문이다. 이 경우 먼저 분쟁에 관계되는 법규를 찾아내고, 그 뒤에 그 법규가 공법에 속하는지, 아니면 사[私]법에 속하는지를 판단해야 한다. 그 결과, 관계 법규가 공법에 속하고, 행정쟁송의 제기에 필요한 다른 전제 요건이 충족되는 경우에는 행정쟁송이 인정되고, 그렇지 않고 관계법규가 사[私]법에 속하면, 민사소송으로 처리해야 한다.

(3) 대집행·강제징수 등 행정강제는 공법상의 의무 위반 또는 그 불이행에 대해서만 적용되기 때문에, 공법과 사법의 구별이 의미가 있다.[11)]

3. 구별의 기준

(1) 개설

1) 공법의 중심은 헌법과 행정법이고, 사법의 중심은 민법이므로, 일반적으로 그 법적 성질의 구별은 어렵지 않다. 그러나, 문제는 자주 행정법규 안에 사법법규가 존재하기도 하고, 민법법규 안에도 공법규정이 존재한다는데 있다.

2) 법률에서 명시적으로 해당 법규가 공법에 속한다고 규정하고 있거나, 해당

11) 김동희, 행정법Ⅰ, 박영사, 2010, p. 71

법규에 관련된 분쟁에 대하여는 행정쟁송을 제기할 수 있도록 하고 있으면 그 구별은 간단해진다. 즉 분쟁에 관계되는 법규가 명확히 공법에 속할 수 있다면 [예: 건축공법, 경찰법, 지방자치법] 구별이론은 불필요하다.

(2) 구별의 기준에 관한 학설

1) 이익설

이 학설은 로마법에서 기원하는데, "법규의 이익방향을" 기준으로 한다. 즉 해당 법규가 공익에 기여하려는 취지로 규정되어 있다면 그것은 공법에 속하고, 해당 법규가 사익에 기여하려는 취지로 규정되어 있다면 그것은 사법에 속한다. 그러나 이것만으로는 유용한 구별기준이 될 수 없다. 왜냐하면 행정주체는 사법규정을 사용할 때에도 공익을 추구할 수 있고, 또한 공익과 사익은 절대적 대립관계에 있지 않기 때문이다.

또한, 많은 법규는 공익에 기여할 뿐 아니라, 사[私]익에도 기여하기 때문에, 「이익설」에 의하더라도 공법과 사[私]법의 구별이 항상 명확한 것은 아니다.

나아가, 공법규정도 사[私]익을 자주 지향할 수 있으며[예: 해당 법규가 국민의 개인적 공권을 부여할 때], 거꾸로, 사[私]법적으로 조직된, 공공에 유익한 재단[예: 재단법인]은 공익을 추구할 수도 있기 때문이다.

2) 권력설(복종설 = 종속설)

권력설은 "당사자의 관계"를 기준으로 하는데, 국가와 국민 간의 지배복종관계를 그 근저에 두는 법규[즉 공법은 일방적이며 구속력있는 규율 [법률, 행정행위]에 의해 전형화 됨]는 공법에 속하고, 국민 간의 이익을 조정하는 법규는 사[私]법에 속한다고 본다. 이 견해의 문제점으로는, 이 설은 국가에게 급부의무를 부과하고, 국민에게 이에 상응한 권리를 허용하는 법규의 경우에는 유용한 기준을 제시해 주지 못한다는 것이다.

또한, 사[私]법에도 지배복종관계가 있고[예: 부모와 자녀의 관계, 후견제도, 사용자의 지시권], 공법에도 대등한 질서관계가 있으며[예: 공법상 계약], 가장 중요한 문제점은, 국가에 대한 국민의 지위를 판단하기가 어려운 점인데, 특히 급부행정에서 그것이 지배복종(상하질서)관계인지, 대등한 관계인지여부의 판단이 어려운 점이다.

또한 단순하게 국가와 국민의 관계(공법관계)에서 상하질서관계를 일률적・획일적으로 인정하는 것은 19세기적인 낡은 사고방식이고, 오늘날의 법치국가·민주주의 국가에서는 시대착오적이라고 할 수 있다.

3) 신주체설(귀속설 = 특별법설 = 수정된 주체설)

① 볼프(Wolff)와 바호프(Bachof)에 의하여 주장된 이 설은, 특정 법규가 전적으로 고권주체로서의 행정주체에게만 권리를 부여하거나 의무를 부과하는지 여부를(즉 법규의 수범자가 누구인지를) 초점으로 삼는 것이다. 따라서 공법은 "국가의 특별법"이며, 사법은 "만인의 법"이라고 할 수 있다.

② 이 견해는 급부행정의 경우까지 포괄할 수 있다 [공법적 행위의 전[全] 영역을 포괄할 수 있다]는 점에서 매우 유용하다.

4) 결어

① 우리나라의 통설은, 복수기준설을 취한다.

② 공공시설의 이용허가나 대부형태의 자금지원결정의 경우에는 두 단계로 구분할 수 있다. 첫째 단계는 공법규정에 근거한 법률관계의 창설단계이고, 둘째 단계는 법률관계의 형성과 그 청산단계이다. 전자(이용허가/교부결정)에 대하여는 행정소송이, 후자에 대하여는 민사소송이 그 구제수단이 된다.[12]

제3절 행정법의 법원(法源)

I 개념과 특색

1. 법원의 개념

법치행정에 있어 행정은 법률에 구속된다. 그리고 그 구속력은 법규에서 나오며, 법규는 다시 법원에서 그 인식할 수 있는 근거를 가진다. 즉 법원은 "**법규의 존재형식 내지 인식근거**"이다. 법규는 일반적으로 불특정 다수의 경우에 대하여(추상적), 불특정 다수인에 대하여(일반적) 효력을 가지는 규율이며, 국민 그 밖의 독립

12) Schweickhardt/Vondung, Allg, VwR, p. 21-23

적인 법인에 대하여 권리와 의무를 창설, 변경 또는 폐지한다.[13] 따라서 행정과 행정청의 순수한 내부법은 제외된다.

행정법의 법원[法源]은, 「행정활동을 규정하는 법적 근거로서 행정에 대하여 규준적인 법을 형성하는 것」이라고 할 수 있다. 이러한 관점에서 보면, 법원[法源] 내지 법규의 개념에는, 「국민에 대해서 효력을 발생하는 외부법」만이 포함되는지, 아니면 외부법 뿐 아니라 「행정내부의 내부법」도 포함될 것인지 다툼이 있을 수 있다. 이러한 개념적 구분보다 더 중요한 것은 개별 법규범이 구체적·개별적 경우에 적용되는지, 그래서 구속력이 있는지 여부가 더 중요한 문제이다. 한편, 법원[法源]은 더 나아가 성문법, 즉 「문자로 표현된 규율」[예: 헌법, 법률]과 불문법 즉 「문자로 표현되지 않은 규율」[예: 사실상의 관행과 법적 확신으로 형성되는 관습법]로 구별된다.

2. 행정법의 법원의 특색

(1) 성문법주의

행정법에 있어서는 법치행정의 원칙, 민주적 정당성 등의 요청 때문에 성문법원이 중심이 되며 불문법원은 보충적으로만 기능한다.

(2) 비법전성(非法典性)

행정법의 법원은 수많은 법령으로 구성되어 있으며 민법전 등과 같은 통일적 법전은 없다. 따라서 행정법은 불완전하며 이 경우 불문법이 적용된다.

Ⅱ 성문법원

1. 법규계서제(상위법과 하위법)

(1) 행정법의 가장 중요한 법원은 법령으로 규정된 공식절차에 따라 법정립행위로 생성되며 마지막에 문자로 표현·고정된다. 이것들이 성문법원이다. 성문법원 간의 구분은 법규제정자에 따라 정해지고 일정한 서열을 유지한다. 왜냐하면

13) 이것에 대한 상세한 분석은, 행정규칙의 법규성의 문제에서 다루게 된다.

이것들은 상호 모순되어서는 안되기 때문이다. 이러한 "법질서의 저촉배제원칙"은 어떤 법규가 다른 법규보다 효력상의 우위를 가지는지가 분명할 것을 요구한다. "효력상의 우위"란, 법규 간에 그 내용에 있어 상호 충돌하는 때에는 상위 법규가 효력이 있고, 따라서 하위법규는 위법하여 무효라는 것을 의미한다.

(2) 한편, 일반적으로 하위법령은 "적용상의 우위"를 가지는데, 그것은 하위법령이 상위법령보다 더 특별한 세부적 사항을 규율하는 한, 그 하위법령을 법령적용에 있어 우선하고, 상위법령은 단지 보충적으로만 효력을 가지게 함을 의미한다.

(3) 하위법규의 형식적·실질적 적법성요건은 상위법에서 도출될 수 있다.

(4) 법원의 서열은 알기 쉽게 도표로 나타내면 다음과 같다.

헌법
↓
법률
↓
법규명령
↓
자치법규

(5) 규범계서제의 동등한 서열 간에는 그 충돌시에 「후법우선의 원칙」과 「특별법 우선의 원칙」이 적용된다.

2. 심사·적용거부권한

법령을 적용하는 행정공무원이나 법원(法院)이, 하위법규가 상위법규에 위반된다는 판단을 하였다고 하여 곧바로 이들이 해당 하위법규를 준수하지 않아도 좋다는 것은 아니다. 법률의 경우 행정부 공무원이나 법원은, 법률이 헌법에 위반되지 않는다는 추정을 일단 해야 한다. 이 추정의 번복은 전적으로 헌법재판소의 권한이다. 물론 이것이 의심스러운 경우에는 행정부 공무원은 상사나 상급기관에 질의해야 한다. 법원의 경우에는 원칙적으로 판결에 있어 중요한 모든 법규에 대하여 상위법과 저촉되지 않는지 심사해야 한다(구체적 규범통제: 헌법 제107조 제1항 및 제2항). 이 경우 해당 법규가 법률보다 하위의 법규인 경우에는, 법원은 해당 법규가 상위법규에 어긋난다고 판단되면 당해 법규를 적용하지 않을 수 있지만, 해당 법규가 법률인 경우에는 「헌법」 제111조 제1항 제1호에 따라 그 결정권[위헌법률심사권] 헌법재판소가 가진다. 이 경우 법원은 재판절차를 중지하고, 헌법재판소의 결정을 기다려야 한다.

3. 서열 순서에 따른 개별 법원의 내용

(1) 「헌법」

헌법전[독일의 경우에는 독일기본법(GG)과 각 주의 헌법들]에 규정된 법과 그것에서 도출되는 원칙들이 헌법을 형성한다. 비록 헌법이 행정에 대한 권한규범[=수권법률]을 거의 규정하고 있지 않음에도 불구하고, 헌법은 모든 행정활동의 토대이다[예: 헌법상의 법치행정원칙(=행정의 법률적합성원칙)]. 「헌법」은 국가법규의 법령계서제상 최상위에 서 있다. 따라서 「헌법」에 위반되는 그 밖의 법규는 위헌이고 위헌통제의 대상이 된다. 또한 법률의 뜻이 명확하지 않은 경우 법률을 「헌법」에 합치되도록 해석하는 것이 타당한데 이를 "헌법합치적 법률해석"이라고 한다. 일반적으로 「헌법전」은 형식적 의미의 「헌법」이라고 하고, 그것을 넘어서서 헌법적인 법관계를 규율하는 모든 법규는 실질적 의미의 헌법이라고 한다.

(2) 국제법

국제법은 국가 상호 간의 법적 관계를 규율한다. 따라서 원칙적으로 국제법은 개별국가의 국내법질서와는 독립적으로 존재하는 법질서이지만, 우리 「헌법」은 국제법을 우리 국내법질서로 편입하고 있다(헌 6①).

특히 우리 「헌법」은 조약 등 국제법규가 별도의 입법조치 없이 국내법으로 수용되는 것으로 하고 있다.[14]

우리나라의 통설은 「헌법」에 의하여 국회의 동의를 받은 조약은 법률과 같은 효력이 있고, 국회의 동의가 필요 없는 조약은 법규명령(대통령령)과 같은 효력이 있다고 한다.

(3) 법률

1) 여기서 말하는 법률은 형식적 의미의 법률을 가리키는데 「헌법」상 규정된

---

14) 다만, 우리의 조약실무에서는 사실상 별도의 국내입법조치(법률제정)를 통하여 국내에서 조약이 효력을 발생하도록 하는 경우가 대부분이다.

법률제정기관(국회)에 의하여 「헌법」상 규정된 법률제정절차에 따라 제정된 법규를 말한다. 이에 대하여, 실질적 의미의 법률은, 법적 대외적 구속력을 가진 모든 일반적·추상적 규율을 말한다. 일반적으로 형식적 의미의 법률은 동시에 실질적 의미의 법률에 해당하지만[예컨대, 「건축법」은 일반적 구속력이 있는 규정을 규율함] 예외적인 경우가 있다.[이것을 "순수하게 형식적인 의미의 법률"이라고 하는데, 이것들은 의회에 의하여 제정되기는 하지만, 즉 법규범적 성격을 가지기는 하지만, 이들에게는 그럼에도 불구하고, ①법규적 내용이 없거나, 또는 ②국민을 수범자로 하는 규율이 아니거나[독일의 경우 조약에 대한 동의법률이나 예산안의 확정], ③국민을 수범자로 하는 경우라고 하더라도 일반적 구속력 있는 의미에서 규율하는 것이 아니다[예: 처분법률].[15) 실질적 의미의 법률은 이에 반하여 그 내용에 따라서는 특히 법규명령과 자치법규를 포함한다.

법률은 국회입법원칙, 법치행정의 원칙에 비추어 가장 중요한 행정법의 법원이다.

'법률'은 일반적으로, 「권리와 의무를 설정·변경 또는 폐지하는 "일반·추상적"인 규정」을 말한다. "일반적"이란, 「당해 규율이 특정인에 대해서만이 아니라, 모든 사람에 대해서 적용되는 규율」이란 뜻이고, "추상적이란, 「당해 규율이 특정 개별적 경우에 대해서만이 아니라, 불특정 다수의 경우에 적용되는 규율」이라는 뜻이다. 형식적 의미의 법률은 의회법률[우리의 경우 국회에서 제정되는 법률]을 가리킨다. 행정법의 법원[法源]에서는 특히 공법인 법률의 문제이며, 그러나 가끔 민법이 준용된다. 또한 사[私]법규정은 유추적용될 수 있다. 이 경우에는 민법전[民法典]의 규정은 또한 행정법의 법원[法源]으로 된다.

2) 실질적 의미의 법률과 형식적 의미의 법률을 알기 쉽게 도표로 나타내면 다음과 같다.

❖ 겹치는 부분은 형식적 의미의 법률인 동시에 실질적 의미의 법률임[16)

---

15) 예컨대 「국가회계법」상의 다수 규정을 들 수 있다.

(4) 형식적 의미의 법률에는 해당하지 않는, 실질적 의미의 법률들

형식적 의미의 법률에는 해당하지 않는 실질적 의미의 법률은 법률보다 하위 법규로서, 행정에 의해 제정되며 법규명령과 자치법규를 들 수 있다.

1) 법규명령

① 법규명령은 그 제정자에 있어서 형식적 의미의 법률과 다르다. 즉 법규명령은 행정부(대통령, 국무총리, 각부장관 등)에 의하여 제정된다. 그 내용상 법규명령은 일반적으로 실질적 의미의 법률의 성격을 가지므로, 여기서 먼저 법규정립권이 입법부와 행정부 사이에 어떻게 나누어져 있는가 하는 문제를 다루어야 한다.

② 우선 행정부가 법규명령을 발령할 권한은 「헌법」상의 권력분립원칙(헌 40 등)에 어긋나지 않는다고 할 수 있다. 왜냐하면 행정부가 가지는 이 권한은 각 개별 경우마다 형식적 의미의 법률에 의하여 행정부에 수권되어야 하기 때문이다. 또한, 기능적 권력분립론에 따르면, 권력분립의 원칙은 그것이 삼권의 각기 핵심적 영역에 해당하지 않는 한 권력의 엄격한 "분립"이 아니고, 오히려 상호 "중첩과 협력"을 허용하기 때문이다.[17)]

③ 「헌법」제75조는 법규명령의 하나인 대통령령의 발령을 위한 법률의 수권은 "구체적으로 범위를 정하여" 행해질 것을 요구하고 있다. 이것은 법규명령인 총리령·부령의 경우에도 똑같이 타당하다. 따라서 입법부는 본질적 결정을 스스로 내려야 하고, 법규명령제정자는 법률의 위임의 범위 안에서 덜 중요한 기술적 세부문제의 규율을 할 수 있을 뿐이다.

④ 법규명령제정자는 「헌법」에 열거된 자에게만 한정된 것은 아니라는 것이 통설이며 우리 헌법재판소의 결정례이다.[18)]

⑤ 행정이 제정한 법규로서 법규명령은 국민에 대하여 형식적 의미의 법률(=의회법률)과 동일한 효력을 가진다. 법규명령은 그 제정기관에 의해 의회법률과 구별된다. 행정의 법규명령제정권은 우리 헌법의 경우 원칙적으로 헌법 75조와 95조에서 나온다.

---

16) Suckow, Allg, VwR, p. 20.

17) Schweickhardt/Vondung, Allg, VwR, p. 27: 만일 입법권이 포괄적으로 행정부에 위임된다면 그것은 권력분립의 원칙에 어긋날 것이다.

18) 헌재 2004. 10. 28, 99헌바91; 헌재 2006. 12. 28, 2005헌바59; 그러나 우리의 경우 독일과 달리 「헌법」상 "대통령령", "총리령", "부령"과 같이 법규명령의 법형식이 그 제정권자에 따라 특정되어 있어 다툼이 있을 수 있다.

⑥ 법규명령은 의회[법률제정자=입법자]에게 세부규율의 부담을 경감시켜 준다. 법규명령은 다양한 분야에서 사용된다. {예: 도로교통법, 경찰법}

2) 자치법규

① 자치법규는 지방자치단체가 자치입법권에 따라 법령의 범위 안에서 제정하는 자치에 관한 규정이며, 원칙적으로 당해 지방자치단체의 구역 안에서만 효력을 가진다. 자치법규에는 지방의회가 제정하는 조례와 지방자치단체의 장이 제정하는 규칙이 있다.

② 조례는 행정입법으로서의 성격과 함께 지방자치단체의 자주법으로서의 성격을 아울러 가진다. 국가법질서의 통일을 위하여 조례와 규칙은 법률과 명령에 위반할 수 없다. 조례는 지방자치단체의 자주법이므로 법률과 명령에 위반하지 않는 한도 안에서는 법률의 개별적 수권이 없더라도 제정할 수 있다. 다만, 「지방자치법」 제22조 단서는 주민의 권리제한, 의무부과나 벌칙을 규정함에 있어서는 법률의 위임을 받아야 한다고 규정하고 있다. 이 경우의 위임은 법규명령에서보다 다소 포괄적일 수 있다.[19)]

③ 기초지방자치단체(시・군・자치구)의 조례와 규칙은 광역지방자치단체(시・도)의 조례와 규칙을 위반할 수 없고, 동일 지방자치단체의 조례와 규칙 간에서는 조례가 규칙보다 상위법규이다.

④ 독일의 경우 자치법규는 광의로는 「공법상 법인[예: 지방자치단체, 공법상 사단, 공법상 영조물]에 의하여 자치사무를 규율하기 위하여 제정되는 법규를 가리킨다. 독일의 경우, 자치법규는 국가의 행정기관에 의해서가 아니라, 국가에 속하는 조직이기는 하지만, 법적으로 독립된 조직에 의해 제정된다는 점에서 구별된다.

19) 우리 대법원은 "법률이 주민의 권리・의무에 관한 사항에 관하여 조례로 정하도록 포괄적으로 위임하였다고 하더라도, 조례는 주민의 대표기관인 지방의회의 의결로 제정되는 지방자치단체의 자주법인 만큼, 지방자치단체가 법령에 위반되지 아니하는 범위 내에서 주민의 권리・의무에 관한 사항을 조례로 제정할 수 있다"라고 판시하고 있고(대판 1991. 8. 27, 90누6613), 우리 헌법재판소도 "지방자치단체는 헌법상 자치입법권이 인정되고, 법령의 범위 안에서 그 권한에 속하는 모든 사무에 관하여 조례를 제정할 수 있다는 점과 조례는 선거를 통하여 선출된 그 지역의 지방의원으로 구성된 주민의 대표기관인 지방의회에서 제정되므로 지역적인 민주적 정당성까지 갖고 있다는 점을 고려하면, 조례에 위임할 사항은 헌법 제75조 소정의 행정입법에 위임할 사항보다 더 포괄적이어도 헌법에 반하지 아니한다"라고 판시하여 대법원과 같은 입장을 취하고 있다(헌재 2004. 9. 23, 2002헌바76 전원재판부).

(5) 행정규칙

1) 행정규칙은 원칙적으로 행정내부의 규정이고, 법규 또는 법원 (法源)이 아니다. 행정규칙은 하급행정관청을 수범자(受範者)로 하며, 법규의 집행을 위한 지시를 포함하며, 행정조직 내부의 사무운영을 규율한다. 내부법과 외부법을 알기 쉽게 도표로 설명하면 다음과 같다.

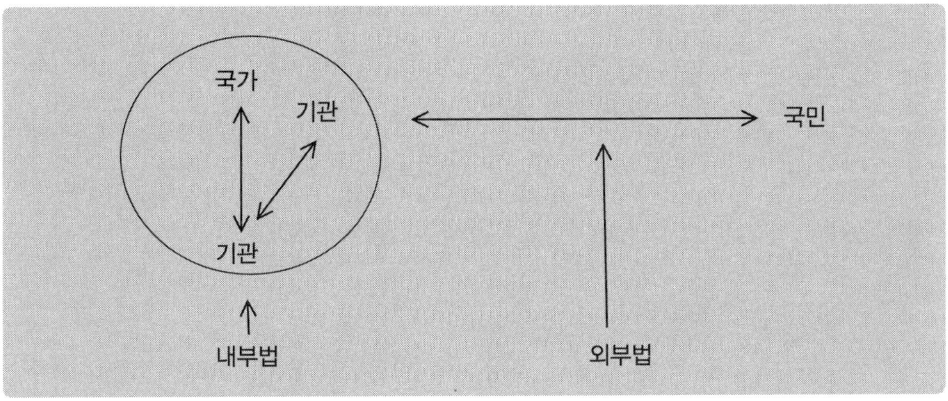

2) 그러나, 행정규칙 중에서 하급 행정기관의 법적용을 일정 방식으로 지휘하는 행정규칙(행위지도규칙)은 법원론에 있어서 더욱 정밀한 고찰을 필요로 한다. 왜냐하면 그러한 경우는 적용되는 법규(법률, 법규명령)의 규율내용을 넘어서서 해당 국민의 법적 지위가 영향 받고 이에 의하여 대외적 구속력이 의도될 수 있기 때문이다. 이러한 행위지도규칙은 발령청의 의도에 따라 법규해석규칙, 법령보충규칙(규범구체화행정규칙), 재량준칙으로 나뉜다.

행정규칙과 법원의 구별을 알기 쉽게 도표로 나타내면 다음과 같다.

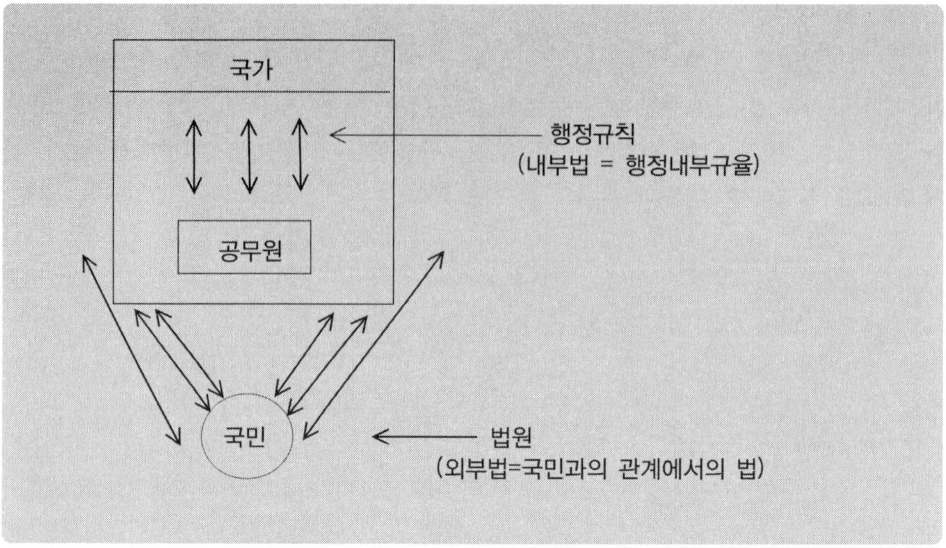

3) 법규해석규칙은 단지 법률의 적용시에 나타나는 법적 문제를 명확히 하는 것이고, 규범구체화행정규칙(우리나라의 법령보충규칙과 공통점이 상당히 많음)은 행정부의 보충법으로서 행정관청 내부의 구속력뿐만 아니라, 법률 스스로가 행정규칙에 의한 구체화를 명령하는 곳에서는 행정부에 대하여 법원도 따라야 하는 형성의 여지와 판단의 여지를 부여해 준다.[20]

재량준칙은 행정기관에게 독자적인 재량여지가 허용되는 곳에서 행정작용을 지휘하는 행정규칙인데, 그것은 우선 그 재량행사에 있어 법을 적용하는 기관을 구속한다. 그러나, 재량준칙에 따라 형성되는 행정관행에 의하여 행정청은 법적용상의 평등명령(헌법상의 평등원칙)의 의미에서 스스로가 국민에 대하여 구속된다. 그리고 그 효과가 국민에게도 미친다. 다만, 행정규칙과 그것에서 나온 행정관행에서 일탈하는 것이 객관적으로 정당화될 때에만 그 구속에서 벗어날 수 있다. 그런데 재량준칙의 경우는 행정규칙이 직접적·대외적 구속력을 가지는 것은 아니고, 단지 평등원칙의 준수의 심사에 있어 행정규칙은 특정 행정관행의 징표로서만 나타날 뿐이다.[21]

20) 독일 연방행정재판소는 독일 「원자력법」상의 행정규칙에 대하여 자신의 빌(Wyhl) 판결에서 이같이 결정했다(BVerwGE 72, 300).

21) 이것이 준법규설(Quasi - Außenrecht)로서 한국과 독일의 통설이며, 우리나라 헌법재판소의 태도이기도 하다(헌재 1990. 9. 3, 90헌마13).

4) 행정규칙은 법률처럼, 일반적·추상적 규율이지만, 원칙적으로 국민에 대한 대외적인 직접적 구속력이 없다는 점에서 구별된다. 즉 행정규칙은 내부법으로 분류된다.

5) 행정규칙은 상급행정기관이 하급행정기관 또는 부하 직원에게 발령하는 규정이다. 행정규칙은 특히 법규의 집행의 통일성을 목적으로 한다. 행정규칙은 대외적 효력이 없기 때문에, 법원[法源] 내지 법규범에 해당되는지가 다투어진다. 그러나 다수학설은, 행정규칙이, 비록 원칙적으로 외부법규는 아니지만, 그 수명자[행정내부]에 대하여 구속력이 있으므로, 그 한도에서는 또한 「법적 성격」이 있다는데 견해가 일치하고 있다.

6) 특별명령

① 특별명령은 행정규칙의 특별한 한 가지 형태로 보아야 한다. 특별명령은 독일학설이 창조한 개념이지만, 독일의 판례는 이를 인정하지 않고 있다. 특별명령은 "특별행정법관계"(종전의 "특별권력관계")를 규율하기 위한 행정규칙이다. 특별명령은 무엇보다도 먼저 특별행정법관계의 내부질서와 원활한 운영을 보장하려는 목적을 가지고 있다.

② 독일에서는 특별명령의 가장 중요한 예로서 공법적인 공공시설이용규정을 들고 있고, 다른 특별행정법관계(병역, 행형, 공무원관계)는 대부분 법령으로 규율되고 있다. 특별명령의 특이한 점은 그 규율내용이 특별행정법관계에 해당하는 자(특별신분보유자)의 권리와 관계된다는 데에 있다. 종래에는 이런 경우의 행정부에 의한, 법률의 수권없는 기본권규율은 이른바 "특별권력관계론"에 의하여 정당화되었다.

③ 그러나, 독일연방헌법재판소가 수형자의 이른바 특별권력관계에 대하여 부정적인 판결을 내놓은 이래(즉 이러한 관계에 대하여도 고전적인 침해유보설은 법률에 의한 규율을 요구한다는 내용), **특별명령에 포함되어 있는 침해적인 규정이 법률의 수권결여 때문에 위법**하고 따라서 무효가 되지 않는지가 문제로 되었다.

독일 학설상으로는 이에 대하여, ① 관습법상의 수권이 있다는 학설, ② "시원적인 행정부의 법"이라는 학설에 의하여 그 법원성을 인정하는 견해도 있고, ③아예 그 법원성을 부정하고 특별명령이란 개념은 폐기되어야 한다는 학설도 있다.

Ⅲ 불문법원

1. 관습법

(1) 성문법원이 점점 증대함에 따라 오늘날 관습법의 비중은 점점 낮아지고 있다. **관습법이 성립되려면**, ① 오래된 사실상의 관행이 확정될 수 있고, ② 관계인들에 있어서 이 관행이 법적으로 요구된다는 확신이 형성되어 있어야 한다.

(2) 우리나라에서는 **관습법의 성립요건**에 대하여는 다음 두 가지 견해가 있다.

1) 국가승인설

이 설은 관습법은 관행과 법적 확신 외에 성문행정법이 명시적으로 관행에 대하여 법적 효력을 부여하고 있거나, 적어도 묵시적으로 국가가 그것을 승인하는 경우에만 성립할 수 있다고 하며, 소수설이다.

2) 법적 확신설

이 견해는 사실상의 관행이 다년간 계속하여 반복됨으로써 일반국민의 법적 확신을 얻게 되면 사실상의 관행이 관습법화하는 것이며, 국가의 승인은 따로 필요하지 않다는 견해이며, 통설 · 판례의 입장이다.[22)]

(3) 관습법의 종류

1) 행정선례법

이것은 행정청이 취급한 선례가 오랫동안 반복됨으로써 형성되는 행정관습법이다. 「행정절차법」, 「국세기본법」은 이를 명문으로 인정하고 있다.[23)]

2) 민중적 관습법

이것은 국민 사이의 다년간의 관행에 의하여 성립되는 관습법이며 공물사용관계에서 드물게 볼 수 있다. 그 예로서 입어권,[24)] 관습상의 유수사용권[25)]이 있다.

---

22) 대판 1983. 6. 14, 80다323
23) 대판 1954. 6. 19, 4285행상20
24) 대판 1963. 2. 28, 62다882
25) 대판 1964. 11. 24, 64다790

(4) 관습법의 효력

1) 보충적 효력설

이것은 관습법은 성문법이 없는 경우에 그것을 보충하는 효력만이 있다는 견해로서 우리나라의 통설·판례의 입장이다. 국가승인설의 입장에서는 당연한 논리적 귀결이지만, 법적 확신설에서는 이 설이 논리적으로 당연한 것은 아니다.

2) 독자적 효력설

이것은 관습법이 성문법을 개폐하는 효력까지도 인정하는 견해이다. 법적 확신설에 의하면 관습법과 성문법에 대하여 같은 서열의 효력을 인정할 수 있으므로 논리적으로 성립될 수 있다.

(5) 관습법은 성문법의 모든 서열 단계에 상응하게 형성될 수 있으므로 그 효력의 서열도 같다(예: 관습헌법). 이에 따라 관습법은 같은 대상을 규율하는 성문법규에 의하여 그 효력이 상실되기도 한다.

(6) 관습법의 성립요건 중 하나라도 소멸하면, 관습법은 소멸한다. 관습법은 이와 어긋나는 새로운 관습법에 의해 실효된다.

(7) 광범한 법제화에 의해 행정법에서 관습법의 중요성은 현저히 줄어들었다.[독일의 경우 예컨대 국가보상법영역에서 희생보상청구권으로 예외적으로 존재함].

2. 판례법

(1) 법원은 원칙적으로 입법이 아니라 법적용의 권한과 임무가 있을 뿐이다. 그러나 해당 사건의 해결을 위한 법적 규율이 결여되고 있거나, 공백이 있거나, 상호모순될 때, 법원은 경우에 따라서는 법창설적으로 활동하지 않으면 안된다. 이에 따라서 「일관된 판례」가 발전될 수 있다[예: 독일의 경우 경찰법상의 일반조항(개괄조항)].

(2) 물론 이러한 법원의 판례의 효력근거와 적용범위를 살펴본다면, 판례는 원칙적으로 규범적 구속력이 없다[예외적으로는 헌법재판소의 위헌 결정, 법원의 구체적 규범통제 (다만, 이에 대해서는 "단순한 적용배제"라는 견해가 다수설이지만, 사실상 "일반적 무효"로 실무상 취급되고 있음)가 있음]. 그럼에도 불구하고 행정

은 자신의 결정에 있어 그 결정이 법원에서 부정되지 않으려면, 대법원판례와 헌법재판소 결정을 가능한 한 최대로 고려해야 한다. 결국 판례법은 사실상의 법원[法源]이다.

(3) 그러나, 판례법은 행정의 법률적합성의 원칙에 비추어 볼 때, 단지 법률을 구체화하거나 법률을 보충할 수 있을 뿐이고, 법률을 개폐할 수는 없다.

3. 행정법의 일반원칙(조리)

(1) 개설

1) 정의(正義)에 합치하는 보편적 원리로 인정되어 있는 여러 원칙을 "법의 일반원칙" 또는 "조리"라고 한다. 예컨대 평등원칙, 비례원칙, 신뢰보호의 원칙 등을 들 수 있다. 이들은 사인 간의 법률관계뿐만 아니라 행정상의 법률관계도 구속한다. 행정상의 법률관계를 구속하는 법의 일반원칙을 행정법의 일반원칙이라고 한다. 행정법의 일반원칙의 법적 성질은 한결같지 않다.

2) 판례법과 같이[26] 행정법의 일반원칙은 성문법원을 보충하고 그 흠결을 메워주는 기능을 한다. 구체적으로 어떤 것이 행정법의 일반원칙에 해당하는지는 학설에 따라 다르다. 그러나, 행정법의 일반원칙 중 상당수는 판례법으로부터 나타나고, 그 대부분은 "헌법의 구체화"라고 할 수 있다. 또한, 행정법의 일반원칙은 관습법의 성립요건을 충족하면 관습법에 해당할 수도 있다.

3) 행정법의 일반원칙은 행정법이 아직 충분히 법제화되지 못했을 때, 판례와 학설에 의해 발전되었다. 예컨대 행정행위의 존속력에 대한 원칙, 행정행위의 취소와 무효에 대한 원칙, 공법에서의 실권[失權]원칙, 행정의 자기구속의 원칙, 재량에 관한 원칙, 비례원칙, 행정절차에 관한 원칙, 공법상 손실보상에 관한 원칙, 공법상 부당이득반환의 원칙, 결과제거청구권의 원칙, 신뢰보호의 원칙을 들 수 있다.

4) 이들 중 대다수는 그동안 법제화되었으므로, 행정법의 일반원칙은 대개의 경우 보충적 역할 또는 공백보충적 역할만 하게 된다. 이러한 법제화에 따라서,

---

26) 판례법의 법원성은 다투어지고 있다. 일반적으로 대륙법계 국가(독일·프랑스 등)는 그 법원성을 인정하지 않지만(물론 사실상은 "살아있는 법"으로 기능함은 말할 것도 없음), 영미법계 국가는 인정하고 있다.

행정법의 일반원칙의 법적 효력은 해당 성문법의 법적 효력을 가지게 되었다. 그 밖에는, 대부분 헌법의 행정관련 구체화에서 그러한 원칙들이 발전되었으므로, 행정법의 일반원칙은 헌법에서 유래한다. 일부의 원칙들은 "근본적인 법원칙"들에 의지하므로, 정의[正義]의 표현이고, 일반적으로 받아들여져야 하는 것들이다.

5) 또한, 사[私]법에서 유래한 법원칙들도 있는데, 이들은 동시에 가장 일반적인 근본원칙들이므로, 처음부터 또한 공법영역(따라서 행정법영역)도 그 대상으로 하는 원칙이다. 가장 좋은 예로서 「신의 성실의 원칙」[=신의칙]이 있다. 따라서, 신의성실의 원칙은 이 한도에서 「광의의 일반적 법원칙」이라고 할 수 있다.

(2) 개별적 검토

1) 평등원칙

① 우리 「헌법」 제11조는 평등원칙을 규정하고 있다. 평등원칙은 국가권력이 입법·행정·사법의 모든 분야에서 "같은 것은 같게, 다른 것은 다르게" 처리함으로써 실현될 수 있다. 이 경우 같은 것과 다른 것의 구별기준은 일반적으로 영미법계의 "합리성의 기준"을 들거나, 대륙법계의 "자의(恣意)금지의 원칙"을 들 수 있다.

② 평등원칙은 무엇보다도 먼저 "행정의 자기구속"에 의하여 재량결정에서 중요한 역할을 한다. 즉 재량권의 행사에 있어서 일정 행정관행이 형성된 경우, 행정은 동종의 사안에서 정당한 사유없이 지금까지의 관행에서 벗어나는 것이 허용되지 않는다. 다만, 평등원칙은 위법한 행정결정을 반복할 것을 명령하지는 않는다. 그런 주장은 법률우위의 원칙에 어긋나기 때문이다.

③ 개별 행정기관에 대하여 법률에 의하여 인정된 재량은 종종 행정규칙(재량준칙)에 의하여 다시 제한된다. 재량준칙은 행정집행의 통일적 행사를 확보하려는 것이다. 재량준칙은 하급 행정기관에 대하여 우선 구속력이 있고, 행정의 자기구속에 의하여, 재량준칙과 다른 처분을 한다면 평등원칙에 어긋나는 위법한 처분이 된다. 즉 재량준칙은 평등원칙을 매개로 하여 국민에 대해서도 법적 효력을 가진다. 국민은 평등원칙에 위반한 행정결정에 대하여 재량준칙의 위반을 이유로 제소할 수는 없지만, 평등원칙의 위반을 이유로 제소할 수 있게 된다.[27]

---

27) Maurer/Waldhoff,, Allg, VwR, p. 689; 이런 점에서 평등원칙은 "전환규범"(Umschaltnorm)이라고 불린다.

④ 이미 오래전에 「행정의 자기구속의 법리」를 인정한 헌법재판소의 결정 [헌재 1990. 9. 3. 90 헌마13]에 이어 이 법리를 확인한 최근의 판례로는, 원고 건설회사가 공정거래위원회를 상대로 제소한 과징금감경결정처분 취소소송에서 대법원이, 「이 사건 공정거래위원회 고시는 행정청 내부의 사무처리준칙 즉 재량준칙이라 할 것이고, 이러한 재량준칙은 일반적으로 행정조직 내부에서만 효력을 가질 뿐 대외적인 구속력을 갖는 것은 아니므로 행정처분이 이를 위반하였다고 하며 그러한 사정만으로 곧바로 위법하게 되는 것은 아니고, 다만 그 재량준칙이 정한 바에 따라 되풀이 시행되어 행정관행이 이루어지게 되면 평등의 원칙이나 신뢰보호의 원칙에 따라 행정기관은 상대방에 대한 관계에서 그 규칙에 따라야 할 자기구속을 받게 되므로, 이러한 경우에는 특별한 사정이 없는 한 그에 반하는 처분은 평등의 원칙이나 신뢰보호의 원칙에 어긋나 재량권을 일탈·남용한 위법한 처분이 된다.」라고 판시한 것[대판 2013. 11. 14. 2011 두28783]을 들 수 있고, 나아가 위법한 행정처분에 대하여는 「행정의 자기구속의 법리」가 적용되지 않는다는 판례로는, 원고가 구청장을 상대로 조합설립추진위원회승인처분취소를 구한 소송에서 대법원이, 「위법한 행정처분이 수차례에 걸쳐 반복적으로 행하여졌다 하더라도, 그러한 처분이 위법한 것인 때에는 행정청에 대하여 자기구속력을 갖게 된다고 할 수 없다」라고 판시한 것 [대판 2009. 6. 25. 2008 두13132]을 들 수 있다.[민법 2조].

2) 비례원칙

① 이 원칙은 "과잉금지의 원칙"이라고도 하는데, 행정작용에 있어서 행정목적과 행정수단 사이에는 합리적 비례관계가 있어야 한다는 것이다. 이 원칙은 특히 재량의 적법성에 대하여 중요하며, "법치국가의 원칙"에서 도출된다. 이 원칙에 따르면, ㉠ 적합하고, ㉡필요하며, ㉢협의의 비례원칙에 적합한 조치만이 적법하게 된다.

② 구체적인 내용은 다음과 같다.

㉠ 적합성의 원칙

이것은 추구되는 목적의 달성을 위하여 선택되는 수단이 유용할 것을 요구한다.

㉡ 필요성의 원칙

이것은 추구되는 목적의 달성을 위하여 당해 개인이나 일반국민에게 보다 더 경미한 피해를 발생시키는 적합한 수단이 더 이상 없을 것을 요구한다.

㉢ 협의의 비례의 원칙(상당성의 원칙)

이것은 선택되는 행정조치가 의도되는 결과와 명백히 비례관계에서 벗어나는 불이익을 발생시키지 않을 것을 요구한다. 즉 이 원칙의 적용에 있어서는 먼저, 상호 대립되는 법익을 밝혀내고, 그 다음에 그 법익의 중요성과 침해조치의 강도를 상호 비교형량하지 않으면 안된다. 그리고 이 비교형량에 있어서는 자주 "수인가능성" (受忍可能性)이 중요한 역할을 한다.

③ 위의 세 가지 원칙 중 어느 하나의 원칙에 대한 위반이 있어도 비례의 원칙위반으로서 위법하게 된다.

④ 비례원칙은 법치국가원칙의 표현이며 헌법적 서열을 가진다. 비례원칙은 모든 국가작용에 대하여 적용되며, 특히 「침해적 행정처분[예: 공무원의 징계처분]의 적법성의 심사시에 준수되어야 한다. 비례원칙의 결과로서 개인의 자유는 단지 공공복리를 위하여 필수적인 한도에서만 제한될 수 있다. 행정행위[=행정처분]는 적합하고, 최소침해적이며, 상당해야 한다.」

⑤ 몇 가지 실정법규에서는 비례원칙의 준수가 개별법률로 규정되어 있는데, 예컨대 「경찰관직무집행법 1조 2항」에서는, "이 법에 규정된 경찰관의 직권은 그 직무수행에 필요한 최소한도에서 행사되어야 하며 남용되어서는 아니된다"라고 규정하고 있다.

⑥ 재량 결정에 있어서는 비례원칙은 이미 재량의 객관적인 한계로서 심사척도가 된다.

⑦ 입법작용에 있어서의 「과잉입법금지의 원칙」이란, 국민의 기본권을 제한하려는 입법의 목적이 헌법 및 법률의 체계상 그 정당성이 인정되어야 하고 ["목적의 정당성"으로 불리는데 침해적 행정처분 등의 경우에는 이 점에 대한 비례성 심사는 없음], 그 목적의 달성을 위하여 그 방법이 효과적이고 적절해야 하며 [방법의 적절성], 입법자가 선택한 기본권제한조치가 입법목적달성을 위하여 설사 적절하다 할지라도 보다 완화된 형태나 방법을 모색함으로써 기본권의 제한은 필요한 최소한도에 그치도록 해야 하며 [피해의 최소성], 그 입법에 의해 보호하려는 공익과 침해되는 사익을 비교 형량할 때 보호되는 공익이 더 커야 한다[법익의 균형성]는 법치국가의 원리에서 당연히 파생되는 헌법상 기본원리의 하나인 비례원칙을 말한다. 이를 우리 헌법은 제37조 제2항에서 "국민의 모든 자유와 권리는 국가안전보장, 질서유지 또는 공공복리를 위하여 필요한 경우에 한하여 법률로써 제한할 수 있으며, 제한하는 경우에도 자유와 권리의 본질적인 내용을 침해할 수 없다."라고 선언해 입법권의 한계로서 「과잉입법금지의 원칙」을 명문으로 인정하고 있고, 위헌여부의 판단은 헌법재판소에서 관장하도록 하고 있다.

⑧ 입법작용에 대하여 비례원칙을 적용한 대표적 판례로서, 우리 헌법재판소는, 「이 사건 효력상실조항은 학원교육이 최소한의 공적 기능을 수행하도록 함으로써 양질의 교육서비스를 확보하고 교육소비자를 보호하며, 국가 전체적으로 평생교육을 성공적으로 실현하고자 하는 것으로서 그 입법목적은 정당하고, 학원법 위반으로 벌금형을 선고받을 경우 학원설립·운영 등록이 당연히 실효되도록 한 것은 이와 같은 입법목적을 달성하기 위한 적절한 수단이 될 수 있다. 그러나 사회통념상 벌금형이 중한 형벌이라거나, 벌금형을 선고받은 피고인의 불법 및 책임의 정도가 중하고 그에 대한 사회적 비난가능성이 높다고 보기 어려우므로 등록의 효력상실사유로서 벌금형 판결을 받은 학원법 위반범죄를 규정할 경우, 범죄의 유형, 내용 등으로 그 범위를 가급적 한정하여 규정해야 함에도 이 사건 효력상실조항은 학원법 위반으로 벌금형이 확정되기만 하면 일률적으로 등록을 상실하도록 규정하고 있어 지나친 제재라 하지 않을 수 없다. 또한 형사재판에서 벌금형을 선고하면서 등록의 실효라는 결과를 충분히 감안했다고 보기 어렵고, 등록의 실효에 관한 소명의 기회도 제공되지 않으며, 형사재판이 약식절차에 따라 진행될 경우 소명의 기회가 사실상 차단되는 반면, 이 사건 효력상실조항을 삭제하더라도 교육감은 위반행위의 내용을 감안하여 적절한 지도·감독을 하거나 등록말소, 교습정지 등의 처분을 할 수 있어 입법목적을 달성하는 데 아무런 어려움이 발생하지 않는다. 따라서 이 사건 효력상실조항은 최소침해성원칙에 위배된다.

이 사건 효력상실조항으로 인하여 등록이 실효된 학원운영자, 학원 소속 근로자는 모두 생계의 위협을 받을 수 있으며, 학습자 역시 불측의 피해를 입을 수밖에 없는 반면 이 사건 효력상실조항을 통하여 실제 달성되는 공익은 학원법 위반자의 학원운영을 조금 일찍 금지할 수 있다는 정도에 불과하여 이 사건 효력상실조항은 법익균형성원칙에도 위배된다」라고 판시하고 있다[헌재 2014. 1. 28, 2011헌바252].

⑨ 비례원칙을 알기 쉽게 도표로 설명하면 다음과 같다.

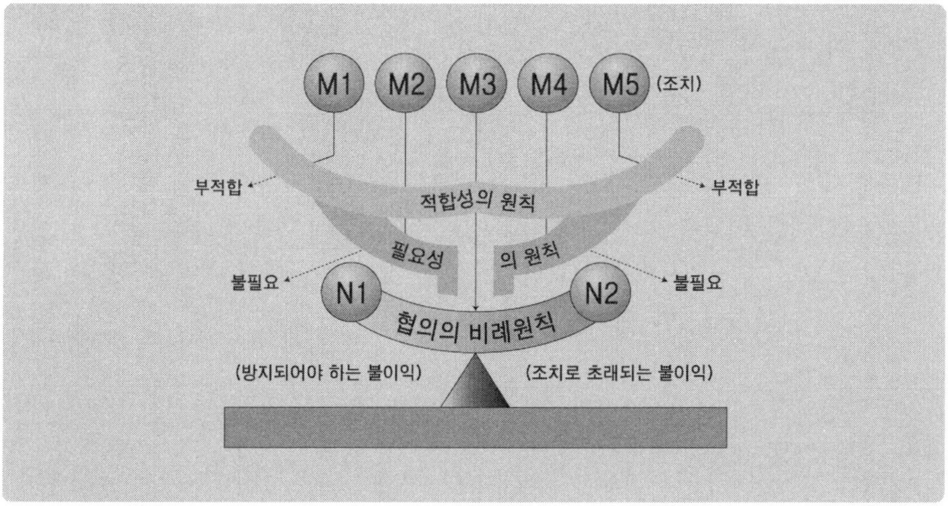

사 례

비례원칙

A시장은, 자동차운전금지의 지시에 위반한 수급자 B에 대하여, 국민기초생활보장폐지처분을 내릴 수 있는가?

➡ 이에 대하여는, 보장의 정지나 변경과 같은 경한 처분을 행하지 않고, 가장 중한 폐지처분을 곧바로 내린 점에서 동 처분은 비례원칙에 위반한 위법한 처분이라고 할 수 있다. 또한, 비례원칙은 행정활동에 대한 통제원칙인 외에, 법률이나 조례와 같은 입법활동에 대하여도, 규제목적과 규제수단의 균형을 요청한다.

3) 신뢰보호의 원칙

① 의의

이것은 행정청의 어떤 언동에 대하여 국민이 신뢰하고 행동한 경우에 그 국민의 신뢰가 보호가치 있는 것이면 그 신뢰를 보호해주어야 한다는 것을 말한다. 이 원칙은 대륙법계의 관념인데, 영미법계의 보통법(common law)상 금반언의 법리(estoppel)도 이와 같은 내용이다.

이 원칙은 독일의 경우 제2차세계대전 후에 사회국가이념이 정착되면서 발전되었다. 1976년에 제정된 독일의 「연방행정절차법」은 위법한 수익적 행정행위의 직권취소제한과, 적법한 수익적 행정행위의 직권철회제한, 확약의 근거로 이 원칙을 도입하였으며, 우리나라에서도 「국세기본법」제18조 제3항과, 행정절차법 제4조 제2항에 이 원칙이 도입되어 있다.

위법한 수익적 행정처분의 취소의 경우의 이익상황은 다음과 같다 :

한편으로는, 「행정의 법률적합성의 원칙」으로부터 그 위법한 행정처분의 폐지(취소)에 대한 공익이 도출된다. 다른 한편으로는, 수익자는, 그 행정처분이 계속 유지되는데 대한 이익을 가진다. 일반적으로 수익자는 그 행정처분의 존속을 신뢰했을 것이므로, 그 신뢰보호는 보호될 수 있을 것이다. 따라서, 수익적 행정처분은 단지 일정한 제한하에서만 취소될 수 있다.

② 근거

이 원칙의 근거로는, ㉠ 법적 안정성의 원칙, ㉡ 신의성실의 원칙, ㉢ 사회국가원칙, ㉣ 기본권 등을 들고 있다.[28]

③ 적용요건

㉠ 우리 대법원은 "신뢰보호의 원칙이 적용되기 위하여는, 행정청이 개인에 대하여 신뢰의 대상이 되는 공적인 견해를 표명하여야 하고, 행정청의 견해표명이 정당하다고 신뢰한 데에 대하여 그 개인에게 귀책사유가 없어야 하며, 그 개인이 그 견해표명을 신뢰하고 이에 어떠한 행위를 하였어야 하고, 행정청이 위 견해표명에 반하는 처분을 함으로써 그 견해표명을 신뢰한 개인의 이익이 침해되는 결과가 초래되어야 하며, 어떠한 행정처분이 이러한 요건을 충족할 때에는, 공익 또는 제3자의 정당한 이익을 현저히 해할 우려가 있는 경우가 아닌 한, 신뢰보호의 원칙에 반하는 행위로서 위법하게 된다"라고 판시하고 있다(대판 1988. 9. 25. 98누6494).

또한, 신뢰보호의 원칙과 행정의 법률적합성의 원칙이 충돌하는 경우에는 양자를 비교형량하여 결정해야 한다.[29]

㉡ 적용요건을 구체적으로 살펴보면 다음과 같다.

ⅰ) 행정청의 선행조치 　선행조치에는 법령, 행정규칙, 행정행위, 확약, 행정계획, 행정지도 등의 사실행위 그 밖의 국민이 신뢰를 가지게 되는 모든 조치가 포함되며, 명시적·묵시적 조치가 다 포함된다.

우리 대법원은, 「국세기본법 18조 3항에서 말하는 비과세 관행이 성립하려면

28) 독일 연방행정재판소는 법적 안정성의 원칙 또는 신의성실의 원칙설을 취하고 있다 (Maurer, Allg, VwR, p. 291-292).

29) 대판 1997. 9. 12, 96누18380

상당한 기간에 걸쳐 과세를 하지 아니한 객관적 사실이 존재할 뿐만 아니라 과세관청 자신이 그 사항에 관하여 과세할 수 있음을 알면서도 어떤 특별한 사정 때문에 과세하지 않는다는 의사가 있어야 하며 위와 같은 공적 견해나 의사는 명시적 또는 묵시적으로 표시되어야 하지만, 묵시적 표시가 있다고 하기 위하여는 단순한 과세 누락과는 달리 과세관청이 상당기간 불과세 상태에 대하여 과세하지 않겠다는 의사표시를 한 것으로 볼 수 있는 사정이 있어야 하고, 이 경우 특히 과세관청의 의사표시가 일반론적인 견해표명에 불과한 경우에는 위 원칙의 적용을 부정하여야 한다.」[대판 2001. 4. 24., 2000두5203]라고 판시하고 있다.

ii) 보호 가치 있는 사인의 신뢰 이것은 국민이 행정청의 선행조치를 신뢰함에 있어 국민에게 책임 있는 사유(예: 사실은폐나 거짓의 방법에 의한 신청)가 없어야 함을 가리킨다.[30]

iii) 상대방의 조치 해당 국민이 선행조치를 신뢰하고 투자하는 등 구체적인 후속조치를 취하여야 한다.

iv) 인과관계 선행조치와 그것을 신뢰한 국민의 조치사이에 인과관계가 있어야 한다.

v) 선행조치에 어긋나는 행정권의 행사 행정기관이 상대방의 신뢰를 저버리는 행정권의 행사를 함으로써 해당 국민의 권익침해가 있어야 한다.

④ 동원칙이 적용되는 경우들

㉠ 행정법규의 소급효금지

행정법규의 소급효는 관계인의 신뢰보호에 적합하지 않으므로 원칙적으로 금지된다. 다만, 그것이 국민의 기득권을 침해하지 않는 경우에는 허용된다.[31] 이런 소급효금지는 진정소급효(이미 과거에 완성·종료된 사실 또는 법률관계를 규율대상으로 하는 경우)에만 적용되고, 부진정소급효(이미 과거에 시작하였지만, 아직 완성·종료되지 않고 진행과정에 있는 사실 또는 법률관계를 규율대상으로 하는 경우)에는 적용되지 않는 것이 일반적이다. 다만, 부진정소급효의 경우에도 실무에서는 신구관계를 조정하기 위하여 일반적으로 법령 부칙에 경과조치규정을 두고 있다.[32]

「진정소급입법」에 관하여, 우리 헌법재판소는, 「헌법 제13조 제2항은 소급과세

30) 대판 1991. 4. 12, 90누9520

31) 대판 1960. 7. 26, 62누35; 헌재 1989. 7. 14, 89헌가58

금지원칙을 규정하고 있고 새로운 입법으로 과거에 소급하여 과세하거나 이미 납세의무가 존재하는 경우에도 소급하여 중과세하는 것은 헌법에 위반된다(헌재 2012. 12. 27, 2011헌바132 등 참조). 한편 소급입법은 신법이 이미 종료된 사실관계에 작용하는지 아니면 현재 진행중에 있는 사실관계에 작용하는지에 따라 '진정소급입법'과 '부진정소급입법'으로 구분되고, 진정소급입법은 헌법적으로 허용되지 않는 것이 원칙이며 특단의 사정이 있는 경우에만 예외적으로 허용될 수 있다(헌재2008. 5. 29. 2006헌바99 등 참조).

일반적으로 소급입법이 금지되는 주된 이유는 문제된 사안이 발생하기 전에 그 사안을 일반적으로 규율할 수 있는 입법을 통하여 행위시법으로 충분히 처리할 수 있었음에도 불구하고, 권력자에 의해 사후에 제정된 법을 통해 과거의 일들이 자의적으로 규율됨으로써 법적 신뢰가 깨뜨려지고 국민의 권리가 침해되는 것을 방지하기 위함이다(헌재 2011. 3. 31, 2008헌바141). 따라서 소급입법이 예외적으로 허용되기 위해서는 '소급입법을 허용할 수밖에 없는 공익상 이유'가 인정되어야 한다. 이러한 필요성도 없이 단지 소급입법을 예상할 수 있었다는 사유만으로 소급입법을 허용하는 것은 헌법 제13조 제2항의 소급입법금지원칙을 형해화시킬 수 있으므로 예외사유에 해당하는지 여부는 엄격하게 판단하여야 한다(헌재 2013. 8. 29, 2010헌바354등 참조).」라고 판시하고 있다[헌재 2014. 7. 24, 2012헌바105].

㉡ 확약

행정청이 사인에 대하여 자기구속의 의도로써 장래에 있어서 일정한 행위 또는 불행위를 약속하는 일반적 의사표시인 확약이 행정청에 대하여 자기구속적 효력을 발생시키는 근거를 우리 대법원은 신뢰보호의 원칙에서 찾는다.[33]

우리 대법원은, 「대통령이 담화를 발표하고 이에 따라 국방부장관이 삼청교육관련 피해자들에게 그 피해를 보상하겠다고 공고하고 피해신고까지 받은 것은, 대

골재채취법

부칙(법률 제 5528호, 1991.12.14.)

② (골재채취업에 관한 경과조치) 이 법 시행당시 골재채취업을 영위하고 있는 자는 이 법 시행일부터 2년까지는 제14조의 규정에 불구하고 골재채취업을 영위할 수 있다.

32) 예컨대, 일정기간 신법의 적용을 유예한 사례를 보면 다음과 같다(법제처, 법령입안심사기준, 2006, p. 538).

33) 대판 1985. 4. 23, 84누593

통령이 정부의 수반인 지위에서 피해자들인 국민에 대하여 향후 입법조치 등을 통하여 그 피해를 보상해 주겠다고 구체적 사안에 관하여 종국적으로 약속한 것으로서, 거기에 채무의 승인이나 시효이익의 포기와 같은 사[私]법상의 효과는 없더라도, 그 상대방은 약속이 이행될 것에 대한 강한 신뢰를 가지게 되고, 이러한 신뢰는 단순한 사실상의 기대를 넘어 법적으로 보호받아야 할 이익이라고 보아야 하므로, 국가로서는 정당한 이유 없이 이 신뢰를 깨뜨려서는 아니 되는 바, 국가가 그 약속을 어기고 후속조치를 취하지 아니함으로써 위 담화 및 피해신고 공고에 따라 피해신고를 마친 피해자의 신뢰를 깨뜨린 경우, 그 신뢰의 상실에 따르는 손해를 배상할 의무가 있고, 이러한 손해에는 정신적 손해도 포함된다.」[대판 2001. 7. 10, 98다38364]라고 판시하여 행정청이 확약에 반하는 처분을 하면, 상대방은 신뢰보호원칙의 위반을 주장하며 국가배상을 청구할 수 있음을 인정하고 있다.

㉢ 실권(失權)

이것은 행정청이 위법한 상태를 장기간에 걸쳐 방치함으로써 국민이 그 상태를 신뢰한 경우 사후에 위법성을 주장할 수 없도록 하는 제도인데, 해당 국민의 신뢰의 이익과 법적 안정성을 고려한 것이다.[34)]

㉣ 계획보장청구권

행정계획의 존속을 해당 국민이 신뢰한 때에 행정청이 사후에 이를 변경·폐지하지 못한다는 것을 말한다.

㉤ 처분사유의 추가·변경

행정처분취소소송에서 행정청은 당초의 처분사유와 사실관계에 동일성이 없는 별개의 처분사유를 추가·변경할 수 없다. 그 근거로 대법원은 해당 국민의 신뢰보호를 들고 있다.[35)]

⑤ 위반효과

행정입법, 공법상 계약의 경우에는 무효라고 보나[다만, 독일의 경우, 공법상 계약은 예외적 경우도 있음], 행정행위의 경우에는 중대명백설의 일반원칙에 따라 판단하는 것이 일반적이다.[36)]

---

34) 대판 1987. 9. 8, 87누373; 한편, 대법원은 실권의 원칙을 신의성실의 원칙에 그 근거를 찾기도 한다(대판 1988. 4. 27. 87누915).

35) 대판 1987. 7. 21, 85누694

36) 홍정선, 행정법원론(상),박영사, 2019, p. 97; 다만, 공법상 계약의 경우에는 민법의 경우와 같이 여러 가지로 구별하여 볼 수도 있을 것이다(독일 「연방행정절차법」의 입장).

4) 부당결부금지의 원칙

① 의의

이것은 행정청이 행정작용을 할 때 그 행정작용과 실체적 관련성이 없는 상대방의 반대급부를 부당하게 결부시켜서는 안된다는 것이다.

② 근거

우리나라에서는 이 원칙을 법치국가원칙과 과잉금지원칙에서 도출하는 것이 일반적인데[37], 독일에서는 행정의 법률적합성원칙의 한 구성요소로 보고 있다.[38]

③ 적용영역

이 원칙의 적용영역으로는, ㉠ 행정행위에 부관을 붙이는 경우, ㉡ 공법상 계약의 체결시, ㉢ 행정법상의 의무이행을 확보하기 위하여 제재적·강제적 수단을 쓰는 경우를 들 수 있다.

예컨대, 부관은 수권근거의 목적과 관련성을 가지는 것이어야 하므로 부관은 행정처분의 목적에 반해서는 안된다. 따라서 철거처분의 취소가, 관계 국민이 오랫동안 납부하지 않은 폐기물처리수수료를 납부한다는 조건하에 행해진다면, 그 취소처분은 위법하게 된다.

④ 위반효과

이 원칙을 위반하게 되면 위헌·위법으로 되고, 이 원칙을 위반한 법률은 위헌심판 및 헌법소원의 대상으로, 이 원칙을 위반한 부관부 행정행위는 취소소송의 대상으로, 이 원칙에 위반한 공법상 계약은 무효로 된다는 것이 일반적이다.[39]

대법원도, 「구청장이 사업자에게 주택사업계획승인을 하면서 그 주택사업과는 아무런 관련이 없는 토지를 기부채납하도록 하는 부관을 주택사업계획승인에 붙인 경우, 그 부관은 부당결부금지의 원칙에 위반되어 위법하다.」라고 판시하고 있다[대판 1997. 3. 11, 96다 49650].[40]

37) 홍정선, 행정법(상), p. 98

38) BGH, NJW 1979, 692(독일 연방민사대법원의 판례).

39) 홍정선, 행정법(상), p. 99

40) 대판 1997. 3. 11, 96다49650

5) 신의성실의 원칙

① 의의

이것은 행정청이 직무를 수행함에 있어 신의에 따라 성실히 하여야 한다는 것을 말하며, 모든 법률관계에 적용된다는 것이 통설·판례의 입장이다.[41]

한편, 건축허가에 의해 자신의 권리를 침해당한 제3자(인근주민)는 그 건축허가에 대해 취소소송을 제기할 수 있는데, 문제는 이웃주민에게 건축허가가 건축주에게 발급된 것이 고지가 되지 않았으므로, 기간이 오래 경과되어도 쟁송기간이 도과되지 않는다는 것인데, 쟁송기간은 행정청의 건축허가처분 발급에 대한 고지를 받은 때부터 기산되기 때문이다. 그러나 이웃주민이 사실상 그 건축허가가 발급된 사실을 알고도 상당한 기한 내에 제소하지 않았다면, 이 경우 신의성실의 원칙이 적용되어 더 이상 이웃주민의 제소는 허용되지 않는다고 할 것이다.

② 적용영역

우리 대법원은, "실권의 법리는 법의 일반원리인 신의성실의 원칙에 바탕을 둔 파생원칙이므로 공법관계 가운데 관리관계는 물론이고 권력관계에도 적용된다"라고 판시하고 있다.[42]

Ⅳ 「행정법의 법원(法源)」에 관한 기본판례(추가)

(1) 헌재 2015. 7. 30, 2014헌바298·357, 2015헌바120(병합)[비례원칙]
(2) 헌재 2016. 6. 30, 2014헌바365[신뢰보호원칙]
(3) 헌재 2017. 7. 27, 2015헌바240[신뢰보호원칙]
(4) 헌재 2018. 4. 26, 2017헌바341[비례원칙]
(5) 대판 2018. 2. 28, 2017두67476[부당결부금지의 원칙]
(6) 대판 2018. 10. 25, 2018두44302[평등원칙, 국가의 기본권 보호의무]
(7) 헌재 2015. 12. 23, 2014헌마1145[비례원칙]
(8) 헌재 1990. 9. 3, 90헌마13[평등원칙]
(9) 대판 2013. 11. 14, 2011두28783[평등원칙]

41) 대판 1983. 5. 24, 82다카1919
42) 대판 1988. 4. 7, 87누915

(10) 대판 2009. 6. 25, 2008두13132[평등원칙]
(11) 헌재 2014. 1. 28, 2011헌바252[비례원칙]
(12) 헌재 2008. 5. 29, 2006헌바99[신뢰보호의원칙]
(13) 헌재 2011. 3. 31, 2008헌바141[신뢰보호의원칙]
(14) 헌재 2013. 8. 29, 2010헌바354[신뢰보호의원칙
(15) 헌재 2014. 7. 24, 2012헌바105[신뢰보호의원칙]

제4절 행정법의 효력이 미치는 범위

I 시간적 한계

1. 효력발생시기

법령은 헌법과 법률이 정하는 바에 따라 그 시행일부터 효력이 발생한다.

(1) 공포와 공포일

1) 공포

① 공포는 확정된 법령의 시행을 위하여 국민 또는 주민에게 알리는 것을 말한다.

② 헌법개정, 법률, 조약, 대통령령, 총리령, 부령의 경우에는 관보에 게재하여 공포한다(법령등 공포에 관한 법률 11 ①).

2) 공포일

법령 등의 공포일은 그 법령 등을 게재한 관보·신문이 발행된 날로 한다(법령 등 공포에 관한 법률 12). 여기서 '발행된 날'의 의미에 관하여는, ① 관보일자시설, ② 발송절차완료시설, ③ 최초구독가능시설, ④ 지방관보판매소도달시설이 있는데, 판례는 최초구독가능시설을 취하나,[43] 행정실무는 관보일자시설을 취한다.

(2) 시행유예기간

이것은 새 법령의 시행을 위하여 일정 기간 국민에게 알리는 기간을 말한다. 특별한 규정이 없는 한 법령의 시행유예기간은 20일이지만, 벌칙이 있는 법령이나 국민의 권리제한·의무부과와 직접 관련되는 법령의 시행유예기간은 적어도 30일 이상이어야 한다.

2. 소급적용금지

행정법령은 특별한 규정이 없는 한 시행일부터 장래에 향하여 효력을 발생한다. 소급적용은 법적 안정성을 해치기 때문이다. 따라서, 일반 국민의 이해관계에 직접적 관련이 없거나, 공공복리를 위하여 특히 필요한 경우에만 소급적용이 인정된다.

또한 진정소급효는 원칙적으로 인정되지 않는다.

우리 헌법재판소는, 「법률 제4563호 개발이익환수에 관한 법률 일부개정법률 부칙 제2조는 동법이 시행된 1990. 1. 1. 이전에 이미 개발을 완료한 사업에 대하여 소급하여 개발부담금을 부과하려는 것이 아니라 동법 시행당시 개발이 진행중인 사업에 대하여 장차 개발이 완료되면 개발부담금을 부과하려는 것이므로, 이는 아직 완성되지 아니하여 진행과정에 있는 사실관계 또는 법률관계를 규율대상으로 하는 이른바 부진정소급입법에 해당하는 것이어서 원칙적으로 헌법상 허용된다」라고 판시하고 있다.[헌재 2001. 2. 22, 98 헌바19]

3. 효력의 소멸

(1) 한시법의 경우

한시법은 명문으로 그 유효기간의 종기(終期)를 정해 둔 법령을 말한다. 한시법은 유효기간이 경과함으로써 자동적으로 효력을 상실한다.

(2) 비한시법의 경우

한시법 외의 법령은, ① 신법에 의한 명시적 폐지, ② 신법과 구법의 내용상

---

43) 대판 1970. 7. 21, 70누76

충돌, ③ 상위법(수권법)의 소멸, ④ 규범사실관계의 영속적 종결, ⑤ 위헌결정의 경우에 효력을 잃는다.

Ⅱ 지역적 한계

행정법령은 그것을 제정한 기관의 권한이 미치는 지역 내에서 효력을 가지는 것이 원칙이다. 즉 국가법령은 전국에 걸쳐 효력을 가지지만, 지방자치단체의 조례·규칙은 당해 지방자치단체의 구역에서만 효력을 가지는 것이 원칙이다.

Ⅲ 대인적 한계

행정법령은 원칙적으로 “속지주의”에 의하여 그 법령이 적용되는 지역 내에 있는 모든 자(외국인도 포함)에게 적용된다.

02 행정법의 토대

제1절 행정의 법률적합성의 원칙[법치행정의 원칙]

I 서설

행정이 법률에 구속된다는 원칙은 법치국가의 가장 중요한 요소 중 하나이다. 이 원칙은 행정이 단지 법률만이 아니라 헌법에도 구속되며, 법률보다 하위의 법원(法源)에도 구속된다는 넓은 의미를 가진다.

행정은 그 활동에 있어 법과 법률에 구속된다. 행정의 법률적합성의 원칙 내지 법치국가원칙과 민주주의원칙에는 법률우위의 원칙과 법률유보의 원칙이 주요 내용으로 포함된다.

II 행정의 법률적합성의 원칙

1. 법률우위의 원칙

(1) 이 원칙은, 적극적으로는, 법률의 형식으로 나타나는 국가의 행위는 다른 모든 국가행위, 특히 행정기관의 행위(예: 행정입법, 행정행위)에 대하여 우월한 효력을 가진다는 것을 의미하고, 소극적으로는, 행정은 법률에 위반되는 행위를 하여서는 안 된다는 것을 의미한다. 이 원칙은 「헌법」상의 법치국가원칙에서 도출된다.

(2) 법률 우위의 원칙은 행정의 모든 활동영역에 대하여 적용된다. 행정활동[예: 행정처분의 발령, 법규명령 또는 자치법규의 제정]이 법률에 위반되면, 위법하다. 행정활동이 또한 무효인지 여부의 문제는 각각 세분화해서 생각해야 한다:

위법한 법규명령은 일반적으로 무효이다. 위법한 자치법규도 일반적으로 무효이다. [하자치유의 특별규정이 독일의 경우 예외적으로 있는 경우가 있음: 연방건설법전 214조 이하 등]. 위법한 행정행위[=행정처분]는 예외적으로 무효이고, 일반적으로는 취소사유가 된다. 독일의 경우, 위법한 공법상 계약은 일정한 전제요건 [연방행정절차법 59조]하에서만 무효로 된다[일정한 전제조건을 충족시키지 못하면 유효하거나 계약해제의 대상이 될 것임].

사 례

법률의 우위

기획재정부장관이 다음달부터 소비세의 세율을 20%라고 공표하여 시행하겠다고 한다. 그러나 예컨대 「소비세법」에서는 「소비세의 세율은, 100분의 4로 한다」라고 규정되어 있다고 하자. 이 경우, 기획재정부장관이 공표・시행하겠다는 20%가 우선한다면, 행정은 법률에 기해 행해지는 것이 아니게 되므로, 「소비세법」이 정하는 대로 4%가 타당하지 않으면 안 된다.

이것이 「법률의 우위의 원칙」이다. 즉 법률에 위반하여 행정의 활동이 행해지면 안 된다는 것으로서, 소비세율의 변경은 「소비세법」의 개정에 의하지 않으면 안 된다. 「입법권은 국회가 가진다」라고 하는 「헌법」 제40조가 법률의 우위의 원칙의 법적 근거이고, 이 원칙은 어떠한 행정의 활동에 관하여도 타당하다.

2. 법률유보의 원칙

(1) 개념

1) 이 원칙은 「헌법」이 일정한 결정들을 의회에 유보하고, 행정은 의회의 법률에 의하여 명시적으로 수권받는 경우에만 그 특정 조치들을 할 수 있다는 것을 말한다. 그런데, 주의할 것은 여기서의 "법률"은 작용법적 근거가 되는 법률을 말하며, 행정의 소관사무를 정하는 조직법적 근거가 되는 법률이 아니라는 점이다. 왜냐하면, 행정은 모든 경우에 있어서 조직법적 근거는 있어야 하기 때문이다.

2) 이 원칙 중 "일정한 사항은 반드시 직접 법률로 정하여야 하며, 행정부의 명령에 수권할 수 없다"는 부분을 특히 "의회유보"라고 한다. 만일 의회유보를 위반하는 법률이 있으면 그것은 위헌법률이 된다.

3) 법률유보의 원칙은, 「행정의 활동은, 행정이 바로 그 활동을 하는데 법률로 수권을 받을 때에만 적법하다」는 것을 말한다. 법률우위의 원칙과 달리 법률유보

의 원칙은 모든 행정활동에 대해 다 적용되는 것은 아니다. 법률유보의 원칙은 특히 민주주의원칙과 법치국가원칙에 근거한다. 민주주의원칙으로부터는 "국가공동체에 대하여 본질적인 결정들은 직접적 민주적 정당성을 가진[이는 특히 의원내각제 정부형태에서 그러함] 의회(법률제정자=입법자)에 의해 행해져야 한다는 요구가 도출된다. 행정은 자신의 행동에 대해 이 영역에서 법률상 수권을 요한다. 이 한도에서 행정은 자신의 고유한 권한에 기한 활동권한을 가지지 못한다. 법치국가원칙에 따르면 국가와 국민 간의 법적 관계는 "일반적 법률"에 의해 규율되어야 하는데, 행정활동이 국민에 대하여 예견가능하고 예측가능할 수 있게 하기 위해서이다.

4) 법률유보의 원칙은 직접 의회법률로 규정할 것을 요구하거나 [의회유보], 아니면 실질적 의미의 법률을 요구[법률로 직접 규정하거나 그 위임에 기해 법규명령 또는 자치법규로 규정하는 것 : 법규유보]하게 된다. 법규명령으로 규정하는 경우에는 한국헌법 제75조의 요청["구체적으로 범위를 정한" 수권을 요함]을 준수해야 한다. [독일기본법의 경우에는 제80조의 "내용 · 목적 · 범위(정도)"를 정한 수권을 요함]. 관습법은 「법률유보의 원칙」의 의미에서의 수권의 근거로 될 수 없다.

(2) 의회유보와 법규유보

1) 독일연방헌법재판소[BVerfG]는 자신이 발전시킨 「본질성이론」에 의해 법률유보의 효력을, 「의회법률은 모든 본질적 결정에 대해 필요하다」라고 구체화하였다. 이 경우 "본질적"이란 의미는, 무엇보다도 특히 「기본권의 실현을 위해 본질적인[=중요한] 사항」을 가리킨다. 또한 직접적인 기본권 관련성이 없지만 국가공동체에 대하여 근본적인 결정에 해당하는 조치도 또한 「본질성이론」에 따르면, 의회법률에 의한 규율을 요구한다.

2) 이러한 "본질적인" 사항은 「위임금지」하에 놓이므로, 자치법규나 법규명령에 의해 규율될 수 없다. 독일연방재판소는 단지, 「기본권이 보다 더 강하게 관련될수록, 그 사항이 국민과 국가에 대하여 보다 더 중요할수록, 그리고 해당 사항이 국민 간에 보다 더 다투어지면 다투어질수록, 의회법률에 의한 규율은 보다 더 정밀하고, 세밀하게 규율되어야 한다. 그 밖에는 법률보다 하위의 법규에 의한 규율도 가능하다.」라고만 판시하고 있다.

사 례

법률의 유보

예컨대 기획재정부장관이 「커피에 20%의 세금을 과한다. 이것은 소비세는 아니고, 그것과는 별개의 커피세이므로 소비세법에 위반되지 않는다」라고 한다고 하자. 법률이 없는 경우에는 예측가능성이 보장되지 않고, 법률에 의한 행정의 활동의 민주적 정당화도 불가능하고, 행정의 법적 통제는 불충분하게 된다. 따라서, 법률의 규정이 없는 부분에 관하여는 행정의 자유가 인정되는 것은 아니고, 오히려 행정의 활동이 제한된다고 생각할 필요가 있다. 예컨대 위의 커피세에 관하여도 「소비세법」과 같은 법률이 없다면 과세할 수 없다고 할 필요가 있다.

이것이 법률의 유보의 원칙이다. 즉 근거법률이 없다면 행정활동은 불가능하고, 행정활동에 관한 결정이 법률에 유보되어 있다는 의미에서 "법률의 유보"라고 불린다. 세금에 관하여는 「헌법」이 "조세법률주의"를 규정하고 있는데, 이것은 법률의 유보의 원칙을 세법영역에 관하여 구체화한 것이다.

또 다른 예를 살펴보자. 행정이 댐건설을 위하여 건설예정지 그 밖의 토지를 취득할 필요가 있는데, 그 토지의 소유자가 이에 반대한다면 최종적으로는 강제적으로라도 토지를 취득할 수 없다면(토지수용) 댐건설은 불가능하다. 이 토지수용에 의하여 개인의 재산을 강제적으로 빼앗는 것이 가능한 것도 「토지보상법」과 같은 근거법률이 있기 때문이다.

조직규범

법률의 유보원칙에서의 근거법률은 어떤 종류의 것일까?

커피세의 예에서 「소비세법」과 같은 법률이 필요하다고 할 때, 그것은 어떤 법률일까?

예컨대, 「정부조직법」에서, 기획재정부는 「적정하고 공평한 과세의 실현」을 임무로 하고, 이 임무의 달성을 위하여 「내국세의 부과 및 징수에 관한」사무를 담당한다고 정하고 있다고 하자. 이 법률규정을 근거로 커피세를 과할 수 있을까? 만일 그것이 가능하다면, 이 「정부조직법」의 규정을 근거로 커피세만이 아니고, 다른 세금도 행정의 판단만으로 세금을 과할 수 있게 되므로, 나아가 「소비세법」과 같은 법률도 필요 없게 될 것이다.

그러나, 이렇게 행정활동이 포괄적으로 근거 지워지게 된다면, 법률의 유보라는 의미가 없어지게 될 것이다. 이 경우, 「정부조직법」과 같은 성질의 법률은 행정조직 중에서 행정사무를 분배하는 규범의 하나, 즉 조직규범이라 불린다. 물론 행정의 활동은 이런 조직규범에 따르지 않으면 안 되고, 이것에 위반하는 활동은 행정조직의 활동이 아니고, 당해 공무원 개인의 사적인 취미라고 할 수 있을 뿐이다. 예컨대, 소방공무원이 세무조사를 하고, 경찰관이 농업지도를 하는 것을 들 수 있다.

조직규범은 본래 조직내부에서 어떻게 사무를 분배할까 하는데 관심을 가지고 정해진 것으로서 행정활동이 개인이나 기업의 자유・재산에 미치는 작용에 초점을 맞춘것이 아니다. 따라서 조직규범은 확실히 필요하지만, 그것만으로는 충분하지 않고, 개인이나 기업의 자유・재산을 지키기 위하여는 조직규범에 더하여 「소비세법」과 같은, 행정활동을 구체적으로 근거지우고, 행정활동을 행하기 위한 요건과 행정활동의 효과(내용)에 관하여 정하는 법률이 요구된다. 이러한 법률을 근거규범(작용규범)이라고 한다.

(3) 법률유보원칙의 적용범위

구체적으로 어떤 행정조치가 법률유보의 원칙의 적용대상이 되는지는 해명될 필요가 있다. 무엇보다도 모든 행정활동이 법률의 근거를 요구하는 것은 아니라는 것은 일반적으로 인정되고 있다. 즉 「전부유보설」은 일반적으로 거부되고 있다.

1) 침해유보설

이 견해는 침해행정, 즉 국민의 권리와 자유를 제한하거나 의무를 부과하는 활동은 반드시 작용법적 근거법률을 요한다고 한다. 이 견해는 자유주의적 법치국가를 전제로 하고 있고, 급부행정이 확대된 오늘날에는 타당성이 감소되었지만, 오늘날에도 "법률유보의 최소한의 요청"이라고 할 수 있다.

2) 급부행정유보설(사회유보설)

이 견해는 침해행정뿐만 아니라 급부행정에도 작용법적 근거규범을 요한다고 한다. 이 견해의 논거로는, 급부행정은 세금에 의하여 운영되므로 법률이 정하는 기준에 따라 공정하게 지급되어야 하고, 자의적이고 불공평한 급부나 그 거부는 급부를 받을 권리를 침해한다는 것을 들고 있다. 그러나 역설적이게도 이 견해는 아직 법률이 없는 영역에서 국민이 급부를 받을 수 없게 만들고 만다. 따라서 이 견해는 현실과 맞지 않는 이상론(Utopia)이라는 비판을 받고 있다.[44)]

3) 전부유보설

이 견해는 모든 행정활동이 작용법적 근거법률을 요한다고 한다. 이 설에 대하여는 급부행정유보설에 대한 비판이 유효하다.

4) 본질성설(중요사항유보설)

① 이 견해는 행정활동 중 국민에게 직접 관계되는 본질적 문제의 결정은 의회의 법률에 의하여 규율되어야 한다고 한다. 이 견해의 논거는 민주주의 원칙과 법치국가원칙이며, 독일의 연방헌법재판소가 발전시킨 이론이다.[45)] 이 설로 인하

44) 독일의 통설과 판례에 의하면, 보조금지원행정에 있어 행정은 그 급부보장의 요건, 절차가 법률로 규정되어 있지 않더라도 원칙적으로 급부활동을 할 수 있다고 한다. 다만, 이 경우 어떠한 형태로든(예: 예산) 의회의 의사표시가 되어 있을 것이 요구된다고 하는데, 그것은 정당성확보를 위해서 필요하기 때문이다(BVerwGE 18, 353).

45) BVerfGE, NJW 1976, 35 ; BVerwGE, NJW 1979, 229

여 전통적 법률유보는 많은 확대를 경험하게 되었다.

② 우리나라 대법원판례는 일반적으로 침해유보설을 취하지만, 헌법재판소는 본질성설을 취하고 있고,[46] 학설도 본질성설이 다수설이다.[47]

사 례

침해유보원리와 중요사항유보설

개인이나 기업의 자유와 재산을 지키는 것이 법률에 의한 행정의 근거이므로, 적어도 사인의 자유나 재산에 대한 마이너스작용(=침해)을 하는 행정활동에 관하여는 법률이 필요하다고 하는 것이 침해유보원리이고, 이것에 관하여는 학설상 다툼이 없다. "침해"라고 하는 것은 과세나 토지수용의 재결이라는 권리의 제한, 박탈부터, 식중독을 발생시킨 음식점에 대한 영업정지명령, 위법 주차한 차의 견인과 같은 실력행사에 이르기까지 다양하고, 자동차운전면허 등도 무면허운전을 금지하여 차를 운전하는 자유를 제한한 후에 면허를 교부하는 구조를 취하고 있으므로, 여기서 말하는 "침해"에 해당한다(주점의 영업허가도 동일하다).

문제는, 이러한 침해유보원리만으로 충분한가이다. 개인이나 기업의 자유와 재산을 지키는 것(자유주의)만이 법률에 의한 행정의 원리의 의의라고 생각하면, 이 침해유보원리만으로 충분하지만(침해유보설), 이것에 의하면 급부행정에 관하여는 반드시 법률의 근거는 불필요하게 된다.

이에 대하여 「헌법」의 국민주권원리를 강조하면, 국민을 대표하는 국회가 모든 행정활동에 관하여 민주주의적으로 공공성을 판단할 필요가 있다는 견해가 나오며, 이것이 "전부유보설"인데, 이것은 실제상 불가능하고, 결국 필요한 행정이 행해지지 못하게 된다. 그래서, 양자의 중간에서, 중요사항(본질적인 사항)은 법률의 근거가 필요하다고 하며, 사인의 자유・재산의 침해는 당연히 중요사항이므로 침해유보원리를 전제로 하여 플러스 알파(+α)를 요청한다는 견해(중요사항유보설=본질성설)가 나타났다. 구체적으로는 제재적인 개인이나 기업의 성명이나 명칭의 공표 등과 같이 중대한 불이익을 가져오는 행정활동, 국민의 장래의 활동에 관한 국토계획 등의 기본정책・계획, 중요한 보조금 등에도 법률의 근거가 요구된다.

규율밀도

법률의 유보원칙은 행정이 따라야 할 원칙을 정한 동시에, 법률을 제정하는 국회 측에도 적용되는 원칙이다. 즉 법률의 유보의 원칙에 따라 행정활동이 적절하게 행해지기 위하여는, 근거법률도 적절하게 행정활동을 근거지울 필요가 있다. 예컨대, 커피세에 법률의 근거가 필요하다고 하여, 「커

---

46) 헌재 1999. 5. 27. 98헌바70: "오늘날 법률유보원칙은 국가공동체와 그 구성원에게 기본적이고도 중요한 의미를 갖는 영역, 특히 국민의 기본권실현과 관련된 영역에 있어서는 국민의 대표자인 입법자가 그 본질적 사항에 대해서 스스로 결정하여야 한다는 요구까지 내포하고 있다."

47) 홍정선, 행정법(상), p. 62; 김동희, 행정법 I, p. 41

피세를 과할 수 있다」라고 하는 법률을 제정한다면 충분한가? 이 경우 세율을 법률로 정하지 않고 있으므로, 세율을 20%로 하다가 갑자기 기획재정부장관이 50%로 바꾸어버리면 어떻게 되는가? 법률유보의 원칙이 유효하게 행정활동을 통제하기 위해서는, 단지 법률로 근거규범이 정해지는 것만이 아니고, 근거규범이 그러한 요청에 응하여 어떻게 상세히 정할것인가(규율밀도)도 살펴볼 필요가 있다.

3. 행정의 법률적합성원칙을 알기 쉽게 도표로 나타내면 다음과 같다.

행정의 법률적합성원칙
(법치행정의 원칙)

법률유보의 원칙	법률우위의 원칙
▽	▽
행정은 오직 그 활동에 대한 법률의 수권이 있을 때에만 활동이 허용됨	모든 행정활동(작위, 부작위)은 법률을 위반하는 것이 허용되지 않음
<u>적용 범위</u>	<u>적용 범위</u>
침해행정, 일부급부행정, 공동체에 대하여 본질적인 원칙적 결정	법률을 준수하고 집행해야 하는 모든 행정영역

4. 「행정의 법률적합성 원칙」에 관한 기본판례(추가)

(1) 대판 2017. 5. 30, 2014다61340

(2) 대판 2015. 8. 20, 2012두23808[의회유보]

(3) 대판 2017. 12. 5, 2016추5162[위임조례]

(4) 대판 2003. 7. 25, 2001다60392[법률유보의원칙]

(5) 헌재 2010. 10. 28, 2008. 10, 28, 2008헌마638[법률유보의원칙]

03 행정상의 법률관계

제1절 행정상 법률관계 개론

행정상 법률관계[=행정법관계]는 개인적 공권과 관계가 깊은데, 행정상 법률관계는 자주 개인적 공권을 창설하거나, 이러한 법적 지위(개인적 공권)의 결과들이기 때문이다.

제2절 행정법관계의 내용(개인적 공권)

I 개설

사인은 행정주체에 대하여 여러 가지 권리를 가지고 있는데, 그 핵심은 개인적 공권이다. 개인적 공권이란, 개인이 직접 자기 이익을 위하여 행정주체에게 일정한 요구를 할 수 있는, 공법에 의하여 주어진 법적 힘을 말한다.

행정은 법률우위의 원칙에 따라 법규[모든 성문법과 불문법]를 준수할 의무가 있다. 국민은 행정에 대하여 법규의 준수를 단지, 자신에게 개인적 공권이 주어지는 한도 내에서만 요구할 수 있다. 이러한 지위는 원칙적으로 배제된다고 할 수는 없는데, 그렇지 않다면 개개인은 단지 신민[臣民]이 될 것이며, 국가작용의 객체로만 전락할 것이기 때문이다. 이러한 결과는 헌법상의 「인간의 존엄성」과 그 밖의 기본권들에 반할 것이다. 한편, 그 반대로 개개인에게 법규 그 자체가 일반적으로 준수되고 관철되어야 한다는 청구권, 즉 「일반적인 법률집행청구권」도 또한 인정될 수는 없다. 공법학에서는, 개인적 공권을 「자신의 이익을 추구하기 위해 국가로부터 일정한 행위를 요구할 수 있는, 국민에게 인정된 법적 힘」이라고 이해한다.

Ⅱ 개인적 공권

1. 성립요건

(1) 독일의 뷜러(Bühler)는 개인적 공권의 성립요건으로서, ① 강행법규에 의한 행정권에 대한 의무부과, ② 법규의 사익보호성, ③ 청구권능부여성(재판을 통한 이익관철)을 들었는데, 오늘날은 ①의 요건은 무하자재량행사청구권에 의하여, ②의 요건은 「헌법」상 재판을 받을 권리에 의하여 각각 큰 의미가 없게 되었고, 이제 성립요건의 핵심은 제2요건인 "법규의 사익보호성"이 되고 있다(보호규범이론).

(2) 민법의 경우, 적어도 계약법에 있어서는 권리의 확정은 어렵지 않다. 민법법규로부터, 다른 계약당사자의 권리 내지 청구권에 상응하는 한쪽 계약당사자의 의무가 직접 도출된다. 매매계약에 관한 민법 제563조로부터 매도인과 매수인에 대하여 일정 권리와 의무가 발생하며, 그 권리들은 각각 상대방에 대하여 관철할 수 있는 것들이다. 이 「상응관계」는 민법의 기능에서 나오는데, 민법은 국민의 이익들을 조절하고 상호 경계짓는 것을 목표로 하고 있다. 그러나, 이러한 상황은 공법에는 적용될 수 없는데, 행정은 우선적으로 공익을 위하여 활동하기 때문이다. 공법법규로부터는 반드시 개인적 공권이 발생한다고 할 수는 없다.

(3) 보호규범이론

1) 개인적 공권을 창설하는 법규가 언제 인정될 수 있는지는 다수학설에 의하면 「보호규범이론」에 의한다. 이 이론에 따르면, 개인적 공권은 행정과 국민간에 다투어지는 법규가 단지 공익뿐 아니라, 또한 적어도 관계 사[私]인의 이익(법적 지위)에도 기여하기 위해 제정되었을 때 존재한다.

2) 따라서, ① 해당 법규가 또한 적어도 국민의 권리도 함께 보호하려는 의도로 제정되었는지와, ② 그 법규의 적용을 주장하는 국민이 그 보호받는 사람들의 권역 안에 포함되는지 여부가 심사되어야 한다.

단지 그 개인에게 공법법규에서 이익이 주어진다는 사실만으로는 아직 개인적 공권을 인정할 수는 없다. 즉 이 경우, 그 국민이 받는 이익이 반드시 법률제정자[=입법자]가 의도한 것일 것이 요구된다. "입법자가 의도한 이익"이 아니라, "순수한 사실상의 이익"에 불과한 것은 개인적 공권이 아니고, 단순한 「반사적 이익」일 뿐이다. 예컨대 건설법규에서, 도시건설을 위하여 도시계획을 수립해야 할 지방자치단체의 의무를 규정하고 있다고 하자. 이것은 그에 따라 요구되는 도시계획에 의하여 훨씬 더 고가의 대지[垈地]로 전환될 토지를 소유하는 모든 사람들에게 이익이 될 수 있다. 그럼에도 불구하고, 그 법규는 개인적 공권을 보장해 주는 것이 아니며, 그 법규에서 나오는 국민의 이익은 단지 반사적 이익일 뿐이다. 당해 법규가, (무엇보다도) 도시계획의 수립에 대한 국민의 청구권이 존재하지 않는다고 명문의 규정을 둘 때, 도시계획수립의무를 규정한 당해 법규는 더욱 더 그 법규에서 나오는 국민의 이익이 단지 반사적 이익일 뿐임을 확인해 준다.

3) 해당 법규가 단지 공익을 위해 제정된 규정인지 아니면(적어도) 또한 개인(관계 사인)의 권리(이익)도 보호하려고 제정된 규정인지 여부는 법규해석에 의해 조사되어야 한다. 이 때 해당 법규의 문언이 명시적으로, 당해 법규는 관계 사인을 위한 권리를 보호하려는 의도를 가지고 있다고 규율할 때 개인적 공권의 인정에는 아무 어려움이 없다. 예컨대 독일의 경우, 「장학금법」에서, 「동법에 따라 장학금에 대한 권리가 존재하며, 이에 따라 개인적 공권을 관계 사인에게 부여한다.」라고 규정하고 있는 것과, 「환경정보법」에서, 모든 사람에게 원칙적으로, "법적 이익을 입증할 필요없이" 환경정보에 대한 자유로운 접근청구권을 인정하고 있는 것을 들 수 있다. 독일의 경우 일반적으로 건설법, 경찰법, 영업법 및 보조금법에서 이러한 법규가 많이 존재한다.

그러나 많은 법규들에 있어서는, 당해 법규가 관계 사인의 이익을 보호함으로써 개인적 공권을 창설하는지 여부를 쉽게 알아내기 어렵게 표현되어 있다. 그래서 문리해석 외에 체계적 해석, 연혁적 해석 및 목적론적 해석방법을 모두 사용해야 한다. 사[私]익보호성은 기본권(헌법)합치적 해석에서도 도출될 수 있다.

4) 예컨대, ① 건축질서법의 「거리띄우기 규정」은 다른 목적 외에, 이웃집 건물에 대해 화재가 옮겨붙는 것을 방지할 목적을 가지고 있으므로, 사익보호성을 가지고, ② 행정의 재량 안에 있는, 제3자에 대한 관청의 개입의 요구는 경우에 따라서는 무하자재량행사청구권[=하자없는 재량행사에 대한 개인적 공권]을 발생시키거나 또는 재량권이 영으로 수축될 때에는 바로 「그 특정」 행정활동에 대한 개입청구권을 발생시킬 수도 있다. 이것은, 재량규정 자체에서나 또는 구체적 경우에 관련있는 법익에서 사익보호성이 도출되는지 여부에 달려 있다.

2. 개인적 공권과 반사적 이익

(1) 구별실익

1) 첫 번째 구별실익은 취소소송의 원고적격의 인정 여부에 있다. 우리 「행정소송법」 제12조는, 단순한 반사적 이익을 가진 자에게는 취소소송의 원고적격을 인정하고 있지 않기 때문이다.

2) 두 번째 구별실익은 국가배상청구권의 발생 여부에 있다. 우리 「국가배상법」 제2조는, "손해의 발생", "위법성", "상당인과관계" 등을 국가배상청구권의 발생요건으로 하고 있으나, 이 때 반사적 이익의 침해에 의한 불이익은 손해에 포함되지 않기 때문이다.

(2) 구별기준

양자의 구별기준은 "관계법규의 목적"이다. 이 경우 "관계법규"에는 처분의 직접적 근거법규 외에 관련 절차법규(예: 환경영향평가법)도 널리 포함된다. 이런 관계법규가 공익 외에 적어도 사익의 보호도 또한 함께 보호하려는 취지이면 개인적 공권이 성립한다.

(3) 법적 근거

원칙적으로 법률에 근거를 두어야 하지만, 예외적으로 「헌법」상의 기본권(특히 자유권, 인간의 존엄과 가치, 행복추구권 등)이 개인적 공권을 형성하는 경우도 있다.[48]

(4) 개인적 공권의 확대

1) 오늘날에는 "공물의 일반 사용자"라도 다른 개인이나 공물의 관리주체가 정당한 사유없이 위법하게 그 사용을 침해하면, 적어도 그 침해의 배제를 청구할 소극적 권리는 가진다고 보고 있다.[49]

2) 반사적 이익의 개인적 공권화는 주로 행정처분에 대하여 이해관계에 있는 제3자의 이익(인근주민, 경업자 등)이 반사적 이익에서 법적 이익으로 발전됨에

48) 김동희, 행정법Ⅰ, p. 92
49) 대판 1992. 9. 22, 91누13212

따라 이루어지고 있다.

① 인근주민의 이익(인인소송:隣人訴訟)

우리 대법원은, 주거지역에서의 연탄공장설치허가의 요건을 정한 규정이 인근 주민의 이익도 아울러 함께 보호하고 있다고 보고 있고,[50] 자동차 LPG충전소 설치허가의 요건을 정한 규정도 인근 주민의 이익도 함께 보호하고 있다고 보고 있으며,[51] 환경영향평가법령의 취지는 대상지역 안의 주민의 개별적 이익(수인한도를 넘는 환경침해를 받지 않고 쾌적한 환경에서 생활할 수 있는 권리)도 함께 보호하고 있다고 보고 있다.[52]

② 경업자의 이익

우리 대법원은 주유소거리제한으로 인하여 기존업자가 받는 이익을 법적 이익이라고 보고 있고,[53] 직행버스 정류장설치를 제한하는 규정으로 인하여 기존 시내버스운송업자가 받는 이익, 선박운송사업의 제한으로 기존 선박운송업자가 받는 이익을 법적 이익으로 보고 있다.[54]

경업자의 이익에 관한 대표적인 대법원 판례는, 「행정소송에서 소송의 원고는 행정처분에 의하여 직접 권리를 침해당한 자임을 보통으로 하나 직접 권리의 침해를 받은 자가 아닐지라도 소송을 제기할 법률상의 이익을 가진 자는 그 행정처분의 효력을 다툴 수 있다고 해석되는 바, 해상운송사업법 4조 1호에서 당해 사업의 개시로 인하여 당해 항로에서 전공급수송력이 전수송수요량에 대하여 현저하게 공급과잉이 되지 아니하도록 규정하여 허가의 요건으로 하고 있는 것은 주로 해상운송의 질서를 유지하고 해상운송사업의 건전한 발전을 도모하여 공공의 복리를 증진함을 목적으로 하고 있으며 동시에 한편으로는 업자간의 경쟁으로 인하여 경영의 불합리를 방지하는 것이 공공의 복리를 위하여 필요하므로 허가조건을 제한하여 기존업자의 경영의 합리화를 보호하자는 데도 목적이 있다. 이러한 기존업자의 이익은 단순한 사실상의 이익이 아니고 법에 의하여 보호되는 이익이라고 해석된다. 본건에 있어 원고에게 본건 행정처분취소를 구할 법률상의 이익이 있다.」[대판 1969. 12. 30, 69 누106]라고 판시하고 있다.

---

50) 대판 1976. 5. 25, 75누238
51) 대판 1983. 7. 12, 83누59
52) 대판 1998. 4. 24, 97누3286
53) 대판 1974. 11. 26, 74누110
54) 대판 1969. 12. 30, 69누106

3) 개인적 공권과 기본권

이것은 개인의 이익을 보호하는 관계법률이 존재하지 않는 경우의 문제이다. 「헌법」상 기본권도 그것이 구체적으로 내용을 가지고 있어(예: 자유권), 법률에 의하여 구체화되지 않더라도 직접 적용될 수 있으면, 재판상 주장될 수 있는 개인적 공권으로 볼 수 있다.[55)][예: 경쟁의 자유]

3. 개인적 공권의 특수성

전통적 견해에 의하면, 개인적 공권은 사권과 달리 그 특성상, ① 불융통성(예: 이전·포기·압류의 제한·금지), ② 권리보호의 특수성, ③ 금전채권의 소멸시효의 특수성[예: 국가재정법 제96조]을 가진다고 설명되어 왔지만, 최근에는 그것은 개별실정법의 해석에 의하여 개별 개인적 공권마다 판단할 성질의 것일 뿐이라고 비판받고 있다.[56)]

4. 행정소송상의 의미 : 원고적격

개인적 공권은 그것의 소송상 관철가능성[헌법상의 재판을 받을 권리 = 권리의 효과적 구제] 때문에 실제적 의미를 가진다. 즉 공권력에 의하여 자신의 권리가 침해당한 자에게는 누구든지 쟁송의 길이 열려져 있다. 이 개인의 권리보장은 행정소송법[및 행정심판법]에 의해 구체화된다. 독일의 행정소송법에서는 「원고적격」을 「일정 행정소송을 제기하기 위한 허용성전제요건」[=소송요건]으로 규정하고 있다.

(1) 원고적격의 기능과 의미

1) 행정작용에 대하여는 국민에게 여러 가지 소송유형이 주어진다. 원고적격은 취소소송, 이행소송 등 여러 소송의 경우에 적용된다. 집행정지, 임시처분(=가처분)이나 행정심판의 경우에도 원고적격이 유추되어 「신청적격」과 「청구인적격」이 요구된다.

55) 박균성, 행정법(상), p. 146; 헌재 1998. 4. 30, 97헌마41

56) 김동희, 행정법Ⅰ, p. 95

2) 행정소송법에서 원고적격 내지 신청적격을 요구하는 것은 헌법상 규정[재판을 받을 권리=권리의 효과적 구제]된, 개인적 권리구제체계에 대한 원칙적인 채택[즉 객관적인 적법성통제체계는 채택하지 않음]을 반영한다. 명백하게 자신의 권리가 침해되지 않은 사람들은 소송에서 배제되고, 이에 따라 법원의 과잉부담이 방지될 수 있다[이른바 민중소송의 배제]. 그러나 행정소송법은 원고적격을 예외적 규정의 유보하에 두어 원칙적으로 요구되는 개인적 권리침해의 예외를 허용한다. 예컨대 독일의 「연방자연보호법」은, 승인받은 자연보호단체들은 행정의 일정 조치에 대하여, 동법이 규정하는 일정한 위법이 있으면 행정소송법상의 소송을 자신의 권리의 침해를 주장함이 없이 제기할 수 있도록 규정하고 있다["이타적 단체소송]. 그러나 이것은 이른바 민중소송의 가능성을 인정하는 것은 아닌데, 그것들은 단지 고권적으로 인정된 사적 조직[예: 환경단체] 등에 대해서만 인정되기 때문이다.

(2) 원고적격의 존재

1) 원고는 자신의 소송의 허용성을 위하여, 자신의 권리의 침해를 주장해야 한다. 다만, 그 제시요청의 정도는 낮아서 독일의 경우, 독일연방행정대법원[BVerwG]은 「가능성이론」에 의하고 있다. 따라서, 주장된 권리의 침해가 명백히 불가능할 때에만 원고적격이 부정된다.

2) 물론, 개인적 공권의 인정은 원고가 침해적 처분의 수명자일 때는 아무런 문제가 없다.

3) 문제는 「제3자보호」나 「이웃주민보호」에서의 권리(법적 지위)의 확정이다.

4) 소송 시 본안판단에서 인용되는지 여부는 「원고가 그 권리를 또한 실제로 침해받았는지」 여부에 달려 있다. 그리고 행정조치의 위법성이 인정되면 일반적으로는 「권리의 침해」가 인정된다.

5. 「개인적 공권」에 관한 기본판례(추가)

(1) 대판 2017. 11. 9, 2017다228083[국가배상]

(2) 대판 1969. 12. 30, 69누106[경업자의 이익]

(3) 헌재 1998. 4. 30, 97헌마41[기본권]

(4) 헌재 2013. 9. 26, 2011헌바272

(5) 대판 1995. 8. 22, 94누8129

제3절 특별행정법관계(이른바 "특별권력관계")

I 전통적 특별권력관계

1. 종래의 전통적 학설은, 법치행정의 원칙(특히 법률유보의 원칙)이 타당한 것은, 일반국민이 국가권력에 복종하는 관계(일반권력관계)에 있어서 뿐이라고 하였다. 그런데, 국민이 일반국민과는 다른 행정상의 특수한 신분을 취득하여 행정과 밀접한 의존관계에 서서 행정목적의 실현에 협력하는 지위에 서는 경우에는, 이런 특별한 신분을 얻은 자와 행정의 관계를 일반권력관계와 대비하여, "특별권력관계"라고 불렀다. 그래서 이 관계에서는 법치주의는 완화되고, 법률유보의 원칙의 적용은 배제되었다. 행정권은 당해 행정목적을 달성하기 위하여 필요한 범위 내에서는 법률에 근거하지 않고도 행정의 내부에 편입된 이러한 자들의 인권을 제약할 수 있다고 본 것이다. 이 이론이 이른바 "특별권력관계이론"이다.[57]

2. 지금까지 이른바 특별권력관계로 취급된 분야는 다음과 같다.

(1) 공법상의 근무관계

국가공무원과 국가의 관계, 지방공무원과 지방자치단체의 관계,[58] 군인과 국가의 관계 등을 들 수 있다.

(2) 공법상의 영조물이용관계

국·공립학교와 학생의 관계,[59] 국·공립병원과 입원환자의 관계, 교도소와 수

57) 原田, 行政法, p. 90-91

58) 대판 1971. 6. 22, 70다1010

59) 헌재 1992. 10. 1, 92헌마68·76 병합

형자의 관계 등을 들 수 있다.

(3) 공법상의 특별감독관계

특허기업자(예: 버스사업)에 대한 국가의 감독관계를 들 수 있다.

(4) 공법상의 사단관계[60)]

공공조합과 조합원의 관계를 들 수 있다.

3. 이른바 특별권력관계론의 주요내용

(1) 국가 · 지방자치단체는 특별권력관계 내에 있는 상대방에 대하여 포괄적 지배 · 명령권을 가지는데, 이 명령권을 행사하는 데에는 법률의 수권이 필요하지 않다.

(2) 상대방이 명령에 복종하지 않으면 특별권력의 관리자인 행정청은 위반자를 징계할 수 있는데(예: 공무원의 징계), 이 징계조치에도 법률의 근거는 필요하지 않다.

(3) 특별권력관계 내부에서의 조치에 불복이 있더라도, 그것이 국민으로서의 법적 지위를 침해하지 않는 한, 상대방은 법원에 구제를 구할 수 없다. 예컨대 지방의회 의원에 대한 제명에 대하여는 재판소의 구제를 구할 수 있지만, 출석정지 조치에 대하여는 사법규제를 구할 수 없다.

(4) 특별권력관계이론은 19세기 입헌군주정시대의 독일의 공법학자 라반트(Laband)와 오토 마이어(Otto Mayer)에 기인하며, 특별권력관계에 편입된 국민은 일반적인, 국가와 국민의 관계에만 적용되는 "기본권과 법률유보의 원칙"을 적용받지 못하게 되며, 이 관계에서의 규율은 행정규칙에 의하여 규율된다고 하였다. 이 이론은 독일 바이마르헌법시대를 거쳐 제2차세계대전 후에도 상당기간 인정되고 있었다.[61)]

60) 대판 1977. 7. 26, 76다3022

61) Maurer/Waldhoff, Allg, VwR, p. 198

Ⅱ 새로운 특별행정법관계 이론의 성립

1. 독일에서의 새로운 대응

(1) 특별권력관계이론은 제2차세계대전 이후에 독일의 새로운 헌법(독일기본법) 아래에서 비판의 대상이 되기 시작했고, 그 결정적 돌파구는 1972년 3월 14일 독일연방헌법재판소의 "수형자판결"에 의하여 열렸다(BVerfGE 33, 1). 이것은 그 뒤 학교영역에서도 일어났고 본질적인 방향전환이 이루어졌다. 수행자판결에서 동 재판소는, "기본권은 행형분야에서도 유효하며, 기본권은 오직 법률에 의해서만 또는 법률에 근거해서만 제한될 수 있고, 따라서 종래의 특별권력관계이론은 정당한 제한근거가 될 수 없다"라고 판시하였다.

(2) 이미 독일의 공법학자 울레(Ule)는 1957년 독일공법학회에서 "특별권력관계의 특별한 목적이 제한을 요구하지 않는 한 기본권은 특별권력관계에서도 적용되며, 사법심사는 적어도 특별권력관계의 중요한 조치에 대하여는 행해져야 한다"라고 주장한 바 있다.

(3) 종래의 특별권력관계가 규율하던 관계가 일정한 한도에서 독자적 특성을 지니고, 이에 따라 특별한 규율을 요함에는 다툼이 없지만, 이 경우에도 법치국가적 요청에 부합해야 하는데, 특히 그것은 법률에 근거해서 행해져야 하고, 기본권과도 일치해야 한다.62)

(4) 특별행정법관계를 규율하기 위하여 발령하는 법규범인 특별명령 문제에 대하여 ① 볼프・바호프・슈토버는, 특별명령의 발령수권은 관습법에 의할 수도 있다고 하고 있고, ② 뵈켄푀르데・그라베르트(Böckenförde/Grawert)는, 행정청은 특별한 수권이 없이도 특별명령을 자율적으로 만들 수 있다고 하지만, ③ 마우러와 빈트호프는 독일 기본법하에서는, 행정청은 「헌법」상의 법규명령발령근거규정(제80조 제1항)의 범위안에서만 법규명령을 발령할 수 있으므로 특별명령이론은 불필요하다고 한다.63)

(5) 그런데 특별권력관계에서는 「의회법률의 근거를 요한다」는 원칙의 적용에 있어서는 「국민이 특별히 국가와 가까이 있다」는 국민의 기본권상의 특별한 상황

62) Maurer/Waldhoff, Allg, VwR, p. 199
63) Maurer/Waldhoff,. Allg, VwR, p. 200

이 고려되어야 한다. 따라서 예컨대 공무원을 전적으로 "행정의 지체[肢體] 로서 침해하고, 「개인적인(인격적인) 법적 지위에서의 국민」으로서 침해하지 않는 조치는 기본권을 침해하는 것이 아니라고 보아야 한다. 따라서 그러한 조치는 의회법률의 근거를 요하지 않는다.

예컨대, 교육공무원인 여교사에게 상급관청으로부터 발령된, 근무 중에 이슬람교에서 쓰는 머리수건을 쓰지 말라는 금지명령은 독일연방헌법재판소[BVerfG]의 기준에 따르면 여교사의 신앙의 자유의 기본권을 침해한다[즉 여교사의 개인적(인격적) 권리적 지위를 침해한다.][BVerfGE 108, 282, 294].

(6) 특히 「직무상 지시」과 그와 비슷한 조치들의 경우에는 세분화되어야 한다 :

1) 수명자가, 전적으로 공무수행자의 지위, 즉 행정조직의 지체로서 단지 자신의 직무상(근무상) 법적 지위를 침해당한 경우, 이 영역은 오늘날도 「운영관계」라고 불린다. 이 영역에서의 조치는 대외적 효력이 없고 행정행위[=행정처분]가 아니며 법원에 제소할 수 없다[즉, 취소소송은 물론 다른 유형의 소송들도 제기할 수 없음].

2) 해당조치가 객관적 의미에서 볼 때 「독립적 법인격」으로서 수명자를 향할 때는 그 수명자의 개인적(인격적) 내지 개별적 권리적 지위와 관계되는 것이며 또한 이것을 의도하는 경우이다. 이 영역은 아직도 「기본관계」라고 불린다. 이 경우 당해 규율(조치)은 적어도 또한 당사자의 개인적(인격적), 개별적 권리영역도 침해한다. 「행정절차법」35조(행정행위의 개념) 1문상의 다른 전제요건이 모두 충족되면 행정행위[=행정처분]가 성립한다. 당사자는 독일의 경우 취소소송 또는 의무이행소송을 제기할 수 있다.

(7) 이상의 「기본관계」, 「운영관계」의 구별은 또한 다른 「행정법상 특별관계」, [종전의 특별권력관계]에도 적용된다.

2. 일본에서의 새로운 대응

(1) 철저한 법치주의 원칙을 취하고, 기본권 존중을 기본원리로 하는 일본헌법하에서는, 종래의 특별권력관계이론은 그대로 인정할 수 없고, 이 경우에도 법치주의가 적용되어야 한다는 것이 일반적 견해이다. 다만, 그 행정목적 달성에 필요한 한도에서 행정의 재량이 인정될 뿐이라고 한다.[64)]

(2) 일본 판례는 "자율적 부분사회론"을 채택하고 있는데, 대학・지방의회 등의 경우에는 그 부분사회에서의 문제는, 자주적・자율적 해결에 맡기는 것이 적절하고 사법심사의 대상이 되지 않지만, 제명・퇴학처분 등과 같이 일반시민법 질서와 직접 관계있는 문제에 관하여는 사법심사가 미친다고 한다.[65]

Ⅲ 우리나라에서의 새로운 대응

(1) 학설

1) 제한적 긍정설

기본권 보호를 위한 법률유보이념의 적용은 인정하면서도, 개별적 특별권력관계의 목적과 기능을 유지하기 위하여 필요한 범위 안에서는 특별행정법관계의 존립을 인정할 필요가 있다고 본다.[66]

2) 부정설

특별권력관계이론은 오늘날의 법치국가에서는 인정되어서는 안 된다고 본다. 즉, 특별한 법관계는 법치주의 내에서만 인정된다는 것이다.[67]

(2) 판례

1) 법률유보의 원칙과 관련한 판례

우리 대법원은, 구속된 피고인・피의자의 타인과의 접견권에 대하여 법률유보의 원칙이 적용된다고 판시하고 있다.[68]

나아가, 법률유보의 원칙과 "행정법상의 특별관계(종전의 특별권력관계)"에 관한 우리나라의 주요판례를 살펴본다.

① 「수형자나 피보호감호자를 교도소나 보호감호소에 수용함에 있어서 신체의 자유를 제한하는 외에 교화목적의 달성과 교정질서의 유지를 위하여 피구금자의

---

64) 原田, 行政法, p. 92
65) 1977년 및 1960년의 일본 최고재판소 판례
66) 유지태, 행정법신론, 신영사, 2006
67) 박균성, 행정법, p. 161
68) 대결 1992. 5. 8, 91부8

신체활동과 관련된 그 밖의 자유에 대하여 제한을 가하는 경우에 법률의 구체적 위임에 의하지 아니한 행형법시행령이나 계호근무준칙 등의 규정은 수형자 또는 피보호감호자의 권리 내지 자유를 제한하는 근거가 되거나 그 제한조치의 위법 여부를 판단하는 법적 기준이 될 수 없다.」[대판 2003. 7. 25, 2001 다 60392]

② 「국방의 목적을 달성하기 위하여 상명하복의 체계적인 구조를 가지고 있는 군 조직의 특수성을 감안할 때, 군인의 복무 기타 병영생활 및 정신전력 등과 밀접하게 관련되어 있는 부분은 행정부에 널리 독자적 재량을 인정할 수 있는 영역이라고 할 것이므로, 이와 같은 영역에 대하여 법률유보원칙을 철저하게 준수할 것을 요구하고, 그와 같은 요구를 따르지 못한 경우 헌법에 위반된다고 판단하는 것은 합리적인 것으로 보기 어렵다.」[헌재 2010. 10. 28, 2008 헌마 638]

2) 사법심사의 범위와 관련한 판례

우리나라의 일부 학설은 제한적 긍정설의 입장에서 특별행정법관계에서의 행위에 대한 사법심사는 그 관계를 기본관계(외부관계)와 업무수행관계(내부관계)로 나누어, 기본관계에서의 행위에 대해서만 사법심사가 허용된다고 하나,[69] 판례[70]와 다수설은 부정설의 견지에서 특별행정법관계에서의 행위도 일반행정법관계에서와 동일하게 사법심사가 가능하다고 보고 있다.

우리 대법원은 "퇴학처분은 국가가 설립·경영하는 서울교육대학의 학장이 동 대학의 교육목적 실현과 학교의 내부질서유지를 위하여 학칙위반자인 동 대학의 재학생에 대한 구체적 법집행으로서 국가공권력의 하나인 징계권을 발동하여 학생으로서의 신분을 일방적으로 박탈하는 국가의 의사를 외부에 표시하는 것이므로 행정처분이다"라고 판시하고 있다.[71]

69) 이것은 독일의 울레[Ule] 교수의 견해를 받은 것이다.
70) 헌재 1989. 10. 27, 89헌마56
71) 대판 1991. 11. 22, 91누2144

04 행정조직의 기초개념

제1절 행정조직법의 내용

Ⅰ. 행정조직법은 “누가 행정을 행하는가”에 관한 법의 총칭이다. 국가행정조직법의 기본법으로는 「정부조직법」이, 지방자치단체의 행정조직법의 기본법으로는 「지방자치법」이 있다.

Ⅱ. 그러나, 실제로 국가나 지방자치단체가 행정활동을 행하기 위해서는 행정조직 외에, 이를 구체적으로 움직이는 인적 수단과 그 목적에 제공되는 물적 수단이 필요하다. 그래서 행정조직법에는 널리, 행정조직의 활동을 가능하게 하는 인적수단인 공무원에 관하여 정하는 공무원법과, 행정조직의 활동에 관계되는 물건에 관하여 정하는 공물법도 포함될 수 있다.

제2절 행정주체

Ⅰ 개설

1. 행정은 모든 공법상의 법인에 의하여 행해진다.
공법상의 법인은 다시 오직 자연인에 의해서만 실제로 행해질 수 있다.

2. 국가・지방자치단체는 대표적인 공법상의 법인인데, 행정업무를 자신의 행정청에 의하여 수행할 수도 있고(직접행정), 법인격 있는 단체, 즉 사단법인・영조물법인・재단법인에 맡겨 수행할 수도 있다(간접행정).

Ⅱ 행정주체의 의의

1. 행정주체는 행정을 행할 권리와 의무를 가지고 자신의 명의와 책임으로 행정을 행하는 단체(법인)를 말하는 것이 원칙이다.

2. 행정주체도 법인이므로 그에 속하는 구성원(행정기관)이 행정주체의 이름으로 행한 행위에 관한 권리·의무 및 그 책임은, 행정주체에 귀속한다는 점에서, 회사와 공통점이 있다.

Ⅲ 종류

1. 국가

국가는 가장 넓고 강력한 권한을 가지는 행정주체이다. 근대국가에 있어서는 모든 권력은 국가에 귀속한다. 따라서, 행정권에 관해서도 본래는 국가에 귀속한다. 이 경우 국가가 행정주체로 되지만, 모든 행정을 국가가 직접 행하는 것은 아니고, 행정권의 일부를 국가외의 자에게 부여하여 행하게 한다.

2. 지방자치단체

(1) 지방자치단체는, 「헌법」에 직접 근거하고, 일정한 지역과 그 지역 내의 주민에 의해 구성되고, 국가로부터 부여받은 권력을 행사하고, 일정한 통치를 행사하는 단체이다.

(2) 지방자치단체에는, 보통지방자치단체로서 광역지방자치단체(특별시, 광역시, 특별자치시, 도 ,특별자치도)와 기초지방자치단체(시·군·자치구)가 있고, 특별지방자치단체로서 지방자치단체조합이 있는데, 각각 행정주체성이 인정된다(지방자치단체조합은 실제로 구성되어 있는 것은 없다).

(3) 지방자치단체의 기관에는, 의결기관(예: 서울특별시의회)과 집행기관(예: 서울특별시장)이 있으며, 지방자치단체는 이 기관들을 통하여 자치사무와 위임사무를 처리한다.

3. 그 밖의 행정주체

(1) 공공조합(공법상의 사단법인)

1) 이것은 특정 행정임무를 수행하기 위하여 법정의 자격을 가진 구성원(조합원)으로 구성된 조직이지만 구성원의 변동과는 관계없이 존재하는 조직이다.

2) 지방자치단체도 공법상의 사단법인의 하나이다.

3) 공공조합의 예로는, 도시개발조합, 상공회의소, 도시정비조합, 변호사회 등이 있다.

(2) 영조물법인

1) 영조물은, ① 인적·물적 시설의 종합체로 구성되어 있고, ② 조직적으로 독립적이며, ③ 특정 행정임무, 특히 급부제공활동을 수행한다.

2) 영조물법인의 예로는, 한국은행, 한국도로공사, 한국토지주택공사, 서울특별시지하철공사를 들 수 있다.[72)]

3) 법인격이 부여되어 있지 않은 영조물은 단지 조직상 독립되어 있을 뿐이고, 법적으로는 다른 행정주체의 구성부분일 뿐이다(예: 법인화되지 않은 국·공립대학, 국·공립도서관, 국·공립병원).

4) 영조물은 구성원은 없고, 이용자만 있다.

5) 국가에 속하는 영조물법인의 일반법으로는 「공공기관의 운영에 관한 법률」이, 지방자치단체에 속하는 영조물법인의 일반법으로는 「지방공기업법」이 있다.

(3) 공법상 재단

1) 이것은 법인격 있는 조직으로서 출연자(出捐者)가 공공임무의 수행을 위하여 재산을 그 조직에 위임한 경우를 가리킨다. 재단은 오직 이익향수자(수혜자)만 가지고, 국가의 고권행위에 의하여 설립된다.

2) 공법상 재단의 예로는 한국연구재단을 들 수 있다.

3) 공법적 재단의 중심요소는 출연된 재산이고, 그 관리인력은 부수적 수단일 뿐이다.

---

72) 영조물과 공기업을 구별하는 견해와, 구별하지 않는 견해가 현재 대립되고 있다. 필자는 일단 양자를 구별하지 않는 견해를 취한다.

(4) 공무수탁사인(공권수탁사인)

1) 행정주체는 원칙적으로 공법상의 법인만이 될 수 있지만, 국가는 고권적 권한을 공무수탁사인에게 위임할 수 있다. 공무수탁사인은 사인(자연인, 사법상 법인)으로서 고권행위(법률 또는 행정행위)에 의하여 제한된 범위에서 고권적 권한을 위임받은 자이다. 그 한도에서 공무수탁사인은 간접행정에 편입되어 있다. 따라서, 공무수탁사인은 그 고권적 권한이 미치는 한 행정주체이다. 일반적으로 공무수탁사인은 자신의 이름으로 활동하며, 소송에 있어서도 스스로 당사자가 된다.

2) 공무수탁사인의 예로는 선장·기장이 가족관계등록사무나 경찰사무를 행하는 것, 사기업이 타인의 토지를 수용하는 것을 들 수 있다.

3) 공무수탁사인제도는 당해 사인의 전문지식과 그 기술적 수단, 재정능력을 행정임무에 활용할 수 있게 한다.

4) 행정주체와 공무수탁사인 간의 법률관계는 공법상 위임관계(권한의 위임)이다. 이 위탁은 공법상 권한의 이전이므로 법률 또는 법률의 수권에 근거하여 행해져야 한다.

이상을 알기 쉽게 도표로 나타내면 다음과 같다.

①

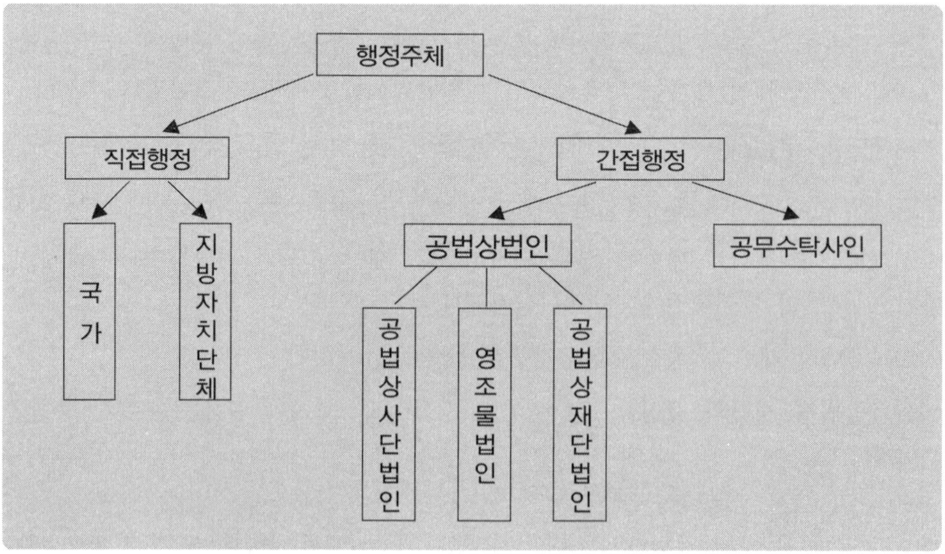

②

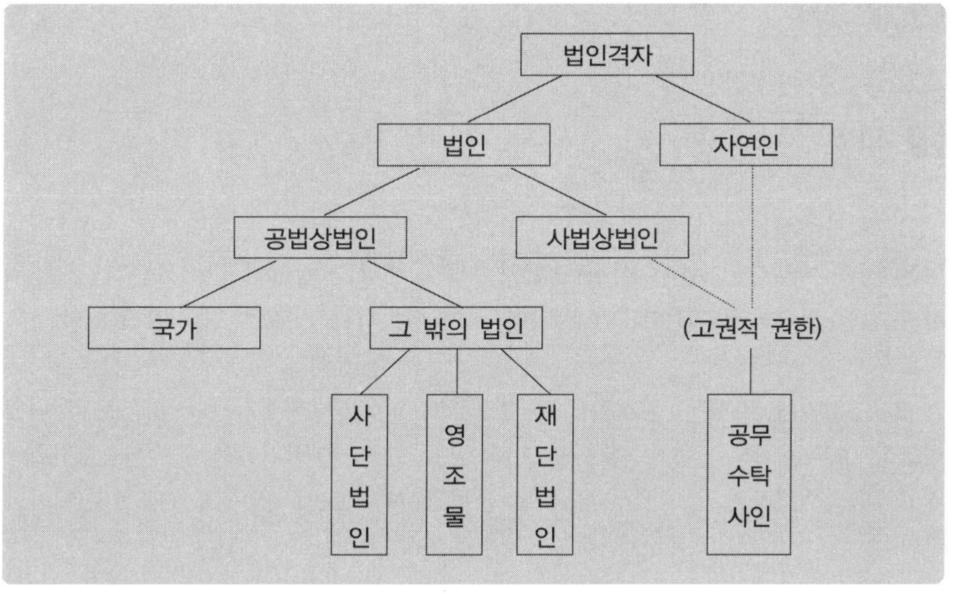
법인격자
법인
자연인
공법상법인
사법상법인
국가
그 밖의 법인
(고권적 권한)
사단법인
영조물
재단법인
공무수탁사인

③

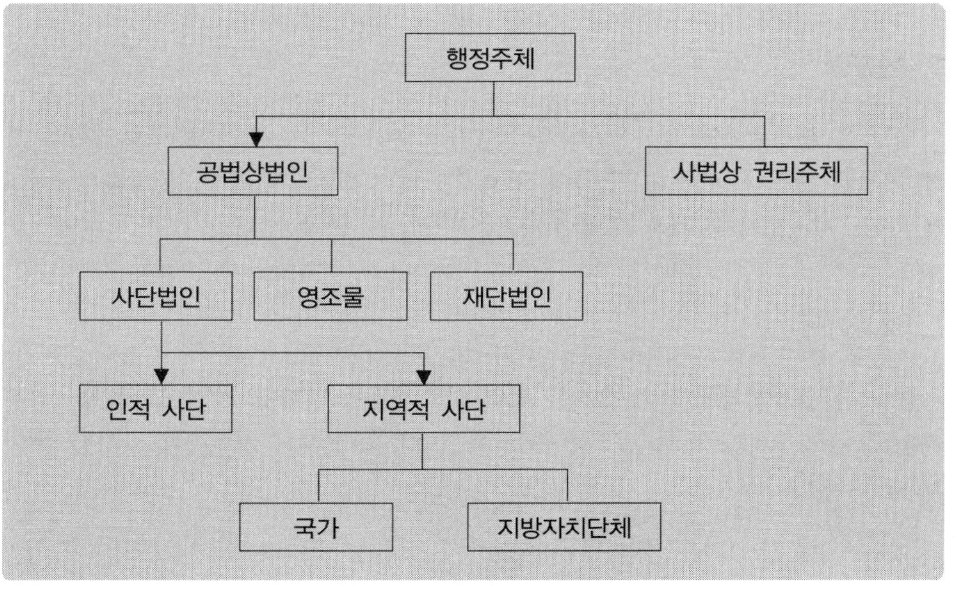
행정주체
공법상법인
사법상 권리주체
사단법인
영조물
재단법인
인적 사단
지역적 사단
국가
지방자치단체

제3절 행정기관

I 의의

1. 행정주체는 추상적 존재이고, 국가·지방자치단체도 구체적으로 눈으로 보이는 것은 아니다. 그래서 실제로 행정주체가 행정을 행함에 있어서는 그것을 위한 손발이 필요하게 되는데, 이 손발이 되어 행동하는 기관이 "행정기관"이다.

2. 행정기관 자체는 원칙적으로 법인격이 없고,[73] 행정기관이 행하는 행위의 법률상 효과는 모두 행정주체에게 귀속된다. 한편, 행정기관을 구성하는 지위에 있고, 행정주체와의 사이에서 일정한 근무관계에 있는 자연인을 "공무원"이라고 한다.

II 종류

1. 행정청

이것은 행정주체의 의사·판단을 결정하고, 이것을 외부에 표시하는 권한을 가진 기관을 말한다. 예컨대, 국가의 경우에는 행정각부장관 등을, 지방자치단체의 경우에는 시·도지사, 시장·군수·자치구구청장을 들 수 있다.

2. 보조기관

이것은 행정청의 권한의 행사를 보좌하는 기관을 말한다. 예컨대, 국가의 경우에는 각 중앙부처의 차관, 실·국·과장을, 지방자치단체의 경우에는 부시장, 부지사, 부군수, 부구청장을 들 수 있다.

73) 독일의 경우 행정기관에도 예외적 경우에는 법인격이 인정될 수 있다고 한다.

3. 자문기관

이것은 행정청으로부터의 자문을 받고 의견을 제시하는 기관을 말한다. 예컨대 각종 자문위원회를 들 수 있다. 행정청은 자문기관의 의견에는 법적으로 구속되지 않는다.

4. 의결기관

이것은 행정청의 의사결정에 참여하여 의결하는 권한을 가진 기관을 말한다. 예컨대 징계위원회 등을 들 수 있다. 의결기관의 의결은 행정청의 의사를 법적으로 구속하고, 행정청이 의결기관의 의결을 거치지 않고 한 행위는 무권한의 행위로서 무효로 된다.

5. 감사기관

이것은 다른 행정기관의 사무나 회계처리를 검사하고 그 적부에 관하여 감사하는 기관을 가리킨다. 예컨대 감사원, 각 중앙부처의 감사관을 들 수 있다.

6. 집행기관

이것은 행정목적을 실현하기 위하여 필요한 실력행사를 행하는 기관을 말한다. 예컨대, 경찰관, 세무서직원 등을 들 수 있다.

Ⅲ 행정청

1. 의의

(1) 행정청관념은 행정법상 행정행위의 개념에 있어서, 또는 행정소송상의 피고적격, 항고소송의 대상을 결정함에 있어 매우 중요한 의미를 가진다.

(2) 행정청은 이를 구성하는 자연인의 수에 따라, ① 독임제(1인), ② 합의제(복수인)로 나뉜다. 독임제는 신속·통일적인 업무처리와 책임의 명확화를 도모하

는데 도움이 되고, 합의제는 전문·기술적 판단, 정치적 중립성, 공정성의 도모에 도움이 된다. 전자의 예로는 각부장관을, 후자의 예로는 공정거래위원회를 들 수 있다.

2. 종류

(1) 행정청중 국가의 행정청을 특히 “행정관청”이라고 한다.

(2) 소관사무가 종합적인 것은, “보통행정청”이라고 하고(예: 지방자치단체장), 비교적 한정적인 것은 “특별행정청”(예: 세무서장)이라고 한다.

(3) 권한이 전국에 미치는 것은 “중앙행정청”이라고 하고(예: 각부장관), 특정 지역에 한정된 것은 “지방행정청”이라고 한다(예: 서울지방병무청장).

3. 권한

(1) 행정청이 법률상 행할 수 있는 행위의 범위가 “권한”(權限)이다. 관할, 직책, 직무라고도 한다. 이것을 “권리”(權利)라고 하지 않는 것은, 권리는 “자신의 이익”을 주장하기 위한 법률상의 힘이지만, 행정청은 자신의 이익이 아니라, “행정주체의 이익”을 위하여 직책을 행할 뿐이기 때문이다.

(2) 행정청의 권한은 조직법에 의하여 한계가 그어진 범위 내에서 행해진다.

이 경우 ① 배분된 소관사무에 의한 한계(예: 국세청장은 지방세를 부과·징수 할 수 없음)를 “사항적 한계”라 하고, ② 권한이 미치는 지역의 한계(예: 종로세무서장은 서울특별시 은평구에서 국세를 부과·징수 할 수 없음)를 “지역적 한계”라 하며, ③ 권한이 미치는 인적 범위에 의한 한계(예: 서울대학교 총장은 충남대학교 학생을 관할할 수 없음)를 “인적 한계”라 하고, ④ 권한행사의 형식에 의한 한계(예: 국가보훈처장은 부령을 제정할 수 없음)를 “형식적 한계”라고 한다.

행정청의 권한 외의 행위는 행정주체의 행위로서의 효력이 생기지 않는다.[74)]

---

74) 長野·川崎, 行政法, p. 35-39

PART

02

행정법 통칙

01 행정입법

제1절 개 설

I 행정입법의 의의 · 전개 및 필요성

1. 행정입법이란, "행정기관이 일반적 · 추상적 규범을 정하는 것, 또는 그것에 의하여 정립된 규범"을 가리킨다. 이 경우 "일반적"이란, 불특정다수인에게 적용된다는 뜻이고, "추상적"이란, 불특정다수의 사례에 적용된다는 뜻이다.

2. 종래의 18~19세기의 자유주의적 법치국가에서는 국민으로부터 위임받은 의회의 입법권은 행정기관에 재위임할 수 없다는 "복위임금지의 원칙"이 지배하였다.

3. 그러나, 현대행정은 국민의 생활배려 등 여러 가지 활동을 수행해야 하며, 그 내용도 복잡해졌다. 따라서 행정기관에 의한 행정입법은 증대일로에 있다. 이것에 대한 비판에도 불구하고, ① 전문기술적 사항, ② 상황의 변화에 신속하게 대응할 필요가 있는 사항, ③ 지방의 특수사정을 고려하여 정할 필요가 있는 사항, ④ 정치적으로 중립적 입장에서 정하는 것이 바람직한 사항에 관하여는, 행정입법으로 정하는 것이 합리적이라고 할 수 있다.[1]

현대의 행정과정은 그 다수가 법률이 제시하는 추상적 목표를 구분적 · 단계적으로 창조화 · 구체화하는 정책형성과정으로 변질되었다.[2]

---

1) 長野 · 川崎, 行政法, p. 109
2) 原田, 行政法, p. 112

Ⅱ 행정입법의 종류

1. 행정입법은 법규명령과 행정규칙으로 나누는 것이 일반적이다. 이것은 국민의 권리·의무에 영향을 미치는 효력이 있는지 여부에 의하여 분류하는 것으로서, 이와 같이 국민의 권리·의무를 규율하는 것을 법규(法規)라고 한다. 일반적으로 법규명령은 법규를 내용으로 포함하는 것이지만, 행정규칙은 법규를 내용으로 포함하지 않고, 국민의 권리·의무에 영향을 미치는 효력을 가지지 않는 것이라고 한다.

2. 이 내용을 알기 쉽게 도표로 나타내면 다음과 같다.

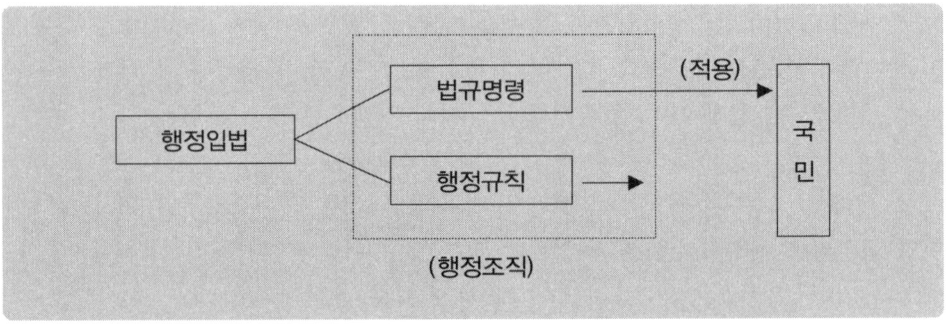

제2절 법규명령

Ⅰ 법규명령의 의의 및 성질

1. 법규명령은 「헌법」·법률·자치법규와 함께 행정법의 법원에 속한다. 우리 「헌법」상으로는 법규명령으로서 위임명령과 집행명령만 인정된다.

위임명령은, 법률 등의 상위법령의 위임에 근거하여 정해지는 명령을 말하고, 집행명령은, 법률 등의 상위법령의 실시에 필요한 구체적·세부적 사항을 정하는 명령을 말한다.

2. 위임명령의 경우에는 법률의 위임에 의하여, 본래 법률로 정해져야 하는 국민의 권리·의무에 관하여 규정하고, 벌칙도 정할 수 있지만, 집행명령의 경우에는 이미 규정되어 있는 국민의 권리·의무에 관한 구체적 세목 또는 절차적·기술적 사항을 정하는 것에 지나지 않는다.

3. 또한, 위임명령의 제정에는 행정작용법상의 개별적 위임이 필요하지만, 집행명령에 관하여는 조직법상의 근거 외에는 특별한 위임·근거는 필요하지 않다.

Ⅱ 법규명령의 종류

1. 법률보다 하위의 효력을 가지는 명령(법률종속명령)

(1) 대통령령(헌 75)

이것은 대통령이 제정하는 명령이며, 입법실무에서는 "시행령(예: 건축법시행령)" 또는 "규정(법제업무운영규정)" 등으로 제명이 붙는다. 대통령령에는 위임명령과 집행명령이 있고, 총리령과 부령보다 우월한 효력을 가진다.

(2) 총리령(헌 95)

이것은 국무총리가 제정하는 명령이며, 입법실무에서는 "시행규칙(예: 국가유공자 등 예우 및 지원에 관한 법률시행규칙)" 등으로 제명이 붙는다.

총리령에도 위임명령과 집행명령이 있고, 대통령령보다는 하위의 효력을, 부령과는 원칙적으로 같은 효력을 가진다.[3)]

우리 헌법재판소 판례 중 총리령·부령에의 위임에 관한 주요 판례로는, 「국무총리나 행정각부의 장으로 하여금 법률의 위임에 따라 총리령 또는 부령을 발할 수 있도록 하고 있는 「헌법」 95조의 취지에 비추어 볼 때, 입법자는 법률에서 구체적으로 범위를 정하기만 한다면 대통령령뿐만 아니라 부령에 입법사항을 위임할 수도 있다」라고 판시하고 있는 것을 들 수 있다[헌재 1998. 2. 27, 97헌마64].

3) 다만, 학설은 "총리령우위설"과 "동위설"로 나뉜다.

(3) 부령(헌 95)

이것은 행정각부의 장(장관)이 제정하는 명령이며, 입법실무에서는 "시행규칙(예: 건축법시행규칙)" 등으로 제명이 붙는다. 부령에도 위임명령과 집행명령이 있다.

(4) 그 밖에 헌법이 인정하는 법규명령

중앙선거관리위원회규칙 · 국회규칙 · 대법원규칙 · 헌법재판소규칙 등이 있다.[4)]

국회규칙의 예로는 「국회상설소위원회 설치 등에 관한 규칙」, 「국회 입법예고에 관한 규칙」등을 들 수 있고, 대법원규칙의 예로는 「양형위원회규칙」, 「법원관할구역에 관한 규칙」, 「등기소의 설치와 관할구역에 관한 규칙」, 「대법관회의 운영규칙」을 들 수 있고, 중앙선거관리위원회규칙의 예로는 「선거관리위원회법 시행규칙」, 「선거관리위원회 사무기구에 관한 규칙」을 들 수 있다.

Ⅲ 법규명령의 근거

1. 위임명령의 근거

「헌법」 제75조 및 제95조에 따르면, 위임명령은 법률이나 상위 법규명령에서 구체적으로 범위를 정한 개별적 수권이 있는 경우에만 제정할 수 있다.

2. 집행명령

이것은 법률이나 상위법규명령의 명시적 · 개별적 수권근거가 없이도, 「헌법」 제75조, 제95조에 근거하여, 직권으로 제정될 수 있다.

「집행명령」에 관하여, 우리 대법원은, 「법률의 시행령이나 시행규칙은 그 법률에 의한 위임이 없으면 개인의 권리 · 의무에 관한 내용을 변경 · 보충하거나 법률이 규정하지 아니한 새로운 내용을 정할 수는 없지만, 법률의 시행령이나 시행규칙의 내용이 모법의 입법 취지와 관련 조항 전체를 유기적 · 체계적으로 살펴보아

---

4) 「감사원법」 제52조가 규정하는 감사원규칙이 법규명령인지, 행정규칙인지 견해가 나뉜다. 우리 헌법재판소는 「헌법」에 규정된 법규명령은 예시적이라고 보므로, 이에 따르면 법규명령은 법률에 의해서도 창설될 수 있게 된다. 그러나, 우리 입법실무에서는 법규명령은 헌법에 열거된 것에 한정된다고 보는 것이 일반적이다.

모법의 해석상 가능한 것을 명시한 것에 지나지 아니하거나 모법 조항의 취지에 근거하여 이를 구체화하기 위한 것인 때에는 모법의 규율범위를 벗어난 것으로 볼 수 없으므로, 모법에 이에 관하여 직접 위임하는 규정을 두지 아니하였다고 하더라도 이를 무효라고 볼 수는 없다(대법원 2009. 6. 11. 선고 2008두13637 판결 참조). 이러한 법리는 지방자치단체의 교육감이 제정하는 교육규칙과 그 모법인 상위 법령의 관계에서도 마찬가지이다.」라고 판시하고 있다[대판 2014. 8. 20, 2012두19526].

3. 법규명령의 근거와 관련된 특수한 문제점(대통령령 중 법률의 근거가 없는 「규정」 등)

(1) 이것은 입법실무상 「사무관리규정」처럼 「…규정」이나, 「위수령」처럼 「…령」이라는 제명을 붙인다.

(2) 법률의 근거가 없거나, 매우 미약한 이런 대통령령에 대하여는 「헌법」에 어긋난다고 보는 것이 통설이다.

즉, 이것은 법률의 위임이 없으므로 위임명령은 아니고, 또한 집행할 모법이 없으므로 집행명령이라고 할 수도 없다는 것이 그 논거이다.[5]

---

5) 특히 「사법시험령」은 이런 비판을 수용하여 「사법시험법」으로 대체되었다. 한편, 우리 대법원은, 이에 대하여 "구 사법시험령은 법원조직법, 검찰청법, 변호사법 등에서 정한 바에 따라 판사, 검사로 임용되거나 변호사 자격을 부여하기 위한 전제로서 사법연수원에 입소할 자를 선발하기 위한 사법시험의 시행에 대한 구체적인 방법과 절차에 대하여 규정하고 있을 뿐이다. 결국 변호사의 자격과 판사, 검사 등의 임용의 전제가 되는 '사법시험의 합격'이라는 직업선택의 자유와 공무담임권의 기본적인 제한요건은 국회에서 제정한 위 법률들에서 규정되어 있는 것이고, 사법시행령은 위 법률들이 규정한 사법시험의 시행과 절차 등에 관한 세부사항을 구체화하고 국가공무원법상 사법연수생이라는 별정직 공무원의 임용절차를 집행하기 위한 집행명령의 일종이라고 볼 것이다"라고 판시하고 있다(대판 2007. 1. 11. 2004두10432).

Ⅳ 법규명령의 한계

1. 위임명령의 한계

(1) 수권의 한계

1) 일반적 · 포괄적 위임의 금지

「헌법」 제75조에서는, 일반적 · 포괄적 위임은 금지되며, 구체적으로 범위를 정한 위임만이 가능하다고 규정하고 있다.

우리 헌법재판소는 "법률에 이미 대통령령으로 규정될 내용 및 범위의 기본사항이 구체적으로 규정되어 있어서 누구라도 당해 법률로부터 대통령령에 규정될 내용의 대강을 예측할 수 있어야 함을 의미하며, 그 예측가능성은 관련법조항 전체를 유기적 · 체계적 · 종합적으로 판단하여야 한다"라고 판시하고 있고,[6] 우리 대법원도 예측가능성에 대하여 "예측가능성의 유무는 당해 위임조항 하나만을 가지고 판단할 것이 아니라 그 위임조항이 속한 법률이나 상위명령의 전반적인 체계와 취지 · 목적, 당해 위임조항의 규정형식과 내용 및 관련법규를 유기적 · 체계적으로 종합판단하여야 하고, 나아가 각 규제대상의 성질에 따라 구체적 · 개별적으로 검토함을 요한다"라고 판시하고 있다.[7]

우리 대법원은 "법률에서 하위법령에 위임을 한 경우에 모법의 위임범위를 확정하거나 하위법령이 위임의 한계를 준수하고 있는지 여부를 판단할 때에는, 하위법령이 규정한 내용이 입법자가 형식적 법률로 스스로 규율하여야 하는 본질적 사항으로서 의회유보의 원칙이 지켜져야 할 영역인지, 당해 법률규정의 입법목적과 규정내용, 규정의 체계, 다른 규정과의 관계 등을 종합적으로 고려하여야 하고, 위임규정자체에서 의미내용을 정확하게 알 수 있는 용어를 사용하여 위임의 한계를 분명히 하고 있는데도 문언적 의미의 한계를 벗어났는지나, 하위 법령의 내용이 모법 자체로부터 위임된 내용의 대강을 예측할 수 있는 범위 내에 속한 것인지, 수권규정에서 사용하고 있는 용어의 의미를 넘어 범위를 확장하거나 축소하여서 위임내용을 구체화하는 단계를 벗어나 새로운 입법을 한 것으로 평가할 수 있는지 등을 구체적으로 따져 보아야 한다. 여기서 어떠한 사안이 국회가 형식적 법률로 스스로 규정하여야 하는 본질적 사항에 해당되는지는, 구체적 사례에서 관련

---

6) 헌재 1996. 3. 28, 94헌바42

7) 대판 2006. 2. 24, 2005두2322

된 이익 내지 가치의 중요성, 규제 또는 침해의 정도와 방법 등을 고려하여 개별적으로 결정하여야 하지만, 규율대상이 국민의 기본권 및 기본적 의무와 관련한 중요성을 가질수록 그리고 그에 관한 공개적 토론의 필요성 또는 상충하는 이익 사이의 조정 필요성이 클수록, 그것이 국회의 법률에 의해 직접 규율될 필요성은 더 증대된다"라고 판시하고 있다[대판 2015. 8. 20, 2012두23808 전원합의체]

2) 본질적 사항에 대한 의회유보의 원칙

우리 헌법재판소는 의회유보사항(법률에 의해서만 규정되어야 하며, 행정입법에 대한 위임이 인정되지 않는 사항)에 대하여, "헌법은 법치주의를 그 기본원리의 하나로 하고 있으며, 법치주의는 행정작용에 국회가 제정한 형식적 법률의 근거가 요청된다는 법률유보를 그 핵심적 내용의 하나로 하고 있다. 그런데 오늘날 법률유보원칙은 국가공동체와 그 구성원에게 기본적이고도 중요한 의미를 가지는 영역, 특히 국민의 기본권실현에 관련된 영역에 있어서는 행정에 맡길 것이 아니라 국민의 대표자인 입법자 스스로 그 본질적 사항에 대하여 결정하여야 한다는 요구까지 내포한다"라고 판시하고 있다.[8]

3) 국회의 전속적 입법사항의 위임금지

① 「헌법」이 어떤 사항을 법률로써 정하게 한 경우, 그 사항 중 의회유보사항은 반드시 국회가 직접 정해야 하지만, 의회유보사항이 아닌 일정범위의 사항에 대하여는 위임이 가능하다고 할 것이다.

예컨대 대한민국 국민의 요건과 국적에 관한 사항(헌 2)을 들 수 있다.

② 죄형법정주의의 경우

범죄구성요건은 처벌대상행위가 어떠한 것일 것이라고 예측할 수 있을 정도로 법률에 의하여 구체적으로 정해야 하며, 형벌의 종류·상한·폭은 법률로 명백히 규정해야 한다. 다만, 죄형법정주의의 취지와 내용에 반하지 않는 한도 내에서 위임이 가능하다.[9]

③ 조세법률주의의 경우

조세에 관하여 법률로 정하여야 할 사항은 조세의 종목과 세율 외에 납세의무자, 과세요건사실(과세물건·과세기간), 과세표준, 행정구제, 벌칙, 부과 및 징수절차 등이 있다.[10] 조세법률주의의 핵심은 과세요건법정주의와 과세요건명확주의이다.[11]

8) 헌재 1999. 5. 27, 98헌바70
9) 헌재 2000. 7. 20, 99헌가15

「과세요건법정주의」란, 과세작용이 국민의 재산권에 대한 침해이므로 과세요건 전부와 조세의 부과·징수절차는 법률에 의해 규정되어야 한다는 원칙을 말하며, 「과세요건명확주의」란, 법률규정이 불명확하다면, 결과적으로 백지위임으로 되므로, 이를 방지하기 위해 필요불가결한 원칙이다. 그 외 「조세법률주의」의 구체적 내용으로는, 「합법성원칙」」[조세법은 강행법이므로, 조세의 부과·징수에 있어서는, 과세요건이 충족되는 한, 조세행정청에게 조세의 감면을 할 자유는 없다는 원칙], 「절차충족원칙」[조세법의 행사형태인 부과·징수행위는 적정한 절차(due process)로 행해져야 하고, 이에 대해 쟁송이 제기되더라도, 당국은 공정하게 대처·처리해야 한다는 원칙], 「소급입법금지의 원칙」[납세자에게 예측가능성을 주고, 법적 안정성을 보증하기 위하여, 납세자에게 불이익하게 되는 변경을 공포일 이전으로 소급해 적용하는 입법은 허용되지 않는다는 원칙]이 있다.

4) 행정영역에 따른 위임의 한계의 차이

우리 헌법재판소는 "처벌법규나 조세법규 등 국민의 기본권을 직접적으로 제한하거나 침해할 소지가 있는 법규에서는 구체성, 명확성의 요구가 강화되어 그 위임의 요건과 범위가 일반적인 급부행정법규의 경우보다 더 엄격하게 제한적으로 규정되어야 하는 반면에, 규율대상이 지극히 다양하거나 수시로 변화하는 성질의 것일 때에는 위임의 구체성, 명확성의 요건이 완화되어야 한다"라고 판시하고 있다.[12)]

5) 조례에 위임하는 경우

우리 대법원은, "행정관청의 명령과는 달라 조례는 주민의 대표기관인 지방의회의 의결로 제정되는 지방자치단체의 자주법인 만큼 지방자치단체가 법령에 위반되지 않는 범위 내에서 주민의 권리의무에 관한 사항을 조례로 제정할 수 있으므로, 구 하천법 제33조 제4항이 부당이득금의 금액과 징수방법 등에 관하여 구체적으로 범위를 정하지 아니한 채 포괄적으로 조례에 위임하였다고 하여 위 법률규정이 포괄위임금지의 원칙에 반하는 것으로서 헌법에 위반된다고 볼 수 없다"고 판시하고 있다.[13)]

---

10) 헌재 2000. 7. 20, 99헌가15

11) 헌재 1999. 3. 25, 98헌가11; 「조세법률주의의 원칙은 과세요건 등 국민의 납세의무에 관한 사항을 국민의 대표기관인 국회가 제정한 법률로써 규정하여야 하고, 법률을 집행하는 경우에도 이를 엄격하게 해석·적용하여야 하며, 행정편의적인 확장해석이나 유추적용을 허용하지 아니함을 뜻한다[대판 2017. 4. 20, 2015두45700 전원합의체].

12) 헌재 1998. 3. 26, 96헌바57

우리 대법원은 "지방자치법 제22조, 행정규제기본법 제4조 제3항에 따르면 지방자치단체가 조례를 제정할 때 내용이 주민의 권리제한 또는 의무부과에 관한 사항이나 벌칙인 경우에는 법률의 위임이 있어야 한다. 법률의 위임없이 주민의 권리를 제한하거나 의무를 부과하는 사항을 정한 조례는 효력이 없다"라고 판시하고 있다[대판 2017. 12. 5, 2016추5162].

6) 수권의 한계 위반의 효과

수권의 한계를 넘어서는 법률은 위헌인 법률이 되며, 수권법률이 위헌으로 결정된 경우에 당해 수권법률에 의하여 제정된 법규명령은 위법한 명령이 되고, 위법한 법규명령은 무효가 된다. 위법한 법규명령은 구체적 규범통제와 헌법소원에 의하여 통제될 수 있다. 또한 수권의 한계를 넘는 법률에 근거한 처분이나, 그 법률에 근거하여 제정된 법규명령에 근거하여 내려진 처분은 원칙적으로 취소할 수 있는 처분이다.[14]

(2) 제정상 한계

1) **위임명령**은 수권의 범위 안에서 제정되어야 하며, 그 범위를 일탈한 위임명령은 위법한 법규명령이 된다. 또한, 위임명령은 상위법령에 위반해서도 안 된다.

우리 대법원은 "법률의 시행령은 모법인 법률의 위임없이 법률이 규정한 개인의 권리·의무에 관한 내용을 변경·보충하거나 법률에서 규정하지 아니한 새로운 내용을 규정할 수 없고, 특히 법률의 시행령이 형사처벌에 관한 사항을 규정하면서 법률의 명시적인 위임범위를 벗어나 처벌의 대상을 확장하는 것은 죄형법정주의의 원칙에도 어긋나는 것이므로, 그러한 시행령은 위임입법의 한계를 벗어난 것으로서 무효이다."라고 판시하고 있다[대판 2017. 2. 16, 2015도16014 전원합의체].

2) 재위임의 문제

전면적 재위임이 아니고, 위임받은 사항에 관하여 일반적인 사항을 규정한 다음 세부적 사항을 다시 하위 법규명령에 재위임하는 것은 가능하다는 것이 통설·판례이다.[15]

---

13) 대판 2006. 9. 8, 2004두947
14) 대판 1995. 7. 11, 94누4615
15) 헌재 1996. 2. 29, 94헌마213

우리 헌법재판소 판례 중 재위임의 한계에 관한 주요 판례로는, 「법률에서 위임받은 사항을 전혀 규정하지 않고 모두 재위임하는 것은 '위임받은 권한을 그대로 다시 위임할 수 없다'는 복위임금지 법리에 반할 뿐 아니라 수권법의 내용변경을 초래하는 것이 되므로 법률에서 위임받은 사항을 전혀 규정하지 아니하고 그대로 하위의 법규명령에 재위임하는 것은 허용되지 아니하며 위임받은 사항에 관하여 대강을 정하고 그 중의 특정 사항을 범위를 정하여 하위의 법규명령에 다시 위임하는 경우에만 재위임이 허용된다.」라고 판시하고 있는 것을 들 수 있다.[헌재 2002.10.31., 2001헌라1 전원재판부].

(3) 법형식상의 한계

우리 판례는 종전부터 법령의 위임을 받아 제정되는 고시 등 행정규칙이 법규명령으로서의 효력을 가진다고 하여 이른바 "법령보충규칙[=법령보충적 행정규칙]"을 인정하여 왔다.[16]

「법령보충규칙이 허용되는지」 여부에 관하여, 우리 헌법재판소는,

헌재 2006. 12. 28. 2005헌바59 결정에서 심판대상조항이 조세법률주의 또는 포괄위임금지원칙에 위배되지 않는다고 판단하였는데, 그 결정의 요지는 다음과 같다.

「1) 입법사항을 고시인 한국표준산업분류에 위임하는 것이 허용되는지 여부

오늘날 의회의 입법독점주의에서 입법중심주의로 전환하여 일정한 범위 안에서 행정입법을 허용하게 된 동기는 사회적 변화에 대응한 입법수요의 급증과 종래의 형식적 권력분립주의로는 현대사회에 대응할 수 없다는 기능적 권력분립론에 있다. 이러한 사정을 감안하여 「헌법」 제40조・제75조・제95조의 의미를 살펴보면, 국회가 입법으로 행정기관에게 구체적인 범위를 정하여 위임한 사항에 관하여는 당해 행정기관이 법정립의 권한을 갖게 되고, 이때 입법자가 그 규율의 형식도 선택할 수 있다고 보아야 하므로, 헌법이 인정하고 있는 위임입법의 형식은 예시적인 것으로 보아야 한다. 따라서 법률이 일정한 사항을 행정규칙에 위임하더라도 그 행정규칙은 위임된 사항만을 규율할 수 있으므로, 국회입법의 원칙과 상치되지 않는다. 다만, 행정규칙은 법규명령과 같은 엄격한 제정 및 개정절차를 필요로 하지 아니하므로, 기본권을 제한하는 내용의 입법을 위임할 때에는 법규명령에

---

16) 대판 1987. 9. 29, 86누483

위임하는 것이 원칙이고, 고시와 같은 형식으로 입법위임을 할 때에는 법령이 전문적·기술적 사항이나 경미한 사항으로서 업무의 성질상 위임이 불가피한 사항에 한정된다. 그리고 그러한 사항이라 하더라도 포괄위임금지원칙상 법률의 위임은 반드시 구체적·개별적으로 한정된 사항에 대하여 행하여져야 한다.

심판대상조항은 헌법에 위반되지 아니하므로 주문과 같이 결정한다. 이 결정은 아래 6.과 같은 재판관 박한철, 재판관 이정미, 재판관 이진성의 헌법불합치의견이 있는 외에는 나머지 관여 재판관 전원의 일치된 의견에 의한 것이다.」라고 판시하고 있다[헌재 2014. 7. 24, 2013헌바183·202[병합].

법령보충규칙의 위헌성 여부에 관하여 우리 헌법재판소는 "법률이 입법사항에 관하여 헌법조항에서 규정한 대통령령·총리령·부령이 아닌 형식, 즉 고시·훈령 등으로 위임하는 것이 가능한지, 또한 그와 같은 위임형식이 어떻게 헌법적으로 정당화될 수 있는지가 문제된다. 오늘날 의회의 입법독점주의에서 입법중심주의로 전환하여 일정한 범위 내에서 행정입법을 허용하게 된 동기가 사회적 변화에 대응한 입법수요의 급증과 종래의 형식적 권력분립주의로는 현대사회에 대응할 수 없다는 기능적 권력분립론에 있다는 점 등을 감안하여 헌법 제40조와 헌법 제70조, 제95조의 의미를 살펴보면, 입법기관이 아닌 제2의 국가기관인 행정기관은 국회에서 법률 등으로 구체적인 범위를 정하여 위임한 사항에 관하여 법정립의 권한을 갖게 되고, 입법자가 규율의 형식을 선택할 수도 있다 할 것이다. 따라서 헌법이 인정하고 있는 위임입법의 형식은 예시적인 것으로 보아야 할 것이고, 법률이 어떤 사항을 행정규칙에 위임하는 경우에 그 행정규칙은 위임된 사항만을 규율할 수 있는 것이므로, 국회입법의 원칙과 상치되지 않는다.

다만, 행정규칙은 법규명령과 같은 엄격한 제정 및 개정절차를 요하지 아니하므로, 재산권 등과 같은 기본권을 제한하는 작용을 하는 법률이 입법위임을 할 때에는 적어도 행정규제기본법 제4조 제2항 단서에서 정한 바와 같이 법령이 전문적·기술적 사항이나 경미한 사항으로서 업무의 성질상 위임이 불가피한 사항에 한정된다 할 것이고, 그러한 사항이라 하더라도 포괄위임금지의 원칙상 법률의 위임은 반드시 구체적·개별적으로 한정된 사항에 대하여 행하여져야 할 것이다."라고 판시하고 있다.[17]

법령보충규칙에 관하여 우리 대법원은「행정규칙인 고시가 법령의 수권에 의하여 법령을 보충하는 사항을 정하는 경우에는 그 근거법령규정과 결합하여 대외적으로 구속력이 있는 법규명령으로서의 성질과 효력을 가진다 할 것인데, 그 석유사업법 시행령 32조 3항에서 같은 조 1항 5호 소정의 비상표제품 표시의무의 세부내용이 됨과 아울러 그 이행여부의 판단기준이 되는 구체적 표시기준과 표시방법을 산업자원부 장관의 고시로 규정하도록 함으로써 위 시행령 32조 1항 5호, 3항 및 위 관련고시가 결합하여 구 석유

17) 헌재 2008. 7. 31, 2005헌마667·2006헌마674(병합) 전원재판부; 헌재 2006. 12. 28, 2005헌바59; 헌재 2004. 10. 28, 99헌바91

사어법 35조 및 29조 위반죄의 실질적 구성요건을 이루는 보충규범으로서 작용한다」라고 판시하고 있다[대판 2006.4.27., 2004도1078].

2. 집행명령의 한계

집행명령은 상위법령의 집행에 필요한 절차와 형식을 정하는 데 그쳐야 하며, 새로운 법규사항을 정해서는 안된다.

V 법규명령의 성립요건(적법요건) 및 효력발생요건

1. 법규명령의 성립요건(적법요건)

(1) 주체

법규명령은 대통령·국무총리·행정각부장관·중앙선거관리위원회 등 정당한 권한을 가진 기관이 제정해야 한다. 다만 법률·법규명령에 의하여도 법규명령제정권자가 인정될 수 있는지(즉, 법규명령형식을 새로이 창설할 수 있는지의 문제로서, 예컨대 「감사원법」에 의한 "감사원규칙"이 문제로 되고 있음)에 관해서는 다툼이 있다.

(2) 내용

1) 법치행정의 원칙에 위배되어서는 안된다.

2) 위임명령은 상위법령의 수권이 있어야 하며, 수권의 범위 내에서 제정되어야 한다(대판1985. 3. 26. 84누384).

3) 상위법령에 위반되는 법규명령은 위법하며, 법규명령의 내용은 실현가능한 것이어야 하고, 명확해야 한다.18)

(3) 절차

1) 대외적 절차로는 "행정상 입법예고제(행정절차 41)"가 적용된다. 즉 국민의 권리·의무 또는 일상생활과 밀접한 관련이 있는 법규명령을 제정·개정하려면

---

18) 헌재 2005. 6. 30, 2002헌바83

당해 입법안을 마련한 행정청이나 법제처장은 원칙적으로 이를 예고하여야 한다.

2) 내부절차로는, 대통령령은 사전에 관계부처와의 협의, 법제처의 심사, 차관회의, 국무회의의 심의를 거쳐야 한다. 한편, 행정규제를 신설·강화하는 내용의 법규명령의 제정·개정에 있어서는 대통령소속으로 설치된 규제개혁위원회의 규제심사도 받아야 한다(행정규제기본법 10 이하).

(4) 형식

법규명령은 조문의 형식으로 하고 누년 일련번호를 사용한다.

(5) 공포

공포는 관보에 게재하는 방법에 의한다(법령 등 공포에 관한 법률 11①). 공포일은 관보가 발행된 날이다.

2. 법규명령의 효력발생요건

(1) 성립요건을 갖추어 성립된 법규명령은 시행됨으로써 효력을 발생한다. 「법령 등 공포에 관한 법률」 제13조에서는, 대통령령·총리령·부령은 특별한 규정이 없는 한 공포한 날부터 20일을 경과함으로써 효력을 발생한다고 규정하고 있다.

(2) 「법령 등 공포에 관한 법률」 제13조의2에서는, 국민의 권리제한 또는 의무부과와 직접 관련되는 법령은 긴급히 시행해야 할 특별한 이유가 있는 경우를 제외하고는 공포일부터 적어도 30일이 경과한 날부터 시행되도록 하여야 한다고 규정하고 있다.

3. 법규명령의 제·개정과 신뢰보호의 원칙

법규명령의 제·개정시에 경과규정을 두어 신뢰보호의 원칙을 위반하지 않아야 하는 경우에 관하여 우리 대법원은, 「법령의 개정에서 입법자의 광범한 재량이 인정되는 경우라 하더라도 구 법령의 존속에 대한 당사자의 신뢰가 합리적이고도 정당하며 법령의 개정으로 야기되는 당사자의 손해가 극심하여 새로운 법령으로 달성하고자 하는 공익적 목적이 그러한 신뢰의 파괴를 정당화할 수 없다면 입법자는 경과규정을 두는 등 당사자의 신뢰를 보호할 적절한 조치를 하여야 하며 이와 같은 적절한 조치없이 새 법령을 그대로 시행하거나 적용하는 것은 허용될 수 없는 바, 이는 헌법의 기본권리인 법치주의원칙에서 도출되는 신뢰보호의 원칙에 위배되기 때문이다」라고 판시하고 있다[대판 2013.4.26., 2011다14428].

Ⅵ 법규명령의 하자

1. 법규명령이 적법요건을 갖추지 못한 때 당해 법규명령에는 하자가 있게 되는데, 이 때 그 법규명령은 무효가 된다는 것이 통설이다.

2. 하자있는 법규명령에 대한 재판통제는 선결문제 심리방식에 의한 간접통제가 원칙이지만, 예외적으로 당해 법규명령이 처분법규의 성질을 가지면, 항고소송(취소소송)에 의한 직접통제도 가능하다.[19)]

3. 헌법소원의 요건을 갖추면, 위헌인 법규명령은 헌법소원의 대상이 되고, 헌법소원의 인용결정은 모든 국가기관과 지방자치단체를 기속한다.

Ⅶ 법규명령의 소멸

1. 폐지

(1) 폐지는 법규명령의 효력을 장래에 향하여 소멸시키는 행정권의 직접적·명시적 의사표시이다.

(2) 폐지는 동종의 법규명령에 의해 행해진다.

2. 실효

실효는 일정 사실의 발생으로 법규명령이 소멸되는 것이다.

19) 김동희, 행정법Ⅰ, p. 148-149; 대판 1996. 9. 20, 95누8003

(1) 간접적 폐지

이것은 내용상 충돌되는 상위나 동위의 법령에 의해 묵시적으로 폐지되는 것을 말한다.

(2) 법정부관의 성취

한시법의 경우, 그 유효기간이 경과하고 나면 실효되는 것을 말한다.

(3) 근거법령의 소멸

이것은 수권법령이 소멸하면, 그에 근거한 법규명령도 원칙적으로 소멸하는 것을 말한다.[20]

Ⅷ 법규명령의 통제

1. 의회에 의한 통제

(1) 직접통제

1) 종류(선진 각국의 경우)

① 동의권유보제도: 이것은 법규명령의 효력발생 전에 국회의 동의를 요하게 하는 방법을 말한다.(예컨대, 독일)

② 승인권유보제도(적극적·소극적 결의 또는 폐지): 이것은 일단 성립되어 유효한 법규명령에 대해 일정기간 내에 국회의 동의를 받지 못하면 효력을 상실하게 하거나, 국회의 취소결의가 없으면 효력을 발생하게 하거나, 또는 국회가 유효한 법규명령의 효력을 소멸시키는 권한을 가지는 방법을 가리킨다.

③ 제출절차: 단순히 법규명령을 국회에 제출하게 하는 방법이다.

2) 우리나라의 제도

「국회법」 제98조의 2와 「행정절차법」 제42조 제2항에, 「국회에의 제출절차」['법위반사실 등의 통보'제도 포함]만이 규정되어 있어 통제가 미흡하다.

---

20) 대판 1989. 9. 12, 88누6962

(2) 간접통제

이것은 국회가 국정감사·조사, 국무총리·국무위원에 대한 질문, 국무총리·국무위원해임건의, 탄핵소추, 예산안심의, 수권법률의 개정 등에 의해 위법한 법규명령을 간접적으로 통제하는 것을 말한다.

2. 행정내부통제

(1) 법제처 등에 의한 통제

이것은 법규명령의 제정·개정시에 반드시 법제처심사, 국무회의의 심의, 관계부처 간의 협의, 관계국무위원의 부서 등을 거치도록 하고, 행정규제와 관련된 법규명령의 제정·개정시에는 대통령 소속하의 규제개혁위원회의 심사를 거치도록 하는 것을 말한다.

(2) 상급행정청의 감독권에 의한 통제

상급행정청은 지휘·감독권에 기해 하급행정청이 제정·개정한 법규명령의 기준·내용 등에 관해 시정지시를 하거나 하급행정청에게 그 폐지를 명할 수 있다.

(3) 중앙행정심판위원회의 시정조치요청에 의한 통제

중앙행정심판위원회는 「행정심판법」 제59조에 따라, 법규명령이 상위법령에 위배되거나 국민에게 과도한 부담을 주는 등 현저하게 불합리하면 관계행정기관에 대하여 당해 법규명령의 개정·폐지 등 적절한 시정조치를 요청할 수 있다.

3. 사법적 통제

(1) 법원에 의한 통제

1) 법원은 「헌법」 제107조 제2항에 의해 법규명령의 위헌·위법여부를 심사함으로써 법규명령을 통제한다(구체적 규범통제).

추상적인 법령이 취소소송의 대상이 될 수 있는지에 관하여 우리 대법원은, 「행정청의 위법한 처분 등의 취소 또는 변경을 구하는 취소소송의 대상이 될 수 있는 것은 구체적인 권리의무에 관한 분쟁이어야 하고 일반적, 추상적인 법령이나 규칙 등은 그 자체로서 국민의 구체적인 권리의무에 직접적 변동을 초래케 하는 것이 아니므로 그 대상이 될 수 없다」라고 판시하고 있다[대판1992.3.10., 91누12639].

2) 위헌・위법의 법규명령에 근거한 행정처분은 하자있는 것인데, 그 하자의 효과에 관하여 대법원은 그 하자가 객관적으로 명백하지 않으므로 취소사유에 해당한다고 판시하고 있다.[21]

3) '처분적 법규명령'['처분법규'의 문제]이 항고소송[취소소송・무효확인소송 등]의 대상이 되는지에 관하여 우리 대법원은, 「조례[두밀분교폐지조례: 경기도조례]가 집행행위의 개입 없이도 그 자체로서 직접 국민의 구체적인 권리의무나 법적 이익에 영향을 미치는 등의 법률상 효과를 발생하는 경우 그 조례는 항고소송의 대상이 되는 행정처분에 해당한다.」라고 판시하고 있다[대판 1996.9.20., 95누8003].

4) '행정입법부작위'가 '부작위위법확인소송'의 대상이 될 수 있는지에 관하여 우리 대법원은, 「특정다목적댐법 41조에 의하면 다목적댐 건설로 인한 손실보상의무가 국가에게 있고 같은 법 42조에 의하면 손실보상절차와 그 방법 등 필요한 사항은 대통령령으로 규정하도록 되어 있음에도 피고가 이를 제정하지 아니한 것은 행정입법부작위에 해당하는 것이어서 그 부작위위법확인을 구한다고 주장하나, 행정소송은 구체적 사건에 대한 법률상 분쟁을 법에 의하여 해결함으로써 법적 안정을 기하자는 것이므로 부작위위법확인소송의 대상이 될 수 있는 것은 구체적 권리의무에 관한 분쟁이어야 하고 추상적인 법령에 관한 제정여부는 그 자체로서 국민의 구체적인 권리의무에 직접적 변동을 초래하는 것이 아니어서 행정소송의 대상이 될 수 없으므로 이 사건 소는 부적법하다」라고 판시하고 있다[대판 1992.5.8., 91누 11261].

5) '행정입법의 부작위'는 불법행위에 해당한다고 보아 '국가배상청구'를 인정한 판례가 있다[대판 2007. 11. 29, 2006다3561].

(2) 헌법재판소에 의한 통제

1) 「헌법」 및 「헌법재판소법」 제68조에 따라 헌법재판소는 법원의 재판을 제외한 공권력의 행사와 불행사에 대한 헌법소원심판권을 가지는데, 이때 법규명령의

21) 대판 2007. 6. 14, 2004두619

위헌성 여부에 대한 헌법소원심판권도 포함되는가에 대해 견해가 나뉜다.

2) 헌법재판소는 헌법소원심판권을 긍정하고 있다.[22]

3) 법령보충규칙과 재량준칙에 대하여, 헌법재판소는 이 경우에도 헌법소원심판권을 긍정하고 있다.[23] 법령보충규칙과 재량준칙이 헌법소원의 대상인지에 관하여 우리 헌법재판소는, 「행정규칙이 법령의 규정에 의하여 행정관청에 법령의 구체적인 내용을 보충할 권한을 부여한 경우 또는 재량권행사의 준칙인 행정규칙이 그 상대방에 대한 관계에서 그 규칙에 따라야 할 자기구속을 당하게 되는 경우에는 대외적인 구속력을 갖게 되어 헌법소원의 대상이 될 수도 있다」라고 판시하고 있다[헌재 2013.5.30., 2012헌마255].

4) '행정입법의 부작위'에 의해 기본권이 침해되는 경우에는, 헌법재판소는 그 부작위가 위법함을 심판할 수 있다. 다만, 그것이 가능하기 위해서는, 행정청에게 시행명령을 제정・개정할 법적 의무가 있어야 하고, 또한 상당한 기간이 지났음에도 명령제정・개정권이 행사되지 않았어야 한다.[24]

'진정입법부작위'[입법자가 헌법상 입법의무가 있는 어떤 사항에 관하여 전혀 입법을 하지 아니함으로써 입법행위의 흠결이 있는 경우]의 성립요건이 충족된 사례로서, 우리 헌법재판소는 「의료법 55조 3항에서는 전문의의 자격인정 및 전문과목에 관하여 필요한 사항은 대통령령으로 정하도록 하고 있는 바, 그 대통령령인 '규정' 17조에서는 전문의자격의 인정에 관하여 일정한 수련과정을 이수한 자로서 전문의자격시험에 합격할 것을 요구하고 있는데도 '시행규칙'이 위 규정에 따른 개정입법 및 새로운 입법을 하지 아니하고 있는 것은 진정입법부작위에 해당한다. 행정권이 법률의 시행에 필요한 행정입법을 하지 아니하는 경우에는 행정권에 의하여 입법권이 침해되는 결과가 되므로 보건복지부장관에게는 헌법에서 유래하는 행정입법의 작위의무가 있다. 청구인들은 시행규칙의 미비로 일반치과의로서 존재할 수 밖에 없음으로 말미암아 직업으로서 치과전문의를 선택하고 수행할 자유를 침해당하고 있고, 치과전문의자격시험의 실시를 위한 제도가 미비한 탓에 형벌의 위험을 감수하지 않고는 전문과목을 표시할 수 없게 되었으므로 행복추구권을 침해받고 있고, 전공의수련과정을 거치지 않은 일반치과의사나 전문의시험이 실시되

22) 헌재 1990. 10. 15, 89헌마178
23) 헌재 1992. 6. 26, 91헌마25
24) 헌재 1998. 7. 16, 96헌마246

는 다른 의료분야의 전문의에 비하여 불합리한 차별을 받고 있다. 또한 이 사건의 경우 현행규정이 제정된 때부터 이미 20년 이상이 경과되었음에도 아직 치과전문의제도의 실시를 위한 구체적 조치를 취하고 있지 아니하고 있으므로 합리적 기간 내의 지체라고 할 수 없고, 법률의 시행에 반대하는 여론의 압력이나 이익단체의 반대와 같은 사유는 지체를 정당화하는 사유가 될 수 없다」라고 판시하고 있다[헌재 1998.7.16., 96헌마246].

5) '부진정입법부작위'[입법은 되었으나 그 내용이 미흡한 경우]의 경우에는 '부작위'를 다툴 수는 없고, '그 규정자체가 직접 기본권을 침해'함을 다투어야 한다[헌재 2009. 7. 14, 2009헌마349전원재판부].

4. 국민에 의한 통제

국민은 행정상 입법예고제도나, 공청회제도에 의하여 그 의견을 제시할 수 있다.

그러나, 이것은 현재 지극히 형식적으로 시행되고 되어, 스위스의 「입법예고법」[Vernehmlassungsgesetz]의 사례에서 보듯, 폭넓은 입법정비[의원입법에 의한 법률제정과 자치법규의 제정시에는 더욱 문제임]와 그에 따른 실행의 검토가 시급하다는 비판이 제기되고 있다.

Ⅸ 「법규명령」에 관한 기본판례(추가)

(1) 대판 2015. 1. 15, 2013두14238

(2) 헌재 2015. 7. 30, 2013헌바204

(3) 대판 2017. 2. 16, 2015도16014 전원합의체[위임입법의 한계]

(4) 대판 2017. 4. 20, 2015두45700[위임명령]

(5) 헌재 2016. 3. 31, 2014헌바382[법령보충규칙의 합헌성 여부]

(6) 헌재 2016. 6. 30, 2013헌바370 · 392 · 421, 2014헌바7 · 296, 2015헌바74(병합)[포괄위임금지원칙]

(7) 대판 2016. 12. 1, 2014두8650[집행명령]

(8) 헌재 2017. 5. 25, 2014헌마844[포괄위임금지원칙]

(9) 헌재 2017. 5. 25, 2016헌바269[포괄위임금지원칙]

(10) 대판 2017. 6. 15, 2016두52378[위임명령]

(11) 헌재 2017. 7. 27, 2015헌마1094[포괄위임금지원칙]

(12) 헌재 2017. 8. 31, 2015헌바388[포괄위임금지원칙]

(13) 대판 2017. 10. 12, 2015두60105[위임명령]

(14) 대판 2018. 6. 28, 2017도13426[위임명령]

(15) 헌재 2010. 10. 28, 2008헌마628

(16) 헌재 2010. 5. 4, 2010헌마249

제3절 행정규칙

I 행정규칙의 의의

1. 일반적으로 행정규칙은, 행정조직 내부에서 상급행정기관이 하급행정기관에 대하여 그 조직이나 업무처리의 절차·기준 등에 관하여 발하는 일반·추상적 규정이라고 한다.[25] 실무상 용어는 훈령·예규·고시·지침 등 다양하다.

2. 종래에는 행정규칙은 국민의 권리·의무와 관계없고, 법규로서의 성질을 가지지 않으며, 국민을 구속하는 대외적 효력을 가지지 않는다고 해 왔다. 이런 내용은 일반적인 행정규칙에 대해서는 아직도 유효하지만, 재량준칙, 법령보충규칙 등 일정 유형의 행정규칙에 대해서는 그대로 타당하다고 할 수 없다.

3. 행정규칙은 상급행정청의 하급행정청에 대한 일반적 명령으로서 행정의 조직과 활동을 상세히 확정하는 데 기여한다. 행정규칙도 행정부에 의해 일반적, 추상적으로 제정된다는 점에서는 법규명령·자치법규와 같으나, 일반적으로 국민과 법원에 대한 대외적 효력을 목표로 하지 않고, 행정의 내부영역을 규율한다는 점에서 법규명령·자치법규와 구별된다.

---

25) 김동희, 행정법Ⅰ, p. 151

Ⅱ 행정규칙의 법적 성질

1. 행정규칙은 행정기관과 공무원에 대하여 법적 구속력이 있으므로 법적 규율이다. 다만, 원칙적으로 행정규칙은 행정기관과 공무원을 수명자로 하므로, 내부법이라고 할 수 있다.

2. 그러나, 재량준칙, 법령보충규칙 등의 경우 일정한 법적, 대외적 구속력을 간접적, 직접적으로 가진다는 것이 통설과 헌법재판소 및 대법원의 입장이다.

3. 행정규칙은 원칙적으로 행정의 내부법으로서 법규의 특징인 대외적 효력을 가지지 않는다. 그럼에도 불구하고, 행정규칙은 법적 특질[=법으로서의 성질]을 가지므로, 공무원[행정기관]은 그 복종의무와 상사의 지시에 대한 구속성의 범위 안에서 행정규칙을 준수해야 한다. 즉 행정규칙은 공무원[행정기관]에 대하여 구속력이 있다.

그러나, 국민에 대하여는, 행정규칙에 근거해서는, 직접적으로 유효한 권리・의무가 도출될 수 없다. 즉 행정규칙은 국민과 행정기관관계[=외부관계]에서는 원칙적으로 구속력이 없다는 것이 다수설과 판례의 입장이다. 또한, 법원[法院]에 대하여도, 행정규칙은 원칙적으로 직접적인 판결근거가 아니므로, 법원은 행정청의 결정이 행정규칙에 위반했는지 여부에 대하여 심사할 수도 없다[다만, 독일의 경우 규범구체화행정규칙은 예외임(한국의 경우에는 법령보충행정규칙이 그 예외라고 할 수 있음)].

4. 한편, 행정청은, 재량의 행사시에, 법원에 의하여 단지 제한적으로만 심사가 가능한 「결정여지」를 가진다. 이러한 결정여지가 행정규칙에 의해 보충되고 [재량준칙], 행정규칙의 적용에 따른 행정관행이 형성되면, 행정기관은 그 행정관행에 스스로 구속된다. 즉 당해 행정규칙을 적용하는, 동일한 경우들에 있어 그것이, 정당한 사유 없이 달리 취급된다면, 헌법상의 평등원칙위반이 된다.

따라서, 국민은 평등원칙에서 도출되는, 「평등취급에 대한 청구권」을 가지며, 기본권은 외부법(헌법)에 속하므로, 행정규칙은 기본권[=평등권]을 매개로 하여, 간접적인 대외적 법적 효력을 가진다. 다만, 「행정의 자기구속」은 그 행정규칙과 그에 근거한 행정관행이 적법할 때만 발생하고, 위법할 때는 발생될 수 없다.

또한, 「행정의 자기구속」은 "예기된[선취된] 행정관행"으로서, 행정규칙이 아직 적용된 적이 없는 최초의 결정시에도, 장래에 그 행정규칙대로 행정이 수행될 것을 예기[=선취]하여, 발생된다고 본다.

5. 행정규칙의 특수한 경우는, 독일연방행정대법원[BVerwG]의 판례가 환경법, 기술적 안전법, 사회보장법 분야에서 인정한 「규범구체화행정규칙」[우리의 경우, '법령보충규칙'과 유사하다]이다. 사회보장법 분야에서는 사회보장법상의 일괄규정이, 환경법·기술적 안전법 분야에서는 「임밋시온과 엠미시온에 대한 한계치확정에 대한 기술적 지침」으로서의 「대기오염허용치지침」[TA Luft]와 「소음허용치지침」[TA Lärm][26]이 그 구체적인 예인데, 환경법에서는 「연방임밋시온보호법」[BImSchG] 제48조에 따라, 「연방정부는 정식절차에서 민간전문가의 참여하에 행정규칙으로 연방임밋시온법의 다수 규정에 있는 "유해한 환경침해"를 상세히 규율하기 위하여, 임밋시온 한계치를 확정」하도록 하고 있다.

독일의 경우 이러한 규범구체화행정규칙에게는 직접적·대외적 법적 효력이 인정된다.

그러나, 독일의 경우 규범구체화행정규칙의 법적 대외적 효력은 다음 요건들을 모두 충족시킨 경우에만 인정된다:

① 행정기관이 행정규칙의 제정시에, 상위의 법령과 그 구체화를 위하여 본질적인 지식수준과 경험수준을 고려했어야 한다. ② 행정규칙이 과학·기술의 지식의 진보에 의해 낡아지지 않았어야 한다. ③ 행정규칙의 제정 전에 광범한 참여절차가 사전에 준비되어 있어서, 기존의 경험과 과학기술의 수준을 반영하고자 하는 목적이 달성될 수 있었어야 한다.[27]

물론, 규범구체화행정규칙은 직접적·대외적 법적 구속력이 인정되므로, 관계국민이 그 내용을 알 수 있도록 공표[고지]를 요한다.

규범구체화행정규칙은 일반적인 행정내부법[=일반적 행정규칙]과 달리, 규범통제절차에서 심사할수 있다[BVerwG, DÖV 2005, 605, 607; Saurer, DÖV 2005, 587].

다만, EU법의 견지에서는, 유럽사[司]법법원[EuGH]의 판례에 따르면, 「규범구

26) BVerwGE 72, 300, 320f.; 107, 338, 341; 110, 216, 218; Erbguth/Schlacke, Umweltrecht, 4. Aufl., 2012, §6 Rn. 18.; BVerwG, NVwZ 2008, 76; Murswiek, JuS 2008, 1022

27) BVerwGE 107, 338, 341; Ossenbuhl, in; Erichsen/Ehlers, §6 Rn. 53 f.

체화행정규칙을 포함한 모든 행정규칙은, 명확한 대외적 효력과 공표의 결여 때문에, EU준칙[Richtlinien]의 가맹국에서의 국내법적 전환을 위한 적절한 수단이 될 수 없다」라고 판시하고 있다.

Ⅲ 행정규칙의 종류

1. 조직규칙

이것은 행정관청 내부의 조직에 관해 정하는 것으로서 사무분장규정 등을 들 수 있다.

2. 법률해석규칙

(1) 이것은 특히 법률의 불확정개념에 있어서 법률의 통일적 해석·적용을 위해 발령된다.

(2) 독일의 경우, 규범구체화행정규칙은 법률해석을 넘어서서, 명시적 또는 묵시적인 법률의 수권에 기해 불확정개념을 법조문형식으로 보충하거나 구체화하고, 이에 따라서 법원은 단지 제한적으로만 심사할 수 있는 행정규칙이라는 것이 독일의 통설·판례이다.

규범구체화행정규칙은 불확정개념을 표준화하며, 전통적 법원[法源: 법률, 법규명령, 자치법규]으로는 규율하기가 불가능하거나 매우 어려운 경우[예: 환경법에서의 허용한계치의 설정 등]에 제정된다.

3. 재량준칙(재량지도규칙=재량기준)

이것은 통일적이고 평등한 재량권의 행사를 위해 발령된다.

4. 법률대위규칙

이것은 법률이 필요한 영역에 있어서 법률규정이 없는 경우에 특히 발령된다. 보조금지급준칙이 그 대표적 예이다[그 법적 성질 및 효력은 '재량준칙'과 유사하다].

5. 법령보충규칙

이것에 대해서는 곧 이어서 설명될 것이다.

Ⅳ 행정규칙의 법적 효력

1. 내부적 효력

이것은 공무원법상의 복종의무에 근거해 인정된다.

2. 대외적 구속력

(1) 서론

1) 공무원이 국민에 대하여 업무를 처리할 때 지켜야 할 내용을 규정하고 있는 행위지도규칙은 국민에 대하여도, 즉 외부영역에서도 현저히 중요한 의미를 가질 수 있다.

2) 문제는 공무원이 행정규칙에 위반해 규정된 보조금을 지급하지 않기 때문에 법원에 제소하려고 할 때 일어난다(재량준칙). 이때 그 소송은 국민이 그 행정규칙을 근거로 하여 주장할 수 있을 때에만 승소할 수 있게 된다. 즉, 그 행정규칙이 법적, 대외적 구속력을 가지고, 따라서 상응한 권리를 창설해 준다고 인정될 때에만 국민은 이길 수 있다.

이런 제한된 경우에는 행정규칙의 사실상의 대외적 구속력이 또는 법적인 의미도 가지게 된다는 것이 일반적으로 인정되고 있다. 그러나, 그 이론구성에 대하여는 견해가 대립된다.

(2) 법적, 대외적 구속력의 이론구성[특히 재량준칙 및 법령보충규칙(독일의 경우 규범구체화행정규칙이 이에 유사함)의 경우]

1) 준법규설(우리나라와 독일에서의 재량준칙의 경우의 문제임)

① 통설에 따르면,[28] 행정규칙의 법적, 대외적 구속력은 행정관행과 평등원칙

28) 김동희, 행정법 I, p. 171; 이것은 주로 재량준칙(재량기준)에 관한 분석이다.

을 매개로 해서 발생한다고 한다. 즉, 행정기관은 일관된 행정관행에 의해 자기 스스로 구속된다(행정의 자기구속의 법리). 만일, 행정기관이 정당한 사유없이 자신의 일관된 실무관행에서 벗어난다면 평등원칙에 위반하게 된다. 국민은 이 경우 평등원칙에 위반했다고 주장할 수 있다. 이에 따라 행정규칙은 간접적으로, 평등원칙을 매개로 하여, 법적, 대외적 구속력을 가진다.

② 아직 행정관행이 성립되지 않은 최초의 경우는 예기되는 행정관행을 의제해서 해결할 수 있다고 한다.

③ 헌법재판소 및 대법원도 이 이론을 지지한다.[29)]

사 례

행정규칙의 재판규범성의 승인

법률에 기하지 않고 행정이 스스로 제정하는 행정규칙을 재판의 기준에 이용하는 것은, 민주주의에 반하지 않는가?

➡ 행정규칙이 재판규범으로 되지 않는다는 전통적 이론은, 민주주의적 발상에 의거한 것이다. 그 결과 재량권행사의 기준을 정한 행정규칙은, 사법심사에서 경시된 것이다. 예컨대, 「처분이 위 준칙에 위배되어 행해졌더라도, 원칙적으로 당・부당의 문제를 생기게 하는데 그치고, 당연히 위법으로 되지는 않는다」는 것을 들 수 있다.

2) 독일에서의 규범구체화행정규칙의 법리(법규설)

① 이 견해에 따르면, 행정권은 그 기능영역에 있어서는 시원적인 법규정립권을 가지며, 그 기능영역에서 발령된 행정규칙은 대외적 구속력을 가진 시원적인 행정권의 법규라고 한다. 이 경우 행정부의 기능영역으로는, ㉠ 법률유보영역 외의 영역과, ㉡ 법률유보영역 중 재량여지, 구체화여지, 형성여지, 판단여지가 인정되는 영역을 들고 있다(오센뷜 교수 등의 입장).

② 이 견해는 1985년 12월 19일의 독일 연방행정재판소의 빌(Wyhl) 판결에 의해 지지되었다.

동 법원은 이 판결에서 연방내무부장관의 방사능관련 행정규칙을 환경보호법과 기술적 안전법 분야에 있어서의 규범구체화행정규칙이라고 하면서, 동 행정규칙은 법률이 설정한 한계 안에서 법원에 대하여 구속력이 있다고 함으로써 제한

---

29) 헌재 2001. 5. 31, 99헌마413; 대판 2009. 12. 24, 2009두7967

된 범위내에서는 규범구체화행정규칙은 법적, 대외적 구속력을 직접적으로 가진다는 것을 인정하였다.[30)]

3) 우리나라에서의 법령보충규칙(법규설)

① 법령보충규칙은 법령의 수권에 의해 법령을 보충하는 사항을 정하는 행정규칙인데, 대법원과 헌법재판소는 이에 대해 법규와 같은 효력을 인정하고 있다.

② 우리 헌법재판소는 "의회의 입법독점주의에서 입법중심주의로 전환하여 일정한 범위 내에서 행정입법을 허용하게 된 동기가 기능적 권력분립론에 있다는 점 등을 감안하면, 헌법이 인정하고 있는 위임입법의 형식은 예시적인 것으로 보아야 할 것이고, 법률이 어떤 사항을 행정규칙에 위임하는 경우에 그 행정규칙은 위임된 사항만을 규율할 수 있는 것이므로, 국회입법의 원칙과 상치되지 않는다. 다만, 행정규칙은 법규명령과 같은 엄격한 제정 및 개정절차를 요하지 아니하므로, 기본권을 제한하는 작용을 하는 법률이 입법위임을 할 때에는 대통령령, 총리령, 부령 등 법규명령에 위임함이 바람직하고, 고시와 같은 형식으로 입법위임을 할 때에는 적어도 행정규제기본법 제4조 제2항 단서에서 정한 바와 같이 법령이 전문적·기술적 사항이나 경미한 사항으로서 업무의 성질상 위임이 불가피한 사항에 한정된다 할 것이고, 그러한 사항이라 하더라도 포괄위임금지의 원칙상 법률의 위임은 반드시 구체적·개별적으로 한정된 사항에 대하여 행하여져야 한다"라고 판시하고 있다.[31)]

③ 대법원도 이 이론을 1987년 9월 29일의 판례 이래 계속 지지하고 있다.

즉, "행정규칙은 일반적으로 행정조직 내부에서만 효력을 가질 뿐 대외적인 구속력을 갖는 것은 아니지만, 법령의 규정이 특정 행정기관에게 그 법령 내용의 구체적 사항을 정할 수 있는 권한을 부여하면서 그 권한행사의 절차나 방법을 특정하고 있지 아니한 관계로 수임행정기관이 행정규칙의 형식으로 그 법령의 내용이 될 사항을 구체적으로 정하고 있다면 그와 같은 행정규칙은 행정규칙이 갖는 일반적 효력으로서가 아니라, 행정기관에 법령의 구체적 내용을 보충할 권한을 부여한 법령규정의 효력에 의하여 그 내용을 보충하는 기능을 갖게 된다 할 것이고, 따라서 이와 같은 행정규칙은 당해 법령의 위임한계를 벗어나지 아니하는 한 그것들과 결합하여 대외적인 구속력이 있는 법규명령으로서의 효력을 가진다"라고 판시하고 있다.[32)]

---

30) BVerwGE 72, 320ff

31) 헌재 2008. 7. 31, 2005헌마667·2006헌마674(병합) 전원재판부

32) 대판 2008. 3. 27, 2006두3742·3759; 대판 1987. 9. 29, 86누484

④ 법령보충규칙이 법규명령(위임명령)인지, 아니면 행정규칙인지에 대해서는 견해가 갈리고 있는데, 다수설은[33] 실질적 입장에서, 법규명령으로 보고 있다.

⑤ 법령보충규칙 한계

법령보충규칙은 법령의 위임범위를 벗어나면 법규적 효력을 발생할 수 없다.

4) 결어

행정규칙의 법적, 대외적 구속력은 일반적으로 재량준칙과 법령보충규칙에서만 문제된다. 그 구체적 내용은 위에서 본 바와 같이 재량준칙의 경우에는 간접적, 법적, 대외적 구속력이, 법령보충규칙의 경우에는 직접적, 법적, 대외적 구속력이 일반적으로 인정되고 있다.

V 법규명령과 행정규칙의 구분

1. 형식설

이것은 제목, 형식상의 요청, 공포 등 제정절차상의 요청, 수권근거 등에 의해 구분하는 것이다.

2. 실질설

(1) 이것은 내용, 수범자(受範者), 법적 효력을 근거로 하여 구분하는 것이다.

(2) 법규설에서는, 행정권이 행정부의 기능영역에서 발령하는 규율이 행정규칙이고, 의회의 기능영역에서 위임에 기해 발령하는 파생적 법규가 법규명령이라고 보는데, 그 논리를 「헌법」상의 권력분립의 원칙에 두고 있다(기능영역설).

33) 김동희, 행정법 I, p. 177

Ⅵ 법규명령 형식의 행정규칙 문제

1. 의의

이른바 "법규명령 형식의 행정규칙"은 대통령령 등 법규명령의 형식을 취하면서, 그 내용이 행정규칙의 실질을 가지는 것을 가리킨다.

특히 재량준칙 중 허가취소, 영업정지 등 제재적 행정처분의 기준에서 문제로 된다.

2. 법적 성질

(1) 학설

1) 법규명령설

이 견해는 법규의 형식으로 제정된 이상, 법규명령으로 보아야 한다는 입장이다.[34]

2) 행정규칙설

이 견해는 당해 규범이 행정기관 내부에서의 사무처리기준을 정한 것이면 행정규칙으로 보아야 한다는 입장이다.[35]

(2) 판례

1) 대법원 판례는, 일관되게, 법령의 위임을 받아 부령으로 정하고 있는 제재적 행정처분의 기준을 행정규칙으로 보고 있다.[36] 다만, 대통령령의 형식을 가진 제재적 행정처분의 기준은 법규명령으로 인정하고 있다.[37] 이 판례의 태도에 대하여는 제재적 행정처분의 기준을 정하고 있는 위임명령으로서의 대통령령에 법규성이 인정된다면, 마땅히 같은 내용의 위임명령인 부령에도 그 법규성이 인정되어야 한다는 대다수 학자의 비판이 있다.

---

34) 김동희, 행정법Ⅰ, p. 157
35) 유지태, 행정법, p. 182
36) 대판 1997. 5. 30, 96누5773
37) 대판 1997. 12. 26, 97누15418

2) 다만, 대법원은 2001년의 판례에서는, 대통령령의 형식을 가진 제재적 행정처분의 기준을 법규명령으로 보면서도, 명문규정(과징금의 부과금액을 정액으로 정하고 있음)과는 달리, 당해 규정은 일종의 기준(최고한도액)을 정하고 있다고 판단하였는데, 이것은 법원의 법령해석권의 범위를 넘어섰다고 보여진다.[38]

Ⅶ 행정규칙의 성립요건(적법요건)과 효력발생요건

1. 성립요건(적법요건)

(1) 주체

행정규칙을 발령할 권한이 있는 기관이 받을 의무가 있는 기관에 대해 발령해야 한다.

(2) 내용

내용이 상위법령, 상급감독기관의 행정규칙에 위반하지 않아야 하고, 행정목적의 달성에 필요한 한도 내이어야 하며, 가능하고, 명확해야 한다.

부하공무원이 보기에 어떤 행정규칙이 위법하게 보이는 경우, 그것이 범죄행위 등 명백한 위법행위가 아닌 한, 그는 상사에게 해석을 요청해야 하며, 상사가 그 행정규칙의 준수를 명령하면, 이에 따라야 한다는 것이 우리 대법원 판례이다[대판 1988.2.23., 87도2358].

(3) 절차

1) 「행정절차법」상의 행정예고제도에 의해 국민의 일상생활과 밀접한 관련이 있는 행정규칙은 그 제정·개정시에 국민의 의견을 수렴할 수 있다.

2) 행정규칙은 반드시 공포될 필요는 없고, 어떤 방식으로든 적당한 방법으로 수명기관에 도달되기만 하면 된다.[39]

38) 김동희, 행정법 I, p. 164
39) 대판 1990. 5. 22, 90누639

(4) 형식

1) 우리나라의 경우 고유한 형식은 없다(보통은 훈령・예규・고시・지침 등임).

2) 독일의 경우 규범규체화행정규칙의 특수성을 제외하고는, 법률에 달리 특별한 규정이 없는 한, 특별한 절차의 준수 없이 발령될 수 있다.

(5) 근거

1) 행정규칙의 제정수권은, 그 업무영역의 조직화와 지휘・통솔을 위한 행정청의 권한에 근거하고, 특별한 법률의 수권근거는 요하지 않는다. 그러므로 행정규칙은 동일한 행정주체 안의 하급행정관청에 대하여 당연히 발령될 수 있으므로, 「행정주체 내부의 행정규칙」으로 불린다.

2) 그러나, 「행정주체간의 행정규칙」은, 다른 행정주체의 행정청에 대한 구속력을 가지므로, 독일의 경우 이러한 행정규칙은 헌법 또는 법률의 수권을 요한다.

2. 효력발생요건

수명기관에 도달한 때부터 효력이 발생한다.

Ⅷ 행정규칙의 통제

1. 국회에 의한 통제

(1) 직접적 통제

「국회법」 제98조의 2는, 행정규칙에 대하여 '제출절차'만 규정하고 있을 뿐이고, 법규명령과는 달리 '법위반사실 등의 통보' 제도는 채택하고 있지 않다.

(2) 간접적 통제

이것은 국정감시권에 의한 통제를 가리킨다.

2. 행정내부통제

(1) 상급행정기관은 감독권에 의해 하급행정기관의 행정규칙을 통제할 수 있다.

(2) 중앙행정심판위원회는 관계행정기관에 대하여 소관행정규칙의 개선·시정 조치를 요청할 수 있다(행심 59).

3. 사법적 통제

(1) 법원에 의한 통제

1) 행정소송(항고소송)에 의한 통제('처분법규'문제)

① 대법원은 원칙적으로 행정규칙에 대하여 법적 대외적 구속력을 인정하지 않으므로, 행정규칙 그 자체는 처분성이 없어, 행정소송의 대상이 되지 못한다고 한다.[40)]

② 법령보충규칙의 경우에는, 그것이 직접적으로 국민의 법적 지위에 영향을 미치면, 당해 법령보충규칙에는 처분성이 인정되어 취소소송 등의 대상으로 될 수 있으며, 이 경우 직접적 사법심사가 가능할 것이다.

2) 구체적 규범통제에 의한 통제(헌법 제107조 제2항)

① 이것은 선결문제심리에 의해 행정규칙의 위법 여부가 법원에 의해 심사될 수 있는지 여부의 문제이다.

② 일반적인 행정규칙의 경우에는 행정규칙의 위법 여부는 선결문제가 되지 않는다.

③ 법령보충규칙의 경우에는 당해 행정규칙은 선결문제심리대상으로 될 수 있을 것이다[재량준칙의 경우에는 그 간접적 대외적 법적 효력 때문에 논의의 대상이 될 수 있다고 생각됨].

(2) 헌법재판소에 의한 통제

1) 이것은 행정규칙이 '헌법소원'의 대상이 되는 "공권력행사"에 해당하는지의 문제이다.

---

40) 대판 1985. 11. 25, 85누394

2) 일반적인 행정규칙의 경우에는 헌법소원의 대상이 되지 않는다.

3) 그러나, 직접적 또는 간접적인 법규성이 인정되는 경우(예: 법령보충규칙, 재량준칙)에는 헌법소원의 대상이 될 수 있다.[41]

Ⅸ 「행정규칙」에 관한 기본판례(추가)

(1) 헌재 2016. 2. 25, 2015헌바191[법령보충규칙]

(2) 대판 2016. 2. 25, 2015두51132[법령보충규칙]

(3) 대판 2016. 10. 27, 2014두12017[법령보충규칙]

(4) 헌재 2016. 10. 27, 2015헌바360, 2016헌바323(병합)[법령보충규칙]

(5) 대판 2017. 7. 11, 2015두2864

---

41) 헌재 2001. 5. 31, 99헌마413(전원재판부)

02 행정계획

제1절 행정계획 건설

I 행정계획의 의의

1. 현대행정은 법률로 미리 결정되어 있는 국가의사를 단지 집행하는 것에 그치기보다는, 법률이 제시하는 추상적 목표를 단계적으로 창조하고 구체화하는 정책형성과정으로 변화되었다. 이런 상황에서 행정청은 행정계획을 수립하고, 이를 행정활동의 목표로 하여, 개별적·구체적인 행정활동을 실시하여 국민생활을 규율·유도하고 있다.

그래서 오늘날의 행정은 "계획행정"이라고까지 불리고 있다.

2. 우리 대법원은, 행정계획의 의의에 관하여, "행정계획은 행정에 관한 전문적·기술적 판단을 기초로 하여 도시의 건설·정비·개량 등과 같은 특정한 행정목표를 달성하기 위하여 서로 관련되는 행정수단을 종합·조정함으로써 장래의 일정한 시점에 있어서 일정한 질서를 실현하기 위한 활동기준으로 설정된 것"이라고 판시하고 있다.[42)]

II 행정계획의 종류

1. 법률상의 구속력의 유무에 따른 분류

(1) 비구속적 계획

이것은 관계행정기관에 대하여 판단지침을 제공해 주는 것에 불과한 것을 가

42) 대판 2007. 4. 12, 2005두1893

리킨다.

(2) 구속적 계획

1) 이것은 행정기관의 판단을 법적으로 구속하는 것을 가리킨다.

2) 이 중에는 행정기관뿐이 아니고, 국민에 대해서도 구속력을 가지는 것도 있다(예: 도시관리계획).

2. 그 밖의 분류

(1) 기간의 장단에 따라서, ① 장기계획(10~15년을 기준으로 함), ② 중기계획(3~7년을 기준으로 함), ③ 단기계획(1~2년을 기준으로 함)으로 나뉜다.

(2) 내용의 구체성에 따라서, ① 기본계획(마스터플랜), ② 실시계획으로 나뉜다.

제2절 행정계획의 법적 근거와 법적 성질

Ⅰ 법적 근거

1. 국민에 대해서도 구속력을 가지는 구속적 계획은 법률의 근거가 있어야 한다.

2. 그 밖의 계획의 경우에는 본질성설에 따르면, 그 중 공동체와 국민의 이익에 중요한 영향을 미치는 것이면 (작용)법적 근거를 요한다.

Ⅱ 법적 성질

1. 행정계획은 보통 법률, 법규명령, 조례, 행정규칙 또는 행정행위의 형식으로 나타난다.[43)]

---

43) Wolff/Bachof/Stober, VwR Ⅱ, §56 Rn. 14ff

2. 행정계획의 법적 성질을 논하는 실익은 행정계획이 항고소송의 대상이 될 수 있는지 여부를 판단할 수 있게 함에 있다. 즉 이해관계인은 행정계획에 대하여 직접 소송을 제기하여 그 위법을 다툴 수 있는지 여부가 문제로 된다. 특히, 법적 구속력이 있는 구체적 내용을 가진 행정계획에 대해서는 사법심사의 대상이 된다고 볼 수 있다.

3. 종전에는 법적 효과를 가진 행정계획이라도 법원은 그 처분성을 부인하고, 따라서 직접 그것을 취소소송으로 다툴 수 없다고 했다. 즉 그런 계획은 공공사업의 청사진에 불과하여 특정 개인의 권리변동을 가져오는 행정처분은 아니므로, 계획단계에서는 아직 쟁송의 성숙성이 결여되어 그 계획에 대한 항고소송은 부적법하다고 하였다(청사진론).[44] 이에 따르면, 국민은 계획 자체는 다툴 수 없고, 계획에 이은 처분에 대해 취소소송을 제기하여, 거기서 계획의 위법을 주장할 수밖에 없다.

4. 그러나 구속력 있는 계획 중 구체적 계획은, 관계인의 장래의 권리관계를 실질적으로 결정한다. 만일 내버려 두면, 그 계획을 기초로 해서 기성사실이 점점 쌓이게 되고, 관계인은 그에 따라 사실상 구제의 기회를 놓쳐버린다. 그러므로 계획의 위법성이 의심되면, 직접 이에 대해 쟁송의 제기를 허용하고, 단계적으로 문제를 해결하도록 하는 것이 적절하다.[45]

제3절 계획재량

I 계획은 미래와 관련된 과정이므로, 미래예측적 결정이 필수적으로 포함되며, 계획법규는 그런 결정을 할 수 있는 여지를 부여하지 않으면 안 된다. 한편, 계획법규는 법치국가적 요청에도 적합해야 한다. 입법자는 이런 상충된 문제를 해결하기 위해 계획법규를 "목적 · 수단명제"적으로 규정한다. 이 경우 계획수립

44) 서울고판 1980. 1. 29, 79구416

45) 도시계획결정고시에 관한 대법원의 판례: 대판 1982. 3. 9. 80누105; 그 밖에 대결 2009. 11. 2, 2009마596과 헌재 1991. 7. 22, 89헌마174를 들 수 있다.

자에게는 상대적으로 광범위한 판단여지 내지는 형성의 자유가 부여되지만, 이러한 계획재량에도 일정한 제한이 있다.

Ⅱ 비교형량

1. 계획재량은 "비교형량의 명령"에 의해 제한된다. 이 명령은 비례원칙의 한 파생원칙이다. 이 명령에 따르면 모든 공익과 사익이 서로 비교형량되어야 한다.

2. 비교형량은 최적화명령에 의해 조절된다.

3. 비교형량에 있어 다음과 같은 비례원칙위반의 경우를 들 수 있다.[46)]

(1) 형량의 누락

이것은 행정청이 자신의 계획재량을 사용하지 않는 경우이다.

(2) 불충분한 형량 또는 과잉형량

이것은 특히 형량의 자료가 불충분하거나, 모든 이익이 형량에 있어 모두 제시되어 있지는 않은 경우이다. 불필요한 자료가 과다 포함되면 과잉형량이 된다.

(3) 비교형량의 잘못된 평가(오형량)

이것은 어떤 이익의 중요도를 오해할 때 있게 된다.

(4) 비교형량의 불균형

이것은 다양한 이익의 중요도에 있어서의 조절에 있어 비례원칙에 위배되는 것을 말한다.

---

46) 우리 대법원은, "행정주체가 가지는 계획 형성의 자유는 무제한적인 것이 아니다. 이익형량을 전혀 행하지 아니하거나, 이익형량의 고려대상에 마땅히 포함시켜야 할 사항을 누락한 경우 또는 이익형량을 하였으나 정당성·객관성이 결여된 경우에는 그 행정계획결정은 재량권을 일탈·남용한 것으로서 위법하다"라고 판시하고 있다(대판 2007. 4. 12. 2005두1893); 그 밖에, 대판 2015. 12. 10, 2011두32515; 헌재 2007. 10. 4, 2006헌바91; 대판 2012. 1. 12, 2010두5806을 들 수 있다.

제4절 행정계획의 절차

I 개설

행정계획에 대한 사법심사에서는 계획수립절차의 당부에 심사의 중점이 놓인다. 이 경우 단순히 법정절차가 지켜졌는지 여부라는 형식적 심사에 한정되지 않고, 행정청의 현실(사실)인식, 자료수집에서의 잘못, 배려해야 하는 형량요소의 누락, 배려해서는 안 되는 요소의 과대평가 등 재량행사에 있어서 배려해야 하는 형량요소가 공정하게 고려되었는지 여부에 관해서도 심사되어야 한다. 법원은 이런 행정과정의 절차상의 하자를 이유로 행정결정을 위법하다고 하여 취소할 수 있다. 이런 법원의 적극적 심리(심사밀도의 강화)는 행정절차의 형식적 진행을 예방하고, 판단의 공정성을 확보하는데 도움이 될 것이다.[47)]

우리나라에서는 아직 계획수립의 일반적인 절차법적 규율이 되어 있지 않고, 단지 각 개별법에서 산발적으로 규정되고 있을 뿐이다.

II 행정계획의 구체적 절차

1. 공고 · 열람 · 의견의 제출

(1) 이것은 행정청이 공공사업의 실시계획 등을 정함에 있어서는 계획안을 일정기간 공고하고, 관계인의 열람에 제공하며, 이에 불복하는 자에게는 의견을 제출할 기회를 주는 제도를 가리킨다.

(2) 이 절차가 법률상 요구되어 있는데도, 행정청이 일정한 사유 없이 이 절차를 따르지 않고 행정계획을 수립하는 것은 허용되지 않는다. 그것은 이해관계인의 절차상 권리(참가권)를 침해하는 위법한 조치이기 때문이다. 다만, 의견의 채택여부는 원칙적으로 행정청의 재량에 속한다.

---

47) 原田, 行政法, p. 129-130

2. 공청회

(1) 행정청이 공공사업을 계획하는 등의 과정에서 널리 일반 이해관계인 및 관계전문가의 의견을 청취하도록 법률로 공청회의 개최가 의무지워지는 경우도 있다.48)

(2) 공청회는 주민이나 일반국민이 행정에 참가하기 위한 열린 행정절차이다.

3. 자문위원회

(1) 행정청이 전문기술적 사항이나 이해관계가 복잡하게 얽혀있는 사항에 관해 입법, 행정계획 그 밖에 일반적 행정조치를 결정하기 전에, 자문위원회에 자문하고 그 답변을 토대로 하여 판단하도록 법률상 요구하고 있는 예가 많다.

(2) 자문위원회에의 자문이 법률상 요구되어 있으면, 원칙적으로 그 절차를 생략하는 것은 허용되지 않는다.

4. 관계행정기관간의 조정

이것은 행정기관간에 행정계획의 전체적 통일성을 기하려는 것이다.

5. 지방자치단체의 참여

이것은 당해 행정계획과 밀접히 관련된 지방자치단체와의 협의 또는 의견청취 절차를 말한다.

6. 수립된 행정계획의 고시 · 공고

(1) 이것은 많은 국민에게 영향을 미치는 행정계획은 이를 널리 알려 공공정책에 대한 국민의 신뢰와 예측가능성을 높이려는 것이다.

(2) 우리 대법원은, "구 도시계획법 제7조가 도시계획결정 등 처분의 고시를 도시계획

---

48) 우리 대법원은, 도시계획의 수립에 있어 구 「도시계획법」 소정의 공청회를 열지 않고 한 도시계획결정은 취소사유라고 하고 있다(대판 1990. 1. 23, 87누947)

결정 등의 효력발생요건으로 규정하였다고 볼 것이어서 건설부장관이 정당하게 도시계획결정 등의 처분을 하였다고 하더라도 이를 관보에 게재하여 고시하지 아니한 이상 대외적으로는 아무런 효력이 발생하지 아니한다"라고 판시하고 있다.[49]

제5절 행정계획의 집중효와 인·허가 등의 일괄의제

I 독일행정법상의 집중효

1. 독일행정법은 "하나의 사업계획이 여러 가지 법률에 의한 인·허가 등이 필요하며, 그 중 하나의 인·허가 등이 계획확정에 해당하면, 그 인·허가 등은 다른 모든 인·허가 등을 대체하는데, 그것은 독일 연방행정절차법 제75조 제1항 제2문에서 도출된다. 이것이 집중효 또는 대체효이다"라고 설명하는 것이 일반적이다.[50] 그 절차는 계획확정절차규정에 따르며, 오직 하나의 절차만이 실시된다. 이 절차의 관할권을 가지는 행정청은 "청문청" 또는 "계획확정청"만이고, 다른 대체대상 인·허가 등의 관할행정청은 "협의"기관으로서만 참여한다(대체대상 인·허가 등의 관할행정청은 자신의 의견을 청문청에 제시할 뿐이다). 다른 법률상의 인·허가 등의 절차는 생략된다.

2. 다른 법률에 의한 대체대상 인·허가 등의 실체적 인·허가 기준은 유효하며, 집중효에 의하여 계획확정절차에서 심사기준으로 된다. 이러한 다른 법률상의 실체적 인·허가기준은 계획확정절차에서 그 내용이 완전히 적용된다.

그 사업계획이 여러 개의 계획확정에 해당되더라도 오직 하나의 절차만이 실행된다. 무엇이 주된 계획확정인지는 공법상의 여러 관계가 보다 많이 해당되는 것을 기준으로 한다.

3. 계획확정절차를 마치면 계획확정청은 그 계획을 행정행위에 의해 확정한다. 계획확정결정은 원칙적으로 행정심판으로는 더 이상 다툴 수 없고, 오직 행정소송으로만 다툴 수 있다.

---

49) 대판 1985. 12. 10, 85누186

50) Schweickhardt/Vondung, Allg, VwR, p. 376

Ⅱ 우리 행정법상의 인·허가 등의 일괄의제

1. 개설

이것은, 예컨대 택지개발사업 등 대규모사업계획에 관련된 주된 인·허가 등을 받으면, 그 시행에 필요한 다른 법률에 의한 인·허가 등도 받은 것으로 간주하는 제도이다.

2. 내용

(1) 이 제도는 절차간소화를 통하여 사업자의 부담을 해소하고, 절차를 촉진하려는 것이다.

(2) 이 제도는 인·허가 등에 필요한 서류 중 중복되는 것의 감축효과를 가져오고, 인·허가 의제가 되는 것은 법률에 그에 관한 명시적 규정이 있는 경우에 한한다.

(3) 이 제도에서는 집중효나 인·허가 의제의 효력이 발생되려면 관련 인·허가 등의 행정청과 사전에 협의해야 한다.

(4) 이 제도에서는 주된 인·허가 등을 하는 행정청은 다른 법률에 의한 인·허가 등의 실체적 요건을 준수하면 된다.[51)]

3. 권리구제문제

인·허가 등이 의제되는 행위의 요건불비를 이유로 사인이 신청한 주된 인·허가 등에 대한 거부처분이 있으면, 의제되는 행위에 대한 거부를 대상으로 소송을 제기해야 하는지, 아니면 주된 인·허가 등의 거부를 대상으로 제소해야 하는지에 관하여, 우리 대법원은 **"건축법상의 인·허가 의제에 있어서 건축불허가처분을 하면서 그 처분사유로 건축불허가사유 뿐만 아니라 다른 법률에 의한 의제대상 인·허가인 구 도시계획법상의 형질변경불허가사유나 농지법상의 농지전용불허가사유를 들고 있다고 하여 그 건축불허가처분 외에 별개로 형질변경불허가처분이나 농지전용불허가처분이 존재하는 것이**

51) 다만, 이 점에 있어서는 학설대립이 있다. 대법원 판례는 위 본문의 입장을 취한다.

아니므로, 그 건축불허가를 받은 사람은 그 건축불허가처분에 관한 쟁송에서 건축법상의 건축불허가사유 뿐만 아니라 구 도시계획법상의 형질변경불허가사유나 농지법상의 농지전용불허가사유에 관하여도 다툴 수 있는 것이지, 그 건축불허가처분에 관한 쟁송과는 별개로 형질변경불허가처분이나 농지전용불허가처분에 관한 쟁송을 제기하여 이를 다투어야 하는 것은 아니며, 그러한 쟁송을 제기하지 아니하였어도 형질변경불허가사유나 농지전용불허가사유에 관하여 불가쟁력이 생기지 아니한다"라고 판시하고 있다.52)

제6절 계획보장청구권

I 의의

1. 계획보장청구권이란, 행정계획에 대한 관계국민의 신뢰를 보호하기 위하여, 관계 국민에 대하여 인정된, 행정주체에 대한 권리이다.

2. 행정계획에서는 공익실현을 위한 행정계획의 변경의 필요성과, 관계국민의 신뢰보호의 이익을 조화시키는 것이 필요하다.

II 구체적 내용

1. 계획의 폐지 · 변경과 국민의 신뢰보호문제

(1) 행정청이 일단 정립한 계획을 일방적으로 변경 · 폐지하면, 그 계획을 신뢰하고 그 실현에 협력한 국민에게 뜻하지 않은 손해가 발생하게 되므로, 그 계획의 실현에 협력하고 투자 등에 착수해 비용을 지출한 국민에 대해서는 그 신뢰이익을 보전해야 할 것이다.

---

52) 대판 2001. 1. 16, 99두10988; 그 밖에 대판 2016. 8. 24, 2016두35762; 대판 2018. 10. 25, 2018두43095; 대판 2016. 11. 24, 2014두47686; 대판 2018. 11. 29, 2016두38792가 있음.

(2) 1981년의 일본 최고재판소 판례를 보면, "지방자치단체에 의한 공장유치정책의 변경은 적법하지만, 그것이 유치기업의 신뢰를 부당하게 파괴하는 경우에는, 당해 조치는 기업과의 관계에서는 상대적으로 위법하게 되고, 당해 지방자치단체는 불법행위책임을 진다"라고 한 것이 있다.

2. 국민의 계획 폐지 · 변경 청구권 문제

(1) 이것은 관계국민에게 기존의 계획의 폐지나 변경을 구하는 공권이 인정되는지의 문제인데, 부정하는 것이 판례의 입장이다.[53)]

(2) 그러나 예외적으로 일정한 행정처분을 구하는 신청을 할 수 있는 법률상 지위에 있는 자(예: 폐기물관리법상의 폐기물처리사업계획의 적정통보를 받은 자)의 국토이용계획변경신청을 거부하는 것이 실질적으로 당해 행정처분(폐기물처리업허가처분) 자체를 거부하는 결과가 되는 경우에는 그 신청인에게 법규상 또는 조리상 신청권이 인정된다는 대법원 판례가 있다.[54)]

사 례

계획간 조정과 시민

「국토계획법」에 의하면, 도시관리계획을 환경오염방지계획 등에 적합할 것이 의무지워지고 있다. 이러한 구조하에서 시민이 계획간 조정의 방법을 다툴 수 있는가?

➡ 환경오염방지계획과의 적합의무 등에서, 「국토계획법」은 인근주민의 건강이나 환경이익을 보호하는 취지라고 해석함에 의해, 인근주민에게 취소소송을 제기하는 자격(원고적격)을 인정할 수 있게 된다. 행정소송에서 시민은 환경오염방지계획에 적합하지 않음을 이유로, 도시관리계획의 위법을 주장하는 것이 가능하다.

3. 그 밖의 문제

(1) 계획존속청구권

이것은 계획의 변경이나 폐지에 대항하여 계획의 존치를 주장하는 권리인데

53) 대판 2003. 9. 23, 2001두10936; 예외적 판례로서 대판 2017. 8. 29, 2016두44186이 있다.
54) 대판 2003. 9. 23, 2001두10936

이런 일반적 청구권은 인정되지 않는다.

(2) 계획이행청구권

이것은 계획의 준수 및 집행청구권과, 그에 기한 행정청의 계획위반적 행위에 대항하는 권리인데, 이런 일반적 청구권은 인정되지 않는다.

(3) 경과조치청구권

이것은 계획에 따라 투자 등 일정 조치를 취했지만, 그 후 계획이 변경・폐지되면 이로 인해 재산상 손해를 받게 될 자가 행정청에 대해 경과조치를 청구할 수 있는 권리인데, 이런 일반적 청구권은 인정되지 않는다.

(4) 다만, 위의 권리를 개별법령에서 보호하는 규정을 두면, 당연히 실정법규에 따르게 될 것이다.

4. 행정계획의 수립 또는 수립 후 장기 방치로 인한 권리구제문제

(1) 행정계획의 수립으로 인한 권리구제문제

이것은 그린벨트(개발제한구역) 사건에서 대표적으로 나타난 바 있다. 이 경우에는 적법한 행정계획의 수립으로 인한 재산상 손실(계획제한)이 보상을 요하는 특별희생에 해당하는지 여부가 핵심쟁점인데, 우리 헌법재판소는 "개발제한구역의 지정은 토지재산권의 사회기속성에 비추어 정당성이 인정되는 합헌적인 행위이다. 그러나 구역지정으로 인하여 예외적으로 토지를 종래의 목적으로도 사용할 수 없거나 법적으로 허용된 토지이용방법이 없어 실질적으로 토지의 사용・수익의 길이 막혀버린 경우에는 토지소유자가 수인하여야 하는 사회적 제약의 한계를 넘는 것이기 때문에 적정한 보상규정이 없으면 위헌이다"라고 판시하였다.[55]

(2) 행정계획의 장기 방치로 인한 권리구제 문제

1) 예컨대, 사인의 토지가 도시계획시설(공원, 도로 등) 부지로 지정된 후 장기간 방치되면, 토지소유자에 대한 재산권 피해가 발생한다. 그 제한이 특별희생으

55) 헌재 1998. 12. 24, 89헌마214 등

로서 손실보상의 대상이 되는지에 관하여, 우리 헌법재판소는 “입법자는 재산권의 사회적 제약이 보상을 요하는 수용적 효과로 전환되는 시점, 즉 보상의무가 발생하는 시점을 확정하여 보상규정을 두어야 한다. 어떠한 경우라도 토지의 사적 이용권이 배제된 상태에서 토지소유자로 하여금 10년 이상을 아무런 보상없이 수인하도록 하는 것은 공익실현의 관점에서도 정당화될 수 없는 과도한 제한으로서 헌법상의 재산권 보장에 위배된다”라고 판시하고 있다.[56]

2) 우리 실정법상으로는, ① 매수청구권(국토계획 47①), ② 실효제도(국토계획 48) 등이 채택되어 있다.

제7절 「행정계획」에 관한 기본판례(추가)

(1) 대판 2015. 1. 29, 2012두11164

(2) 대판 2015. 12. 10, 2011두32515[4대강살리기사업]

(3) 대판 2016. 2. 18, 2015두53640

56) 헌재 1999. 10. 21, 97헌바26

03 행정행위

제1절 행정행위 개설

I 행정행위의 의의

1. 행정행위의 개념은 실정법상의 개념이 아니고, 이론적 개념이다.

2. 최협의로는, "행정청이 법 아래에서 구체적 사실에 대한 법집행으로서 행하는 권력적 단독행위인 공법행위"를 의미한다. 이것이 한국에서의 통설이다.[57)]

3. 종전에는 행정행위의 범주에 속하지 않는 행위에 대하여는 항고쟁송을 제기할 수 없는 것으로 생각되었다. 그러나 항고쟁송의 구제기능의 중요성에 비추어 그 대상을 확대하기 위하여 실체법상 행정행위개념과는 별도로 쟁송법상 행정행위개념을 재구성하려는 견해가 유력하다. 이것은 형식적 행정행위론의 논의에까지 이어진다.

4. 행정행위[=행정처분]의 개념은 독일의 오토 마이어[Otto Mayer]에 의하여 최초로 독일행정법에 도입되었는데, 이는 「행정청의 고권적 의사표시[행위]로서, 국민에게 개별적 경우에 무엇이 그에게 법인지[권리인지]를 결정해 주는 것」을 말한다. 행정행위는 행정의 고권적 행위수단이며, 행정에게는 그 밖에 다양한 행위형식이 있다. 행정행위의 중요한 의미는, 구체화기능[=규율기능]과 개별화기능을 말하는데, 행정행위는 법률규정의 일반적 규율내용에 근거해서, 그 수명자에게, 특정사실관계에 대하여, 구체적 권리·의무를 할당해 준다.

57) 김동희, 행정법 I, p. 235

5. 독일 「연방행정절차법」[VwVfG] 35조1문은, 행정행위를 「행정청이 개별적 경우를 규율하기 위하여 공법영역에서 행하며, 직접적, 대외적, 법적 효력이 있는, 모든 처분, 결정 기타의 고권적 조치」라고 정의[定義]를 내리고 있다. 실정법에서는 행정행위, 행정처분, 결정, 결의, 허가, 인가 등으로 쓰인다. 독일 「연방행정절차법」35조2문에서는, 일반처분을 행정행위의 하나로 보고, 이를 「일반적 표지에 의하여 특정되거나 특정가능한 사람들에 대하여 발령되거나, 물건의 공법적 특질을 규정하거나, 일반국민에 의한 물건의 이용을 규정하는 처분」으로 정의[定義]를 내리고 있다.

6. 우리나라에서의 행정행위의 실정법상 정의

(1) 우리나라의 「행정소송법」, 「행정절차법」, 「행정심판법」은 "처분"이란 개념에 관한 정의규정을 두고 있는데, 이에 따르면, 처분이란 "**구체적 사실에 관한 법집행으로서의 공권력의 행사 또는 그 거부와 그 밖에 이에 준하는 행정작용**"이라고 하고 있다. 이 정의에는 행정행위 외에 권력적 사실행위가 포함된다는 데에는 학설이 일치된다.

(2) 다만, 비권력적 사실행위 중 일부가 실정법상의 처분에 포함될 수 있는지에 대하여, 우리의 경우, "**그 밖에 이에 준하는 행정작용**"**이 포괄적 개념이므로, 포함될 수 있다고 보는데, 그것을 일본행정법학설상의 "형식적 행정행위"** 개념으로 설명하는 것이 적정한지에 관해서는 견해가 나뉜다.[58]

7. 행정행위(=행정처분)의 기능

(1) 실체법상 '규율' 기능

법률에 규정된 일반·추상적 규율은 행정행위에 의하여 구체화된다. 이로써 국민에 대하여 개별적 경우 어떠한 권리·의무가 그를 위하여 그것으로부터 발생하는지 확정된다. 이 경우 행정행위는 우선, 그 행정행위가 적법한지 여부에 관계없이 그 효력을 발생하지만, 다만 무효인 행정행위는 처음부터 언제나 효력이 없다. 위법하지만 유효한 행정행위는 행정쟁송의 대상이 될 수 있다.

58) 김동희, 행정법Ⅰ, p. 238

(2) 권리구제기능

행정소송법은 취소소송, 무효확인소송 및 부작위위법확인소송으로써 행정행위를 다투거나, 그 부작위를 다투는 독자적 소송종류를 마련하고 있고[독일의 경우는, 취소소송과 의무이행소송], 「행정심판법」은 취소심판, 무효확인심판 및 의무이행심판으로써 행정행위를 다투거나 행정행위의 발급을 구하는 소송유형을 마련해 놓고 있다. 취소소송(최소심판)에서는 위법한 행정행위의 취소가 요구될 수 있고, 의무이행소송(의무이행심판)에서는 행정행위의 발급에 대한 청구권의 주장에 기여하며, 부작위위법확인소송에서는 행정행위의 발급신청에 대한 방치의 위법을 다툴 수 있도록 하고 있고, 행정청(특히 합의제 행정관청인 행정심판위원회)의 행정심판절차에 의하여 행정소송의 전심[前審]절차로서 권리구제가 보장되고 있다.

(3) 존속력기능

행정행위에 대한 이의제기는 원칙적으로 쟁송제기기간의 경과 전까지 주장될 수 있고, 그 기간 후에는 행정행위는 그 행정행위가 적법한지 여부에 관계없이 존속력(=불가쟁력)을 가진다[다만, 무효인 행정행위는 존속력을 가지지 못함].

Ⅱ 행정행위의 개념징표

1. 행정행위의 개념징표를 알기 쉽게 도표로 나타내면 다음과 같다.[59]

행정행위의 개념징표	다른 행위형식 내지 반대개념
행정청 ⟷	비행정청
공법에 의하여 ⟷	사법에 의하여
고권적 ⟷	쌍방 또는 다수자의 합의로 (특히 계약)
규율 ⟷	단순행정작용(특히 사실행위)
대외적 효력 ⟷	행정내부적 효력
개별적 경우 ⟷	법규

59) Schweickhardt/Vondung, Allg, VwR, p. 85

2. 행정법이론체계에서의 행정행위의 위치를 알기 쉽게 도표로 나타내면 다음과 같다.[60]

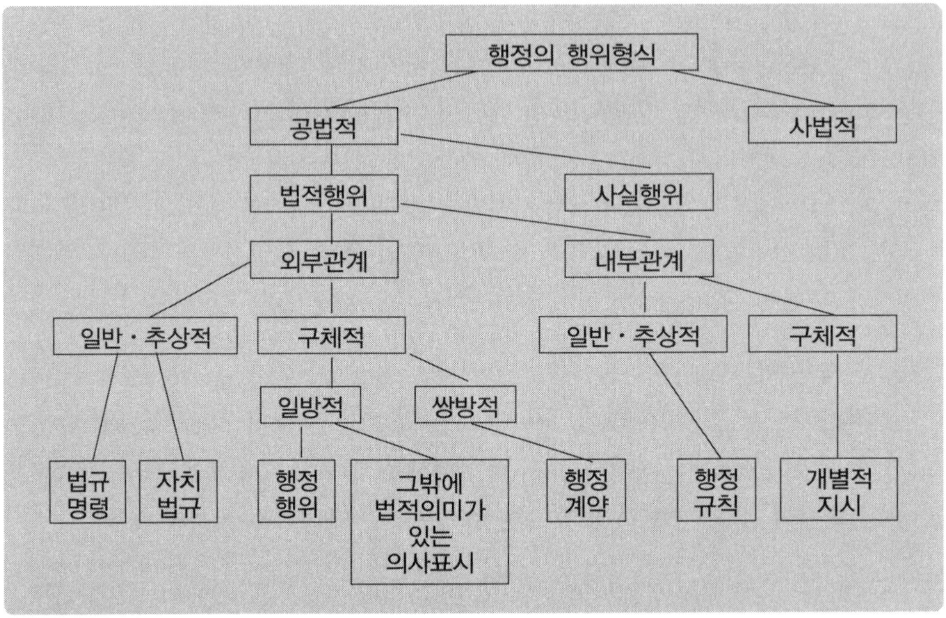

3. 행정행위의 구체적 개념징표[=구성요건표지]

(1) 조치(행위)

이것은 행정의 목적지향적 행위가 존재하지 않으면 안 된다는 것을 말한다.

"조치"는 행정청에게 귀속될 수 있는 표시내용을 가진 행동이며, 인간에 의해 실행되는 행위를 말한다. 행정행위는 또한 추론할 수 있는 표시[예: 도로교통에서의 경찰관의 손・팔동작]일 수 있다. 또한 행정행위는 자주 자동형태로 기계 특히 컴퓨터의 도움을 받아 행해진다[예: 컴퓨터로 작성되는 과세처분].

(2) 행정청

1) 행정청은 원칙적으로 "행정임무를 수행하는 모든 기관"을 가리킨다. 다만,

60) Maurer, Allg. VwR, p. 189

이 경우에는 조직법상의 행정청이 아니고, 행정기관이 수행하는 기능이 초점이다(행정임무의 수행).

2) 행정청은 일반적으로, 행정기관의 분류 중 자기 자신의 이름으로 행정행위를 발령할 권한이 있는 행정기관(행정청, 행정관청)만을 가리킨다.

3) 행정기관에는 공무수탁사인도 포함되며, 입법부, 사법부, 통치권의 기관이 행정임무를 수행하는 한, 그 법적 구속력 있는 개별적 규율은 행정행위이다.

즉, 공무수탁사[私]인을 제외하고는 사[私]인은 "행정청"이 아니며, 헌법기관도 그 헌법적 권한영역[입법기관, 통치기관, 사법부]에서는, 이들이 행정임무를 수행할 때와는 달리, "행정청"이 아니다.

(3) 공법영역에서의 행위

행정청이 공법영역에서 활동하더라도, 그 법적 효과가 반드시 공법영역에서만 나타난다고 할 수는 없다(예: 사권형성적 행정행위). "공법영역에서"의 구성요건표지는, "그 발령(발급)을 위한 가능한 법적 근거 내지 수권근거가 공법으로 분류될 때"라는 의미이다. 이것은 공법과 사[私]법의 구별기준에 따른다. 즉 이 경우 결정적인 것은「그 활동권한이 공법규정에서 나오는지」여부이다. 따라서, 그 조치가 어떠한 영역에서 법적 효과를 야기하는지는 중요하지 않다.

(4) 고권적

이것은 행정청이 일방적으로(상하 지배·복종관계에서) 공법적으로 활동하는 것을 가리킨다.

협의의 "고권적" 조치만 행정행위에 해당하는데, 이는「공법에 기한 권한의 일방적 행사」로서, 이것에 의해 행정행위는「의무창설의 일방성」에 의하여「공법상 계약」과 구별된다. 왜냐하면, 공법상 계약에서 의무설정은 합의에 의해 협조적으로 이루어지기 때문이다. "일방성"의 요소는 "고권적"이란 구성요건표지에 관계되고, "공법영역에서"라는 구성요건표지는「행정법적으로」라는 뜻이다.

(5) 규율

1) 이것은 행정청의 의사에 따라서 일방적이고 구속력 있게, 직접적, 법적 효과를 발생시키는 것을 가리킨다.

2) 이 징표를 충족시키지 못하는 대표적 행정활동으로서, 단순행정활동(특히 사실행위)(예: 도로의 보수공사)을 들 수 있다.

3) 실정법상으로는 결정, 처분, 명령, 금지, 허가, 인가 등 행정행위임을 나타내는 특별한 용어들이 사용되고 있으므로, 실무상으로는 '규율'개념은 특별한 문제가 없다.

4) "규율"은 그 조치의 객관적 내용이, 권리, 의무 또는 법적 지위의 창설, 변경, 폐지 또는 구속력 있는 확정에 대한 것일 때, 즉 직접적으로 법적 효과의 야기를 지향할 때 인정된다. 각각의 확정된 권리·의무에 따라 다양한 종류의 "규율"이 다음과 같이 존재한다:

① 금지: 수명자에게 특정 작위가 금지된다.

② 하명: 수명자로부터 능동적 행위[=작위]가 요구된다.

③ 권리보장: 건축허가 등 허가 또는 기타 법적 지위가 발급되거나 보조금 등 급부가 보장된다.

④ 거부: 신청된 행정처분이 결정에 의해 거부된다.

⑤ 법적 형성: 법률관계가 변형되는 것을 말하는데, 허가취소, 대학의 재학종료를 들 수 있다.

⑥ 확인(확정): 의심되거나 다투어지는 법적 상황이 구속력있게 결정된다.

⑦ 대물적[對物的] 규율: 어떤 물건의 공법적 특질을 결정하거나 그 이용을 규율한다.

5) "규율"표지는 무엇보다도, 「단순고권적 행정작용」내지 「사실행위」와의 구별에서 그 기준이 된다. '사실행위'는 「법적효과」가 아니라 「사실적 효과」를 지향한다. 예컨대 공무수행자동차의 운전, 금전지급 등을 들 수 있고, 그 밖에도 사실여건이나 법적 상황에 대한 행정청의 정보제공[지도, 외견표명, 추천, 경고 등]이 사실행위에 포함되는데, 이들은 순전히 「지식(인식)의 표시」에 지나지 않기 때문이다.

사실행위 내지 단순고권행위와 그에 앞서 행해지는, 「행위를 할지 안 할지에 대한 결정」은 구별되어야 한다. 일반적으로, 이행(급부)의 제공[=사실행위]는 행정처분에 의해 그 이전에 미리 확정된다. 예컨대, 실업급여의 실제 지급, 보조금지급[이들은 사실행위임]과 그 앞서 행해지는 「승인결정」을 들 수 있다.

「비독립적인 절차상 행위」도 '규율'적 성격이 없는데, 이것은 「통지」의 법적 성격의 결정에서 중요하다.

또한, 일정 상황에 대한 임시·지침적 성격의 「단순고권조치」와 존재하는 법적 상황을 구속력 있게 확정하는 「확인적 행정행위」의 구별은 어렵다.

단순고권적 행정작용 내지 사실행위와 행정행위의 구별은 소송종류의 결정에 있어 중요한데, 독일의 경우, 행정행위를 다투거나 이를 구할 때에는 취소소송 내지 의무이행소송이 제기되어야 하나, 단순고권적 행정작용 내지 사실행위를 다투거나, 이를 구할 때에는 「일반이행소송」을 제기해야 하기 때문이다.

또한, "규율"은 단지 「최종적 성격」만을 가리킨다. 따라서 종속적, 비독립적, 비자율적 준비행위 또는 부분행위는 제외된다. 예컨대, 국가고시에서의 구술시험을 위한 소집통지, 인·허가 절차에서의 의견청취를 들 수 있는데, 이것들의 경우에는 국민에 대하여 법적 효과가 발생하는 최종적 결정은 아직 내려지지 않았고, 준비(예비)단계에 불과하다.

행정쟁송법제에서의 권리구제는 「절차상 행위」 그 자체를 다투는 것을 보장하는 것이 아니라, 「최종적 결정」에 대하여 제기된 쟁송의 범위안에서만 절차상 행위를 다투는 것이 비로소 보장된다. 「최종적 규율」이 아닌 「부분행위」로서는 학급과제의 평가, 개별필기시험의 평가, 독일의 경우 1차 사[私]법시험의 구성요소로서의, 법과대학시험에서의 서류에 의한 과제물의 점수부과를 들 수 있고, 이에 반하여, 독일의 경우 예컨대 법과대학시험에서의 시험의 전체결과의 최종확정, 대학입학수능시험[독일의 경우 아비투어: Abitur]에서의 최종점수 확정은 쟁송가능한 행정행위로 보고 있다.

다만 독일의 경우 「연방임밋시온법」[BImSchG] 8조의 부분허가 과 동법 9조의 사전결정(=예비결정)은 독자적이고, 쟁송가능한 행정행위로 본다.

(6) 대외적인 직접적, 법적 효과(대외적 효력)

1) 규율은 그 법적 효과가 행정외부의 자연인 또는 법인에 대하여 발생할 때 대외적 효력을 가지고, 단지 행정 내부에서만 법적 효과를 가질 때에는 대외적 효력이 없다.

2) 독일 「연방행정절차법」 제35조 1문은, 「행정행위는 직접적 법적 효과를 대외적으로 지향하는 것이어야 한다」라고 규정하고 있다. 즉 행정행위의 경우 그것에 의해 발생하는 "규율"은 처분청이 속하는 「행정내부영역」에 머물러서는 안되며, 행정행위의 효과는 행정 외부에 대하여 발생되어야 한다. 예컨대, 국민 내지 사[私]법상의 법인의 법적 지위를 확대·제한·확정 규율하거나, 다른 행정주체[예:

지방자치단체]의 자치권을 침해하는 것이어야 한다. "대외적 효력"은, 행정행위의 객관적 의미내용에 따라 의도되어야 한다.

3) 예컨대 상사가 부하직원에 대해 주점업자의 주점허가를, 그 허가요건의 사후적 불충족에 기해 철회하라고 지시하는 경우, 그러한 「직무명령」[=직무내부의 지시]은 순수하게 행정내부적 조치이다. 즉 이러한 지시는 행정기관의 계서[=계층]적 구조의 내부관계의 범위 내에서 일어나고, 따라서 행정내부적으로, 효력을 발생시킨다. 왜냐하면, 이 지시에 따라 부하공무원이 발령하는 철회처분이 비로소 주점에게 대외적으로 발령되는 행정행위가 되며, 주점업자는 취소소송으로 이 철회처분을 다툴 수 있게 되기 때문이다. 직무내부의 지시는 부하직원에 대하여, 오로지 직무상 관점에서, 즉 그 공무수행자로서의 특성과 행정의 교체가능한 지체로서의 지위와 관련하여 발령되며, 그것은 오직 직무활동의 방법을 규율할 뿐이다. 이러한 지시는 효력이 내부조직과 업무에 제한되므로, 순전히 내부적 조치이고 따라서 이에 대한 행정소송은 인정되지 않는다. 이 경우에는 처분성 [=행정행위로서의 성격]의 결여로, 「취소소송」으로 다툴 수는 없다. 한편, 상사의 지시가, 부하공무원의 개인적 내지 개별적 법적 지위를 침해하는 경우에는, 부하공무원을 행정외부에 있는 독립적 법인격자로서 취급하므로 대외적 효력을 가진다. 부하공무원은 그 직무상 지시에 의해 자신의 개인적, 법적 지위를 침해당했기 때문에 원고적격이 인정된다. 이 문제에 대하여는 행정법상 특별관계(종전의 "특별권력관계")에 근거하여 운영관계[직무상 관점에서 발령된 지시]와 기본관계[개인적 법적 지위의 관점에서 발령된 지시]에서의 조치가 구별될 수도 있을 것이다.

4) 공무원관계에서 발전된 이러한 구별 또한 다른 「행정법상 특별관계」[학교관계, 대학관계, 군인관계 등]에서의 조치들의 분류에 대해서도 적용된다. 예컨대, 학교관계에서의 조치는 그것이 관계인[학생 또는 교사의 신분에 있는 자]에게, 독자적 권리의 주체의 지위에 대해 발령되면 행정행위로 인정되고, 단지 학교운영의 전형적 수행 안에 속하는 조치는 행정행위로 인정받지 못한다. 학교관계에서 행정행위로 인정받는 예로는 학교입학허가, 퇴학처분, 유급처분을 들 수 있고, 인정받지 못하는 예로는, 결석여부의 결정, 더위로 인한 임시휴교결정을 들 수 있다.

5) 동일한 행정주체 내부에서의 행정기관 간의 지시는 원칙적으로 행정내부적 효력이 발생하나, 독일의 경우 상이한 행정주체 간의 지시는 대외적 효력을 발생시키고, 따라서 행정행위로서 인정될 수 있다고 본다[다만, 독일의 경우, 연방국가

이므로, 연방과 주는 각각 국가로서의 성격을 가지므로, 연방과 주간의 지시는 헌법적 성격의 다툼임].

6) 대외적 효력과 관련하여 「다단계 행정행위」가 주목되는데, 예컨대 일정한 절차에 있어 관할관청에 의한 행정행위의 발급 전에 다른 행정청의 협력이 필요한 경우가 있다. 이 경우 그 협력의 대부분은, 다단계행정절차의 일부로서, 주무관청에 대하여 구속력이 없고 독자적인 법적 효력도 없다.

다만, 법률에서, 다른 행정청의 허가나 동의를 요한다고 규정하는 경우에는 거부권의 문제[즉 주무관청은 관계기관의 부동의시에는 자신의 주된 허가를 국민에 대해 발급할 수 없게 됨]로 된다. 그럼에도 불구하고, 관계기관의 그러한 「협력행위」는[즉, 동의이든지 아니면 기타 협력행위이든지 관계없이], 대외적 권한이 있는 주무관청의 결정 관계기관의, 일반적으로 단지 행정내부의 협력형태의 하나일 뿐이다.

7) 조직상 조치[행정주체 내지 행정기관의 창설 · 변경 · 폐지를 위한 조치] 중에는 "규율"적 성격이 있는 조치[예: 학교의 폐교, 대학교에서의 단과대학의 폐지, 지방자치단체의 개편에 의한 지방자치단체의 신설]와 "규율"적 성격이 없는 조치가 있다.

(7) 개별적 경우

1) 이 개념징표는 행정행위와 법규의 구분에 도움이 된다. 둘 다 대외적 효력을 가진 규율을 그 내용으로 하지만, 법규는 일반적으로 일반적 · 추상적 규율이다.

2) 일반처분도 행정행위에 속한다. 이것도 개별적 경우의 규율에 해당한다. 독일의 경우, ① 수명자와 관련된 일반처분, ② 물적 일반처분(예: 도로의 공용개시), ③ 이용규율(예: 도로에서의 정차, 주차금지 등 교통규율)을 들고 있다.

3) 행정행위는 개별적 경우에 있어서의 구속력있는 법적 효과를 목적으로 한다. 행정기관에 의해 제정되는 법규[법규명령, 자치법규 등]도 법적 효과를 일방적으로 정립한다는 점에서 행정행위와 같으나, 행정행위와 달리, 개별적 경우가 아니라 불특정 다수의 경우에 대하여 법적 효과를 일방적으로 정립한다. 행정행위와 법규는 각각 상이한 전제요건[특히 관할권, 절차, 형식]과 결합되어 있고, 상이한 종류의 권리구제가능성을 초래하므로 그 구별이 필요하다.

4) 독일의 경우, 다수의 사람들에 대하여 발령되는 구체적 규율의 일부는 「연

방행정절차법」 제35조 2문에 규정되어 있다.

독일의 경우, 「연방행정절차법」에 의하면 일반처분으로는, 첫째로, 수명자에 관계되는 일반처분 [제35조 2문 첫째 경우]이 있는데, 이것은 일반적 표지에 따라 특정되었거나 특정이 가능한 사람들에 대해 발령된다. 예컨대, 불발폭탄의 폭발장치의 제거 시에 당해 도시의 일부 주민에 대해 피난명령을 내리는 것과 임박한 집회의 금지조치를 들 수 있는데, 이러한 일반처분의 경우에는, 그 수명자들은 객관적 표지에 따라 유형적으로는 특정될 수 있다[예: 소유자, 주택점유자]. 둘째로, 물건과 관계되는 일반처분[35조 2문 둘째 경우]이 있는데, 이것은 물건의 공법적 특질을 규율하며, 이것을 창설, 박탈 또는 변경한다. 예컨대, 공공도로의 공용개시, 기념물(문화재)목록에의 기념물(문화재)등록, 군사시설보호구역의 지정, 도로의 개명[改名]을 규율하는데, 일부 학설은 이러한 종류의 일반처분을 「물적[=대물적: dinglich] 행정행위」라고도 부르지만, 이 경우에는 대물적[對物的]효과 외에 대인적[對人的]효과도 발생하기 때문에 「물적 행정행위」의 명칭은 적절하지 않다. 예컨대, 당해 물권적 규율로부터, 물건이용자들[예: 도로이용자]에 대한 직접적 효과가 발생하기 때문이다. 셋째로, 이용을 규율하는 일반처분[35조 2문 셋째 경우]이 있는데, 이것은 일반인에 의한 물건의 이용을 규율하는 것이며, 이용자의 권리·의무를 확정한다. 예컨대, 공공시설의 이용이, 자치법규[이용규칙]에 의해 규율되지 않는 경우에, 그 이용을 규율하는 일반처분을 가리킨다. 만일 이 경우 그 이용이 사[私]법적으로 형성되어 있다면, 그 조치는 이미 "공법영역에서의"라는 구성요건표지도 충족하지 못하고 있는 것이 된다.

5) 교통표지판에 표현된 교통규율은, 구체적 사실관계를 당해 도로의 모든 이용자들에 대해 일반적으로 규율하기 때문에 「물건과 관계되는 일반처분」[35조 2문 둘째 경우]에 해당한다. 다만, 교통표지 중 「금지표지」와 「명령표지」[예: 속도제한표지 또는 주차금지표지]만 이러한 일반처분에 속하고, 「위험표지」는 단순한 권장 또는 경고를 나태내고, "규율"에 해당하는 것은 아니다.

6) 결론적으로, 오직 "추상적, 일반적" 규율만 법규이고, 나머지 모든 경우는 행정행위[경우에 따라서는 "일반처분"]에 속한다.

Ⅲ 행정행위의 특질

1. 법률에 의한 행정의 원리의 엄격한 적용

행정행위는 권력적 단독행위이므로 원칙적으로 그 발동에 있어서는 법률의 수권이 있어야 한다.

2. 행정행위의 효력의 특수성[자세한 내용은 '제7절 행정행위의 효력'에 있음]

(1) 구속력

행정행위가 그 내용대로 상대방과 행정청의 쌍방을 구속하는 효력을 말한다.

(2) 공정력

1) 종래의 통설과 대법원판례[대판 2013. 4. 26, 2010다79923]에 의하면, 행정행위가 설령 위법하더라도, 당연 무효인 경우는 별개로 하고, 정당한 권한을 가진 기관[처분청, 감독청, 수소법원]에 의해 취소되기까지는, 상대방 그 밖의 관계인[다른 행정청, 법원(수소법원은 제외)그리고 제3자]을 구속하는 효력을 말한다.

2) 새로운 유력설에 의하면, '공정력'은 행위의 상대방과 이해관계인에게만 미치고, 공정력 중에서 특히 다른 행정기관 또는 법원(당해 행정행위에 대한 취소소송 등 항고소송의 수소법원은 제외), 즉 다른 국가기관이나 지방자치단체의 기관이 그 행정행위와 관련이 있는 자기들의 결정에 있어 그 행정행위의 존재와 법적 효과를 인정하고, 그 내용에 구속되는 효력을 분리하여 "구성요건적 효력"이라고 한다.

3) 공정력의 근거로는, ① 법적 안정성설과 ② 취소소송의 배타적(우선적)관할의 반사적 효과설이 있다.

(3) 불가쟁력

모든 유효한 행정행위는 쟁송제기기간의 경과 또는 판결의 확정 등의 사유가 있으면, 상대방이나 이해관계가 있는 제3자는 더 이상 다툴 수 없게 되는데, 이 효력이 불가쟁력(형식적 존속력)이다.

(4) 불가변력

행정청 자신이 그 행정행위를 직권으로 취소하거나 변경할 수 없게 하는 효력을 말한다. 이것은 행위의 성질, 법적 안정성 등의 견지에서 일정한 유효한 행정행위(예: 행정심판의 재결)에만 인정된다.

(5) 자력집행력

행정행위의 내용을 행정청이 스스로의 손으로 실현하는 효력을 말한다. 자력집행은 침해행정이므로 별도의 법적 근거를 요한다.

3. 행정행위에 대한 구제수단의 특수성

(1) 위법·부당한 행정행위로 인하여 권리·이익을 침해받은 자는 「행정심판법」이나 「행정소송법」이 정하는 바에 따라 구제받을 수 있는 특수한 구제제도(특별한 쟁송절차)가 마련되어 있다.

(2) 특수한 손해전보제도로는 위법한 행정행위로 인한 국가배상제도와, 적법한 행정행위로 인한 행정상 손실보상제도가 있다. 이 경우 법률의 근거가 있어야 한다.

Ⅳ 행정행위의 종류

1. 법률행위적 행정행위와 준법률행위적 행정행위

(1) 이것은 법적 효과의 내용에 따른 분류이다.

(2) 법률행위적 행정행위는 그 내용이 의사표시를 요소로 하고, 법적 효과의 내용이 행정청의 의사에 의해 정해지는 것임에 대해, 준법률행위적 행정행위는 판단·인식 등 의사표시 외의 판단작용을 나타내는 것을 요소로 하고, 행정청의 의사와는 관계없이 법규정에 의해 일정한 효과가 부여되는 행위를 가리킨다.

(3) 법률행위적 행정행위에는 원칙적으로 재량의 여지가 있고, 또한 부관을 붙일 수 있음에 대해, 준법률행위적 행정행위에는 원칙적으로 재량의 여지는 없고, 부관을 붙일 수 없다는 것이 구별의 실익 중 하나이다.

(4) 다음 도표는 일본의 다나까박사에 의한 행정행위의 체계적 분류도인데, 우리나라에서도 일반적으로 쓰이고 있다.

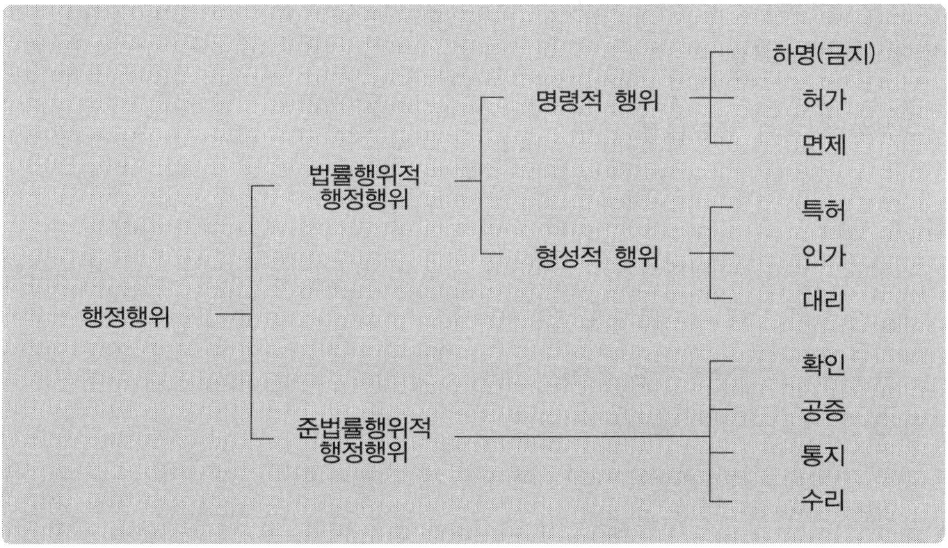

2. 수익적 행정행위와 침해적 행정행위

(1) 이것은 행정행위의 상대방에 대해 권리나 법률상 이익을 부여하는지 여부에 따른 분류이다.

(2) 수익적 행정행위는 권리 또는 법적 이익의 창설 또는 확인을 그 내용으로 하거나, 침해의 제거를 그 내용으로 한다(예: 허가).

(3) 침해적 행정행위는 「작위, 수인 또는 부작위를 요구하고, 권리나 법적 이익을 박탈하거나, 제한하거나, 비수익적 확인을 행한다(예: 금지).

(4) 행정이 수익적 행정행위의 발령시에는 원칙적으로 법률의 우위원칙만을 준수해야 함에 대해, 침해적 행정행위는 법률의 우위원칙뿐만 아니라, 법률의 유보원칙도 또한 준수해야 한다.

(5) 침해적 행정행위에 대한 이러한 더 강한 요구로부터 수익적 행정행위의 취소·철회 시에는 침해적 행정행위의 취소·철회 시보다 더 많은 제한이 따르게 된다는 결과가 나온다.

(6) 취소소송에 의해 침해적 행정행위의 취소가 청구될 수 있고, 독일과 일본의 경우 의무이행소송에 의해, 거부되거나, 방치된 수익적 행정행위의 발령이 청구될 수 있다(우리의 경우, 의무이행심판이나 취소소송 또는 부작위위법확인소송이 청구될 수 있다).

(7) 제3자효적 행정행위

1) 예컨대 단란주점 신규허가는 기존의 단란주점영업자의 경제적 이익을 침해할 수 있다. 이와 같이 행정행위의 수익적 또는 침해적 제3자효가 문제될 수 있다. 이것은 특히 그 행정행위가 수명자에게 수익적이고, 동시에 제3자에게 침해적일 때 여러 가지 어려운 문제를 발생시킨다.

2) 특히 그 행정행위가 제3자의 개인적 공권을 침해하는 경우에는 법적으로 중요한 제3자효 문제가 존재하게 된다.

3) 제3자에 대한 쟁송기간은 수명자에 대한 행정처분의 공표(도달)와 동시에 바로 개시되지 않고, 그 행정행위가 그 제3자에게 알려졌을 때부터(또는 공표 또는 도달되었을 때부터) 개시된다[행정소송 제29조 제1항].

4) 제3자는 행정행위가 수명자에 대하여 불가쟁력이 생겼을 때에도 취소쟁송을제기할 수 있다.

5) 수명자[예: 건축허가 받은 건축주]는 그 행정행위가 제3자의 쟁송제기에 의해 취소되더라도, 그것에 대해, 자신이 행정쟁송을 제기할 수 있는 한, 신뢰보호를 주장할 수는 없다.

3. 요식행위와 불요식행위

(1) 이것은 행정행위를 하기 위해 일정한 형식에 의하는 것을 요하는지 여부에 따른 분류이다.

(2) 요식행위로는 행정심판의 재결(행심 43) 등을 들 수 있다.

4. 기속행위와 재량행위

(1) 독일의 경우, 판단여지가 있는 행정행위와, 판단여지가 없는 행정행위의 구

분은 법규의 구성요건 측면에 있어서의 행정의, 자유의 여지의 문제로 본다.

(2) 독일의 경우 일반적으로 행정은 '불확정개념'의 적용에 있어서는 자유가 없다고 본다. 행정은 원칙적으로 법규해석뿐만 아니라, 포섭(적용)에 있어서도 법원에 의한 통제하에 놓인다. 다만, 예외적으로 인정되는, 행정의 '판단여지'는 법규해석과 적용[특히 '적용'에 있어]에 있어서만, 그것도 법규의 구성요건측면에 있어서의 불확정개념에서만이다.

(3) 독일에서는 기속행위와 재량행위의 구분은 법규의 법적 효과측면에서의 행정의 자유의 여지의 문제로 본다. 즉 행정이 법률에 규정된 구성요건 안에 규정된 전제요건이 충족되면, 행정행위를 발급해야 하거나, 발급하면 안 될 때, 기속행위가 인정된다. 재량행위는 행정에게 그 법적 효과측면에서 행정활동의 선택가능성을 허용하는 법규에 근거해 발급되는 행정행위이다.

(4) 우리나라의 경우, 일본과 같이, '재량'과 '판단여지'를 구분하지 않고 넓은 의미의 '재량'으로 보는 것이 판례이고, 학설은 나뉘고 있다.

5. 일방적 행정행위와 쌍방적 행정행위

(1) 이것은 해당 국민이 그 행정행위의 발급에 참여해야 하는지 여부를 기준으로 한 분류이다.

(2) 쌍방적 행정행위의 예로는, 공무원임명 등을 들 수 있다.

(3) 필요한 국민의 협력이 없으면, 그 행정행위는 위법하게 되고, 그 결핍된 협력의 중요성에 따라, 무효가 아닌 한, 치유될 가능성이 있다.[61]

6. 명령적 행정행위, 형성적 행정행위 및 확인적 행정행위

(1) 명령적 행정행위

1) 명령적 행정행위(하명, 허가, 면제)는 일정한 작위, 수인, 부작위를 명령하거나 급부를 명하며, 직접적인 법적 효과로서 작위의무, 수인의무, 부작위의무 및 급

61) 김동희, 행정법Ⅰ. p. 249

부의무를 발생시킨다.

2) **명령적 행위의 위반에 대하여는**, 위반상태를 시정하기 위하여 강제집행이 행해지거나 형벌이 과해지는 것이 보통이지만, 공서양속에 반하지 않는 한, 법률상은 유효하게 취급된다.

3) 허가[예방적 금지해제 = 허가유보부 예방적 금지]

① 허가는 일반적 금지(부작위의무)를 특정 경우에 해제하고, 적법하게 일정 행위를 하는 것을 가능하게 하는 행위이다. 예컨대 자동차운전면허를 들 수 있다.

② 허가를 필요로 하는 행위를, 허가를 받지 않고 한 경우에는, 강제집행이나 처벌의 대상으로 되지만, 무허가의 행위가 당연히 무효로 되는 것은 아니다.

③ 허가의 대부분은 공공의 질서유지를 목적으로 한 경찰허가이다. 경찰허가는 신청에 관계되는 사인의 행위가 공공의 질서에 지장이 없다고 인정되는 한, 발급하지 않으면 안 된다. 신청이 법정거부사유에 해당하지 않는 한, 행정청은 허가를 거부할 수 없다(원칙허가제).

④ 그런데 경우에 따라서는 그것과 다른 제도도 없지 않다. 예컨대, 자연보호관계에서의 개발허가 등은 미관보호를 위하여 일반적으로는 개발이 금지되어 있는 지역에서 특별한 사정이 있는 경우에 예외적으로 개발을 허용하는 제도이고, 행정청에게는 허가여부를 결정할 재량이 있다. '예외허가제'[예외적 승인=예외적 허가=해제유보부 억제적 금지]의 일례이다.[62)]

⑤ 허가된 지위의 양도나 상속이 가능한지의 문제가 있다.

허가의 성질을 기준으로 생각하면, 그 허가가 피허가자의 경력, 능력, 성격 등 인적 성질에 착안하여 부여된 것이면(대인적 허가), 그 지위는 행정청의 승인을 얻지 못하면 양도·상속될 수 없지만(원칙적으로 그 효과는 일신전속적이다), 허가가 오로지 물적 시설 등의 성질에 착안하여 부여된 것이면(대물적 허가), 그 지위는 원칙적으로 양도·상속의 대상이 된다. 전자의 예로는 자동차운전면허, 의사면허를, 후자의 예로는 건축물사용승인, 차량검사합격처분을 들 수 있다. 그의 양자를 겸한 '혼합적 허가'의 경우 원칙적으로 행정청의 허가 또는 신고수리 등이 있어야만(즉 명문의 규정이 있어야만) 허가의 효과가 승계된다고 할 것이다.

62) 대판 2004. 7. 22, 2003두7606(개발제한구역관련판례); 대판 1997. 8. 29, 96누15213(산림훼손허가관련판례)

⑥ 허가가 명령적 행정행위에 해당하는지, 아니면 형성적 행정행위에 해당하는지 여부에 관해 다툼이 있는데, 종래의 통설은 명령적 행위로 보았으나, 최근 독일이론의 영향으로 형성적 행정행위로 보는 견해가 많아지고 있다.

⑦ 우리나라의 일부학설과 대법원판례는 재량을 다시 세분하여 기속재량과 자유재량으로 구분하고 있는데, 다수학설은 독일의 이론에 따라 이런 구분은 불필요하다고 본다.[63]

⑧ 요건을 구비한 허가신청에 대한 '거부처분'은 '법률상 이익'[기본권의 회복]에 대한 위법한 침해로서 취소소송의 대상이 된다.

⑨ '허가로 인하여 경영상 얻은 이익'은 원칙적으로 '반사적 이익'이지만, 실정법의 규정에 따라서는 '법률상 이익'에 해당할 수도 있다[대판 2006. 7. 28, 2004두6716; 대판 1990. 8. 14, 89누7900].

4) 면제

이것은 미리 법령, 행정행위에 의해 과해져 있는 작위・급부・수인의무를 특정한 경우에 해제하는 행위를 가리킨다(예: 조세면제행위).

(2) 형성적 행정행위

1) **이것은 법률관계의 설정, 변경, 폐지나 그런 형성의 거부를 목표**로 한다. 공권을 창설, 변경, 소멸시키거나, 그것을 거부하는 행정행위도 형성적 행정행위에 속한다.

2) **형성적 행정행위의 예로는 공무원의 임명, 귀화허가, 공유수면매립면허** 등을 들 수 있다.

3) **사권[私權]을 창설하거나, 사법[私法]상의 법률행위를 인가하거나, 확인하는 행정행위[광업권설정허가, 어업권 면허 등]**는, 사권형성적 행정행위이다. 또한 공물의 법적 지위를 창설, 변경, 소멸시키는 행정행위도 형성적 행정행위이다(예: 공용개시)

4) **'행정행위의 취소와 철회'도 형성적 행정행위에 속한다.**

---

63) 김동희, 행정법 I, p. 258

5) 특허

① 이것은 특정인을 위해, 새로이 권리·권리능력·법률관계 등을 설정하는 행위로서, 특허를 할지 여부에 관하여는 행정청에게 재량이 인정되는 것이 일반적이다.

② 우리 대법원은 공유수면매립면허,64) 공유수면사용허가,65) 자동차운수사업면허를66) 특허로 보고 있다.

③ 전기·가스 등의 공급사업이나, 철도·버스 등의 운송사업은 국민생활에 필수적인 서비스를 제공하는 공익성이 강한 사업이므로, 그 영업은 본래 사인의 자유에 맡겨져야 하는 것은 아니고, 국가의 특별한 승인을 얻어, 국가의 업무감독을 받으면서 실시해야 하는 사업이고, 이런 사업에 대한 허가는 강학상의 허가(본래의 자유의 회복)는 아니고, 국가가 공익사업을 영위하는 특권을 부여하는 특허(공기업특허)라고 보는 것이 일반적이다.

④ 어쨌든 공익사업에는 법제도상 공공의 안전유지라는 소극적 목적만은 아니고, 국민의 생활배려라고 하는 적극적 관점에서 일반의 자유영업과는 다른 엄격한 규제(진입규제 등)가 과해진다.67)

⑤ 특허에 관한 주요 판례 :

(ⅰ) 「보세구역의 설영특허의 법적성질」에 관하여, 우리 대법원은, 「관세법 78조 소정의 보세구역의 설영특허는 보세구역의 설치, 경영에 관한 권리를 설정하는 공기업의 특허로서 그 특허의 부여 여부는 행정청의 재량에 속하며, 그 갱신여부도 특허관청의 재량에 속한다라고 판시하고 있다」[대판 1989. 5. 9, 88누4188].

(ⅱ) 「재건축조합설립인가의 법적 성질」에 관하여, 우리 대법원은, 「행정청의 재건축조합설립인가처분은 법령상 일정한 요건을 갖출 경우 주택재건축사업의 추진위원회에게 행정주체로서의 지위를 부여하는 일종의 설권적 처분의 성격을 가지고 있다」라고 판시하고 있다[대판 2014. 5. 22, 2012도7190 전원합의체].

(ⅲ) 「재개발조합설립인가의 법적 성질」에 관하여, 우리 대법원은, 「구 도시 및 주거환경정비법상의 주택재개발사업조합은 관할 행정청의 감독아래 정비구역 안에서 구 도시 및 주거환경정비법상의 주택재개발사업을 시행하는 목적의 범위내에서 법령이 정하는 바에 따라 일정한 행정작용을 행하는 행정주체로서의 지위를

64) 대판 1989. 9. 12, 88누9206
65) 대판 2009. 5. 28, 2002두5016
66) 대판 2007. 3. 15, 2006두15783
67) 原田, 行政法, p. 169-170

가진다. 따라서 조합설립인가처분은 단순히 사인들의 조합설립행위에 대한 보충행위(강학상 인가)로서의 성질을 갖는 것이 아니라, 구 도시 및 주거환경정비법상 정비사업을 시행할 수 있는 권한을 가지는 행정주체(공법인)로서의 지위를 부여하는 설권적 처분의 성격을 갖는다」라고 판시하고 있다[대판 2012. 4. 12, 2010다10986].

(ⅳ) 「귀화허가의 법적 성질」에 관하여, 우리 대법원은, 「국적은 국민의 자격을 결정짓는 것이고, 이를 취득한 자는 국가의 주권자가 되는 동시에 국가의 속인적 통치권의 대상이 되므로, 귀화허가는 외국인에게 대한민국 국적을 부여함으로써 국민으로서의 법적 지위를 포괄적으로 설정하는 행위에 해당한다」라고 판시하고 있다[대판 2010. 10. 28, 2010두6496 ; 헌재 2016. 7. 28, 2014헌바421].

(ⅴ) 「개발촉진지구 안에서 시행되는 지역개발사업에서 지정권자의 실시계획승인처분이 설권적 처분인지 여부」에 관하여, 우리 대법원은, 「구 지역균형개발 및 지방중소기업 육성에 관한 법률(2011. 5. 20, 법률 제10762호로 개정되기 전의 것, 이하 '구 지역균형개발법'이라 한다) 제16조 제2항, 제17조 제1항, 제2항, 제3항, 제4항, 제18조 제1항, 제3항, 제19조 제1항, 제2항, 구 지역균형개발 및 지방중소기업 육성에 관한 법률 시행령(2008. 12. 24. 대통령령 제21185호로 개정되기 전의 것) 제22조의 내용 및 취지 등에 비추어 보면, 개발촉진지구 안에서 시행되는 지역개발사업(국가 또는 지방자치단체가 직접 시행하는 경우를 제외한다. 이하 '지구개발사업'이라 한다)에서 지정권자의 실시계획승인처분은 단순히 시행자가 작성한 실시계획에 대한 보충행위로서의 성질을 가지는 것이 아니라 시행자에게 구 지역균형개발법상 지구개발사업을 시행할 수 있는 지위를 부여하는 일종의 설권적 처분의 성격을 가진 독립적 행정처분으로 보아야 한다.」라고 판시하고 있다[대판 2014. 9. 26, 2012두5619].

6) 인가

① 인가는 제3자의 행위(예: 사인간의 계약)를 보충하여, 그 법률상의 효력을 완성시켜 주는 행위로서, 보충행위라고도 한다(예: 농지의 권리이전에 관한 허가).

② 인가는 법률행위의 유효요건이므로, 인가를 받지 않고 한 행위는 원칙적으로 무효이다.

③ 또한, 인가는 제3자의 법률행위에 대한 보충행위이므로, 그 법률행위 자체가 무효이면, 인가에 의해 그것이 유효하게 되지는 않는다. 즉 본체인 법률행위에

하자가 있으면 사인은 인가 후에도 그 기본행위의 무효나 취소를 주장할 수 있다.68)

④ 법령에 명문의 규정이 없으면 수정인가는 허용되지 않는다.

사 례

허가와 인가

「식품위생법」상의 허가와, 「국토계획법」상의 토지거래허가를 비교하여 양자의 법적성격의 차이에 관하여 설명하라.

▶ 사전규제의 하나의 수법은 행정규제를 시민이 무시한 경우에 형벌을 적용하는 방법, 즉 형사법을 이용하는 방법이다. 이것은 현행법상 많다. 예컨대, 영업을 일률적으로 금지시키고, 행정이 승인한 경우에만 영업을 인정하도록 하고, 그 담보수단으로서, 무허가영업에 대하여 형사벌로 임하는 것이다. 이 경우에 민사법상의 효력까지는 부정되지 않으므로, 무허가의 영업행위라도 대금의 청구는 가능하다. 이러한 구조가 강학상 「허가」이다.

또 다른 방법은 행정규제를 시민이 무시한 경우에 그 민사법상의 효력을 부정하는 것이다. 이것은 민사법상의 제재를 사용함으로서, 행정규제의 실효성을 담보하는 것이다. 규제에 반하여 영업을 행한 경우, 민사거래는 무효로 된다(그 때문에, 거래행위로부터 생긴 대금의 청구는 불가능하다). 이것은 강학상 「인가」이다.

그런데 위 두 가지의 이념형에서, 입법자는 양자를 절충하여 새로운 제도를 만들 수도 있다. 이 경우는 당해 규제가 인가인지, 아니면 허가인지 판단하기 어렵게 된다.

위 사례에서는 「식품위생법」상의 허가는 강학상 허가의 시스템이고, 「국토계획법」상의 토지거래허가는 허가와 인가의 종합형이라고 할 수 있다.

7) 대리

이것은 제3자가 행해야 하는 행위를 국가・지방자치단체 등의 행정주체가 대신하여 함으로써 그 제3자가 스스로 행한 것과 같은 효과를 생기게 하는 것을 말한다(예: 토지수용의 재결)

(3) 확인적 행정행위

1) 확인적 행정행위에 의해 권리의 존재나, 사람이나 물건의 특정한 법적 특질이 구속력 있게 확정되거나 그 확정이 거부된다.

2) 확인적 행정행위로서 "분쟁결정적 행정행위"가 있다. 이것에 의해 행정청은

68) 대판 2002. 5. 28, 2000두6121

준사법절차에 의하여 다른 사람들 사이에 다투어지고 있는 법적 문제에 관해 구속력 있는 확정을 내리기 때문이다(예: 행정심판의 재결)

3) 확인적 행정행위에는 또 "공증적 행정행위"가 있다. 이것은 공적 등록이 그 증거력을 매개로해 실체법상의 법적 효과를 발생시키기 때문이다.

4) 우리나라에서는 확인, 공증, 통지, 수리를 준법률행위적 행정행위로 보고 있는 것이 일반적이다.

① **확인**

예컨대 건축법상의 사용승인(종전의 '준공검사'), 당선인의 결정 등을 들 수 있다. 확인이 되면, 행정청의 의사에 관계없이 법률로 예정된 일정한 법적 효과가 발생한다.

우리 대법원은, 「친일반민족행위자재산의 국가귀속에 관한 특별법(이하 "특별법"이라 한다) 3조1항 본문은 "친일반민족행위자의 재산(이하 "친일재산"이라 한다)은 그 취득·증여 등 원인행사시에 이를 국가의 소유로 한다"라고 규정하고 있을 뿐, 친일반민족행위자재산조사위원회(이하 "위원회"라 한다)의 결정이 있어야만 국가귀속의 효력이 발생한다고 규정하고 있지 아니하다. 특별법 2조2호에 정한 친일재산은 위원회가 국가귀속결정을 하여야 비로소 국가의 소유로 되는 것이 아니라 특별법의 시행에 따라 그 취득·증여 등 원인행위시에 소급하여 당연히 국가의 소유로 되는 것이고, 위원회의 국가귀속결정은 당해 재산이 친일재산에 해당한다는 사실을 확인하는 준법률행위적 행정행위의 성격을 가진다」라고 판시하고 있다[대판 2008. 11. 13, 2008두13491].

② **공증**

예컨대 선거인 명부에의 등재 등을 들 수 있다. 법률상 일정한 법적 효과의 발생이 예정되어 있지 않은 공증행위는 사실행위일 뿐이다.[69]

③ **통지**

이것은 특정인 또는 불특정 다수인에 대해 일정 사항을 알리게 하는 행위이다. 법률에 의해 일정한 법적 효과가 부여되어 있는 경우에만 행정행위가 된다. 예컨대 대집행의 계고, 납세의 독촉 등을 들 수 있다.

69) 다만, 우리 대법원과 헌법재판소는 지목등록변경신청반려처분취소소송에서 그 처분성을 인정했다(대판 2004. 4. 22, 2003두9015; 헌재 1999. 6. 24, 97헌마315); 이후 이 태도는 확산되고 있다.

④ 수리

신고, 신청 등을 유효한 것으로서 받아들이는 행위로서, 이것에 의해 일정한 법적 효과가 발생하는 것을 가리킨다[대판 2007. 6. 29, 2006두4097]. 다만, 「행정절차법」은 원칙적으로 신고에는 수리가 필요 없다고 하고 있다.

제2절 행정행위와 재량

I 개설

1. 재량과 판단여지의 구별문제

(1) 이 문제에 관하여는 학설이 팽팽하게 대립된다.

(2) 양자를 구별하지 않는 견해에서는, 양자 모두 재량으로 보고 있고,[70] 대법원도 같은 입장이다.[71]

(3) 일반적으로 불확정개념도 법개념이므로 원칙적으로 법원의 사법심사대상이 되어야 한다. 다만, 예외적으로 행정기관에게 불확정개념의 해석·적용면에서 판단여지가 인정되는 때에는 행정기관의 그 판단은 법원에 의한 제한적 통제의 대상이 되고, 법원은 원칙적으로 행정기관이 내린 결정을 수용해야 한다. 이것은 불확정개념의 의미내용은 법원이 최종적으로 결정하는 것이 원칙이지만, 예외적으로 행정부도 최종적인 결정권자가 될 수 있다는 뜻이다.

(4) 독일행정법에서는 이와 관련해서 내용은 같지만, 설명방식이 다른 다음 두 가지 이론이 있다.

70) 김동희, 행정법 I, p. 268

71) 중·고등학교 교과용도서의 검정(대판 1988. 11. 8, 86누618); 감정평가사시험에서의 합격기준설정(대판 1996. 9. 20, 96누6882); 대학입학시험에서의 합격·불합격의 판정, 입학자격·선발방법의 결정(대판 1997. 7. 22, 97다3200)

1) 판단여지설

이 견해에 따르면, 행정청은 한계영역에 있어서 예외적으로 사법심사가 불가능한 판단의 여지를 가진다. 바호프(Bachof)의 견해이다.

2) 논리적 가능성설(보통 대체가능성설로 번역함)

이 견해에 따르면, 한계적 경우에 여러 가지 결정이 가능할 때 법규해석상 논리적으로 가능한 범위 내에서 이루어진 것이면 적법하게 되어 사법심사가 제한된다고 한다. 울레(Ule)가 주장하였다.

(5) 판단여지는, ① 포섭단계에서만 인정된다는 견해와,[72] ② 포섭단계 외에도 일정한 경우(예: 가치개념) 해석단계에서도 인정된다는 견해로 나뉜다.[73]

(6) 독일 판례에서의 판단여지인정은, ① 시험의 평점 및 그에 준하는 행위, ② 공무원의 근무성적 평정, ③ 무기의 생산·수출, 자금지원대상자의 결정 등에서 나타난다.

2. 기속재량과 자유재량의 구별

(1) 이것은 재량범위의 범위를 좁히려는 노력에서 나왔는데, 법규에서 행정행위의 요건·효과를 일의적으로 규정하지 않음으로써 행정청에게 재량권을 부여하고 있는 것처럼 보이는 경우에도, 법이 예정한 객관적 기준이 존재하는 경우와, 그렇지 않은 경우로 나뉘며, 전자가 기속재량행위, 후자가 자유재량행위이고, 기속재량행위는 기속행위와 마찬가지로 법에 구속되고 법에 위반하면 위법행위가 되며, 법원의 심사대상이 된다는 것이다.[74]

(2) 대법원은 이를 구분하고 있다.[75]

대법원은 양자의 구별실익은 특히 심사방식의 차이에 있다고 한다. 즉 기속재량행위의 경우 법원은 일정한 결론을 도출한 후 그 결론에 비추어 행정청이 한

72) 바호프, 울레가 주장함
73) 에릭슨(Ericson)이 주장함
74) 김철용, 행정법 I, p. 215
75) 대판 2001. 2. 9, 98두17593

판단의 적법여부를 독자의 입장에서 판정하지만, 자유재량행위의 경우 법원은 독자의 결론을 도출함이 없이 당해 행위의 재량권의 일탈·남용이 있는지 여부만 심사한다고 한다.

(3) 그러나, 저자가 보기에는 재량권의 일탈·남용에 관해서도 심사할 수 있도록 규정하고 있는 「행정소송법」 제27조에 비추어 양자의 구별은 필요하지 않다고 본다.[76] 따라서, 문제는 재량권의 일탈·남용의 구체적 기준을 정립하는 것일 뿐이라고 본다.

(4) 재량권의 일탈·남용의 내용을 구체적으로 보면, 다음과 같다.

1) 사실의 오인에 기해 행정행위를 하는 경우
2) 법의 명시적 한계를 넘어 행정행위를 하는 경우
3) 지나치게 불합리한 내용의 행정행위를 하는 경우(비례원칙위반)
4) 특정 개인을 불합리하게 차별하여 불이익하게 취급하는 경우(평등원칙 위반)
5) 부정한 동기로 행정행위를 하는 경우
6) 법의 목적과 다른 목적으로 행정행위를 하는 경우(타사고려: 他事考慮)

(5) 나아가 재량행위에 대한 절차적 심사방식을 강화하여 사법심사밀도가 심화되어야 할 것이다. 이 경우 특히, ① 행정청이 관계인의 의견을 적절하게 배려해 의사형성을 했는지 여부와, ② 행정청의 판단형성과정에 자의·독단이나 타사고려를 의심할 여지가 없는지 등이 문제된다.[77]

Ⅱ 행정재량[78]

1. 개념

(1) 독일에서는 종전에는, 재량은 구성요건면과 법적 효과면에 모두 존재한다

76) 이것은 독일의 학설과 판례에서도 일치된 견해이다.
77) 原田, 行政法, p. 152-153
78) 이하는, Ossenbühl, 법적 기속과 행정재량(Rechtliche Gebundenheit und Ermessen der Verwaltung), in; Enchcen/Ehler, p. 206 이하에서 정리한 것임

고 보았으나, 1960년대에 재량과 판단여지를 구별하는 견해로 대체되었다. 그 때부터 독일에서는 행정재량은 법률효과면에서만 존재한다고 보고 있다.

(2) 행정재량은 이에 따라, "법률에 의해 설정·제한·지도되는, 행정의 법적 효과면의 결정"으로서, "법률이 법률요건이 충족되는 경우에 두 가지 이상의 법적 효과 중에서 선택할 수 있도록 행정에게 자유를 허용하는 것"이다.

(3) 행정재량은 행정법규의 "적용", 즉 포섭에 있어서만 존재한다. 재량을 허용하는지 여부는, 법률의 명문규정으로 나타나기도 하지만("…할 수 있다" 등), 명확하지 않은 경우도 많다.

▶ 행정행위의 위법성은 소송에서 다투어진다. 그 경우에 행정행위가 법률의 명확한 문언에 반한다면, 법관에 의한 위법판단은 쉽다. 그러나, 일의적(一義的)인 법문이 존재하지 않는 경우도 결코 적지 않기 때문에, 어떤 행정활동이 법률에 위반하는지는 해석문제로 된다. 중심적 과제는 행정재량의 사법심사이다. 행정재량은, 행정권의 판단이 사법권의 판단에 우선한다는 것을 의미하고, 그 근거는 입법자에 의한 행정기관에의 수권에 있다(규범적수권이론).
따라서, 행정재량의 심사는, 입법자가 행정기관의 적절한 판단에 기대하여, 어떤 내용의 수권을 하였는가라고 하는 법률해석문제로 된다. 이러한 판단은, 개별실체법에 따라, 각 행정행위마다 검토를 요한다.

2. 재량의 행사

(1) 행정권은 재량의 수권을 받으면, 그 수권의 목적에 적합하게 행사해야 하고, 재량의 법률상 한계는 준수되어야 한다. 재량의 일반적 한계는 그 외에 헌법원칙, 특히 평등원칙과 비례원칙에서 나타난다.

(2) 재량의 한계의 구체화와 재량의 범위는 재량준칙에 의해서도 정해진다.

3. 재량의 하자

(1) 이것은 앞에서 본 재량권의 일탈·남용의 구체적 내용과 기본적으로 같다고 할 수 있다.

(2) 행정재량은 그에 대한 사법심사의 한계를 가져온다. 즉 사법심사의 대상은 하자있는 재량권의 행사, 즉 위법한 재량권의 행사이다. 그것은 다음의 세 가지로 나뉜다.

1) 재량의 불행사

이것은 행정권이 자신에게 재량이 없다고 생각한 결과, 그 재량을 행사하지 않은 경우이다.

사 례

재량권의 불행사

공장에 대한 규제권한에 행정재량이 인정되는 경우라고 하더라도, 공장에서 나오는 폐수 등에 의하여 인근주민에게 심각한 피해가 생기는 때에는, 규제권한을 행사하지 않을 자유는 행정기관에게 전혀 인정되지 않는다. 왜, 행정재량이 인정되면서, 동시에 행정의 작위의무가 이 경우 인정되는가?

➡ 행정재량은, 입법자가 행정에 대하여 적절한 대응을 기대하여 판단을 수권한 것이므로, 재량권행사는, 수권의 취지에서 보아 과잉이어서도 안 되고, 과소이어서도 안 된다. 즉 법률에서 「…할 수 있다」라고 규정하고 있어, 행동하지 않을 자유가 행정에 인정되고 있더라도, 구체적 사정에 따라서는, 부작위가 전혀 인정되지 않을 수 있다.
공장폐수에 의하여 공해병이 발생하고 있는 상황하에서는, 「수질환경 및 수생태계보전에 관한 법률」에 기하여, 공장폐수의 처리방법의 개선, 공장의 일시 사용정지를 명하는 등, 규제권한행사 의무가 생긴다. 바꾸어 말하면, 이러한 상황하에서의 규제권한의 불행사는, 위법한 재량권행사이다.
마찬가지로, 탄광작업에서, 진폐병이 심각하게 발생한 경우에는, 「광산보안법」에 기하여 감독권한을 행사하지 않는 것은 재량권행사로서 위법하게 된다. 그 설명방법으로는, ① 특정사례에 있어서 행정재량이 영으로 수축하여 행정의 작위의무가 생긴다는 견해(재량수축이론)과, ② 특정사례에 있어서의 재량권불행사가 행정재량권의 남용에 해당한다는 견해(행정재량의 소극적 남용이론)이 있다. 그 어느 이론에 의하든, 규제권한행사에 관하여, 특정사례에서는 작위의무가 도출된다.

2) 재량권의 일탈

이것은 ① 법률에 규정되지 않은 법적 효과를 선택하거나, ② 법률에 규정된 범위를 넘어서는 법적 효과를 선택하거나, ③ 재량의 구성요건이 충족되지 않았는데도 충족되었다고 오인한 경우에 나타난다.

3) 재량의 남용

① 이것은, 실무상 가장 중요한 유형으로서, ㉠ 악의에 의한 권한남용의 경우, ㉡ 당해 공무원의 개인적인 이유에 기한 행정의 결정, ㉢ 부적절한 이유에 기한 행정결정 등을 들 수 있다.

② 재량의 법적 한계는, 행정법과 헌법의 일반원칙, 특히 ㉠ 평등원칙, ㉡ 비례원칙, ㉢ 부당결부금지원칙에서 나타난다. 헌법상의 기본권도 비교형량에 있어

중요하다.

사 례

행정재량의 한계

행정재량의 한계에 관한 사법심사에서, 행정에 관한 법의 일반원칙이 수행하는 역할을 설명하라.

➡ 법률에 의한 수권이 존재하는지, 그리고 행정기관이 수권의 취지에 따라서 행동하였는지에 관하여는 사법심사를 받게 된다. 재량권의 행사가 일탈·남용이라고 판단되면, 재량권행사는 위법하게 된다. 구체적으로는, ① 중대한 사실오인, 사실의 기초결여, ② 법률의 목적위반, 요 고려사항의 경시, 타사(他事)고려, ③ 평등원칙 위반, ④ 비례원칙 위반 등이다. 여기서 알 수 있듯이, 행정재량의 심사문제는, 법의 일반원칙의 주된 적용장면이다. 기본권보장도 재량권의 행사를 제약한다.

4. 행정의 자기구속과 재량의 영으로의 수축

(1) 행정재량은 특정한 경우 기본권에 의해 기속행위로 바뀔 수 있는데, ① 행정의 자기구속과, ② 재량의 영으로의 수축에서 나타난다.

(2) 행정의 자기구속법리는 헌법상의 평등의 원칙에서 도출된다. 이것은 상당한 기간 행사된 일관된 행정관행에 의해 성립된다. 다만, 이 법리는 어느 누구에게도 "하자(위법)반복청구권"을 창설해 주지는 않는다.
즉 위법한 행정관행은 행정의 자기구속을 발생시키지 못한다. 행정의 자기구속에 의해 행정권은 자신의 행위에 의해 스스로 결정의 자유를 상실한다.

(3) 재량의 영으로의 수축법리는 개별적 경우 특수한 사정이 있으면 재량권이 상실된다는 것이다.

즉 재량의 하자 없는 비교형량의 결과 하나의 결정만이 법적 하자가 없다고 판단되면, 행정권에게는 더 이상 선택의 자유는 없게 된다.

5. 무하자재량행사청구권

(1) 재량은 일정 범위에서 결정의 자유를 행정의 의사에 맡기는 것이므로 원칙적으로 특정 내용의 재량결정을, 즉 특정처분을 요구할 수 있는 권리는 국민에게 없다.

다만, 그 재량근거법규가 공익 외에 또한 해당 국민의 개인적 이익을 위한 목적도 있다고 인정되면, 당해 국민에게는 무하자재량행사청구권이 인정될 뿐이다.

(2) 무하자재량행사청구는 두 가지 의미를 가진다. 즉 ① 행정권이 어떠한 내용으로든지 결정해 달라는 청구권과, ② 재량의 하자가 없도록 결정해 달라는 청구권이 그것이다.

(3) 만일 행정권이 결정 자체를 아예 하지 않거나, 재량의 하자있는 결정을 하면, 독일의 경우에는 의무이행소송중 "지령소송[단순처분명령소송]"(어떠한 내용으로든지 재량결정을 해 줄 것을 구하는 소송)을 제기하여 하자 없는 재량행위를 얻을 수 있고, 우리의 경우에는, 부작위위법확인소송, 취소소송 등에 의할 것이다.

Ⅲ 불확정개념

1. 개념

(1) 이것은 구체적 사실관계에 적용되기 위해서는 상당한 정도로 해석과 구체화를 요하는 개념을 가리킨다.

(2) 불확정개념은 입법자가 의도적으로 두는 경우가 많고, 이에 따라 행정권은 해석·구체화의 수권을 받고, 사후보충의 행정입법 등을 하게 된다.

(3) 불확정개념은 법률요건면에서 주로 문제된다.
불확정개념은 이것에 의해 행정재량과 구별된다.

2. 전개상황과 다수학설

(1) 불확정개념과 그 통제문제는 "행정책임과 법원에 의한 행정통제간의 균형"의 문제이다. 법원의 통제밀도는 때로는 엄격하게, 또 때로는 유연하게 파상운동으로 나타난다.

(2) 바호프(Bachof)는 불확정개념의 "해석"은 전적으로 법원의 심사대상이 되지만, 불확정개념을 구체적 사실관계에 "적용"함에 있어서는(포섭), 행정권에게 판단여지가 허용될 수도 있다고 했고, 이것은 같은 시기에 나온 울레(Ule)의 "대체가능성설=논리적 가능성설"과도 일치한다.

(3) 일반적으로 승인된 학설은 규범적 수권이론이다.[79] 이 견해는, 법원의 통제밀도의 완화는 실체법률에서 행정권에게 최종적 결정에의 수권을 허용한 범위 안에서만 존재한다고 한다. 그런데, 문제는, 실제로 대다수 법률은 법원의 통제밀도에 관한 명시적 규정을 두고 있지 않다는 데에 있다. 결국 언제 불확정개념이 행정권에게 판단여지를 허용하는지 여부는 결국 법원에 맡겨지게 되고, 그것이, 통제밀도가 파상운동을 하게 된 진정한 이유일 것이다.

(4) 판단여지가 인정되는 유형을 구체적으로 보면, ① 시험결정(대학입학시험, 국가고시 등), ② 공무원법상의 판단, ③ 독립성을 가진 전문가들과 위원회에 의한 가치판단, ④ 장래의 예측, ⑤ 리스크에 관한 결정(원자력법, 환경보호법, 유전자공학법, 약품법, 화학제품법, 식물보호법 등), ⑥ 계획결정 등을 들 수 있다.

Ⅳ 행정재량과 불확정개념의 결합

1. 행정재량과 불확정개념은 두 개의 상이한 문제이므로 구별되어야 하지만, 양자는 법적용과정에 있어서는 상호 밀접하게 영향을 주고받을 수 있다.

2. 예컨대, ① 하나의 법률규정의 구성요건 면에 불확정개념이 있고, 법적 효과 면에 재량의 자유가 있는, 결합규정의 경우와, ② 계획재량과 불확정개념의 연결이 계획법규에서 나타나는 경우이다.

Ⅴ 「행정재량과 판단여지」에 관한 기본판례(추가)

(1) 대판 2015. 6. 11, 2015두35215
(2) 대판 2016. 1. 28, 2013두21120
(3) 대판 2016. 1. 28, 2015두52432[예외적 허가]
(4) 대판 2016. 7. 14, 2015두48846
(5) 대판 2017. 3. 15, 2016두55490
(6) 대판 2017. 5. 30, 2017두34087

79) BVerfGE 61, 82; Schmidt-Aßmann, Maunz/Dürig, GG Kommentar, Art. 191V

(7) 대판 2017. 10. 31, 2017두46783
(8) 대판 2017. 12. 28, 2015두56540
(9) 대판 2018. 10. 4, 2014두37702
(10) 대판 2001. 2. 9, 98두17593[재량과 판단여지]
(11) 대판 2009. 6. 23, 2007두18062[재량과 판단여지]
(12) 대판 2007. 5. 10, 2005두13315[재량과 판단여지]
(13) 대판 2005. 4. 28, 2004두8910[재량과 판단여지]
(14) 대판 2010. 10. 28, 2010두6496

제3절 행정행위의 부관

I 개설

1. 부관은, 주된 규율은 행정행위와 함께 나타나며, 주된 규율을 보충하거나 제한하는 규율이다.80)

부관은 수익적 처분에 대한 신청이 그 요건을 조금이라도 충족하지 못하면 엄격히 거부해 버리는 대신에, 제한을 붙여서라도 수익적 처분을 발급할 수 있게 한다.81)

2. 부관에 있어서 중요한 문제는, ① 부관의 허용성 문제, ② 부관의 적법성 문제, ③ 부관이 위법한 경우 그 위법성의 결과와 그에 따른 권리구제문제이다.

3. 여기서의 부관과 구별해야 할 것으로는, 법정부관이 있다. 이것은 행정행위의 효과의 제한에 관하여 직접 법령 스스로가 정하고 있는 것이다.

80) Schweickhardt/Vondung, Allg, VwR, p. 115
81) Maurer, Allg, VwR, §12 Rn. 2

4. 독일의 경우

(1) 모든 행정행위[=행정처분]가 그 정의[定義]자체에 의하여 포함하는 「주된 규율」은 부관에 의하여 보충되거나 제한될 수 있다. 행정청이 어떤 종류의 부관을 사용할 수 있는지는 독일의 경우 「연방행정절차법」[VwVfG] 36조2항에서 규정하고 있는데, 조건 · 기한 · 부담 · 철회권유보 · 부담(권)유보의 다섯 가지이다.

(2) 독일 「연방행정절차법」 36조1항에서는, 부관사용의 주된 이유를 규정하는데, 즉 「행정처분의 법률상 전제요건이 충족되는 것을 보장」하려는 것을 들고 있다. 예컨대, 국민이 건축허가를 신청했으나, 모든 법적 요구사항이 아직 충족되지는 않은 경우에 행정청은 부관부허가를 할 수 있다.

(3) 부관은 개념상 "주된 규율"을 전제로 하므로[즉 부관의 본질적 표지는 주된 규율에 대한 종속성이므로], 주된 규율이 소멸하면, 부관도 무의미하게 된다.

(4) 부관에 관한 문제영역에는 다음의 두 가지가 있다 :

1) 실체법적 관점에서의 문제는, 어떤 전제요건하에 행정청이 행정처분에 부관을 부가할 수 있는가 하는 문제이다.

2) 소송법적 관점에서의 문제는, ① 부관에 대한 독립적 제소가 허용되는지 여부와, ② 만일 독립적 제소가 허용된다면, 언제 허용되는지 하는 문제이다.

Ⅱ 부관의 종류, 법적 효과 및 구별문제

1. 일반적으로 부관의 종류로는,

① 기한, ② 조건, ③ 철회권유보, ④ 부담, ⑤ 부담권유보가 있다.

2. 부관의 종류와 법적 효과

(1) 기한

1) 이것은 행정행위의 효력의 발생 또는 소멸을, 장래 도래할 것이 확실한 사실에 의존시키는 종된 규율이다.

2) 이것에는, ① 시기(始期: 특정 시기나 사실의 도래에 의해 행정행위의 효력이 발생하는 것)와, ② 종기(終期: 특정 시기나 사건의 도래에 의해 행정행위의 효

력을 상실하게 하는 것)과, ③ 시기와 종기가 결합된 경우를 들 수 있다.

3) 기한의 법적 효과는, 행정행위에서 표현되는 법적 효과가 관련 시점에 자동적으로 발생하거나 소멸하는 데 있다.

4) 예컨대, 도로나 공원의 점용허가 시에 그 허가기간을 1년으로 하는 것과 같이 지나치게 단기의 기한이 붙여지는 경우에는 이 기간은 진정한 기한은 아니고, 점용료 등 허가조건을 새로 정하는 기간을 정한 것에 불과하다.[82] 기한에 있어, 시간적 유효기간을 제한하는 사건의 도래는 확실하지만, 그 정확한 시점은 미리 알고 있을 필요는 없다. 예컨대, 「3월21일 이후로서 첫 보름달이 뜨는 날 다음에 오는 첫 번째 일요일」, 「대학재학기간동안」을 들 수 있다.

(2) 조건

1) 이것은 행정행위 효과의 발생이 불확실한 장래의 사실에 의존하는 규율을 말한다.

2) 기한의 경우에는 장래의 사실의 발생이 확실하다는 것인데, 조건의 경우에는 장래의 사실의 발생이 불확실하다는 것이 차이점이다.

3) 조건에는, ① 정지조건(행정행위의 법적 효과의 발생이 부관에 달려있는 것)과, ② 해제조건(행정행위의 법적 효과의 소멸이 부관에 달려있는 것)이 있다.

4) 조건이 발생하면, 자동적으로 그 행정행위의 법적효과는 개시하거나 소멸하고, 추가적인 행정청의 집행행위가 필요하지 않다.

5) 정지조건의 예로는, 연소시설의 운영허가를 발급하면서, 「특정 여과기가 설치되는 시점에 허가의 효과가 발생한다」고 조건을 붙이는 경우를 들 수 있고, 해제조건의 예로는, 외국인에 대하여 체류허가를 발급하면서, 「특정 고용주[예컨대 X라는 고용주]에게 고용되는 기간동안까지 그 허가의 효력이 있다」라는 조건을 붙이는 것을 들 수 있다.

(3) 철회권의 유보

1) 이것은 행정행위의 발령청이 그 행정행위의 철회를 유보하는, 행정행위에 부가된 부관을 가리킨다.

82) 대판 1995. 11. 10, 94누11866

2) 철회권의 유보는 해제조건의 특별한 종류의 하나이다. 해제조건 중 "발생이 불확실한 장래사실"이 여기서는 "철회권의 행사"이다.

3) 철회권의 유보에서는, 행정행위의 효력은 자동적으로 종료하지 않고, 철회권의 행사(이것도 행정행위임)에 의해 비로소 소멸한다.

4) 철회권의 유보는 그 유보가 없었더라면 철회 시에 존재할 손실보상의무를 면하게 해 준다. 철회권유보의 진정한 의미와 목적은, 보호가치있는 신뢰의 발생을저지하려는 데 있기 때문이다.

5) 철회권유보는, 행정청이 장래의 의사표시에 의하여 행정처분의 효력을 종료시킬 가능성을 가지는 것을 말한다. 예컨대, 보조금교부승인처분을 하면서, 「급부의 목적에 반하는 보조금 사용시에는 그 처분을 철회하겠다」라고 유보하는 것을 들 수 있다.

(4) 부담

1) 이것은 행정행위에 의해 이익을 얻는 자에게 작위, 수인, 부작위를 명하는 부관이다. 부담은 수익적 행정행위에 부가된 독립적인 침익적 행정행위이다[83] (예: 운전면허를 발급하면서, 안경착용 없이는 운전해서는 안 된다는 것).

2) 부담은 행정상 강제수단에 의해 독립적으로 강제집행될 수 있다.

3) 부담은 관계인에 의해 일반적으로 행정쟁송에 있어 독립적으로 다투어질 수 있다.

4) 부담의 불이행이 있다고 하여 원칙적으로 부담이 부가된 그 행정행위의 소멸을 가져오지는 않는다.

5) 부담의 종속성은 다음과 같다.

① 주된 규율이 행정청이나 법원에 의해 취소되거나 무효이면, 부담도 무효로 된다.

② 부담이 준수되지 않으면, 부담에 대해 독립적으로 강제집행을 하는 대신에, 주된 행정행위를 철회할 수도 있다.

6) 부담은 오직 수익적 행정처분의 경우에만 그 첨부가 허용된다.

---

83) Schweickhardt/Vondung, Allg, VwR, p. 118; BVerwGE 85, 24

7) 기한, 조건 및 철회권유보와 달리, 부담은 「독자적, 추가적인 의무」를 창설하는 것이다. 그럼에도 불구하고 부담은 다른 부관과 같이 또한 주된 행정처분과 관련되고, 부담의 존속은 주된 규율의 효력에, 5)에서 본 대로, 의존한다. 부담의 예로는, 건축허가를 하면서 「그 대지의, 건축물이 건축되는 뒷 부분의 토지부분에 녹색조경을 하라」라고 명령하는 것(부관을 붙이는 것)을 들 수 있다.

(5) 부담권유보

1) 이것은 부담의 사후적인 설정, 변경, 보충의 유보를 말한다.

2) 이것은 행정행위의 발급시점에는 아직 예견하지 못한 사업계획의 진행, 효과에 적절히 대응할 가능성을 행정청이 가지게 한다.

3) 사후부담은, 침해적 행정행위로서, 원칙적으로 실체적인 수권근거가 있어야 한다.

우리 대법원은 나아가 그 범위를 좀 더 넓혀서, "부관의 사후변경은, 법률에 명문의 규정이 있거나, 그 변경이 미리 유보되어 있는 경우 또는 상대방의 동의가 있는 경우에 한하여 허용되는 것이 원칙이지만, 사정변경으로 인하여 당초에 부담을 부가한 목적을 달성할 수 없게 된 경우에도 그 목적달성에 필요한 범위 내에서 예외적으로 허용된다"라고 판시하여 제한적 긍정설을 지지하고 있다.[84)]

4) 부담유보는, 행정청이, 경우에 따라서는 사후에 부담의 창설·변경 또는 보충에 의하여 그 행정처분에 영향을 미칠 것임을 예고하는 것이다. 그 기능면에서 보면, 철회권유보와 비슷하게, 보호가치있는 신뢰의 출현을 배제하려는 것이다.

5) 부담유보의 예로는, 산업시설을 허가하면서, 「시설운영중에 유해물질의 배출이 일정 한계치를 넘게 되면, 여과기를 추가로 설치할 것을 명령할 수 있다」라고 예고하는 것을 들 수 있다.

(6) 법률효과의 일부배제(법률효과의 일부제외)

1) 이것은 행정행위에 부가하여 법령이 그 행정행위에 대해 일반적으로 부여하고 있는 법률효과의 일부를 배제하는 부관이다(예: 장애인의 운전면허발급신청에 대해 오토매틱자동차의 운전만 허용한다는 운전면허의 발급)[대판 1989. 9. 12,

84) 대판 1997. 5. 30, 97누2627

89누1452].

2) 이것은 관계법령에 명시적 근거가 있는 경우에만 허용된다.

3) 이것은 행정행위의 내용적 제한과의 구별이 쉽지 않다. 독일의 경우 이것은 부관에 해당하지 않고, 행정행위의 내용적 제한에 해당한다고 보며, 관계 법률의 명시적 근거를 요한다고 본다.

(7) 수정허가[=수정부담]의 부관성 문제

1) 수정허가는 주된 규율에 부가해 급부의무 등을 설정하는 것이 아니라, 관계인의 신청내용을 질적으로 변경하는 것이다. 이에 따라 국민은 자신이 신청한 것과는 다른 것을 얻는다.

2) 수정허가는 실제로는 신청의 거부이고, 신청하지 않았던 허가의 성취(신청하였다고 의제하여 줌)와 결합되어 있다.

3) 신청인이 수정허가를 대상으로 다투려면, 의무이행소송에 의해야 할 것이지만, 현재 우리의 법제상으로는 취소소송에 의할 수밖에 없다.

3. 구분문제

(1) 행정행위 자체의 내용적 규정과의 구별

1) 행정행위의 내용을 단순히 가리키는 것은 부관이 아니다. 예컨대, 「식품위생법」상의 단란주점 영업허가를 하면서 유흥주점영업행위를 하면 안 된다는 조건을 붙인다면, 그것은 부담이 아니다. 그 조건은 이미 그 허가 자체에서 나오는 행정행위의 내용을 구체화할 뿐이기 때문이다.

2) 만일, 신청인이 유흥주점영업허가를 신청했는데, 단란주점 영업허가가 나온다면, 그것은 수정허가의 문제일 뿐이다.

(2) 부담과 조건의 구분

1) 예컨대 단란주점영업허가가 발급되면서 이웃에 대한 소음발생을 피하기 위해 일정한 추가 소음방지시설을 설치해야 하는 조건이 붙여지는 경우이다.

2) 만일 이것이 부담이라면, 그 허가는 소음방지시설의 설치 전에 법적 효과가

발생될 수 있을 것이고, 이것이 정지조건이라면, 그 허가는 소음방지시설의 설치 시까지 아무런 법적 효과를 발생하지 못할 것이다. 즉 부관이 부담이라면, 허가를 받은 관계사인은 그 허가에 근거하여 영업을 즉시 개시할 수 있게 되며, 만일 그 후에 부담이 이행되지 않으면, 개별법률의 근거에 따라[독일의 경우에는 「연방행정절차법」[VwVfG] 49조2항1문2호에 따라] 그 행정처분[=단란주점영업허가]을 철회할 수 있다. 또한 부담은 독립적 행정처분으로서 행정상 강제집행의 대상이 된다. 또한, 이 부관이 정지조건에 해당한다면, 그 조건이 준수되지 않고 있는 동안에는 그 단란주점영업허가는 효력이 발생하지 않는다. 만일 허가를 받은 관계사인이 그 정지조건을 이행하지 않고 있는 동안에 영업을 하면, 그는 무허가로 위법하게 영업을 하는 것이 된다.

3) 1840년에 사비니(Savigny)는 이 구분을, "조건은 정지시키되, 강제하지 않는다. 그러나, 부담은 강제하지만, 정지시키지는 않는다"라고 선명하게 표현했다.

4) 위의 사례의 경우에는 어쨌든 행정청이 어떤 부관을 붙였는지 분명하지 않다. 이런 경우에는 표시된 행정청의 의사는 해석에 의해 결정될 수밖에 없다. 이 경우 중요한 것은, 해당 규율의 객관적 의미와 관계인의 여건이며, 이것을 토대로 하여 신의칙에 따라 판단해야 한다. 최종적으로는 비례원칙에 비추어 어떤 부관이 관계인에게 덜 침해적인지를 기준으로 해야 한다[85](보통은 부담이 덜 침해적일 것이다)[대판 2008. 11. 27, 2007두24289].

4. 부관의 법적 성질

기한, 조건 및 철회권유보는 행정처분의 효력의 개시 또는 종료를 규율하므로, 그것들에는 독자적인, 실질적인 규율내용이 없고, 단지 주된 행정처분을 제한할 뿐이다. 이에 반하여, 부담은 수익자에게 작위, 수인, 부작위(금지)의무를 부과하므로, 「독자적, 실질적 규율」을 포함한다. 따라서, 독일의 다수설은 부담을 행정행위(=행정처분)에 해당한다고 보고, 독립적인 강제집행가능성을 인정한다. 부담유보의 경우에도 독일의 다수설은 행정처분으로 보며, 그 독자적 규율내용을 인정한다.

85) Schweickhardt/Vondung, Allg, VwR, p. 124

Ⅲ 부관의 허용성과 적법성

1. 부관의 허용성

(1) 행정행위에 부관을 붙이는 것이 허용되는지 여부는 먼저 특별한 법률의 규율에 따른다.

(2) 다음으로, 부관의 허용성의 문제는 일반적으로 그 행정행위가 기속행위인지, 아니면 재량행위인지에 따라 결정된다. 독일의 경우, 「연방행정절차법」[VwVfG] 36조에서 부관의 허용성이 규정되고 있다. 즉 기속행위의 경우에는, ① 개별법률이 허용하거나, ② 아직 충족되지 못한 법률상 전제요건의 충족을 부관에 의하여 보장할 가능성이 있을 때에만 허용되며, 재량행위의 경우에는, 적법·타당한 재량권행사의 기준에 따라 부관이 원칙적으로 허용되는데, 왜냐하면 행정처분을 발급(발령)할지 여부가 행정청의 재량하에 있다면, 재량의 하자없이 부관을 붙여 행정처분을 발급(발령)할 권한은 당연히 존재하기 때문이다.

부관의 부가는 그 한도에서, 행정청의 자의[恣意]에 따라 행할 수는 없고, 행정청은 재량의 한계[독일의 경우 「연방행정절차법」 40조에서 도출됨]를 준수해야 한다. 따라서, 부관은 먼저 「수권근거의 목적」과 합치되어야 한다[부당결부금지의 원칙]. 예컨대 철거명령의 취소처분을 하면서, 폐기물처리수수료를 납부하는 것을 부관으로 붙이는 것은 허용되지 않는다. 나아가, 부관은 비례원칙, 명확성의 원칙 등 「법치국가원칙」을 준수해야 한다.

(3) 그런데, 우리나라에서는 행정행위를 법률행위적 행정행위와 준법률행위적 행정행위로 구별하고 있는데, 종래의 통설과 판례에 의하면, 법률행위적 행정행위에 대해서만 부관을 붙일 수 있고, 준법률행위적 행정행위에는 의사표시의 존재를 인정할 수 없으므로 부관을 붙일 수 없다고 한다.

그러나, 새로운 견해에 의하면, 준법률행위적 행정행위에도 법률의 규정에 의해 허용되는 경우가 있고(예: 여권의 유효기간), 법률행위적 행정행위이면서 부관을 붙일 수 없는 경우도 있다(예: 귀화허가)고 한다. 저자는 후자의 견해에 찬성한다.

(4) 기속행위에 대한 부관

기속행위의 경우에는 국민은 당해 행정행위의 발급을 요구할 수 있는 권리를 가진다. 그런데, 이 권리는 부관의 첨가를 허용하게 되면 침해될 것이다. 따라서 기속행위의 경우에 부관을 붙이는 것은 원칙적으로 금지된다.[86] 이 원칙에는 다음의 두 가지 예외가 있다.

① 법률의 규정에 의한 허용

부관은 법규에 의해 명시적으로 허용되어 있으면, 부관을 붙이는 것이 가능하게 된다.

② 인·허가 거부사유의 제거를 위한 부관

부관은 행정행위의 법률상의 발급요건을 충족시키기 위해 붙여질 때는 허용된다. 부관부가에 대한 이 근거는 특히 절차의 경제성에 있다.

(5) 재량행위에 대한 부관

1) 우선, 부관을 붙이는 것이 허용되는지 여부는, 명문의 법규정에 따른다.

2) 그 밖의 경우에는, 재량행위에는 특별한 법률의 근거가 없더라도 부관이 붙여질 수 있다는 원칙이 적용된다.

3) 이것에 대한 헌법적 정당성(법률유보의 원칙)은, 재량결정에 있어 원칙적으로 존재하는 '수익의 보류권'은 또한 '제한을 붙여 수익을 발급할 권한'도 포함한다는 데에 있다.[87]

4) 이 경우에도 비례원칙으로부터 행정청에게는, 그 행정행위의 거부대신에, 부관을 붙여 행정행위를 발급할 의무가 발생할 수 있다.[88]

(6) 대법원 판례의 입장

대법원은, 기속행위(내지 기속재량행위)에는 일반적으로 부관을 붙일 수 없다고 하고, 재량행위에는 부관을 붙일 수 있다고 하고 있다.[89]

---

86) 김동희, 행정법Ⅰ, p. 299

87) Erichsen/Ehlers, (Erichsen 집필부분) Allg, VwR, 2002년, 12 Aufl., §14 Rn.11; (M.Ruffert 집필부분) 2006, 13, Auflage, p.648.; Stelkens/Stelkens, in: Stelkens/Bunk/Sachs, VwVfG, §36 Rn. 74. b.

88) Wolff/Bachof/Stober, Allg, VwR, §47 Rn. 19

89) 대판 2007. 7. 12, 2007두6663; 대판 1998. 12. 22. 98다51305

2. 부관의 허용성의 한계

(1) 법률규정에 의한 배제

부관의 부가는 그것이 법규에 의해 금지되는 경우에는 허용되지 않는다.

(2) 행정행위의 목적에 위반되는 경우

1) 부관은 본체인 행정행위의 목적에 위반할 수 없다.

2) 부관이 본체인 행정행위와 객관적 관련성이 없을 때에는 부관은 허용되지 않는다(부당결부금지의 원칙).

3) 부관에 의하여 객관적 관련성이 없고, 당해 수권법규의 목적과 무관하고, 당해 행정청의 소관사무가 아닌 목적이 추구될 수 없다.[90]

(3) 행정행위의 본질(사물의 본성)로부터의 배제

예컨대, 귀화허가는 신분창설적 행정행위로서 법적 안정성의 이유에서 조건을 붙여 발급될 수 없다.

이와 같이 행정처분의 성질상 부관에 친하지 않은 행정처분으로는, 귀화 외에도 공무원임용, 국가고시 등의 시험실시 후의 합격여부의 결정을 들 수 있다.

3. 부관의 그 밖의 적법성 요건

(1) 부관은, ① 재량의 하자가 허용되지 않고, ② 법령에 위반해서는 안 되며, ③ 특히 기본권과 비례원칙에 위반해서는 안 된다.

(2) 특수문제

1) 내용상 명확성의 명령은 부관에 대해서도 적용되지만, 철회권유보의 경우, 그 행사의 요건이 세부적으로 상세하게 표현될 필요는 없다고 본다.

2) 사실상 불가능하거나 법상 불가능한 것을 요구하는 부관은 허용되지 않는다.[91]

---

90) Kopp/Ramsauer, VwVfG, §36 Rn.51

91) BVerwGE 29, 266

(3) 사후부관의 인정문제

1) 이것은 부관을 행정행위가 발령한 후에 붙일 수 있는가 하는 것이다.

2) 학설은 대립이 있으나(부정설과 제한적 긍정설), 통설과 판례는 후자의 견해를 취한다.

우리 대법원은, ① 법률에 명문규정이 있거나, ② 그 변경이 미리 유보된 경우, ③ 상대방의 동의가 있는 경우, ④ 사정변경으로 인해 당초의 목적을 달성할 수 없게 된 경우에는 사후부관이 허용된다고 한다.[92]

Ⅳ 부관의 위법성의 효과와 권리구제문제

1. 부관의 위법성이 해당 행정청의 전체에 영향을 미치는지, 아니면 부관을 제외한 나머지 부분은 영향을 받지 않는지는 행정행위의 일부위법성의 문제이다. 무효인 부관의 경우 다수설은, 원칙적으로 부관 없는 단순행정행위가 되지만, 부관이 그 행위에 있어 없어서는 안 될 본질적 요소를 이루는 것이면 부관의 무효는 본체인 행위 그 자체를 무효로 한다고 한다.[93]

2. 권리구제문제에 있어서는, ① 관계인은 자신을 침해하는 부관을 어떤 소송유형에 의해 제거할 수 있는지, 즉 관계인은 부관을 분리하여 그 부관만을 대상으로 하여 취소소송을 제기할 수 있는지, 아니면 부관부 행정행위 전체를 대상으로 취소소송을 제기하되, 내용적으로는 부관만의 일부취소를 구해야 하는지의 문제[94]와, ② 본안판단문제(독립취소가능성의 문제)가 핵심이다. 부관의 독립가쟁[可爭]성 문제에서, 부관에 대해 독립적으로, 분리해서 그것만 다툴 수 있다고 하면, 그것은 부관의 폐지(취소)를 구하는 취소소송에 의해야 한다. 이 소송에서 관계사인이 이기면, 위법한 부관은 제거되고, 주된 규율은 그대로 남게 된다. 만일, 부관의 독립

92) 대판 1997. 5. 30, 97누2627

93) 김동희, 행정법 I, p. 302

94) 독일의 경우, 취소소송을 제기해야 하는지, 아니면 의무이행소송도 제기할 수 있는지의 문제인데, BVerwGE 112, 221 판결에서 취소소송만 가능하다고 판시하여 이 문제를 종결시켰다(M.Ruffert. in; Erichsen/Ehlers. Allg, VwR, p. 648).

가쟁성문제에서, 부관에 대해 독립적으로, 분리해서 그것만 다툴 수 없다고 하면, 즉 부관에 대해서는 오직 주된 규율과 함께로만 다툴 수 있다고 한다면, 행정청에 대해서, 「부관이 없는, 새로운 행정처분」의 발급을 구하는 의무이행소송에 의해야 할 것이다.[다만, 우리의 경우 항고소송에서 의무이행소송이 없으므로, 취소소송에 의해야 할 것이다]. 의무이행소송에서 관계사인이 승소하면, 주된 규율과 함께 부관도 폐지되고, 행정청에 대하여는 「부관없는, 새로운 행정처분의」의 발급이 의무지워질 것이다.

독일의 경우, 학설·판례가 나뉘고 있다.

독일의 다수학설은, 주된 행정처분으로부터 부관이 분리가능한 경우인 한, 모든 부관의 독립쟁송이 허용된다는 견해인데, 독일연방행정대법원[BVerwG]의 최근의 입장이다[95].

3. 부관의 독립가쟁성 문제

(1) 학설

1) 모든 부관에 대해 독립쟁송이 가능하다는 견해

모든 침해적 부관에 대해서 원칙적으로 취소소송이 허용되지만, 본체인 행정행위와 분리할 수 없음이 명백한 경우만 제외된다는 견해이다.[96] 저자는 이 견해를 지지한다.

2) 부담과 기타 부관을 구별하는 견해

부담과 부담권유보에 대하여는 독립쟁송이 가능하지만, 나머지 부관은 행정행위의 비독립적인 통합적 구성요소이므로 독립쟁송이 가능하지 않다는 것이다.

(2) 판례

우리 대법원은 부관의 종류별로 판단하는 후자의 견해(부담, 부담권유보만 독립쟁송이 가능하다고 봄)를 취하고 있다. 또한 통설이 주장하는 부담, 부담권유보 외의 부관에 대하여 부진정일부취소소송도 인정하지 않고(즉 부관부행정행위 정체

95) BVerwGE 65, 139 ; 112, 221

96) 이것은 독일의 일반적 견해이고, 최근의 일관된 독일연방행정재판소의 판례이다(M.Ruffert, in: Erichsen/Ehlers, Allg, VwR, p. 648-649).

를 대상으로 취소소송을 제기하되, 내용적으로는 부관만의 일부취소를 구하는 것은 허용하지 않음), 이 경우에는 부관이 없는 또는 적절한 부관이 붙여진 행정행위를 행정청에 먼저 구하고 그것이 거부되면, 그 거부처분을 대상으로 다투어야 한다.

4. 독립취소가능성

(1) 기속행위의 경우에는, 행정청은 부관이 없는 행정행위의 발급의무가 있었던 경우이므로, 독립취소가 원칙적으로 가능하다.

(2) 재량행위의 경우에는, 학설대립이 있는데, ① 독립취소는 부관을 제외하고 남은 행정행위의 발급도 객관적으로 볼 때 행정청이 원했을 것이라고 인정될 때에만 허용된다는 견해와,[97] ② 모든 위법한 부관은, 재량행위의 경우에도, 행정청이 그것도 원하였는지 여부에 관계없이, 법원은 취소할 의무가 있고, 남은 부분의 문제(그것이 행정청이 원하지 않았던 내용이든, 위법한 내용이든)는 행정청의 직권철회, 취소로 판결의 취지에 따라 대응해야 할 것이라는 견해로[98] 나뉜다.

(3) 행정심판의 경우에는, 재량결정도 재결기관이 개입하여 판단할 권한이 있으므로, 당연히 재량행위의 경우에도 독립취소가능성이 인정된다고 할 것이다.

제4절 행정행위의 대외적 표시(통지)

I 개설

1. 대외적 표시는 행정행위에 있어 본질적인 것이다. 대외적 표시는, 한편으로

97) 김동희, 행정법 I, p. 306

98) 정하중, 행정법총론, 법문사, 2006, p. 247-248; Hufen/Bickenbach, JvS 2004, 967f; M.Ruffert, in: Erichsen/Ehlers, Allg, VwR, p. 650

는 행정절차를 종료하는 것이고, 다른 한편으로는 대외적 표시에 의해 비로소 행정행위는 법적으로 존재하게 된다.

2. 행정행위의 대외적 표시는, 행정행위의 내용에 관해, 행정청이 의도적으로, 공적으로 알려주는 것이다.

Ⅱ 대외적 표시의 형식의 자유

1. 법률상 다른 규정이 없는 한, 원칙적으로 행정행위의 대외적 표시는 그 형식에 있어 자유롭고, 행정청의 재량하에 있다. 따라서, 구술로도, 전화로도, 팩스로도, 이메일로도, 우편으로도, 서류의 교부로도 가능하다(문서주의에는 많은 예외가 있다(행절 24①).

2. 가장 중요한 정식적 대외적 표시에는 문서송달 외에 고시 또는 공고에 의한 통지제도가 있다. 공고 등에 의한 통지는 법규가 명문으로 허용하거나, 일반처분의 경우 개별적 통지가 필요 없을 때에만 허용된다.

3. 행정행위의 통지 시에는, 행정행위의 이유제시가 되어야 한다.

Ⅲ 대외적 표시의 필요성

1. 행정행위는 관계인에게 대외적으로 표시(통지)되어야 한다.

2. 행정행위의 통지를 수령하려면 행위능력이 있어야 한다. 대리인이 정해져 있으면, 대리인에게 행해진 통지는 본인에 대해서 효력이 발생된다.

Ⅳ 통지의 효력발생시점(도달주의)

1. 행정행위의 송달은 법령에 특별한 규정이 없는 한 「행정절차법」 제15조에 의하여 송달받을 자에게 도달함으로써 그 효력이 발생한다. 송달은 행정처분의 효

력발생을 위한 기본적 전제요건이다.

2. "도달"은, 행정행위가 수령인의 지배영역 안에 도착하고, 수령인이 통상적 경우에는 그것을 알 수 있는 상태에 있으면, 도달이 된 것으로 본다.[99)]

따라서, 도달이 되기 위해서는 수령인이 그 행정행위를 실제로 알게 될 필요는 없다. 다만, 법령에서 이것과 달리 규정하면 그게 따른다.

3. 고시·공고 등에 의하여 통지하는 경우에는, 다른 법령에 특별한 규정이 없는 한, 원칙적으로 공고일부터 5일이 경과한 때에 효력이 발생한다[행정효율과 협업촉진에 관한 규정 제6조].

V 대외적 표시의 법적 효력

1. 행정행위는 그 수명자 기타 관계인에 대해 그 행정행위가 그들에게 공표된 시점에 효력이 발생하게 된다. 행정처분의 송달로써 그 행정처분은 쟁송의 대상이 될 수 있다.

2. 교통표지판은 일반적으로 일반처분으로 보는데, 적법하게 설치된 교통표지판은 그 규율에 의해 영향을 받는 모든 교통참여자들에 대하여 그가 교통표지판의 내용을 실제로 알았는지 여부와 상관없이 그 법적 효력을 나타낸다고 본다.

3. 행정행위의 통지는 법률상 규정된 방식에 따라서 이루어져야 한다. 이것을 위반한 통지는 효력이 발생되지 않는다. 행정행위의 통지는 행정쟁송의 제기기간의 기산점을 계산하는데 있어 매우 중요하다. 예컨대 행정심판청구는 원칙적으로 처분이 있음을 알게 된 날부터 90일 이내, 처분이 있었던 날부터 180일 이내에 제기해야 하며, 취소소송은 원칙적으로 처분이 있음을 안 날 또는 행정심판의 재결서를 송달받은 날부터 90일 이내에 제기해야 하며, 처분이 있은 날 또는 재결이 있은 날부터 1년이 지나면 이를 제기하지 못한다. 쟁송제기기한은 각각의 쟁송제기자마다 독립적으로[즉 각자에게 송달된 시점부터] 기산된다.

---

99) 대판 1989. 1. 31, 88누940

Ⅵ 송달의 방법

1. 정보통신망을 이용한 송달은 송달받을 자가 동의하는 경우에 한한다. 이 경우 송달받을 자는 송달받을 전자우편주소 등을 지정해야 한다(행절 14③).

2. ① 송달받을 자의 주소 등을 통상의 방법으로 확인할 수 없거나, ② 송달이 불가능하면, 송달받을 자가 알기 쉽도록 관보·공보·게시판·일간신문 중 하나 이상에 공고하고 인터넷에도 공고해야 한다(행절 14④). 이러한 공시송달의 경우, 그 행정처분은, 다른 법령에 특별한 규정이 없으면, 원칙적으로 공고일(게재일)부터 14일이 지난 때에 효력이 발생한다[즉 송달(도달)된 것으로 본다].

3. 정보통신망을 이용해 전자문서로 송달하는 경우에는 송달받을 자가 지정한 컴퓨터 등에 입력한 때에 도달된 것으로 본다(행절 15②).

4. 우편에 의한 송달은 입증과 관련하여 등기우편이나 내용증명우편에 의할 필요가 있다.[100] 문서에 의한 행정처분의 송달(도달)이 의문스러운 경우에는, 행정청에게 불리하게 판단되므로, 관계사인(당사자)은 「도달이 되지 않았다」, 또는 「늦게 도달되었다」라고 주장하면 충분하다. 일반적으로 그 반대사실을 입증하기가 쉽지 않으므로, 행정청은 이 점에 대비하여 등기우편 등 「정식송달」을 사용해야 할 것이다. 「등기우편과 송달」에 관하여 우리 대법원은, 「우편물이 등기취급의 방법으로 발송된 경우에는 반송되는 등의 특별한 사정이 없는 한 그 무렵 수취인에게 배달되었다고 보아야 한다」라고 판시하고 있다[대판 2007. 12. 27, 2007다51758].

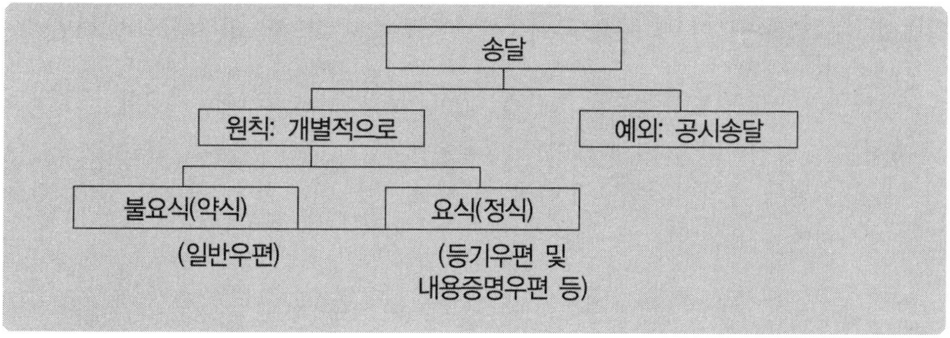

100) 대판 1998. 2. 13, 97누8977

제5절 적법한 행정행위

I 개설

1. 행정은 법치국가적 헌법질서하에서 수행된다. 법치행정의 원칙 안에 법률우위의 원칙과 법률유보의 원칙이 있다. 행정이 이들 원칙에 위반하면 하자(흠)가 있게 된다. 즉 그 행정행위는 위법하게 된다.

2. 위법성에서 어떤 결과가 나오는지는 제6절에서 다루겠지만, 그것보다도 행정권에게 가장 중요한 것은 행정권이 하자가 없이 행동하는 것이다. 법률유보의 원칙과 법률우위의 원칙은 하자 없는 행정행위의 발급이라는 목표가 도달될 수 있는 길을 제시해 준다.

3. 예컨대, 어떤 지방자치단체가 건축물의 철거를 명령하려고 할 때, 하자 없이 행동하려면, ① 당해 지방자치단체는 그것을 위해 수권근거를 필요로 하고(법률유보의 원칙), ② 관할관청이어야 하며(법률우위의 원칙), ③ 당해 건축물의 소유자의 의견을 미리 들어야 하고(법률우위의 원칙), ④ 비례원칙을 준수해야 한다(법률우위의 원칙).

4. 행정처분의 원칙적인 적법성전제요건은, ① 행위의 근거규범[=수권근거]이 유효하여야 하고, ② 관할관청이 절차규정과 형식규정을 준수하여야 하며[형식적 적법성], ③ 행정처분이 그 내용상 실정법에 위반하지 않아야 한다[실질적 적법성].

5. 행정처분이 위법하더라도 무효가 아닌 한, 일단 유효하다. 위법한 행정처분을 송달받은 관계사인은 이에 대하여 취소소송을 제기할 수 있고, 그 결과 그 행정처분은 법원에 의하여, 폐지(취소)될 수 있다. 다만, 이 경우, 일정한 경우, 하자는 위법하지만 치유되거나 무시될 수 있다.

Ⅱ 개별적인 적법성 기준

1. 형식적 요건

(1) 관할권규정의 준수

법률우위의 원칙은 행정청에게 관할권규정을 준수할 것을 요구한다. 「사물관할」은 행정청의 대상과 내용에 대한 임무영역에 관계된다.

「심급관할」은 다단계의 행정구조 및 행정청 구조의 내부에서 어느기관이 행동할 권한을 가지는지의 문제이다. 이 경우 원칙적으로 하급행정청에게 관할권이 있다고 추정된다. 물론 법률로 상급기관에게 명시적으로 관할권을 주기도 하고, 감독관청의 대집행권을 규정하기도 한다. 「장소관할」(=토지관할)은 행정청의 임무의 지역적(공간적) 범위의 문제이다. 대부분의 경우 개별법률에 규정되며, 그것이 없는 경우에는 독일의 경우 「연방행정절차법」[VwVfG] 3조에 근거한다.

(2) 절차규정의 준수

행정권이 행정행위에 의해 행동하는 것이 법률유보의 원칙에 위배되지 않는 경우에도, 행정권은 청문 등 절차규정도 준수해야 한다. 일반적으로 행정처분은 약식(=비정식)절차에 의하고, 합목적적으로, 그리고 적시에 실행될 수 있고, 특별한 형식은 요하지 않는다. 독일의 경우, 가장 강화된 정식절차는 계획확정절차이다. 계획확정절차는 특히 대규모의 공공시설의 허가를 통일적 절차로 수행하려는 것이다. 이 경우 실행되는 청문절차와 계획확정결의는 「집중효」를 발생시킨다. 이에 따라, 계획확정은 다른 관청의 결정(특히 공법상허가)을 대체한다. 다수학설은 이것은 「형식상의 집중」 또는 「절차의 집중」의 문제이므로, 다른 관청의 결정의 절차규정만을 배제시킬 뿐이라고 본다. 즉 대체되는 관련 인·허가의 실체법적 규정(허가요건규정 등)은 존속하며, 계획확정관청의 통일적 결정시에 적용된다[예컨대, 연방임밋시온보호법상의 의무적 허가거부사유가 발견되면, "계획거부"가 야기되고, 이로써 부정적 계획확정결의(거부결의)가 있게 된다].

관계사인은 절차규정위반을, 독립적으로 주장할 수 없고, 언제나 단지 「최종적 본안결정(예: 발령된 행정처분)에 대해 다툴 때」 함께로만, 그리고 그때에 가서야 비로소 주장될 수 있다. 특별한 절차상 요구로서 「청문」이 있다. 행정청은 청문에 의하여 관계사인에게, 결정에 있어 중요한 사실에 대하여 의견을 표명할 기회를 줄 수 있다. 청문은 특히, 관계사인의 권리를 침해하는 행정처분의 발령 전에 행해져야 한다. 문제는 청문이, 수익적 행정처분의 거부 시에도 행해져야 하는지인데, 독일연방행정대법원[BVerwG]은 부정설을 취하는데, 거부되는 행정처분이 허가유보부의 예방적 금지의 경우의 허가거부인 때에는 문제가 있다고 본다.

왜냐하면, 그러한 경우의 거부결정은, 해당 국민에게는 허가신청의 근저에 있는 자유권의 침해로 되며, 또한 거부처분은 관계사인에게는 침해적 행정처분에 못지 않은 중대한 불이익을 야기할 수 있기 때문이다.

(3) 형식규정, 이유제시의무, 기한준수

형식·이유제시·기한준수에 관한 규정이 있는 경우에는, 법률우위의 원칙은 행정권이 이것도 준수할 것을 요구한다. 이것은 「행정절차법」에 규정되어 있다. 독일의 경우 행정처분은 원칙적으로 특별한 형식을 요하지 않으므로, 구술·문서·기타 방법으로 발령(발급)될 수 있다 그러나, 우리나라의 경우에는, 이와 반대로, 신속히 처리할 필요가 있거나 사안이 경미한 경우를 제외하고는, 다른 법령에 특별한 규정이 없는 한, 행정처분은 문서로 하여야 한다[문서주의]. 우리 대법원은, 「행정절차법 24조1항에서 행정청이 처분을 하는 때에는 다른 법령 등에 특별한 규정이 있는 경우를 제외하고는 문서로 하도록 규정한 것은 처분내용의 명확성을 확보하고 처분의 존부나 내용에 관한 다툼을 방지하기 위한 것인바, 이와 같은 행정절차법의 규정취지를 감안해 보면, 행정청이 문서에 의하여 처분을 한 경우 원칙적으로 그 처분서의 문언에 따라 어떤 처분을 하였는지 확정하여야 한다」라고 판시하고 있다[대판 2010. 2. 11, 2009두18035].

한편, 법률이 달리 규정하지 않는 한[예: 공무원임용], 수령인이 동의하는 경우에는 전자형태로도 발급될 수 있다. 행정처분에는 상응한 이유가 제시되어야 하는데, 이 경우 "이유제시"는, 관계사인에게 행정청이 그 행정처분의 결정 시에 고려했던, 중요한 법적·사실적 이유를 알려주는 것을 의미한다. 재량결정의 이유에는, 또한 그 재량행사시에 행정청이 근거한 관점도 포함되어야 한다. 다만, 신청에 대한 긍정적 결정시나, 수명자에게 그 결정이유가 알려져 있거나 쉽게 알 수 있을 때에는 이유제시가 생략될 수 있다.

우리 대법원은, 이유제시의 정도에 관하여, 「일반적으로 당사자가 근거규정 등을 명시하여 신청하는 인·허가 등을 거부하는 처분을 함에 있어 당사자가 그 근거를 알 수 있을 정도로 상당한 이유를 제시한 경우에는 구체적 조항 및 내용까지 명시하지 않았더라도 그로 말미암아 그 처분이 위법한 것이 된다고 할 수 없다」라고 판시하고 있다[대판 2007. 5. 10, 2005두 13315].

(4) 행정쟁송에 관한 고지제도

행정쟁송에 관한 고지의무가 법령에 규정되어 있으면, 그 고지가 행해지지 않는 경우 법률우위의 원칙에 위반된다. 이것의 법적 효과로서 행정쟁송기간이 연장된다.

(5) 올바른 통지

행정행위의 통지는 관련법령에 적합하게 행해져야 한다. 다만, 이것은 효력발생요건이다.

2. 실체적 요건

(1) 수권근거

1) 법률유보의 원칙은, 일정한 규율영역은 그것에 대해 법률의 수권이 있을 때만 행정권에 의해 규율될 수 있다고 한다. 물론 그 수권근거는 법률우위의 원칙이나 헌법우위의 원칙에 위배되어서는 안 된다.

2) 이 경우 수권근거는 조직법규로서는 충분하지 않고 작용법규가 반드시 있어야 한다는 것이다.

3) 법률상의 수권근거가 행정처분의 발령(발급)을 위해 필요한지 여부와, 언제 필요한지의 문제는 법률유보의 원칙에 의해 해결된다. 특히 침해행정영역에서의 행정작용은 반드시 법률의 근거를 요하며, 그 밖의 영역에서는 「본질성이론」이 적용된다. 급부행정영역(특히 보조금교부영역)과 「순수하게 정보제공적인 행정작용」의 경우에도 법률유보원칙이 적용되는지는 다투어진다.

4) 구체적 경우에 해당 사안이 법률유보의 대상임에도, 그 수권근거가 없으면 위법하게 되며, 수권근거가 헌법 등 상위법에 내용상 위반되는 경우에도 역시 위법하게 된다.

(2) 개인적 공권의 근거

1) 국민이 행정의 급부를 요청할 때, 유효한 법규가 이를 명령한 경우(기속행위나 재량수축시의 재량행위)에 그 급부는 이행되어야 한다.

2) 만일 그 요구되는 급부가 재량행위에 속한다면, 신청인은, 경우에 따라 무하자재량행사청구권을 가지게 된다.

3) 급부의 내용이 기본권의 보호범위 안에 포함되는 행정청의 행동이면, 행정청은 그에 대한 수권근거가 있는 경우에만 그 급부를 거부할 수 있다(법률유보의 원칙). 그것에 대한 법률의 근거가 없는데도 불구하고 행정청이 급부를 거부하면 행정청은 위법하게 국민의 기본권을 침해하는 것이 된다(예: 강학상 허가제).

4) 법규는 구성요건과 법적 효과로 구성된다. 즉 구체적 사실관계가 구성요건을 충족시킬 때 법률로 규정된 법적 효과가 발생한다. 일부 법률은 구성요건에 「유일하게 가능한 법적효과」를 결합시키는데, 이때 행정청은 그 법적 효과를 명령받은 것처럼 행위해야 한다[=기속적 행정활동]. 그러나, 많은 법률은 또한 법적효과를 의무적으로 규정하지 않고, 행정청에게 일정한 결정여지를 허용하거나, 둘 이상의 행위가능성 중 어느 하나를 선택할 수 있도록 규정하기도 한다. 이 경우 행정청은 법률에 규정된 조치를 취할지 여부에 대한 선택권을 가진다. 그러한 규정은 행정청에게 재량여지를 허용한다. 독일의 경우, 대다수 학설과 판례는, 규범의 법적 효과 측면에 규정된 「재량」과 규범의 구성요건측면에 규정된, 「판단여지가 인정되는 불확정개념」을 구별한다. 행정재량은 법률에 의해 인정되며, 대부분의 경우 "…할 수 있다"로 표현되어 있다. 이에 반하여 "…하여야 한다"라는 표현은 기속결정을 암시한다. 나아가 재량은, 법률의 전체맥락이나 법률의 체계에서 인정되기도 한다.

재량규정의 경우, 행정청에게, 일정한 결정여지가 귀속되므로, 행정청은 각각의 사실관계의 특수성을, 법적 효과의 선택에 있어 고려할 수 있게 된다.

5) 재량은, 한편으로는, 행정청이 도대체 행위할 것인지 여부와 관계된다[결정재량]. 예컨대, 독일의 「연방행정절차법」 48조에서는 「위법한 행정행위는, 그것에 불가쟁력이 발생한 후에도, 전부 또는 일부를 장래효 또는 소급효로 취소할 수 있다」라고 규정하고 있는데, 이것은 그 구성요건이 충족된 경우에는, 그 행정처분이 취소될지 여부는 행정청의 재량 안에 있음을 의미하고 있다.

다른 한편, 일부 법률에서는, 행정청에게, 행정청이 어떻게[how] 행위할지에 대한 결정여지를 주고 있다. 즉 그 법률에서 허용되어 있는 조치들 중 어떤 것을 선택할지, 그리고 어떤 수명자에 대하여 그 조치를 행사할지를 선택할 결정여지를 주고 있다[선택재량]. 예컨대, 위에서 본 독일의 「연방행정절차법」48조는, 행정청에게, 어떠한 범위에서[전부 또는 일부], 어떠한 시적[時的]효과에서[장래효 또는 소급효] 해당 행정처분이 취소될지를 결정할 권한을 부여하고 있는데, 이는 결정재량과 함께 선택재량을 허용함을 의미한다. 또한, 독일의 경우 「경찰상 개괄조항」은, 결정재량과 선택재량의 결합을 또한 보여주고 있다[예: 노르트라인-베스트팔렌 주(州) 질서관청법(OBG) 14조1항 : "질서관청은, 개별적 경우에 공공의 안전과 질서에 대한 위험을 방어하기 위하여, 필요한 조치들을 취할 수 있다"]. 이 규정은, 공공의 안전에 대한 위험이 있으면, 관할 질서관청은 먼저 질서관청이 구체적 경우에 있어, 개입할 것인지 여부에 대한 재량결정을 해야 하고, 일단 개입하기로 결정한 후에는, 질서관청이 어떠한 조치를 취할지 내지 누구에 대하여 조치를 취할지는 경찰관청의 재량 안에 있게 됨을 의미하고 있다.

6) 재량의 할당과 결정여지가 필연적으로 결합되어 있지만, 행정청은 그러한 경우에도 그 결정의 선택에 있어 완전히 자유롭지는 못하다[즉, 자의적(恣意的)으로 행위하지는 못한다]. 행정청은, 더 정확히 말하면, 법치국가적 이유에서, 행정청에 주어진 재량을 적정하게[적법·타당하게] 행사하지 않으면 안된다. 독일의 「연방행정절차법」[VwVfG] 40조는, 이러한 맥락에서, 「행정청은 자신의 재량을 수권목적에 적합하게 행사해야 하고, 재량의 법률상 한계를 지켜야 한다」라고 규정하고 있다. 이로써, 결정권한이 있는 행정청에게, 법률의 목적에 따라, 자신의 행위의 지지요인, 반대요인 그리고 관계이익을 주의깊게 상호비교형량해야 할 의무가 도출된다[행정청의 재량결정시의 이유제시의무]. 행정청이 이 법적 구속에서 벗어나면, 행정청은 재량의 하자있게[즉 위법하게] 행동하는 것이 된다. 다만, 행정청이 재량의 한계 안에서 행위했으나, 단지 수단과 수명자와 관련하여 하자가 있는 것이 아니라 「부당」[不當]할 뿐이다[즉 적법하다].

7) 독일의 「연방행정법원법」[VwGO] 114조1문은, 「연방행정절차법」40조에 비추어, 행정소송에서의 재량에 대한 심사권을, 「당해 결정이 위법한지」여부에 제한하고 있다. 즉 법원의 심사권은, ① 재량의 법률상 한계가 일탈되지 않았는지와, ② 수권목적에 적합하지 않게 재량이 행사되었는지 여부에 제한된다. 법원은, 행

정처분에 대한 적법성심사의 범위 안에서, 행정청이 행사한 재량에 대하여, 단지 재량의 하자가 일어났는지에 대해서만 심사할 수 있다. 이에 따라서, 법원은, ① 행정청의 재량상 고려를 대신하여 법원 자신의 재량상 고려로써 대체시킬 수 없으며, ②「재량의 하자는 없으나 부당한 행정결정」에 대하여는 취소할 수 없게 되고, 이러한 결정은, 오직 처분청 자신이나 행정심판절차에 의해 폐지(취소)될 수 있을 뿐이다.

8) 재량의 하자는, 행정청이 그 결정 시에, 독일의 경우, 「연방행정절차법」 40조와 일반원칙들로부터 도출되는 재량행사에 대한 요청들을 위반(일탈)했을 때 발생한다. 재량하자의 종류로는 대체로,

① 재량누락[=재량불행사],

② 재량일탈[재량의 일탈은 오직 선택재량에서만 발생하고, 재량의 영으로의 수축의 간과시에도 발생함],

③ 재량권남용[비교형량시의 하자]

④ 재량의 객관적 한계위반[이는 기본권과 비례원칙의 위반이며, 특히 평등원칙(행정의 자기구속)이 중요함].

다만, 평등취급원칙[=행정의 자기구속원칙]은 종전의 행정관행에 재량의 하자가 있는 경우에는, 인정되지 않는데, 「하자반복에 대한 청구권」은 보장되지 않고, 「불법에서의 평등」은 인정될 수 없기 때문이다. 「재량의 자기구속」은 주로 재량준칙[=재량유도적 행정규칙]에 의하여 발생한다.

9) 「재량의 영으로의 수축」[=재량수축]은 예외적으로 발생한다. 이것은, 법률로 규정된 행위가능성 중에서, 개별적 경우에, 「오직 하나의 법적으로 허용되는 대안」만이 남게 되는 경우이다. 이것은 주로 상위법과의 관계에서 나타난다. 재량수축의 경우에는 「그 하나의 결정」만이 재량의 하자가 없게 되고, 나머지 대안을 선택한다면 재량의 하자가 있게 된다. 따라서 재량수축의 경우에는, 「행정의 재량행사」로부터 사실상 「기속결정」으로 바뀌게 된다. 「경찰상 개괄조항에서는 경찰관청에게 재량을 허용하고 있으나, 관계사인의 중대한 법익[예: 건강, 생명]에 대한 현저한 위험이 있는 경우에는, 경찰은 개입해야 할 의무가 있다」라고 판시하고 있다[101]. 한편, 일본과 한국의 판례의 경우, 「부작위의 위법」에 대하여, 효과재량이

101) BVerwGE 11, 95, 97

인정되는 경우에도, 일정한 상황하에서는, 부작위가 위법하게 된다고 보고 있다. 이 경우 그 이론구성은 「재량권수축이론」보다는 대부분, 「재량권 소극적 남용론」을 취하고 있는데, 그에 따르면, 「부작위가 현저히 불합리한 경우에는 재량권의 한계를 일탈하여 위법하게 된다」는 것이다. 「재량권 소극적 남용론」, 「재량권이 존재하기는 하지만, 특정한 경우(부작위가 현저히 불합리한 경우)에는 그 한계를 넘는다」는 발상에 근거한 이론이다. 예컨대, 일본최고재판소는, 1988년 11월 24일의 판례에서, 「도도부현지사[知事]에게 감독처분권한이 부여된 취지와 목적에 비추어, 그 불행사가 현저히 불합리하다고 인정되는 때가 아닌 한, 당해 권한의 불행사는 위법하지 않다」라고 판시하고 있고, 우리 대법원의 다수 판례도 이에 따르고 있다.

10) 재량규정의 경우에도 개인적 공권이 발생할 수 있으나[예: 경찰상 개괄조항], 이 경우에도 개인적 공권의 성립에 대한 일반적 요구사항[예: 사(私)익보호성]이 적용된다. 그리고, 국민은 「사익보호성이 인정되는 재량규정」의 경우에, 원칙적으로 「법률에서 법적 효과로서 허용되고 있는 조치 중 특정 조치의 착수를 구할 청구권」은 없으나, 무하자재량행사청구권을 주장할 수는 있다. 즉 무하자재량행사청구권은 「행정청이 재량의 범위 안에서 결정할 것을 구하는 청구권(개인적 공권)」이다. 무하자재량행사청구권은 오직 재량이 영으로 수축할 때에만, 「특정 조치의 착수를 구할 청구권」으로 고양·농축된다.

(3) 허용되는 수명자

1) 행정청은 그 권한을, 행정청이 요구하는 행동을 할 의무가 있는 사람에게 행사해야 한다. 예컨대, 위험방지의 영역에서는 "위험을 일으킨 자"가 원칙적으로 올바른 수명자가 된다.

2) 급부는 올바른 수령자(일반적으로는 청구권을 가진 자)에게 지급되어야 한다.

(4) 허용되는 법적 효과

1) 재량의 법적 한계

재량의 법적 한계는 행정청에게 재량이 인정될 때 언제나 준수되어야 한다. 재량권의 행사에 있어 행정청은 합목적성의 관점을 기준으로 할 것이다. 이에 따라 그 선택권 결과가 재량의 법적 한계와 일치하는지만 심사될 것이다(재량권의 일탈・남용).

2) 판단여지의 법적 한계

행정청은 불확정개념의 포섭에 있어서 일정한 전문적・기술적 사항의 경우에는 판단여지를 가진다. 이 경우 법원은 판단여지의 법적 한계만을 심사하게 된다.

(5) 내용상의 명확성

국가활동이 명확해야 한다는 것은 법치국가의 명령이다. 이 헌법상의 요청은 법적 효과와 수명자의 특정에서도 나타난다.

제6절 하자의 효과

I 서설

1. 위법성의 개념

(1) 하자의 효과는 하자있는 행정행위가 어떤 법적 운명을 겪게 될 것인지에 관한 것이다. 행정행위의 발령과정이나 행정행위 자체의 내용이 법질서와 부합되지 않으면, 그 행정행위는 위법하게 되므로, 하자의 개념은 위법성개념과 같다.

(2) 위법성개념은, ① 행정행위의 부존재와, ② 단순한 부정확함(예: 오기)과는 구별된다.

(3) 위법한 행정행위는 그 하자의 정도에 따라, ① 무효인 행정행위와, ② 단순위법인 행정행위로 나뉜다.

(4) 위법성은, ① 국가배상제도와, ② 행정행위를 직권취소할 처분청의 권한과, ③ 행정행위에 대해 감독관청이 행하는 취소・정지와, ④ 행정쟁송에 대하여 중요하다.

(5) 행정처분의 위법성의 문제는, 행정처분이 상위법에 반하는지 여부가 핵심이다.

2. 행정행위의 효력에 대한 위법성의 효과

(1) 무효는 위법성의 가장 중대한 효과이다.

행정행위가 무효가 아닌 한, 유효하며, 이것은 그 하자가 단순위법인 경우이다.

(2) 단순위법인 행정행위의 취소가능성

1) 단순위법인 행정행위는 유효하지만 취소될 수 있다.

거부처분을 다투는 방법으로는, 취소쟁송과 의무이행쟁송이 있는데, 의무이행쟁송의 대상으로는 거부처분 외에 부작위(신청된 처분의 미발급)가 그 대상이 된다.

2) 단순위법인 행정행위는 그 하자가 치유될 수도 있다.

3) 무효인 행정행위의 취소

무효인 행정행위의 경우에도, 국민은 법적 불안을 제거하기 위해, 행정쟁송절차를 이용할 필요성이 있을 수 있다.

4) 행정쟁송에서의 행정행위의 취소에 관해 알기 쉽게 도표로 나타내면 다음과 같다.102)

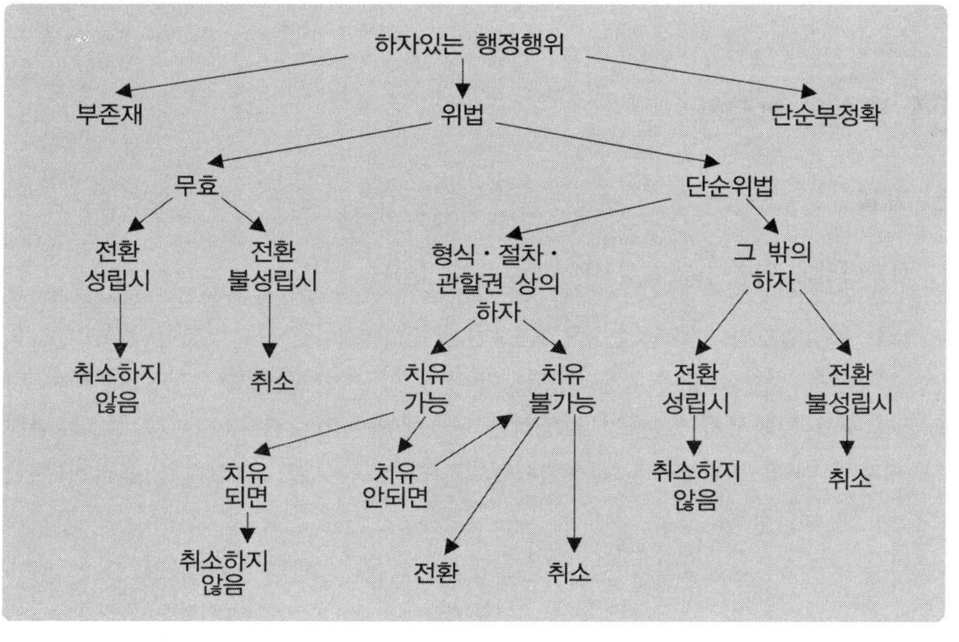

102) Schweickhardt/Vandung, Allg, VwR, p. 168

Ⅱ 부존재

1. 개념

(1) 이것은, 외관상으로는 행정행위일 수 있지만, 실제로는 행정청에 의해 발령되지 않았으므로 행정행위가 아닌 것을 말한다.

(2) 예컨대, ① 사인에 의해 발령되거나(직권참칭), ② 저항할 수 없는 협박(권총에 의한 위협)에 의하거나, ③ 명백한 장난인 경우를 들 수 있다.

2. 법적 효과

(1) 부존재의 경우에는, 어떠한 직접적, 법적 효력도 발생하지 않는다.

(2) 무효인 행정행위 외에 부존재 개념을 인정할 필요가 있는지는 다투어진다. 둘 다 아무런 법적 효력이 생기지 않기 때문이다.

(3) 부존재의 경우 행정쟁송법상 부존재확인소송 등이 마련되어 있다.[103)]

Ⅲ 단순한 부정확

1. 개념

(1) 이것은 위법성을 발생시키지 않는 하자이다.

(2) 「행정절차법」 제25조는, 오기, 오산, 기타 이에 준하는 명백한 잘못이 있으면, 행정청은 정정할 수 있다고 한다. 이 경우 "명백한 잘못"은, 행정행위에서 의도했던 것과 일치하지 않는 것이 명백한 행정행위를 가리킨다.(예: ㅇㅇ동 351번지의 대지에 대해 건축허가를 신청했는데, 그 대신 ㅇㅇ동 531번지의 대지에 대해 건축허가가 된 경우).

---

103) 그러나, 실제 활용되는 예는 거의 없다고 한다.

2. 법적 효과

행정청은 이를 정정할 수 있고, 관계인은 정당한 이익이 있으면, 정정을 요구할 권리를 가진다.104)

Ⅳ 무효인 행정행위

1. 개념과 효과

행정행위가 그 하자 때문에, 그 의도된 법적 효력이 행정청에 대해서도, 수명자나 제3자에 대해서도 발생하지 않을 때 무효인 행정행위라고 할 수 있다. 따라서, 무효인 행정행위는, ① 취소될 필요도 없고, ② 그 자체 누구로부터도 준수·복종될 필요도 없다. 따라서, 무효인 행정행위는, 법규에서 명시적으로 허용하지 않는 한, 치유될 수 없다.

2. 요건

(1) 무효와 취소의 구별의 필요성

1) 행정행위의 하자는, 통상적으로는 취소원인이 된다.

행정행위의 효력을 부인하려면 취소심판이나 취소소송절차를 밟아 그 효력의 취소를 구해야 한다.

2) 다만, 그 하자가 예외적으로 무효원인에 해당하면, 국민은 정식의 취소절차를 거칠 필요 없이, 처분의 무효를 주장하고, 그것을 전제로 하여 통상의 민사소송에 의해 직접 자신의 권리를 주장할 수 있다.105)

(2) 무효와 취소의 구별기준

1) 독일의 「연방행정절차법」 제44조 제1항은, 행정행위는 중대하고 명백한 하자가 있으면 무효라고 한다. 이것은 독일의 통설의 입장을 법제화한 것이다. 독일

104) 독일의 경우 일반적 이행소송에 의할 것이지만, 우리의 경우 쟁송수단이 미비하다.
105) 原田, 行政法, p. 177

연방행정법원은, 해당 행정행위를 수인할 수 없게 만들 때, 즉 주요한 헌법원칙이나 법질서에 내재적인 본질적 가치판단과 어긋나는 하자들이 "중대한" 하자에 해당한다고 판시하고 있다.106)

2) 또한 "명백한 하자"는, 편견이 없고, 판단능력이 있는 평균적 수준의 사람이 보기에 당해 행정행위가 위법하다는 데 심각한 의문이 제기되지 않는 하자를 말한다고 독일의 통설은 말하고 있다.

3) 일본의 경우에도, 중대·명백설이 통설이다. 즉 중대하고 명백한 하자가 무효원인이라고 한다. 이에 따르면, 행정행위가 당해 행위의 근간에 관계되는 중요요건에 위반하고, 동시에 그것이 객관적으로 의심의 여지가 없을 정도로 명백하다면, 무효원인으로 보는 것이다.

4) 일본의 판례도 중대·명백설을 따른다.

5) 다만, 일본하급심 판례 중에는, 명백성의 요건을 완화하고, 무효의 범위를 넓힌 것(객관적 명백설)도 있고, 중대·명백성의 기준을 절대시할 필요는 없고, 구체적 타당성을 고려하여 유연하게 판단해야 한다는 견해도 있다.107)

6) 우리나라의 경우 통설,108) 판례는109) 중대·명백설을 취한다. 다만, 일부 학설은 일본과 같이 명백성 보충요건설을 취하기도 한다.110)

7) 무효사유는, 언제 행정처분이 무효인지, 즉 「법적 안정성」이 「실질적 정의」에 대하여 물러서야 하는지의 문제인데, 독일의 경우, 「연방행정절차법」 제44조에서 규정하고 있다.

8) 독일의 「연방행정절차법」[VwVfG] 제44조 제2항에 규정된 절대적 무효사유로는, ① 처분청을 알 수 없는 경우[이 경우에는 국민이 처분청을 몰라서 다툴 수 없기 때문임], ② 법령상 행정처분의 발급(발령)이 문서의 교부에 의해서만 가능하게 규정되어 있음에도, 이 형식이 위반된 때[예: 임명장의 교부없는 공무원임용은 「공무원지위법」 제8조제2항에 위반됨], ③ 해당 물건에 대한 장소관할(토지관할)에

106) BVerwGE, NVwZ 2000, 1039
107) 原田, 行政法, p. 180
108) 김동희, 행정법Ⅰ, p. 329
109) 대판 1985. 7. 23, 84누419
110) 박균성, 행정법(상), p. 378

위반한 때[예컨대, 이웃 지방자치단체의 장에 의한 건축허가의 발급을 들 수 있는데, 행정청이 이에 대하여 수권받지 못하였기 때문임], ④ 사실상의 이유로 그 행정처분이 실행될 수 없는 경우[예: 이미 벌채된 나무를 벌채하라는 명령], ⑤ 범죄행위 또는 질서위반행위의 실행을 요구하는 경우[예: 독일의 「형법」(StGB) 제123조에 위반한, 주택침입명령], ⑥ 미풍양속에 위반하는 경우가 있다.

9) 독일의 「연방행정절차법」 제44조 제1항의 「일반조항」에 따르면, 「행정처분은, 그것이 특별히 중대한 하자를 지니고, 또한 그것이 모든 고려되어야 하는 여건(변수)의 정당한 평가하에서 볼 때, 중대한 하자임이 명백할 때, 무효이다」라고 규정하고 있다. 따라서, 우선 행정처분이 무효이려면, 당해 행정처분이 법적 하자를 지녀야[=위법해야] 하고, 나아가서 그 위법성을 초래한 하자가 「특히 중대」해야 한다. 「특히 중대한 위법」은, ① 행정처분이 중요한 헌법원칙에 반하거나, ② 행정처분으로 추구되는 가치평가가 실현될 경우, 그 결과가 법질서에 대해 수인할 수 없을 정도로 저촉될 때 인정된다[111]. 또한, 그 중대한 하자는, 당해 위법을 자세히 살펴 볼 때, 그 위법이 또한 명백하다고 판단될 경우에만 무효인 하자로 된다. 즉 「명백성」의 요건은, 주의깊고 분별력있는, 그 사안에 정통한 평균적 관찰자가 볼 때, ① 행정처분의 하자가 명백하고, ② 행정처분의 위법성의 특별한 중대함이 명백할 때, 충족된다[112].

10) 중대하고 명백한 하자의 예로는, ① 행정청의 절대적 무권한[예: 사물관할의 명백한 위반], ② 범죄행위의 착수명령, ③ 일반적으로 볼 때, 법적으로 불가능한 결과를 지향하는 행정처분일 때[[예: 공무원이 아닌 자를 휴직조치하는 것, 타인의 자동차를 주차금지구역에서 옮기라는 명령], ④ 명확성원칙의 중대한 위반[예: 공과금부과처분에서, 공과금의 종류와 금액이 표시되지 않은 경우]을 들 수 있다.

11) 행정처분의 일부만이 무효인 경우[=일부무효]에는, 무효인 부분이 매우 중요해서 행정청이 그 행정처분을, 당해 무효부분이 없이는 발급(발령)하지 않았을 정도인 때에, 전체 행정처분을 무효로 만든다. 이 경우 "중요성(본질성)"의 의미는, 행정처분 중 일부무효로 된 부분을 제외하고 남게 되는 부분이 독립적 의미를 가

111) BVerwG, DVBl. 1992, 568
112) BVerwG, NJW 1971, 598

지지 못하거나, 그 남게 되는 부분이 일부의 무효로 인하여 다른 의미를 가지게 되어, 행정처분 전체가 의도했던 목적을 실현불가능하게 만들 때 인정된다. 이러한 경우외에는, 일반적으로 「행정청의 객관적 관점에서의 의사에 따라」, 단순한 일부무효로 된다[즉 성실한 행정청이라면 어떻게 행동했을 것인지, 또는 어떻게 행동했어야 했는지가 기준이 됨].

12) 무효인 행정처분은, 효력이 없으므로, 행정청이나 법원의 확정행위나 폐지(취소)가 이론상으로는 불필요하다. 행정청은 무효인 행정처분을 강제집행할 수 없고, 관계국민도 무효인 행정처분에 복종할 필요가 없다. 다만, 관계국민은, 행정처분의 무효확인을 행정청이나 법원에 요청할 수 있다. 무효인 행정처분에 대하여서도 인정되는 취소소송은, 관계인의 권리구제를 위해 특히 중요한데, 취소소송의 경우 단순위법 시에도 관계국민의 청구를 인용할 수 있기 때문이다. 다만, 취소소송은, 무효확인소송과 달리, 제소기간의 제한이 있고, 경우에 따라서는 예외적으로, 행정심판을 먼저 제기해야 될 때도 있다. 독일의 다수학설에 따르면, 법원은 취소소송의 인용 시의 일반적 경우에서와 같이, 무효인 행정처분을 취소할 수 있고[취소판결], 청구인용단계에서, 무효확인판결로 변경시킬 수도 있다.

13) 하자있는[=위법한]행정처분은 쟁송이 가능한데, 「쟁송가능성」이란, 관계국민의 견지에서 볼때, 행정처분이 쟁송수단[행정심판, 취소소송]으로 다투어질 수 있고 제거될 수 있음을 뜻한다. 「폐지(취소)가능성」이란, 행정청과 법원쪽에서 볼때, 행정처분을 실제로 제거하는 권한을 의미한다. 한편, 행정처분은, 행정쟁송절차 외에서도, 즉 행정청에 의하여 직권으로 폐지(취소 · 철회)될 수도 있다. 행정처분에 대하여는 국민에게 원칙적으로 두 개의 행정쟁송수단[행정심판과 취소소송]이 주어진다. 행정심판절차에서는, 행정청이 다시 한번 그 행정처분의 적법성을 심사하게 되고, 나아가 그 행정처분의 발령(발급) 내지 내용이 합목적적인지(=타당한지) 여부도 심사한다. 쟁송제기에 대한 심사결과, 행정처분의 위법성이 확정되면, 행정처분은, 「행정의 법률적합성의 원칙」에 기해, 원칙적으로 폐지(취소)된다. 행정심판이 제기된 경우, ① 그것이 각하되거나, ② 기각되거나, ③ 일정 기간 내에 결정(재결)되지 않거나, 또는 행정심판이 제기될 필요가 없는 경우[즉 한국의 경우에는 행정심판전치주의가 아니라 자유선택주의가 원칙임]에는, 심판청구인은 법원에 그 행정처분의 취소소송을 제기할 수 있다. 행정소송절차에서는 「순수한 적법성통제」만 행해지는데, 행정청의 행위에 대한 합목적성심사[타당 · 부당의 심

사]는, 법치국가원칙 중 권력분립원칙에 반하기 때문이다. 법원이 제소된 청구를 이유있다고 인용할 때에는, 그 위법한 행정처분을 폐지(취소)한다.

14) 고권적 규율로서 행정처분은 구속력이 있을 뿐 아니라, 「법적 존속력」이 있어야 한다. 소송법상의 판결의 「기판력」이론의 모범에 따라, 행정처분의 경우, 「존속력」이 인정되고, 이는 다시, ① 형식적 존속력과, ② 실질적 존속력으로 나뉜다. 「형식적 존속력」은 「쟁송불가능성」[불가쟁력]을 말하는데, 즉 행정처분은 그것이, ① 쟁송제기기간의 도과로 인하거나[행정심판, 행정소송], ② 관계국민의 실권에 의하거나, ③ 관계국민의 쟁송포기에 의하여, 법원에서 더 이상 다툴 수 없게 되는데, 이것이 불가쟁력(형식적 존속력)이며, 이는 행정처분이 위법한 경우에도 적용된다. 다만, 행정청에게는, ① 직권취소를 하거나, ② 직권철회를 하여, 형식적 존속력이 생긴 행정처분을 제거할 가능성이 일부 남아있게 된다. 「실질적 존속력」은 행정행위의 구속력, 구성요건적 효력, 확정(확인)적 효력과 관련되나, 행정청의 폐지(취소, 철회)가능성의 유보하에 있다. 그런데, 무효인 행정처분은 처음부터 효력이 발생하지 않으므로, 존속력으로 발전될 수가 없다[즉 존속력이 인정되지 않는다].

15) 행정처분의 폐지(취소·철회)가능성은, 행정청이나 법원의 특별한 선언[=결정]에 의한 행정처분의 법적 효력의 제거를 의미한다. 행정처분의 폐지(취소 · 철회)가능성은, ① 행정쟁송절차에 의하여[행정심판, 취소소송], ② 행정쟁송절차 외의 방법에 의하여[절차의 재심사신청, 직권취소, 직권철회] 실현된다[②의 경우는 행정처분의 쟁송가능성과는 관계없음].

16) 행정처분 중 일부만 무효일 수 있듯이, 행정처분 중 일부만 단순위법일 수도 있다[=일부위법]. 이 경우에도 일부무효의 법리에 준하여 처리된다. 예컨대 건축감독관청이 건물의 철거를 명령했는데, 그 처분 중 일부부분에 대한 명령만이 위법한 경우를 들 수 있다. 한편, 행정청은 위법한 행정처분의 경우에는, 위법한 행정처분의 일부만을 취소할 수도 있고, 적법한 행정처분의 경우에는, 적법한 행정처분의 일부만을 철회할 수도 있다. 위법한 행정처분의 일부취소가능성은, 취소소송에서 발생하는데, 그 경우 당해 행정처분은, 「위법하고, 또한 원고의 권리를 침해하는 한도」에서, 취소된다. 일부철회의 경우에도 이와 유사하다.

17) 독일의 「연방행정절차법」 45조에 따르면, 행정처분의 일정한 절차적·형식적 하자는 「해태[懈怠]된 행위의 추완」에 의해 제거될 수 있다[하자의 치유]. 행정

청이 독일의 「연방행정절차법」 45조1항에 열거된, 절차상·형식상 요구를 준수하지 않으면, 행정처분은 우선 형식적으로 위법하다. 그런데, 행정청이 해당 절차·형식을 추완[追完]하면, 그 위법은 치유된다[즉 행정처분은 형식·절차에 있어 적법하게 된다]. 독일의 경우, 오직 「연방행정절차법」 45조1항에 열거된 위반만이 치유될 수 있고, 그 밖의 위반은 그 치유대상에서 제외된다. 구체적으로 치유(즉 추완)가 가능한 예로서는, ① 행정처분 발급 전에 행해져야 하는 신청, ② 행정처분의 필요한 이유의 제시, ③ 필요한 청문(의견청취)절차, ④ 행정처분의 발급(발령)시에 필요한 위원회의 의결, ⑤ 다른 행정청의 필요한 협력행위를 들 수 있다. 한편, 치유(추완)의 시간적 한계가 문제되는데, 절차·형식상 하자는 행정소송절차의 최종사실심(항소심)의 종결시까지 치유될 수 있다고 보는 것이 독일의 다수학설의 입장이다. 또한, 절차상·형식상 하자의 치유에 있어서의 「결여된 이유제시의 추완」과 「이유의 사후제시」(처분사유의 추가·변경)는 상호구별되어야 한다. 「결여된 이유제시의 추완」은 ① 이유제시가 전혀 없었거나, ② 독일의 「연방행정절차법」 39조1항의 요구사항을 충족하지 못하여 그 행정처분이 형식적 위법성을 가질 때 추완될 수 있으나, 「이유의 사후제시」[=처분사유의 추가·변경]는, 행정소송에서 형식적으로는 적식(적법)한 이유제시이지만, 사안에 있어(실질적으로는) 불충분한 이유제시일 때, 그 이유를 수정(변경)하거나, 보충(추가)하는 것을 가리키며, 연방행정대법원[BVerwG]은 이를 인정한다[113]. 「처분사유의 추가·변경」은 기속결정과 재량결정에서 모두 가능하지만, 독일연방헌법재판소[BVerfG]는 「완전한 추완」(추가)과 「주요이유의 교환」[변경]은 허용하지 않는다[114].

18) 위법한 행정처분은, 독일의 경우 「민법」[BGB] 제140조에 기하여, 「연방행정절차법」제47조에 규정된 전제요건하에, 다른, 적법한 행정처분으로 (의미)전환될 수 있다. 독일의 대다수학설과 판례는, 무효인 행정처분도 그 전환이 가능하다고 본다[115]. 「전환」은 행정처분의 원래의 규율을 동일한 목적의, 다른 내용으로 대체하는 효과를 가진다. 이러한 의미에서, 「전환」은 독립적 행정처분이 아니고, 「순수한 인식행위」이다[116]. 「전환」의 허용요건으로서는, ① 원래의 행정처분이 위법

113) BVerwGE 38, 191; BVerwG, SächsVBI 2012, 112

114) BVerfG, NVwZ, 2007, 1178]

115) BVerwGE 110, 111

116) BVerwGE 48, 83; 마우러(Maurer)교수의 견해

할 것, ② 행정처분의 원래의 규율과 새로운 규율은 같은 목적을 추구할 것, ③ 새로운 규율내용은 위법하지 않고, 행정청의 인식가능한 의도에 일치할 것, ④ 전환의 결과, 관계국민이 전보다 더 큰 불이익을 받지 않게 될 것, ⑤ 원래의 행정처분은 취소가능할 것, ⑥ 행정청에 의한 전환의 경우, 관계국민의 의견청취가 행해질 것, ⑦ 기속행위가 재량행위로 전환되는 것이 아닐 것을 들 수 있다.

19) 그 밖에 행정처분은 법적 하자가 없으나, 「부정확」할 수 있다[예: 오기, 오산 기타 명백한 부정확]. 이러한 부정확성은, 나아가, 행정청의 정정에 의해 제거될 수 있다.

3. 구체적 무효사유

(1) 주체에 관한 하자

1) 무권한자가 행한 행위, 정당하게 구성되지 않은 합의제기관이 행한 행위, 행정청의 권한 외의 행위, 심신상실 중에 행한 행위, 고도의 강박에 의한 행위 등은 무효이다.

2) 대법원도, 행정청의 무권한의 행위는 무효라고 보고 있다.[117]

(2) 내용에 관한 하자

행정행위의 내용이 사실상, 법률상 실현불가능하거나, 내용이 불명확하면[118] 무효이다.

(3) 절차에 관한 하자

이것은 이해관계인의 보호나, 행정행위의 내용을 타당, 적절하게 하기 위해 법령에 두어진 절차규정을 위반한 경우인데, 일반적으로는 취소사유로 보고 있다.

「절차적 하자」에 관하여, 우리 대법원은, 「구 환경정책기본법(2008. 3. 28. 법률 제9037호로 개정되기 전의 것, 이하 '구 환경정책기본법'이라 한다) 제25조 내지 제27조, 구 환경정책기본법 시행령(2008. 8. 26. 대통령령 제20975호로 개정되기 전의 것) 제7조 내지 제11조의 각 규정을 종합하여 보면, 구 환경정책기본법 제25

117) 대판 1996. 6. 28, 96누4374
118) 예컨대, 수용대상이 명백하지 않은 토지수용의 재결

조의2에 따라 사전환경성검토를 거쳐야 하는 행정계획이나 개발사업에 대하여 사전환경성검토를 거치지 아니하였는데도 행정계획을 수립하거나 개발사업에 대하여 허가 또는 승인 등을 하였다면 그 처분은 위법하다 할 것이나, 그러한 절차를 거쳤다면, 비록 그 사전환경성검토의 내용이 다소 부실하다 하더라도 그 부실의 정도가 사전환경성검토 제도를 둔 입법 취지를 달성할 수 없을 정도이어서 사전환경성검토를 하지 아니한 것과 다를 바 없는 정도의 것이 아닌 이상, 그 부실은 당해 처분에 재량권 일탈·남용의 위법이 있는지 여부를 판단하는 하나의 요소로 됨에 그칠 뿐, 그 부실로 인하여 당연히 당해 처분이 위법하게 되는 것은 아니라고 할 것이다. 그리고 행정처분이 당연무효라고 하기 위하여는 처분에 위법사유가 있다는 것만으로는 부족하고 그 하자가 법규의 중요한 부분을 위반한 중대한 것으로서 객관적으로 명백한 것이어야 하며, 하자가 중대하고 명백한 것인지 여부를 판별함에 있어서는 그 법규의 목적, 의미, 기능 등을 목적론적으로 고찰함과 동시에 구체적 사안 자체의 특수성에 관하여도 합리적으로 고찰함을 요한다고 할 것이다(대법원 2002. 12. 10. 선고 2001두4566 판결, 대법원 2005. 6. 24. 선고 2004두10968 판결 등 참조).」라고 판시하고 있다[대판 2014. 7. 24, 2012두4616].

(4) 형식에 관한 하자

행정행위에 관하여 일정한 형식(예: 서면)을 갖출 것을 법률에서 요구하고 있는 경우에는 일반적으로 취소사유로 보고 있다.[119)]

4. 일부무효

일부무효는 당연히는 당해 행정행위 전체의 무효를 가져오지는 않는다. 다만, 그 무효부분이, 행정청이 그 무효부분이 없이는 당해 행정행위를 발급하지 않았을 정도로 중요한 경우에만 일부무효는 당해 행정행위 전체를 무효로 만든다.
이 문제는 특히 부관에 있어서 중요하다.

5. 무효인 행정행위의 전환

(1) 단순위법인 행정행위의 전환이 허용된다는 데는 다툼이 없으나, 무효인 행

119) 대판 1998. 6. 26, 96누12634

정행위의 전환이 허용되는지 여부는 다툼이 있다.

(2) 행정행위에 하자가 있더라도, 이것을 별개의 행위로 본 경우에는 하자가 없고, 그 목적 · 절차 · 내용에 있어서도 법령상의 요건을 만족시키는 것으로 볼 수 있으면, 이것을 별개의 행정행위로 보아 유효한 것으로 취급하는 제도가 위법행위의 전환제도이다.

6. 무효의 확인

국민의 입장에서는 행정행위의 법적 외관을 제거하기 위해 다음과 같은 방법이 있다.

(1) 무효확인소송

무효의 확인을 구할 법률상 이익이 있는 자는 무효확인소송을 제기할 수 있다. 이 소송은 출소기간의 제한이 없다.

(2) 취소소송

무효인 행정행위에 대해서도, 무효선언의 의미에서의 취소를 구하는 취소쟁송을 제기할 수 있다. 이 경우에는 취소소송의 제기요건은 충족시켜야 한다.

V 단순위법인 행정행위

1. 서설

(1) 무효를 가져오지 않는 위법한 행정행위가 단순위법인 행정행위이다. 단순위법인 행정행위는 그것이 행정청에 의해 취소되거나, 관계인이 행정쟁송을 제기하여 당해 절차에서 취소될 때까지는 유효하다. 행정행위는 행정쟁송제기기간 내에 취소쟁송이 제기되지 않으면, 불가쟁력이 발생한다.

(2) 행정쟁송절차에서는 행정행위는, 단순위법하고 또한 심판청구인이나 원고의 법률상 이익을 침해하면 취소된다. 다만, 그 하자가 치유되거나, 행정행위가 전환되면, 취소청구권은 소멸된다.

2. 행정행위의 하자의 치유

(1) 서설

1) 절차상 하자와 형식상 하자는 행정행위를 위법하게 만든다. 그러나, 이 위법성은 일반적으로 무효가 아니고, 단순위법에 불과하다. 이 경우 그 하자는 행해지지 못했던 행위가 추완되는 방식으로 치유될 수 있다.

2) 하자의 치유는 행정행위의 상대방의 이익을 침해하지 않고, 동일한 행위의 반복이 불합리한 경우에 예외적으로 인정된다. 또한 무효의 행정행위의 경우에는 그 하자가 중대하므로, 치유를 인정할 여지는 없다.[120]

3) 하자의 치유의 예로서, 예컨대 하자있는 소집절차에 의해 회의를 개회했지만, 위원 전원이 회의에 출석해 이의없이 의사에 참가해 의결한 경우를 들 수 있다. 또한 대법원은 청문절차에 있어 청문서도달기간을 지키지 않았더라도, 영업자가 이에 대해 이의하지 않고 스스로 청문일에 출석해 그 의견을 진술하고 변명했다면 그 하자는 치유되었다고 판시하고 있다.[121]

(2) 치유가능한 하자

1) 신청의 부존재

필요한 신청이 없었던 경우, 그 신청은 행정행위의 발급 뒤에 추완될 수 있다.

2) 이유제시의 부존재

이유제시의무의 위반도 치유가 가능하다.

3) 관계인에 대한 청문의 부존재

일반적으로 이 하자는 단순위법인 하자이므로 치유가 가능하다.

4) 위원회에서의 결의의 부존재

이 경우에도 치유가 가능하다고 한다.

---

120) 대판 1989. 12. 12, 88누8869
121) 대판 1992. 10. 23, 92누2844

5) 다른 행정청의 참여(협의)의 부존재

이 경우에도 치유가 가능하다.

(3) 치유의 시점

이에 대하여는, ① 행정소송(사실심)의 종결 시까지 가능하다는 견해, ② 대법원 판례와 같이,[122] 행정심판의 제기 이전까지만 가능하다는 견해, ③ 행정쟁송 제기 후에는, 하자의 치유를 인정해도 처분의 상대방에게 권리구제의 장애를 초래하지 않는 경우에만 허용된다는 견해로 나뉜다. 저자는 제1설에 찬성한다. 원칙적으로 치유시점을 제한할 필요가 없다고 생각되고, 다만 제3설은 그 내용을 특정하기가 곤란하기 때문이다.

(4) 처분사유의 추가 · 변경

1) 하자의 치유와, 처분사유의 추가 · 변경은 구별되어야 한다. 전자는, 처분을 할 때 존재했던 흠이 사후에 치유되어 없어지는 것이고, 후자는 이미 처분할 때에 객관적으로 존재했던 사유를 문제삼는다.[123]

2) 학설상으로는, 처분사유의 추가 · 변경이 행정소송 도중에도 가능한지 여부가 다투어지는데, 생각건대, 행정청에게는 그 추가 · 변경에 의해 행정행위의 본질이 바뀌지 않는 한(기본적 사실관계가 동일한 한)[124] 원칙적으로 행정소송 중에도 사실심변론종결시까지는[125] 허용된다고 할 것이다. 이것은 처분의 상대방의 보호와 소송경제의 요청을 함께 고려한 것이다.

(5) 절차 · 형식 · 지역적 관할권 규정의 위반으로 인한 하자의 독립취소사유문제

한국의 경우에는, 학설대립이 있지만, 이런 경우에도 독립된 취소사유가 된다는 것이 통설과 판례의 입장이다.[126]

122) 대판 1984. 4. 10, 83누393
123) 김철용, 행정법 I, p. 286
124) 대판 2005. 4. 15, 2004두10883
125) 대판 1999. 8. 20, 98두17043
126) 대판 1991. 7. 9, 91누971

3. 하자있는 행정행위의 전환

(1) 서설

단순위법의 행정행위는, 그 하자가 치유될 수 없는 경우에도, 적법한 행정행위로 전환될 수 있으면 행정쟁송절차에서 취소될 수 없다. 전환에 의해 위법한 행정행위는 적법한 행정행위에 의해 대체된다.

(2) 전제요건

전환의 전제요건으로는, ① 목표의 동일성, ② 동일한 절차와 동일한 형식, ③ 전환 후의 새 행정행위에 대한 발급요건의 존재, ④ 행정청의 의도와 모순이 없을 것, ⑤ 관계인에게 더 유리한 다른 법적 효과(대안)가 없을 것, ⑥ 구행정행위가 취소 가능하거나, 무효일 것, ⑦ 관계인의 사전청문이 있을 것 등을 들 수 있다.

(3) 권리구제

전환에 대한 권리구제는, 전환행위 그 자체를 ① 행정행위로 볼 것인지, 아니면, ② 행정청의 의사표시 내지 법률에 의해 발생하는 효과로 볼 것인지에 따라, 취소소송 또는 확인소송(당사자소송)을 취하게 된다고 본다.

4. 일부단순위법

이 경우는 일반적 법원칙으로서 일부무효와 같이 취급하면 된다.127)

5. 위법성의 승계(하자의 승계)

(1) 행정행위의 위법사유로서, 당해 행위 자체의 위법이 아니라, 그것에 선행하는 행정행위의 하자를 주장하는 것이 위법성의 승계 문제이다. 일반적으로는, 행정행위에 의해 형성되는 행정상 법률법계는 가능한 한 조기에 확정해 안정을 유지해야 하므로, 행정행위의 하자는 각각 독립하여 일정기간 내에 다투어져야 하고, 행정행위 상호 간에는 원칙적으로 위법성의 승계는 인정될 수 없다.

(2) 그러나, 이 원칙의 예외로서, 선행처분과 후행처분이 연속하여 일련의 절차

127) Schweickhardt/Vondung, Allg, VwR, p. 187-188

를 구성하고 일정한 법률효과의 발생을 기하는 경우에는 위법성의 승계가 인정되어, 선행처분이 위법하면, 후행처분도 위법하게 된다. 예컨대, 행정대집행절차 중 계고처분의 하자를 이유로 대집행영장발부통보처분의 취소를 구하는 경우이다,

(3) 이에 반해, 선행처분과 후행처분이 상호 각각 별개의 목적을 지향하고, 상호 간에 수단과 목적의 관계가 없으면 선행처분의 위법은 후행처분에 승계되지 않는다(예컨대, 조세부과처분과 체납처분).

(4) 물론, 선행처분이 무효인 처분이면, 그 후속처분은, 위법성의 승계를 논할 것도 없이, 하자있는 것이 된다.

(5) 우리나라의 다수설과[128] 판례는[129] 위의 입장인데, 최근에 하자의 승계 문제에 대해 수인한도의 원칙을 도입한 판례가 있지만, 통설과 종전의 판례를 보충하는 것일 뿐, 그것과 반대되는 입장을 취했다고(이른바 구속력론) 보기는 어렵다.[130]

(6) 판례상 하자의 승계가 인정된 예로는, ① 계고처분과 대집행영장발부통보처분, ② 독촉과 가산금·중가산금징수처분, ③ 기준지가고시처분과 토지수용처분, ④ 한의사시험자격인정과 한의사면허처분, ⑤ 개별공시지가결정과 과세처분 등을 들 수 있다.

(7) 김남진교수의 구속력론에 의하면, 두 개 이상의 행정행위가 동일한 법적 효과를 추구하고 있으면, 선행행위는 일정한 조건하에서 후행행위에 대해 구속력을 가지게 되며, 이런 구속력이 미치는 한도에서는 후행행위에서 선행행위의 효력을 다툴 수 없다고 한다.

---

128) 김동희, 행정법Ⅰ, p. 335-336

129) 대판 1993. 2. 9, 92누4567

130) 대법원은 "선행처분의 불가쟁력이나 구속력이 그로 인해 불이익을 입게 되는 자에게 수인한도를 넘는 가혹함을 가져오고 그 결과가 당사자에게 예측가능한 것이 아닌 경우에는 국민의 재판받을 권리를 보장하고 있는 헌법의 이념에 비추어 선행처분의 후행처분에 대한 구속력은 인정될 수 없다"라고 하고 있다(대판 1998. 3. 13, 96누6059).

제7절 행정행위의 효력

I 구속력(규율효)

1. 행정행위는 적법요건을 갖추면, 행위의 내용에 따른 법적 효과를 발생시키고, 당사자를 구속하는 힘을 가지는데, 이 힘이 (내용상) 구속력이다.

2. 구속력은 공표(대외적 표시)와 함께 발생하며(원칙적으로 도달주의), 수명자(경우에 따라서는 그 행정행위의 영향을 받는 제3자도 포함됨) 뿐만 아니라, 당해 처분청 자신에 대해서도 발생한다.

II 공정력(公定力)

1. 개념

(1) 법률의 세계에서는 일반적으로 상위법에 위반되는 법적 행위는 무효로서, 누구에 대해서도 법적 구속력을 가지지 않는 것이 원칙이다.

(2) 그러나, 행정행위의 경우는 그 예외에 해당하는데, 그것이 법령, 조례에 위반하더라도 무효가 아닌 한 권한 있는 기관이 정식으로 취소하지 않는 한, 유효한 것으로 국민과 관계기관을 구속한다. 이것을 공정력이라고 한다.[131)]

(3) 그러나, 독일의 학설과 판례, 그리고 우리나라의 상당수 학설은 공정력과 구성요건적 효력을 구별하고 있다.[132)]

1) 행정행위는 단순위법인 경우에도 잠정적으로 효력이 발생하게 되는데, 이것을 "제한된 범위에서의 하자와 관계없는 행정행위의 효력"이라고 한다.[133)] 물론 이 효력

---

131) 이것은 공정력과 구성요건적 효력을 구별하지 않는 다수설과 판례[대판 2013. 4. 26, 2010다79923]의 입장이다.

132) 홍정선, 행정법(상), p. 364

133) Schweickhardt / Vondung, Allg, VwR, p. 83

은 제한되어 있으므로 행정쟁송이 이에 대해 일정기간 내에는 제기될 수 있다.

2) 독일에서는, 광의의 공정력을, 구성요건적 효력과, 위의 **"제한된 범위에서의, 하자와 관계없는 행정행위의 효력"**으로 구별해 서로 다른 개념으로 보고 있다.

3) 구성요건적 효력은, 당해 행정행위를 대상으로 하는 행정쟁송절차 외에서의, ① 처분청 외의 행정청과, ② 법원 등에 대해 미치는 당해 행정행위의 효력이다. 즉, 유효한 행정행위에 대해 모든 다른 국가기관(행정심판기관과 당해 처분에 대한 소송을 담당하는 수소법원을 제외함)이 구속되는 것을 가리킨다.

4) 다른 행정청이 구속되는 근거는, 권한배분의 체계유지의 필요성 때문이고, 법원이 구속되는 근거는 권력분립의 헌법원칙 때문이다. 다만, 행정행위의 취소권한은 없지만, 그 위법성의 심사권한이 있는 법원(예: 국가배상사건을 다루는 민사법원, 공무집행방해죄를 다루는 형사법원)[134]의 경우에는 구성요건적 효력이 미치지 않지만, 그 범위에 대해서는 학설대립이 있다.

(4) 행정행위에는 공정력이 인정되므로, 위법한 행정행위에 의해 그 권리·이익이 침해된 국민은, 그 침해를 배제하려면, 우선 그 행정행위의 취소를 구하여 공정력을 제거할 필요가 있다. 이를 위한 절차가 취소심판과 취소소송이다.

(5) 대법원은 공정력을 인정하되, 이를 구성요건적 효력과 협의의 공정력으로 다시 세분하지는 않는다.[135]

2. 「**공정력의 의미**」에 관하여, 우리 대법원은, 「행정처분이 아무리 위법하다고 하여도 그 하자가 중대하고 명백하여 당연무효라고 보아야 할 사유가 있는 경우를 제외하고는 아무도 그 하자를 이유로 무단히 그 효과를 부정하지 못한다」라고 판시하고 있다[대판 2013. 4. 26, 2010다79923].

134) Maurer, Allg, VwR, p. 283
135) 대판 1991. 4. 23, 90누8756

3. 근거

(1) 실정법적 근거

1) 우리나라에서는 공정력을 정면으로 인정한 실정법규는 없다. 그래서, 간접적이나마, 「행정소송법」, 「행정심판법」상의 취소소송, 취소심판제도에서 그 근거를 찾는다.

2) 행정행위가 위법한 경우 관계인이 언제든지 그 무효를 주장하여 행정행위의 효력을 부인할 수 있다면, 법에서 미리 취소심판, 취소소송의 쟁송절차를 정하고 그 제소기간 등을 제한하더라도 의미가 없기 때문이다.

3) 이와 같이, 행정행위의 효력은 취소쟁송절차에 의하지 않으면, 다툴 수 없다는 것을, "**행정행위는 취소소송의 배타적 관할에 속한다**"라고 한다.

예컨대, 보조금교부결정이 행정행위에 해당한다면, 교부결정에 의한 교부액에 불복이 있는 자는, 교부결정에 대한 취소쟁송을 제기해 이를 다투어야 하고, 당사자소송이나 민사소송으로 직접 교부금액의 증액을 청구할 수 없다.[136)]

(2) 이론적 근거

학설대립이 있지만, 일반적으로는, 행정목적의 조기실현, 행정법관계의 안정성의 유지, 국민의 신뢰보호에서 구하고 있다.[137)]

4. 공정력과 입증책임

공정력과 입증책임은 무관하고, 항고소송에서도 민사소송에서의 입증책임분배의 원칙인 법률요건분류설이 적용된다는 것이 통설・판례[138)]이다.

---

136) 原田, 行政法, p. 140

137) 김동희, 행정법Ⅰ, p. 312; 일부학설은, 취소소송의 배타적 관할을 그 근거로 하나, 행정쟁송법상의 취소쟁송제도는 공정력을 전제로 하고 마련된 제도이지, 그 규정 때문에 비로소 공정력이 인정된다고 볼 수는 없다.

138) 대판 1995. 7. 28, 94누12807

5. 공정력의 객관적 범위[민사사건과 형사사건에서의 '선결문제']

(1) 민사사건과 공정력

1) 부당이득반환청구 및 부동산인도청구사건

① 이것은 행정행위의 효력을 상실시키는 것이 선결문제인 경우이다.

② 선결문제인 행정행위(예: 조세부과처분)가 무효이면, 민사법원은 직접 그 무효를 판단할 수 있다(과오납세금환급소송).

③ 선결문제가 단순위법이면, 민사법원은 스스로 선결문제인 행정행위를 취소하고, 납부된 세금의 반환을 명할 수 없다. 이 경우에는, 취소소송에 의해 먼저 조세부과처분을 취소시킨 후에만, 민사소송으로 과오납세금 환급을 구할 수 있게 된다.[139)]

④ 「행정행위의 효력을 상실시키는 것이 선결문제인 민사소송」에서, 우리 대법원은, 「민사소송(부동산인도청구소송)에 있어서 어느 행정처분의 당연무효 여부가 선결문제로 되는 때에는 이를 판단하여 당연무효임을 전제로 판결할 수 있고 반드시 행정소송 등의 절차에 의하여 그 취소나 무효확인을 받아야 하는 것은 아니다」라고 판시하고 있고[대판 2010. 4. 8, 2009다90092], 또한 「조세의 과오납이 부당이득이 되기 위하여는 과세처분의 하자가 중대하고 명백하여 당연무효이어야 하고, 과세처분의 하자가 단지 취소할 수 있는 정도에 불과할 때에는 과세관청이 이를 스스로 취소하거나 항고소송절차에 의하여 취소되지 않는 한 그로 인한 조세의 납부가 부당이득이 된다고 할 수 없다」라고 판시하고 있다[대판 1994. 11. 11, 94다28000].

2) 국가배상사건

① 이것은 행정행위의 위법성만 확인하는 것이 선결문제인 경우이다.

② 위법한 행정행위에 의해 배상받으려는 것은, 행정행위의 법적 효과와는 무관하고, 공정력에 의해 방해받는 것은 아니다.[140)]

③ 예컨대, 위법한 철거명령을 받고, 건축물이 철거된 자는, 그 철거명령의 취소를 구하지 않고, 곧바로 국가배상을 청구할 수 있다.

④ 「행정행위의 위법성만 확인하는 것이 선결문제인 민사소송」에서, 우리 대법

139) 대판 1973. 7. 10, 70다1439
140) 대판 1972. 4, 28, 82다337

원은, 「위법한 행정대집행이 완료되면 그 처분의 무효확인 또는 취소를 구할 소의 이익이 없다 하더라도, 미리 그 행정처분의 취소판결이 있어야만, 그 행정처분의 위법임을 이유로 한 손해배상청구를 할 수 있는 것은 아니다」라고 판시하고 있다 [대판 1972. 4. 28, 72다337].

(2) 형사사건과 공정력

1) 무면허운전사건과 관세법위반사건

① 이것은 행정행위의 유효성만을 처벌요건으로 하는 경우이다.

② 선결문제가 무효이면, 형사법원은 직접 무효를 판단할 수 있다.[141)]

③ 선결문제가 단순위법이면, 형사법원은 그 선결문제인 행정행위를 스스로 취소할 수 없다.

우리 대법원은, 이런 입장에서, **"연령미달의 결격자인 피고인이 소외인의 이름으로 면허시험에 응시, 합격하여 교부받은 운전면허는 무효가 아니고, 도로교통법에 의하여 취소되지 않는 한 유효하므로 피고인의 운전행위는 무면허운전에 해당하지 않는다"**라고 판시하고 있다.[142)] 또한, 우리 대법원은, 「물품을 수입하고자 하는 자가 일단 세관장에게 수입신고를 하여 그 면허를 받고 물품을 통관한 경우에는, 세관장의 수입면허가 중대하고도 명백한 하자가 있는 행정행위이어서 당연무효가 아닌 한 관세법 181조 소정의 무면허수입죄가 성립될 수 없다」라고 판시하고 있다[대판 1989. 3. 28, 89도149].

2) 주택법 및 구 도시계획법사건

① 이것은 행위의 적법성도 또한 처벌요건으로 하는 경우이다.

② 이 경우에는 형사법원은 그 제한의 위법성 여부를 독자적으로 판단할 수 있다. 위법한 명령에 따르지 않았다고 하여 처벌할 수는 없기 때문이다.

③ 예컨대 위법한 시설개선명령에 따르지 않았다고 하여 이를 처벌할 수는 없다.[143)]

④ 우리 대법원은, 「구 주택법 91조에 의하여 행정청으로부터 시정명령을 받은 자가 이에 위반한 경우 이로 인하여 법 98조 11호에 정한 처벌을 하기 위하여

---

141) 대판 1971. 5. 31, 71도742; 대판 2011. 11. 10, 2011도11109

142) 대판 1982. 6. 8, 80도2646

143) 대판 2004. 5. 14, 2001도2841; 그 외에 대판 2017. 10. 31, 2017도9582가 있다.

는 그 시정명령이 적법한 것이라야 하고, 그 시정명령이 위법한 것으로 인정되는 한 법 98조11호 위반죄가 성립할 수 없다」라고 판시하고 있고[대판 2009. 6. 25, 2006도824], 또한, 「구 도시계획법에 정한 처분이나 조치명령을 받은 자가 이에 위반한 경우 이로 인하여 동법 92조에 정한 처벌을 하기 위하여는 그 처분이나 조치명령이 적법한 것이라야 하고, 그 처분이 당연무효가 아니라 하더라도 그것이 위법한 처분으로 인정되는 한 동법 92조 위반죄가 성립될 수 없다」라고 판시하고 있다[대판 1992. 8. 18, 90도1709].

Ⅲ 불가쟁력 · 불가변력(존속력)

1. 불가쟁력

(1) 행정행위에 불복이 있는 경우에는, 원칙적으로 일정 기간 내에(행정쟁송제기기간) 행정쟁송을 제기하지 않고 그 기간을 경과하면 더 이상 그 효력을 다툴 수 없는데, 이것을 불가쟁력(형식적 확정력=형식적 존속력)이라고 한다.

(2) 불가쟁력을 인정하는 이유는, 행정법관계의 조기확정이라는 입법정책 때문이다.

(3) 따라서, ① 국가배상소송에서 그 적법성을 다투거나, ② 행정측의 직권취소의 경우, ③ 무효인 행정행위의 경우에는 불가쟁력이 인정되지 않는다.

사 례

공정력 · 불가쟁력과 국가배상

행정행위에는 공정력과 불가쟁력이 인정되는데, 시민이 그 효력을 부정할 수 없는 경우라고 하더라도, 시민은 국가배상청구소송에 의하여 행정행위의 위법성을 주장할 수 있는가?

➡ 예컨대, 위법한 철거명령이 자기가 소유하는 가옥에 대하여 내린 경우, 시민은 취소소송에 의하지 않으면 철거명령의 효력을 부정할 수 없고, 제소기간의 경과후는(무효가 아닌 한) 철거명령의 효력을 부정할 수 없다. 그러나, 취소소송과 함께, 국가배상청구에 의한 공격방법이 현행법상 인정되고 있다. 국가배상은, 위법한 행정활동에 의하여 입은 손해의 배상이고, 행정행위의 효력을 부정하는 것은 아니다. 효력을 부정하지 않는 점에서, 국가배상청구는 행정행위의 공정력이나 불가쟁력과 저촉하지 않는다. 위 사례에서, 취소소송의 제소기간 경과후이더라도, 철거명령의 위법을 이유로 하는 국가배상청구는 가능하다.

(4) 「불가쟁력의 의의」에 관하여, 우리 대법원은, 「행정처분이나 행정심판재결이 불복기간의 경과로 인하여 확정될 경우 확정력은 처분으로 인하여 법률상 이익을 침해받은 자가 처분이나 재결의 효력을 더 이상 다툴 수 없다는 의미이다」라고 판시하고 있다[대판 1993. 4. 13, 92누17181].

(5) 불가쟁력이 발생했더라도, 처분의 기초가 된 사실관계나 법률적 판단이 확정되는 것은 아니다[대판 2004. 7. 8, 2002두11288].

사 례

행정행위의 공정력과 불가쟁력

행정행위의 공정력, 불가쟁력이 생기는 이유를, 특히 취소소송제도와의 관계에서 설명하라.

➡ 행정행위의 특수한 효력에 관하여, 전통적 이론은, 행정행위의 권력성을 강조하였지만, 최근에는, 그 특수한 효력은, 행정행위에 내재하는 것이 아니고, 현행법의 구조에서 파생된다고 보고 있다. 즉 공정력은, 「행정심판법」이 행정심판의 제도(취소심판)를 두고, 「행정소송법」이 취소소송을 두고 있기 때문에 인정된다는 것이다. 즉 행정행위를 공격하기 위한 특별절차로서, 입법자는, 행정심판제도, 취소소송제도를 법정했다. 따라서 취소를 위한 특별절차를 둔 입법취지를 존중한다면, 행정행위는 이러한 특별절차에 의해서만 공격가능하다(이것을 「취소제도의 배타성」이라고 한다. 특히 소송에 관하여 「취소소송의 배타적 관할」이라고 한다).
소송에 관하여 말하면, 취소소송에서 취소판결이 내려짐으로써 비로소 행정행위는 효력을 상실한다. 다시 말하면, 행정행위가 취소될 때까지는, 시민은 그 효력을 부정할 수 없다. 이러한 공정력은 취소소송제도의 「반영」에 지나지 않고, 예컨대 취소소송제도를 폐지하고, 자유롭게 민사소송에서 행정행위의 효력을 부정할 수 있는 제도를 채용하면, 공정력은 존립근거를 상실한다.
불가쟁력도, 「행정심판법」과 「행정소송법」에서 취소심판제도와 취소소송제도를 채용한 것의 반사적 효과이다. 즉 행정행위의 공격은 오로지 행정심판, 취소소송에 의하지 않으면 안 되는데, 행정심판이나 소송에는 기간의 제한이 존재하기 때문에, 그것을 도과하면, 취소의 주장은 불가능하다. 이것을 행정행위와 관련시켜 말하면, 행정행위에는 불가쟁력이 있다고 말하게 된다. 만일 취소소송제도를 폐지하거나, 취소소송제도는 남겨두고 제소기간의 규정을 삭제한다면, 행정행위의 불가쟁력은 성립할 수 없다.

2. 불가변력(자박력=실질적 존속력)

(1) 개념

1) 행정행위는, 일반적으로, 적법하고 공익에 적합한 상태를 가져오게 하기 위해서는, 행정청이 그 직권에 의해, 취소하거나 변경하는 것이 가능하다. 다만, 행

정행위 중에서도 행정심판의 재결과 같이 분쟁판단작용으로 행해지는 것에 관해서는 행정청에 의한 취소·변경은 허용되지 않고, 불가변력이 인정된다.[144)]

2) 행정청에 의한 취소·변경을 허용하지 않는 것이므로, 법원이 그것을 취소하는 것은 당연히 가능하다.

3) '수익적 행정행위의 취소·철회의 제한' 문제는 여기서 제외하기로 한다.

(2) 인정이유

만일 분쟁의 판단·결정기관이 일단 내린 판정을 번복하는 것을 인정한다면, 무한하게 다툼이 이어져 수습하지 못할 우려가 있기 때문이다. 물론 그것에 대해서 당사자가 상소 등의 절차로 다투는 것은 별개의 문제이다.

(3) 「**불가변력**」에 관하여 우리 대법원은, 「국민의 권리와 이익을 옹호하고 법적 안정을 도모하기 위하여 특정한 행위에 대하여는 행정청이라 하여도 이것을 자유로이 취소, 변경 및 철회할 수 없다는 행정행위의 불가변력은 당해 행정행위에 대하여서만 인정되고, 동종의 행정행위라 하더라도 그 대상을 달리 할 때에는 이를 인정할 수 없다」라고 판시하고 있다[대판 1974. 12. 10, 73누129].

(4) 행정처분에 대한 법정의 불복기간이 지나더라도 처분청은 직권으로도 취소할 수 있다[대판 1995. 9. 15, 95누6311]

Ⅳ 자력집행력

1. 이것은 행정행위의 내용(예: 하명)을 행정청이 스스로의 힘으로 실현하는 효력을 말한다. 민사사건과 달리, 행정행위에 있어서는, 법원에 소송을 제기하지 않고, 행정행위자체를 채무명의로 하여, 행정청은 자력으로 이행의 강제를 할 수 있다.

2. 이것은 특히 국민에 대해 의무를 명하는 하명행위에 있어 국민이 그 의무를 이행하지 않는 경우에 인정된다.

144) 대판 1974. 12. 10, 73누129

3. 다만, 자력집행력이 인정되려면, 하명근거법률 규정 외에, 자력집행에 대한 법률규정이 별도로 마련되어 있어야 한다(예: 행정대집행법, 국세징수법).

제8절 행정행위의 취소와 철회

I 서설

1. 여기서는 주로 행정쟁송절차 외에서의 행정행위의 폐지(광의의 취소)를 다룬다. 취소, 철회는 불가쟁력이 발생하기 전이나 후에 항상 가능하다.

2. 그러나, 취소, 철회의 주된 의미는 행정행위의 불가쟁력이 발생했음에도 새로운 결정을 할 수 있다는 데 있다. 취소, 철회는 직권 또는 신청에 의해 행해질 수 있다.

3. 취소와 철회는, 행정청이 직권 또는 관계국민의 신청에 의하여 행정처분을 행정쟁송절차 외에서 폐지할 수 있는 도구이다. 행정청의 폐지가 「위법한」 행정처분과 관계되면, 「취소」이고, 행정청의 폐지가 「적법한」 행정처분과 관계되면, 「철회」이다.

4. 취소·철회는, 「신뢰 보호내지 법적 안정성」과 「행정의 법률적합성」의 갈등관계의 문제점을 내포하고 있다. 「취소」는 위법한 행정처분의 교정을 위한 것이며, 「철회」는 변경된 사실관계와 법적 상황에 대한 행정처분의 적응을 위한 것이다. 이 목적들은, 경우에 따라서는 관계국민의 이익과 갈등을 가져올 수 있다. 즉 침해적 행정처분의 폐지(취소·철회)에 대하여는 원칙적으로 관계국민은 이의를 제기할 필요가 없으나, 수익적 행정처분의 폐지(취소, 철회)는 자주 문제된다. 공익과 사익의 조절을 위하여, 행정처분의 취소·철회 시에는, 단지 행정처분의 적법성·위법성 뿐아니라, 나아가, 침해적 행정처분의 폐지와 수익적 행정처분의 폐지를 위한 요구사항도 추가적으로 존재한다.

5. 독일의 경우, 「연방행정절차법」 48조 및 49조가 행정처분의 취소·철회에

대한 일반적 규정이고, 다른 법률에 다른 규정이 있으면 다른 법률에 따른다. [한국의 경우에는 「행정절차법」에는 행정처분의 취소·철회에 관한 규정은 없고, 개별법에만 관련규정이 있을 뿐임].

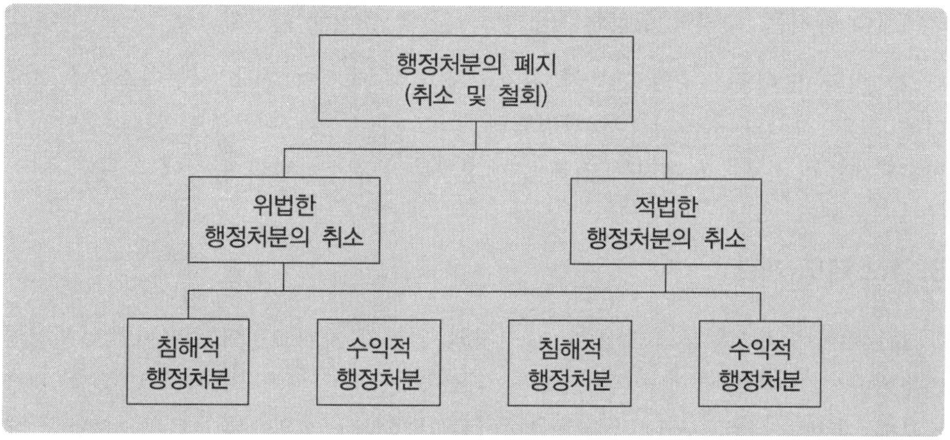

6. 적법한 행정처분과 위법한 행정처분의 구별

(1) 위법한 행정처분의 문제인지, 아니면 적법한 행정처분의 문제인지는, 「행정처분의 발급(발령)시점」[=처분시점]이 그 기준으로 된다.

(2) 형식적 하자가 치유된 행정처분은 위법하지 않고, 따라서 취소할 수 없다. 행정처분이 정정되거나, 전환된 경우에도 취소할 수 없다.

(3) 행정처분의 취소와 철회는 단지 유효한 행정처분에 대해서만 가능하고, 무효인 행정처분은 철회되거나 취소될 수 없다. 무효인 행정처분은 단지 행정청에 의해 무효로 확인될 수 있을 뿐이다.

7. 침해적 행정처분과 수익적 행정처분의 구별

(1) 이 구별에 있어서는, 관계국민 내지 행정처분의 수명자의 관점이 가장 중요하다. 즉 수익적 행정처분은 권리나 법적 이익을 창설하거나 확인하는 것[예: 인가, 급부결정]을 말하며, 침해적 행정처분은 그 규율이 관계국민에게 불이익을 가져오는 것[예: 건축물철거명령, 공과금부과처분]을 말한다.

(2) 복효적 행정처분의 경우에도, 그 폐지는 수명자의 관점에서 판단되어야 한다 :

1) 건축주 A에게 발급된 건축허가에 기해 건축한 결과 이웃주민의 조망권을 침해한 때, 그 건축허가는(침해적인 제3자효의) 수익적 행정처분에 해당하므로, 건축허가의 폐지는, 수익적 행정처분의 취소·철회 규정에 따른다.

2) 이와 반대로, (수익적인 제3자효의)침해적 행정처분[예: 자동차소유주 A에 대해 그의 차고의 철거처분이 발령되었고, 그 수행결과 이웃주민 N의 전망권이 회복된 때]의 경우, 그 폐지는 침해적 행정처분의 취소·철회 규정에 따른다.

8. 취소제도 개관

(1) 위법한 행정처분의 취소는, 행정청의 결정의 자기교정의 수단이고, 「행정의 법률적합성의 원칙」에 합치된다. 다만, 취소를 당하는 관계국민에게, 그동안 행정처분의 지속에 대한, 보호할 가치있는 이익이 형성된 경우에는, 그 이익상황은 행정처분의 취소 시에 고려되어야 한다. 취소결정도 그 자체가 하나의 행정처분이고, 따라서 형식적 적법성과 실질적 적법성을 모두 갖추어야 한다.

(2) 취소의 형식적 적법성요건은 다음과 같다 :

1) 사물관할 : 취소 시점에, 취소대상인 행정처분의 발급(발령)권한이 있는 행정청이 취소권한을 가진다.

2) 토지관할 : 독일의 경우 「연방행정절차법」 제48조5항 및 3조에 따른다.

3) 그 밖의 일반적인 형식적 적법성요건 : 이것도 또한 행정처분의 취소에 대하여 적용된다. 특히, 관계국민에게는 수익적 행정처분의 취소나 철회 전에 청문이 실시되어야 한다.

(3) 취소의 실질적 적법성요건은 다음과 같다 :

1) 위법한 행정처분은, 독일의 경우 「연방행정절차법」 제48조1항1문에 따라, 언제든지 취소될 수 있다. 다수학설에 따르면, 취소결정은 행정의 재량하에 있다.

2) 최소결정시의 재량은, ① 취소를 할 것인지 여부와, ② 취소의 범위[일부취소도 가능함], ③ 언제부터 행정처분이 취소될 것인지[장래효 또는 소급효의 문제]에까지 미친다.

3) 취소의 전제요건심사시에는, 침해적 행정처분과 수익적 행정처분의 구별이

필요한데, 독일의 경우, 수익적 행정처분에 있어, 다시, 「급부제공적인 수익적 행정처분」과 「기타 수익적 행정처분」을 구별한다.

Ⅱ 개념

1. 취소

(1) 이것은 행정행위가 그 성립 당초부터 하자를 가지고 있는 경우에, 그것을 이유로 그 행정행위의 효력을 소멸시키는 것을 말한다. 행정행위의 취소가 있으면, 그 효과는 행위시에까지 소급하여, 처음부터 행정행위가 없었던 것으로 된다. 행정행위의 취소는 정당한 권한을 가진 법원 또는 행정청에 의해 행해진다.

(2) 법원은, 위법한 행정행위에 관해, 취소소송의 제기가 있으면, 이것을 취소하게 된다. 이에 대해, 행정청은, 행정행위가 위법하거나 부당하면, 이의신청·행정심판의 제기 또는 직권에 의해 이를 취소할 수 있다. 이때, 취소권을 가지는 것은, 행정심판의 경우에는 재결기관, 직권에 의한 경우에는 처분청이다. 그 밖에 감독청이 취소권을 가지는지는 다툼이 있다.

(3) 쟁송취소는, 권리구제를 위해 인정되므로, 법원이나 재결기관은, 행정행위에 하자가 있다고 판단되면, 원칙적으로, 그 행위를 취소하지 않으면 안 되지만, 직권취소는, 행정청이 일방적으로 쟁송의 제기없이 하는 것이므로, 상대방의 권리이익의 보호라는 점에서 일정한 제약이 따른다.

(4) 취소는 단순위법한 행정행위의 폐지를 가져온다.

2. 철회

(1) 행정행위의 철회는, 유효하게 성립한 행정행위의 효력을, 그 후에 발생한 새로운 사정을 이유로 하여, 장래에 향하여 소멸시키는 것을 말한다.

(2) 행정행위의 철회를 할 수 있는 자는, 철회되는 행위를 한 처분청만이고, 법령에 특별한 규정이 없는 한, 상급감독청이 철회를 할 수는 없다.

3. 취소와 철회의 비교

이것을 알기 쉽게 도표로 나타내면 다음과 같다.[145]

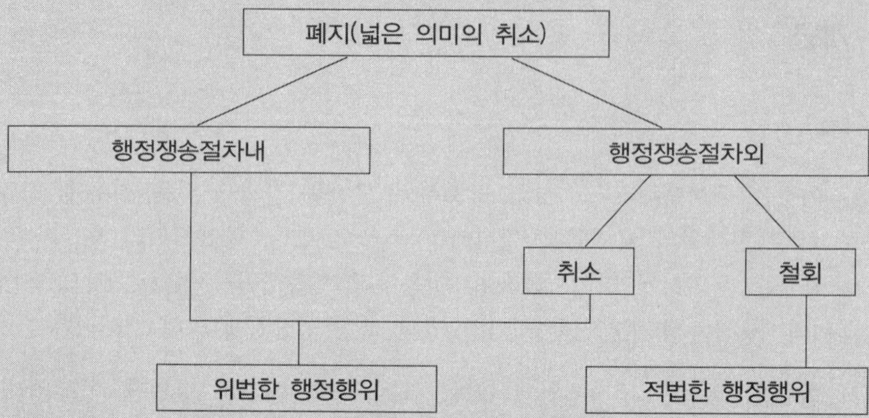

※ 예외: ① 행정심판절차에서의 부당한 행정행위의 취소, ② 위법한 행정행위에 철회 사유가 존재하는 경우의 철회

4. 기준시점과 취소, 철회의 자유

(1) 기준이 되는 시점

행정행위의 위법, 적법여부는, 행정행위의 발급 시의 사실관계와 법적 상황에 따라 결정된다.

(2) 취소, 철회의 자유

취소, 철회는 헌법상 보장되는 원칙인 법치국가원칙의 두 가지 요소인, 법률적 합성의 원칙과 법적 안정성의 원칙의 균형에 관한 문제이다. 즉 한쪽에는 불가쟁력이 발생한 행정행위의 규율내용에 관한 구속이 있고, 다른 한쪽에는 국민의 신뢰보호의 보장이 있다. 헌법상의 원칙의 이 갈등은 행정권이, 존속력이 생긴 행정행위를 취소, 철회할 수 있는 권한이 있는지의 문제에서 구체화되고, 국민의 입장

145) Maurer, Allg, VwR, p. 285

에서는 자신을 침해하는 행정행위의 취소·철회에 대한 청구권을 가지는지의 문제로 된다.

(3) 행정청이 행정쟁송절차 외에서, 존속력이 생긴 행정행위를 취소 또는 철회하기를 원하는지 여부는 행정청의 재량하에 있다는 것이 원칙이지만, 이 재량에는 한계가 있고, 그것은 다음과 같이 어떤 종류의 행정행위에 관한 것인지에 따라 달라진다.

1) 침해적이고, 위법한 행정행위는 언제나 취소할 수 있다.

2) 침해적이고, 적법한 행정행위는 언제나 철회 가능하지만, 약간의 예외가 있다.

3) 수익적이고, 위법한 행정행위는 원칙적으로 취소가 가능하지만, 한계가 있고, 경우에 따라서는 손실보상청구권이 발생할 수도 있다.

4) 수익적이고, 적법한 행정행위는 일정한 요건이 충족될 때에만 철회될 수 있다. 철회가 가능한 경우에는, 손실보상의무가 있는지 검토되어야 한다.

Ⅲ 침해적 행정행위의 취소

1. 요건

이 경우에는 언제나 의무에 합당한 재량에 따라서 취소가 가능하다. 행정청이 취소의 법적 효과를 소급시킬지 여부는 행정청의 재량이고, 이 경우의 취소에는 실권의 법리의 적용이 없다.

2. 재량의 한계

재량의 행사에 있어서는 재량의 일반적 한계가 준수되어야 한다.

3. 관할권(취소권자)

일반적으로 취소는, 취소결정시점에 있어서 취소되어야 하는 행정행위의 발급권한이 있는 행정청이 관할권을 가진다.

4. 취소의 효력

(1) 취소에 의해 그 효력이 소멸한다. 소멸시점은(소급효문제), 행정청이 재량으로 결정한다.

(2) 경우에 따라서는 국가배상이나 행정상 손실보상청구권이 발생할 수도 있다.

5. 권리구제수단

행정쟁송에 의해 법원이나 재결기관의 결정이 구해질 수 있다.

6. 침해적 행정처분의 취소의 쟁점

위법한 침해적 행정처분은 행정청의 재량 하에서, ① 전부 또는 일부로, 그리고 ② 장래효 또는 소급효로 취소될 수 있다. 위법한 침해적 행정처분의 취소는 「행정의 법률적합성의 원칙」에 합치되고, 「신뢰보호의 원칙」의 관점에서도 문제가 없다.

Ⅳ 수익적 행정행위의 취소

1. 취소제한의 법리

(1) 하자있는 행정행위가 상대방에게 권리이익을 주는 수익적 행정행위의 경우에는, 상대방의 신뢰보호, 법적 안정성의 관점에서, 취소권은 제한된다. 상대방에게 부정행위 등 귀책사유가 있는 경우 외에는, 원칙적으로 취소권은 제한된다.[146)]

(2) 침해적 행정행위이지만 제3자에게 법적 이익을 주는 복효적 행정행위의 경우에는 침해적 행정행위에 준하여 생각하여야 한다.

(3) 수익적 행정행위의 직권취소의 경우, 원칙적으로 그 효과는 소급하게 할 수 없다고 본다.

(4) 취소는 불이익처분이므로, 「행정절차법」에 따른 청문이 실시되어야 한다.

---

146) 原田, 行政法, p. 187

2. 사정판결과 사정재결의 유추

처분이 위법하더라도 이것을 취소하면 공공의 이익에 중대한 지장이 발생하는 특별한 사정이 있으면, 취소는 적절하지 않다. 다만, 이 경우 정당한 보상은 지급되어야 할 것이다.

3. 수익적 행정행위의 취소의 효과와 선의의 당사자

수익적 행정행위의 취소의 효과를 무조건 과거로 소급시키면, 상대방의 신뢰를 해치는 결과가 된다. 따라서, 수익적 행정행위에 관해서는 상대방에게 귀책사유가 있는 경우 외에는 소급효를 부정하고, 취소의 효과를 장래에 대해서만 발생시키는 것이 타당하다.[147]

4. 독일의 경우

독일에서는 1950년대부터 독일연방행정법원의 판례가 근본적으로 변경되는데, 이에 따르면 수익적 행정행위의 취소가능성을 신뢰보호원칙의 관점에서 제한하게 된다.[148] 위 판례는 대다수학설의 지지를 받게 되고(그 논거로서 신뢰보호원칙도 헌법이 요구한다고 함), 그 후 독일연방행정절차법 제48조가 위 판례의 입장을 명문으로 받아들였다.

5. 판례

우리 대법원은, 수익적 행정행위의 취소 시에는 취소해야 할 공익적 필요와, 취소로 인해 당사자가 받을 불이익을 비교·교량한 후 그 불이익을 정당화할 수 있는 경우에만 취소할 수 있다고 판시하고 있다.[149]

---

147) 原田, 行政法, p. 188-189

148) BVerwGE 5, 312(1957. 10. 25)등; 최초의 판례는 1956. 11. 14자 선고된 Berlin 행정고등법원판결임(OVG Berlin, DVBl. 1957, 503)

149) 대판 2006. 5. 25, 2003두4669

6. 위법한 수익적 행정처분의 취소의 쟁점

(1) 위법한 수익적 행정처분의 취소시의 이익상황에서는, ① 「행정의 법률적 합성의 원칙」에서, 위법한 행정처분의 폐지(취소)에 대한 공익이 나오고, ② 관계 국민은, 그 행정처분의 존속을 신뢰했고, 그 신뢰는 일반적으로 존중될 수 있다는 사익이 나온다. 따라서 위법한 수익적 행정처분은 단지 일정한 제한하에서만 취소될 수 있다.

(2) 독일의 「연방행정절차법」[VwVfG] 제48조 제4항에 따르면, 행정청은, (ⅰ) 그가 취소를 정당화하는 사유를 알았을 때, (ⅱ) 수익자가 그 수익적 행정처분을 악의의 기망, 협박 또는 뇌물제공으로 야기시킨 때를 제외하고는, 수익적 행정처분을 그 안 때부터 1년 이내에만 취소할 수 있도록 되어 있다. 이 규정의 의미와 목적은 관계국민의 보호에 있다. 따라서 관계국민은 일정 기간 경과 후에는, 그 행정처분이 취소 또는 철회되지 않을 것을 신뢰할 수 있게 된다.

Ⅴ 수익적 행정행위의 철회

「철회」는, 행정청에게, 사실관계와 법적 상황의 변경에 대응할 수 있게 한다. 변경된 여건하에서 종전과 같은 행정처분은 더이상 발급(발령)될 수 없고, 원래 적법했던 행정처분은 현재의 사실관계와 법적 상황에 저촉된다. 「취소」에서와 같이 「철회」처분의 경우에도, 그 형식적, 실질적 · 적법성이 보장되어야 한다. 철회에서도 침해적 행정처분과 수익적 행정처분의 구별이 필요하다.

1. 근거

(1) 이것에 대하여는 학설대립이 있다. 즉 일부학설은, 철회는 그 자체가 침해적 행정행위이므로, 반드시 법률의 근거가 있어야 한다고 한다. 특히 이를 세분화하여, 철회의 근거불요를 정당화할 수 있는 별도의 이유(예: 인 · 허가 등의 요건사실이 사후적으로 소멸한 경우, 철회권이 유보되어 있는 경우)가 없는 한, 수익적 행정행위를 철회하려면, 별도의 법적 근거가 필요하다고 본다.[150]

(2) 그러나, 법률에 근거가 없더라도, ① 상대방의 법령위반, ② 인 · 허가요건

의 사후적 불충족, ③ 인·허가된 행위의 위험성의 사후발견 등 인·허가를 유지시켜서는 안 될 새로운 사정이 생긴 경우에는 철회할 수 있다고 봄이 실제적이라고 본다. 즉 공익상 필요가 있고, 사정변경이 크게 일어난 때에도, 법률의 근거가 없는 한 철회는 절대로 허용되지 않는다고 할 수는 없다.[151)]

2. 청문절차

수익적 처분의 철회는 중대한 불이익처분이 되므로 「행정절차법」에 따르면 청문절차를 거쳐야 할 것이다. 이것을 위반하면 무효 또는 취소사유가 될 것이다.[152)]

3. 손실보상의 요부

(1) 오로지 공익상 필요에서 행정행위가 철회된 경우에는 상대방이 받은 손해를 그대로 방치하는 것은 공평하지 않으므로, 보상할 필요가 있다.

(2) 법률에 따라서는 이 경우 보상규정을 둔 것도 상당히 있다(예: 수산업 79)

4. 철회사유

철회사유로는, ① 철회권의 유보, ② 부담의 불이행 등 상대방의 귀책사유에 대한 제재로서의 철회, ③ 사실관계나 법적 상황의 변경, ④ 그 밖의 중대한 공익상 필요를 들 수 있다.

5. 판례

우리 대법원은, ① 수익적 행정행위의 철회의 법적 근거에 관해서는 "근거불요설"을,[153)] ② 수익적 행정행위의 철회의 제한에 관하여는, 수익적 행정행위의 취

---

150) 김철용, 행정법 I, p. 305
151) 김동희, 행정법 I, p. 355
152) 우리 대법원은 일반적으로, 이 경우에 취소사유로 보고 있다.
153) 대판 2004. 11. 26, 2003두10251·10268

소의 경우와 같이 공·사익간의 적절한 비교형량이 필요하다고 판시하고 있다.[154]

6. 적법한, 수익적 행정처분의 철회에 관한 쟁점

(1) 적법한, 수익적 행정처분을 철회할 가능성은 단지 제한적으로만 인정될 수 있다. 「행정의 법률적합성원칙」과 「신뢰보호의 원칙」은 이 경우 행정처분의 존속을 지지한다. 수익적 행정처분은, 전부 또는 일부로, 장래효 또는 소급효로, 폐지(철회)될 수 있다.

(2) 수익적 행정처분은 단지 다음의 경우에만 철회될 수 있다 :

1) 철회가 법규에 의해 허용되어 있거나, 행정처분 안에 유보되어 있을 때 철회할 수 있다.

① 우선 행정청이 위법한 철회권유보로서 행정처분과 함께 불가쟁력이 발생한 철회권유보를 행사할 수 있는지에 대하여, 독일연방행정대법원은 가능하다고 한다[155] 다만, 철회권유보의 위법성은 재량결정의 범위안에서 고려될 수 있는데, 비교형량시 일반적으로 그 행정처분을 폐지(철회)할 수 없게 만든다. 이는 위법한 부담의 경우에서도 같다.

② 철회권유보에 기한 철회는 그 자체 적정한 사유에 기하여 정당화되어야 한다. 행정청이 철회결정에 있어 그런 사유를 제시하지 못하고, 단지 「철회권유보가 존재한다」는 것만을 제시한다면, 그 철회는 「재량의 불행사」 때문에 법적 하자가 있게 된다.

2) 행정처분이 부담과 결합되어 있고, 수익자가 이를 이행하지 않았거나, 그에게 주어진 기한 내에 이를 이행하지 않았을 때 철회할 수 있다 :

① 이 경우 철회사유는 특별히 비례원칙의 유보하에 있다.

② 따라서, 철회의 발령 전에, 먼저 「보다 덜 침해적인 수단으로서 부담을 관철시킬 수 있는 것」[예: 권고, 기한설정]이 있는지, 「필요성의 원칙」에 기해 심사해야 한다.

3) 행정청이, 사후에 발생한 사실에 근거하여, 행정처분을 발령하지 않을 권한

154) 대판 2004. 11. 26, 2003두10251·10268

155) BVerwGE, NVwZ 1987, 498; BVerwGE, NVwZ 1994, 580

이 있고, 철회없이는 공익이 위태롭게 될 때 철회할 수 있다.

4) 행정청이 변경된(개정된) 법규에 근거해서, 행정처분을 발령(발급)하지 않을 권한이 있을 때[또한, 수익자가 그 이익을 아직 사용하지 않았거나, 아직 행정처분에 근거한 급부를 받지 않은 경우에만, 그리고 철회가 없이는 공익이 위태로워지는 경우에만 철회할 수 있음].

5) 공공복리에 대한 중대한 불이익을 예방하거나, 제거하기 위해서 철회할 수 있다 : 이 경우는 「보충적 포괄조항」이므로, 가능한 한 엄격히 해석해야 한다.

(3) 위법한 행정처분은, 단지 취소될 수 있을 뿐 아니라, 철회될 수도 있다. 이것은 당연(물론)추론에 근거한다.

(4) 철회의 기한도, 독일의 경우 「연방행정절차법」 제48조 제4항의 「취소기한」[취소를 정당화하는 사유가 있음을 안 날부터 1년]이 철회에 관해 준용된다.

VI 침해적 행정행위의 철회

1. 요건

이 경우는 행정청의 재량하에 있고, 원칙적으로 장래효를 가진다.

2. 재량의 한계

(1) 재량의 일반적 한계를 지켜야 한다.

(2) 그 밖에, 동일한 내용의 행정행위가 다시 발급되어야 할 때(예: 기속행위)에는 철회가 허용되지 않고, 반면에 사실관계나, 법적 상황이 변경되어 행정행위의 발급이 더 이상 허용되지 않는 경우에는 철회는 발급되어야만 한다.

3. 철회권자

철회권은 원칙적으로 처분청만이 가지고, 감독청의 경우에는 명문의 규정이 있어야 한다.[156)]

Ⅶ 복효적 행정행위의 철회

이 경우는 복효적 행정행위의 취소의 경우와 같다.

Ⅷ 결어

이상을 알기 쉽게 도표로 나타내면 다음과 같다.157)

<table>
<tr><th colspan="3">수익적 행정행위</th><th>침익적 행정행위</th></tr>
<tr><td rowspan="3">직권 취소</td><td colspan="2">재량하에 있음</td><td rowspan="3">재량하에 있음</td></tr>
<tr><td colspan="2">신뢰보호의 경우</td></tr>
<tr><td>허용 안 됨</td><td>허용되되,
손실보상을 요함</td></tr>
<tr><td>직권 철회</td><td colspan="2">재량하에 있음. 다만, ① 철회사유가 있고, ② 보호가치 있는 경우에는 손실보상이 있는 경우에만 인정됨</td><td>원칙적으로
재량하에 있음</td></tr>
<tr><td>쟁송 취소</td><td colspan="2">행정행위에 의해 제3자가 불이익을 받지 않는 한, 허용 안 됨</td><td>당해 행정행위가 위법하고, 또한 원고의 법률상 이익을 침해하면, 취소해야 함</td></tr>
</table>

제9절 확언(확약)

Ⅰ 개념

1. 확언은, 장래에 작위 또는 부작위를 하겠다고 구속력 있게 자신을 의무지우는 행정청의 고권적 의사라고 할 수 있다.158)

156) 김동희, 행정법Ⅰ, p. 353

157) Maurer/Windhoff, Allg, VwR, p. 360을 참고함

158) BVerwGE 26, 36

2. 확언의 발급을 구할 수 있는 청구권은 원칙적으로 국민에게 존재하지 않는다. 확언의 발급여부는 행정권의 의무에 합당한 재량하에 있다.

3. 확언은 특히 투자의 리스크로부터 국민을 보호하는 것을 목적으로 한다.

4. 확언에는, ① 행정행위를 발급하거나 발급하지 않겠다는 것(확약)과, ② 그 밖의 행정작용을 행하거나 행하지 않겠다는 것이 있다. 전자의 예로는, 건축허가의 확언을, 후자의 예로는 계약을 체결하겠다는 확언을 들 수 있다.

Ⅱ 구별개념

1. 정보제공

이것은 행정청이 자신의 장래의 행동에 관하여 구속력이 없게 알려주는 것이다.

2. 예비결정

(1) 이것은 전체결정 중에서 미리 앞당겨진 구속력 있는 일부 결정으로서 독립적 취소가 가능한 행정행위이다.(예: 건축 7의 사전결정)[159]

(2) 대법원은 「폐기물관리법」상의 폐기물처리업 허가전의 사업계획 적정통보가 이에 해당한다고 보고 있다.[160]

3. 행정계약

이것은 2인 이상의 사람의 의사의 합치에 근거한 법적 행위임에 대해, 확언은 일방적인 행위이다.

159) 제7조(건축에 관한 입지 및 규모의 사전결정) ① 제8조의 규정에 의한 건축허가 대상 건축물을 건축하고자 하는 건축허가를 신청하기 전에 허가권자에게 당해 건축물을 해당 대지에 건축하는 것이 이 법 또는 다른 법령의 규정에 의하여 허용되는지의 여부에 대한 사전결정을 신청할 수 있다. ②-⑧(생략)

160) 대판 1998. 4. 28, 97누21086

Ⅲ 법적 성질

1. 확언이 행정행위인지 여부가 다투어지는데, 독일의 통설과 판례,[161] 그리고 우리의 통설은 행정행위로 보고 있다. 확언은, 행정행위개념의 모든 징표를 다 갖추고 있지만, 그 기능이 제한될 뿐(명확화 기능만 수행)이기 때문이다. 저자도 이것을 지지한다.

2. 우리 판례는, 「수산업법」상의 어업면허에 선행하는 우선순위결정이 확약에 불과하고 행정처분이 아니라고 판시하고 있다.[162]

Ⅳ 형식, 관할권, 절차

1. 형식

우리 판례에 따르면, 확언은 아무 형식을 요하지 않으나, 행정행위라고 보게 되면, 「행정절차법」 제24조의 문서주의에 따라야할 것이다.

2. 관할권(발령권자)

확언의 발령권한은 확언되는 것을 실행할 권한을 가진 행정청에게 있다.

3. 절차

법령에 특별한 절차(예: 관계기관과의 협의, 자문위원회의 심의)가 규정되어 있으면, 그것에 따라야 할 것이고, 규정이 없는 한, 특별한 제한은 없다.

161) Stelkens, NVwZ 1987, 471; BVerwGE, NVwZ 1986, 1011; BSG, NVwZ 1944, 830
162) 대판 1995. 1. 20, 94누6529

Ⅴ 효력

(1) 적법한 확언은 유효하고, 우리 대법원 판례의 입장(행정행위성 부인설)에서 보면, 위법한 확언은 효력이 없을 것이다.

(2) 확언을 행정행위로 보면, 위법한 행정행위의 일반이론에 의할 것이다.

(3) 확언 뒤에 사실관계나 법적 상황이 변경되면, 확언의 구속력은 없어진다.[163] 이 경우 확약에 의한 수익자는 철회 때와 달리 신뢰이익에 대한 손해배상청구권을 가질 수 없게 된다.

Ⅵ 권리구제수단

1. 확언의 발급이나 취소가 청구되는 경우, 확언을 행정행위로 보게 되면, 취소쟁송, 의무이행심판(부작위위법확인소송)이 올바른 소송형태가 될 것이다.

2. 확언의 준수를 요구하는 소송은, 확언이 행정행위이면, 의무이행심판 또는 당사자소송이 될 것이다.

3. 확언을 하는 경우 이를 명확하고, 완전하게 행하지 않은 경우에는 공무원의 직무상 불법행위로 인한 국가배상청구가 가능하게 된다.

제10절 행정의 자동화

Ⅰ 서설

1. 컴퓨터가 많은 기능을 수행하기는 하지만, 그것은 행정의 지원수단일 뿐이다. 컴퓨터는 공무원에 의해 운영되며, 미리 저장되어 있는 프로그램과 투입되는

163) 대판 1996. 8. 20, 95누10877

개별자료에 의해 업무를 처리하기 때문이다.

2. 또한, 행정결정의 문제에 의한 송달은 전자적 송달에 의해 전자문서로 대체될 수 있다. 다만, 정보통신기술의 사용선호와 국민의 권리보호의 조화가 필요하다.

3. 우리나라에서는 「전자정부법」의 시행에 따라 전자문서에 의한 행정이 본격화되고 있다.

Ⅱ 자동설비의 도움에 의해 발급되는 행정행위

1. 법적 문제

(1) 컴퓨터는 행정기관이 다수의 같거나, 같은 종류의 행정행위를 발급할 수 있게 해 준다.

(2) 그렇다고 해서 컴퓨터의 사용 때문에 행정작용의 행정행위성이 상실된다고 할 수는 없다. 행정청은 컴퓨터의 프로그램 작성이나, 구체적 자료투입에 의해 컴퓨터에 의한 결정을 유도하고, 컴퓨터에 의해 산출된 결정을 공표함으로써 구속력이 생기게 한다. 행정청은 이로써 자동화된 결정을 "자신의" 행정행위로 만든다.

(3) 독일의 판례들은,[164] 자동적으로 생성된 결정에 대해 그 행정행위성을 인정해 왔고, 독일 연방행정절차법도 이를 명문으로 규정하고 있다. 그 주요내용으로는, ① 행정청의 서명 생략, ② 숫자, 문자, 부호 등 사용, ③ 이유제시 생략, ④ 사전청문절차 생략 등이 있는데, 이 중 이유제시의무의 생략은 많은 비판을 받고 있다.

2. 위법한 "자동화된 결정"

(1) 컴퓨터에 만들어지는 행정행위의 위법성은 일반원칙에 따른다.

(2) 재량행위의 경우, 다툼이 있지만, 결정프로그램은 행정규칙(재량준칙)으로 볼 수 있고, 이에 따라 재량행위가 발급된다고 볼 수 있다.

164) BVerfGE, NJW, 1994, 574; BVerwGE, NJW, 1993, 1667

(3) 자동화된 행정행위에 대해서도 취소쟁송이 가능하고, 그 하자가 중대하고 명백한 경우에는 무효로 된다. 또한 명백한 오기·오산 등이 있으면 정정이 가능하다.

Ⅲ 자료보호(개인정보보호)

1. 개인정보보호는 특히 자동화된 결정과, 전자적 행정에서 문제로 된다. 축적된 개인정보가 거의 무한하고, 제3자의 침입(해킹)에 대한 확실한 방어수단이 없기 때문이다.

2. 독일연방헌법재판소는, 이와 관련하여 헌법상의 기본권(인간의 존엄과 자유로운 인격의 발현권) 등에 근거한 "정보에 관한 자기결정권"을 인정했다. 그것은 개인정보의 제한없는 수집·저장·사용·전파를 억제하고, 그 한도에서 원칙적으로 자신의 개인정보의 제공과 사용에 관해서는 본인 스스로가 결정할 개인의 권리를 보장한다.165)

3. 그러나, 이 권리는 압도적인 반대되는 공익이 있는 경우에는 제한이 인정되며, 다만 법률에 의해야 한다.166)

제11절 「행정행위」에 관한 기본판례(추가)

Ⅰ 「행정행위의 의의, 종류, 내용」에 관한 기본판례(추가)

(1) 대판 2015. 2. 12, 2013두987

(2) 대판 2015. 5. 29, 2013두635[강학상 인가]

(3) 대판 2016. 7. 14, 2015두48846[강학상 특허]

---

165) BVerfGE 65, 43

166) Maurer/Windhoff, Allg, VwR, p. 523

(4) 대판 2016. 8. 24, 2016두35762[인·허가의제]

(5) 대판 2016. 11. 24, 2014두47686[인·허가의제]

(6) 대판 2017. 3. 15, 2014두41190

(7) 대판 2017. 4. 28, 2017두30139[강학상 특허]

(8) 대판 2017. 10. 31, 2017도9582[공정력]

(9) 대판 2018. 10. 25, 2016두33537

(10) 대판 2017. 8. 29, 2016두44186[거부처분]

(11) 헌재 1998. 5. 28, 96헌가5[허가]

(12) 대판 1992. 6. 9, 91누11766[허가]

(13) 대판 1992. 4. 14, 91다39986[허가]

(14) 대판 2012. 11. 22, 2010두19270 전원합의체[허가]

(15) 대판 2013. 5. 9, 2012두22799[허가]

(16) 대판 2001. 6. 29, 2001두1611[허가]

(17) 대판 2011. 1. 20, 2010두14951 전원합의체[허가]

(18) 대판 2004. 7. 22, 2003두7606[허가]

(19) 대판 2007. 12. 27, 2005두9651[인가]

(20) 대판 2001. 12. 11, 2001두7541[인가]

(21) 헌재 1999. 6. 24, 97헌마315[공증]

(22) 대판 2004. 4. 22, 2003두9015 전원합의체[공증]

(23) 대판 2013. 10. 24, 2011두13286[공증]

(24) 대판 2012. 1. 12, 2010두12354[공증]

(25) 대판 2009. 1. 30, 2007두7277[공증]

(26) 대판 1996. 2. 9, 95누12507[통지]

(27) 대판 2000. 9. 22, 2000두2013[통지]

(28) 대판 2004. 4. 22, 2000두7735 전원합의체[통지]

(29) 대판 1995. 11. 14, 95누2036[통지]

(30) 대판 1983. 2. 8, 81누263[통지]

(31) 대판 2007. 6. 29, 2006두4097[수리]

(32) 대판 2010. 9. 9, 2008두22631[수리]

(33) 대판 2010. 9. 9, 2008두22631

(34) 대판 2010. 11. 18, 2008두167 전원합의체

(35) 대판 2010. 9. 30, 2009두1020

Ⅱ 「행정행위의 적법 · 유효성」에 관한 기본판례(추가)

(1) 헌재 2015. 1. 29, 2013헌바136[위헌법률에 근거한 행정처분]
(2) 대판 2015. 3. 20, 2011두3746
(3) 대판 2015. 6. 23, 2013다209008
(4) 대판 2015. 8. 27, 2013두1560
(5) 대판 2015. 10. 29, 2012두28728
(6) 대판 2015. 12. 10, 2011두32515[절차상 하자]
(7) 대판 2016. 7. 14, 2015두46598
(8) 대판 2017. 7. 11, 2016두35120
(9) 대판 2017. 7. 18, 2016두49938[하자의 승계]
(10) 대판 2017. 8. 29, 2016두44186
(11) 대판 2017. 12. 28, 2017두30122[무효요건]
(12) 대판 1987. 6. 9, 87누219
(13) 대판 1995. 7. 11, 94누4615 전원합의체
(14) 헌재 1994. 6. 30, 92헌바23
(15) 대판 2012. 8. 23, 2010두13463
(16) 대판 2013. 6. 13, 2011두19994
(17) 대판 2012. 2. 16, 2010두10907 전원합의체
(18) 대판 1966. 9. 6, 66누81
(19) 대판 1987. 6. 9, 87누219
(20) 대판 1996. 6. 28, 96누4374
(21) 대판 2013. 3. 14, 2012두6964
(22) 대판 1996. 4. 12, 95누18857
(23) 대판 1984. 4. 10, 83누393
(24) 대판 1969. 1. 21, 68누190

Ⅲ 「행정행위의 취소, 철회」에 관한 기본판례(추가)

(1) 대판 2017. 3. 15, 2014두41190
(2) 대판 2017. 3. 30, 2015두43971
(3) 대판 2017. 6. 15, 2014두46843
(4) 대판 2018. 6. 28, 2015두58195
(5) 대판 2003. 5. 30, 2003다6422
(6) 대판 2006. 5. 25, 2003두4669
(7) 대판 2012. 3. 29, 2011두23375
(8) 대판 1991. 4. 12, 90누9520
(9) 대판 1995. 2. 28, 94누7713

Ⅳ 「행정행위의 부관」에 관한 기본판례(추가)

(1) 대판 2016. 11. 24, 2016두45028
(2) 대판 2018. 6. 28, 2015두47737
(3) 대판 2007. 7. 12, 2007두6663
(4) 대판 1988. 4. 27, 87누1106
(5) 대판 1990. 4. 27, 89누6808
(6) 대판 1986. 8. 19, 86누202
(7) 대판 1992. 1. 21, 91누1264

04 그 밖의 행정의 행위형식

제1절 행정계약

I 서설

1. 행정주체와 사인 간의 권리변동은, 행정행위에 의해서만 행해지는 것이 아니고, 많은 경우 계약에 의해서도 행해진다. 예컨대, 지방자치단체로부터 수돗물의 공급을 받는 경우에는 급수계약에 의하고, 국가나 지방자치단체의 일반재산을 계약에 의해 임차하거나 매수하기도 한다.

2. 또한, 행정주체 간에도 계약이 체결되기도 한다. 예컨대, 지방자치단체의 구역의 경계를 이루는 도로의 관리비용의 분담에 관해서, 양 지방자치단체가 협의한다.

3. 이와 같이 행정주체를 그 일방 또는 쌍방의 당사자로 하는 계약이 행정계약이다.

4. 그런데, 최근에는 행정계약에 관하여 학설대립이 심하다. 종래에는, 행정계약을 공법에 속하는 공법상 계약과, 사법에 속하는 사법상 계약으로 나누고, 공법상 계약의 특수성을 논의하여 왔지만, 최근에는 그런 구별은 큰 의미가 없다고 주장하는 견해가 늘고 있다.

5. 이를 좀 상세히 보면 다음과 같다.

(1) 종래에는, 행정상 계약 중 공법상 계약만을 행정법학의 대상으로 보았다. 공법상 계약의 예로는, 보상계약, 공용부담계약 등을 들었고, 공법상 계약을 체결하려면, 법률의 근거가 필요한지 여부와, 어떤 요건하에 체결이 가능한지의 문제(공법상 계약의 허용성과 가능성), 공법상 계약과 사법상 계약의 효력의 차이 등이 주로 논의되었다.

(2) 그러나, 이에 대한 비판론은, ① 공법상 계약과 사법상 계약의 구별이 명확하지 않고, ② 행정목적을 실현하기 위한 수단으로서의 계약에는, 공법·사법에 관계없이 공통적인 배려사항과 성질이 있으며, ③ 현행법제도에 의하면, 민사소송과 행정소송(당사자소송)의 구별은 큰 의미가 없으므로, 공법상 계약과 사법상 계약을 구별할 실익이 없으므로, 양자를 일괄하여 행정계약으로 보고, 그 공통성질을 고찰하는 것이 적절하다고 보고 있다.[167)]

Ⅱ 행정계약의 종류

1. 조직법상의 행정계약과 작용법상의 행정계약

(1) 조직법상의 행정계약

1) 예컨대 지방자치단체가 다른 지방자치단체의 구역에 공공시설을 설치할 경우에, 당해 지방자치단체와 행하는 협의를 들 수 있다.

2) 또한 국가, 지방자치단체, 공사, 공단, 개인 특히 민간기업에 사무를 위탁하여 처리하게 하는 것도 들 수 있다(예: 노인복지시설에의 입소위탁).

3) 넓게는, 공공사업의 발주계약(조달계약)도 단순한 사법상 계약의 범위를 넘어서서 널리 행정계약의 일종으로서, 그 특징을 고려한 법리를 확립하여 적정한 운용을 하지 않으면 안 된다는 견해가 일본에서도 유력하다.[168)]

(2) 작용법상의 행정계약

이것은 행정작용에 관한 행정계약인데, 급부행정분야와 규제행정분야로 나뉜다.

---

167) 原田, 行政法, p. 207-208; 그러나, 독일의 경우 행정계약(Verwaltungsvertrag)이란 포괄적 개념을 쓰는 데는, 일본과 차이가 없지만, 여전히 그 중에서 공법상 계약에 해당하는지, 아니면 사법상 계약에 해당하는지는, ① 쟁송수단의 선택과, ② 연방행정절차법의 적용에 있어 중요한 의미를 가진다고 하면서, 그 구별기준은 “계약의 대상”, 즉 계약에 의해 설정·변경·소멸되는 권리와 의무가 공법에 속하는지를 가장 중요하게 생각하고 있다. (E.Gurlit, in; Erichsen / Ehlers, Allg, VwR, 2006년 p. 699)

168) 原田, 行政法, p. 208; 이와 비슷한 취지의 박정훈교수의 판례평석이 있다(박정훈, 체계, p. 230).

2. 급부행정분야에서의 행정계약과 규제행정분야에서의 행정계약

(1) 급부행정분야에서의 행정계약

1) 의의

① 급부행정분야에서는 행정행위보다 행정계약이 기본이다(예: 지방자치단체가 경영하는 병원, 버스, 수도 등의 공물·공기업 이용관계).

② 다만, 법률의 특별한 규정에 의해 행정행위의 형식을 취하는 것도 있다(예: 국가가 행하는 보조금의 교부결정, 공적연금 등의 사회보장급부, 아동·노인·장애인복지시설에의 입소조치).

2) 특색

① 평등원칙의 요청으로부터 차별적 취급이 금지되고, 사정변경이 있는 경우 행정청은 급부조건을 변경할 수 있다.

② 일상생활에 필수적인 서비스를 행하는 경우(수도 등)에는, 정당한 이유가 없는 한, 행정주체측에 계약강제가[169] 부과되고, 계약해제도 제한된다.[170]

(2) 규제행정에 있어서의 행정계약

1) 계약방식의 허용

이 분야에서는 행정행위가 기본적 형식이 된다. 그러나, 미지·불확실의 리스크가 오늘날 자주 발생하므로, 법령의 미비를 보충하여 상세한 규제를 실시하거나, 불확실한 리스크에 잠정적으로 대처하기 위하여 행정측과 관계인이 상호 협의하여 적절한 대응조치를 취하는 계약방식이 이용되지 않으면 안 되는 경우도 있다.

2) 환경보전협정

① 이것은, 사업자에게, 환경오염방지조치를 약속하게 하는 것을 내용으로 하는 지방자치단체와 사업자 간에 체결되는 협정을 말한다. 법률에서 규정하고 있지

---

169) 일본 하급심 판례(1975년 지방재판소) 중에는, 계약신청시에 형성효가 인정되고, 신청된 날에 계약이 성립된다는 것이 있다. 행정권의 태만으로부터 국민의 생존권을 보호하는 좋은 판결이라고 본다(原田, 行政法, p. 211).

170) 위법건축물에 대한 급수정지(단수)조치는, 특히 선의의 거주자에 대해 생활용수를 빼앗고, 공중위생상으로도 우려할 만한 결과를 일으킬 것이다.

않는 부분에 관한 의무나, 법률보다 더 엄격한 내용의 의무를 부과하는 것이 특징이다.

② 이런 협정에 대해서는 행정의 법률적합성원칙 위반이라는 비판이 제기될 수 있지만, 신체의 자유·정신적 자유에 대한 규제의 강화는 상대방의 동의가 있더라도 허용되지 않지만, 경제적 자유의 제약은, 상대방의 동의가 있고, 그것이 합리적인 목적 달성을 위해 필요한 한도 내에는, 법치국가의 원칙에 위반된다고 할 수 없다.

③ 이 협정의 실효성 담보는, 민사소송에 의하게 될 것이다.

Ⅲ 공법상 계약의 특질

1. 서설

(1) 최근에는 행정행위에 못지않게 공법상 계약의 중요성이 증가하고 있다. 다만, 이런 경향에 대해서는, 행정의 법률적합성원칙에 대한 훼손이 우려된다는 비판이 있다.171)

(2) 공법상 계약의 의의

공법상 계약은, 공법적 효과의 발생을 목적으로 하여 복수당사자 사이에서 반대방향의 의사표시의 합치로써 성립하는 공법행위이다.172)

(3) 구별문제

1) 행정행위와의 구별

행정행위는 그 개념상 "일방적·권력적"인 법적 행위인 점에서 구별된다.

2) 공법상 합동행위와의 구별

공법상 합동행위는 복수 당사자 사이에서 "같은 방향"의 의사의 합치에 근거한 법적 행위인 점에서 구별된다.

171) Schweickhardt / Vondung, Allg. VwR, p. 292
172) 김동희, 행정법 I, p. 219

3) 사법상 계약과의 구별

"계약의 대상"이 그 구별기준이다. 즉 계약에 의하여 설정·변경·소멸되는 권리와 의무가 공법에 속하는지 여부가 가장 중요한 구별기준이다.

2. 적법성과 위법성

(1) 공법상 계약에 의한 행정활동의 허용성

1) 공법상 계약은 강행법규에 위반되어서는 안 된다. 따라서, 법규에서 공법상 계약을 할 수 있도록 특별한 수권을 할 필요는 없다. 이것은 행정행위와 공법상 계약이 원칙적으로 대등한 가치를 가지고 있다는 데서 나오는 당연한 논리적 귀결이다.[173]

2) 법규가 행정행위에 의한 활동을 명문으로 규정하고 있는 경우에는, 해석에 의해 판단해야 한다. 즉 입법자가 공법상 계약에 의한 행정활동을 완전히 배제하려고 의도했는지 여부가 그 기준이 되는데, 불확실하면, 행정행위와 공법상 계약의 동가치성에 비추어, 계약형식의 선택은 금지되지 않는다.

(2) 공법상 계약의 내용상 허용성

그 계약의 내용이 법규에 위반해서는 안 된다.

3. 공법상 계약의 무효

(1) 서설

위법한 공법상 계획은 원칙적으로 무효이다.[174]

(2) 일부무효

이것은 민법상의 기본원칙과 같다. 즉 해당 공법상 계약이 그 무효인 부분이 없이는 체결되지 않았을 것으로 판단되면, 행정계약의 일부무효는 그 계약 전체의

173) Schweickhardt / Vondung, Allg, VwR, p. 296

174) 다만, 독일의 경우에는 연방행정절차법 제59조에 따라서, 위법한 공법상계약은 무효와 단순위법인 것으로 나뉜다.

무효를 가져온다.

(3) 공법상 계약의 유동적 무효

1) 제3자의 권리를 침해하는 공법상 계약은 그 제3자가 동의한 때에만 유효하게 된다.

2) 행정행위의 발급이 법규상 규정되어 있는 경우, 그 발급 시에 관계 행정청과의 승인·협의·동의를 필요로 하면, 당해 공법상 계약은 관계행정기관이 협의·동의한 때에 비로소 유효하게 된다.

(4) 사정변경과 해지

1) 사정변경이 생기면, 공법상 계약은 그 해지가 가능하게 된다.

2) 철회의 특별한 사유(공공복리에 대한 중대한 불이익을 예방하거나 제거하기 위한 경우)가 있는 경우에도 그 해지가 허용된다.

(5) 민법규정의 보충적 적용

1) 공법상 계약의 특징을 인정하면서도, 일정한 민법규정은 공법상 계약에 보충적으로 적용될 수 있다.

2) 예컨대, ① 계약해지와 그 청산, ② 의무위반으로 인한 손해배상, ③ 불가능한 급부를 규정하는 계약에 대한 손해배상, ④ 이행지체와 지연손해금, ⑤ 소멸시효, ⑥ 부당이득에 관한 것을 들 수 있다.

(6) 공법상 계약의 사법심사

1) 일반적으로, 공법상 계약에 기한 청구권의 관철을 위해서는, 법원의 확정판결이 필요하게 된다. 그 소송형태는 당사자소송이 될 것이다.[175)]

2) 공법상 계약상의 의무를 국민이 이행하지 않는 경우 행정청은 하명처분을 내릴 수는 없다. 행정청은 공법상 계약을 체결하면서 상대방과 대등한 지위에 서기로 결정했기 때문이다(물론 법률에 명시적으로 허용규정을 둔 경우에는 그것에 따른다).

---

175) 대판 1995. 12. 22, 95누4638(서울시립무용단원의 해촉에 관한 사안)

3) 공법상 계약에 의한 의무의 불이행으로 인한 손해배상청구도 당사자소송(행정소송)에 의해야 할 것이다.

Ⅳ 「공법상계약」에 관한 주요 판례(추가)

(1) 대판 1993. 9. 14, 92누4611

(2) 대판 1995. 5. 31, 95누10617

(3) 대판 2001. 12. 11, 2001두7794

제2절 행정상 사실행위

Ⅰ 서설

1. 개념

(1) 행정상 사실행위는 법적 효과가 아니라, 사실상의 효과를 지향하는 모든 행정작용을 가리킨다.

(2) 다만, 간접적으로는 법적 효과가 발생될 수 있다(예: 위법한 사실행위에 대한 국가배상청구권 발생).

(3) 사실행위[=단순고권행위=비정식적 행정활동]는, 명령이나 구체적 법적 효과없이 행하는 활동, 즉 「규율적 효력이 없는 활동」이다:

1) 사실행위는 「실제의 성과」를 목표로 한다. 이 점에서 「직접적 법적 효과」를 지향하는 행정처분과 다르다. 또한, 「규율」의 요소가 없으므로, 법규와 행정계약과도 다르다.

2) 사실행위는, ① 인식선언(인식의 표시)과, ② 사실상의 실행으로 나뉘나, 법적 차이는 없다.

3) 「인식의 표시」에는, 행정청의 정보제공 또는 통보(통지)가 속하는데, 독일의 경우 실제로 중요한 것은 연방정부에 의한 국가의 「경고」인데[예: 건강유해식품, 청소년단체에 대한 것], 그 적법성이 종종 의심되고 있다.

4) 사실행위의 예로는, 금액의 지급, 국가의 시설에 의한 장해적 침해[예: 지방자치단체가 운영하는 정화시설에서 나오는 소음], 공용차의 운행, 관청청사의 건축을 들 수 있다.

(4) 사실행위는, 「규율」이라는 구성요건표지를 제외하고는, 일반적으로 행정처분의 다른 모든 전제요건을 충족시킨다. 따라서, 사실행위는 공법영역에서의 조치이다. 「행정의 사[私]법상 조치」와의 구별에 대하여는, 공법과 사[私]법의 구별기준에 의한다. 즉 사실행위가 공법에 근거하면, 그것은 공법적 성질의 것이고[예: 독일의 경우 「연방행정집행법」 제12조의 직접강제의 실행], 사실행위는 일차적으로는, 단지 사실상의 결과만을 목표로 하나, 추가적인 법적 효과가 발생할 수 있다[예: 공무수행자동차의 운행시 청색등을 켠 것이 사고의 원인이 된 경우, 국가배상책임이 발생할 수 있음].

2. 종류

(1) 가장 중요한 구분은 권력적 사실행위와, 비권력적 사실행위이다. 이것은 당해 행위가 공권력의 행사인 실력행사인지 여부에 의한 것이다.

(2) 권력적 사실행위로는, 행정대집행의 실행, 전염병환자의 강제격리 등을 들 수 있고, 비권력적 사실행위로는 공공시설의 설치, 쓰레기수거 등을 들 수 있다.

3. 법적 근거와 한계

(1) 법적 근거

1) 조직법적 근거는 반드시 필요하다.

2) 작용법적 근거는, 권력적 사실행위인 경우에는 반드시 필요하다고 할 것이다.

(2) 한계

1) 권력적 사실행위의 경우에는 행정행위의 경우와 거의 같다.

2) 사실행위가 재량행위인 경우, 재량의 수축법리가 적용된다.

3) 사실행위는 관계법상의 모든 실체적, 절차적 요건을 충족해야 하고, 행정법의 일반원리인 비례원칙, 평등원칙, 신뢰보호의 원칙을 준수해야 한다.

(3) 사실행위의 적법성전제요건

1) 사실행위의 적법성전제요건에 대한 법률규정이 거의 없지만, 사실행위는 법에서 자유로운 것이 아니다. 특히 행정처분에 대하여 적용되는 적법성원칙들[예: 관할권질서의 준수, 법률우위의 원칙, 법률유보사항인 경우 법률유보의 원칙, 비례원칙]은 사실행위에 대해서도 적용된다. 따라서, 관할권있는 경찰만이 위해방지를 위하여 「금지」명령 대신에 관계국민에게 「경고」를 발할 수 있다. 또한 「법률우위의 원칙」에서, 사실행위도 법률에 위반할 수 없음이 나온다.

2) 「법률유보의 원칙」은, 사실행위에 대해, 그것이 기본권침해를 야기시키면, 특별한 수권근거를 요구하게 된다. 「비례원칙」에 따르면, 사실행위는, ① 정당한 목적에 기여해야하고, ② 그 목적달성을 위하여, (i) 적합하고(적합성의 원칙), (ii) 필요하며(최소침해의 원칙), (iii) 상당해야(협의의 비례원칙) 한다.[176]

4. 권리구제문제

(1) 손해전보

1) 행정상 손해배상(국가배상)

① 위법한 사실행위로 손해를 입은 자는 국가배상을 청구할 수 있다.

② 대법원은, 권력적 작용 외에 행정지도와 같은 비권력적 작용도 국가배상청구의 대상이 된다고 판시하고 있다.[177]

2) 행정상 손실보상

적법한 사실행위로 사인이 특별한 손실을 입으면, 법률이 정하는 바에 따라 손실보상을 청구할 수 있다.

176) Ossenbühl, NVwZ 2011, 1357

177) 대판 1998. 7. 10, 96다38971

(2) 행정쟁송

1) 권력적 사실행위는 행정쟁송법상의 "처분"에 해당하므로, 그로 인해 침해받은 자는 행정쟁송을 제기할 수 있다. 다만, 사실행위는 단기간에 집행이 끝나는 경우가 많으므로, 좁은 의미의 소의 이익이 부정되기 쉬울 것이다.

2) 행정지도 등 비권력적 사실행위가 행정쟁송법상의 처분개념 중 "그 밖에 이에 준하는 행정작용"에 해당하는지가 다투어진다.[178] 대법원은, 이는 상대방 등의 법률상 지위에 직접적인 법률적 변동을 일으키지 않아 항고소송의 대상이 될 수 없다고 판시하고 있다.[179]

(3) 결과제거청구권

1) 사실행위로 인해 침해받은 사인은 사실행위가 위법하면 행정청에게 위법한 사실행위로 인하여 발생한 사실을 제거할 것을 요구할 권리를 가진다(그것이 가능하고, 수인될 수 있는 경우에 한함).

2) 이것은 당사자소송(행정소송)에 의해야 할 것이다.

(4) 헌법소원

권력적 사실행위로 인하여 헌법상 보장된 기본권이 침해되면 헌법소원을 제기할 수 있다.[180]

Ⅱ 행정지도

1. 의의

(1) 행정을 수행함에 있어서는, 행정행위나 행정계약에 의함이 원칙이지만, 비정식적 행위형식인 행정지도에는, 법의 불비를 보완하고, 당사자의 납득을 얻으면서, 행정수요의 변동에 임기응변으로 대응할 수 있는 장점이 있다. 다만, 그 적법성을 둘러싼 다툼이 있다.

---

178) 일본의 경우, "형식적 행정행위론"으로 다루어지고 있다.
179) 대판 1993. 10. 26, 93누6331
180) 헌재 2005. 5. 26, 2001헌마278

(2) 「행정절차법」 제2조 제3호는, 행정지도를, 행정기관이 그 소관사무의 범위 안에서 일정한 행정목적을 실현하기 위하여 특정인에게 일정한 행위를 하거나 하지 않도록 지도·권고·조언 등을 하는 행정작용이라고 규정하고 있다.

2. 종류

(1) 규제적 행정지도

이것은 행정의 상대방의 활동을 규제할 목적으로 행하는 것인데, 예컨대, 요금 인상을 둘러싼 행정지도를 들 수 있다.

(2) 조성적(助成的) 행정지도

이것은 국민에 대해 정보를 제공하여 그 활동을 조성하려는 것인데, 예컨대 영농지도, 경영지도를 들 수 있다. 보조금의 교부, 자금융자 등이 자주 수반된다.

(3) 조정적 행정지도

이것은 사인 간의 분쟁해결을 위해 행해지는 것인데, 예컨대 건축주와 인근주민간의 분쟁의 해결·조정을 위한 행정지도를 들 수 있다.

3. 문제점

(1) 원래 행정지도는 비권력적 행정활동이고, 이에 따를지 여부는 그것을 받는 국민의 의사에 달려 있다. 그러나, 실제로는 행정지도(특히 규제적 행정지도)에 따르지 않으면, 사실상의 불이익(보복)을 행정기관으로부터 받지 않을까 하는 불안감이 있어 억지로 따르게 되는 경우도 있다.

(2) 예컨대, 건축관계법령에는 적합하지만, 인근주민과의 합의가 될 때까지는 건축허가를 유보한다는 것을 들 수 있다.

(3) 이를 막기 위하여, 「행정절차법」은, ① 행정지도는 그 상대방의 의사에 반하여 부당하게 강요하면 안 되고(48①), ② 행정지도의 상대방이 이에 따르지 않았다는 것을 이유로 불이익한 조치를 해서는 안 되며(48②), ③ 그 목적달성에 필요한 최소한도에 그쳐야 한다(48①)고 규정하고 있다.

사 례

행정지도의 법적 통제

「행정절차법」 제48조 제1항에서는, 「행정지도는 행정지도의 상대방의 의사에 반하여 부당하게 강요하여서는 아니된다.」라고 규정되어 있는데, 그 해석으로서, 「진지하고 명확하게 지도에 따르지 않는다는 의사를 시민이 표명했는데도, 그 이후 계속되는 행정지도는 위법하게 된다.」라고 하는 것이 일반적인데, 왜 시민이 싫어한 단계에서 곧바로, 행정지도는 위법하게 되지 않는가?

➡ 행정지도는 「상대방의 임의의 협력에 의하여서만 실현되는 것이다.」 이 정의로부터 임의성이라는 제약이 도출된다. 따라서 지도에 따르지 않았음을 이유로, 행정은 불이익취급을 해서는 안 되며, 또한 신청인이 「행정지도에 따르지 않는다는 의사를 표명함에도 불구하고 당해 행정지도를 계속하는 것」은 권리행사를 방해하는 행위로서 위법하게 된다. 이것들은, 행정지도의 내용에 관계되는 것이고 (이것을 「실체법규정」이라 한다) 엄밀히는 「행정절차법」의 규제대상은 아니다. 그럼에도 불구하고, 이런 것들이 명시된 것은, 행정지도가 남용되었음을 반성하는 의미라고 할 수 있다. 중요한 해석문제는, 지도에 따를 의사가 없음을 시민이 표명하는 경우 이를 어떻게 판정할 것인가 하는 것이다. 이에 대하여는, 「행정지도에는 결코 협력할 수 없다는 의사를 진지하고 명확하게 표명」하고 있는 경우에는, 불협력이 사회통념상 정의의 관점에 반하지 않는 이상, 이후 행정지도를 계속하는 것은 위법하다」고 보는 것이 일반적이다.

중요한 점은, 불복종의 의사를 일단 나타내면 충분하지 않는가 하는 점이다. 행정지도는 상대방의 임의의 협력에 기초를 두는 것은 대전제이다. 그러나 시민이 불복종의 의사를 조금이라도 나타내면 지도할 수 없다고 한다면, 설득을 내용으로 하는 행정지도는, 전혀 성립할 수 없다. 바꾸어 말하면, 당초는 복종에 승낙하지 않았던 자의 의사를 바꾸게 하는 점에 설득의 의미가 있다고 하면, 확고하게 불복종의 의사가 명확히 된 단계에 지도의 한계를 두는 것이 적절하다. 불복종의 의사판정은, 지도의 상대방의 주관(의사표명)에 착안하지만, 그것은 제3자의 눈에서 보더라도 불복종이라고 인정될 정도의 객관화된 합리적 의사를 기준으로 한다. 행정지도가 내려진 객관적 상황도 판단요소로 된다.

4. 법률의 근거문제

(1) 서설

행정지도는 실제로는 국민에 대해 강한 영향력이 있으므로, "행정의 법률적합성"의 관점에서 행정지도에도 법률의 근거가 필요하지 않는가가 문제로 된다.

(2) 조직법규와의 관계

모든 행정작용은 조직법규에 규정된, 당해 행정기관의 소관사무의 범위 내에서 행해져야 한다. 이것은, 행정지도의 경우에도 마찬가지다.

(3) 작용법규와의 관계

이에 대하여는 학설대립이 있는데, 통설과 판례는, 행정지도는 비권력적 사실행위이므로 법률의 근거가 반드시 필요한 것은 아니라고 한다.

(4) 행정지도의 한계

1) 행정지도는 법률의 취지나 목적에 어긋나면 안 된다.

2) 행정지도는 평등원칙, 비례원칙 등 법의 일반원칙에 어긋나면 안 된다.

3) 상대방의 임의성을 위협하면서, 행정지도에 따르는 것을 사실상 강제하는 것과 같은 행정지도는 허용되지 않는다.

4) 「정부의 강박행위」에 관하여, 우리 대법원은, 「주식매각의 종용이 정당한 법률적 근거없이 자의적으로 주주에게 제재를 가하는 것이라면 이 점에서 벌써 행정지도의 영역을 벗어난 것이라고 보아야 할 것이고 만일 이러한 행위도 행정지도에 해당한다고 한다면 이는 행정지도라는 미명하에 법치주의의 원칙을 파괴하는 것이다」라고 판시하고 있다[대판 1994. 12. 13, 93다49482].

5. 방식과 절차

(1) 방식

개별법에 규정이 있으면 그에 따르지만, 규정이 없으면 「행정절차법」이 적용되는데, 동법은, ① 행정지도실명제(49①), ② 서면교부청구권(49②), ③ 다수인에 대한 행정지도의 공통사항의 공표(51)를 규정하고 있다.

(2) 절차

행정절차법 제50조는, 행정지도의 상대방이 행정지도의 방식과 내용에 관해 행정기관에 의견을 제출할 수 있다고 규정하고 있다.

6. 권리구제

(1) 서설

이것은 위법한 행정지도에 의해 권리이익을 침해당한 경우, 국민은 어떤 구제를 받을 수 있는가의 문제이다.

(2) 취소소송

통설과 판례는, 행정지도는 비권력적 사실행위이므로, 취소소송의 대상인 "처분"에 해당하지 않고, 다만, 그 행정지도에 따르지 않은 것을 이유로 행해진 후행 처분을 대상으로 다툴 수 있을 뿐이라고 한다.

(3) 국가배상청구소송

위법한 행정지도에 의해 생긴 손해에 관하여는, 국가배상청구가 인정된다. 다만, 상대방이 전적으로 임의로 행정지도에 따른 경우에는 국가배상이 인정되기 어렵다.

「행정지도와 국가배상」에 관하여, 우리 대법원은, 「피고(강화군수)가 1995. 1. 3. 원고에 대하여 행한 행정지도는 그에 따를 의사가 없는 원고에게 이를 부당하게 강요하는 것으로서 행정지도의 한계를 일탈한 위법한 행정지도에 해당하여 불법행위를 구성하므로, 피고는 1995. 1. 3.부터 원고가 피고로부터 "원고의 어업권은 유효하고 향후 어장시설공사를 재개할 수 있다"는 취지의 통보를 받은 1998. 4. 30.까지 원고가 실질적으로 어업권을 행사할 수 없게 됨에 따라 입은 손해를 배상할 책임이 있다」라고 판시하고 있다[대판 2008. 9. 25, 2006다18228].

(4) 헌법소원

우리 헌법재판소는, 규제적 행정지도에 관해 헌법소원의 대상이 될 수 있다고 하는데, "교육인적자원부장관의 대학총장들에 대한 이 사건 학칙시정요구는 행정지도의 일종이지만, 그에 따르지 않을 경우 일정한 불이익을 예정하고 있어 사실상 상대방에게 그에 따를 의무를 부과하는 것과 다를 바 없으므로 행정지도로서의 한계를 넘어 규제적·구속적 성격을 상당히 강하게 갖는 것으로서 헌법소원의 대상이 되는 공권력의 행사이다"라고 판시하고 있다.[181]

181) 헌재 2003. 6. 26, 2002헌마337 등(병합)

7. 독일행정법에서의 "비정식적 행정작용"

(1) 서설

1) 이것은 행정청의 결정이 있기 전이나, 그 결정에 대신하여 행정청과 국민이 미리 협상하거나, 그 밖의 접촉·교섭을 하는 것을 가리킨다. 이것은 법적 구속력이 없고, 따라서 행정상 사실행위에 속한다.

2) 이런 경우에는 행정청은 스스로를 법적으로 구속시키려고 하는 것은 아니므로, 공법상 계약이나, 예비결정이나, 확언이 있는 것이 아니고, 단지 비구속적인 협상, 즉 신사협정이 있을 뿐이다.[182)]

3) 비정식적 행정작용은 독일의 경우 특히 민주주의 원리에 맞게, 기본권의 주체인 국민의 지위가 분명해진 점에 기인한다고 한다.

4) 오센뷜(Ossenbühl)은, 비정식적 행정작용을, "전통적인, 법적으로 정식화된 행정의 행위형식에 속하지 않는 모든 행정작용"이라고 정의하는데, 이에 따르면, 협상 외에, 경고, 권고, 정보제공, 헌법상 공식화된 입법절차 외에서 수행되는 행정의 규율형성과 규범제정이 다 포함된다.[183)]

5) 점점 더 협상과 설득이 중요해지고 있다. 비정식적 행정작용은 자주 행정청의 결정 전의 사전단계에서, 중요한 사실관계와 현행법의 상황을 해명하고, 조절하기 위해 사용된다, 즉 비정식적 행정작용은 정식적 행정결정[예: 행정처분, 공법상 계약]의 사전단계로 사용되나, 그것을 대체할 수도 있다. 또한, 진행 중이던 행정절차를 관계인의 타협으로 정리할 수도 있다.

[예: 불법건축물의 철거 등 국가의 침해적 조치를 피하기 위해서, 관계국민이 위법한 상태를 자진해서 처리하는 것에 관해 협상하는 것]

6) 협상 등 비정식적 행정작용의 특징은 「법적 비구속성」인데, 이것이 공법상 계약과의 본질적 차이점이다. 따라서, 비정식적 행정작용은 「사실행위」에 속한다.

---

182) Maurer/Windhoff, Allg, VwR, p. 469

183) Ossenbühl, VTR, 1987, p. 29 이하

(2) 법적 검토

1) 허용성

비정식적 행정작용은 그 자체 허용되지 않는다고 할 수 없다. 오히려, ① 국민의 의견을 청취할 헌법상의 행정의 의무, ② 국민에게 해당 사안을 폭넓게 해명할 행정의 의무, ③ 공익과 관계 개인의 이익을 똑같이 고려하여 행정결정에 반영시킬 의무에 비추어, 이것은 더욱 발전되어야 할 현상이다.

비정식적 행정작용과 관련된 잠재적 위험들[① 법률규정의 면탈, ② 공익과 제3자의 이익의 경시, ③ 사법심사에의 접근에 장해가 됨]에 비추어 그 법적 허용성이 의문시된다. 그러나, 비정식적 행정작용의 장점[① 효율적 형성, ② 정식적 행정절차의 부담경감, ③ 국민의 수용성제고, ④ 소송을 줄일 수 있음]에 비추어, 다수학설은 비정식적 행정작용은 허용된다고 보고있다[마우러(Maurer)교수 등]

2) 효력

① 비정식적 행정작용은 법적 구속력이 없다. 따라서, 행정청이나 국민 쌍방은 모두, 사정변경이 생겼거나, 자신의 판단이 바뀌면, 그 협상된 내용에서 벗어날 수 있다.

② 또한, 협상의 이행을 구할 수 있는 권리나 협상불이행에 기인한 손해배상청구가 인정되지 않는다. 다만, 계약체결상의 부수적 주의의무 위반으로 인한 손해배상책임은 유추적용될 수 있다.

3) 한계

① 행정은 사실행위에 있어서도 법률과 법원칙에 구속된다.

② 행정지도는, 실체법적으로, 법령에 위반하면 안 되고, 절차법적으로는, 절차상 보장된 것(예: 제3자의 의견청취절차에서의 참여권침해)을 탈법적으로 회피하면 안 된다.

③ 비정식적 행정작용의 한계는, (ⅰ) 행정의 법률적합성원칙, (ⅱ) 다른 관계국민의 절차적 권리의 보호, (ⅲ) 평등원칙, (ⅳ) 부당결부금지원칙, (ⅴ) 비례원칙, (ⅵ) 관할권질서의 준수원칙 등에서 나온다.

제3절 사법(私法)형식의 행정작용

I 서설

1. 행정주체는 법규가 명시적으로 달리 정하지 않는 한, 공법상 행위형식과 사법상 행위형식 중에서 선택의 자유를 가진다. 문제는, 사법형식이 사용되는 경우에 어떻게 통제하느냐 하는 것이다.

2. 사법형식의 행정작용은, 그 목적에 있어서, 행정업무의 수행과 직접적 관련을 가지는지 여부에 따라, ① "행정사법"(行政私法)과, ② 좁은 의미의 국고작용으로 나뉜다.

3. 행정에게 원칙적으로 허용되어 있는, 공법적 행위수단과 사[私]법적 행위수단 간의 「선택의 자유」에 비추어, ① 사[私]법적 행정활동에 한계가 주어져 있는지 여부와, ② 한계가 있다면, 어느 정도인지가 다투어지고 있다.

II 행정사법

1. 행정사법작용은, 행정기관이 공행정목적을 달성하기 위해 행하는 사법적 형식의 행위로서 일정한 공법적 규율(기본권, 관할권규정)을 받는 것을 말한다.

2. 예컨대 지방자치단체가 수돗물공급(직접적 행정업무)을 하면서, 사법적 형식으로 수행하는 경우이다. 이때 지방자치단체는, 자신의 소속기관을 통하거나, 주식회사를 설립해서 이 업무를 수행할 수 있다.

3. 이 경우 공법적 조직형태에 있어서는 그 이용관계가 공법적 또는 사법적 형태의 선택이 이용되고, 사법적 조직형태의 경우에는, 그 이용관계는 오직 사법적 형태만이 허용된다.

4. 이것을 알기 쉽게 도표로 나타내면, 다음과 같다.

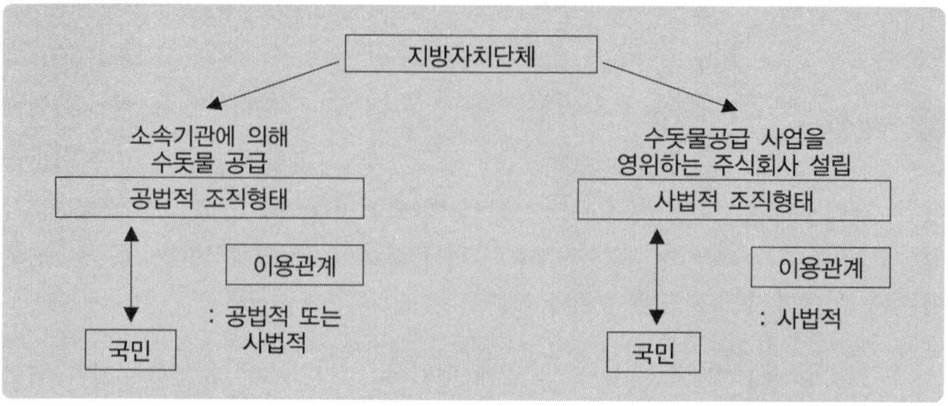

5. 사법형식의 행정은 특히 급부행정분야에서 대폭 증가하고 있다. 그러나, 행정권은 사법적 형식을 선택한다고 해서, 공법적 구속을 벗어날 수는 없다.

예컨대 기본권, 권한규정, 행정법의 일반원칙이 그것이다. 독일의 볼프(Wolff)는, 이 점에 착안하여 행정사법개념을 만든 것이다.

6. 예컨대 A시가 전차주식회사의 대주주인 경우, 그 주식회사는 헌법상의 평등원칙에 구속되므로, 요금책정에 있어서 평등원칙을 준수해야 한다.

7. 행정사법에 대한 분쟁은 민사소송에 의한다.

우리 대법원은, 전화가입계약은 사법상의 계약관계이므로 그 해지는 항고소송의 대상이 되는 행정처분이 아니라고 판시하였다.[184)]

Ⅲ 국고작용

1. 의의

이것은, 행정기관이 사법적 형태로 활동할 때 그 활동 목적이, ① 행정기관의 재정목적(재산관리, 재화조달)이거나, ② 경제(영리)활동인 경우를 말한다.

184) 대판 1982. 12. 28, 82누441

2. 조달작용

(1) 조달행정은 행정권이 자신의 대외적 행정업무를 수행하기 위해 재화나 용역을 조달받는 데에 있다. 이 경우는 사법규정이 원칙적으로 적용되고(매매, 임대차, 도급계약 등), 그 분쟁에 관한 해결도 민사소송에 의한다.

(2) 문제는 대규모 정부발주의 경우이다. 이런 대규모 프로젝트에는 매년 엄청난 예산이 투입된다. 이 경우 경제정책, 경기정책, 사회정책 등 목적의 수단이 된다. 또한, 사기업 입장에서는 그 프로젝트를 수주받을 수 있는지 여부는 기업의 사활에 관한 문제가 될 수 있다.

(3) 이 때문에 공공사업의 발주는 점점 더 공법적으로 구속되고 있다. 이에 따라 상당수 학설은, 기본권과 행정법의 일반원칙은, ① 공법적 행정활동과, ② 행정사법과, ③ 조달행정 중 적어도 발주부문에 적용된다고 한다.[185)]

3. 영리활동

(1) 이것은 국가가 경제생활에 있어 기업으로 나타나는 경우이다.

(2) 영리활동은, 다른 사기업과 같이, 사법에 따라서, 경제원칙에 따라 행해진다.

(3) 지방자치단체의 경우 그 영리활동은 공적 목적이 그 영리활동을 정당화할 수 있을 때에만, 허용된다.

(4) 영리활동의 경우에도, 공법적 구속(기본권과 행정법의 일반원칙에의 구속)이 적용된다고 본다(다수설은 아직은 이에 반대하고 있다).

(5) 국가의 경우에는 공적 목적의 제약이 더욱 엄격하지만, 기본원칙은 지방자치단체와 같다.

Ⅳ 공무수탁사[私]인

1. 이는, 「① 법률에 의해서, 또는 ② 법률의 위임에 기하여[즉 법률의 위임을

185) Maurer, Allg, VwR, p. 46, 51-52

받은 법규명령 또는 행정처분에 의해, 공무수탁계약[이는 「고권적 임무의 위탁」이므로, 공법상 계약임]에 의하여, 개별적·고권적 임무를 자신의 이름으로 행할 수 있도록 맡겨진 사(私)법상의 자연인 또는 법인」을 말한다.

2. 법률에서는, ① 고권적 권한의 위탁여부와, ② 고권적 권한의 위탁의 종류와 범위, ③ 책임(구상권 행사)을 스스로 규율해야 한다[186]. 즉 이상 세 가지는 법률유보사항이다.

3. 공무수탁사인은 외부관계에서 「연방행정절차법」1조4항의 의미에서의 「행정청」에 해당한다. 공무수탁사인은 비록 사(私)법상 권리주체이지만, 제한된 범위 내에서는, 고권적으로 행동할 수 있다[예: 행정처분을 발령하거나 수수료를 징수할 수 있음].

4. 공무수탁사인은 위탁한 행정주체의 「법적 감독」과 「전문성 감독」하에[즉 적법성통제와 합목적성통제하에] 놓이며, 이 범위 안에서, 공무수탁사인자신이 행정주체로 된다. 공무수탁사인제도의 목적은, 국가가 사(私)인의 특별한 전문지식을 활용하고, 동시에 행정기관의 부담을 경감시키려는 데에 있다[예: 자동차운전면허시험, 자동차검사업무를 행하는 기술적 감독사단(TÜV), 국가가 승인한 대체학교로서의 사(私)립학교].

5. 「행정보조자」는, 「독립적으로 활동하지 못하고, 위탁에 의하여 단순한 보조활동을 하며, 그에게 위탁한 행정청의 지시에 따라 맡겨진 일을 수행한다는 점」에서, 공무수탁사인과 다르다. 행정보조자의 행위는, 위탁한 행정청과 행정청이 소속된 고권주체에게 직접 귀속한다. 행정보조자는 행정주체도, 행정청도 아니다.

6. 국가와 「사(私)기업」은 사(私)법상 계약[=협력계약]을 체결하고, 사(私)기업은 국가를 위하여 일하면서 계약을 이행한다. 사(私)기업은, ① 보조활동을 하면서도, 행정보조자와는 달리, 또한 ② 그 위탁의 범위 내에서 독자적으로 활동한다[예: 도로건설도급계약을 맺은 사(私)기업이 도로공사를 하는 것, 견인계약을 맺은 견인업체가 불법주차된 자동차를 견인하는 것]. 사(私)기업은 공무수탁사인과 달리, 고권적 권한을 행사할 수 없다. 사(私)기업의 행위는, 직접 위탁한 행정청에게 귀속된

186) BVerwG, DVBI. 2010, 1437

다는 점에서, 행정보조자와 같다.

7. 공무수탁사인은 공적 직무행사를 할 수 있다. 즉 공무수탁사인은, ① 법률에 의하여 개별적인 고권적 임무의 수행을 위탁받거나, ② 법률의 위임에 근거하여 개별적인 고권적 임무의 수행을 위탁받은 자로서, 각각 자신의 이름으로 그 범위 안에서 그 개별적, 고권적 임무를 수행할 수 있는 자이다.

8. 행정보조자나 사(私)기업의 행위는 국가배상청구권을 발생시킬 수 있다.

9. 행정보조자는, 「도구이론」에 따르면, 「광범한 범위에서 행정청의 지시하에 있어야 하고, 행정의 도구로서, 즉 국가권력의 연장된 팔로서 나타나는 자」이다[187]. 그러나, 사(私)기업이나, 공무수탁사인의 경우에는, 그러한 「지시종속성」이 없고, 오히려 각각 자신에게 맡겨진 일을 독자적으로 수행한다. 그런데, 예컨대 사(私)기업(견인업체)이 경찰의 위탁으로 불법주차된 자동차를 견인하면서 그 자동차를 손상시킨 때에는, 행정보조자처럼 「도구」로 나타나는 것은 아니므로, 엄격한 의미에서는 「국가에 귀속될 공법상 행위」는 없다. 그러나, 적어도 침해행정영역에서는, 국가는 자신에 의해 사(私)인에게 위탁함으로써, 그 책임을 피할 수는 없으므로[즉 '사(私)법으로의 도피'는 허용안됨], 이 경우 사(私)기업의 하자있는 행위에 대한 국가배상책임이 발생한다고 독일민사대법원[BGH]이 판시하고 있다[188].

V 「국고행정」에 관한 주요판례

「국고행정」에 관하여, 우리 대법원은, 「전화가입계약(판결당시의 '전화국'은 관청조직이었음)은 전화가입희망자의 가입청약과 이에 대한 전화관서의 승낙에 의하여 성립하는 영조물이용의 계약관계로서 그 성질은 사법상의 계약관계라고 할 것이므로 피고(△△전화국장)가 구 전기통신법시행령 59조에 의하여 전화가입계약을 해지하였다하여도 이는 사법상의 계약의 해지라 할 것이고 이를 항고소송의 대상이 되는 행정처분으로 볼 수 없다」라고 판시하고 있었다[대판 1982. 12. 28, 82누441].

187) BGHZ 48, 98
188) BGHZ 121, 161

Ⅵ 사(私)법적 형식에 의한 행정활동을 알기 쉽게 도표로 나타내면 다음과 같다.[189]

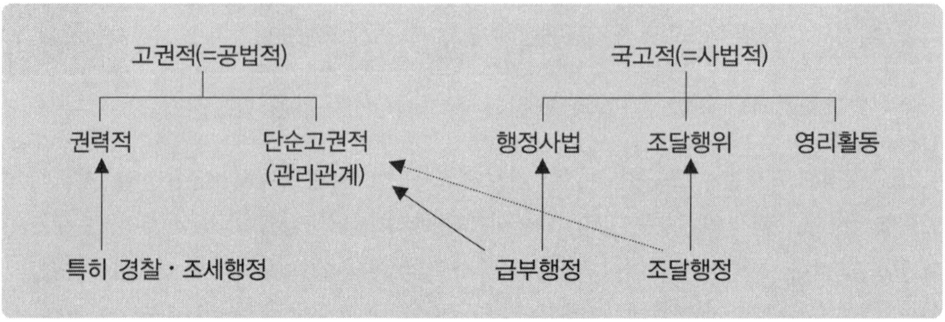

189) Maurer, Allg, VwR, p. 47

05 | 행정상의 강제조치

제1절 행정강제 개설

I 의의

1. 서설

행정강제(행정상의 강제조치)는, 행정기관이 행정목적을 실현하기 위해 국민의 신체나 재산에 대해 유형력을 행사하는 작용을 말한다. 이것에는, ① 행정상 강제집행과, ② 행정상 즉시강제가 있다.

2. 행정상 강제집행

국민이 법령 또는 행정행위에 의해 미리 명해진 의무를 이행하지 않는 경우에, 행정기관이 의무의 이행을 강제하기 위해 실시하는 것을 말한다(예: 대집행).

행정상 강제집행은, 행정처분에 의해 설정된 공법상 의무에 기한 강제적 관철이며, 행정청에 의한 특별한 행정절차이다.

행정상 강제집행은 자력집행이다. 여기에 사[私]인의 법적 지위와의 근본적 차이가 있다. 국민이 그 청구권을 관철하려면, 우선 법원에 제소하여, 집행권원[원칙적으로, 「판결」을 가리킴]을 얻어야 하고, 그 관철을 위해서는 국가의 집행기관[집행법원, 집행관]에 의뢰해야 한다. 행정상 강제집행에 대해서는, 행정처분이 결정적 의미를 가진다. 즉 오직 행정청이 행정처분으로 활동할 권한이 있는 경우에만. 행정상 강제집행이 허용된다. 행정처분의 발령에 의해 행정청은 동시에 자신의 집행기관에 의해 관철할 수 있는, 집행권원의 토대를 마련하게 된다. 강제적으로 관철할 수 있는 행정처분은 오직 「명령적」 행정처분[명령 또는 금지]뿐["허가"는 독일행정법의 경우, 형성적 행정행위임]이다. 따라서, 「형성적」행정처분과 「확인적」 행정행위는 강제집행을 할 수 없다. 왜냐하면, 이들의 경우에는, 강제집행할 수 있는 내용이 없고, 그 효력발생과 함께 법적효과의 규율이 나타나기 때문이다. 행정처분의 발령권한이 없는 경우에는, 행정청도 법원에 제소하여, 강제집행할 수 있는 권원(판결 등)을 얻고, 그 권원의 집행을 행정청 바깥에 있는 집행기관에 의해 관철시켜야 한다[예컨대, 행정청의 사(私)법상 채권은 이런 방법으로 강제집행될 수 있음]. 「공법상 계약」에 기한 청구권도, 원칙적으로 사(私)법상 채권과 같은 방법에 의한다.

3. 행정상 즉시강제

(1) 행정기관이 긴급할 필요가 있는 경우 이를 위해 미리 국민에게 의무를 부과하지 않고, 곧바로 강제력을 행사하는 것을 말한다(예: 경찰관에 의한 정신질환자 보호).

(2) 다만, 이것은 인권침해의 우려가 크므로 예외적 제도일 뿐이다.

II 특색

1. 자력구제의 허용(양자 모두 허용)

행정상 의무이행에 관해서는, 민사사건과 달리, 행정청이 일일이 법원에 제소해야만 의무불이행시 이를 강제할 수 있도록 한다면, 원활한 행정집행이 불가능해질 것이므로, 자력 강제집행권이 인정되고 있다.

2. 법적 근거

행정강제는, 의무를 명하는 근거법조문과는 달리, 별도의 법적 근거가 필요하다.

3. 민사상의 강제집행과의 관계

(1) 행정상 강제집행에 관해 법규의 정함이 없으면, 행정주체는 민사상 강제집

행을 이용할 수 있다(다만, 아래 사례에서 보듯이 문제는 단순하지 않다).

(2) 행정상의 강제집행에 관해 법규의 정함이 있으면, 이에 대신해 민사상의 강제집행을 이용할 수 없다고 보는 것이 일반적이다.[190)]

사 례

금전채권의 실현

강제징수가 가능한 경우라도, 행정은 민사집행에 의하여 금전채권을 실현할 수 있는가?

➡ 행정적 집행(강제집행)과 사법적 집행(재판)이 선택사항으로 될 수 있는가가 이 문제의 쟁점이다. 일반적으로는, 행정적 집행이 가능한 경우에는 사법적 집행을 이용할 수 없다고 본다. 그 이유로서는, ① 입법자가 행정적 집행의 법제를 일부러 둔 의미에는, 그것을 활용하게 하려는 입법자의 의도가 포함되어 있고, ② 소송경제의 관점에서, 행정적 집행이라는 간이·신속한 수단을 이용할 수 있음에도 불구하고, 법원의 업무를 번잡하게 하는 것은, 법원이라고 하는 유한한 국가자원을 낭비하는 것으로서, 관계소송은 소의 이익을 결여한다고 할 것이라는 것을 들 수 있다.

사 례

행정적 집행

(1) 건물철거명령에 시민이 따르지 않는 경우, 행정대집행 등의 행정적 집행이 가능한 때에도, 행정은 행정상의 의무의 민사집행을 구할 수 있는가?

(2) 건축공사 중지명령에 시민이 따르지 않는 경우, 행정적 집행이 불가능한 때에는, 행정은 행정상의 의무의 민사집행을 구할 수 있는가?

➡ 이러한 문제에 대하여는, 「오로지 행정권의 주체로서 국민에 대하여 행정상의 의무의 이행을 구하는 소송」을 법률상의 쟁송에 해당하지 않는다고 보는 것이 일반적이고, 그 결과, 위의 어느 경우에도 민사집행의 가능성은 없다. 행정적 집행이 가능한 경우가 현행법에서는 한정되어 있으므로, 행정상의 의무이행에 관하여, 행정이 민사집행을 구할 수 없다는 것은 행정실무에는 충격을 줄 수 있다. 이러한 일반적 견해에 의하면, 행정이 행정상의 권한의 이행을 청구하는 것은 법률상의 쟁송에는 해당하지 않으므로, 그러한 소송을 제기하기 위하여는 법률의 규정이 필요하다. 그러한 발상은 민사법의 사권보호의 시점에 편향된 것이라는 비판도 물론 있다.

190) 1966년의 일본 최고재판소 판례도 같은 입장이다.

4. 행정상 강제집행의 전제요건

(1) 정식절차

1) 서언

기본행정처분(명령행위)가 일단 발령되는데도, 의무자가 그 의무를 이행하지 않을 때, 정식 강제집행절차[계고 → 확정 → 적용]가 진행된다.

2) 기본적 행정처분

① 독일의 경우에는, 기본적 행정처분이 관철될 수 있는 경우로서, (ⅰ) 불가쟁력이 발생하였거나, (ⅱ) 즉시집행이 명령되거나, (ⅲ) 집행정지의 효력이 행정쟁송제기시에 발생하지 않을 때로 제한된다[한국의 경우 이런 제한<(ⅰ), (ⅱ)의 경우>은 없다].

② 행정상 강제집행의 전제요건은, 기본적 행정처분의 유효함이다. 따라서 무효인 행정처분은 강제집행될 수 없으므로, 무효인 행정처분에 기한 강제집행은 위법하다. 강제집행의 토대로 되는 기본적 행정처분의 적법성 여부는 중요하지 않다 즉 기본적 행정처분이 적법하든, 위법하든, 유효하면, 행정상 강제집행의 다른 전제요건이 충족되는 한, 그 행정상 강제집행은 적법하게 된다.

3) 강제수단의 계고[戒告]

강제수단은 문서로 계고되어야 하며, 강제집행이 의무자에게 수인될 수 있는 기한이 특정되어야 한다. 계고는 그 지체 독립적인 행정처분[계고는 강제수단의 종류, 강제수단의 적용에 대해 규율적으로 결정함]이지만, 일반적으로, 실무에서는, 기본적 행정처분과 함께 결합되어 행해진다. 이행강제금이 계고되는 경우에는, 동시에 그 금액이 확정되어야 한다.

4) 강제수단의 확정

의무자가 기본적 행정처분상의 의무를 계고에서 제시된 기한 내에 이행하지 않는 경우에는, 계고된 강제수단이 정식으로 확정된다. 계고와 확정은 내용상 일치되어야 하고, 서로 어긋나는 경우에는 그 확정은 위법하게 된다. 「확정」[우리의 경우 예컨대 "대집행영장발부통지"가 될 것임]도 독립적 행정처분에 해당한다[191].

---

191) BVerwG, NVwZ 1997, 381

5) 강제수단의 실행

강제집행의 실행은 특히 비례원칙에 합치되어야 하며, 의무자의 저항은 공권력으로 저지될 수 있다. 「실행」이 행정처분인지, 아니면 「단순고권행위」[=사실행위]인지 다투어지지만, 「사실행위」로 보는 것이 일반적이다. 왜냐하면, 「실행」에 있어서는, 강제력의 행사는 사실적 견지에서 존재하며, 「추가적 규율」은 없기 때문이다.

(2) 행정상 강제집행의 장해가 없을 것

행정청이 관계국민에게 「객관적 불능」 또는 「주관적 불능」의 것을 요구할 때, 행정상 강제집행의 전제요건은 충족되지 않는다. 예컨대 「법적 불능」으로서, 임차인이 입주해 살고 있는 주택의 소유자에 대하여 그 주택의 철거명령을 행정청이 발령하는 것을 들 수 있는데, 임차인에 대한 수인처분이 발령되어 있지 않는 한 이는 관철될 수 없기 때문이다.

5. 권리구제

(1) 기본적 행정처분에 대한 것 :

1) 기본적 행정처분에 대하여는, 행정쟁송이 가능하다. 행정쟁송이 제기되는 경우 예외적으로 집행정지가 될 수도 있는데, 이 경우는 그 기본적 행정처분은 강제집행될 수 없다.

2) 행정처분이 취소소송에서 취소되는 경우에는, 강제집행의 근거가 없어지게 되고, 따라서 후속 강제집행조치들은 위법하게 될 것이다. 만일 행정청이 「제소되었으나, 집행정지가 되지 않은」 기본적 행정처분을 실제로 강제집행하였다면, 그리고 이 행정처분이, 법원의 심사에서 위법하다고 드러나면, 해당 국민은, 집행결과의 제거[=무효화]를 요구할 수 있다[=집행결과제거청구권].

3) 관계국민이 기본적 행정처분에 대한 강제집행의 진행을 막으려면, 기본적 행정처분에 대해 행정쟁송을 신속히 제기하고, 그와 함께 집행정지신청을 하여야 할 것이다. 이때, 법원 또는 재결기관은, 관계국민의 집행정지에 대한 이익이 강제집행에 대한 공익을 능가하는지 여부를 심사하게 된다. 이 경우 법원은 무엇보다도, 「본안절차인, 기본적 행정절차에 대한 취소소송의 승소여부」를 고려해야 한다. 즉 본안소송의 승소전망이 명백히 없는 경우에는, 원칙적으로 강제집행의 이익이

우월하고, 본안소송의 승소전망이 명백히 있는 경우에는, 집행정지의 이익이 우월하다.

(2) 행정상 강제집행조치에 대한 것

1) 이 조치들을 처분으로 보는 한, 이들에 대한 행정쟁송이 제기될 수 있다:

① 우선, 「강제수단의 확정」[한국의 경우, 예컨대 대집행영장발부통보]은 행정처분에 해당하며, 「계고」에 대하여도 행정쟁송이 가능하다.

② 강제수단[예: 대집행, 직접강제]의 실행은 「사실행위」이므로, 「실행」은, 독일의 경우 「일반적 이행소송」또는 「일반적 확인소송」에 의해서만 다툴 수 있다[한국의 경우는, 당사자소송이 실무에서 그다지 활용되고 있지 않으므로, 「처분」의 범위를 다소 확대해서, 취소소송에 의함].

(3) 비용결정에 대한 것 :

1) 강제집행조치들의 경우, 발생되는 비용들을 행정청은 관계 국민에게 징수요구할 수 있다. 「비용결정」은 독립적 행정처분이며, 강제집행이 가능하다. 비용은 「비용결정」에 의해 확정된다.

2) 관계국민은 비용결정에 대하여 취소소송으로 다툴 수 있다.

제2절 행정상 강제집행

Ⅰ 서설

1. 종류

행정상 강제집행에는, ① 대집행, ② 집행벌(이행강제금), ③ 직접강제, ④ 행정상 강제징수의 4가지가 있다.

2. 법제도

행정상 강제집행에 있어서는, ① 대체적 작위의무에 관한 일반법으로서, 「행정대집행법」이 있고, ② 행정상 강제징수에 관한 일반법으로서 「국세징수법」이 제정되어 있고, 그 밖의 의무에 관해서는 각 개별법률이 정하고 있다.

Ⅱ 대집행

1. 의의

(1) 대집행은, 대체적 작위의무(타인이 대신해서 할 수 있는 의무)에 관한 강제절차를 가리킨다. 따라서, 비대체적 작위의무(예: 건물명도)나, 부작위의무(예: 음주운전금지)는 대집행의 대상이 될 수 없다.

행정처분의 수명자가 명령된 의무를 이행하지 않는 경우에는, 집행관청은 대집행에 의하여 그 작위의 착수를 타인[=제3자]에게, 의무자의 경비로, 위탁할 수 있다. 대집행은 오직 대체적 작위의무의 경우에만[예: 불법주택의 철거] 허용된다. 즉 일신전속적(=비대체적) 작위의무[예: 개인정보의 제공], 부작위의무 및 수인의무의 경우에는 허용되지 않는다. 대집행의 전형적 예로는, 불법주차된 자동차를, 관할관청의 위탁에 의하여, 민간견인업체가 견인하는 것을 들 수 있다[192]. 이 경우 행정청과 제3자(대집행을 실행하는 자)간에는 사(私)법상 계약[원칙적으로 독일민법 631조의 “도급계약”]이 체결되고, 그것에 기하여 사(私)기업[견인업체]은 행정청에 대하여 그 대가를 주장할 수 있다. 견인업체와 의무자 간에는 직접적 법률관계가 없다. 다만, 의무자는 민간업체에 의한 대집행을 수인해야 한다. 대집행에 대한 의무자의 저항은, 집행공무원에 의해, 「직접강제」에 의해 저지될 수 있다. 행정청[대집행을 명령하는 자]과 의무자 간의 관계는 공법적 성질의 것이다. 행정청은 대집행에 소요된 비용을 의무자로부터 상환청구할 수 있다. 비록 실무상은 민간업체가 의무자로부터 직접 지급을 청구하는 경우가 많지만, 이것은 「행정청의 채권」을 대신 주장하는 것일 뿐이다.

192) BVerwGE 102, 316

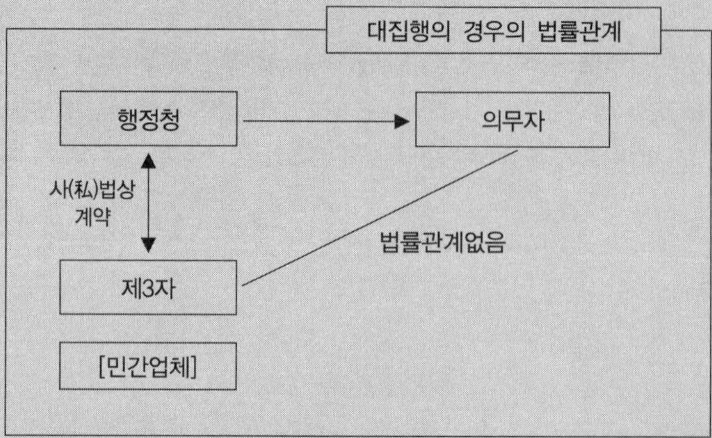

사 례

행정대집행의 기본구조

영업정지명령에 시민이 따르지 않는 경우에, 행정대집행을 사용할 수 있는가?

➡ 행정대집행은, 대체적 작위의무(즉 타인이 대신하여 이행할 수 있는 작위의무)에 관한 강제집행수단이다. 바꾸어 말하면, 비대체적 작위의무(타인이 대신하여 이행할 수 없는 작위의무)의 불이행이나 부작위의무(영업정지명령에 따를 의무)에는 사용할 수 없다. 예컨대 청사의 명도의무(비대체적 작위의무임)등을 대상으로 할 수는 없다.

(2) 「행정대집행법」 제2조에서는, 대집행의 요건에 관해 다음과 같이 규정하고 있다.

1) 법률이나 행정행위에 의해 명해진 대체적 작위의무를 의무자가 이행하지 않는 경우에,

2) 다른 수단으로써 그 이행을 확보하기 곤란하고, 또한 그 불이행을 방치함이 심히 공익을 해칠 것으로 인정되면,

3) 당해 행정청은, 스스로 의무자가 해야 할 행위를 하거나, 또는 제3자로 하여금 이를 하게 하여

4) 그 비용을 의무자로부터 징수할 수 있다.

(3) 대체적 작위의무에 관해서는 달리 특별한 규정이 없는 한, 당연히 「행정대집행법」이 적용된다.

2. 절차

(1) 계고

1) 상당한 이행기한을 정해, 그 기한까지 이행되지 않으면, 대집행한다는 뜻을, 미리 문서로써 계고해야 한다.

2) 계고처분이 행해지면, 행정청은 대집행영장을 발급할 권한을 가지게 되므로, 계고는, 준법률행위적 행정행위(의사의 통지)이라는 것이 통설・판례의[193] 입장이다. 따라서 위법한 계고에 대하여는 취소소송 등을 제기할 수 있다.

Ⅲ 이행강제금[=간접강제=집행벌]

1. 이행강제금은, 「의무자에게, 명령된 작위 또는 부작위의 착수를 독려(독촉)하려는 것」을 말한다. 이행강제금은, ① 비대체적 작위의무, ② 수인의무, ③ 부작위의무에 대하여 부과된다[예: 음식점 주인이 영업시간을 계속 어길 때, 이행강제금이 계고될 수 있음]. 다만, 「대체적 작위의무」의 경우에도, 대집행이 무용하게 될 경우[예: 의무자가 대집행비용을 부담할 수 없을 때], 강제금 부과가 가능하다.

2. 이행강제금은 독려수단이지, 과거의 불법에 대한 처벌이 아니다. 그러므로, 의무자가 그 의무를 이행하게 되면, 이행강제금은 더 이상 집행될 수 없다. 이행강제금은 반복부과할 수 있고, 더 상향 부과될 수도 있다(한국실정법은 상향부과는 규정하지 않고 있고, 또한, 실효성확보를 위하여 의무자가 의무를 이행하면, 그 동안 부과된 이행강제금은 징수하도록 하고 있음). 그 징수는, 공법상 금전채권의 강제집행규정(체납처분)에 따른다.

3. 이행강제금의 액수는, 행정청에 의하여, 의무에 합당한 재량으로, 확정된다[한국의 경우에는 각종 개별법에서 규정하고 있음]. 금액산정의 주요기준은, 사무

193) 대판 1967.10.31., 66누25

의 중요성, 진압해야 할 저항의 강도, 의무자의 소득과 재산 등이다.

4. 독일의 경우, 이행강제금[독일의 법령상 용어는 "강제금"임]이 납부되지 않는 경우에는, 강제구금이 선고된다. 강제구금은 독일기본법[GG][104조2항]상의 「법관유보」에 기해, 오직 법원만이 명령할 수 있다.

Ⅳ 직접강제

1. 의의

(1) 의무자가 의무를 이행하지 않으면, 그 신체, 재산에 직접 실력을 행사해, 의무이행이 있는 상태를 실현하는 것이다.

(2) 직접강제대상으로는 어떤 종류의 의무도 가능하다.

(3) 직접강제와 즉시강제는, 양자 모두 실력행사를 하는 점에서는 같으나, 상대방에게 미리 의무를 부과하는 것이면 직접강제이고, 미리 의무를 부과하지 않는 것이면 즉시강제에 해당한다고 일반적으로 보고 있다.

(4) 대집행이나 이행강제금이 목적을 달성하지 못하거나 무용하게 되는 경우에는, 집행관청은 의무자에게 작위, 수인 또는 부작위를 강제하거나, 그 작위를 직접 실행할 수 있다[직접강제]. 직접강제는 그 보조수단[예: 수갑, 물쏘는 장비, 공무수행견[犬]], 무기에 의하여 사람이나 물건에 대하여 영향을 미친다. 직접강제의 적용의 예로는, 주택의 침입, 건강검진을 위한 사람의 강제구인을 들 수 있다. 직접강제는 가장 강력한 강제수단이므로, 최후수단으로만 적용될 수 있으며, 직접강제수단 중의 선택에 있어서도 비례원칙이 준수되어야 한다. 예컨대, 단지 극도의 위험상황에서만 총기사용이 허용된다.

(5) 대집행과의 차이점은 우선, 대집행 중 제3자집행시에는 명백히 그 차이가 드러나므로 문제가 없다. 그런데 「자기집행」(=자력집행)일 때의 구별이 어려운데, 자기집행의 경우에는, 예컨대 의무자의 토지 위에 있는, 쓰러지려는 썩은 나무를 자신의 직원(소속 공무원)에 의해 스스로 제거하는데, 다시 말하여 「의무자 대신에 행정청이 행동」하는 것인데 반하여, 직접강제의 경우에는 「행정청이 자신의 행위에 의해 직접 그 행정목적을 달성하려고 한다[예: 물대포사용에 의한 시위해산].

2. 근거

직접강제는 현행법상 그 예가 많지 않다(예: 「식품위생법」 제62조의 업소 폐쇄 조치 등).

3. 한계

(1) 직접강제는 인권침해의 가능성이 가장 크므로, 보충성의 원칙이 적용된다. 따라서 다른 행정상 강제집행수단으로 의무이행을 강제해도 성과가 없거나, 실효성이 없을 때, 최후수단으로 사용해야 한다.

(2) 비례원칙에 따라 행정청은 국민에게 가장 피해가 적게 가는 수단을 선택해야 한다. 예컨대, 신체에 대한 직접강제는, 물건에 대한 직접강제가 실효성이 없는 때에만 보충적으로 적용된다.

V 행정상 강제징수

1. 의의 및 법적 근거

공법상의 채권의 실현에 관한 사실상의 일반법으로서 「국세징수법」이 있다. 개별법률에서는, "국세체납처분의 예에 따라 이를 징수한다"라고 규정하는 것이 일반적이다.

2. 강제징수절차

(1) 독촉

1) 국세를 납기까지 완납하지 않으면, 행정청은 독촉장을 발부해야 한다.

2) 독촉은 압류의 적법요건이 되고, 독촉기간동안 조세채권의 소멸시효의 진행을 중단시키는 법적 효과를 가지므로, 이것은 준법률행위적 행정행위인 통지행위에 해당한다.

(2) 체납처분

1) 재산압류

압류는 체납자가 재산을 처분하는 것을 금지하는 권력적 사실행위이므로 행정쟁송의 대상이 되는 처분에 해당한다.

2) 압류재산의 매각

① 압류재산은 원칙적으로 공매에 붙인다.

② 공매결정은 체납자에 대한 관계에서는 공법상 대리이므로, 공매결정처분도 항고소송의 대상이 된다.

3) 청산

압류한 금전과 압류재산의 매각대금은 국세 등에 배분한다.

3. 불복절차

원칙적으로 행정쟁송을 제기해 그 취소를 구할 수 있고, 국세의 경우 「국세기본법」에 특별행정심판절차(이의신청, 심사청구, 심판청구)가 규정되어 있다(행정심판전치주의).

사 례

강제징수의 기본구조

공영주택의 가임(차임)이 체납된 경우에, 강제징수는 가능한가?

➡ 「국세징수법」의 체납처분절차는 행정상 금전채권의 강제징수에 널리 사용되고, 국세징수에 그치지 않는 공통적 제도의 지위를 가진다. 「국세징수법」은 본래 국세채권에 관한 체납처분절차를 정하고 있는데, 개별 행정법령에서 「국세징수의 예에 의한다.」, 「국세체납처분의 예에 의한다.」라고 하여 이를 준용하는 예가 많다. 강제징수에는 법적 근거가 요구되기 때문에, 「국세징수의 예에 의한다.」고 하는 준용규정은 불가결하다. 공영주택의 가임, 국공립대학 수업료 등은 법적 근거가 없기 때문에 강제징수할 수 없다. 따라서, 이러한 체납에 대하여는 행정은 사법적 집행인 민사집행에 의할 수밖에 없다.

제3절 행정상 즉시강제

I 개설

1. 의의

이것은, 목전의 급박한 필요가 있는데도, 의무를 명할 시간적 여유가 없는 경우에 상대방에게 의무를 부과함이 없이, 행정기관이 직접 국민의 신체, 재산에 실력을 행사해, 행정목적의 실현을 도모하는 제도를 말한다.

행정상 즉시강제는, 사전의 행정처분 없이 투입될 수 있는데, 그것은 위법행위[특히 형사처벌의 구성요건, 과태료의 구성요건을 충족시키는 행위]의 저지를 위해서나, 또는 기타 급박한 위험을 방어하기 위해 필요할 때 가능하다. 이 경우 행정청은 자신의 법률상 권한의 범위안에서 행동해야 한다. 예컨대, 경찰관이, 「칼로 통행인을 찌르는 자」를 제압하고, 이로써 그 공격을 저지하는 것을 들 수 있다. 행정상 즉시강제는 기본적(명령적) 행정처분의 발령이 없는 점에서, 행정상 강제집행과 구별된다. 행정상 즉시집행의 예로서, 불법주차한 자동차의 견인을 들 수 있는데, 이것은 주차권한이 확인되지 않고, 운전자가 그 금지에 위반한 주차의 시정을 지체없이 할 수 없을 때에는 허용되고, 만일 운전자가 곧 돌아와서 그 장해를 스스로 제거할 수 있다고 인정되는 경우에는 그 강제견인은 허용되지 않는다. 행정상 즉시강제의 경우에는 「계고」는 불필요하고, 「강제수단의 확정」도 불필요하다. 따라서, 행정상 즉시강제는 「강제수단의 적용의 일단계적 행위」또는, 「축약된 행정상 강제집행절차」라고도 할 수 있다. 행정상 즉시강제는, 그 내용상 대집행과 직접강제만 존재한다. 이행강제금의 경우에는 「사전계고」가 필수적이므로 행정상 즉시강제의 대상이 될 수 없다. 행정상 즉시강제는, 일반적으로는, 「행정처분의 발령없이 행정청이 즉시집행을 하는 경우」이다.

2. 성질

행정상 즉시강제는 권력적 사실행위이다.

3. 사례

위험물의 철거, 전염병환자에 대한 강제검진을 위한 신체구속 등을 들 수 있다.

Ⅱ 법률의 근거

1. 즉시강제는, 행정기관이 실력을 행사하고, 사인에게 그 수인(受認)을 강제하는 것이므로, 법률의 근거를 요한다.

2. 즉시강제에 관한 대표적 법률로서, 「경찰관직무집행법」을 들 수 있다. 예컨대 보호, 피난조치, 범죄의 예방・제지조치, 건물 등에의 강제출입조치, 무기사용 등을 들 수 있다.

3. 즉시강제에 대해서는 그 밖에 개별법률에서 규정하고 있는데, 크게 두 가지로 나뉜다.

(1) 신체에 대한 강제

강제입원(정신건강증진 및 정신질환자 복지서비스 증진 44), 강제처분・건강진단・예방접종조치(감염병의 예방 및 관리 42, 46), 외국인의 강제 퇴거・보호(출입국관리 46, 51), 퇴거의 강제(군사기지 및 군사시설 보호 11) 등이 있다.

(2) 가옥 그 밖의 재산에 대한 강제

방역조치(감염병의 예방 및 관리 47, 48), 선박의 이동・대피명령, 긴급피난(수상에서의 수색・구조 등 10, 11), 화재예방조치, 강제처분, 긴급조치(소방기본 12, 25, 27), 공공의 안전을 위한 조치(총포・도검・화약류 등의 안전관리 47), 수거・파기(청소년보호 44), 주차위반에 대한 조치(도로교통 35), 시설물의 철거(방어해면 7), 장애물제거(군사기지 및 군사시설보호 11) 등이 있다.

Ⅲ 즉시강제의 요건

1. 즉시강제는 인권침해의 우려가 있으므로, 그 실시에 있어서는, ① 법률에 근거가

있어야 하고, ② 목적, 요건, 한계가 법정되어야 한다.

2. 다만, 즉시강제규정은 즉시강제의 특성상 불확정개념으로 정해져 있을 때가 많고, 따라서 현실적으로 해당 행정청의 재량에 대폭 맡겨져 있다. 따라서, 이런 경우에도 법규의 취지·목적을 엄격히 해석하고, 비례원칙 등을 준수하도록 해야 할 것이다.

3. 한편, 거꾸로, 권력행사가 지나치게 소극적으로 흘러, 구체적 상황에서 볼 때 현실적이고, 명백한 위험이 예상됨에도, 행정이 위험방지조치를 일체 하지 않는 경우에는, 당해 부작위는 위법하게 되어 국가배상책임이 발생하게 될 것이다. 결국, 행정권은 국민의 안전과 복지를 위해 부여된 것이므로, 양자의 균형이 요구된다.

Ⅳ 「헌법」상의 영장주의와의 관계(영장의 요부)

1. **「헌법」상의 영장주의의 정신**은 행정과정에서도 존중되어야 하지만, 당해 장해가 중대하고, 이것을 제거할 긴급한 필요가 있으면, 반드시 영장을 필요로 하지는 않는다고 보아야 한다.

2. 학설대립

(1) 영장불요설

「헌법」상의 영장주의는 형사사법과정에만 적용되는 것이므로, 즉시강제에는, 형사절차의 일환 또는 전제로 되지 않는 한, 적용되지 않는다.

(2) 영장필요설

형사절차이든, 즉시강제이든, 신체의 구속, 강제출입·조사는 중대한 인권침해이므로, 즉시강제의 경우에도 영장이 요구된다는 견해이다.

(3) 판례의 입장

우리 헌법재판소는 절충적 입장을 취하고 있다. 즉 "음반 등의 수거와 폐기는 급박한 상황에 대처하기 위한 것으로서 그 불가피성과 정당성이 충분히 인정되는 경우이므로,

이 법률조항이 영장 없는 수거를 인정한다고 하더라도, 이를 두고 헌법상 영장주의에 위배되는 것으로는 볼 수 없다"라고 판시하고 있다.[194)]

Ⅴ 유형력(강제력)의 행사의 가부

1. 즉시강제의 경우, 목적달성을 위해 구체적 사정에 응해 필요최소한도의 강제력을 행사할 수 있다.

2. 다만, 필요 이상으로 실력을 행사하여 고통을 주거나, 위법상태에 있는 자 외의 자에게 유형력을 가한다든지 하는 것은 위법하다. 실력행사에는 경찰비례의 원칙, 경찰책임의 원칙 등 조리상의 제한이 엄격하게 적용되어야 한다.[195)]

Ⅵ 즉시강제에 대한 구제수단

1. 즉시강제에 대한 실력행사가 계속되고 있는 경우에는, 공권력의 행사로서, 그 상태의 제거를 위한 취소쟁송 등이 인정된다.

2. 다만, 즉시에 종료하는 것에 대해서는, 취소소송 등은 의미가 없고, 국가배상이나 행정상 손실보상에 의한 구제를 구해야 한다.

3. 또한, 즉시강제의 권한이 적절하게 행사되지 않아(부작위) 사인이 손해를 입은 경우에는, 위험방지의무 위반으로서 국가배상청구가 인정될 수 있다.

Ⅶ 행정상 즉시강제에 관한 주요판례

1. 「행정상 즉시강제와 영장주의」에 관하여, 우리 대법원은, 「사전영장주의는 인신보호를 위한 헌법상의 기속원리이기 때문에 인신의 자유를 제한하는 모든 국

194) 헌재 2002. 10. 31, 2000헌가12
195) 原田, 行政法, p. 239

가작용의 영역에서 존중되어야 하지만, 헌법 12조3항 단서도 사전영장주의의 예외를 인정하고 있는 것처럼, 사전영장주의를 고수하다가는 도저히 행정목적을 달성할 수 없는 지극히 예외적인 경우에는 형사절차에서와 같은 예외가 인정되므로, 구 사회안전법 11조 소정의 동행보호규정은 재범의 위험성이 현저한 자를 상대로 긴급히 보호할 필요가 있는 경우에 한하여 단기간의 동행보호를 허용한 것으로서 그 요건을 엄격히 해석하는 한, 동 규정자체가 사전영장주의를 규정한 헌법규정에 반한다고 볼 수는 없다」라고 판시하고 있고[대판 1997. 6.13, 96다56115], 또한, 우리 헌법재판소는, 「구 음반・비디오물 및 게임물에 관한 법률 24조3항4호는 급박한 상황에 대처하기 위한 것으로서 그 불가피성과 정당성이 충분히 인정되는 경우이므로, 이 법률조항이 영장 없는 수거를 인정한다고 하더라도 이를 두고 헌법상 영장주의에 위배되는 것으로는 볼 수 없다」라고 판시하고 있다[헌재 2002. 10. 31, 2000헌가12].

제4절 행정벌

I 개설

행정벌은, 행정상의 과거의 의무위반에 대한 제재로서 과해지는 벌을 말한다. 행정벌에는 행정형벌과 행정질서벌의 2종류가 있다.

II 행정형벌

1. 행정형벌은, 행정상의 의무위반에 대해 과해지는, 「형법」에 형명이 있는 형벌을 말한다(징역・금고・벌금・구류・과료 등: 형 41).

2. 행정형벌이 과해지는 의무위반을 행정범(법정범)이라고 하고, 형사범(자연범)과 구별하고 있다. 형사범은 그 자체의 행위에 반사회성, 반도덕성이 인정되지만, 행정범은 단속의 견지에서 범죄로 된다.

3. 행정형벌은, 법원이 「형사소송법」에 따라 처리한다. 또한, 법령에 특별한 규정이 없는 한, 형법총칙이 적용된다(형 8).

4. 따라서, 과실범을 처벌하려면, "특별한 규정"이 필요하지만(형 14), 판례는 명문규정이 없더라도 해석상 과실범도 처벌하는 취지라고 인정되면 충분하다고 한다.[196] 저자는 이에 대하여 「형법」 제14조(과실)의 규정과 죄형법정주의의 원칙에 비추어 타당하지 않다고 본다.[197]

5. 또한, 행정형벌에 있어서는 위반행위자만이 아니고, 그 사용자・사업주도 함께 처벌하는 "양벌규정"이 많이 규정되고 있는 것이 특징이다.[198]

우리 대법원은, 양벌규정에 의한 영업주의 처벌은, 그 자신의 종업원에 대한 선임감독상의 과실로 인해 처벌되는 것(과실책임설)이라고 하고 있다.[199]

「지방자치단체에 대한 양벌규정의 적용」에 관하여, 우리 대법원은, 「기관위임사무의 경우에는 지방자치단체는 국가기관의 일부로 볼 수 있고, 이러한 경우에 지방자치단체인 피고인(부산광역시)은 양벌규정에 의한 처벌대상이 되는 법인에 해당하는 것으로 보아 처벌할 수는 없다. 그러나, 지방자치단체가 자치사무를 처리하는 경우에 지방자치단체는 국가기관과는 별도의 독립한 공법인으로서 양벌규정에 의한 처벌대상이 되는 법인에 해당한다」라고 판시하고 있다[대판 2009. 6. 11., 2008도6530].

6. 우리나라의 행정법학계의 통설은, 행정범의 경우에도 위법성인식의 가능성이 없는 경우에는 범의가 성립하지 않는다고 보고 있다.[200]

---

196) 대판 1993. 9. 10, 92도1136

197) 같은 취지로, 原田, 行政法, p. 231

198) 그 대표적인 입법례로, "법인의 대표자, 법인 또는 개인의 대리인・사용인 기타 종업원이 그 법인 또는 개인의 업무에 관하여 제00조의 위반행위를 한 때에는 행위자를 벌하는 외에 당해 법인이나 개인에 대하여도 각 해당 조의 벌금형을 과한다"를 들 수 있다(건설산업기본법 98).

199) 대판 1987. 11. 10, 87도1213; 헌재는 이러한 양벌규정이 법치국가의 원리와 헌법 제10조의 취지에 위반하여 헌법에 위반된다고 판시(헌재 2007. 11. 29, 2005헌가10 전원재판부)하였고, 이에 따라 다수의 양벌규정이 개정되어 과실책임주의를 명백히 하는 단서를 신설하였다.

200) 김동희, 행정법Ⅰ, p. 477

사 례

행정상의 제재

행정상의 의무이행확보에, 간접적으로 강제하는 구조로서의 행정형벌이 기대되는 이유는 무엇인가?

➡ 현행법에서는, 행정행위로 의무를 과하고, 의무위반에 대하여 행정형벌을 과하는 예가 많다. 행정의 자력집행인 행정적 집행이 과거에 남용된 경험으로부터, 법원의 관여를 필요로 하는 행정형벌이 지금은 존중되게 되었다. 행정형벌은 「형법」상의 형명을 가지고, 「형법」총칙이 적용되고, 「형사소송법」의 절차로서 법원에 의해 과해진다. 행정형벌은 행정적 집행과 비교하면, 두 가지 특징을 가진다. ① 행정형벌은 사법적 집행에 속한다. 행정형벌을 과하기 위하여는, 공무원의 고발 외에 검사가 기소하고, 법원의 판결에 이르는 형사소송절차를 필요로 한다. 즉 법원의 도움을 요한다. ② 행정형벌은, 행정상의 의무에 따르지 않았다고 하는 과거의 행위에 대한 제재이다. 이중처벌의 금지원칙도 적용된다. 행정적 집행의 일종인 집행벌(이행강제금)이 의무의 이행까지 반복 부과할 수 있음에 대하여, 행정형벌에서는 반복하여 벌금을 과하는 것은 허용되지 않는다.

7. 행정형벌의 특별과벌절차

(1) 통고처분

1) 통고처분은 행정범에 대해 형사절차에 의한 형벌을 과하기 전에 행정청이 형벌을 대신해 금전적 제재를 과하고, 행정범을 범한 자가 그 금액을 납부하면 형사처벌을 하지 않되, 만일 지정된 기간 내에 그 금액을 납부하지 않으면, 형사소송절차에 따라 형벌을 과하도록 하는 절차인데, 주로 조세범, 출입국사범, 교통사범에 대해 인정되고 있다.

2) 우리 헌법재판소와 대법원은, 통고처분은 행정쟁송의 대상인 처분에 해당하지 않는다고 한다.[201)]

우리 헌법재판소는, 「통고처분은 상대방의 임의의 승복을 그 발효요건으로 하기 때문에 그 자체만으로는 통고이행을 강제하거나 상대방에게 아무런 권리의무를 형성하지 않으므로 행정심판이나 행정소송의 대상으로서의 처분성을 부여할 수 없고, 통고처분에 대하여 이의가 있으면 통고내용을 이행하지 않음으로써 고발되어 형사재판절차에서 통고처분의 위법·부당함을 얼마든지 다툴 수 있기 때문

---

201) 대판 1995. 6. 29, 95누4674

에 관세법 38조3항2호가 법관에 의한 재판을 받을 권리를 침해한다든가 적법절차의 원칙에 저촉된다고 볼 수 없다」라고 판시하고 있다[헌재 1998. 5. 28, 96헌바4].

(2) 즉결심판

이것은 행정범, 형사범을 가리지 않고, 20만원 이하의 벌금, 구류, 과료에 해당하는 모든 범죄에 대해 심판하는 절차이므로 행정형벌의 특별한 과형절차는 아니다.

Ⅲ 행정질서벌

1. 서론

(1) 이것은 경미한 행정법상의 의무위반에 대해 과해지는 과태료를 말한다. 한편, 행정상 목적 내지 사회적 법익을 직접 침해하는 것에 대해서는 행정형벌이 과해진다.

(2) 과태료는, 형벌이 아니므로, 「형법」 총칙과 「형사소송법」은 적용되지 않는다. 그 부과절차 및 불복절차는, 1차적으로 행정기관에 과태료를 부과하고, 이에 불복하는 자는 그 당부를 「질서위반행위규제법」에 따라 법원에서 다루도록 되어 있다.

(3) 「질서위반행위규제법」은 2008년 6월 22일부터 시행되고 있다. 각 개별법률에서는 과태료의 부과근거, 과태료부과대상행위, 부과금액만 규정하고, 과태료부과, 징수절차와 불복절차 등은 모두 「질서위반행위규제법」이 정하는 것에 따르게 된다.

2. 「질서위반행위규제법」의 주요내용

(1) 총칙부분

질서위반행위의 성립과 과태료처분은 원칙적으로 행위시의 법률에 따른다(3). 다만, 위반행위후 법률개정으로 위반행위자에게 유리하게 된 경우에는 신법에 따라서 처리한다.

(2) 질서위반행위의 성립 등

1) 질서위반행위법정주의를 채택하고 있다.

2) 고의나 과실이 없는 질서위반행위는 과태료를 부과하지 않도록 하고 있다.[202] 「과태료 처분에 고의·과실이 필요한지」에 관하여, 우리 대법원은, 2006년의 판례를, 실정법 제정에 따라, 변경하였는데, 즉 「질서위반행위규제법은 과태료의 부과대상인 질서위반행위에 대하여도 책임주의원칙을 채택하여 7조에서 "고의 또는 과실이 없는 질서위반행위는 과태료를 부과하지 아니한다"고 규정하고 있으므로, 질서위반행위를 한 자가 자신의 책임없는 사유로 위반행위에 이르렀다고 주장하는 경우 법원으로서는 그 내용을 살펴 행위자에게 고의나 과실이 있는지를 따져 보아야 한다」라고 판시하고 있다[대결 2011. 7. 14, 2011마364].

3) 14세가 되지 않은 자의 질서위반행위는 원칙적으로 과태료를 부과하지 않도록 하였다(제9조). 심신장애자의 경우에는 감면규정이 있다(제10조).

4) 위법성의 착오의 경우에도 「형법」과 같은 규정을 두었다.

5) 법인의 대표자, 법인 또는 개인의 사용인 등이 업무에 관해 법인 또는 그 개인에게 부과된 법률상의 의무를 위반한 때에는 법인 또는 그 개인에게 과태료를 부과한다. 즉 과태료의 경우, 형벌과 달리, "사업주 단독제재주의"를 취하고 있다.

6) 과태료 부과시 위반행위의 동기·목적·방법·결과 등 판단기준을 제시하고 있다(제14조).

7) 과태료의 소멸시효를 5년으로 규정하고 있다(제15조).

(3) 과태료부과·징수

1) 과태료부과시에 있어 행정청에게 사전통지, 의견청취의무를 부과하였다(제16조).

2) 행정청은 의견제출절차후 서면으로 과태료를 부과하되, 서면에는 위반행위, 과태료금액 등을 구체적으로 밝혀야 한다(제17조).

3) 과태료부과의 제척기간을 5년으로 정하고 있다(제19조).

---

202) 대결 2006. 4. 28, 2003마715에서는, 과태료의 부과에는 원칙적으로 고의·과실이 필요하지 않다고 하였다. 이러한 판례는 위의 입법조치로, 바뀌게 되었다.

4) 과태료부과에 불복하면, 부과통지를 받은 날부터 60일 이내에 해당행정청에 이의를 제기할 수 있도록 하였다(이의제기제도).

5) 이의제기를 받은 행정청은 제기받은 날부터 14일 이내에 관할법원에 통보하든지, 아니면 과태료를 부과하지 않아야 한다(제21조).

6) 과태료에 대한 체납처분근거와 가산금, 중가산금 징수근거를 두었다(제24조).

7) 과태료재판의 관할법원은 당사자의 주소지의 지방법원, 그 지원으로 하였다.

8) 법원은 심문기일을 열어 당사자의 진술을 듣도록 하고, 검사의 의견을 구하도록 했다. 다만, 약식재판도 가능하도록 했다(제31조, 제32조, 제44조).

9) 당사자와 검사는 과태료재판에 대해 즉시항고를 할 수 있도록 했다(제38조).

10) 당사자와 검사는 약식재판의 고지를 받은 날부터 7일 이내에 이의신청을 할 수 있고, 법원이 적법하다고 인정하면 정식재판을 하도록 했다(제45조, 제50조).

11) 과태료의 고액·상습 체납자에게는 해당사업의 정지·허가 등의 취소를 하도록 했다(제52조).

12) 법원은 고액·상습체납자에 대해 30일의 범위 내에서 감치처분할 수 있도록 했다(제54조).

3. 관련문제

(1) 행정질서벌과 행정형벌은 그 목적, 성질이 다르므로, 병과하더라도, 일사부재리의 원칙에 위배되지 않는다는 것이 대법원판례의 입장이다.[203)]

(2) 행정형벌과 행정질서벌의 차이를 알기 쉽게 도표로 나타내면 다음과 같다.

	종류	성격	내용	형법총칙	부과주체(절차법규)
행정벌	행정형벌	형벌 (행정법)	징역·금고·벌금· 구류·과료 등	적용됨	법원 (형사소송법)
	행정 질서벌	형벌이 아님	과태료	적용 안 됨	원칙적으로 행정기관 (질서위반행위규제법)

203) 대판 1996. 4. 12. 96도158

제5절 그 밖의 새로운 의무이행확보수단

I 인·허가의 취소·정지

이것은 법령, 행정행위에 의해 과해진 의무의 위반이 있는 경우에, 사업 등을 정지하거나, 인·허가를 취소하는 것을 말한다. 이것은 「행정절차법」상의 불이익처분에 해당하므로, 이를 실시할 때에는, 청문 등의 절차가 필요하게 된다.

「인·허가의 취소·정지(제재적 행정처분)」에 관하여, 우리 대법원은, 「행정법규위반에 대하여 가하는 제재조치는 행정목적의 달성을 위하여 행정법규 위반이라는 객관적 사실에 착안하여 가하는 제재이므로 특별한 사정이 없는 한 위반자에게 고의나 과실이 없더라도 부과할 수 있다」라고 판시하고 있고[대판 2012. 5. 10, 2012두1297], 또한, 「일정한 법규위반사실이 행정처분의 전제사실이 되는 한편 이와 동시에 형사법규의 위반사실이 되는 경우에 행정처분과 형벌은 각기 그 권력적 기초, 대상, 목적을 달리 하고 있으므로 동일한 행위에 관하여 독립적으로 행정처분이나 형벌을 과하거나 이를 병과할 수 있는 것이고 법규가 예외적으로 형사소추선행의 원칙을 규정하고 있지 아니한 이상 형사판결 확정에 앞서 일정한 위반사실을 들어 행정처분을 하였다고 하여 절차적 위반이 있다고 할 수 없다」라고 판시하고 있고[대판 1986. 7. 8, 85누1002], 우리 헌법재판소는, 「운전면허취소처분은 형법상에 규정된 형이 아니고, 그 절차도 일반 형사소송절차와는 다를 뿐만 아니라, 주취 중 운전금지라는 행정상 의무의 존재를 전제하면서 그 이행을 확보하기 위해 마련된 수단이라는 점에서 형벌과는 다른 목적과 기능을 가지고 있다. 따라서 운전면허 취소처분을 이중처벌금지원칙에서 말하는 "처벌"로 보기 힘들다」라고 판시하고 있다[헌재 2010. 3. 25, 2009헌바83].

II 경제적 부담

1. 개설

(1) 이것은, 행정상 의무위반에 대해 경제적 부담을 과해 의무의 이행확보를

도모하는 경우를 가리킨다. 예컨대, 가산세, 범칙금, 과징금 등을 들 수 있다.

(2) 가산세·과징금 등과 벌칙(벌금)을 동일인에게 병과하는 것이 이중처벌이 되어 「헌법」에 위반되지 않는지의 문제가 있는데, 일반적으로 양자는 그 목적을 달리하므로 그 병과는 이중처벌이라고 할 수는 없다.

2. 과징금

(1) 의의

1) 이 제도를 제일 먼저 도입한 것은, 「독점규제 및 공정거래에 관한 법률」인데, 이 경우 주로 경제법령상의 의무위반행위로 인한 불법적 이익을 박탈하기 위해 그 이익액에 따라 과하는 일종의 행정제재금의 성격을 가지고 있었다.[204)]

2) 그 후, 변형된 형태의 과징금제도가 「여객자동차운수사업법」 등에서 채택되었는데, 이 경우는 소비자(예: 버스이용 주민)의 불편해소를 위해, '영업정지처분에 갈음해 부과'하는 것이었고, 현재 이 유형이 더욱 일반화되어 있다.

(2) 구제수단

과징금부과처분은 행정행위이므로 그것이 위법한 경우에는 행정쟁송을 제기해 그 취소 등을 구할 수 있다.

(3) 행정청(예: 공정거래위원회)에 의한 과징금부과가 「헌법」상의 적법절차원칙이나 권력분립원칙에 위반되는지 여부가 다루어졌는데, 우리 헌법재판소는 현행 과징금법제는 합헌이라고 판시하고 있다.[205)]

(4) 그 밖에 과징금제도와 유사한 "부과금" 제도가 환경관계법령에 규정되어 있다(예: 대기환경보전 제35조의 배출부과금제도).

(5) 과징금에 관한 주요 판례

우리 대법원은, 「독점규제 및 공정거래에 관한 법률에 따라 부과되는 과징금은

204) 헌재 2003. 7. 24, 2001헌가25; 대판 2004. 3. 12, 2001두7220에서는, 행정상 제재금의 기본적 성격에 부당이득환수적 요소가 부가되어 있다고 한다.

205) 헌재 2003. 7. 24, 2001헌가25

담합행위의 억지 등의 행정목적을 실현하기 위한 제재적 성격과 불법적인 경제적 이익을 박탈하기 위한 성격을 함께 갖는 것으로서 피해자에 대한 손해의 전보를 목적으로 하는 불법행위로 인한 손해배상책임과는 그 성격이 전혀 다르다」라고 판시하고 있고[대판 2011. 7. 28, 2010다18850], 우리 헌법재판소는, 「부동산실권리자명의 등기에 관한 법률상의 과징금은 양도담보를 명의신탁과 구별하여 명의신탁 규제의 실효성을 도모한다는 목적에서, 양도담보채권자로 하여금 채권관계 서면을 제출하도록 강제하기 위하여 위반자에게 부과·징수하는 금전이므로, 그 과징금 부과는 범죄에 대하여 국가가 형벌권을 실행하는 과벌에 해당하지 아니한다」라고 판시하고 있다[헌재 2012. 4. 24, 2011헌바62].

3. 가산금 · 연체금 · 가산세

(1) 가산금 · 연체금

1) 가산금은 행정법상의 급부의무위반에 대한 제재로서 과하는 금전부담이다(예: 국징 21).

2) 가산금은, 지연이자의 성격보다는, 금전납부의무의 이행을 촉구하는 의미에서 징벌적 요소가 가미되어 있는 것으로, 통상 지연일수에 관계없이 일정비율의 금액을 부과하면서 그 금액도 지연손해금보다 다소 높다.[206)]

3) 이에 반해, 연체금은, 채무지연에 따른 손해배상의 성격을 가졌고, 통상 지연일수에 비례한 금액을 부과하며, 그 금액도 시중금리 등을 고려해 결정된다.

4) 우리 대법원은, 「법인세법상 가산세는 과세의 적정을 기하기 위하여 납세의무자인 법인으로 하여금 성실한 과세표준의 신고 및 세액의 납부의 의무를 부과하면서 그 확보책으로 그 의무이행을 게을리하였을 경우에 가해지는 일종의 행정상의 제재이다. 이와 같은 제재는 세법의 해석상 의문으로 인한 견해의 대립이 있는 등으로 말미암아 납세의무자가 그 의무를 알지 못하는 것이 무리가 아니라고 할 수 있어서 그를 정당시할 수 있는 사정이 있을 때 또는 그 의무의 이행을 도저히 당사자에게 기대할 수 없다고 평가되는 사정이 있을 때와 같이 그 의무를 게을리한 점을 탓할 수 없는 정당한 사유가 있는 경우에는 이를 과할 수 없다」라

---

206) 법제처, 법령입안 심사기준, 2006, p. 184

고 판시하고 있다[대판 2011. 2. 10, 2008두2330].

(2) 가산세

1) 가산세는 세법상의 의무위반에 대한 경제적 불이익으로서 본래의 조세채무와는 별개로 과해지는 조세를 가리킨다(국기 2 iv).

2) 가산세와 벌금은 그 목적이 다르므로 병과할 수 있다.

3) 우리 헌법재판소는, 가산세를, 세법상의 의무위반시에 부과하는 "행정상 제재"라고 판시하고 있다.[207]

Ⅲ 관허사업(인 · 허가)의 제한

1. 행정법상의 의무를 위반한 자에 대해 관허사업을 제한하는 경우가 있다(예: 병역 76).

2. 이 경우 당해 행정법상의 의무와 직접적 관계가 없는 인 · 허가의 제한은 ① 부당결부금지의 원칙, ② 비례원칙에 위배될 소지가 많을 것이다.

3. 국민은 당해 행정법상의 의무와 직접적 관계가 없는 제한에 대하여 행정쟁송절차와 국가배상청구로 다툴 수 있다고 본다.

Ⅳ 공급거부(급부의 거부)

1. 예컨대, 위법건축물에 대하여, 제재조치로서 단전 · 단수조치가 규정될 수 있다.

2. 이 경우 법적 문제로는, 위법건축물의 건축이, 「수도법」 등에서 말하는 급수계약거부가 가능한 "정당한 사유"에 해당하는지가 문제로 된다.

3. 공급거부의 경우에도, ① 부당결부금지의 원칙과, ② 비례원칙에 위배되는지가 쟁점이 된다.

207) 헌재 2006. 7. 27, 2004헌가13

4. 우리 대법원은 공급거부는, 항고쟁송의 대상이 되는 행정처분에 해당한다고 보고 있다.[208)]

V 위반사실 · 명단 등의 공표

1. 법률, 조례 등에는, 행정상의 권고나 지도에 따르지 않는 등의 경우에는, 그 자의 성명이나 위반사실을 공표한다는 규정을 두고 있는 것이 있다.

2. 예컨대, 「독점규제 및 공정거래에 관한 법률」 제5조 등을 들 수 있다.

3. 공표는 일반적으로 법적 효과가 생기지 않는 비권력적 사실행위에 불과하다고 보고 있어, 권리구제가 문제로 된다. 그런데 공표는, ① 사전절차가 미비하고, ② 일단 공표되고 나면, 취소소송이 설령 인정되더라도, 그 실익이 크지 않다는 점이 문제로 된다.

4. 공표에 대한 권리구제를 가능하게 하기 위하여, ① “공권력의 행사에 준하는 행정작용”으로 보아 그 처분성을 인정하거나,[209)] ② 권력적 사실행위로 보아 그 처분성을 인정해야 한다는 견해가 있다.[210)]

5. 또한, 위법한 공표에 의해 명예, 신용 등이 훼손되면, 국가배상을 청구할 수 있다.[211)]

6. 우리 헌법재판소는, 「청소년 성매수자의 일반적 인격권과 사생활의 비밀의 자유가 제한되는 정도가 청소년 성보호라는 공익적 요청에 비해 크다고 할 수 없으므로 청소년의 성보호에 관한 법률 제20조 제2항 제1호의 신상공개는 해당 범죄인들의 일반적 인격권, 사생활의 비밀의 자유를 과잉금지의 원칙에 위배하여 침해한 것이라 할 수 없다. 신상공개제도로 인하여 기본권제한상의 차별을 초래하나, 그 입법목적과 이를 달성하려는 수단 간에 비례성을 벗어난 차별이라고 보기

208) 대판 1985. 12. 24, 84누598
209) 김동희, 행정법Ⅰ, p. 455
210) 김철용, 행정법Ⅰ, p. 461; 박균성, 행정법(상), p. 551
211) 대판 1998. 5. 22, 97다57689

어렵고, 달리 평등권을 침해한 것이라고 볼 수 없다」라고 판시하고 있다[헌재 2003. 6. 26, 2002헌가14].

제6절 「행정벌, 행정강제」 등에 관한 기본판례(추가)

(1) 대판 2016. 7. 14, 2015두46598
(2) 대판 2016. 9. 28, 2014도10748
(3) 대판 2016. 10. 27, 2016두44711
(4) 대판 2016. 10. 27, 2016두41811
(5) 대판 2016. 12. 15, 2016두47659
(6) 대판 2017. 3. 16, 2014두8360
(7) 대판 2017. 4. 27, 2016두33360
(8) 대판 2017. 4. 28, 2016다13916
(9) 대판 2017. 5. 11, 2014두8773
(10) 대판 2017. 7. 11, 2017두36885
(11) 대판 2018. 1. 25, 2015두35116[이행강제금]
(12) 헌재 2018. 8. 30, 2017헌바368 전원재판부[과태료]
(13) 대판 2005. 8. 19, 2004다2809
(14) 대판 1962. 10. 18, 62누117
(15) 대판 1992. 4. 12, 91누13564
(16) 대판 2011. 9. 8, 2010다4824
(17) 대판 1996. 10. 11, 96누8086
(18) 대판 1993. 11. 9, 93누14271
(19) 대판 1984. 9. 25, 84누201
(20) 헌재 2004. 2. 26, 2001헌바80
(21) 대판 2011. 3. 10, 2009두23617 · 23624(병합)

06 행정절차

제1절 행정절차 일반론

Ⅰ 서설

1. 행정절차란, 행정활동을 함에 있어서 거치는 사전통지, 의견청취, 이유부기 등 사전절차를 가리킨다.

2. 위법한 행정행위에 대한 사후적 구제에는 한계가 있다. 따라서, 국민의 권리이익을 충분히 보호하려면, 미리 위법·부당한 행정활동이 되지 않도록 예방하는 것이 중요하다. 그리고, 그 대표적 예방절차가 행정절차이다. 이것은 법치국가의 원리에서 본 행정절차의 중요성이다.

3. 또한, 이익상황이 복잡한 현대의 행정과정에서는, 관계인의 의견을 행정에 반영하는 것도 요청된다. 이것은 민주국가의 원리에서 본 행정절차의 중요성이다.

Ⅱ 「행정절차법」의 제정

1. 행정절차의 헌법적 근거

(1) 우리 「헌법」 제12조 제1항 및 제3항은 "적법절차의 원칙"을 규정하고 있다. 문제는, 이 적법절차조항이 형사사법절차에만 적용되는지, 아니면 널리 국민의 자유·권리를 제한하는 행정처분에도 적용되는지가 문제이다.

(2) 우리의 통설은, 「헌법」의 이 규정은 행정절차에도 적용된다고 보고 있다.[212)]

(3) 우리 헌법재판소도 통설과 견해를 같이 하고 있다.[213)]

(4) 우리 헌법재판소는, 「헌법 제12조 제3항 본문은 제12조 제1항과 함께 적법절차원리의 일반조항에 해당하는 것으로서, 형사절차상의 영역에 한정되지 않고 입법, 행정 등 국가의 모든 공권력의 적용에는 절차상의 적법성뿐만 아니라 실체적인 적법성이 있어야 한다는 적법절차의 원칙을 헌법의 기본원리로 명시하고 있다」라고 판시하고 있고[헌재 1992. 12. 24, 92헌가8], 우리 대법원은, 「부가가치세법과 같이 개별 세법에서 납세고지에 관한 별도의 규정을 두지 않은 경우라 하더라도 해당 본세의 납세고지서에 국세징수법 9조1항이 규정한 것과 같은 세액의 산출근거 등이 기재되어 있지 않다면 그 과세처분은 적법하지 않다. 말하자면 개별 세법에 납세고지에 관한 별도의 규정이 없더라도 국세징수법이 정한 것과 같은 납세고지의 요건을 갖추지 않으면 안된다는 것이고, 이는 적법절차의 원칙이 과세처분에도 적용됨에 따른 당연한 귀결이다. 헌법상 적법절차의 원칙은 형사소송절차 뿐만 아니라 국민에게 부담을 주는 행정작용에서도 준수되어야 하므로, 그 기본정신은 과세처분에 대해서도 그대로 관철되어야 한다. 행정처분에 처분의 이유를 제시하도록 한 행정절차법이 과세처분에 직접 적용되지는 않지만, 그 기본원리가 과세처분의 장면이라고 하여 본질적으로 달라져서는 안되는 것이고 이를 완화하여 적용할 하등의 이유도 없다」라고 판시하고 있으며[대판 2012. 10. 18, 2010두12347 전원합의체], 「행정절차법령 규정들의 내용을 행정절차법의 입법목적에 비추어 보면, 공무원 인사관계 법령에 의한 처분에 관한 사항이라 하더라도 그 전부에 대하여 행정절차법의 적용이 배제되는 것이 아니라, 성질상 행정절차를 거치기 곤란하거나 불필요하다고 인정되는 처분이나 행정절차에 준하는 절차를 거치도록 하고 있는 처분의 경우에만 행정절차법의 적용이 배제되는 것으로 보아야 하고, 이러한 법리는 '공무원 인사관계 법령에 의한 처분'에 해당하는 별정직 공무원에 대한 직권면직 처분의 경우에도 마찬가지로 적용된다」라고 판시하고 있다[대판 2013. 1. 16, 2011두30687].

212) 권영성, 헌법학, p. 424; 김동희, 행정법 I, p. 369
213) 헌재 1993. 7. 29, 90헌바35

2. 「행정절차법」의 개요

(1) 입법연혁

1) 행정절차에 관한 일반법으로서, 「행정절차법」이 제정되어 1998년 1월 1일부터 시행되고 있다. 동법의 제정에 의해 행정절차가 통일되었다.

2) 「행정절차법」은 처분, 신고, 행정상 입법예고, 행정예고, 행정지도에 관해 규정하고 있고, 행정계획수립절차, 행정계약, 그 밖의 행정법총칙에 해당하는 실체적 규정은 포함되어 있지 않다. 이것은 앞으로 행정절차법제의 정비에 있어서 포함시켜야 할 과제라고 할 것이다.

제2절 「행정절차법」 해설

I 총칙개설

1. 행정청

(1) 의의

행정청은, 행정에 관한 의사를 결정해 표시하는 국가나 지방자치단체의 기관 기타 법령 또는 자치법규에 의해 행정권한을 가지고 있거나 위임·위탁받은 공공단체나, 그 기관 또는 사인을 말한다.

(2) 관할권(권한)

1) 법령상 규정된 권한규정을 위반하면, 그 자체가 위법하게 된다. 행정기관의 권한은, 사항적 권한과 지역적 권한으로 나뉜다.

2) 법정관할권의 예외로는, ① 법령의 규정에 의해 감독관청이 대집행하는 경우, ② 권한의 위임에 의한 경우가 있다.

2. 당사자

(1) 당사자 등은, 행정청의 처분에 대해 직접 그 상대가 되는 당사자와, 행정청이 직권 또는 신청에 의해 행정절차에 참여하게 한 이해관계인을 가리킨다.

(2) 이해관계인의 예로서는, 복효적 행정행위의 경우 처분의 상대방이 아닌 제3자를 들 수 있다.

(3) 당사자에게는, 신청권, 청문권, 서류열람권, 설명을 받을 권리, 대리인을 선임할 권리 등이 인정된다.

(4) 당사자 등이 될 수 있는 자로는, ① 자연인, ② 법인 또는 법인 아닌 사단, 재단, ③ 기타 다른 법령이나 자치법규에 의해 권리의무의 주체가 될 수 있는 자를 들 수 있다(당사자능력).

(5) 행위능력은, 당사자가 독립하여 스스로 행정절차상의 행동을 할 수 있는지의 문제에 관련된다. 행위능력이 없는 자는 대리인을 선임할 수 있다.

3. 대표자

(1) 다수의 당사자 등이 공동으로 행정절차에 관한 행위를 하는 경우 대표자를 선정할 수 있다.

(2) 대표자가 있는 경우에는, 당사자 등은 그 대표자를 통해서만 행정절차에 관한 행위를 할 수 있다.

4. 대리인

(1) 당사자 등은 행정절차의 어떤 단계에서도, 대리인에 의해 자신이 대리되게 할 수 있다.

(2) 대리인이 될 수 있는 자로는, ① 당사자 등의 배우자, 직계존·비속 등, ② 법인 등이 당사자 등인 경우 그 임·직원, ③ 변호사, ④ 행정청 또는 청문주재자의 허가를 받은 자를 들 수 있다.

5. 적용제외

「행정절차법」은, ① 성질상 동법을 적용하기에 부적당하거나, ② 특정 행정분야에 관해 독자적 절차법 체계가 형성되어 있는 경우에는, 그 적용이 배제된다.

Ⅱ 절차적 권리

1. 조언과 정보제공을 받을 권리

(1) 명문규정은 없지만, 법치국가의 원칙에 비추어 볼 때, 어느 누구나 법치국가에서 자신의 권리에 대한 지식, 정보가 부족하기 때문에 불이익을 받아서는 안 된다.

(2) 공무원이 이 의무에 위반하면, 국민은 국가배상을 청구할 수 있다.

2. 문서열람 · 복사청구권

(1) 의의

1) 「행정절차법」 제37조에서는, 당사자 등은 청문의 통지가 있는 날부터 청문이 끝날 때까지 행정청에 대해 당해 사안의 조사결과에 관한 문서 기타 당해 처분과 관련되는 문서의 열람 또는 복사를 요청할 수 있다고 규정하고 있다.

2) 이 권리는 절차적 권리로서 개인적 공권이다.

(2) 요건

1) 청구권의 인정시점에 관해 위 규정은, 제한을 두고 있는데, 행정절차 개시시점부터 행정절차 종료시점까지 제한없이 인정하는 것이 좋은 것이다.

2) 청구권의 대상에 관해 위 규정은 제한하고 있는데, 원칙적으로 제한하지 않는 것이 타당하다고 본다.

3) 청구권의 인정요건으로서의 "법적 이익"문제
위 규정에 명문의 규정은 없지만, 문서열람을 요구하는 자는, 문서열람에 대한 법적 이익이 있어야 할 것이다.

(3) 제한

행정청은, 다른 법령에 의해 공개가 제한되는 경우에는 문서의 열람·복사의 요청을 거부할 수 있다. 이것은 문서의 열람·복사에 대한 이익보다 더 높게 평가되는 공익이나 사익이 있는 경우를 예상한 것인데, 국익·개인의 사생활의 비밀 등을 들 수 있고, 구체적으로는 「공공기관의 정보공개에 관한 법률」 제9조에 열거되어 있다.

(4) 「공공기관의 정보공개에 관한 법률」(이하 "「정보공개법」"이라 함)과의 관계

1) 「정보공개법」은, "누구에게나" 공공기관이 보유하고 있는 정보공개를 청구할 권리를 인정하고 있다. 이 권리는, 행정절차와는 무관하고, 개인의 특별한 권리 보유여부와도 무관하다.

2) 따라서 「행정절차법」에 의해 문서열람·복사가 허용되지 않을 경우에는, 「정보공개법」에 의해 공공기관이 보유하는 정보의 공개를 청구할 수 있다.

3. 청문권

(1) 의의

1) 청문권은 형사소송뿐만 아니라, 행정절차에 있어서도 인정된다. 이 권리는 법치국가원칙과, 인간의 존엄과 가치의 보호에서 도출된다. 따라서, 행정청은 행정행위를 발급하기 전에 당사자에게 자신의 의견을 제시할 기회를 주어야 한다.

2) 「행정절차법」 제2조 제5호는, 청문을, 행정청이 어떠한 처분을 하기에 앞서 당사자 등의 의견을 직접 듣고 증거를 조사하는 절차라고 규정하고 있다.

3) 「행정절차법」상의 "청문"은, 정식절차[청문주재관의 주재 아래 주장을 하고, 반박하며, 증거를 제출하는 절차]이지만, "의견제출"은, 약식절차[이해관계인이 적정한 방법으로 의견을 제출하는 절차]이다.

(2) 요건

1) 청문은 동법상, 불이익처분을 하는 경우로서, ① 다른 법령 등에서 청문을 실시하도록 규정하고 있는 경우와, ② 행정청이 필요하다고 인정하는 경우, ③ 인·허가 등의 취소, 신분·자격의 박탈, 법인이나 조합 등의 설립허가의 취소처분시, 사

전통지된 의견제출기한 내에 당사자등의 신청이 있는 경우에만 예외적으로 인정하고 있다.[214]

2) 청문권의 본질은 당사자 등에게 적시에 의견제시의 기회를 줌으로써 의도하는 행정행위에 대해 영향력을 미칠 기회를 효율적으로 주는데 있다.

3) 당사자 등은, 행정결정에 있어 중요한 관련사실에 관해서만 의견제시를 할 수 있다.

(3) 절차

1) 청문의 통지(§21②)

행정청은 청문을 실시하려는 경우 청문이 시작되는 날부터 10일 전까지, ① 처분원인사실, 처분내용, 법적 근거, ② 의견제출기관, ③ 의견제출기한 등을 당사자에게 통지해야 한다.

2) 심리방식

① 청문은, 행정청의 직원과 당사자·참가인 쌍방으로부터의 증거, 주장에 관해 청문주재자가 사실관계에 관해 판정하는 방식으로 진행한다.

② 청문주재자는 독립하여 공정하게 직무를 수행한다.

3) 문서열람·복사

이것은 위에서 살펴본 바와 같다.

4) 청문의 종결

① 주재자는 청문조서를 작성하고, 통보서에 당사자 등의 진술요지, 제출된 증거, 증거조사의 요지 등을 포함시켜야 한다.

② 주재자는 청문종결후 의견서를 작성해서, 청문조서와 함께 행정청에 제출해야 한다.

③ 당사자 등은 청문조서의 기재내용을 열람·확인할 수 있고, 이의가 있으면 정정을 요구할 수 있다.

④ 행정청은 처분을 함에 있어서는, 청문조서·의견서가 상당한 이유가 있으면, 그 결과를 반영해야 한다. 이것은 단지 참고 정도를 넘어선다고 본다.

214) 독일의 경우에는 이익(혜택)을 주기를 거부하는 경우에도 청문대상이 되고 있다.

(4) 약식청문(의견제출절차)

1) 당사자 등은 처분 전에 관할행정청에 서면, 구술, 정보통신망에 의해 의견제출을 할 수 있고, 그 증거자료를 첨부할 수 있다.

2) 행정청은, 불이익처분을 하려면, 당사자 등에게 사전통지(처분하고자 하는 원인이 되는 사실, 처분의 내용, 법적 근거, 의견제출기관, 의견제출기한 등이 포함되어야 함)를 해야 한다.

4. 개인정보의 보호에 관한 권리[개인정보보호법]

(1) 행정청은 개인정보를 권한없이 수집·처리·관리해서는 안 되며, 영업상 비밀도 권한없이 공개하면 안 된다. 이것으로부터 이런 정보의 보호에 관한 해당 관계인의 권리가 도출된다. 이 경우 헌법상 보호되는 개인의 인격권이 보호된다는 것을 알 수 있다[개인정보자기결정권].

(2) 보호되는 법익에는, 개인과 관련된 모든 자료가 다 포함된다.

(3) 개인정보는 수집·저장·변경·전달·이용·차단·삭제 등 다양한 측면에서 보호된다.

(4) 그러나, ① 당해 개인의 동의가 있거나, ② 법규에 의해 개인정보의 처리·공개가 헌법적 한계내에서 허용되어 있으면, 행정청은 개인정보를 처리·공개할 수 있다.

5. 처분의 이유제시를 요구할 권리(§23)

(1) 의의

이유제시의무는 법치국가적 행정절차의 본질적 요청이다.[215] 또한, 이 명령은 행정청이 더욱 심사숙고한 후에 당해 처분을 실행하도록 만든다.

215) Kopp/Ramsauer, VwVfG, §39

(2) 요건

1) 문서주의

행정청이 처분을 하려면, 다른 법령 등에 특별한 규정이 있는 경우를 제외하고는, 문서로 해야 하며, 전자문서로 하려면 당사자 등의 동의가 있어야 한다(§24①).

2) 중요한 사실적·법적 사유

① 행정청은 처분을 할 때 당사자에게 그 근거와 이유를 제시해야 한다(§23①).

② "사실적 이유"는 조사된 사실관계를, "법적 이유"는 해석, 포섭, 재량결정시의 형량요소 등을 가리킨다.

③ "법적 이유" 안에는 관계법령의 적시도 포함된다.

(3) 한계

이유제시의무는, 신청내용을 그대로 인정하는 처분 등이나, 긴급을 요할 때에는 면제된다.

(4) 의무위반의 효과

이유제시의무를 이행하지 않거나, 불충분하게 이유제시를 하면, 발령되는 처분은 위법하게 된다.

6. 사전통지를 받을 권리[제21조]

행정청은 당사자에게 의무를 부과하거나, 권익을 제한하는 처분을 하는 경우에는 미리, 「처분하려는 원인이 되는 사실, 처분의 내용, 법적 근거, 의견제출방법·기한」 등을 당사자 등에게 통지해야 한다.

Ⅲ 절차규정위반의 효과

1. 위법성

(1) 법규에 의해 절차규정이 설치되어 있는 경우, 행정청이 이를 위반하면, 그 처분의 위법을 가져온다.

(2) 다만, 그 위법성이 단순위법인지, 무효사유인지가 문제로 된다.

사 례

행정절차의 위반

구체적 위반사실이 고지되지 않고, 청문을 결한 채, A의 택시면허취소처분이 내려진 경우, 당해 처분의 취소사유를 설명하라.

위 사례에서의 취소처분은 동처분에 관하여 정하고 있는 「여객자동차운수사업법」상의 요건에 합치하는 것이 불가결하다. 이러한 요건에 해당하지 않는데도 불구하고 면허의 취소가 내려진 경우에는, 그 처분은 실체법상 위법하고, A는 처분의 취소를 구할 수 있다. 이에 대하여, 동법상의 요건을 만족시킨다고 하더라도, 위 사례와 같이 청문을 하지 않고 내린 처분의 경우에는, 행정절차의 위반이 존재한다. (이것을 절차법적으로 위법하다고 한다) 문제는, 절차법위반이 면허취소처분의 효력에 영향을 주는가 하는 것이다. 이 문제는, 행정절차를 행정활동의 내용담보수단으로 보는가, 아니면 행정절차의 준수 그 자체에 가치를 두는가의 입장의 차이를 반영한다. 행정절차를 수단으로 보는 입장은, 청문절차를 추완하더라도 면허취소처분의 사실인정이 뒤집힐 가능성이 인정되지 않는 경우에는, 절차위반을 가지고 처분의 위법을 논하는 것은 행정효율을 해칠 뿐이라고 하게 된다. 행정절차는 올바른 내용의 처분을 담보하는 수단이고, 절차위반만으로는 처분은 위법하게 된다.

이에 대하여, 절차위반이 면허취소처분의 위법을 가져온다고 보는 입장은, 청문원칙위반이 인정되는 이상 절차를 다시 밟아야 한다고 하게 된다. 이 견해에 의하면 실체법위반과 절차법위반은 모두 처분의 위법성을 가져오게 된다고 본다.

이 두 가지 입장을 살펴볼 때 여러 가지 이해관계가 다양해지고, 그 조정이 행정절차에서 구해지는 현상으로부터 판단하면, 절차가 가지는 조정기능, 진실발견기능, 나아가 절차를 거침으로써 발생되는 시민에의 정당화기능에 비추어, 절차위반을 독립된 처분취소사유로 위치지워야 할 것이라고 본다.

위 사례에서는 이유부기에 관한 위반도 있는데, 이것도 절차법적인 처분취소사유이다.

사 례

행정절차의 위반

지식경제부장관은 원자력발전소의 설치허가에 있어 「원자력법」이 원자력위원회에의 자문을 요구하고 있음에도 불구하고 동위원회에의 자문을 거치지 않고 A가 한 설치허가신청에 대해 불허가결정을 내렸다. 이 경우 원자력위원회는 자문위원회이다. A는 이러한 절차위반을 처분의 위법사유로 제시할 수 있는가? (동법에서는 심의회의 의견에 대해 행정의 존중의무가 과해지고 있다.)

법률들 중에는 과학적 판단이나 정책적 결정에 있어, 심의회에의 자문을 의무지운 것이 발견된다. 이것은 심의회의 관여에 의하여 전문적 판단이 담보되기 때문이다. 더욱이 동법에서 심의회의 의견에 대하여 행정의 존중의무까지 과해지고 있다면, 자문절차의 하자는 행정결정 자체의 하자를 발생시킨다고 할 수 있다.

왜냐하면 이러한 법률의 짜임새는 사실상 거의 행정이 심의회와 공동으로 결정을 내린다고도 할 수 있기 때문이다.

2. 하자의 치유

절차상, 형식상 하자로 인해 하자가 있게 된 처분도, 국민의 권익을 침해하지 않는 한도내에서는, 사후에[행정심판의 제기전에] 하자를 보완함으로써 치유될 수 있다[대판 1992. 10. 23, 92누2844 ; 대판 1997. 12. 26, 97누9390]. 다만, 무효인 행정행위는 치유될 수 없다.

3. 공정력과의 관계

(1) 행정행위가 절차상, 형식상 하자를 가지고 있더라도(즉 일반적으로 단순위법이더라도), 취소되지 않는 한, 누구든지 그 효력을 부인할 수 없다.

(2) 다만, 이런 하자로 인한 행정행위의 취소는, 그 위반이 행정결정 자체에 영향을 미칠 수 있었을 경우에만, 쟁송절차로 다툴 수 있다는 견해와, 그런 제한은 적용되지 않는다는 견해의 학설대립이 있다.

(3) 행정절차의 하자를 이유로 취소판결이 선고되면, 처분청은 그 판결의 취지에 따라 새로이 처분을 해야 한다(행정소송 제30조 제3항).

Ⅳ 신청에 대한 처분절차

1. 처분기준의 설정(§20)

행정청은, 신청에 의해 요구되는 인·허가 등을 할지 여부를 법령이 정하는 바에 의해 판단하기 위한 처분기준을 정해 공표해야 한다.

2. 처리기간(§19)

행정청은 처리기간을 정해 공표하고, 그 기간을 지켜 처분하도록 한다.

3. 신청에 대한 심사 · 응답

행정청은 신청이 도달하면, 지체없이 심사를 개시해야 한다. 신청에 대한 거부처분과 사전통지에 관하여, 우리 대법원은, 「신청에 대한 거부처분이라고 하더라도 직접 당사자의 권익을 제한하는 것은 아니어서 신청에 대한 거부처분을 행정절차법 제21조제1항에서 말하는 '당사자의 권익을 제한하는 처분'에 해당한다고 할 수 없는 것이서어 처분의 사전통지대상이 된다고 할 수 없다」라고 판시하고 있고[동법 동종 동항의 문언에서는 '의무부과와 권익을 제한하는 처분'에 대해서만 동조 동항이 적용된다고 규정하고 있어 학설상 다툼이 있어 왔음][대판 2003. 11. 28, 2003두674], 사전통지의 불실시, 의견제출기회의 불부여에 관하여, 「행정청이 침해적 행정처분을 함에 있어서 당사자에게 사전통지를 하거나 의견제출의 기회를 주지 아니하였다면 사전통지를 하지 않거나 의견제출의 기회를 주지 아니하여도 되는 예외적인 경우에 해당하지 아니하는 한 그 처분은 위법하여 취소를 면할 수 없다」라고 판시하고 있다[대판 2004. 5. 28, 2004두1254].

4. 이유제시(§23)

행정청은 인 · 허가 등의 거부처분을 하는 경우 그 이유를 제시해야 한다.

사 례

이유의 제시의무

유흥주점의 영업허가신청을 거부하는 경우에, 「행정절차법」에서 이유의 제시를 행정청에 의무지우는 취지를 행정기관 쪽에서와 시민 쪽에서 각각 설명하라.

➡ 신청을 거부하는 경우, 행정기관은 「행정절차법」상 그 이유를 제시하지 않으면 안 된다. 그것은 「이유부기」로서, 행정절차의 중요한 구성요소이다.

이유부기가 요청되는 근거로는, ① 이유부기의무를 부과함으로써, 행정이 신청처리에 신중을 기하게 되고, ② 시민이 거부처분을 다투는 경우에, 유익한 정보제공기능을 수행하여 불복준비에 도움을 준다는 두 가지 점을 들 수 있다.

나아가, 어느 정도로 신청거부의 이유를 제시하지 않으면 안 되는가 하는 해석문제에 관하여는, 적용조문의 지적만으로는 충분하지 않고, 사실관계도 제시하는 것이 불가결하다고 할 것이다.

또한, 시민의 불복준비에 도움을 준다는 목적에서 보면, 처분단계에서 제시하지 않았던 처분이유를 그 후의 행정쟁송단계에서 제시하는(이것에 의해 이유제시위반을 치유한다) 행정의 운용(이것을 「이유의 추완」이라고 함)은 인정될 수 없다.

5. 공청회의 개최 등

(1) 공청회는, 행정청이 공개적 토론을 통해 어떠한 행정작용에 대해 당사자 등, 전문지식과 경험을 가진 자, 기타 일반인으로부터 의견을 널리 수렴하는 절차를 말한다(§2 vi).

(2) 행정청은 공청회를 개최하려면 개최 14일 전까지 주요내용, 발표자, 발표신청방법 등을 당사자에 등에게 통지하고, 관보·인터넷 홈페이지·일간신문 등에 공고하여야 한다(§38).

(3) 행정청은 공청회와 병행하여 정보통신망을 이용한 전자공청회를 실시할 수 있다(§38의2).

(4) 공청회 주재자는 공청회 사안과 관련된 분야의 전문가 중에서 행정청이 지명·위촉하는 자로 한다(§38의3).

(5) 공청회 발표자는 신청한 자 중에서 선정한다(§38의3).

(6) 공청회 주재자는 공청회를 공정하게 진행해야 하고, 발표자는 공청회의 내용과 직접 관련된 사항에 한해 발표해야 한다.

(7) 공청회 주재자는 발표자의 발표가 끝난 후 발표자 상호간에 질의·답변을 할 수 있게 해야 하고, 방청인에 대해서도 의견을 제시할 기회를 주어야 한다(§39).

(8) 행정청은 처분을 함에 있어 공청회·전자공청회·정보통신망을 통해 제시된 사실, 의견이 상당한 이유가 있다고 인정되면, 반영해야 한다(§39의2).

V 불이익처분절차

1. 의의

불이익처분은, 행정청이 법령에 기해 특정인을 명의인으로 하여, 직접 그에게 의무를 부과하거나, 권리를 제한하는 처분이다. 이 경우, ① 사실행위와, ② '인·허가 등의 거부'처분은 제외된다.

2. 처분기준의 설정(§20)

행정청은 불이익처분에 필요한 처분기준을 정하고, 이를 공표해야 한다.

3. 처분의 사전통지(§21)

이것에 대해서는 앞에서 살펴본 바 있다.

4. 청문, 의견제출기회의 부여(§22)

이것에 대해서는 앞에서 살펴본 바 있다.

5. 불이익처분의 이유제시(§23)

이것에 대해서도 앞에서 살펴본바 있다.

Ⅵ 행정상 입법예고절차

1. 의의

(1) 입법예고절차는, 법령 또는 자치법규를 입법하는 경우에 그 안을 공시하고, 널리 일반국민으로부터 의견이나 정보를 구하는 절차이다.

(2) 이 절차는, ① 행정운영의 공정성·투명성 확보와, ② 법령 등 제정기관의 판단의 적정성 확보와, ③ 판단과정에의 국민의 폭넓은 참여를 도모하기 위한 것이다.

(3) 이 제도는 「법제업무운영규정」(대통령령)에 의해 먼저 실시되었지만, 그 뒤 「행정절차법」에 그 법적 근거가 마련되었다.

사 례

입법예고절차

「행정절차법」상의 입법예고절차의 의미를 설명하라.

➡ 입법예고절차는, ① 행정에 의한 안의 제시, ② 시민의 의견제출, ③ 행정에 의한 고려결과와 이유의 제시로 이루어지는데, 행정-시민관계에 있어서 대화과정이 제도화된 점에 그 의의가 있다.
특히 행정에 의한 응답의무가 법정된 점에, 「커뮤니케이션과정으로서의 현대행정법」의 특질이 현저하게 티가 나고 있다.
다만, 입법예고절차에는 앞으로, 종래 행정규칙이라고 분류된 심사기준, 처분기준, 행정지도지침도 대상에 포함시킬 것이 요청된다. 이러한 제도개선에 의하여, 법규명령과 행정규칙의 전통적 이분론이 수정되고, 대상이 법규명령이든, 행정규칙이든 가리지 않고, 그 제정・개정절차에 절차적 규제가 가해질 수 있게 될 것이다.

2. 입법예고대상(§41)

입법예고대상은 원칙적으로, 국민의 권리・의무 또는 일상생활과 관련이 있는 법령 등이다.

3. 입법예고방법(§42)

(1) 행정청은 입법안의 취지, 주요내용 또는 전문을 관보, 공보, 인터넷, 신문, 방송 등으로 널리 공고해야 한다.

(2) 행정청은, 관련 중앙행정기관, 지방자치단체 등에 입법예고사항을 통지해야 한다.

(3) 행정청은 전자공청회를 개최할 수 있다.

4. 예고기간(§43)

입법예고기간은 특별한 사정이 없는 한 20일 이상으로 한다.

5. 의견제출 및 처리

(1) 누구든지 입법안에 대해 의견을 제출할 수 있다.

(2) 행정청은 의견이 제출된 경우 이를 존중해서 처리하고, 의견제출인에게 그 처리결과를 통지해야 한다.

6. 공청회개최

행정청은 입법안에 대해 공청회를 개최할 수 있다.

7. 개선방향

(1) 일본의 경우 "의견공모절차"에서는 마지막에, 제출의견과 결과의 공시제도가 있는데, 우리의 경우 이를 도입하면 좋을 것으로 생각된다.

(2) 행정규칙 중 법령보충규칙과 재량준칙도 국민의 생활에 직결되어 있으므로 입법예고 대상에 포함시켜야 할 것으로 생각된다.

Ⅶ 그 밖의 행정절차

1. 신고절차(§40)

(1) 신고는 행정청에 대해 일정 사항을 통지하는 행위로서 법령 등이 정하는 바에 따라 당해 통지가 의무로 되어 있는 작용을 말한다.

(2) 「행정절차법」은 원칙적으로 신고서가 제출기관에 도달된 때에 신고의무가 이행된 것으로 보고, 별도의 수리행위를 요하지 않는다고 한다.

2. 행정예고절차

(1) 행정예고는 국민생활에 중요한 의미를 가지는 정책 · 제도 · 계획에 대해 미리 예고하는 제도이다(§46).

(2) 특히 구속적 행정계획, 행정규칙이 예고사항에 포함되므로, 행정예고제도는 행정계획확정절차 및 행정규칙제정절차가 미비한 현행법을 보완하는 의미를 가진다.

3. 행정지도절차

「행정절차법」에서는 행정지도절차에 관하여, 과잉금지의 원칙, 임의성의 원칙, 명확성의 원칙, 행정지도실명제를 규정하고 있다.

제3절 특별행정절차(민원처리절차)

Ⅰ 개설

민원사무처리절차는, 「민원처리에 관한 법률」에 따라 처분 등 신청된 요구사항을 처리하는 절차이다.

Ⅱ 「민원처리에 관한 법률」의 주요내용

1. 통칙부분

(1) 민원인은, 행정기관에 대해 처분 등 특정한 행위를 요구하는 개인・법인・단체이다.

(2) 민원사무란, 민원인이 행정기관에 대해 처분 등 특정 행위를 요구하는 사항(민원사항)에 관한 사무이다. 이는 '일반민원'[법정민원, 질의민원, 건의민원, 기타민원]과 '고충민원'으로 나뉜다.

(3) 복합민원이란, 하나의 민원목적을 실현하기 위해 법령・훈령・예규・고시 등에 의해 다수의 관계기관, 관계부서의 인・허가 등을 거쳐 처리되는 민원사무이다.

2. 민원의 처리

(1) 민원처리의 원칙(§ 6)

1) 행정기관은 민원사무를 다른 업무에 우선해 처리해야 한다.

2) 행정기관은 민원사무와 관련되지 않는 공과금 등의 미납을 이유로 민원사무의 처리를 지연시켜서는 안 된다. 이것은 부당결부금지의 원칙에 위반된다.

(2) 민원편람의 비치(§ 13)

행정기관의 장은 민원사항의 신청에 필요한 사항을 게시(인터넷에 의한 게시 포함)하거나 편람을 비치해 민원인이 볼 수 있게 해야 한다.

(3) 민원의 신청 · 처리결과의 통지(§ 8, § 9, § 27)

1) 민원사항의 신청은 원칙적으로 문서(전자문서 포함)로 해야 한다.

2) 행정기관의 장은 민원사항의 신청이 있으면, 특별한 규정이 없는 한, 그 접수를 보류 · 거부할 수 없으며, 접수된 민원서류를 부당하게 되돌려 보내서는 안 된다.

3) 행정기관의 장은 민원인이 신청한 민원사항에 대한 처리결과를 민원인에게 문서로 통지해야 한다. 다만, 일정한 경우에는 구술 또는 정보통신망으로 통지할 수 있다.

(4) 종합민원사무처리기준표의 고시(§ 36)

행정안전부장관은 민원인의 편의를 위해 관계법령에 규정된 민원사항의 처리기관 · 처리기간 · 구비서류 · 처리절차 · 신청방법에 관한 사항을 종합한 민원사무처리기준표를 작성해 관보에 고시하고, 인터넷에 게시해야 한다.

(5) 복합민원의 처리(§ 31)

행정기관의 장은 복합민원에 대해 처리주무부서를 지정하고 그 부서로 하여금 관계기관 또는 부서간 협조를 통해 민원사무를 일괄해 처리하게 할 수 있다. 이것은 인허가의제제도와 밀접한 관련이 있다.

(6) 사전심사의 청구(§ 30)

1) 민원인은 대규모의 경제적 비용이 수반되는 민원사항의 경우 행정기관의 장에게 약식서류로 사전심사를 청구할 수 있다.

2) 행정기관의 장은 사전심사결과를 민원인에게 통보해야 하며, 가능하다고 통보한 민원사항에 대하여는 민원인의 귀책사유, 불가항력 등으로 이를 이행할 수 없는 경우 외에는 사전심사결과 통보시 적시하지 않은 다른 이유를 들어 거부하여서는 안 된다.

3) 사전심사제도는, 확약이나 예비결정과 유사한 것으로 생각된다.

3. 거부처분에 대한 이의신청(§35)

(1) 민원사항에 대한 행정기관의 장의 거부신청에 대해 불복이 있는 민원인은 그 거부처분을 받은 날부터 60일 이내에 그 행정기관의 장에게 문서로 이의신청을 할 수 있다.

(2) 행정기관의 장은 원칙적으로 이의신청을 받은 날부터 10일 이내에 그 이의신청에 대해 인용여부를 결정하고 그 결과를 민원인에게 지체없이 문서로 통지해야 한다.

(3) 민원인은 이의신청 여부와 관계없이 행정심판 또는 행정소송을 제기할 수 있다.

(4) 이 조항은 민원사항의 거부처분에 대한 이의신청제도를 일반화한 것이다. '이의신청'은 원래 법률이 정하는 경우에, 법률이 정하는 자만이 제기할 수 있는데, 「민원처리에 관한 법률」이 이의신청의 인정범위를 대폭 확대시킨 것이다.

07 | 행정정보의 수집·공개 및 관리

제1절 행정조사

I 의의

1. 행정조사는, 행정기관에 의한 행정에 필요한 정보의 수집을 위한 조사활동이다.

2. 행정조사는, 행정작용을 공정하게 행하기 위해 관계인에 대해 반강제적으로 정보를 수집하는 작용이므로, 국민의 권익에 대한 침해가능성이 높다.

3. 또한, 수집된 개인정보와 기업비밀이 부당하게 공개될 위험도 있다. 따라서, 행정조사에 대한 적절한 법적 통제가 필수적이다.

4. 행정조사는 미리 알려서는 목적을 달성할 수 없는 경우도 많으므로, 필요한 경우에는 고지없이 조사할 권한을 인정하는데, 이 경우는 행정상 즉시강제와 유사하지만, 그 목적과 긴급성에 있어 차이가 있다.

5. 「세무조사결정」에 관하여, 우리 대법원은, 「부과처분을 위한 과세관청의 질문조사권이 행해지는 세무조사결정이 있는 경우 납세의무자는 세무공무원의 과세자료 수집을 위한 질문에 대답하고 검사를 수인하여야 할 법적 의무를 부담하게 되는 점, 세무조사는 필요한 최소한의 범위 안에서 행해져야 하고, 동일한 세목 및 과세기간에 대한 재조사는 납세자의 영업의 자유 등 권익을 심각하게 침해할 뿐만 아니라 자의적인 세무조사의 위험마저 있으므로 조세공평의 원칙에 현저히 반하는 예외적인 경우를 제외하고는 금지될 필요가 있는 점, 납세의무자로 하여금 개개의 과태료처분에 대하여 불복하거나 조사종료 후의 과세처분에 대하여만 다

툴 수 있도록 하는 것보다는 그에 앞서 세무조사결정에 대하여 다툼으로써 분쟁을 조기에 근본적으로 해결할 수 있는 점 등을 종합하면, 세무조사결정은 납세의무자의 권리·의무에 직접 영향을 미치는 공권력의 행사에 따른 행정작용으로써 항고소송의 대상이 된다」라고 판시하고 있다[대판 2011. 3. 10, 2009두23617·23624(병합)]

Ⅱ 종류

1. 조사대상에 의한 분류

(1) 대인적 조사

이것은 조사대상이 사람인 경우로서, 예컨대 불심검문을 들 수 있다.

(2) 대물적 조사

이것은 조사대상이 물건인 경우로서, 예컨대 장부·서류의 열람을 들 수 있다.

(3) 대가택 조사

이것은 개인의 주거·창고·영업소 등에 대한 출입·검사를 말한다.

2. 성질에 의한 분류

이것에는, ① 비권력적 행정조사와, ② 권력적 행정조사가 있다.

Ⅲ 행정조사와 법적 근거

1. 행정조사를 수인하는 상대방 쪽에서는 권리나 자유를 적지 않게 제한받거나 침해받는 것이므로, 그 근거규정을 법률에 두는 것이 필요하다고 할 것이다.

2. 또한, 출입·검사나 조사를 받기를 거부하는 경우, 이에 대해 제재하거나, 강제조치를 하려면 당연히 법률에 근거가 있어야 한다.

Ⅳ 행정조사에 관한 현행법제

1. 행정조사의 근거법률로는, 「경찰관직무집행법」상의 불심검문 외에, 각 개별법에 출입·검사나 보고 징수에 관한 규정들이 있다.

2. 행정조사에 관한 기본법으로는, 2007년 8월 18일부터 시행된 「행정조사기본법」이 있다. 이 법의 주요내용은 다음과 같다.

(1) 행정조사는, 행정기관이 정책을 결정하거나 직무를 수행하는데 필요한 정보, 자료를 수집하기 위해 현장조사·문서열람·시료채취 등을 하거나, 조사대상자에게 보고요구, 자료제출요구, 출석·진술 요구를 행하는 활동이라고 하고 있다.

(2) 행정조사의 기본원칙(§4)

1) 행정조사는, 조사목적을 달성하는데 필요한 최소한의 범위 안에서 실시해야 하고, 다른 목적을 위해 조사권을 남용해서는 안 된다.

2) 행정기관은 유사·동일한 사안에 대해서는 공동조사를 실시해야 한다.

3) 행정조사를 통해 알게 된 정보는, 다른 법률에 특별한 규정이 없는 한, 원래의 조사목적 외의 용도로 사용하거나 공표·누설·제공해서는 안 된다.

(3) 행정조사의 근거(§5)

행정기관은, 조사대상자의 자발적 협조가 없는 한, 법령 등에서 행정조사를 규정하고 있는 경우에 한하여 행정조사를 실시할 수 있다.

(4) 행정조사는, 원칙적으로, 법령 등이나 행정조사운영계획이 정하는 바에 따라 정기적으로 실시함을 원칙으로 한다.

(5) 조사원은 원칙적으로 조사대상자의 1회 출석으로 당해 조사를 종결해야 한다.

(6) 조사원이 조사목적의 달성을 위해 시료채취를 하는 경우에는 소유자의 정상적 경제활동을 방해하지 않는 범위에서 최소한도로 해야 하고, 시료채취로 대상자에게 손실을 입힌 때에는, 그 손실을 보상해야 한다(§12).

(7) 조사원이 현장조사 중에 자료·서류·물건 등을 영치하는 때에는 대상자를

입회시켜야 한다(§13).

(8) 행정조사를 실시하려는 행정기관의 장은 원칙적으로 출석요구서 기타 서면을 조사개시 7일전까지 조사대상자에게 통지해야 한다.

(9) 조사원은 사전에 발송된 사항에 대해서만 대상자를 조사해야 한다(§23).

(10) 행정기관의 장은 원칙적으로 조사결과를 확정한 날부터 7일 이내에 그 결과를 대상자에게 통지해야 한다(§24).

(11) 행정기관의 장은 인터넷 등 정보통신망을 통해 대상자로 하여금 자료의 제출 등을 하게 할 수 있다(§28).

V 행정조사의 한계

1. 영장주의와의 관계

(1) 행정조사에 「헌법」상의 영장주의가 적용되는지 여부가 문제된다.

일반적으로는, 영장주의의 정신은 존중해야 하지만, 이것을 기계적으로 적용해서는 안 된다는 절충설을 취한다.

(2) 우리 대법원은, "수색을 하려면, 소유자의 승낙을 얻거나, 영장을 발부받거나, 긴급을 요하는 경우에 한해 수색압수를 하고 사후에 영장의 교부를 받아야 한다"라고, 절충설을 지지하고 있다.[216]

2. 강제력의 행사문제

(1) 행정조사에 있어서는, 특별한 사정이 없는 한, 일반적으로는 강제력을 행사해서 수행할 수는 없다. 일반적으로 행정조사는, ① 영장없이 행해지고, ② 상대방의 사생활의 침해가 크며, ③ 강제력을 행사할 긴급성이 인정되지 않기 때문이다.[217]

---

216) 대판 1976. 11. 9, 76도2703

217) 原田, 行政法, p. 245

(2) 따라서 공무원이 실력으로써 출입을 강행해 상대방의 자유, 재산에 손해가 생기면, 특별한 긴급성이 인정되지 않는 한, 위법하게 되고, 행정주체측에 국가배상책임이 생긴다.

사 례

행정조사와 법치주의

시·도지사가 매연발상시설의 설치자 등에 대하여 행하는 검사는 「대기환경보전법」에 근거를 가지고, 검사거부에는 벌칙이 규정되고 있다. A광역시의 직원은 조사시에 실력을 행사하여, 상대방의 저항을 배제하여 서류 등을 가지고 갈 수 있는가?

➡ 상대방의 저항을 배제하고 행해지는 직접강제조사에는 법률의 근거가 필요하고, 영장주의가 타당하다. 그러나 이러한 직접강제조사의 예는 적다.
벌칙을 담도로 한 조사(간접강제조사)는, 벌칙을 쓰는 점에서, 법률의 근거를 요하지만, 이러한 간접강제조사에는, 조사에 관하여 상대방의 저항을 배제하는 것까지는 인정되지 않는다. 시민이 조사에 반대하면 행정은 조사를 관철할 수 없고, 그 자에게는 뒤에 형벌이 과해진다. 형벌의 두려움에 의해 조사에 따르게 하는 수법이고, 현행법상 그 예는 많다. 직접·간접의 강제조사에는, 비례원칙이 준수되지 않으면 안 된다.

3. 행정조사에 의해 취득한 자료·정보의 관리

행정기관이 행정조사권을 행사해 취득한 정보는, 당해 목적을 위해서만, 이용될 수 있다. 「국가기관의 자의적 정보수집」에 관하여, 우리 대법원은, 「구 국군보안사령부가 군과 관련된 첩보수집, 특정한 군사법원 관할 범죄의 수사 등 법령에 규정된 직무범위를 벗어나 민간인들을 대상으로 평소의 동향을 감시·파악할 목적으로 지속적으로 개인의 집회·결사에 관한 활동이나 사생활에 관한 정보를 미행, 망원 활용, 탐문채집 등의 방법으로 비밀리에 수집·관리한 경우, 이는 헌법에 의하여 보장된 기본권을 침해한 것으로서 불법행위를 구성한다. 일반국민의 알 권리와는 무관하게 국가기관이 평소의 동향을 감시할 목적으로 개인의 정보를 비밀리에 수집한 경우에는 그 대상자가 공적인물이라는 이유만으로 면책될 수 없다」라고 판시하고 있다[대판 1998. 7. 24, 96다42789].

사 례

행정조사결과의 타목적이용

행정조사에 관하여, 행정조사권한을 범죄수사를 위하여 인정된 것으로 해석해서는 아니된다는 규정이 다수 발견되는 것은 무슨 이유에서인가?

➡ 절차규제가 느슨한(즉 묵비권의 보장이나 영장주의 등이 미치지 않는) 행정조사절차를 사용하여 범죄수사에 활용하는 것은, 절차규제가 엄격한 범죄수사절차의 회피·잠탈과 비슷한 것이 된다.
이러한 제한은 행정조사(세무조사)와 국세범칙조사 간에도 타당하다.
거꾸로, 절차규제가 엄격한 국세범칙조사에서 취득한 자료를 절차규제가 느슨한 과세처분에 이용하는 것은 가능하다.

Ⅵ 권리구제

1. 행정조사가 위법하면, 당해 조사로 취득된 자료의 증거가치가 부정될 수도 있다.[218]

2. 권력적 행정조사의 경우에는, 권력적 사실행위로서 행정쟁송법상의 처분성이 인정될 수 있다. 다만, 소의 이익이 인정되려면, 행정조사의 상태가 계속되어야 한다.

3. 위법한 행정조사로 인해 신체·재산상의 손해를 받은 국민은 국가배상을 청구할 수 있다. 다른 목적으로의 사용은 사생활의 비밀을 침해할 우려가 크다.

4. 「위법한 행정조사에 기한 행정처분」에 관하여, 우리 대법원은, 「원심은 피고는 1998. 11. 경 원고의 부동산임대사업과 관련한 부가가치세의 탈루여부에 대하여 세무조사를 벌인 결과, 임대수입을 일부 누락한 사실 등을 밝혀내고 그 세무조사결과에 따라 같은 해 12. 경 부가가치세 증액경정처분을 한 사실, 그런데 서울지방국세청장은, 1999. 11. 경 원고의 개인제세 전반에 관하여 특별세무조사를 한다는 명목으로 이미 부가가치세 경정조사가 이루어진 과세기간에 대하여 다시 임대수입의 누락여부, 매입세액의 부당공제 여부 등에 관하여 조사를 하였고, 피고

218) 原田, 行政法, p. 246

는 그 세무조사 결과에 따라 부가가치세액을 증액하는 이 사건 재경정처분을 한 사실을 인정한 다음, 이 사건 부가가치세부과처분은 이미 피고가 1998. 11. 경에 한 세무조사와 같은 세목 및 같은 과세기간에 대하여 중복하여 실시한 서울지방국세청장의 위법한 중복조사에 기초하여 이루어진 것이므로 위법하다고 판단하였다. 원심의 인정과 판단은 정당하다」라고 판시하고 있다[대판 2006. 6. 2, 2004두12070].

제2절 행정정보공개제도

I 개설

1. 의의

(1) 국민의 적절한 행정참가와, 행정감시를 가능하게 하려면, 행정정보의 공개는 필수적이다.

(2) 행정기관이 공표해야 하는 정보를 공개하지 않는 경우에 대비해, 국민에게는 정보의 공개를 구해 행정정보에 접근하는 체제가 구비되어 있어야 하는데, 이것이 정보공개제도이다.

(3) 이 제도는, 미국의 「정보자유화법」(Freedom of Information Act, 1966년: FOIA)에 의해 창설되었다.

2. 정보공개청구권의 법적 근거

(1) 우리나라의 통설과[219] 판례는,[220] 행정정보공개청구권을 「헌법」제21조의 표현의 자유[국민의 "알 권리"]에 근거한다고 보고 있다.

---

219) 김동희, 행정법 I, p. 405

220) 헌재 2015. 6. 25, 2011헌마769; 대판 2014. 12. 24, 2014두9349

(2) 우리나라의 경우, 1991년에 청주시의회에서 「정보공개조례」가 제정되었다. 우리 대법원은, 법률의 위임 없이 그런 조례를 제정할 수 있다고 판시하였다.[221) 「공공기관의 정보공개에 관한 법률」(이하 "정보공개법"이라 함)제4조는 정보공개 조례의 법적 근거를 명문으로 규정하고 있다.

(3) 우리 헌법재판소는, 「청구인의 정당한 이해관계가 있는 정보의 개시신청에 대하여 행정청이 아무런 검토없이 불응한 부작위는 헌법 제21조에 규정된 표현의 자유와 자유민주주의적 기본질서를 천명하고 있는 헌법 전문, 제1조, 제4조의 해석상 국민의 정부에 대한 일반적 정보공개를 구할 권리로서 인정되는 '알' 권리를 침해한 것이다」라고 판시하고 있다[헌재 1989. 9 4. 88헌마22].

Ⅱ 「정보공개법」의 주요내용

1. 제정연혁

(1) 「정보공개법」(정식명칭: 「공공기관의 정보공개에 관한 법률」)은 1998년 1월 1일부터 시행되고 있다.

(2) 교육관련기관의 정보공개에 관한 일반법으로는, 「교육관련기관의 정보공개에 관한 특례법」이 2008년 5월 26일부터 시행되고 있다.

(3) 「정보공개법」의 주요내용개관

1) 누구든지(모든 국민과 대통령령이 정하는 외국인) 국가기관 등 공공기관이 보유하는 정보의 공개를 청구할 권리를 가진다(§5).

2) 행정정보의 공개청구가 있으면, 법정의 비공개사유에 해당하지 않는 한, 공공기관의 장에게는 당해 정보를 공개할 의무가 주어진다(§9: 원칙공개제)[대판 2009. 12. 10, 2009두12785].

3) 공공기관의 장이 행한 공개나 비공개의 결정에 대해 불복이 있는 자는, 결정의 취소를 구해 이의신청(임의적 절차)·행정심판(임의적 절차)이나 행정소송을 제기해 구제를 받을 수 있다(§18이하).

---

221) 대판 1992. 6. 23, 92추17

2. 「정보공개법」의 주요내용

(1) 청구대상이 되는 "공공기관"

여기서의 공공기관은, 국가기관, 지방자치단체, 「공공기관의 운영에 관한 법률」상의 공공기관 그 밖에 대통령령이 정하는 기관을 가리킨다[대판 2010. 12. 23, 2008두13101 ; 대판 2006. 8. 26, 2004두2783].

(2) 공개대상으로 되는 "정보"

여기서의 정보란, 공공기관이 직무상 작성·취득해 관리하고 있는 문서(전자문서 포함)·도면·사진·필름·테이프·슬라이드 그 밖에 이에 준하는 매체 등에 기록된 사항을 가리킨다[대판 2013. 1. 24, 2010두18918].

(3) 공개청구권자(§ 5)

1) 모든 국민에는, 자연인, 법인, 법인격 없는 사단·재단, 기타 법령에 의해 권리·의무의 주체가 될 수 있는 단체가 포함된다.[222]

2) 외국인의 경우에는 국내거주자, 국내에 사무소를 두고 있는 법인·단체 등을 말한다.

3) 우리 대법원은, 「정보공개청구권은 법률상 보호되는 구체적 권리이므로, 공공기관에 대하여 정보공개를 청구하였다가 거부처분을 받은 것 자체가 법률상 이익의 침해에 해당한다. 공공기관의 정보공개에 관한 법률 제6조제1항에서 말하는 국민에는 자연인은 물론 법인, 법인격없는 사단·재단도 포함되고, 법인, 법인격없는 사단·재단 등의 경우에는 설립목적을 불문한다」라고 판시하고 있다」[대판 2003. 12. 12, 2003두 8050].

사 례

정보공개청구권자

변호사 D는 소송상대방의 정보수집을 위하여, 「정보공개법」에 의하여 공개청구를 할 수 있는가?

➡ 「정보공개법」은 공개청구의 목적은 묻지 않는다. 위 사례와 같은 청구도 가능하다.

---

222) 대판 2003. 12. 12, 2003두8050

참고판례

대법원 2010.6.10, 선고 2010두2913 판결 : 정보공개거부처분취소

[1] 공공기관의 정보공개에 관한 법률 제9조 제1항 본문은 "공공기관이 보유관리하는 정보는 공개대상이 된다"고 규정하면서 그 단서 제1호에서는 "다른 법률 또는 법률이 위임한 명령(국회규칙·대법원규칙·중앙선거관리위원회규칙·대통령령 및 조례에 한한다)에 의하여 비밀 또는 비공개 사항으로 규정된 정보"는 이를 공개하지 아니할 수 있다고 규정하고 있는바, 그 입법 취지는 비밀 또는 비공개 사항으로 다른 법률 등에 규정되어 있는 경우는 이를 존중함으로써 법률 간의 마찰을 피하기 위한 것이고, 여기에서 '법률에 의한 명령'은 정보의 공개에 관하여 법률의 구체적인 위임 아래 제정된 법규명령(위임명령)을 의미한다.」

(4) 공개의무(§ 9)

1) 공공기관은, 공개청구가 있으면, 비공개대상정보가 아닌 한, 공개하여야 한다(공개의 원칙).

2) 비공개대상정보로는, ① 다른 법령에 의해 비밀, 비공개사항으로 규정된 사항, ② 국가안보·국방·통일·외교관계에 관한 사항으로서 공개될 경우 국가의 중대한 이익을 현저히 해할 우려가 있는 정보(방위·외교정보), ③ 공개될 경우 국민의 생명·신체·재산보호에 현저한 지장을 초래할 우려가 있는 정보, ④ 수사정보, ⑤ 행정집행정보 및 의사형성정보, ⑥ 개인정보, ⑦ 법인 등 사업정보, ⑧ 공개될 경우 부동산투기 등으로 특정인에게 이익 등을 줄 우려가 있는 정보를 들 수 있다.

(5) 공개·비공개의 결정[§ 11]

1) 정보공개가 청구되면, 공공기관의 장은, 신청을 심사하고, 비공개대상정보가 아닌 한, 공개를 결정해야 한다(정보공개원칙).

사 례

비공개정보의 범위

국토해양부가 보유하고 있는 A아파트 1동 101호실 도면을 시민은 공개청구할 수 있는가?

➡ 「정보공개법」은 특정 개인이 「다른 정보와 종합하여 볼 때」 식별되는 개인정보에 관하여, 원칙비

공개를 규정하고 있다(이러한 판단방식은 모자이크' 어프로치라고 불린다). 위 사례에서와 같이 아파트의 평면도를 나타내는 행정문서만으로는 개인은 식별되지 않지만, 우편함 등과 합쳐 읽으면 특정 개인의 주거의 내용·용도가 명확해지고, 그 자의 재산상황·사생활이 읽혀지므로, 행정문서는 공개될 수 없다.

2) 정보공개심의회는 '자문기관'이므로 그 의견에는 법적 구속력이 없다.

3) 공개청구한 정보가 비공개대상정보부분과, 공개가능부분이 혼합되어 있으면, 공개청구의 취지에 어긋나지 않는 한, 두 부분을 분리할 수 있으면 비공개대상정보부분은 제외하고, 공개해야 한다(부분공개)[§14].

사 례

비공개정보의 범위

식품의약품안전청은 검사결과, 가스회사 A의 제품 H에서 유해물질을 발견했다. 이 제품정보는 공개청구에 의해 공개될 수 있는가?

➡ 법인정보에 관하여도, 개인정보와 같이 공익상의 이유에 의한 의무적 공개가 규정되고 있다. 따라서 위 사례에서와 같이 식품의 오염에 관한 정보가 행정의 보유하에 있고, 시민으로부터의 공개청구가 있었던 경우에는, 식품회사의 사업활동정보를 포함하고 있더라도 공개되지 않으면 안 된다.

4) 공개청구를 거부할 경우에는, 예외적으로 공개청구에 관계된 정보의 존부를 명백하게 하지 않고 공개청구를 거부해야 할 때도 있다.

사 례

행정문서의 존부에 관한 정보

국회의원 A의 국립B병원에서의 진료기록을 대상을 한 공개청구에 관하여, 개인정보라는 이유로 비공개결정을 할 수 있는가?

➡ 「정보공개법」은 공개청구가 있었던 문서의 존부를 명확히 한 후에, 공개·비공개의 심사를 하도록 하고 있다. 그러나, 사안에 따라서는 문서의 존부를 명확히 함으로써, 벌써 (공개되지 않을)이익이 침해되는 경우가 있다. 예컨대, 위 사례에서와 같은 특정 개인의 병력정보, 국가시험·자격시험에서의 특정의 출제정보, 비밀의 약속하에 정보교환 된 외국과의 정보, 범죄의 내사정보 등은 문서의 존재를 나타낸 후 비공개사유해당을 이유로 비공개결정을 하면, 문서의 존재와 위 사실은 명확하게 된다. 다른 한편, 문서가 존재함에도 불구하고 부존재를 이유로 청구를 거부하면, 행정기관의 장은 청구인에게 허위를 범하게 된다(「정보공개법」의 기존철학은 문서의 존부에 관하여 허위를 범하는

것을 인정하지 않는 점에 있다).
위 사안에서는, 문서의 존부를 명확히 하지 않는 것 외에는 법익을 보호할 길이 없다.
이와 같은 이유에서, 행정문서의 존부를 명확히 하지 않고 공개청구를 거부할 가능성이 동법상 인정되어 있다.
다만, 이 경우에도 「행정절차법」에 의한 거부이유의 제시가 요청된다. 이유제시의 내용으로서는, 「문서가 존재한다고 가정하더라도」 그것이 법정의 비공개사유에 해당한다고 쓰게 된다. 거부처분에 대하여는, 행정심판, 행정소송이 가능하다. 이 거부는, 가상에 기한다는 점에서 남용의 위험성이 있다.

(6) 구제절차

1) 개설

공개·비공개 결정은 "처분"이다. 따라서, 이에 불복이 있으면, 원칙적으로 행정쟁송(취소쟁송)에 의해 다투어야 한다. 우리 대법원은 「일반국민들은 사회에서 발생하는 제반범죄에 관한 알 권리를 가지고 있고 수사기관이 피의사실에 관하여 발표를 하는 것은 국민들의 이러한 권리를 충족하기 위한 방법의 일환이다. 헌법 27조4항(무죄추정의 원칙), 형법 126조(피의사실공표죄), 형사소송법 198조(비밀엄수)에 비추어, 수사기관의 도박채무공갈단원이라는 피의사실공표행위가 위법성을 조각하는지의 여부를 판단함에 있어서는 공표목적의 공익성과 공표내용의 공공성, 공표의 필요성, 공표된 피의사실의 객관성 및 정확성, 공표의 절차와 형식, 그 표현방법, 피의사실의 공표로 인하여 생기는 피침해이익의 성질, 내용 등을 종합적으로 참작하여야 한다」라고 판시하고 있다[대판 2001. 11. 30, 2000다68474].

2) 공공기관의 비공개, 부분공개결정에 대한 공개청구인의 불복절차

① **이의신청**(§18)

청구인이 공공기관의 비공개나 부분공개 결정에 대해 불복이 있으면, 공공기관으로부터 비공개나 부분공개결정의 통지를 받은 날(또는 비공개결정을 받은 것으로 보는 날)부터 30일 이내에 공공기관에 문서로 이의신청을 할 수 있다.

② **행정심판**(§19)

㉠ 청구인이 공공기관의 비공개나 부분공개결정에 대해 불복이 있으면, 행정심판을 청구할 수 있다.

㉡ 청구인은 이의신청절차를 거치지 않고 행정심판을 청구할 수 있다.

③ **행정소송**(§20)

㉠ 청구인이 공공기관의 결정에 대해 불복이 있으면, 행정쟁송을 제기할 수 있다.

㉡ 즉, i) 이의신청·행정심판을 제기하지 않고 직접 행정소송(취소소송)을 제기하거나, ii) 이의신청·행정심판을 제기해 그 재결에 불복이 있을 때에도, 원처분(예외적으로 재결)을 대상으로 취소소송을 제기할 수 있다.

3) 공공기관의 정보공개결정에 대한 제3자의 불복절차

① 이해관계 있는 제3자(공개대상정보의 전부 또는 일부가 자신과 관련 있는 제3자)도, 이의신청, 행정심판, 행정소송제기권을 가진다.

② 정보공개는 시간적으로 촉박하므로, 행정쟁송법상의 집행정지를 신청해야 한다[보다 실효적인 방법으로는, '예방적 금지소송'을 도입하는 것이 바람직함].

사 례

불복쟁송방법

공개거부결정을 받은 J는, 곧바로 법원에 제소할 수는 없고, 행정기관에 대한 이의신청 또는 행정심판부터 시작하지 않으면 안되는가?

➡ 비공개 등의 결정은 '처분'이다. 따라서 이에 불복이 있는 자는 원칙적으로 행정심판 내지 행정소송(취소소송)에 의하여 다투어야 한다. 청구인은 공공기관의 비공개 또는 부분공개의 결정에 대하여 불복이 있으면 당해 공공기관에 이의신청을 할 수도 있고, 「행정심판법」이 정하는 바에 따라 행정심판을 청구할 수도 있다. 청구인은 이의신청절차를 거치지 않고 행정심판을 청구할 수 있다. 청구인은 공공기관의 결정에 대하여 불복이 있으면 「행정소송법」이 정하는 바에 따라 행정소송을 제기할 수 있다. 즉 이의신청·행정심판을 제기하지 않고 직접 법원에 처분의 취소소송을 제기하거나, 이의신청·행정심판을 제기하여 그 재결에 불복이 있으면 당해 공공기관에 이의 신청을 할 수도 있고, 「행정심판법」이 정하는 바에 따라 행정심판을 청구할 수도 있다. 청구인은 공공기관의 결정에 대하여 불복이 있으면 「행정소송법」이 정하는 바에 따라 행정소송을 제기할 수 있다. 즉 이의신청·행정심판을 제기하지 않고 직접 법원에 처분의 취소소송을 제기하거나, 이의신청·행정심판을 제기하여 그 재결에 불복이 있으면 취소소송을 제기할 수도 있다.

한편 공공기관의 정보공개결정에 대하여 「정보공개법」은 이해관계 있는 제3자에게 이의신청·행정심판·행정소송제기권을 인정하고 있다.

정보공개소송 중 비공개결정취소소송(FOIA소송)을 보면, 이는 전형적인 분쟁유형으로서, 공개청구를 한 시민이 행정의 비공개결정의 취소를 구하는 소송(Freedom of Information Act 소송)이다. 이것이 가장 많다.

제3절 개인정보보호제도

Ⅰ 개설

1. 개념

행정기관이 보유하는 정보 중 개인의 프라이버시에 관계되는 정보나, 공익상의 비밀정보는 함부로 공개해서는 안 된다. 이런 정보는 적정하게 관리될 필요가 있다. 정보공개제도와 개인정보보호제도는 동전의 앞·뒷면과 같다.[223)]

2. 외국법제

(1) 미국은 1974년에 「프라이버시법」(Privacy Act)을, 일본은 2003년에 「행정기관이 보유하는 개인정보의 보호에 관한 법률」을, 독일은 「연방데이터보호법」을 제정했다.

(2) 독일의 경우 연방헌법재판소의 「국세조사법」의 일부규정의 위헌결정(국세조사결정)에서,[224)] 독일기본법상의 "인격의 자유로운 발전"(제2조제1항)에는, "개인정보자기결정권"이 포함되어 있다고 판시함으로써, 개인의 자기정보에 관한 공개여부결정권과, 개인정보의 다른 목적으로의 사용여부결정권을 인정했다.

Ⅱ 법적 근거

1. 헌법적 근거

우리 헌법재판소는, 개인정보자기결정권은, 독자적 기본권으로서, 헌법에 명시되지 않은 기본권으로 판시하고 있다.[225)] 우리 대법원은, 「헌법 10조(인간의 존엄

---

223) 原田, 行政法, p. 253

224) BVerfGE 65, 1

225) 헌재 2005. 5. 26, 99헌마513·2004헌마190(병합); '행복추구권'에 포함된다고 보는 것

과 가치, 행복추구권)와 17조(사생활의 비밀과 자유)는 개인의 사생활 활동이 타인으로부터 침해되거나 사생활이 함부로 공개되지 아니할 소극적인 권리는 물론, 오늘날 고도로 정보화된 현대사회에서 자신에 대한 정보를 자율적으로 통제할 수 있는 적극적인 권리까지도 보장하려는 데에 그 취지가 있다」라고 판시하고 있다[대판 1998. 7. 24, 96다42789].

2. 법률의 근거

(1) 1995년 1월 8일부터 시행되고 있는 「공공기관의 개인정보보호에 관한 법률」(이하 「개인정보보호법」이라 함)은 공공부문에서의 개인정보의 보호에 관한 일반법이다. 현재 민간부문에서의 개인정보의 보호에 관해서는 개별법률들이 산발적으로 규정하고 있을 뿐이다(예:「신용정보의 이용 및 보호에 관한 법률」). 다만, 「개인정보보호법」은 민간기관에 대해 개인정보보호조치를 권고할 수 있다고 규정하고 있다.

(2) 개인정보자기결정권은 법률에 의해 제한될 수 있다. 다만, 그런 경우에도, ① 중대한 공익이 있어야 하고, ② 제한 법규가 명확해야 하며, ③ 비례원칙에 적합해야 한다.

Ⅲ 「개인정보보호법」의 주요내용

1. 총칙부문[§2]

(1) 여기서의 공공기관은, 국가행정기관, 지방자치단체, 각급학교, 「공공기관의 운영에 관한 법률」에 의한 공공기관, 특별법에 의해 설치된 특수법인, 「지방공기업법」에 따른 지방공사나 지방공단을 가리킨다[다만, 현행 「개인정보보호법」은 민간에 의해 처리되는 정보까지 보호하고 있으나, 이것은 제외함].

(2) 여기서의 개인정보란, 생존하는 개인에 관한 정보로서, 당해 정보에 포함되어 있는 성명・주민등록번호・화상 등의 사항에 의해 당해 개인을 식별할 수(=

에는 헌재 2017. 5. 25, 2014헌바360; 그 밖에 헌재 2018. 8. 30, 2014헌마843; 헌재 2017. 7. 27, 2015헌마1094; 대판 2016. 3. 10, 2012다105482

알 아 볼 수)있는 정보를 가리킨다.

(3) 개인정보보호의 원칙

공공기관의 장은 개인정보를 수집하는 경우 그 목적을 명확히 해야 하고, 목적에 필요한 최소한의 범위 안에서 적법하고 정당하게 수집해야 하며, 목적 외의 용도로 활용해서는 안 된다.

2. 개인정보의 수집 · 처리

(1) 개인정보의 수집(§ 23)(민감정보의 처리제한)

공공기관의 장은 사상 · 신조 등 개인의 기본적 인권을 현저히 침해할 우려가 있는 개인정보를 수집해서는 안 된다. 다만, 정보주체의 동의가 있거나, 다른 법률에 수집대상 개인정보가 명시되어 있는 경우를 제외한다.

(2) 개인정보파일의 등록 및 공개(§ 32)

공공기관은 소관업무를 수행하기 위해 개인정보파일을 보유하려면, 행정안전부장관에게 등록하여야 하며, 행정안전부장관은 이를 공개하여야 한다.

(3) 처리정보의 이용 · 제공의 제한(§ 18)

보유기관의 장은 원칙적으로 당해 개인정보파일의 보유목적 외의 목적으로 처리정보를 이용하게 하거나 제공해서는 안 된다.

(4) 개인정보취급자는 그 업무상 알게 된 개인정보를 누설하는 등 부당한 목적으로 사용하면 안 된다(§18, 19)

(5) 누구든지, ① 범죄의 예방 · 수사, ② 시설안전 · 화재예방, ③ 교통단속, ④ 교통정보의 수집 · 분석 및 제공을 위해 필요하거나, ⑤ 법령에서 구체적으로 허용하고 있는 경우를 제외하고는 공개된 장소에 영상정보처리기기[CCTV]를 설치 · 운영할 수 없다(§25).

3. 처리정보의 열람 · 정정

(1) 처리정보의 열람(§ 35)

1) 정보주체(국민)는 개인정보파일대장에 기재된 범위 안에서 문서로 본인에 관한 처리정보의 열람을 보유기관의 장에게 청구할 수 있다.

2) 보유기관의 장은 청구를 받으면, 원칙적으로 청구인으로 하여금 당해 처리정보를 열람할 수 있게 해야 한다.

(2) 처리정보의 정정 · 삭제(§ 36)

1) 본인의 처리정보를 열람한 정보주체는 보유기관의 장에게 문서로 당해 정보의 정정이나 삭제를 청구할 수 있다.

2) 보유기관의 장은 정정이나 삭제청구를 받으면 원칙적으로 지체없이 필요한 조치를 하고, 그 결과를 청구인에게 통지해야 한다.

(3) 처리정지요구권[§ 37]

정보주체는 개인정보처리자에 대하여 자신의 개인정보처리의 정지를 요구할 수 있다.

사 례

정보공개제도와 개인정보보호제도

우리나라에는 「정보공개법」과 「개인정보보호법」이 있다. A광역시의 시립중학교의 학생 B는 따돌림을 당하고, 교사와의 관계도 악화되어 전학을 할 수 밖에 없었다. B는 교사가 자신을 어떻게 보았는지를 알고자 하여 전학 후에 학교가 작성하고 있는 지도요록의 공개를 청구하려고 생각한다. A는 어떤 법에 기하여 공개청구를 할 수 있는가?

➡ 지도요록에는 학생 B의 이름이 명시되어 있으므로 개인식별정보에 해당되므로 시민이 「정보공개법」에 기하여 공개청구를 하더라도 거부된다. 그래서, 위 사례에서 B는 「개인정보보호법」에 기하여 자신의 개인정보의 공개를 청구하게 된다. 공개된 지도요록 중에, 기재사실에 관한 잘못을 발견하게 된다면, B는 「개인정보보호법」에 기하여 정정이나 삭제를 청구할 수 있다.

이와 같이 「정보공개법」도, 「개인정보보호법」도 모두 행정문서의 공개를 시민에게 가능하게 하는 점에서 공통되지만, 양 제도는 공개대상문서가 개인식별정보를 포함하는지 여부를 기준으로 하여 기능을 분담하고 있다.

4. 권리구제

(1) 열람 또는 정정청구에 대해 공공기관의 장이 행한 처분이나 부작위로 인해 권리, 이익의 침해를 받은 자는, '개인정보분쟁조정위원회'에 분쟁조정을 신청하거나[임의적 절차임], 행정심판을 청구하거나, 행정소송을 제기할 수 있다.

(2) 「개인정보보호법」은 '개인정보단체소송'을 규정하고 있다[§51].

(3) 「개인정보단체소송」은, 일정한 단체가 자신의 고유한 권리침해, 구성원의 권리침해가 아니라, 「일반적인 정보주체」의 권리침해를 다투는 소송을 가리킨다[제7장 : §51-57].

원고 [① 「소비자기본법」29조에 따라 공정거래위원회에 등록한 소비자단체로서 일정 요건을 갖춘 단체, ② 「비영리민간단체지원법」2조에 따른 비영리민간단체로서 일정 요건을 갖춘 단체]는, 개인정보처리자가 분쟁조정을 거부하거나, 분쟁조정결과를 수락하지 않으면, 법원에 '권리침해행위의 금지·중지를 구하는 소송'을 제기할 수 있다. 또한, 원고는 변호사를 소송대리인으로 선임해야 한다.

(4) 국가배상에 관한 규정[§39, 39조의2]들은 「국가배상법」에 대한 특칙이다. 그 내용으로는 ① 입증책임이 개인정보처리자에게 있는 점, ② 국가배상책임의 경감이 규정되는 점을 들 수 있다.

5. 벌칙(§70 이하)

동법은, 공공기관의 개인정보처리업무를 방해할 목적으로 공공기관에서 처리하는 개인정보를 변경, 말소한 자나, 개인정보를 누설하는 등 부당한 목적으로 사용한 자등에 대하여는 형사처벌을 과하고 있다.

제4절 「행정절차, 개인정보호보호, 정보공개」에 관한 기본판례(추가)

(1) 대판 2016. 8. 17, 2014다235080
(2) 대판 2016. 10. 27, 2016두41811
(3) 대판 2016. 11. 10, 2016두44674
(4) 대판 2016. 12. 15, 2012두11409 · 11416
(5) 대판 2016. 12. 15, 2013두20882
(6) 대판 2017. 4. 7, 2016두63224
(7) 대판 2017. 9. 7, 2017두44558
(8) 대판 2017. 12. 28, 2015무423
(9) 대판 2018. 3. 13, 2016두3339
(10) 대판 2018. 4. 12, 2014두5477
(11) 대판 2018. 9. 28, 2017두69892
(12) 대판 2015. 1. 29, 2012두11164[주민의견의 청취절차]
(13) 대판 2004. 7. 8, 2002두8350
(14) 대판 1994. 8. 9, 94누3414
(15) 대판 2007. 3. 15, 2006두15806
(16) 대판 2010. 6. 10, 2010두2913
(17) 대판 2004. 3. 18, 2001두8254
(18) 대판 2011. 11. 24, 2009두19021
(19) 대판 2012. 10. 11, 2010두18758
(20) 대판 2003. 8. 22, 2002두12946
(21) 대판 2012. 6. 18, 2011두2361 전원합의체
(22) 대판 2009. 12. 10, 2009두12785
(23) 대판 2010. 2. 11, 2009두6001
(24) 대판 1993. 6. 8, 93다11678
(25) 대판 2007. 9. 21, 2005다65678
(26) 대판 2010. 6. 10. 2010두2913

PART 03 행정구제법

01 개 설

Ⅰ 행정구제법의 의의

1. 행정구제란, 행정작용으로 자기의 권리·이익이 침해되었거나, 침해될 것으로 주장하는 자가 행정기관이나 법원에 손해전보·원상회복 또는 당해 행정작용의 취소·변경을 청구하거나, 기타 피해구제 또는 예방을 청구하고, 이에 대해 행정기관 또는 법원이 심리하여 권리·이익 보호에 관한 판정을 내리는 것을 말한다.[1)]

2. 행정구제가 필요한 행정작용으로는, ① 위법한 행정작용에 의한 재산권의 침해 또는 신체적 상해, 위법한 영업허가취소, 영업정지처분으로 인한 재산권의 침해와, ② 그 자체로서는 적법한 행정작용이지만, 그로 인해 특정인에게 특별한 희생(손실)이 발생하는 경우도 들 수 있다.

3. 행정구제제도는 「헌법」상의 기본권보장과, 법치국가원칙에 비추어 보아 현대 국가에서 필수불가결한 제도이다.

Ⅱ 행정구제제도의 유형

1. 행정구제제도는, ① 사전적 구제제도(행정절차)와, ② 사후적인 구제제도로 나뉜다.

2. 사후적 구제제도는, 행정상 손해전보(塡補)제도와, 행정쟁송제도로 나뉜다.

3. 행정상 손해전보제도는 다시 국가배상과 행정상 손실보상으로 나뉜다. 양자

---

1) 김동희, 행정법 I, p.495

를 포괄하여 국가보상(補償) 또는 국가책임이라고도 한다. 국가배상은 국가, 지방자치단체의 위법행위에 의해 국민이 손해를 입은 경우의 문제이지만, 행정상 손실보상은 국가, 지방자치단체의 적법행위에 의해 국민이 손실을 입은 경우의 문제이다.

국가보상법은, 공권력주체의 위법한 행위에 의하거나, 적어도 공권력주체의 행위의 결과에 의하여 손해 또는 손실을 입은 국민이 어떠한 회복청구권 또는 조절(배상 또는 보상)청구권을 가지는지의 문제를 다룬다. 독일의 경우 국가보상법은, 일차적 권리구제[행정쟁송]가 거부되거나 충분하지 않을 때, 그 국민에게 열려 있는 이차적 권리구제의 문제를 다룬다. 일차적 권리구제는 위법한 행정작용에 대한 방어를 그 목표로 하고, 이차적 권리구제는 행정작용에 의해 발생하는 손해 또는 손실의 조절[배상 또는 보상]을 그 목표로 한다. 「계획보장청구권」은 손실보상이 아니라, 계획준수를 그 목표로 하므로, 국가보상법의 내용에 포함되지 않는다.

국가보상법은 연혁적으로 다양한 원천에서 발생하였으므로, 다양한 책임제도로 구성된다. 국가보상법의 소수영역만이 독일의 경우 실정법률로 규정되어 있고, 그 대부분은 관습법상 승인된 원칙들이나 판례법상 형성된 원칙들로 이루어져 있다. 국가보상법을 통일시키기 위하여, 독일에서는, 1981년에 연방의 「국가보상법」이 제정되었다. 동법은 1982년에 독일연방헌법재판소[BVerfG]에 의해, 연방의 법률제정권한과 관련하여, 위헌결정을 받았다[2]. 독일기본법[GG] 74조1항25호에 의하여 국가보상은 1994년 헌법개혁의 결과 연방의 경합적 법률제정대상이 되었으므로, 새로운 「국가보상법」을 연방이 제정할 수 있는 길은 현재 열려 있다.

4. 행정쟁송제도는 다시 이의신청, 행정심판과 행정소송으로 나뉜다. 예컨대 행정소송을 제기하기 전에 우선 당해 행정처분을 한 행정청 또는 그 상급감독기관에 대해 당해 처분의 취소를 청구하는 제도가 이의신청, 행정심판제도이고, 이의신청, 행정심판의 결과에 불복하면, 법원에 행정소송을 제기할 수 있다. 국민에게는 이의신청·행정심판과 행정소송의 두 방법이 일반적으로 인정되며, 양자를 합하여 행정쟁송이라고 한다. 행정심판 등은 행정감독의 수단이기도 하므로, 행정소송과 달리 위법한 처분 외에 부당한 처분을 대상으로 할 수 있다.

5. 그 밖의 행정구제제도로는, 국민권익위원회에 의한 고충민원처리 제도가 있다.

---

2) BVerfGE 61, 149

Ⅲ 고충민원처리제도

1. 국민권익위원회(이하 "위원회"라 함)[§11]

(1) 위원회는 「부패방지 및 국민권익위원회의 설치와 운영에 관한 법률」에 의해 행정기관 등에 관한 고충민원의 처리 등을 위하여 국무총리 소속으로 설치되는 기관이다.

(2) 여기서 고충민원이란, 행정기관 등의 위법·부당하거나 소극적인 처분(사실행위·부작위 포함) 등으로 인하여 국민의 권리를 침해하거나 불편·부담을 주는 사항 등에 관한 민원을 말한다[§2].

(3) 종전의 국민고충처리위원회는 폐지되고, 국민권익위원회의 고충처리부로 되었다.

2. 고충민원의 신청[§39]

누구든지 위원회에 고충민원을 신청할 수 있다.

3. 위원회의 조사·합의권고 및 조정[§41, 44, 45]

위원회는 고충민원을 접수한 때에는 지체없이 그 내용에 관해 필요한 조사를 해야 하며, 공정한 해결을 위해 필요한 조치를 당사자에게 제시하고 합의를 권고할 수 있으며, 다수인이 관련되거나 사회적 파급효과가 큰 고충민원의 해결을 위하여 필요하면 신청 또는 직권에 의해 조정할 수 있다. 조정이 성립되면, 성립된 조정은 민법상 화해와 같은 효력이 있다.

4. 시정권고[§46]

위원회는 조사결과, 처분 등이 위법·부당하다고 인정되면, 관계 행정기관 등의 장에게 적절한 시정을 권고할 수 있고, 의견도 표명할 수 있다. 다만, 그 효력은 권고이므로, 행정심판의 재결과 같은 법적 구속력은 없고, 그 점이 또한 고충민원처리제도의 특색이다.

02 | 행정상 손해전보

제1절 국가배상

I 개설

1. 국가배상제도의 의의와 3가지 모델

(1) 법치국가에서는, 행정권이 위법하게 발동되어 중대한 피해가 발생할 우려가 있는 경우에는, 국민은 그 금지를 미리 구하는 소송을 제기해 구제를 받는 법제도를 마련해야 한다.

(2) 또한, 위법한 행정활동이 일단 행해진 경우에는 권리·이익이 침해된 국민은 취소심판·무효등확인심판이나 취소소송·무효등확인소송등을 제기하여, 발생된 위법상태의 배제를 청구할 수 있는 제도도 마련해야 한다.

(3) 나아가, 당사자의 신청에 대한 행정청의 위법한 거부처분이나 부작위에 대해서는 의무이행심판, 의무이행소송을 제기할 수 있는 제도도 마련해야 한다.

(4) 그러나, 행정활동 중에는, 일단 위법하게 행해지고 나면, 그 위법상태의 배제가 불가능한 것도 있고, 위법상태를 배제하더라도 국민에게 생긴 손해를 모두 회복할 수 없는 경우도 있다. 그런 경우에는 국민에게 생긴 손해는 금전으로 보전하여 조정해야 하지만, 그때, 누가 비용을 부담해야 하는가가 문제로 된다. 이때 다음 세 가지 방법이 생각될 수 있다.

1) 피해자부담모델

피해자에게 손해를 부담시키는 방법인데, 법치국가에서는 채택될 수 없다.

2) 공무원개인부담모델

① 이것은 가해행위를 한 공무원 개인에게 배상책임을 부담하게 하는 방법이다. 그 근거는, 공무원의 위법한 행위는 공무로 인정될 수 없다는 데 있다.

② 이 모델은, 공무원 개인의 책임재산에 한계가 있고, 공무원의 무사안일을 초래할 우려가 있다는 문제점이 있다.

3) 국가부담모델

① 이것은 위법한 행정작용이 귀속되는 국가, 지방자치단체가 배상책임을 지도록 하는 것이다.

② 이 모델은, 국민의 손해를 확실하게 보전할 수 있고, 국가, 지방자치단체의 위법한 행정활동에 대한 책임을 명확히 하는 이점이 있다(그 외 한 모델을 추가한다면, 국가와 공무원이 함께 책임을 부담하는 것이다).

2. 국가배상제도의 발달

(1) 프랑스

프랑스에서는 국참사원(Conseil d'Eat: 꽁세유데따)의 주도하에, 1870년대부터 "공역무의 하자"에 의하여 손해를 입은 국민에게 국가의 배상책임을 인정하는 판례가 나왔고, 그 후 판례법에 의해 국가배상제도가 확립되었다.

(2) 독일

1) 국가배상청구권은 독일민법[BGB] 839조["공무원이 고의 또는 과실로, 제3자에 대하여 부담하는 직무상 의무를 위반하는 경우에는, 그 공무원은 스스로, 그 제3자에게 자신의 행위로 인하여 발생한 손해를 배상하여야 한다."]와 독일기본법[GG] 34조["누구든지 자신에게 맡겨진 공무의 수행 시에, 제3자에 대하여 자신이 부담하고 있는 직무상 의무를 위반하는 경우에는, 그 공무원이 수행하는 직무가 귀속되는 국가 또는 사단(단체)이, 원칙적으로 그 책임을 진다."]에 규정되어 있다.

2) 독일민법[BGB] 839조의 규정과 독일기본법[GG] 34조의 규정의 결합은 역사적 기원을 가지고 있다. 독일민법[BGB] 839조의 출현의 배경에는 18세기와 19세기의 지배적 견해["국가는 불법행위능력이 없다"]가 존재했다. 따라서, 국민에게 위법하게 손해를 입힌 관리는 개인적으로 민법의 책임규정(손해배상규정)에 따라

서 책임을 부담했다. 20세기 초가 되어서야 비로소, 국가는 자신에게 소속한 공무원의 고의 또는 과실에 의한 위법행위에 대해서 대신하여 책임을 져야 한다는 관념이 지배적으로 되었다. 그러나, 독일민법[BGB] 839조의 책임요건은 그대로 유지되었고, 그 전제요건이 충족될 때, 그 공무원이 부담해야 할 책임은 국가에게 이전되어야 했다. 독일기본법[GG] 34조는 이러한 이론구성에 적합하다. 독일연방헌법재판소[BVerfG]에 의해 무효로 선언된, 1981년의 「국가보상법」은, 현재 독일에서의 법적 상황과 대조적으로, 행정에 의한 공법상 의무의 위반시에는, 「배타적, 일차적, 직접적 국가보상」을 규정하고 있었다.

(3) 일본

일본의 현행헌법 제17조는 명치헌법시대의 "국가무책임의 원칙"을 버리고, 국가배상에 관한 명문규정을 두고 있다. 그 구체화는 「국가배상법」에 의해 실현되었다.

Ⅱ 우리나라의 국가배상제도 개설

1. 헌법적 근거

(1) 「헌법」 제29조 제1항에 따라, 국가무책임의 원칙은 배척되었는데, 문제는 우리나라의 국가배상책임의 본질에 관해서 대위책임설, 국가책임설(자기책임설), 절충설 중 어느 것으로 보아야 하는가이다. 즉 대위책임설에 의하면, 국가배상책임은 국가가 피해자구제를 위해 공무원을 대신하여 책임을 진다고 하고, 자기책임설은 국가가 공무원을 자신의 기관으로 사용한 데 대한 자기책임이라고 하며, 절충설은, 공무원의 위법행위가 고의나 중과실에 기인한 것이면 기관의 행위로 볼 수 없으므로(또한, 공무원의 개인적 책임은 면제되지 않으므로) 대위책임이지만, 경과실에 기인한 것이면, 국가는 자신의 책임으로 배상하는 것이므로 자기책임이라고 한다.

(2) 결어

자기책임설이 타당하며,[3] 우리 헌법학계의 다수설이다.[4] 따라서, 국가의 책임은 공무원의 고의·과실에 관계없이 발생하는 것이며, 본질적으로는 무과실책임이다.

2. 국가배상청구의 상대방

(1) 학설

이에 대하여는, 국가배상청구의 상대방은, ① 오직 국가뿐이라는 설과, ② 국가나 가해공무원 중에서 선택할 수 있다는 설로 나뉜다.

(2) 판례

1) 판례는 처음에, 선택적 청구가 가능하다는 것과,[5] 선택적 청구가 불가능하다는 것이[6] 공존하고 있었다.

2) 그 뒤 전원합의체 판결의 다수의견에서는, 고의나 중과실이 있는 경우에는 선택적 청구가 가능하지만, 경과실이 있는 경우에는 선택적 청구를 할 수 없다고 하고 있다.

즉, 우리 대법원은, "공무원이 직무를 수행함에 있어 경과실로 타인에게 손해를 입힌 경우에는 이러한 공무원의 행위는 여전히 국가 등의 행위로 보아 그로 인하여 발생한 손해에 대한 배상책임도 전적으로 국가 등에만 귀속시키는 반면에, 공무원의 위법행위가 고의·중과실에 기한 경우에는 그 행위는 본질에 있어 기관행위로서의 품격을 상실하여 국가 등에게 그 책임을 귀속시킬 수 없으므로 공무원 개인에게 손해배상책임을 귀속시키되, 그 행위의 외관이 객관적으로 공무원의 직무수행으로 보이면 피해자인 국민을 두텁게 보호하기 위하여 국가 등이 공무원 개인과 중첩적으로 배상책임을 부담한다"라고 판시하고 있다.[7]

3. 「국가배상법」의 성격과 국가배상소송의 소송유형

(1) 「국가배상법」의 성격

1) 공법설

이 견해는, 그 논거로서 ① 공법적 원인에 기해 발생한 손해에 대한 국가책임에 민법이 그대로 적용될 수는 없고, ② 「국가책임법」 제9조에서 배상심의회의 임

3) 독일의 다수설도 자기책임설이다(Maurer, Allg, VwR, p. 650-654)
4) 권영성, 헌법학, p. 619
5) 대판 1972. 10. 10, 69다701
6) 대판 1994. 4. 12, 93다11807
7) 대판 1996. 2. 15, 95다38677

의적 결정절차를 규정하고 있으며, ③ 「행정소송법」의 명문규정에서, "행정청의 처분 등을 원인으로 하는 법률관계에 관한 소송"에는 국가배상청구소송이 포함된다는 점을 들고 있다. 통설의 입장이다.[8]

2) 사법설

이 견해는, 그 논거로서 ① 「국가배상법」 제8조에 비추어 동법은 민법의 특별법이며, ② 국가배상책임은 민사상의 불법행위책임의 한 유형이고, ③ 「행정소송법」 제10조 제1항(관련 청구소송의 병합규정) 등을 들고 있다. 판례는 사법설을 취한다.

Ⅲ 공무원의 위법한 직무행위로 인한 국가배상(「국가배상법」 제2조)

1. 배상책임의 요건

(1) 공무원

여기서의 공무원은, 넓은 의미로 파악해, 공무원법상의 공무원 외에, 공무원의 신분을 가지지 않더라도 널리 공무를 위탁받아 행사하는 자를 포함한다는 것이 통설,[9] 판례[10]이다.

독일의 경우에도, 「기능적으로 보아 고권적 내지 공법상 활동영역」에 해당하는지 여부가 중요하고 행위자의 법적 지위는 중요하지 않다. 이에 따라 사(私)인도 경우에 따라서 공적 직무의 행사를 할 수 있다[공무수탁사인]. 독일의 행정법상 개념의 하나인 「행정보조자」의 행위와 그 밖의 사(私)인도 행정의 위탁을 받는 경우, 국가배상청구권을 발생시킬 수 있다. 특히 침해행정영역에서 국가는 자신이 발령·수행해야 할 조치의 실행을 사(私)법상 계약에 의하여 사(私)인에게 위탁함으로써 그 사(私)인의 잘못된 행위에 대한 책임에서 벗어날수는 없으므로["사(私)법으로의 도피"는 금지됨], 이 경우는 「사(私)기업」(민간업체)의 잘못된 행위에 대하여 국가배상이 인정되어야 한다고 본다[예: 자동차견인업체가 경찰의 위탁을 받

8) 김동희, 행정법 I, p. 513
9) 김동희, 행정법 I, p. 517
10) 대판 1970. 11. 24, 70다2253

고 불법주차한 자동차를 견인하는 도중에 그 자동차를 손상한 경우].

일본의 경우에도, 소속회원에 대한 징계권을 행사하는 변호사협회의 위원은 국가배상법상의 공무원에 해당한다고 본다. 즉 공무원법상의 공무원에 한정되지 않고, 국가 등이 행할 공권력 등을 국가 등에 대신하여 「실질적으로」 행사하는 자도 국가배상법상의 공무원에 포함된다고 본다[동경지방재판소 1999. 3. 16.].

(2) 직무행위

1) 직무행위의 범위

① 이에 대하여는 협의설, 광의설, 최광의설이 대립하고 있으나, 광의설이 통설,[11] 판례[12]이다.

② 광의설은, 여기서의 직무행위는 공행정작용(권력적 작용과 비권력적 작용)을 가리킨다고 한다.

③ 독일의 경우에도, 행정의 사(私)법상 행위의 경우에는, 국가배상청구권이 발생하지 않는다고 본다.

④ 일본의 경우에도 우리나라와 같이 「광의설」을 취하여, 「학교에서의 교육활동, 행정지도」 등도 포함된다고 보고있다. 즉 일본최고재판소는, 공립학교에서의 교사의 교육활동에 있어 교사가 안전배려의무를 위반하여 체육수업 중 학생에게 사고가 생긴 경우에 국가배상책임을 인정하고 있다. 일본의 경우, 「공권력의 행사」 중에는 「부작위」(권한의 불행사)도 포함된다고 보는데, 이는 우리나라에서도 마찬가지이다. 물론 일본에서도 국가배상법 1조(한국 국가배상법 2조)의 적용이 인정되는 전형적 사례는, 「공무원이 사(私)인의 신체·재산에 대하여 작위적 위해를 가하는 경우」이겠으나(이런 점에서 위험책임의 법리가 더욱 적용될 수 있음), 예컨대 경찰행정법, 환경행정법, 소비자행정법에서도 피해방지를 위하여 국가의 개입이 요망되며, 「민법」의 불법행위법에 의한 해결만으로는 부족한 문제점이 있다[왜냐하면, 직접적 가해자에 대한 손해배상청구의 인정만으로는 그 자력[資力]관계로 구제가 불충분할 수 있기 때문이다]. 따라서, 「국가측의 부작위」를 이유로, 국가배상사건이 다수 발생하는데, 예컨대, 일본 「약사법」상의 국가의 권한의 불행사의 위법이 인정된 「스몬」사건[동경지방재판소 1978. 8. 3]을 들 수 있는데, 이 문

11) 김동희, 행정법Ⅰ, p. 517

12) 대판 1998. 7. 10, 96다38971

제에 대하여 일본 최고재의 여러 판례들은, 「법이 부여한 권한의 취지・목적에 비추어, 권한불행사가 현저히 불합리하면, 국가배상법상의 위법을 구성한다」고 판시하고 있다[일본최고재판소판결 1988. 11. 14; 일본최고재판소판결 2004. 4. 27의 진폐소송; 일본최고재판소판결 2004. 10. 15의 공해[公害]병 사건(공해병관서 사건)]. 이 경우 「부작위의 위법」의 인정요건으로는, (ⅰ) 위험의 절박함, (ⅱ) 예견가능성, (ⅲ) 회피가능성, (ⅳ) 보충성, (ⅴ) 국민의 기대를 들고 있고, 「반사적 이익」론에 얽매이지 않고 있다. 위의 사건들에 있어서, 실질적 가해자는, 「당해 권한있는 공무원 외의 자」인데, 피해자측의 국가개입신청에 대한 국가측의 부작위상태가 계속되고, 이에 의해 상대방에게 손해가 생긴 경우, 즉 공무원도 또한 가해자로 된 경우이다.

2) 직무행위의 내용

① 여기서의 직무행위에는, 행정작용외에, 입법・사법작용도 포함된다.

② 권한의 불행사[부작위]에 있어서, 배상책임을 인정하려면 법적으로 보호되는 이익이 있어야 한다는 것이 판례의 입장이다.

즉 우리 대법원은, "공무원에게 부과된 직무상 의무의 내용이 전적으로 또는 부수적으로 사회구성원 개인의 안전과 이익을 보호하기 위하여 설정된 것이라면, 피해자가 입은 손해에 대하여는 국가가 배상책임을 진다"라고 판시하고 있다.[13]

(3) 직무를 집행하면서

1) 이것은 직무의 범위 내에 속하거나, 직무집행의 수단으로써 또는 직무수행에 부수해 행해지는 행위로서 직무와 밀접한 관련이 있는 경우를 말한다.

2) 우리 대법원은, "실질적으로는 직무행위에 속하지 아니한다 할지라도 적어도 외관상으로는 직무집행으로 보여진다"라고 하여 통설과[14] 같이, 외관설을 취하고 있다.[15]

3) 일본 최고재판소의 경우에도 「외관설」[=외형주의]를 취하고 있다.

(4) 공무원에게 고의 또는 과실이 있을 것

1) 고의・과실이란, 대위책임설의 입장에서는, 공무원 개인의 주관적 인식을

---

13) 대판 1993. 2. 12, 91다43466

14) 김동희, 행정법Ⅰ, p. 515

15) 대판 2005. 1. 14, 2004다26805

기준으로 하게 된다. 따라서, 피해자 측에서 보면, 불공평한 구제가 될 수 있고, 고의·과실을 엄격하게 해석하는 경우에는 피해자의 구제는 더욱 어려워질 것이다. 더욱이 공무원의 과실의 입증책임을 피해자에게 부담시키게 되면, 피해자의 구제는 더욱 더 어려워질 것이다.

2) 그래서, 여기서의 과실을, 공무원 개인의 내심에 들어가서 판단하지 않고, 공무원에게 직무상 요구되는 표준적 주의의무에 위반하고 있는지 여부로 판단하게 되었다(과실의 객관화). 일본의 경우에도 '과실'은 「객관화된 주의의무위반」으로 보고 있다.

3) 이 경향을 더욱 더 진전시키면, 행정기관이 공무운영에 있어서 조직체로서 적절한 배려를 결여한 것을 과실로 보게 되는데, 이것이 "조직과실"이다.[16)]

4) 우리나라 판례는 고의·과실을 대체로 엄격하게 해석하여, 공무원의 위법·무과실의 경우에는 일관되게 국가배상책임을 부인하고 있다.[17)]

5) 「위법성·과실 및 손해」문제에 관한 일본[日本][동경대(東京大_우하극야[宇賀克也]교수의 분석

① 위법성 문제

(i) 의의

「국가배상법」 2조1항의 「위법」의 의미는 동법의 근본적 문제이다. 동법의 입법자료(일본 중의원·참의원법제국·제1회국회심의요록)를 보면, 이 용어가 쓰인 것은, 「고의」를 주관적 요건으로, 「위법」을 객관적 요건으로 이해한 것이다. 입법자는 민법 불법행위법에 관한 당시의 다수학설에 따라 「국가배상법」에 이 개념을 도입한 것이다. 다만, 「국가배상법」에는 민법상의 불법행위와는 다른 특수한 문제가 있고, 민법 불법행위법의 「위법」개념을 곧 바로 「국가배상법」에 받아들이는 데에는 신중해야 한다.

(ii) 법률상 쟁송

국가배상청구소송도, 「법원조직법」 2조1항의 「법률상 쟁송」을 그 대상으로 하고 있다. 「우편저금잠식소송」[일본 내각과 공정거래위원회가 물가안정이라는 정책적 목표에의 대응을 잘못하여 인플레이션을 야기시키고, 원고들의 우편저금을 실

16) 原田, 行政法, p. 285
17) 대판 2004. 6. 11, 2002다31018

질적으로 잠식한 것이 위법이라고 해 손해배상청구가 된 것]에서, 1982년 7월 15일의 일본최고재판소판결은, 「이것에 관한 정부의 정치적 책임을 묻는 것은 별론으로 하더라도, 법률상 의무위반 내지 위법행위로서 국가배상책임문제를 발생시킬 수는 없다」라고 판시하였다.

(iii) 일본의 학설・판례의 상황

Ⓐ 과실과 위법성

우선 이들의 개념파악을 복잡하게 하는 것이. 「국가배상법」 2조1항의 「직무행위」 개념의 광범성인데, 이 개념에 관하여 다수학설과 판례는 「광의설」을 채택하였고, 「공립학교에서의 사고」등 「사립학교에서와 동일한 상황하에서의 불법행위소송」에도 「국가배상법」이 적용되게 되었다. 다만, 이러한 소송에서는 민법불법행위법에서의 판례와 실질적으로는 동일한 처리가 된다. 즉 그러한 경우, 「주의의무위반」에서 「객관화된 과실」을 인정하고, 특히 위법성을 언급하지 않거나, 「과실에 의한 위법행위」라는 표현에 의하여 「과실에서 곧바로 위법을 도출하는 일원적 판단」이 행해지는 것이 대부분이다. 바꾸어 말하면, 「예견가능한 손해를 회피할 의무의 위반」이 과실로 되기 때문에, 「과실」요건 중에 가해자・피해자 쌍방의 사정이 종합적으로 판단되고, 「과실」 요건과 별도로, 「위법」 요건을 인정할 필요는 없게 된 것이다.

Ⓑ 「위법성」에 관한 일본의 기본적 학설들 :

민법불법행위법에서는, ㉮ 결과불법설, ㉯ 행위불법설, ㉰ 상관[相關]관계설[결과불법적 측면(피침해법익)과 행위불법적 측면(침해행위의 태양)을 종합적으로 고려함]이라는 3개의 기본유형이 있고, 「국가배상법」상의 「위법」개념에 관하여도, 동일한 학설대립이 있다.

㉠ 결과불법설 :

「국가배상법」의 의의와 기능을 「피해자구제와 손해분산」에 중점을 두고 생각하는 견해인데, 「피침해법익」의 관점에서 위법성을 인정하려고 한다. 이 입장을 철저하게 한다면, 피해자 측에서 볼 때, 「침해행위의 적법・위법」여부는 중요하지 않고, 국가배상과 손실보상의 차이도 상대화되고, 나아가, 양자는 「통일융합화」되어야 한다.

㉡ 행위불법설

㉮ 「결과불법설」에 반해, 「행위불법설」은 「침해행위의 태양」의 관점에서 「위법

성」을 인정하려는 견해인데, 이 입장에서는, 국가배상제도의 「피해자구제기능과 손해분산기능」을 인정하면서도, 그뿐 아니라, 「제재기능, 위법행위억제기능 및 위법상태배제기능(적법상태회복기능)」을 중시한다. 즉 「행위불법설」에서는, 국가배상제도를 「법치국가원리를 담보하는 제도」로 바라본다. 이 측면을 중시하게 되면, 「침해행위의 적법성·위법성」은 매우 중요한 의미를 가지고, 손해배상과 손실보상은 명확히 구별되어야 한다.

㉯ 나아가, 「행위불법설」안에는, ⓐ 「공권력발동요건결여설」[공권력발동요건의 결여를 위법으로 보는 견해]과, ⓑ 「직무행위기준설」[공무수행자로서 직무상 이행해야 할 주의의무를 게을리 한 것을 위법으로 보는 견해]의 대립이 있다.

㉣ 상관관계설

이 견해는, 행위불법설과 결과불법성의 절충적 입장이다.

Ⓒ 종전 일본판례의 일반적 경향

종전판례에서는, ㉮ 「행정처분」과 같이, 그 발동요건이 법령에서 명시되고 있는 것에서는, 그 「발동요건의 결여」를 「국가배상법」상의 '위법'으로 보며, 「이 의미에서의 '위법'을 인식해야 함에도 불구하고, '위법'을 인식하지 못한 것」을 '과실'로 구성하는 것이 일반적이었다. 이와 같이, 종래 판례의 대세는, 「피침해법익」이 아니라, 「공권력발동요건 또는 공권력불발동요건의 결여」라는 「행위태양」을 식별표지로 하여 '위법성'을 판단하는, 「공권력발동요건결여설」을 채택하였다.

「공권력발동요건결여설」은, 행정처분에 관하여, 취소소송에서의 '위법'과 「국가배상법」상의 위법을 동일하게 보는, 「위법성동일설」을 취한다. 즉 「공권력발동요건결여설 」을 전제로 하여 취소판결의 기판력이 국가배상청구소송에 미치는 것을 인정하는 일본의 판례도 많다.

Ⓓ 위법성상대설(위법성이원론)

㉠ 초기의 위법성상대설

㉮ 이 견해는 피해자구제기능과 손해분산기능을 중시하는데, 취소소송에서의 '위법'과 국가배상에서의 '위법'을 별개의 것으로 보는 견해이다. 「위법성동일설」과 「위법성상대설」의 구별은 「결과불법설」·「행위불법설」및 「상관관계설」과는 다른 기준에 의한 구별이다. 따라서, 「행위불법설」 중의 「공권력발동요건결여설」은 「위법성동일설」을 취하지만, 「결과불법설」, 「상관관계설」 및 「행위불법설」 중의 「직무행위기준설」은 「위법성상대설」을 취한다.

㉯ 초기의 「위법성상대설」에는, 「국가배상청구에서의 피해자구제의 가급적 확

대」라는 실천적 의도가 있었다. 즉 취소소송에서 '위법성'이 인정되지 않는 경우라도, 「국가배상법」상의 위법이 인정된다고 보므로, 이 점에서는 「결과불법설」과 태도를 같이 한다. 따라서, 「초기의 위법성상대설」에서의 「국가배상법」상의 '위법'은 취소소송에서의 '위법'보다 넓다는 것이 전제로 되어, 기판력에 관하여도, 취소소송에서의 청구기각판결의 기판력은, 국가배상청구소송에 미치지 않고, 다만 취소소송에서의 청구인용판결의 기판력만이 국가배상청구소송에도 미친다고 본다,

㉰ 그런데, 1985년 이후의 일본판례에서도, 「위법성상대설」이 조금은 유력해졌으나, 그것은 「결과불법설」이나 「상관관계설」에 근거한 것은 아니고, 「행위불법설」 중의 「직무행위기준설」에 의한 것이다.

Ⓔ 기소 등의 위법

㉠ 검사에 의한 공소제기에 관하여는, 주로 「결과불법설」과 「직무행위기준설」의 대립이 있다. 즉 「직무행위기준설」에 따르면, 검사는 합리적 혐의가 있는 한 공소를 제기하는 것이 허용되므로, 무죄판결이 확정되었다고 하여, 기소가 당연히 위법하게 되지는 않는다[이러한 입장을 취한 판례로는, 1988년 6월 29일의 일본최고재판소의 판결].

㉡ 그러나, 「결과불법설」에 따르면, 무죄판결이 확정된 이상, 기소는 「국가배상법」상 당연히 위법하게 된다.

㉢ 「공권력발동요건결여설」에 의하면, '기소'라는 「공권력발동요건의 결여」를 '위법'으로 보게 된다. [이러한 입장을 취한 판례로는, 1978년 10월 20일의 일본최고재판소판결(기소를 행정처분에 준하여 생각함)].

Ⓕ 재판의 위법[「변형(가중)된 직무행위기준설」=「위법성 한정설」] :

㉠ 1982년 3월 12일의 일본최고재판소판결은, 「법관이 한 재판에 상소 등의 구제방법에 의하여 시정되어야 할 하자가 존재했더라도, 이에 의해 당연히 국가배상법 2조1항의 규정에서의 '위법'한 행위가 있었던 것으로서의 국가배상책임문제가 생기지는 않고, 그 책임이 긍정되려면 당해 법관이 위법 또는 부당한 목적으로 재판을 하는 등 그 부여된 권한의 취지에 명백히 어긋나게 이를 행사했다고 인정할 만한 특별한 사정이 있음을 필요로 한다」라고 판시하여, '재판'에서 위법성을 특히 한정하고 있다.

Ⓖ 입법의 위법[「직무행위기준설」 중 「위법성한정설」]

1985년 11월 21일의 일본최고재판소판결은, 「국회의원의 입법행위(입법부작위

포함)가 국가배상법 2조1항의 적용상 '위법'한지 여부는, 국회의원의 입법과정에서의 행동이 개별국민에 대하여 지는 직무상 법적 의무에 위배했는지의 여부의 문제로서, 당해 입법의 내용의 위헌성문제와는 구별되어야 하고, 가령 당해 입법의 내용이 헌법규정에 위반하더라도, 그 때문에 국회의원의 입법행위가 곧 바로 위법하다는 평가를 받는 것은 아니다」라고 판시하고, 나아가, 「입법의 정치적 성격」도 고려하고 있고, 또한 2005년 9월 14일의 일본최고재판소대법정판결은, 「입법의 내용 또는 입법부작위가 국민에게 헌법상 보장되는 권리를 위법하게 침해함이 명백한 경우나, 국민에게 헌법상 보장되는 권리행사기회를 확보하기 위하여 필요한 입법조치를 하는 것이 필요불가결하고 그것이 명백함에도 불구하고, 국회가 정당한 이유없이 장기간에 걸쳐 이를 게을리하는 경우 등에 있어서는, 국가배상법 2조1항의 규정의 적용상, 위법의 평가를 받는다」라고 판시하고 있다.

㉡ 일본최고재판소판례가 이처럼 「위법성한정설」을 취한 것은, 의회민주주의의 취지에 비추어 입법문제는 본래 정치과정에서 처리하는 것이 타당하다는 입장에 기한 것으로 생각되지만, 「사[司]법적극주의」의 입장에서는, 오히려 「공권력발동요건결여설」을 취하는 것이 보다 더 타당할 것이다.

Ⓗ 「국가배상법」에서의 행정처분의 위법

㉠ 이 경우는 「공권력발동요건결여설」이 지배적이다. 다만, 이 경우 「위법성」과 「과실」의 이원적 판단을 하면서도, 「과실」을 부정하는 경우가 상당히 있다.

㉡ 1991년 7월 9일의 일본최고재판소판결은, 「당해 접견불허가처분은, 그 근거로 된 행형법시행규칙 120조 및 124조가 행형법 50조의 위임범위를 넘어 무효인 이상 위법하다」라고 판시하면서도 '과실'의 성립은 부정했다.

㉢ 예외적인, 일부 일본판례들은, 「직무행위기준설」을 채택하면서 「위법성상대설」을 취하고 있다 :

행정처분인 세무서장의 경정처분에 관하여, 세무서장은 원고의 수입금액에 관하여, 확정신고금액을 상회한다고 결정하고, 필요경비액에 관하여는, 확정신고 그대로 경정처분을 한 바, 원고는 소득금액이 과다하게 인정되었다고 주장하며, 취소소송을 제기하였고, 이에 따라 원고청구의 일부인용확정판결이 나왔다. 나아가, 원고가 국가배상청구소송을 제기하였는바, 1993년 3월 11일의 일본최고재판소판결은, 「세무서장이 한 소득세의 경정은, 소득금액을 과다하게 인정하였더라도, 그것 때문에 곧바로 국가배상법 2조1항의 위법이 있었다는 평가를 받지는 않고, 세무서장이 자료를 수집하고, 이에 기해 과세요건사실을 인정, 판단함에 있어, 직무상 통상 이행하여야 할 주의의무를 이행하지 아니하고, 만연히 경정하였다고 인정할 수 있는 사정이 있는 경우에만 그러한 평가를 받는다」라고 판시하고 있다.

Ⓘ 「권력적 사실행위」의 위법[행정처분의 경우와 같이, 「공권력발동요건결여설」을 취하며, '과실'을 독립해서 다룸] : 1986년 2월 27일의 일본최고재판소판결은, 「경찰관은 이상한 거동 기타 주위사정에서 합리적으로 판단하여 무엇인가의 범죄를 범했다고 의심하기에 충분한 이유가 있는 자를 정지시켜 질문하고, 또한 현행범인을 현장에서 인지한 경우에는 신속히 검거·체포할 직책을 지고 있고(경찰법 2조, 경찰관직무집행법 2조1항), 그 직책을 수행할 목적으로 교통법규에 위반하여 차량으로 도주하는 자를 사이드카로 추적하는 직무집행 중에, 도주차량의 주행에 의하여 제3자가 손해를 입은 경우에, 그 추적행위가 위법하기 위하여는, 그 추적이 당해 목적을 수행함에 있어 불필요한지, 또는 도주차량의 도주의 태양 및 도로교통상황 등에서 예측되는 피해발생의 구체적 위험성의 유무 및 내용에 비추어, 추적의 개시·계속 또는 추적의 방법이 불상당할 것을 요한다」고 판시하였는데, ㉠ '위법성'의 요건에 관하여, 여러 가지 사정을 비교·형량하는 「직무행위기준설」을 취했다고 볼 수도 있고, ㉡ 법령상 명시되지 않은 '추적'이란 「사실행위의 발동요건」을 정식화하여, 그 발동요건을 「결여」한 추적을 위법으로 평가하고, 그것을 결한 것에 관하여 고의·과실이 있었는지 여부를 심사한 것(즉 「공권력발동요건결여설」)으로 볼 수도 있다.

Ⓙ 비권력적 사실행위[예: 행정지도]의 위법 :

㉠ 법정되어 있지 않은 행정지도의 경우, 명문의 발동요건이 존재하지 않지만, 행정의 법률적합성원칙에 비추어, 「법령의 취지에 저촉하는 행정지도를 할 수는 없다」는 행정규범의 준수의무를 행정기관은 지고 있다.

㉡ 1993년 10월 28일의 일본동경(東京)고등재판소판결은, 「폐기물관리법의 해석을 잘못한 환경부 산업폐기물대책실장의 통지를 받고 시·도지사가 행한 행정지도는 위법하다」라고 판시하였다. 즉 이 판결에서는, 당해 통지가 위법하다면, 그에 기해 행해진 행정지도도 법률의 취지에 반하여 위법하며, 이 경우 위법한 해석을 한 환경부의 담당관에게는 적어도 '과실'이 있었다고 본 것이다[「공권력발동요건결여설」에 준함].

Ⓚ 규제권한의 불행사(=부작위)의 위법[위법의 일원적 판단 = 위법성일원설] :

㉠ 이 경우는, 「권한을 행사할지 여부에 관한, 효과재량이 있기 때문에 부작위

는 위법하다고 할 수 없다」라고 주장하는 '행정편의주의'를 어떻게 극복할 것인지가 과제이다. 이를 극복하는 이론으로서, ㉮ 「효과재량이 일정한 경우에는 영으로 수축하여 작위의무가 생긴다」라고 보는 「재량의 영으로의 수축」[=재량수축]이론[이 입장을 취한 판례로는, 1978년 8월 3일의 일본동경(東京)지방재판소판결이 있음]과, ㉯ 재량처분의 '작위'에 관하여 재량권의 일탈·남용이 위법하게 되는 것같이, 효과재량이 인정되는 경우에도, '부작위'가 재량권의 일탈·남용에 해당할 때에는 위법하게 된다는, 「재량권 소극적 남용론」[=소극적 권한남용론][이 입장을 취한 판례로는, 1980년 5월 20일의 일본동경(東京)지방재판소 판결이 있음]을 들 수 있는데, 중요한 것은, 「규제권한의 불행사의 위법의 고려요소」이다. 그 일반적 고려요소는 다음과 같으며, 이들 요소를 종합적으로 고려해야 한다. :

ⓐ 피침해법익 : 생명·신체같이 중요한 것인 경우에, 작위의무가 인정되기 쉽다.

ⓑ 예견가능성 : 이 요소는, 어떠한 이론에서도, 작위의무를 인정하기 위하여 불가결하다. 다만, 「어떤 정도의 예견가능성을 요하는지」, 즉 위험이 절박할 것을 요하는지, 아니면 개연성이 있는 것으로 충분한지가 문제된다.

ⓒ 결과회피가능성 : 「당해 권한의 행사에 의하여 결과를 회피할 수 있었을 것」이 작위의무발생의 필요조건이다.

ⓓ 기대가능성 : 사인이 스스로 위험을 회피하는 것이 어려워 행정의 개입이 기대되는 경우라면, 작위의무가 보다 더 쉽게 인정될 수 있다. 다만, 약품에 기한 피해와 같이 국민이 부작용에 관한 지식을 전혀 가지지 못할 경우에는, 국민 스스로 위험을 회피할 수 없으므로, 기대가능성의 요건은, 「객관적으로 보아 행정의 개입이 기대되는 상황에 있었는지」라는 관점에서 판단된다. 규제권한의 불행사의 위법에 있어서는, 특히 「예견가능성과 결과회피가능성」의 존재가 부작위를 위법으로 만드는 불가결한 요건으로 된다. 그런데, 이 두가지 요건은, 또한 「과실」을 기초지우므로, 부작위의 위법이 긍정되는 경우에는, 과실도 인정되게 되어, 결국 「위법의 일원적 판단」이 된다. 이점에서, 위법성이 인정되는 경우에도, 과실이 부정될 수 있는 '작위'의 경우와 서로 구별된다.

㉡ 「규제권한의 불행사」에 관한 대표적 일본최고재판소판결[1988년 11월 24일자의 택건업(宅建業)사건] :

㉮ 지사가 당해 업자에게 택건업의 면허의 부여·갱신을 한 점과 업무정지·면허취소처분 등 규제권한의 행사를 게을리한 점이 위법하다고 주장하면서, 택건업자의 부정행위에 의해 피해를 입은 관계국민이 국가배상청구소송을 제기한 사

건에서, 동 판결은, 「당해 업자의 부정행위에 의해 관계국민이 피해를 입었다고 하더라도, 구체적 사정 하에서, 지사 등에게 감독처분권이 부여된 취지·목적에 비추어, 그 불행사가 현저히 불합리하다고 인정되지 않는 한, 그 권한의 불행사는, 당해 거래관계인에 대한 관계에서, 국가배상법 2조1항의 적용상 위법의 평가를 받는 것은 아니다」라고 판시하고 있다[재량권 소극적 남용론[=소극적 권한남용론]의 입장].

② 「과실」 문제

(i) 고의에 의한 위법처분이기 위해서는, 「위법성의 인식」이 필요하다. 왜냐하면, 「위법성」요건과 「고의·과실」요건을 독립하여 심사하는 것이 「과실책임주의」를 채택한 입법자의 의사에 합치되기 때문이다.

(ii) 위법·과실의 이원적 판단에서의 「과실」:

위법한 행정처분에 관한 과실은, 당해 행정처분이 위법함을 인식해야 함에도, 인식하지 못한 것을 의미한다. 그러나, 그것은 평균적 공무원을 기준으로 하여 객관적으로 판단해야 한다. 1971년 6월 24일의 일본최고재판소판결은, 「법률의 해석에 관하여 여러 의견이 대립해 의문이 있고, 근거할 명확한 학설·판례가 없으며, 실무상의 취급도 다양하여, 그 어느 것에 관해서도, 일응의 논거가 인정되는 경우에, 공무원이 그 중 하나의 해석에 입각하여 공무를 집행한 때나, 실무상 특히 의문이 없는 해석에 따른 때에는, 후에 그 집행이 위법하다고 판결이 나와도 그렇다고 곧바로 당해 공무원에게 과실이 있다고 할 수 없다」라고 판시하고 있는데, 이는 「위법성과 과실의 이원적 판단」을 하고 있는 것이다.

(iii) 과실일원적 판단 :

「학교사고사건」에서는 「과실일원적 판단」이 행해지고 있다. 즉 1983년 2월 18일의 일본최고재판소판결은, 예견가능한 결과에 대한 결과회피의무위반으로서의 '과실'의 유무가 판단되고 있다.

(iv) 위법일원적 판단

㉠ 규제권한의 행사의 부작위의 경우 : 이 경우에는, 부작위의 '위법'의 판단 중에 「예견가능성, 결과회피가능성」이라는 '과실' 요건이 포함되어, 「위법일원적 판단」이 되고, '과실'은 독자적 존재의의를 잃고 있다.

㉡ 재판의 위법의 판단 :

「위법성 한정설」이 채택되었다고 보는 경우에는, '고의 또는 중과실'이 있을 것이, '위법'의 요건으로 되므로, '위법성'의 판단과 독립하여 '고의·과실'의 판단을 할 필요가 없어 「위법일원적 판단」이 된다. 한편, 「직무행위기준설」이 채택되었다고 보는 경우에는, '위법성' 판단 중에 '과실' 판단이 포함되어, 「위법일원적 판단」이 된다.

(v) 조직과실 :

일본판례는, 독임제 기관이 행하는 행정처분이라고 하더라도, 실질적으로는, 행정청이 단독으로 의사결정을 하지 않고, 보조기관, 자문기관 등도 포함한 조직적(조직 전체의) 결정이 되므로, 「조직과실」의 유무를 판단하고 있다.
[1992년 12월 18일의 동경고등재판소의 예방접종사고에 관한 판례].

③ 「손해」문제[반사적 이익론 문제]

(i) 특히, 「규제권한의 불행사」에 의한 국가배상책임과의 관련에서, 「반사적 이익」이 논해진다. 즉 취소소송에서는 「법률상 이익을 가지는 자」만이 원고적격을 가지는데, 일본 판례(한국판례도 같은 입장임)는 일반적으로, 「법률상 보호되는 이익설」을 취하고 있다. 따라서, 「법률상 보호되는 이익」 외의 이익은 「반사적 이익」에 불과하고, 반사적 이익의 침해를 주장함에 불과한 자는 원고적격이 없게 된다. 그런데, 국가배상청구소송에서도, 피고로부터, 「원고가 주장하는 이익은, 반사적 이익에 불과하다」는 주장이 많이 제기된다.

(ii) 1990년 2월 20일의 일본최고재판소판결은, 「피해자·고소인이 수사 또는 기소에 의하여 받는 이익은, 공익상 견지에서 행하여지는 수사 또는 기소에 의하여 반사적으로 야기되는 사실상의 이익에 불과하고, 법률상 보호된 이익은 아니므로, 피해자·고소인은, 수사기관에 의한 수사가 적절을 결하거나, 검사의 불기소처분의 위법을 이유로, 국가배상법에 기한 손해배상청구를 할 수 없다」라고 판시하고 있고, 나아가, 1988년 11월 24일의 일본최고재판소판결은 「택지건물거래업법상의 면허제도는 면허를 부여한 업자의 인격과 자질을 일반적으로 보증할 뿐이고, 당해 업자의 부정한 행위에 의하여 개개의 거래 관계인이 입는 구체적 손해의 방지, 구제를 제도의 직접적 목적으로 하는 것은 아니므로, 지사의 면허부여나 갱신 자체는, 동법 소정의 면허기준에 적합하지 않은 경우에도, 개개의 거래관계인에 대한 관계에서 곧바로 국가배상법 2조1항에서 말하는 '위법'한 행위에 해당하는 것은 아니다」라고 판시하고 있다.

(iii) 「국가배상법」상의 위치설정 :

국가배상청구소송에서, 「반사적 이익」이, ⓐ '위법성'요건의 문제인지, 아니면 ⓑ '손해'요건의 문제인지가 다투어진다. 앞의 1988년 11월 24일의 일본최고재판소 판례[택건업자사건]는, 이를 '위법성'의 문제로 처리하고 있다.

6) 「위법성·과실」문제에 관한 독일의 학설과 판례

① 독일의 경우, 국가배상청구권은, 「독일민법」839조에 따르면, 「공무원이 '고의 또는 과실로' 그 직무상 의무에 위반했음」을 전제로 하고 있다[유책성 기준].

이 경우 '고의'는 「의도적으로 법규를 위반한 때」를 가리키고, '과실'은 「독일민법(BGB) 276조2항의 주의의무기준」에 따른다. 즉 과실의 기준은, 「의무에 충실한 평균적 공무원」을 기준으로 한다(객관화된 과실)[예컨대, 직무수행시 필요한 난해한 법률지식, 기타 전문지식의 경우에는 전문가의 도움을 받아 그 직무를 처리해야만 당해 공무원에게 과실이 없게 된다]. 독일의 경우, 법률제정행위의 경우에는 매우 드물게 예외적으로만[즉 고의·중과실인 경우] 국가배상이 인정된다. 또 다른 객관화의 노력으로서, 나아가, 「조직과실」이 독일의 경우, 국가배상청구소송에서 인정되는데, 이 경우에는, (i) 가해공무원의 이름을 들 필요는 없고, (ii) 내부의 조직적 과실에 기한 경우에는, 기관장에게 조직책임이 인정된다고 본다. 일반적인 법률문제의 경우에는, 그것이 다소 의문시되더라도 주의깊게 검토한 후, 「일응 신빙성이 있는」[=대체가능한] 법적 견해를 채택하기만 한다면, 그 공무원에게 과실이 있다고 할 수는 없다.

② 독일의 경우, 국가배상청구소송에서 입증책임의 문제가 있다. 독일의 경우 변론주의와 당사자주의가 적용된다(한국의 경우도 같다). 이에 따라 원고는, 「국가배상청구권의 근거가 되는 모든 사실과 여건을 제시(주장)하고, 입증하여야 한다. 이는 유책성에 대하여도 동일하다. 이 한도에서, 독일민법[BGB] 제823조[우리 「민법」제750조처럼 불법행위에 의한 손해배상책임에 관한 일반적 규정임] 이하에 따른, 불법행위에 기한 청구권에 대한 여러 원칙들이 적용된다. 원고가 유책성을 입증할 필요가 없게 되는 「입증책임의 전환」은 명문의 규정이 없이는 인정되지 않는다.

그러나, 많은 경우에 법원은, 「일반적 생활경험과 관행적 사실경과에 따라, 행해진 의무위반과 거기에서 발생하는 손해는, 유책성있는 행위에 근거한다」고 보고 있으므로, 국가배상청구소송에서 피해자(원고)는, 「공무수행자의 직무상 의무위반과 자신이 입은 피해」를 입증하기만 하면[외관성 증명], 「직무수행자가 유책하게 (과실로) 행동했다」는 사실상의 추정이 인정된다[18]. 이에 따라, 유책성(과실)의 사실상 추정을 깨뜨릴 책임은 실질적으로 행정주체에게 있게 된다.

7) 「과실」에 관하여, 우리 대법원은, 「법원이 형사소송절차에서의 피고인의 권리를 실질적으로 보장하기 위하여 마련되어 있는 형사소송법 등 관련 법령에 근거하여 검사에게 어떠한 조치를 이행할 것을 명하였고, 관련 법령의 해석상 그러한 법원의 결정에 따라야 할 직무상 의무가 있는 상황에서 검사가 법원의 결정에 어긋나는 행위를 하였다면 특별한 사정이 없는 한 검사에게 그 직무상 의무를 위반한 과실이 있다」라고 판시하고 있고[대판 2012. 11. 15, 2011다48452], 또한, 「행정처분의 담당공무원이 보통 일반의 공무원을 표준으로 하여 볼 때 객관적 주의의무를 결하여 그 행정처분이 객관적 정당성을 상실하였다고 인정될 정도에 이른 경우에 비로소 국가배상책임의 요건을 충족하였다고 봄이 상당하다」라고 판시하고 있다[대판 2013. 11. 27, 2011다33789].

(5) 법령위반(공무원에게 위법한 가해행위가 존재할 것)(=위법성 요건)

1) 여기서의 가해행위는, 법규위반 외에, 그 행위가 객관적으로 정당성을 결여한 경우도 포함한다고 본다(광의설).[19]

2) 부작위에 의한 법령위반행위

① 법령상 구체적 작위의무(예: 국민보호의무)가 있는 공무원이 그 의무에 위반하여 직무를 게을리 하고, 그 결과 국민에게 손해가 생긴 경우에는, 그 부작위는 위법한 가해행위가 된다.

② 이에 대한 반대논거가 두 가지 있다.

㉠ 반사적 이익론

이것은 행정상의 단속은 일반적으로 추상적인 공익실현을 위해 행해지므로, 단속행정의 결과, 개개인이 받는 이익은 법적 보호이익이 아니라, 반사적 이익에 지나지 않는다는 것이다. 그러나, 오늘날의 행정은 원칙적으로 국민 개개인의 안전과 복지를 위해 행해지는 것으로 보아야 한다(국민주권, 인권존중, 사회국가의 이념).

18) BGH, VersR 1969, 539, 541
19) 김동희, 행정법Ⅰ, p. 523-524

㉡ 행정편의주의론(이는 '무하자재량행사청구권', '행정개입청구권'과 관계됨)

이것은 국민이 행정청의 부작위를 위법하다고 하여 법적 책임을 물으려면, 행정권의 구체적 작위의무가 있어야 하는데, 행정상의 단속권한은 오로지 공익관리자인 행정권의 재량하에 있다는 것이고, 이에 따라 국민에게는 공권력의 발동을 구할 구체적 권리가 없다는 것이다. 그러나, 현재와 같은 리스크사회에서 행정편의주의의 제한없는 적용은 인정할 수 없다. 따라서, 국민의 생활을 해치는 위법한 사태가 생기거나, 생길 우려가 큰 경우에는, 행정권에게는 그 권한을 발동해 국민생활을 지켜야 할 법적 의무가 있다고 할 것이다.[20]

③ 판례도 위의 반사적 이익론과 행정편의주의론을 극복한 입장을 취하고 있다.[21]

3) 취소소송에서의 '위법'과 국가배상청구소송에서의 '위법'이 같은지 여부에 관하여는 위법성 상대성론[=위법성이원설]과 위법성일원설[=위법성동일설]의 대립이 있다. 즉 위법성상대성론의 경우, 양자는 각각 그 제도목적이 다르므로, 그 「위법성」 판단은 각각 다르게 행해질 수도 있다고 주장하나, 위법성일원설의 입장에서는, 「위법」이란 객관적 법질서에 비추어 판정되는 것이므로, 어떤 경우에도 동일하다고 본다. 「위법성일원설」에 따르면, 예컨대 (ⅰ) 행정처분이 취소소송에서 적법하다는 판단을 받은 경우[원고청구기각판결]에는, 관계국민은 자신에게 권리·이익의 침해가 생겨도, 손실보상청구권외에는, 이를 수인해야 하며, 이러한 의미에서 행정처분에 의하여 발생한 손해의 배상을 구하는 국가배상청구소송에서, 국가배상청구권이 인정되기 위해서는, 당해 행정처분이 취소소송에서 먼저 위법하다는 판정이 존재하는 것이 필요조건으로 되고, (ⅱ) 행정처분이 취소소송에서 위법하다는 판정이 나오게 되는 경우에는, 국가배상청구소송에서 승소할 길이 열리게 된다고 본다.

그러나, 「위법성상대성론」에 의하면, 취소소송에서 그 행정처분의 위법성이 인정되지 않은 경우에도, 원고는 국가배상청구소송을 제기할 수 있게 되어 원고의 권리구제가 보다 더 확대될 수 있는 장점이 있으나, 행정처분의 '위법성'이 소송의 종류에 따라 다르게 판단될 수 있다는 이론상의 근본적 문제점을 지니고 있는 단점이 있다. 어쨌든, 「위법성상대성론」이든 「위법성일원설」이든, (ⅰ) 행정처분 등

20) 原田, 行政法, p. 289-290

21) 대판 2004. 9. 23, 2003다49009; 대판 2006. 7. 28, 2004다759

공권력발동의 요건의 부존재(위법성)와, (ⅱ) 당해 공무원의 주의의무위반(과실)이 요구된다는 점에서는 동일하다고 할 것이다.

(6) 타인

여기서의 타인은, 가해자인 공무원과 그 가담자 외의 모든 자를 가리킨다.[22)]

(7) 가해행위에 의해 손해가 발생할 것

1) 가해행위와 손해발생 간에는 상당인과관계가 있어야 한다.[23)] 상당인과관계란, 그런 행위에서 그런 결과가 발생하는 것이 일반적으로 상당한 경우에 인과관계를 인정하는 것이다[대법원 판례는, '개인적 공권'을 주로 '인관관계'에 위치지움].

2) 재산적 손해, 정신적 손해,[24)] 적극손해, 소극손해가 모두 여기서의 손해에 포함된다.

3) 배상의 범위는, 가해행위의 결과 통상 발생한다고 예상되는 범위의 손해에 한정된다.

4) 독일의 경우, 국가배상책임의 발생요건으로서, 「직무상 의무위반에 기하여 야기된 손해가 발생할 것」을 또 하나의 요건으로 한다. 이 경우 「인과관계」가 중요하다. 독일에서도, 우리나라와 같이, 직무상 의무위반과 손해 간의 인과관계의 확정은, 「상당인과관계설」에 따른다. 따라서, 「행정청이 의무에 적합한 행위를 했더라면, 그 발전경과가 어떻게 되었겠으며, 관계 국민의 재산상황이 이 경우 어떻게 되었을 것인지」가 심사된다. 일반적으로 작위나 부작위는, 그 손해를 야기할 능력(적격)이 있으면, 인과관계가 인정되고, 사안의 예외적 경과에 따라 발생하는 손해는 제외된다.

5) 손해발생과 인과관계에 관한 주요판례 :

① 「국가배상과 위자료」에 관하여, 우리 대법원은, 「윤락녀들이 윤락업소에 감금된 채로 윤락을 강요받으면서 생활하고 있음을 쉽게 알 수 있는 상황이었음에도, 경찰관이 이러한 행위를 제지하거나 업주들을 체포·수사하는 등 필요한 조치를 취하지 아니하고 업주들로부터 뇌물을 수수하며 그와 같은 행위를 방치한 것

---

22) 김동희, 행정법Ⅰ, p. 530
23) 대판 2006. 4. 14, 2003다41746
24) 대판 2004. 9. 23, 2003다49009

은 경찰관의 직무상 의무에 위반하여 위법하므로 국가는 이로 인한 정신적 고통에 대하여 위자료를 지급할 의무가 있다」라고 판시하고 있다[대판 2004. 9. 23, 2003다49009].

② 「국가배상과 인과관계」에 관하여, 우리 대법원은, 「공무원이 직무상 의무를 위반함으로 인하여 피해자가 입은 손해에 대하여는 상당인과관계가 인정되는 범위 내에서 국가가 배상책임을 진다」라고 판시하고 있다[대판 2007. 12. 27, 2005다62747].

③ 「무장공비출현과 국가배상」에 관하여, 우리 대법원은, 「대간첩작전을 수행하기 위하여 파출소소장, 순경 및 육군장교 수명 등이 파출소에서 합동대기하고 있던 중 인근 주민들의 수차에 걸친 공비출현 신고가 있었음에도 이를 방치하였고, 그로부터 불과 60~70미터 거리에서 약 15분간에 걸쳐 무장간첩과 격투하던 주민 중 1인이 무장간첩의 총탄에 맞아 사망하였다면 위 군경공무원들의 직무유기행위와 위 망인의 사망과의 사이에 인관관계가 있다」라고 판시하고 있다[대판 1974. 4. 6, 71다124].

2. 배상책임의 내용

(1) 배상의 범위

1) 정당한 배상

「헌법」 제29조의 "정당한 배상"은, 원칙적으로 가해행위와 상당인과관계에 있는 모든 손해이다.[25]

2) 배상의 기준

① 「국가배상법」 제3조는, 타인의 생명·신체에 대한 손해와 물건의 멸실·훼손으로 인한 손해에 대해 배상기준을 정하고 있는데, 그 성질에 관해 학설대립이 있다.

② 학설로는, ㉠ 한정액설(배상기준규정은 배상액의 상한을 규정한 제한규정이라는 설)과, ㉡ 기준액설(배상기준규정은 단순한 기준에 불과하며, 구체적 사안에 따라서는 배상액을 증감할 수도 있다는 견해)이 대립되나, 후자가 판례와[26] 통설

25) 권영성, 헌법학, p. 621

의[27] 입장이다.

3) 공제

피해자가 손해를 입은 동시에 이익을 얻은 경우에는 손해배상액에서 그 이익에 상당하는 금액을 공제해야 한다.

(2) 배상방법

손해는 원칙적으로 금전, 즉 우리나라의 통화로 배상한다.

(3) 군인 · 군무원 등의 이중배상금지

1) 「헌법」 제29조 제2항과, 「국가배상법」 제2조 제1항 단서는 이중배상금지규정을 두고 있는데, 우리 대법원은, "이중배상금지규정의 취지는 국가 등이 위험한 직무를 집행하는 군인 · 경찰 등에 대한 피해보상제도를 운영하여, 직무집행과 관련해 피해를 입은 군인 등이 간편한 보상절차에 의해 자신의 과실 유무나 그 정도와 관계없이 무자력의 위험부담이 없는 확실하고 통일된 피해보상을 받을 수 있도록 보장하는 대신에, 피해군인 등이 국가 등에 대하여 공무원의 직무상 불법행위로 인한 손해배상을 청구할 수 없게 함으로써, 군인 등의 동일한 피해에 대해 국가 등의 보상과 배상이 모두 이루어짐으로 인하여 발생할 수 있는 과다한 재정지출과 피해군인 등 사이의 불균형을 방지하고, 또한 가해자인 군인 등과 피해자인 군인 등의 직무상 잘못을 따지는 쟁송이 가져올 폐해를 예방하려는 데에 있다"고 판시하고 있고, 또한, 우리 헌법재판소는, 「향토예비군의 직무는 그 성질상 고도의 위험성을 내포하는 공공적 성격의 직무이므로, 국가배상법 2조1항 단서가 그러한 직무에 종사하는 향토예비군대원에 대하여 다른 법령의 규정에 의한 사회보장적 보상제도를 전제로 이중보상으로 이한 일반인들과의 불균형을 제거하고 국가재정의 지출을 절감하기 위하여 임무수행 중 상해를 입거나 사망한 개별 향토예비군대원의 국가배상청구권을 금지하고 있는 데에는 그 목적의 정당성, 수단의 상당성 및 침해의 최소성, 법익의 균형성이 인정되어 기본권제한규정으로서 헌법상 요청되는 과잉금지의 원칙에 반한다고 할 수 없고, 나아가 그 자체로서 평등의 원칙에 반한다거나 향토예비군대원의 재산권의 본질적인 내용을 침해하는 위헌규정이라고 할 수 없다」라고 판시하고 있으며[28][헌재 1996. 6. 13, 94헌바20], 또한, 우리 대법원

26) 대판 1970. 1. 29, 69다1203
27) 김동희, 행정법 I, p. 532

은, 「군인 또는 경찰공무원으로서 교육훈련 또는 직무수행 중 상이(공무상의 질병 포함)를 입고 전역 또는 퇴직한 자라고 하더라도 국가유공자예우등에 관한 법률에 의하여 국가보훈처장이 실시하는 신체검사에서 대통령령이 정하는 상이등급에 해당하는 신체의 장애를 입지 않은 것으로 판명되고 또한 군인연금법상의 재해보상 등을 받을 수 있는 장애등급에도 해당하지 않는 것으로 판명된 자는 위 각 법에 의한 적용대상에서 제외되고, 따라서 그러한 자는 국가배상법 2조1항 단서의 적용을 받지 않아 국가배상을 청구할 수 있다」라고 판시하고 있다[대판 1997. 2. 14, 96다28066].

2) 헌법재판소는, 현행 「국가배상법」 제2조 제1항 단서의 이중배상금지규정의 위헌성문제에 관하여, "국가배상법 제2조 제1항 단서는 헌법 제29조 제1항에 의하여 보장되는 국가배상청구권을 헌법 내재적으로 제한하는 헌법 제29조 제2항에 직접 근거하고, 실질적으로 그 내용을 같이 하는 것이므로, 헌법에 위반되지 아니한다"라고 판시하고 있다.[29]

3) 공동불법행위와 구상권행사문제

대법원은, "공무원(군인)의 불법행위에 관련된 일반국민(민간인)이 공동불법행위책임에 의하여 그 손해를 배상하여야 하는 경우, 공동불법행위자 등이 부진정연대채무자로서 각자 피해자의 손해 전부를 배상할 의무를 부담하는 공동불법행위의 일반적인 경우와 달리 예외적으로 민간인은 피해군인 등에 대하여 그 손해 중 국가 등이 민간인에 대한 구상의무를 부담한다면 그 내부적인 관계에서 부담하여야 할 부분을 제외한 나머지 자신의 부담부분에 한하여 손해배상의무를 부담하고, 한편 국가 등에 대하여는 그 귀책부분의 구상을 청구할 수 없다." 라고 판시하였다.[30]

이것은, 공동불법행위자인 민간인의 재산권침해를 피하면서, 「헌법」과 「국가배상법」에 규정된 이중배상금지의 입법취지를 관철하기 위한 부득이한 해석이다.

(4) 공무원의 구상책임

1) 국가나 지방자치단체가 손해배상을 한 경우, 당해 공무원에게 고의나 중과실이 있은 때에는, 국가나 지방자치단체는 가해행위를 한 공무원에 대해 구상권을 행사할 수 있다.

---

28) 대판 2002. 5. 10, 2000다39735
29) 헌재 2001. 2. 22, 2000헌바38
30) 대판 2001. 2. 15, 96다42420

2) 경과실의 경우에는, 구상권의 행사는 인정되지 않는데, 공무수행의 위축을 피하기 위한 정책적 고려이다.

(5) 국가배상청구권의 상대방(피고적격)

독일의 경우, 독일기본법[GG] 34조1문은, 직무수행자의 직무가 속하는 국가 또는 단체[공법상 사단법인, 공법상 재단법인, 공법상 영조물법인]를 배상주체로 규정하고 있다.

(6) 「국가등의 자동차손해배상책임」에 관하여, 우리 대법원은, 「공무원이 그 직무를 집행하기 위하여 국가 또는 지방자치단체 소유의 관용차(공용차)를 운행하는 경우 그 자동차에 대한 운행지배나 운영이익은 그 공무원이 소속한 국가 또는 지방자치단체에 귀속된다고 할 것이고, 그 공무원이 자기를 위하여 공용차를 운행하는 자로서 같은 법조 소정의 손해배상책임의 주체가 될 수는 없다」라고 판시하고 있다[대판 1994. 12. 27, 94다31860].

Ⅳ 영조물의 설치 · 관리상의 하자로 인한 국가배상책임(「국가배상법」 제5조)

1. 개설

(1) 「국가배상법」 제5조와, 「민법」 제758조의 공작물 등의 점유자·소유자의 책임규정의 차이는, 「국가배상법」 제5조는, ① 점유자의 면책규정을 두고 있지 않고, ② 그 대상이 공작물에 한정되고 있지 않으며, ③ 「민법」 제758조에서는 "공작물의 설치 또는 보존의 하자로 인하여"라고 되어 있지만, 「국가배상법」 제5조에서는 "**영조물의 설치 또는 관리에 하자가 있기 때문에**"라고 되어 있는 점을 들 수 있다.

(2) 결국 「국가배상법」 제5조는, 「민법」 제758조에 의해 손해배상책임이 인정된 공작물에 관해서는 국가배상책임을 확인하는데 지나지 않는다.

(3) 그러나, 「국가배상법」 제5조는, 「국가배상법」 제2조와 비교할 때 중대한 특징이 있다고 할 수 있다. 즉 동법 제2조상의 책임은 과실책임의 원칙에 입각하고 있지만, 동법 제5조상의 책임은 무과실책임의 원칙을 취하고 있다는 점[지금은,

'주관설'의 입장도 강함]이다. 따라서, 영조물의 설치·관리상의 하자는, **"영조물이 통상 가져야 하는 안전성의 결여"**가 된다.[31)]

(4) 따라서, ① 영조물의 물적 안전성의 결여, ② 무과실, ③「재정적 이유는 면책사유에서 제외된다」는 것이 동법 제5조의 배상책임에 관한 기본원칙이라 할 수 있다.

(5) 이것은 시설의 설치자는 그 안전성을 담보하는 고도의 안전확보의무를 지고, 시설로부터 생기는 위험에 관해 그 책임을 부담해야 한다는 입장(위험책임설적 입장에 가까움)이라고 할 수 있다.[32)]

(6)「국가배상법」 제5조가 굳이 없더라도, ①「국가배상법」 제8조에서,「국가의 배상책임에 관하여는, 동법에 규정이 없는 경우, 민법규정에 의한다」라고 규정하고 있으므로, 결국 민법 제758조의 적용이 가능하고, 또한 ② 영조물의 설치·관리상의 하자도,「공무원이 필요한 안전대책을 게을리했다」고 본다면,「국가배상법」 제2조에 의하여 구제받을 수도 있었다. 그럼에도 불구하고 굳이「국가배상법」 제5조를 둔 이유로는, ① 민법 제758조와는 별도의 규정을 두려고 한 점과, ② 민법 제758조 상의「공작물」 대신「공공의 영조물」로 표현하려고 한 점과, ③「설치·관리를 한 자」와「비용부담자」 중 어느 쪽이 책임을 져야 하는지[예: 공영국비사업]에 대하여,「국가배상법」 제6조에 규정을 두기 위한 점[이 경우 공무원의 불법행위에 기한 책임(제2조의 책임)에 관하여도,「선임감독자」와「비용부담자」가 불일치할 때 이를 정리하는 규정을 둘 필요가 있음], ④ 특히, 일본의 경우,「국가배상법」의 입법에서 중요한 역할을 한「다나까지로」[田中二郎]박사의 이론체계에서「공공의 영조물의 설치 또는 관리」는「공법관계 중의 관리관계」이고, 그 하자에 기인한 책임에 관하여,「특히 공법관계 중의 권력관계」에 관한 규정인「국가배상법」 제2조와 함께「국가배상법」에서 규율하는 것이, 사(私)법규정인 민법 중에 특칙을 두는 것보다 자연스럽고 체계적인 점, ⑤「공공의 영조물의 설치 또는 관리에 기인한 책임」에 대하여는, 민법 제758조와 같은,「점유자에 대한 면책사유」를 두는 것은 타당하지 않으므로, 민법 제758조를 그대로 적용하는 것은 문제가

31) 김동희, 행정법 I, p. 540(통설은 무과실책임으로 보고 있으나, 김동희 교수는 설치·관리상의 하자를 요한다는 점에서 동법 제5조의 책임은 엄격한 의미의 무과실책임이나 절대적인 무과실책임으로 볼 수 없다고 한다)

32) 原田, 行政法, p. 292-293

있다는 점을 들 수 있다. 어쨌든, 「국가배상법」 제5조는 국가배상의 이론체계상, 불가결한 것은 아니었고, 일본의 경우, 그 입법과정에서, 동조는 불필요하다는 견해도 있었으나, 제2차세계대전 종결 전의 일본의 국가채임법제의 연혁을 반영한 것이라고 할 수 있고, 우리나라의 경우 일본의 「국가배상법」체계를 대부분 수용한 것이라고 할 수 있다.

(7) 「국가배상법」 제5조의 존재 의의

1) 「국가배상법」 제5조에 의하여 관계국민의 구제가 확대될 수 있다 : 특히 그 성립요건 중 "하자"라는 표현은 동법 제2조상의 "과실"보다 인정되기 쉽고(요건완화), 민법 제758조의 「공작물」보다 「공공의 영조물」개념이 더 넓은 개념이어서, 민법에 비하여 하자책임의 영역을 확장시킨 것이다.

2) 「공공의 영조물」에 해당하지 않더라도, 국가는 민법 제758조(공작물 등의 점유자, 소유자의 책임)에 의하여 책임을 지지만, 「국가배상법」 제5조와 민법 제758조의 양 법조는 택일적으로 적용되는 관계에 있고, 공물인지 여부의 판단에 기하여, 적용법조가 결정된다. 다만, 「공물의 영조물」에 해당하지 않는 모든 것이 「공작물」에 해당하는 것은 아니므로, 「공공의 영조물」성이 부정됨으로써, 구제의 공백이 생길 수 있다.

3) 또한, 민법 제758조가 적용되는 경우라고 하더라도 사인 소유의 사유공물[즉 소유자와 관리주체가 다른 경우]의 경우, 국가는 손해의 발생을 방지하는 데 필요한 주의를 한 때에는 면책되게 되고, 소유자가 하자책임을 지게 된다. 다만, 이 경우에 소유자인 사인의 자력이 부족한 때에는, 국가가 면책되게 되면, 피해자는 결국 구제를 받지 못하게 된다. 그런데, 「국가배상법」 제5조는, 이러한 면책규정을 두고 있지 않으므로, 국가가 공적 용도에 제공하고 있는 사인 소유의 사유공물이라고 하더라도, 하자가 있으면, 언제나 국가의 책임이 발생하고, 피고의 자력부족에 의한 구제의 실효성의 결여 상태를 피할 수 있다. 따라서 「국가배상법」 제5조에 점유자 면책조항이 없는 것은, 국가가 스스로 소유권을 가지는 재산을 공적용도에 제공하는 「자유[自有]공물」의 경우에는 특별한 의미가 없으나, 사인 소유의 「타유[他有]공물」의 경우에는 피해자구제를 보다 확실하게 하는 의미가 있다.

4) 나아가, 「국가배상법」 제5조가 적용되는 경우에는, 동법 제6조에 의하여, 설치 또는 관리에 임하는 자와, 설치 또는 관리의 비용을 부담하는 자가 다른 때에,

그 누구에게도 손해배상을 청구할 수 있다는 점에서 피해자에게 더 유리하다.

5) 결국, 「공공의 영조물」의 개념을 확장하고, 「국가배상법」 제5조를 적용하는 것이, 구제의 확대에 도움이 된다.

2. 배상책임의 요건

(1) 공공의 영조물

1) 여기서의 "공공의 영조물"은, 국가나 지방자치단체가 공용 또는 공공용에 제공하고 있는 유체물, 즉 공물을 가리킨다.[33)]

2) 따라서 국가나 지방자치단체가 관리하고 있더라도 일반재산에 의해 생긴 손해는, 「민법」 제758조에 의해 처리된다.

3) 여기서의 영조물에는, 부동산 외에, 공용자동차, 권총 등의 동산도 포함된다. 다만, 동산이라도 구체적 상황에 따라 다르게 생각해야 한다. 예컨대, 똑같이 경찰관의 권총에 기인한 손해라고 하더라도, 권총 자체에 결함이 있고 그 대문에 폭발하여 피해가 생기면, '권총'이라는 「공공의 영조물」의 설치 또는 관리의 하자로 구성하여, 「국가배상법」 제5조를 적용하나, 물리적 결함이 없는 권총이 도난당하여, 그것이 악용된 사례에서는 보관행위시의 안전확보의무를 게을리한 것으로서, 「국가배상법」 제2조를 적용해야 한다.

4) 여기서의 영조물에는, 인공공물 외에, 자연공물도 포함된다.

5) 「공공의 영조물」의 「설치 또는 관리」는, 본질적으로는 비권력작용이다. 예컨대, 오사카[大阪] 공항사건에서 1981년 12월 16일에 일본최고재판소 대법정판결은, 「영조물관리권의 본체는, 공권력의 행사를 그 본질적 내용으로 하지 않는 비권력적 권능이고, 동종의 사[私]적 시설의 소유권에 기한 관리권능과 그 본질에서 특별히 다르지 않다」라고 판시하고 있다. 따라서 「설치 또는 관리」 작용의 측면에서만 본다면, 「국가배상법」 제5조와 민법 제758조의 어느 것이 적용 될지 판단할 수는 없고, 또한 국가가 설치 또는 관리하는 것이라도, 사(私)경제적 목적에 제공되는 것에는, 민법 제758조가 적용되어야 하므로, 결국 양 조의 적용영역을 결정하는 관건이 되는 개념은 「공공의 영조물」에 해당하는지 여부이다.

---

33) 따라서 통상적인 "영조물"의 개념과 다르다. 입법의 미비라고 본다.

6) 행정법학상 「공공의 영조물」은, 「국가 등 행정주체에 의하여 공적 목적에 제공되는 인적·물적 시설의 종합체」인데, 「국가배상법」 제5조에서는, 도로, 하천, 항만, 수도, 하수도, 관청청사, 학교건물 등 「공적 목적에 제공되고 있는 유체물」을 의미한다. 그러므로 여기서의 「공공의 영조물」은 인적 요소를 배제한, 「물적 요소에 착안」한 것이다[즉 "공물" 개념이다]. 이에 따라, 인적 요소에 대하여는, 「국가배상법」 제2조의 문제로 처리하고, 동법 제5조는 「물적 요소에 한정」하여, 양 조문의 기능분담을 명확히 하는 것이 타당하다.

7) 「인공공물」의 경우, 공용개시행위에 의하여 공용이 시작되므로, 공용개시시점이래, 일정한 안전성을 보증해야 하지만, 자연공물의 경우에는, 자연상태에서 이미 공공의 용에 제공되고 있고, 방재대책 등에 의해 서서히 안전성을 제고할 필요가 있으므로, 「하자판단기준」에 차이가 생긴다. 대동[大東]수해소송에서, 1984년 1월 26일에 일본최고재판소는, 「하천은 본래 자연발생적 공공용물이고, 도로 등과 달리, 홍수 등의 자연적 요인에 의한 재해를 가져올 위험을 내포하고 있고, 하천이 통상 갖추어야 할 안전성의 확보는, 관리개시 후에 있어, 치수사업을 행함으로써 달성됨이 당초부터 예정된 점, 이 치수사업의 실시에 관하여는, 재정적, 기술적, 사회적 제약이 있고, 또한 하천의 관리에 있어서는 도로의 관리에 있어서와 같은 간이·임기응변적 위험회피수단을 취할 수 없다. 따라서 미개수하천 또는 개수가 불충분한 하천의 안전성은, '과도적 안전성'으로 충분하다」라고 판시하였다. 또한 동 판례는, 「하천의 관리에 관한 하자의 유무는, 과거에 발생한 수해의 규모, 발생빈도, 발생원인, 피해의 성질, 강우상황, 유역의 지형 기타의 자연적 조건, 토지의 이용상황 기타의 사회적 조건, 개수를 요하는 긴급성의 유무 및 그 정도 등 제반 사정을 종합적으로 고려하고, 위 여러 제약[하천관리의 특질에서 유래하는 재정적, 기술적 및 사회적 여러 제약]을 받는 동종, 동규모의 하천관리의 일반 수준 및 사회통념에 비추어 시인할 수 있는 안전성을 구비하고 있다고 인정할 수 있는지 여부를 기준으로 판단해야 한다」['일반적 판단기준']라고 판시하고 있으며, 나아가 동 판결은 「이미 개수계획이 정해지고, 이에 기하여 현재 개수중인 하천에 관하여는, 그 계획이 전체로서 위의 견지에서 보아 특히 불합리한 것이라고 인정되지 않는 때에는, 그 후의 사정의 변동에 의하여 당해 하천의 미개수 부분에 관하여 수해발생의 위험성이 특히 현저하게 되고, 당초의 계획의 시기를 앞당기거나 공사의 순서를 변경하여 조기의 개수공사를 시행해야 한다고 인정해야 할 특별한 사정이 생기지 않는 한, 그 부분에 관한 개수가 아직 행해지지 않았다는 한 가지

만으로 하천관리에 하자가 있다고 할 수는 없다」['구체적 판단기준']라고 판시하고 있다.

8) 또한, 공용개시행위가 없는 자연공물도 「공공의 영조물」에 포함되므로, 인공공물의 경우에도, 공용개시결정이 있는 것이 「공공의 영조물」로 되기 위한 필수요건은 아니다. 즉 그것이, 국가에 의하여 직접 공적 목적에 제공되고 있으면, 「공공의 영조물」이다[실질적 관점에서 판단함].

9) 또한, 「공공의 영조물」이었지만, 명시적 공용폐지행위없이, 「공공의 영조물」로서의 성격을 잃는 것도 있을 수 있다[실질적 관점에서 판단함].

10) 사인이 소유권을 가진 것도 공물로 될 수 있다[타유공물; 예컨대, 사유지를 지방자치단체가 임차하여 아동공원으로 사용하고 있는 경우]. 이 경우 민법 758조 단서 같은 면책규정이 없으므로, 당해 지방자치단체는, 하자가 있는 이상, 책임을 면할 수 없고, 또한 사인인 소유자는, 지방자치단체가 면택된 경우에 소유자로서 하자책임을 질지 모른다는 근심에서 벗어날 수 있다. 따라서 「국가배상법」 5조가 점유자면책조항을 두지 않은 것은, 이 근심을 해소하고, 타유공물로서의 이용을 촉진시킬 수 있다.

11) 공공의 영조물은 직접 공적 목적에 제공된 것이어야 한다.

12) 전혀 권원[權原]이 없어도, 사실상의 관리를 함으로써, 「공공의 영조물」로 될 수 있다.

13) 「국유재산법」 등에서의 「행정재산」[국가 등이 넓은 의미에서 공적 용도에 제공하고 있는 재산]은 원칙적으로, 「공공의 영조물」이다. 다만, '공공의 영조물'개념은, 일반적으로는 행정재산보다 더 넓은 개념이다. 왜냐하면 「행정재산」은 원칙적으로 부동산과 부동산에 준하는 동산을 그 대상으로 하기 때문이다.

14) 공공의 영조물은 타유공물을 포함한다.

15) 행정재산이라고 하여 당연히 공공의 영조물인 것이라 할 수 없고[예컨대, 1979년 3월 1일의 일본의 장야[長野]지방재판소 송본[松本]지원판결: "국유림은 행정재산이고, 광의로는 치산·영림사업을 통하여 국민의 복지에 기여하지만, 직접 공적 목적에 제공되는 것은 아니므로 공공의 영조물은 아니다"], 또한 「일반재산으로 관리되는 토지에 있는 저수지는 관개용수·소방수로도 사용되므로, 공공의 영조물에 해당한다」라고 판시한 판례[1978. 12. 21.의 동경고등재판소판결]도 있다.

결국, 행정재산인지, 일반재산인지는, 국공유재산관리사무의 내부적 분쟁문제이고, 공공의 영조물인지는, 실제로 공적 목적에 제공되고 있는지 여부가 그 기준이 된다.

(2) 설치 또는 관리의 하자

1) 개설

여기서의 "설치 또는 관리의 하자"의 의미에 관하여는, ① 객관설(통상 갖추어야 할 물적 안전성의 결여), ② (안전확보 또는 사고방지)의무위반설(주관설=관리의무위반설), ③ 절충설(물적 안전성의 결여뿐만 아니라 주의의무 위반까지 포함된다고 보는 견해)의 학설대립이 있고, 종래의 통설과 판례는 객관설의 입장이었다.[34)]

「자연공물에는 설치의 개념이 없으므로, 인공공물에 관해서만, '설치의 하자와 관리의 하자」의 관계가 문제로 된다. 설치자와 관리자는, 일반적으로 ,일치하므로, 양자를 구별할 실익은 없고, 예외적으로 양자가 다른 경우에만 문제로 된다. 관리자는, 안전한 상태에서 공공의 영조물을 공용(供用=제공)할 의무가 있으므로, 설치에 하자가 있다면, 그것을 방치하는 것은 관리의 하자에도 해당한다. 다만, 관리자가 충분한 주의를 기울였으나, 당해 하자를 발견할 수 없었다면, 설치의 하자는 인정되어도, 관리의 하자는 부정되고 한편 설치에는 문제가 없고, 관리자의 관리만이 문제로 될 수도 있다.

2) 객관설의 입장

객관설은, ① 예컨대, 도로에 구멍이 있는 것에 의해 사고가 생긴 경우, 국가나 지방자치단체는, 사고가 천재지변 등 불가항력에 의해 생긴 것이라는 등 특별한 사정을 입증하지 않는 한, 책임을 면할 수 없다고 한다. 즉 관리자의 과실, 재정력 유무는 원칙적으로 고려되지 않는다. ② 우리 판례는 초기에 객관설의 입장을 취한 것이 많았다.[35)]

3) 절충설 및 의무위반설의 입장

① 절충설

예컨대, 자연재해가 발생한 때에, 시설 자체에 물적 결함이 없더라도, 관리자의

34) 사법연수원, 행정구제법, 2007, p. 318
35) 대판 1994. 11. 22, 94다32924

안전관리에의 대응이 불충분하면, 배상책임을 인정하는 견해이다. 이 견해에 의하면, 피해자의 구제가 넓어진다.

② 의무위반설(주관설)

㉠ 이 설은 예컨대 물적 결함에 기인한 손해라고 하더라도 관리자측에 어떠한 의미에서든 안전확보의무위반이 인정되지 않으면 책임을 인정할 수 없다는 견해이다. 예컨대, 도로공사표지판이 사고 직전에 다른 차에 의해 넘어졌기 때문에 후속차에 생긴 사망사고의 경우, 시간적으로 도로관리자가 이를 지체없이 원상복구하여 도로를 안전하고 양호한 상태로 보존하는 것이 불가능하므로, 도로관리에 하자가 있었다고 할 수 없는 경우이다[피해자의 구제가 좁아짐].

㉡ 대법원 판례도 의무위반설을 취한 것이 많다. 즉 "**설치관리자가 그 영조물의 위험성에 비례하여 사회통념상 일반적으로 요구되는 정도의 방호조치의무를 다하였는지 여부를 기준으로 삼아야 할 것이며, 객관적으로 보아 시간적·장소적으로 영조물의 기능상 결함으로 인한 손해발생의 예견가능성과 회피가능성이 없는 경우에는 영조물의 설치·관리상의 하자를 인정할 수 없다**"라고 판시하고 있다.[36]

4) 결어

① 판례는, 특히 도로(인공공물)의 경우와 하천(자연공물)의 경우를 구별하여 후자의 경우 그 관리의무의 정도를 더 낮게 요구하고 있다.[37]

② 판례는, 기능적 하자(공항이나 사격장 등의 소음·진동 등 환경침해로 인한 지역주민의 손해에 대한 배상)를 인정한 것들이 있다.[38]

③ 일본에서의 하자논쟁 :

(ⅰ) 1970년 8월 20일에 일본최고재판소판결[고지(高知): 지명(地名)낙석사건]은, '하자'를, 「영조물이 통상 가지고 있어야 할 안정성을 결여하고 있는 것」이라고 판시했다.

(ⅱ) 일본의 학설 :

ⓐ 의무위반설(주관설): 「하자」를 「설치자 또는 관리자의 손해회피의무위반」으로 구성하는 견해이다.

ⓑ 영조물하자설(객관설): 「하자」를 오직 「당해 영조물의 물적 하자」로 보는

36) 대판 2000. 2. 25, 99다54004
37) 대판 2007. 9. 21, 2005다65678
38) 대판 2005. 1. 27, 2003다49566; 대판 2004. 3. 12, 2002다14242

견해이다.

(iii) 그러나, 하자논쟁에서는, 추상적 차원의 우열보다는, 「무엇이 고려요소로 되고, 그러한 것이 어떻게 비교·형량될 것인지」가 문제로 된다.

④ 하자판단에서의 고려요소

(i) 인적 요소

ⓐ 「국가배상법」 제5조의 「공공의 영조물」은 「물적 시설」만을 가리키고, 「인적 요소」는 동법 제2조의 문제로 처리하려는 것이 당초 일본에서의 입법자의 의사였으나, 일본판례는 반드시 이와 일치되지 않는다.

(ii) 일본판례 :

ⓐ 위와 같이 명확한 형태로 구별하는 판례도 있다: 「1974년 3월 25일의 동경지방재판소 판결」은, 「영조물의 설치·관리에 관한 하자는, 물적 설비 그것에 관한 하자를 말하고, 인적 조치에 관한 하자는 제외된다」라고 판시하였다.

ⓑ 한편, ㉠ 1972년 11월 15일의 오오사카[大阪]판결은, 「인적·물적 시설은 전체로서 하나의 영조물을 이루고, 풀장감시원의 수, 감시정도가 물적설비와의 관련에서 안정확보상 불충분한 경우에는, 국가배상법 제5조의 하자가 있다」라고 판시하고 있고, ㉡ 또한, 1990년 3월 13일의 동경[東京]지방재판소판결은, 「국가배상법 제5조의 '영조물의 설치·관리의 하자'는, '영조물이 통상 가져야 할 안전성을 결여'하는 것인데, 그 '안전성의 결여'에는, 당해 영조물을 구성하는 물적 시설자체에 존재하는 물리적, 외형적 결함 내지 불비에 의하여 타인의 생명, 신체 또는 재산에 대한 위험을 발생시킬 위험성이 있는 경우 만이 아니고, 그 영조물의 설치·관리자의 부적절한 관리행위에 의하여 그 위해를 발생시킬 위험성이 있는 경우도 포함된다」라고 판시하였다. 따라서 이러한 오사카[大阪]지방재판소와 동경[東京]지방재판소의 입장에 의하면, 국가배상법 제5조의 「공공의 영조물의 설치 또는 관리의 하자」는, 인적 요소도 가미된 것이라고 할 수 있다.

(ii) 부작위의 위법

ⓐ 「국가배상법」 제5조는, 「자기책임(국가책임), 하자책임」이라는 점에서, 「대위[代位]책임[원래 일본국가배상법에서의 입법자의 의사], 과실책임」을 채택한 「국가배상법」 제2조의 장래의 개혁방향을 제시하는 것으로 평가되고 있다. 따라서 「국가배상법」 제5조에, 「인적 요소」도 포함시켜서 동법 제5조를 가능한 한 광범하게 활용하는 것은 허용된다고 본다. 이러한 입장에서 본다면, 「국가배상법」 제2조와 제5조는, 동일하지는 않지만, 연속성을 가진다. 「공공의 영조물」의 설치 또는 관리

의 하자를 「국가배상법」 제2조로 처리하는 경우에는, 통상, 안전확보를 위하여 해야 할 것을 게을리한 「부작위의 위법」문제로 되므로, ㉠ 피침해법익의 중요성, ㉡ 예견가능성의 존재, ㉢ 결과회피가능성의 존재, ㉣ 기대가능성의 존재가 종합적으로 고려되는 것으로 되고, 이러한 연속성을 고려한다면, 「국가배상법」 제5조의 하자책임에서도 원칙적으로, 이러한 요소를 종합적으로 판단하는 것이 필요하다. 그러므로, 「하자」와 「과실」구분문제에 관하여는, 이러한 요건의 판단시에 반영시키면 된다. 따라서, 기존의 일본판례는 「㉠부터 ㉣까지의 종합적 고려」라는 이론구성으로 설명이 가능하고, 실제로도 이러한 방식으로 하자판단이 되고 있다.

(iii) 통상적 용법

ⓐ 「공공의 영조물의 이용」에 따라 사고가 발생한 경우는, 당해 '이용'이 통상적 용법에 따른 이용이었는지 여부가 중요한 기준으로 된다. 즉 비정상적인[즉 이상(異常)한] 사용법에 기한 사고에까지, 관리자가 책임질 수는 없다.

ⓑ 비정상적인 용법인지 여부의 판단은, 「해당 인(人)의 사리식별능력」에 따라서 상대적으로 평가된다.

(iv) 도로와 하천

ⓐ 도로같은 인공공물과, 하천같은 자연공물에서의 하자판단기준이 다른 최대의 이유는, 앞의 (ii)부작위의 위법에서의 고려요소 중, 「㉣의 기대가능성」의 차이에 있다. 즉 설치자체가 인위의 소산이고, 공용개시행위에 의해 공공의 용에 제공되는 인공공물의 경우는 안전대책에의 기대수준이 높으나, 하천같이 자연 그대로의 상태에서 위험을 내포하고 있는 공물에 대해 방재대책을 강구함으로써 비로소 안전도를 높이는 경우에는, 「기대되는 안전수준」도 낮다.

ⓑ 「수해」[水害]에 관한 1984년 1월 26일의 일본최고재판소판결[대동(大東 : 지명)수해사건]이, 도로와 하천의 하자판단기준을 구별한 것도, 이러한 관점에서 이해할 수 있다. 한편, 앞의 (ii) 부작위의 위법에서의 고려요소들인, ㉠ 피침해법익의 중요성, ㉡ 예견가능성의 존재, ㉢ 결과회피가능성의 존재, ㉣ 기대가능성은 상호 밀접하게 관련되므로, ㉣의 기대가능성의 차이는, ㉢의 결과회피가능성의 판단에도 영향을 주고, 「재정적, 기술적, 사회적 제약」이 하천의 관리하자의 사안에서는 중요한 비중을 차지한다.

(v) 전락(轉落)사고

ⓐ 「통상적 용법」에 따르지 않은 행동의 결과 생긴 손해에 관하여는, 설치·관리자는 책임을 지지 않는다. 이 경우 「통상 가져야 할 안전성」의 유무는, 당해

영조물의 구조, 용법, 장소적 환경 및 이용상황 등 여러 사정을 종합고려하여 구체적·개별적으로 판단하게 된다. 1978년 7월 4일의 일본최고재판소판결에 의하면, 이는 「전락사고」에서 중요한 판단기준으로 되는데, 즉 「당해 영조물의 본래의 용법인지」 여부가 중요한 요소로 된다, 따라서, 영조물의 관리자는, 비정상적인 사용에 기인한 손해에 대해서까지 배상할 필요는 없다. 1978년 7월 4일의 일본최고재판소판결은, 도로의 방호울타리에 올라가 허리굴리기를 하며 놀던 아동이 전락하여 사고가 난 사건인데, 판결은, 「방호울타리의 통상적 용법에 따르지 않은 비정상적인 용법이므로, 하자가 부정된다」라고 판시하였다.

ⓑ 한편, 이러한 관점에서, 1981년 7월16일의 일본최고재판소 판결은, 아동공원에서 놀던 당시 3세의 유아가 인접한 풀장 주위에 쳐진 1.8미터의 금망울타리를 넘어가 풀장에서 익사한 것에 관하여, 「유아에게 이러한 풀장은 유혹적 존재이므로, 이 사건 피해아동이, 금망울타리를 넘어가 이 사건 풀장 내에 들어간 것이 풀장의 설치·관리자의 예측을 넘어선 행동이었다고 할 수 없다」라고 판시하였다.

(ⅵ) 하자를 인정한 경우의 사회적 영향의 고려

ⓐ 하자를 인정한 경우의 사회적 불이익의 영향을 하자판단시에 고려한 판례로서는, 1993년 3월 30일 일본최고재판소의, 「공립학교의 교정[校庭]이 개방되어, 일반의 이용에 제공되는 경우, 유아를 포함한 일반시민의 교정 내의 안전에 관하여, 교정 내의 설비 등의 설치관리자에게 전면적으로 책임이 있다고 할 수는 없고, 유아가 어떤 행동으로 나오더라도 불측의 결과가 생기지 않도록 하게 하는 것은 설치관리자에게 불가능을 강요하게 되고, 그 결과 교정은 다시 일반시민에 대하여 완전히 폐쇄되고, 도시에서 유아는 위험한 도로상에서 놀아야 하게 된다. 이러한 사정은, 기대가능성에의 평가에 영향을 준다」라고 판시하고 있다.

(ⅶ) 새로 개발된 안전시설의 불설치(타임랙]

점자블록같이, 새로 개발된 안전시설의 불설치가 하자로 되는지 여부에 대하여, 1986년 3월 25일의 일본최고재판소 판결은, 점자블록이 설치되지 않은 홈에서 시각장애인이 전락[轉落]한 사고에 있어서, 하자를 부정했다.

⑤ 예산제약론

(ⅰ) 도로사고에서의 예산상 제약의 의미

1970년 8월 2일의 일본최고재판소판결[고지(高知)낙석사건]에서는, 「이 사건 도로에서의 방호울타리를 설치하려고 할 경우, 그 비용이 상당한 거액에 이르고, 현[縣: 광역지방자치단체]으로서 그 예산조치에 어려움이 있지만, 그렇다고 하여 그

것때문에 곧바로 도로의 관리의 하자에 의해 생긴 손해에 대한 배상책임을 면할 수는 없다」라고 판시하고 있다.

(ii) 하천수해에서의 재정상 제약의 의미

1984년 1월 26일의 일본최고재판소의 대동(大東)수해사건판결은, 「재정적 제약이 하천관리의 하자판단에서 중요하고, 도로와 하천의 경우 서로 달리 취급된다」라고 판시하고 있다.

⑥ 시간의 요소

1975년 7월 25일의 일본최고재판소판결은, 국도상에 고장차가 87시간 방치된 사건에서, 「도로의 안전성이 현저히 결여한 상태이었음에도 불구하고, 도로의 안전성을 유지하기 위하여 필요한 조치를 전혀 강구하지 않은 경우에는, 도로관리의 하자가 있다」라고 판시했지만, 1975년 6월 26일의 일본최고재판소판결은, 공사표지판, 바리케이트, 적색표시기둥 등이 사고직전에 다른 차에 의하여 넘어져 있어 일어난 사고에 있어서, 「도로관리자에게는, 시간적으로 대응할 여지가 없었으므로 하자가 부정된다」라고 판시하였다.

⑦ 공용(=제공)관련 하자 = 「기능적 하자」에 관한 일본의 대응

(i) 공공시설의 공용(제공)과 관련하여, 인근주민들에게 그 공공사업으로 인한 사업손실이 발생한 경우, 이를 손해배상(국가배상)문제로 처리할것 인지, 아니면 손실보상문제로 처리할 것 인지 각국 법제는 각각 다르다. 일본의 경우, 공공사업의 시행으로 인해, 인근토지 등에 성토·절토공사가 필요한 경우 손실보상문제로 다루지만, 소음·진동 등의 공공사업으로 인한 손실은, 손해배상(국가배상)문제로 다루고 있다.

(ii) 그런데, 공공사업의 시행에 따라 인근주민에게 발생한 손실에 관한 손해배상을, 「국가배상법」 제2조의 문제로 볼 것인지, 아니면 동법 제5조의 문제로 볼 것인지 다투어진다 :

ⓐ 일본의 오사카(大阪)공항소송의 1심판결인 1974년 2월 27일의 오오사카(大阪)지방재판소판결은, 이러한 「기능적 하자」를, 「국가배상법」 제2조의 문제로 처리했지만, 동 사건의 상고심판결인 1981년 12월 16일의 일본최고재판소판결은, 「기능적 하자」를 「국가배상법」 제5조에서의 하자의 문제로 보고, 「'안전성의 결여'는, 당해 영조물을 구성하는 물적시설 자체에 존재하는 물리적, 외형적인 결함 내지 불비에 의하여 일반적으로 이러한 위해를 생기게 할 위험성이 있는 경우만이 아니라, 그 영조물이 공용(제공)목적에 따라 이용되는 것과의 관련에 있어 위해를

생기게 할 위험성이 있는 경우도 포함하고, 또한 그 위해는, 영조물의 이용자에 대해서만이 아니고, 이용자 외의 제3자에 대한 것도 포함한다」라고 판시하였다[다만, 4인의 최고재판소재판관은, 이를 「국가배상법」 제2조의 문제로 처리해야 한다는, "소수의견"을 냄]. 일본의 다수학설은 이 판결을 지지하였다.

(iii) 「기능적 하자」를 판단함에 있어서는 「수인한도론」이 적용되고 있는데, 1981년 12월 16일의 일본최고재판소대법정판결[오사카(大阪)공항사건]은, 「침해행위의 태양과 침해의 정도, 피침해이익의 성질과 내용, 침해행위가 가지는 공공성 내지 공익성의 내용과 정도 등을 비교검토하는 외에, 침해행위의 개시와 그 후의 계속적 경과 및 상황, 그 간에 취해진 피해의 방지에 관한 조치의 유무 및 그 내용, 효과 등도 고려하여, 종합적으로 고려하여 결정해야 한다」라고 판시하고 있다.

⑧ 법률상의 관리, 사실상의 관리

(i) 「설치 또는 관리」는, 법률상의 권원[權原]에 기한 관리에 한정되는지, 아니면 사실상의 관리도 포함되는지에 대하여, 일본의 다수학설은 후자를 지지하고, 일본의 판례도 같다[1984년 11월 29일의 일본최고재판소판결].

(ii) 사실상의 관리자로서 책임을 질 것인지 여부는, 따로 법률상의 관리자가 있는지 여부와는 무관하다는 것이 위 일본최고재판소판결의 입장이다.

(3) 타인에게 손해발생

영조물의 설치·관리의 하자와 손해발생 사이에 상당인과관계가 있어야 한다.

3. 구상권 행사

동법 제5조에 의해 국가 또는 지방자치단체가 배상책임을 지는 경우, 책임을 지는 자가 따로 있으면 국가 등은 그 자에게 구상권을 행사할 수 있다.

V 그 밖의 문제들

1. 배상책임자

(1) 피해자는 국가나 지방자치단체에 국가배상청구를 하게 된다.

(2) 그런데, 감독책임단체(관리자)와 비용부담단체가 다른 경우, 피해자는 비용

부담단체에 대해서도 국가배상청구를 할 수 있다[국가배상 제6조 제1항의 문제]. 그 뒤는, 내부적 구상문제로 된다.

(3) 문제는, 누가 최종책임을 져야 하는가 하는 것이다[국가배상 제6조 제2항의 문제].

1) 감독책임단체부담설[=사무귀속자설]

이 견해는, 국가배상의 불법행위성을 중시하고, 배상금의 성격을 제재금이라고 보고, 원칙적으로 감독책임단체(사무귀속단체)가 최종적 책임을 져야 한다고 한다.

2) 비용부담단체부담설[=비용부담자설]

이 견해는, 국가배상도 행정수행에 소요되는 경비에 포함된다고 보아, 비용부담단체가 최종적 책임을 져야 한다고 한다. 다만, 어떤 단체든지 특별한 귀책사유가 인정되면, 귀책의 기여도에 따라, 책임분배가 있어야 한다고 한다[기여도설].

3) 결어

① 「국가배상법」 제6조 제1항 문제

논리적으로도, 「국가배상법」 제6조 제1항의 문언으로도, 감독책임단체부담설이 타당하다. 다만, 어떤 단체든지 특별한 귀책사유가 인정되면 그 기여도에 따라 책임분배가 있어야 할 것이다. 일본의 경우에, 다수학설과 판례는, 「국가배상법」상의 '비용부담자'에는, ① 외부에 대하여(대외적으로) 비용을 지불하는 자뿐 아니라, ② 내부적으로 비용을 실질적으로 부담하는 자도 포함한다고 보고 있다[1970년 8월 20일의 일본최고재판소판결]. 한편, 일본의 경우, 「국가배상법」상의 '비용부담자'에는, ① 비용지불자 외에도, 「지방재정법」상의 부담금을 지출하는 자도 포함된다고 보고 있는데, 1975년 11월 28일의 일본최고재판소판결은, 「당해 영조물의 설치비용에 관하여 법률상 부담의무를 지는 자 외에, 실질적으로 부담금지급자와 동일시할 수 있는 보조금지급자(=실질적으로 법률상의 설치비용부담자와 당해 영조물에 의한 사업을 공동으로 집행한다고 인정될 정도의 자)도, 국가배상법상의 비용부담자에 해당한다」라고 판시하고 있다.

「기관위임사무에서의 배상책임자(국민이 청구할 수 있는 자)」에 관한 우리나라의 주요판례를 살펴보면, ① 「지방자치단체의 장이 기관위임된 국가행정사무를 처리하는 경우 그에 소요되는 경비의 실질적·궁국적 부담자는 국가라고 하더라도 당해 지방자치단체는 국가로부터 내부적으로 교부된 금원으로 그 사무에 필요한 경비를 대외적으로 지출하는 자이므로, 이러한 경우 지방자치단체는 국가배상법 제6조 제1항 소정의 비용부담자로서 공무원의 불법행위로 인한 위 법에 의한 손해를 배상할 책임이 있다. 이 사건 처분에 관련된 사무가 천안시장에게 재위임된 국가행정사무이어서 국가배상법 제2조에 의한 공무원의 선임, 감독자로서의 손해배상책임은 국가에 있다고 하더라도, 위 사무에 소요되는 경비는 피고(천안시)가 지출하였을 것이므로, 천안시장이 위 사무를 처리함에 있어서 원고의 주장과 같은 불법행위를 저질렀다면, 천안시는 국가배상법 제6조 제1항 소정의 비용부담자로서 이로 인한 손해를 배상할 책임이 있다」라고 판시하고 있다[대판 1994. 12. 9, 94다38137].

② 궁극적 배상책임자(국가배상 제6조제2항의 문제)

우리 대법원은,「광역시와 국가 모두가 도로의 점유 및 관리자, 비용부담자로서의 책임을 중첩적으로 지는 경우에는, 광역시와 국가 모두가 국가배상법 6조2항 소정의 궁극적으로 손해를 배상할 책임이 있는 자이고, 결국 광역시와 국가의 내부적인 부담부분은 제반사정을 종합하여 결정하여야 한다」라고 판시하고 있으며[대판 1998. 7. 10, 96다42819], 또한,「이 사건 교통신호기의 관리사무는 원고(안산시장)가 안산경찰서장에게 그 권한을 기관위임한 사무로서 피고(대한민국)소속 경찰공무원들은 원고의 사무를 처리하는 지위에 있으므로, 원고가 그 사무에 관하여 선임·감독자에 해당하고, 그 교통신호기 시설은 지방자치법 132조 단서의 규정에 따라 원고의 비용으로 설치·관리되고 있으므로, 그 신호기의 설치·관리의 비용을 실질적으로 부담하는 비용부담자의 지위도 아울러 지니고 있는 반면, 피고는 단지 그 소속 경찰공무원에게 봉급만을 지급하고 있을 뿐이므로, 원고(아산시)와 피고(대한민국)사이에서 이 사건 손해배상의 궁극적인 책임은 원고에게 있다」라고 판시하고 있고[대판 2001. 9. 25, 2001다41865],

2. 타법과의 관계

(1) 국가 또는 지방자치단체의 손해배상이,「국가배상법」 제2조나 제5조에 기해 청구할 수 없는 사항에 관해서는,「민법」 규정을 근거로 해서 청구할 수 있다(예: 사경제주체로서의 행위의 경우에는 민법상의 사용자책임, 공작물점유자 등의 책임규정이 적용됨).

(2) 행정주체가 관리하는 물건 중 공물이 아닌 것[예: 사물(私物)]의 설치·관리의 하자에 기인한 손해에 관해서는 민법에 의해 구제를 구해야 한다.

(3) 「국가배상법」 제2조나 제5조에 기한 국가배상에 관해서도 민법의 불법행위규정이 일부 적용된다(예: 공동불법행위, 과실상계규정). 왜냐하면 「국가배상법」은 간결한 법률이고, 자기완결적이 아니므로, 소멸시효·과실상계 등 민법불법행위규정을 적용하면 충분한 부분에까지, 「국가배상법」 중에 규정을 두는 것은 번잡하므로, 입법기술상 「민법의 규정에 의한다」라는 규정을 둠으로써 이에 대처한 것이다.

(4) 국가 또는 지방자치단체에 무과실책임을 인정해 국가배상책임의 범위를 확대하는 다른 법률(특별법)의 규정(예: 원자력손해배상법 3)이다. 이와 같이 특별법에 별도의 규정이 있는 경우[즉 국가의 손해배상책임에 관하여 민법 및 「국가배상법」의 규정을 적용하는 것이 부적절하기 때문에 민법 외의 다른 법률(특별법)로 별도의 규정을 둔 경우]로는, 「국가배상법」2조 및 5조에 의한 경우보다도, 책임을 가중하거나, 경감하는 규정을 들 수 있다.

(5) 대한민국 국민이 외국에서 그 국가의 공무원으로부터 불법행위를 받은 때, 조약, 법령 등에 의해 그 외국으로부터 국가배상이 주어지는 경우에만, 외국인에게도 「국가배상법」이 적용된다. 이를 「상호주의」 또는 「상호보증주의」라고 한다. 2002년 6월 28일의 일본의 동경지방재판소판결은, 「외국인의 배상청구에 관하여, 일본국민에 의한 배상청구와는 다른 사정이 인정되는 경우에, 법률에 의하여 특칙을 두어 제약을 가하는 것도, 그 내용이 불합리하지 않는 한, 헌법에 반하지 아니한다」라고 판시하고 있다.

3. 국가배상청구절차

(1) 임의적 행정절차

국민은 국가배상청구에 있어, 소송을 법원에 바로 제기할 수도 있고, 배상심의회에 배상신청을 한 후 그것에 불복이 있으면 법원에 소송을 제기할 수도 있다.

(2) 배상심의회

1) 배상심의회는 피해자의 배상신청에 대해 심의·처리하고 이를 신청인에게 권한을 가지므로, 합의제행정청의 지위를 가진다.

2) 배상심의회로서는, 법무부에 본부심의회를, 국방부에 특별심의회를 설치하고, 이들 밑에 각각 지구심의회를 두고 있다. 행정행위의 취소나 무효확인을 구할 필요는 없다. 국가배상은, 행정행위의 법적 효과를 부인하는 것은 아니기 때문이다.

(3) 취소소송이 먼저 제기되어, 그 판결에서 행정처분의 위법성이 확정된 경우에는, 피고는 후의 국가배상청구소송에 있어서 그 처분의 적법성을 주장할 수 없다. 이 문제에 관해서는 다음과 같이 학설의 대립이 있다.

1) 동일위법성설은, 취소소송에 있어서의 처분의 위법성과 국가배상에서의 처분의 위법성은 동일하다고 보니까, 취소소송판결의 기판력은 국가배상청구에 미치며, 그것은 취소소송판결이 청구인용판결인가, 청구기각판결인가에 따라 다르지 않다고 본다(전부기판력 긍정설).

2) 상대적 위법성설은, 국가배상소송상의 위법성은 취소소송에 있어서의 위법성의 관념보다 넓은 것으로 보므로, 취소소송의 기각판결이 확정된 경우에도, 그 기판력에 따라 후소인 국가배상청구소송에서 당해 처분의 위법성의 주장이 반드시 차단되는 것은 아니라고 보고 있다(일부기판력긍정설).

Ⅵ 「국가배상」에 관한 기본판례(추가)

(1) 대판 2015. 3. 26, 2012다48824
(2) 대판 2016. 6. 10, 2015다217843
(3) 대판 2017. 2. 3, 2014두40012
(4) 대판 2017. 2. 3, 2015두60075[이중배상금지]
(5) 대판 2015. 6. 11, 2013다208388[국가배상, 구상권]
(6) 대판 2001. 1. 5, 98다39060
(7) 대판 2008. 5. 29, 2004다33469
(8) 대판 2003. 7. 11, 99다24218
(9) 대판 2001. 10. 12, 2001다47290
(10) 대판 2010. 9. 9, 2008다77795
(11) 대판 2011. 1. 27, 2008다30703[이원적 판단]
(12) 대판 1997. 7. 25, 94다2480[공권력발동요건결여설]

(13) 대판 1998. 8. 25, 98다16890

(14) 대판 2008. 4. 10, 2005다48994

(15) 대판 1999. 6. 22, 99다7008

(16) 대판 2001. 7. 27, 2000다56822

(17) 대판 2004. 3. 12, 2002다14242[기능적 하자]

(18) 대판 2014. 9. 25, 2012두24093

제2절 행정상 손실보상

I 개설

1. 행정상 손실보상의 의의

(1) 공공사업 등 적법한 행정의 수행을 위하여 특정인에게 재산상의 특별한 손실이 생긴 경우 이것을 사회전체의 부담으로 보상하는 것이 필요하다.

(2) 행정상 손실보상이란, 공공필요를 위해 적법한 공권력행사에 의해 특정인의 재산에 가해진 특별한 손실을, 재산권보장과 평등원칙의 견지에서 사회전체의 부담으로 보상하는 제도이다.

2. 손실보상의 근거

(1) 실정법적 근거

1) 손실보상은, 공용수용이나 공용제한을 실시하는 경우, 필연적으로 요구되는 보편적 정의의 요청이다. 이론적으로는 특별한 희생이 있으면 보상이 되어야 한다.

2) 그러나, 실제로 구체적으로 손실보상청구권이 발생하려면 실정법상의 근거가 있어야 한다.

3) 우리 「헌법」 제23조 제3항은 이에 대해 규정하고 있다. 각국 헌법은 이런 보상관련규정을 헌법에 두고 있다.

(2) 헌법 제23조 제3항의 법적 성격에 관한 해석문제

1) 이것은 법률에서 공공필요를 위하여 재산권의 수용·사용 또는 제한은 규정하면서도 그에 따른 보상규정을 두고 있지 않은 경우에, 피해자인 국민은 「헌법」 제23조 제3항에 직접 근거하여 보상을 청구할 수 있는지 여부에 관한 문제이다.

2) 학설의 입장 개관

① 방침규정설(프로그램규정설)

이 설은 손실보상에 관한 헌법규정은 단지 입법에 대한 방침규정에 불과하므로, 법률제정자가 보상규정을 두지 않았으면, 보상을 청구할 수 없다는 견해로서, 헌법상의 재산권보장의 원칙에 맞지 않고, 현재 이 견해를 취하는 학자는 없다.

② 위헌무효설(입법자구속설)

㉠ 이 설은 재산권의 수용·사용 또는 제한으로 인한 손실보상을 법률에서 규정하고 있지 않은 경우에는 손실보상을 청구할 수 없으며, 이 경우에 「헌법」 제23조 제3항도 손실보상청구권의 실정법적 근거가 될 수 없으나, 헌법이 보상을 법률로 정하도록 한 규정은 입법자를 구속하는 것이므로, 보상규정을 두지 않은 법률은 위헌무효라는 견해이다.

㉡ 이 설의 주된 논거는, 우리나라 제4공화국헌법(유신헌법) 제20조 제3항이 직접효력설의 여지를 배제한 이래, 현행헌법 제23조 제3항도 이를 받아들여 보상을 법률로 정하도록 함으로써 직접효력설의 여지를 배제하고 있다는 점에 두고 있다.

㉢ 위헌무효설에는 다음의 문제점이 있다는 비판이 있다. 「이 설에 의하면 피해자는 국가배상법에 기해 손해배상을 청구할 수 있다고 하지만, 과실요건이 충족되지 않기 때문에 국가배상책임요건이 성립되지 않게 된다. 왜냐하면 공무원이 법률을 성실하게 적용하여 개인의 재산권에 대한 침해적 처분을 한 경우에, 당해 법률이 궁극적으로 그 뒤에 위헌으로 판정되어 무효로 됨에 따라 당해 처분도 위법한 처분으로 되더라도, 그런 위법한 처분에 이르는 과정에 있어 공무원 자신에게 과실이 있었다고는 볼 수 없기 때문이다.」.[39]

㉣ 이런 비판에 대하여는, 다시 위헌무효설의 입장에서는 「먼저 국가배상청구를 하기 전에 헌법재판소에서 입법부작위위헌확인 또는 헌법불합치결정을 받게

39) 김동희, 행정법 I, p. 563-564

되면 고의·과실의 입증은 보다 쉬워진다. 그 이유는 위 결정이 있었음에도 상당한 기간 내에 국민의 권리구제를 위한 입법을 하지 않으면 고의 또는 과실로 인한 위법성에 해당될 것이다」라고 반박하고 있다.[40)]

③ 직접효력설(보상청구권발생설)

㉠ 이 설은, 손실보상에 관한 헌법규정을 국민에 대해 직접적 효력을 가지는 실효적 규범으로 보아, 관계법률에 보상규정이 없으면 직접 「헌법」 제23조 제3항에 의거해 보상을 청구할 수 있다고 본다.

㉡ 그러나, 다수설(위헌무효설)은, 「헌법」 제23조 제3항의 문언상, 법률에 보상규정이 없는 경우 「헌법」 제23조 제3항에 기해 직접 보상을 청구할 수는 없다고 보고 있다.

㉢ 직접효력의 논거로는, 「헌법」 제23조 제1항이 사유재산제를 보장하고 있는 이상 보상청구권 자체는 「헌법」 제23조 제3항에서 직접 발생하는 것이며, 동 조항에서 말하는 '보상은 법률로써 하되'라는 의미는, 보상의 기준 등 구체적 내용과 방법은 법률로 규정한다는 의미라고 해석할 수 있다는 점을 들 수 있다.[41)]

④ 유추적용설(수용유사침해설)

㉠ 이 설은 법률이 손실보상에 관해 아무 규정을 두고 있지 않은 경우에는, 「헌법」 제23조 제1항 및 제11조[평등원칙]에 근거하고, 「헌법」 제23조 제3항 및 관계규정의 유추적용을 통해 보상을 청구할 수 있다고 한다.[42)]

㉡ 이 설은 내용적으로 보상규정의 유추적용과 수용유사침해이론이라는 이질적인 두 개의 법리를 그 구성요소로 하고 있다. 이 설은 기본적으로는 위헌무효설과 다르지 않다. 왜냐하면, 이 설은 내용적으로는 당해 규정은 「헌법」 제23조 제3항에 반해 위헌·무효인 것이 되고, 따라서 그에 기한 개인의 재산권침해행위는 법적 근거가 없는 것이어서 위법한 행위가 된다는 것을 그 내용으로 할 것이기 때문이다. 그러나, 이 경우 당해 재산권 침해행위는 위법한 것이기는 하나, 관계공무원의 과실을 인정하기 어려울 것이므로, 국가배상법에 의한 구제를 받을 수 없는 문제점으로 인해 이 설에서는 수용유사침해의 법리에 의해 관계인의 권리를 구제하려고 하는 것이다.[43)]

---

40) 김철용, 행정법Ⅰ, p. 536
41) 김동희, 행정법Ⅰ, p. 572
42) 김남진, 행정법Ⅰ, 법문사, 2003, p. 605

㉢ 이 설에 대한 비판으로서는, ⅰ)「헌법」 제23조 제3항을 유추적용하려는 것은 유추적용을 위한 요건을 충족하지 못하기 때문에 조리에 닿지 않으며 관계규정을 유추적용하려는 것은 유추적용할 수 있는 손실보상의 근거규정의 존재를 전제로 한다는 것과,[44] ⅱ) 수용유사침해의 법리가 우리나라에서도 적용될 수 있는지에 대한 논리적 검토가 선행되어야 한다는 점을 들 수 있다.

⑤ 보상입법부작위위헌설

㉠ 이 설은, 손실보상규정을 두지 않는 입법부작위에 대한 헌법소원을 통하여 문제를 해결하려는 견해이다. 그 논거로서는, ⅰ)「헌법」 제23조 제3항은, 손실보상은 입법자가 정하도록 하고 있고, ⅱ) 동조는 독일 기본법 제14조 제3항과는 그 문언을 달리 하고 있는 것으로서 이를 결합조항으로 볼 수는 없으므로, 합헌적인 재산권 제한을 정하고 있는 법률규정은 그에 보상규정이 없는 경우에도 그 자체로서는 합헌적이며, 이 경우 보상규정을 두지 않는 입법부작위가 위헌이라는 것을 들고 있다. 따라서 이런 법률에 따라 재산권이 침해된 자는 입법부작위에 대한 헌법소원에 의해 구제를 받을 수 있다고 한다.[45]

㉡ 이 설의 문제점으로는, ⅰ)「헌법」 제23조 제3항은 결합조항으로 보아야 하고, ⅱ) 이 설에 따르면, 보상규정을 두지 않은 법률의 집행에 따른 재산권 침해에 대해서는 보상입법부작위에 대한 헌법소원에 따른 헌법재판소의 위헌결정과 그에 따른 입법조치에 의해 비로소 구제를 받을 수 있는데, 그것은 피해자 구제의 측면에서 우회적이고 불완전하다는 것을 들 수 있다.[46]

3) 판례의 입장

① 우리 대법원은, 제4공화국「헌법」 제20조 제3항에 의해 보상을 법률로 정하도록 개정한 이후에는 일관되게, 법률에서 손실보상을 규정하지 않은 이상 손실보상청구를 인용하지 않고 있다.[47]

---

43) 김동희, 행정법Ⅰ, p. 565
44) 김철용, 행정법Ⅰ, p. 535
45) 김문현, 보상규정 없는 법률에 기한 수용적 재산권제한에 대한 권리구제방법, 고시연구, 2000. 8, p. 24
46) 김동희, 행정법Ⅰ, p. 567
47) 대판 1999. 5. 14, 98다14030; 김철용, 행정법Ⅰ, p. 533

② 우리 헌법재판소는, 구 도시계획법 제21조 제1항(개발제한구역의 지정)에 관한 헌법소원 사건에서, 보상을 청구하기 위해서는 입법자의 입법이 선행되어야 하며, 비례의 원칙에 위반하여 당해 토지소유자의 재산권을 과도하게 침해하면서도 보상규정을 두지 않는 경우에 한하여 위헌이라고 판시하고 있다.[48]

3. 독일에서의 재산권 침해시의 손실보상청구권

(1) 각종 손실보상청구권 개관

1) 재산권 침해시의 손실보상에 대하여는 다음과 같은 여러 가지 책임제도가 마련되어 있다.

① 독일기본법[GG] 제14조 (재산권보장) 3항의 요구에 적합한 법률에 기한, 재산권 침해에 대한 공용침해시의 손실보상청구권

② 독일기본법[GG] 제14조 제1항 제2문에 따른 재산권의 내용과 한계에 관한 법률규정의 범위 안에서의 특별한 불이익에 대한 보상으로서의 조절 (보상) 의무가 있는 내용·한계 규정

③ 재산권에 대한 위법한 침해 시의 「수용유사침해에 대한 손실보상」

④ 적법한 행정작용의 공용침해적 부수적 효과시의 「수용적 침해에 대한 손실보상」

(2) 공용침해에 대한 손실보상

1) **공용침해는** 독일기본법[GG] 제14조 제1항 제2문에 따라 개별적으로 형성된 재산권을 박탈하며, 이는 단지 엄격한 전제요건하에서만 허용된다. 특히, 동시에 손실보상규율을 포함하는 법률에 의하거나 법률의 근거에 기해서만 행해질 수 있다[독일기본법 14조 3항 2문]. 따라서, 공용침해에 기한 손실보상청구권의 주장에 대한 청구권 근거는 독일기본법[GG] 제14조제3항이 아니라, 「공용침해 근거법률」 자체이다. 독일기본법[GG] 제14조 제1항 제1문에 따른 재산권의 존속보장은 독일기본법[GG] 제14조 제3항에 따른 적법한 공용침해시에는 가치보장으로 바뀐다.

---

48) 헌재 1998. 12. 24, 89헌가214·90헌바16·97헌바78(병합)

2) 공용침해 [Enteignung : 엔트아이그눙] 개념

① 공용침해개념의 역사적 발전

(i) 재산권침해에 대한 손실보상의 뿌리는 18세기의 「일반적 희생보상청구권」에 근거한다. 이 청구권의 근저에는, 「개인이 권원[權原]에 기하여 가지는 권리는, 군주가 단지 공공복리를 위해서만 그리고 단지 손실보상을 지급하면서만 침해할 수 있다」는 사상이 있다. 독일 최초의 실정법은, 「프로이센 일반 란트법」이다. 그로부터 공용침해는 독자적 법제도로서 발전했다. 19세기에 지배적이던 「고전적 공용침해」 개념은, 무엇보다도 '공용침해'를 도로나 철도건설을 위한 「재화조달 과정」으로 이해했다. 이 경우 권리보유자의 교체가 필연적으로 수반되었고, 공공복리를 위한 개별적 조치에 의하여 손실보상의무를 부담하면서 공용침해는 행해졌다. 그 뒤 「제국대법원」[RG]은, 점점 더 이 협의의 개념에서 떠나, 공용침해개념을 확장해 나갔다. 그래서 공용침해는 더 이상 단지 「물권의 박탈」만이 아니라, 「사(私)법상의 재산적 가치있는 지위의 모든 침해」로 되었다.

(ii) 바이마르 헌법 [WRV] 제153조와 독일기본법 [GG] 제14조에 규정된 「재산권 보호」와 함께 공용침해제도는 헌법상의 제도로 되었다. 독일기본법 [GG] 하에서 「연방민사대법원」[BGH]은 공용침해에 대한 판례를 축적해 나갔다. 연방민사대법원[BGH]은 제국대법원[RG]의 공용침해에 대한 광의의 해석을 수용했다. 연방민사대법원[BGH]이 발전시킨 「특별희생이론」에 따르면, 「해당 재산권 침해가 다른 자 또는 집단에 비교해 관계 국민에게 불평등하게, 특별하게 가해지고, 관계국민을 공공복리를 위한, 수인할 수 없는 희생제물로 강제할 때, 공용침해가 인정된다」고 한다. 한편, 연방행정대법원[BVerwG]은 「재산권 침해가 중대하고 수인불가능할 때, 공용침해가 인정된다」라고 판시했다[중대성이론]. 이러한 이론들의 실행에 있어서 연방민사대법원[BGH]과 연방행정대법원[BVerwG]은 「상황구속성이론」을 또한 발전시킨다. 이 이론의 근저에는, 「재산권적 지위, 특히 토지재산권은 일정한 여건(상황) 안에 편입되어 있다[존재하고 있다.」는 사상이 있는데[예: 자연보호지역 안의 토지], 이 이론으로부터 일정한 당연한 재산권제한[과 그로부터 도출되는 이용제한]이 도출될 수 있고, 이 제한은 원칙적으로 손실보상없이 수인되어야 한다는 결론이 나타난다(경계이론의 입장).

② 연방헌법재판소[BVerfG] 의 판례:

(i) 연방헌법재판소[BVerfG]의 판례에 따르면, 「독일기본법」[GG] 제14조 제1항

의 의미에서의 구체적인, 재산적 가치있는 법적 지위의, 의도적인(목적적인), 고권적인, 법적 행위[의회법률에 의하거나, 의회법률의 근거에 기한: 독일기본법(GG) 제14조 제3항]에 의한, 전부 또는 일부의 박탈」을 공용침해(한국의 '공용수용'에 해당함)라고 판시했다[협의의 공용침해 (=공용수용) 개념].

협의의 공용침해개념의 경우에는, 무엇보다도 '조치의 형식과 목적지향' 이 중요하고, '침해의 심도(深度)와 질'은 중요하지 않다. 이로써 연방헌법재판소[BVerfG]의 새로운 판례가 판시한 협의의 공용침해개념에 따르면, 「고전적 공용침해개념」에 다시 접근되며, 다만 권리보유자의 교체가 필수적이 아니라는 것만이 다를 뿐이다.

(ii) 독일기본법[GG] 제14조의 규율체계에서 「공용수용과 내용·한계규정은 서로 구별된다」는 것이 도출된다. 내용·한계 규정은 '일반·추상적 규율' 로서, 입법자가 재산권자의 법적 지위를 창설하고 형성하는 것이다. 공용수용과 달리, 내용·한계규정은 독일기본법[GG] 제14조 제3항에 따른 손실보상의무를 발생시키지 않는다. 공용수용에 의한, 법적 지위의 구체적, 의도적 박탈은 독일기본법[GG] 제14조 제1항 제2문의 내용·한계 규정(이는, 장래를 향해 일반적인 형태로 규율함)과 구별된다. 내용·한계규정의 예로는 자연보호법상의 토지이용 금지 또는 제한, 도시관리계획에 의한 토지의 건축상 이용제한을 들 수 있다(분리이론의 입장).

3) 공용수용의 전제요건

공용수용은, 「공적 임무의 수행을 위한 의도적 재산권 박탈」이다. 공용수용의 「적법성」은 공용수용의 개념표지가 아니다. 공용수용은 오직 독일기본법[GG] 제14조 제3항의 특별한 요구사항 하에서만 허용되고, 또한 헌법과 법치국가원칙들[비례원칙준수, 자의금지]에도 합치되어야 한다.

① 수권근거[법률의 위임에 기하여, 또는 법률에 의하여]:

공용수용의 근거로는 단지, 「어떤 계획과 어떤 전제요건과 어떤 목적을 위해서 공용수용이 허용되는지를 스스로 규율하는」 의회법률만이 될 수 있다. 독일기본법[GG] 제14조 제3항 제2문은, 「공용수용은 법률에 의하거나, 또는 법률의 위임에 기하여 행해질 수 있다」라고 규정하고 있다.

② 공공복리:

(i) 독일기본법[GG] 제14조 제3항 제1문에 따르면, 공용침해는 단지 「공공복리를 위해서」만 허용된다. 이 불확정개념을 구체화하는 것은, 입법자의 임무이다.

(ⅱ) 공용침해는 공공복리의 수행이 맡겨진[예: 에너지공급] 사(私)기업을 위해서도 허용될 수 있다.

③ **비례원칙**:

「일반적 법치국가원칙」에서, 「공용수용은 비례원칙에 합치되어야 함」이 도출된다. 특히 공용수용에 있어서는 '필요성의 원칙'[최소침해의 원칙]이 중요하다.

④ **손실보상규율**:

(ⅰ) 공용침해근거법률은 손실보상의 종류와 범위에 대한 규율을 포함해야 한다[독일기본법(GG) 제14조 제3항 제2문: 불가분조항]. 이 조항은, 1차적으로 「관계국민의 보호기능」을 추구하며, 나아가 입법자에 대한 「경고기능」(예산투입)과, 의회의 예산고권을 확인하는 「권한기능」을 추구한다.

(ⅱ) 손실보상규정이 누락되었거나 독일기본법[GG] 제14조 제3항의 요청을 충족시키지 못하면, 공용수용근거규정과 공용수용은 위법하게 된다. 공용수용근거법률의 위헌성과 무효에 기하여 손실보상의 지급근거는 상실된다. 이 경우, 행정기관과 법원은, 독일기본법[GG] 제14조 제3항에 직접 근거하여, (위법한)공용수용에 대하여 손실보상을 지급할 수 없다. 관계국민은 오히려 이 경우, 위법한 침해에 대해 행정쟁송(항고소송)[1차적 권리구제우위의 원칙]을 제기하여 다투어야 한다. 행정처분(예: 재결)에 기한 공용수용의 경우에는 관계국민에게는 일반적으로 행정청의 재산권침해조치에 대한 취소소송의 가능성이 열려 있다. 직접 법률에 의해 행해지는 공용수용[예: 입법적 수용]에 대하여는, 관계국민은 연방헌법재판소[BVerfG] 에 헌법소원을 제기할 수 있다.

4) 법적 효과: 손실보상

① (적법한) 공용침해가 있으면, 관계국민에게는 손실보상이 주어진다[독일기본법(GG) 제14조 제3항 제2문, 제3문]. 손실보상은 관계국민에게, 동일한 종류와 품질의 물건[예: 토지]을 획득할 수 있을 정도로 지급되어야 한다.

② 「물건의 가치의 보상」외에, 보상청구권은 직접적인 부수적 손실과 부수적 비용[예: 이사비용]에까지 미친다.

③ 손실보상은 원칙적으로 금전으로 지급되어야 하나, 대체지[代替地]의 제공, 또는 유가증권에 의해 지급될 수도 있다.

④ 보상금액은, 공공복리와 관계국민의 이익의 정당한 비교형량에 의해 결정되어야 한다[독일기본법(GG) 제14조 제3항]. 그 규준이 되는 것은 「박탈된 (수용된)

재화의 시장가치(시가: 時價)」이다. 원칙적으로 「완전보상」[=완전한 가치보상] 이 지급되어야 한다. 「상당보상설」[보상금이, 재산권의 사회적 의무성에서 나오는 '사회적 구속공제' 만큼 감축될 수 있다는 견해]은, 재산권의 존속보장에서 도출되는 가치보장의 형해화를 야기하며, 「공적 부담앞에서의 평등원칙」에 반한다.

5) 공용수용절차:

① 공용수용은, 모든 본질적인 법적, 사실적 관점의 고려와 적절한 비교형량을 보장하며, 특히 관계국민의 이익을 보장하는 절차에 기해서만 행해질 수 있다. 독일의 경우 「건설법전」[BauGB]이 그 공용수용절차의 범위 안에서 [104조 이하] 공용수용을 규율하며, 주의 「공용수용법」들도 이를 규율한다.

② 우리나라의 경우 「공익사업을 위한 토지 등의 취득 및 보상에 관한 법률」의 공용수용절차는, 「공익사업계획결정 → 토지·물건조서작성 → 보상계획의 공고·열람 → 보상액산정 → 협의(협의성립시는 사업시행이 진행되지만, 협의불성립시에는) → (공익)사업인정 → (재협의: 임의적 절차) → 수용재결 → 사업시행(재결에 불복하는 경우에는 이의재결 또는 행정소송)으로 진행된다.

6) 환매청구권

종종, 공공사업의 수행을 위해 토지가 수용된 경우에, 그 사업이 실현될 수 없거나, 공용침해에 의해 추구한 목적을 위해서 그 토지가 불필요하게 된 경우에는, 피수용자는, 자신의 종전 토지에 대한 「환매청구권」을 가진다. 이 환매권은 개별법률[예: 건설법전(BauGB) 제102조]에 의해 대부분 상세히 규율되지만, 이러한 법률규정이 결여된 경우에는 독일기본법[GG] 제14조에서 도출된다. 환매청구권에 의해 공용침해목적이 소멸한 경우, 독일기본법[GG] 제14조 제1항 제1문에 따른 존속보장이 다시 관철된다.

(3) 조절(보상)의무가 있는 내용·한계규정:

내용·한계규정 [독일기본법(GG) 제14조 제1항 제2문]은, 공용침해와 달리, 손실보상청구권을 발생시키지 않는다. 다만, 내용·한계규정의 적법성을 유지하기 위하여, 국가의 조절(보상)의무와 이에 대한 관계국민의 청구권이 발생할 수도 있을 뿐이다.

1) 내용 · 한계규정의 적법성:

① 내용 · 한계규정의 범위 안에서, 입법자는 재산권을 법적으로 형성하고 새로 규율할 권한과 임무를 가진다. 이 경우 입법자는 다음과 같은 헌법적 요구 하에 놓인다:

(i) 사유재산권의 제도적 보장[독일기본법(GG) 제14조 제1항 제1문]과 재산권의 사회적 의무성[독일기본법(GG) 제14조 제2항]의 적절한 조정을 행하여야 한다는 명령,

(ii) 비례원칙

(iii) 평등원칙

(iv) 기본권의 본질적 내용의 보장[독일기본법(GG) 제19조 제2항]

(v) 효과적 권리구제의 보장의무

② 손실보상의무가 있는 공용침해와 「원칙적으로 보상없이 감수되어야 하는 내용 · 한계규정」은 상호 배제적이다. 내용 · 한계규정이 일정한 침해의 강도부터는 공용침해로 전환되어 보상의무를 발생시키는 방식에서의 중첩은 인정되지 않는다. 따라서, (위법한)내용 · 한계규정은, 그것이 법적 지위로서의 재산권을 형해화하고 완전히 가치를 소멸시킬 때에도 보상의무가 있는 공용침해로 바뀌지 않는다.[예: 비워 있는 전통건조물을 문화재보호법상의 보호하에 두며, 철거금지를 행정청이 명령하지만, 그 소유자는, 그 건물의 유지와 청소가 그에게 과다하고, 과도한 비용부담을 발생시키므로, 그 건물을 철거하고 싶은 경우]

③ 내용 · 한계규정이 헌법상 한계를 넘어서면, 그 내용 · 한계규정은 위헌 · 무효이다. 관계인은 제소에 의해 그것을 제거해야 한다.[일차적 권리구제의 우위]

2) 내용 · 한계규정의 조절(보상)의무:

① 그러나, 비례원칙에 위반된 침해를 야기함으로써 위헌인 내용 · 한계규정은, 예외적으로, 그 내용 · 한계규정이, 입법자에 의하여 비례원칙위반을 보상하는 보상규정과 결합되어 있을 때에는, 독일기본법[GG] 제14조와 합치된다.

② 연방헌법재판소[BVerfG]는, 조절(보상)의무가 있는 내용 · 한계규정과 이에 상응한 조절(보상)청구권의 허용성을, 다음의 기준에 따라 인정한다:

(i) 조절(보상)의 '보충성': 비례원칙에 반하는 조치의 완화를 위한 조절(보상)규정은, 원칙적으로 단지 예외적으로만 허용될 수 있고, 그보다 앞서, 경과규정, 예외규정 등을 사용하여야 한다.

(ii) 법률의 근거의 요구: 헌법의 요구사항에 반하면서도, 조절 (보상)에 관한 법률의 근거가 없으면, 그 내용・한계규정은 위법하다. 법원과 행정기관에게는 조절(보상)에 관한 법률의 근거가 없는 경우에, 손실보상을 지급할 수 없다.

(4) 수용유사침해

1) 수용유사침해의 정의[定義] 와 법적 근거

독일기본법[GG] 제14조의 구도에 따르면, 조절(보상)의무가 있는 내용・한계규정을 제외하고는, 원칙적으로 단지 (적법한)공용수용만이, 재산권침해시의 손실보상청구권을 발생시킬 수 있다. 위법한 재산권 침해에 대하여는, 손실보상은 규정되어 있지 않다. 위법한 재산권침해가 과실이 없다면, 국가배상청구권도 배제된다. 연방민사대법원[BGH]은 이러한 책임제도의 결함을 「수용유사침해」제도로써 대처했다. 즉 이미 공용침해의 방법으로써, 재산권에 대한 적법한 침해에 대한 보상청구권이 보장되어 있다면, 재산권에 대한 위법한 침해에 대한 보상청구권은 당연히 인정되어야 한다. 따라서, 수용유사침해는, 만일 법률상 허용되는 경우였다면, 그 내용과 효력에(즉 특별희생을 부과하는 것인 경우의) 있어서 공용침해이었을, 위법한 재산권침해와 관련된다. 수용유사침해는 연방민사대법원[BGH] 의 종전의 「광의의 공용침해」개념하에 놓였다. 위법한 조치는 특별희생적 성격을 가진 재산권침해로서 인정되었다. 그러한 청구권의 법적 근거는 독일기본법[GG] 제14조 제3항이었다. 그러한 책임제도의 성립은 연방헌법재판소[BVerfG]가, 특히 「자갈채취결정」에서 발전시킨 공용수용 판례에 어긋나게 되었다. 「자갈채취결정」에서는, 오로지 적법한 재산권침해만이 보상의무있는 공용침해로 인정될 수 있었다. 위법한 재산권침해에 대해서는 관계국민은 항고소송을 제기할 수 있을 뿐이고, 원칙적으로 손실보상을 요구할 수 없다[1차적 권리구제의 우위]. 그럼에도 불구하고, 그러한 위법한 조치[특히 예견할 수 없었던, 사실상의 침해]가 더 이상 폐지될 수 없고 무효화될 수 없는[즉 1차적 권리구제가 불가능하거나, 또는 수인불가능할 때] 경우가 있다[예: 독일연방군의 탱크의 운전병의 과실로 정원주택을 훼손한 경우].

따라서, 이러한 한도 내에서 남아 있는 책임제도의 결함은 그러한 경우에 보상청구권을 발생시키는 수용유사침해제도에 의해 보완된다. 이것은 「공법상 위험책임」의 모든 본질적 경우와 합치된다. 연방헌법재판소[BVerfG]의 판례에 비추어, 손실보상의 법적 근거로서 더 이상 독일기본법[GG] 제14조 제3항에 근거할 수 없다. 이제는 그 법적 근거는, 판례법으로 형성된, 프로이센 일반 란트법[ALR] 서장

제74조 및 제75조에 따른 「일반적 희생보상청구권」에 근거한다.

2) 전제요건

① 수용유사침해의 전제요건으로는, (ⅰ) 침해대상인 재산권, (ⅱ) 위법한 고권적 침해, (ⅲ) 침해의 직접성, (ⅳ) 특별희생, (ⅴ) 일차적 권리구제의 준수를 들 수 있는데, 이하 주요한 점만 보기로 한다.

② 위법한 고권적 침해:

(ⅰ) '침해'는 이 경우, '보호되는 법적 지위를 침해하는 모든 고권적 조치'를 말하므로, 「고권적 법적 행위」뿐 아니라, 「공법적 사실해위」도 포함된다.

(ⅱ) 행정의 「부작위」가 그러한 침해에 해당하는 지가 문제되는데, 다수학설은 원칙적으로 부작위는 수용유사침해에 기한 청구권을 발생시키지 않는다고 보고 있다. 다만, 부작위가 예외적으로 관계국민의 법적 지위를 침해하는 '작위'와 같은 정도로 침해적이라고 간주될 수 있는 경우[예: 허가유보부의 예방적 금지형태에서의 허가(건축허가 등)]에는, 달리 취급된다[가중된 부작위].

(ⅲ) 「입법적 불법」[=법률에 의한 불법]의 경우 수용유사침해로도, 국가배상으로도 구제될 수 없다. 다만, 제한된 수명자권역을 가진 법규명령과 자치법규[예: 도시관리계획]의 경우 [규범적 불법] 또는 처분법규의 경우에는, 이와 반대로, 나머지 전제요건이 충족되는 때에는, 수용유사침해에 기한 청구권을 발생시킨다.

③ 특별희생

수용유사침해의 '위법성'은 일반적으로 「특별희생」 요건을 충족시킨다.

④ 일차적 권리구제의 우위원칙:

이 원칙은, 관계국민이 자신의 재산권에 대한 위법한 고권적 침해를 가능한 한 방어해야 할 것(즉 항고소송으로 다툴 것)을 요구한다. 따라서, 독일민법[BGB] 제254조(과실상계)의 법사상에 따라, 수용유사침해에 기한 청구권은, 소유자가 고의 또는 과실로, 항고소송[예: 행정심판, 취소소송]을 제기하는 것을 게을리한 경우, 배제된다.

3) 청구권경합

수용유사침해에 기한 청구권은 국가배상청구권에 기한 청구권과 병렬적으로 함께 존재한다[예컨대, 위법·유책의 재산권침해의 경우].

(5) 수용적 침해

1) 수용적 침해의 정의[定義] 와 법적 근거

① 수용적 침해는, 「적법한 행정작용의 비전형적인, 예측하지 못한, 부수적 결과로서 특별희생에 해당하는 재산권 침해에 대한 손실보상」과 관련된다. 수용유사침해와 같이, 수용적 침해도, 「일반적 희생보상청구권」에 근거한다. 수용적침해는, 공용침해와는, 고권적 행위(대부분 사실행위)의 우연한 부수적 결과에 관계된다는 점에서 구별된다. 이에 반하여, 공용침해는 재산권적 지위의 의도적(목적적) 박탈을 전제로 한다. 수용유사침해와 수용적 침해의 본질적 차이는, 수용적 침해가 적법한 행정작용을 요구함에 대하여, 수용유사침해는 위법한 작용을 전제로 한다는 점에 있다. 가장 구별이 어려운 것은, 조절(보상)의무가 있는 내용·한계규정과 수용적 침해의 구별이다. 양자는, 조절(보상)의무가 있는 내용·한계규정이, 재산권 침해적 조치의 결과로서, 수인한계와 희생한계를 넘어서는 것과 그 적용영역에서 겹친다. 바로 이점에서 수용적 침해의 필요성이 다투어진다. 그러나, 「보상규율을 갖춘 내용·한계규정이 전형화할 수 있는, 입법자가 예측할 수 있는 침해와 관계됨에 반하여, 「수용적 침해」의 경우는 비전형적이고, 예측할 수 없는 사실관계[대부분 우연 또는 사고에 기한 손실]와 관계되는 점에서, 이에 따라서 그러한 조절(보상)규정을 둘 수 없다는 점에서, 여전히 수용적 침해에 대하여는 잔여적용영역이 남아 있다[예: 지방자치단체의 폐수처리장의 적정한 운영시에 정화되지 않은 배수가 물고기가 사는 연못에 흘러들어감으로써 물고기가 전멸한 경우].

2) 전제요건

수용적 침해의 전제요건으로는, ① 침해대상으로서의 재산권, ② 적법한 고권적 행위, ③ 침해의 직접성, ④ 특별희생, ⑤ 일차적 권리구제수단의 우위의 원칙 준수를 들 수 있다.

3) 청구권경합:

수용적 침해는, 개별법률에 보상청구권이 규정되어 있을 때에는 발생하지 않는다[예: 경찰의무자가 아닌 제3자에게 경찰명령이 내려진 때에 대한 경찰법의 규정].

Ⅱ 손실보상의 기준과 내용

1. 손실보상의 기준

(1) 학설

1) 완전보상설

이 설은 수용되는 재산권의 객관적 가치의 전액을 보상해야 한다는 견해이다. 즉 수용 전후를 통해 피수용자의 재산가치를 동등하게 하는 정도의 보상을 해야 한다는 것이다.[49]

2) 상당보상설

이것은 공정한 산정기초에서 산출된 합리적 금액을 보상하면 되고, 반드시 완전보상이어야 하는 것은 아니라는 견해이다.

(2) 판례

1) 우리 헌법재판소는 원칙적으로 완전보상설의 입장에 서지만,[50] 토지의 경우에는 상당보상설과 비슷한 입장을 취하고 있기도 하다.[51]

2) 우리 대법원 판례는, 정당한 보상은 완전보상을 뜻한다고 한다.[52]

(3) 결어

1) 독일의 경우, 다수의견은 개별적 수용의 경우에는 평등의 원칙에 비추어 완전한 손실보상의무가 있다고 보나, 집단적 수용의 경우에는, 입법자는, 특별한 사정이 있으면, 더 낮은 손실보상도 규정할 수 있다는 것이다.[53]

2) 독일연방헌법재판소는, 「독일기본법」 제14조 제3항 3문의 비교형량명령은 사실관계의 특수성을 고려할 수 있게 만든다고 보고 있다. 따라서 경직되고, 시장

---

49) 原田, 行政法, p. 266
50) 헌재 1990. 6. 25, 89헌마107
51) 헌재 2001. 4. 26, 2000헌바31
52) 대판 2001. 9. 25, 2000두2426
53) Schmidt-Aβmann, FS W. Weber, 1974, 601f.; Kimminich, in: BK Art. 14GG Rn448, 458f

가치에만 구속되는 손실보상은 독일 기본법의 정신이 아니라고 본다. 따라서, 입법자는 상황에 따라서, 완전한 손실보상도, 또는 그 이하의 손실보상도 다 규정할 수 있다고 판시한다.54)

3) 이에 반해 독일연방민사대법원[BGH]은, 정당한 손실보상은 피수용물의 재조달가치가 원칙이라고 한다. 따라서 시장가치가 원칙이라고 한다. 다만, 특수한 경우에는 그보다 낮은 보상을 규정할 수도 있다고 한다.55)

4) 양 법원간의 실질적 차이는 없고, 그 강조점이 다를 뿐이다. 독일연방헌법재판소는 집단적 수용의 예외적 경우에 관해 판시한 것이고, 독일연방통상법원은 일상적인 개별적 수용에 관해 판시한 것이기 때문이다.56)

2. 손실보상의 내용

1) **공용수용의 경우**(「공익사업을 위한 토지 등의 취득 및 보상에 관한 법률」의 내용: 이하 "토지취득보상법"이라 함)

① 토지에 대한 보상액은, 개발이익을 배제하기 위해, 당해 공고일·고시일 전의 시점을 공시기준일로 하는 공시지가로서 당해 토지의 가격시점(협의성립 당시, 수용재결 당시) 당시 공시된 공시지가 중 당해 공익사업의 공고일·고시일에 가장 가까운 시점에 공시된 공시지가를 기준으로 하여 보상하되, 그 공시기준일부터 가격시점까지의 관계법령에 의한 당해 토지의 이용계획, 당해 공익사업으로 인한 지가의 영향을 받지 않는 지역의 지가변동률, 한국은행이 조사·발표하는 생산자물가상승률 그 밖에 당해 토지의 위치·형상·환경·이용상황 등을 참작해 평가한 적정가격으로 한다.

② 공용수용은 순수한 임의매매와는 다르므로, 권리보상만으로는 충분하지 않고, 권리자는 그 생활에 많은 지장을 받게 되므로, 수용되는 권리의 보상 외에, 이전료, 조사비, 영업상의 손실 등 수용에 의해 권리자가 통상 받게 되는 부수적 손실에 관해서도 보상되어야 한다.

③ 그 밖에, 일단의 토지의 일부가 수용되는 경우, 잔여지의 가격이 하락하거

---

54) BVerfGE 24, 421; 46, 284ff

55) BGHZ 39, 200; 41, 358

56) Erichsen/Ehlers, Allg VwR, 2006, p. 888

나, 잔여지에 보수공사가 필요하게 된 때에는, 사업시행자는, 원래의 보상에 더하여, "잔여지의 손실과 공사비보상"을 해야 하며, 당해 토지소유자는 잔여지의 매수 및 수용청구를 할 수 있다.

2) 공용제한의 경우

이에 대해서는 일본의 경우, "재산가치저락설"이 가장 유력하다. 이 설에 의하면, 공용제한에 의해 생긴 재산가치의 저락분을 중심으로 하고, 이것에 통상 생기는 손실의 보상을 더하여 보상해야 한다고 한다.

Ⅲ 생활보상문제

1. 오늘날, ① 도시에서는, 토지가 희소재화로 바뀌었기 때문에, 보상금을 받더라도, 인근에 유사한 토지를 구입해 종전대로의 생업을 영위하기가 쉽지 않고, ② 시골에서는, 댐건설 등의 대규모건설공사가 행해지는 경우, 촌락 전체가 수용되어 조상전래 수백년에 걸쳐 형성된 지역공동체가 붕괴하고, 토지와 건물에 관해, 상당히 고액의 보상이 되더라도, 생활재건이 곤란한 경우가 많다.

2. 따라서, 오늘날의 대규모 공공사업에 따르는 광역수용[면적(面的)수용]의 경우, 금전보상을 중심으로 하는 현행 보상제도는 충분한 구제기능을 수행할 수 없다. 행정측에는, 보상금지급외에, 잃어버린 지역사회 전체의 재건을 전망하는 지역계획을 세워, 변모하는 지역사회 가운데서의 주민의 생활재건을 기하기 위한 지원이 강력하게 요청된다.

3. 이에 따라, 금전보상에 대신하여 대체지보상, 경지, 택지(집단이주지)의 조성 등의 현물보상을 충실히 하고, 공공시설의 정비, 직업훈련과 소개, 직업전환비용의 융자 등의 생활재건조치를 실시하지 않으면 안 된다.

4. 우리 현행법상으로는, 「토지취득보상법」 제78조(이주대책의 수립 등)와, 제79조(기타 토지에 관한 비용보상 등)를 생활보상에 관한 일반적 근거규정으로 볼 수 있을 것이다.

5. 그 밖에 개별법률로는, 「산업입지 및 개발에 관한 법률」 제36조(이주대책

및 우선고용), 「댐 건설 및 주변지역지원 등에 관한 법률」 제40조(수몰이주민에 대한 주택신축 등 지원, 직업훈련실시 등), ③ 「조세특례제한법」 제77조(공익사업용 토지 등을 사업시행자에게 양도함으로써 발생하는 소득 등에 대한 양도소득세 감면), ④ 「제주특별자치도 설치 및 국제자유도시 조성을 위한 특별법」 제242조(인근지역주민의 우선고용), ⑤ 「기업도시개발특별법」 제14조(주거단지 조성) 및 제44조(지역주민의 취업 등에의 노력의무), ⑥ 「도시개발법」 제23조(이주대책 등), ⑦ 「지역균형개발 및 지방중소기업 육성에 관한 법률」 제24조(이주대책 등)를 들 수 있다.

6. 우리 대법원은, "이주대책은 그 본래의 취지에 있어 이주자들에 대하여 종전의 생활상태를 원상으로 회복시키면서 동시에 인간다운 생활을 보장해 주기 위한 이른바 생활보상의 일환으로 마련된 제도이다"라고 판시하고 있다.[57]

7. 우리나라에서는, 생활보상의 헌법적 근거에 관해, ① 「헌법」 제34조(인간다운 생활을 할 권리)설과, ② 「헌법」 제34조와 제23조에서 구하는 입장으로 나뉜다.

Ⅳ 간접(침해)보상

1. 공공사업의 간접적 영향으로 심각한 피해를 입는 자가 생긴다. 댐 건설에 의해 촌락의 대부분이 수용되는 결과, 산간벽지에 집 한 채만 남게 되는 경우 아무런 보상이 없다면 정의에 반할 것이다. 「토지취득보상법 시행규칙」 제61조에서는 이 경우 소수잔존자의 보상으로 보아 보상하고 있다.

2. 그 외에, 동법시행규칙 제63조 내지 제65조에서는, 사업시행지구 인근에 있는 어업에 피해가 발생한 경우, 사업시행지구 밖에서 영업손실의 보상대상이 되는 영업을 하고 있는 자가 공익사업의 시행으로 배후지의 3분의 2 이상이 상실된 경우, 경작하고 있는 농지의 3분의 2 이상이 공익사업시행지구에 편입된 경우 이를 보상하도록 하고 있는데, 이런 것도 간접침해보상에 속한다.

3. 그 밖에, 「해운법」 제43조에서는, 국토해양부장관은 육지와 도서 간의 연륙

57) 대판 1994. 5. 24, 92다35783

교・연도교 건설에 따라 내항여객운송사업자가 손실을 입은 때에는 해당 운송사업자가 공익사업시행자로부터 적절한 보상을 받도록 규정하고 있는데, 이것도 간접침해보상에 해당한다.

4. 나아가, 공공사업의 시행으로 생기는 일조권침해, 악취, 소음, 진동의 물리적・기술적 손실 등은 간접침해의 일종이다. 이것에 대하여는, ① 수용적 침해이론, ② 손실보상규정의 신설, 또는 ③ 손해배상의 법리에 의해 해결해야 할 것이다.

Ⅴ 손실보상의 방법과 지급

1. 방법

(1) 손실보상은 원칙적으로 현금으로 지급해야 한다.

(2) 「토지취득보상법」 제63조에서는 현물보상을 확대하고 있고, 그 외, 「도시 및 주거환경정비법」 제50조에 따른 주택의 공급, 「농어촌정비법」 제40조, 제41조에 따른 환지계획, 환지처분, 「도시개발법」 제39조, 제41조에 따른 환지처분 등도 현물보상에 속한다.

(3) 「토지취득보상법」 제63조에서는, 채권보상을 규정하고 있다.

2. 지급방법

(1) 사업시행자는 공익사업을 위한 공사착수 전에 토지소유자 등에 대해 보상액의 전액을 지급해야 한다.

(2) 손실보상은 원칙적으로 토지소유자 등에게 개인별로 행해야 한다.

Ⅵ 손실보상액의 결정방법과 불복절차

1. 결정방법

(1) 당사자간의 협의를 원칙으로 하고, 협의가 성립하지 않으면 토지수용위원

회의 재결에 의하도록 하고 있다.

(2) 「수산업법」과 같이 침해행위(어업제한 등)가 선행되어 있고, 보상금액을 행정청이 일방적으로 결정하도록 하면서, 불복방법은 정하지 않는 것이 있다.

(3) 「도로법」과 같이 침해행위(동법상의 제한 등)가 선행되어 있고, 보상금액은 당사자간의 협의를 원칙으로 하고, 협의가 성립되지 않으면 토지수용위원회의 재결에 의하도록 하는 것도 있다.

(4) 「징발법」과 같이, 침해행위(징발)가 선행되어 있고, 보상금액은 행정청이 정하도록 하면서, 불복절차에 관한 특별규정을 두는 것도 있다.

2. 불복절차

(1) 「토지취득보상법」의 경우

1) 토지수용위원회의 재결에 대해 불복하면, ① 행정심판으로서의 이의신청을 제기하고, 이에 대한 재결에 불복이 있으면, 행정소송을 제기하거나, ② 곧바로 행정소송을 제기할 수 있다.

2) 수용재결에 대해 불복하는 경우 취소소송을 제기하고, 재결이 취소되면 토지수용위원회는 다시 재결하게 될 것이고, 이에 불복하면 또 다시 행정소송을 제기하는 과정이 되풀이될 것이다[토지보상 제85조 제1항].

3) 보상재결에 대해 불복하는 경우에는 재결 또는 이의재결상의 보상금의 증액 또는 감액청구소송을 제기할 수 있다. 이 소송은 형식적 당사자소송이다[토지보상 제85조 제2항].

4) 원재결이 무효이면, 무효확인소송을 제기할 수 있다.

(2) 그 밖의 경우

1) 행정청의 손실보상액결정이나, 토지수용위원회의 재결에 대한 처분취소를 구하는 행정쟁송을 재기해 다툴 수 있다.

2) 법령자체의 규정에 의해 직접 손실보상청구권이 발생하는, "입법적 수용"의 경우, 곧바로 손실보상청구소송을 제기할 수 있는데, 우리 대법원은 최근 전원합의체결정에서 이 쟁송은 공법상 법률관계에 관한 소송으로서의 당사자소송에 의

해야 한다고 판시했다.[58)]

Ⅶ 「행정상 손실보상」에 관한 기본판례(추가)

(1) 헌재 2015. 10. 21, 2012헌바367
(2) 대판 2016. 5. 12, 2013다62261
(3) 대판 2016. 6. 23, 2016다206369
(4) 대판 2015. 6. 11, 2012다58920[이주대책]
(5) 대판 2015. 8. 27, 2012두7950
(6) 대판 2015. 11. 12, 2015두2963[재결절차 경유여부]
(7) 대판 2018. 5. 15, 2017두41221
(8) 헌재 2013. 10. 24, 2011헌바355
(9) 대판 2006. 5. 18, 2004다6207 전원합의체
(10) 헌재 2010. 2. 15, 2008헌바6 전원재판부
(11) 대판 1993. 7. 13, 93누리31
(12) 헌재 2009. 9. 24, 2007헌바114 전원재판부
(13) 헌재 2013. 12. 26, 2011헌바162
(14) 헌재 2013. 7. 25, 2012헌바71
(15) 대판 2011. 9. 29, 2009두10963
(16) 대판 2010. 1. 28, 2008두1504
(17) 대판 2010. 8. 19, 2008두822
(18) 헌재 2013. 9. 26, 2012헌바23
(19) 헌재 2014. 7. 24, 2012헌바 294, 2013헌바 184 · 185 · 187(병합)
(20) 대판 2010. 8. 19, 2008두822

58) 대판 2006. 5. 18. 2004다6207

제3절 국가배상과 행정상 손실보상의 보완

Ⅰ 수용유사침해

대법원은 이 법리에 대한 판단을 유보하고 있다.[59] 우리 학설상으로도 그 도입에 관해 학설대립이 있다.[60]

Ⅱ 수용적 침해

우리의 경우에도 독일판례상의 요건이 충족하면 이 법리가 인정될 수 있을 것이고, 그 근거는 「헌법」 제23조 제1항의 재산권보장규정에 나타난 희생보상청구권과 「헌법」 제11조의 평등원칙이 될 것이다.

Ⅲ 희생보상청구권 및 희생유사침해에 기한 보상청구권

1. 서론

(1) 이 법리도 독일의 판례와 학설에 의해 창조되었다. 희생보상청구권은 비재산적 가치의 권리, 특히 「독일기본법」 제2조 제2항의, "생명, 건강, 자유"의 침해에 대해 적용되어 왔다.

(2) 일반적 희생보상청구권의 정의[定義]와 법적 근거

1) 일반적 희생보상구권은 프로이센 일반 란트법 [ALR] 제74조 및 제75조에 근거한다. 「모든, 수인할 수 없는, 특별희생에 해당하는 재산권침해」를 의미하는 「광의의 공용침해개념」하에서, 재산권상의 손실보상청구권은 독일기본법[GG] 제14조 제3항에 근거했고, 따라서 희생보상청구권의 적용영역에서는 제외되었다. 따라서,

59) 대판 1993. 10. 26, 93다6409
60) 김동희, 행정법Ⅰ, p. 588

희생보상청구권의 적용범위는 우선 「비물질적 법익」에 제한되었고, 판례에서는 지금까지 오로지 독일기본법[GG] 제2조 제2항의 적용대상 (생명, 건강, 개인의 자유)에 한정하여 희생보상청구권을 적용하여 왔다. 관습법상으로 인정된 오늘날의 「협의의 희생보상청구권」은, 이 핵심적 영역을 대상으로 한다. 연방헌법재판소[BVerfG]의 자갈채취결정 이후에 수용유사침해와 수용적 침해에 기한 손실보상청구권들이 다시 희생보상청구권에 포함되었으므로, 수용유사침해와 수용적 침해에 기한 손실보상청구권들은 「광의의 희생보상청구권」에 포함되고 있다고 이해될 수 있다.

2) 적용영역

개별법규에서 손실보상청구권이 규율되어 있으면, 일반적 희생보상청구권의 적용은 배제된다. 예컨대 국가가 명령한 예방접종에 기한 손실에 대한 조절을 규율하는 「예방접종사고법」[IfSG]을 들 수 있다. 나아가, 경찰법에서 비[非]장해야기자에 대해 경찰의무를 부과하는 경우의 보상청구권규정도 이러한 개별법규에 해당한다.

3) 전제요건

협의의 희생보상청구권의 전제요건으로는, ① 비재산적 가치의 법익, ② 고권적 침해인 동시에 직접적 침해, ③ 특별희생, ④ 일차적 권리구제 수단의 우위원칙의 준수[침해가 적법한 경우에는 이 원칙은 적용되지 않음].

4) 청구권의 경합

희생보상청구권은 국가배상청구권과 병렬적으로 주장될 수도 있다[예컨대, 위법유책인, 비재산적 가치의 침해의 경우].

2. 독일에서의 발전

(1) 법적 근거

1) 희생보상청구권은 실정법상 프로이센일반란트법 제74조 및 제75조에 처음으로 규정되었는데, 그 근본내용은, "**공익과 사익간에 충돌이 생기면, 개인의 이익은 양보해야 하는 대신, 그 권리이익의 상실은 보상되어야 한다**"는 것으로서, 오늘날에도 독일에서는, 유효한 관습헌법이다. 따라서, 입법자는 이것을 더 상세하게 형성하거나

제한할 수는 있어도, 이를 폐지하거나 그 본질적 내용을 침해할 수는 없다.

2) "일반적 희생보상청구권"은, 다른 명문규정이 있을 때에만 보충적으로 적용된다. 이것은 특히 「독일기본법」 제14조 제3항의 공용침해규정에 나타나 있고, 수용유사침해 · 수용적 침해로 인한 손실보상청구권에도 적용된다.

3) "특별희생보상청구권"은, 비재산적 가치의 권리에만 사용된다.

(2) 적용범위

1) 특별희생보상청구권은, 고권적 행위에 의해, 「독일기본법」 제2조 제2항에서 보호되는 법익이 침해되고, 이로 인해 관계인에게 공공복리를 위해 특별희생이 부과될 때, 인정된다.

2) 희생보상청구권은 원래 적법한 침해에만 적용되었으나, 이제는 위법한 침해와 위법 · 유책한 침해에 대해서도 인정된다. 또한 1차적 권리구제우선의 원칙도 적용된다. 따라서, 희생보상청구권은 특별희생을 감수해야 할 때만 인정된다.

3) 희생보상청구권은, 특별규정이 마련됨에 따라, 점점 더 그 적용이 제한된다(예: 연방전염병예방법상의 예방접종사고규정).

(3) 전제요건

1) 희생보상청구권의 성립요건으로는, ① 고권적 침해, ② 비재산적 가치의 권리, ③ 당사자에 대한 특별희생을 들 수 있다.

2) 희생보상청구권이 성립하는 대표적 예로서, 예방접종피해를 들 수 있는데, 이 경우는 국민이 고권적 조치에 의해 적법하게 특별한 위험에 처하게 되고, 개별적 경우 당사자에게 특별희생이 되는 경우이다.

3) 그 밖의 경우로는, 수용유사침해나, 수용적 침해와 비교되는 경우, 즉 위법한 침해이거나, 적법한 침해의 위법한 우연한 결과이다(예: 경찰관이 오발해 통행인을 부상 입힌 경우).

(4) 손실보상

1) 손실보상은 비재산적 가치의 권리에 대한 침해로 일어난 재산상 손해에 대해서만 일어나고(예: 치료비, 요양비, 일실수입), 위자료는 포함되지 않는다.[61]

3. 우리나라에의 도입여부

(1) 우리나라에도 개별법률에서 도입된 것이 있다(예: 「감염병의 예방 및 관리에 관한 법률」 제71조, 「소방기본법」 제49조의2, 「산림보호법」 제44조)

(2) 학설은 대립되고 있고,[62] 판례는 아직 언급한 것이 없다.

Ⅳ 결과제거청구권

1. 서설

(1) **결과제거청구권**은 독일공법의 학설과 판례에서 발전된 법리이다. 이 권리는 우리나라에서는 일반적으로, "위법한 공행정작용으로 인해 야기된 사실상의 결과로 인해 자신의 권리이익을 침해받고 있는 자가 행정권에 대해 그 위법한 결과를 제거해 침해 이전의 상태 또는 그와 대등한 상태로 회복시켜줄 것을 구하는 공권"이라고 한다.[63]

(2) 결과제거청구권의 개념

1) 고권적 조치에 의해 침해를 입은 관계국민에게는 자주 「금전전보」보다도, 「침해 전에 존재하던 상태의 회복」이 더 선호할 수 있는 구제방법이 될 수 있다. 이 것에 대응하는 구제수단이 「결과제거청구권」이다. 결과제거청구권의 도움에 의하여, 공법적 행위의 직접적인 위법한 결과의 제거와 원래의 상태 또는 비교될 수 있는 상태의 회복이 주장될 수 있다.

2) 결과제거청구권은 학설에 의해 발전되었고, 연방행정법원의 판례에 의해 수용된 것이다. 또한, 실정법상으로는, 예컨대 「연방개인정보보호법」[BDSG]에서 개인정보의 정정, 폐쇄 및 삭제에 대해 도입되어 있다.

3) 결과제거청구권은 「일반적 결과제거청구권」과 「집행결과제거청구권」으로 구별된다. 전자의 경우는 「단순고권적 행정작용」의 결과의 제거의 문제이고, 후자는 「행정처분」(=행정행위)의 집행의 결과의 제거의 문제이다.

---

61) BGHZ 20, 68ff

62) 홍정선, 행정법(상), p. 737; 유지태, 행정법, p. 460

63) 김동희, 행정법Ⅰ, p. 596

4) 일반적 결과제거청구권의 전형적 예로는, 고권적 표명(명예훼손적 주장, 위법한 경고, 추천, 평가)의 철회를 구하는 청구권이나, 공공시설에서 나오는 임밋시온[=환경오염]의 방어를 들 수 있다. 집행결과제거청구권으로는, 예컨대 무숙자가 입주조치된 주택의 명도, 압류처분의 폐지 후의 피압류물건의 반환을 들 수 있다.

(3) 법적 근거

1) 이 문제는 다투어진다. 「연방행정법원법」[VwGO] 제113조 제1항 제2문에 그 언급이 있지만, 동조 동항 동문은, (집행)결과제거청구권을 그 자체 창설하는 것은 아니고, (집행)결과제거청구권이 이미 존재함을 전제로 하여 「청구권의 소송상 간소화된 주장」을 가능하게 만들 뿐이다.

2) 다수학설은 「자유권적 기본권」의 방어적 기능에서 도출한다. 즉 기본권은 관계국민에게, 「국가가 기본권침해를 중단하거나 다시 제거할 것을 구하는 청구권을 매개해 준다」. 어쨌든 결과제거청구권은 법제도로서 승인되어 있으므로, 또한 관습법에 속한다고 할 수 있다.

(4) 전제요건

결과제거청구권의 전제요건으로는, ① 고권적 행위, ② 개인적공권의 침해 [예컨대 독일기본권(GG) 제14조의 재산권], ③ 계속되는 위법한 결과를 들 수 있다.

(5) 배제사유

배제사유로는, ① 회복의 법적, 사실상의 가능성과, ② 회복의 수인가능성을 들 수 있다.

(6) 과실상계

독일민법[BGB] 제254조의 과실상계는 일반적 법사상의 표현이므로 결과제거청구권에 대해서도 적용된다.

(7) 법적 효과

법적 효과로는 원래상태의 회복과 공법적 행위의 직접적 결과의 제거를 들 수 있다.

(8) 결과제거청구권의 주장방법

1) 결과제거청구권은 공법적 청구권으로서 독일의 경우 일반이행소송 (행정소송)에 의해 주장되어야 한다. 한편, 위법한 행정처분의 (집행)결과의 제거를 구하면, 위법한 행정처분의 취소소송과 동시에, 부대청구로 그 행정처분의 위법한 결과의 제거를 구할 수 있다. 행정처분의 형태에 의해 제3자에 대해 개입을 요구하면, 독일의 경우 의무이행소송이 제기되어야 한다.

2) 우리나라의 경우, 행정소송의 일종인 당사자소송에 의해야 할 것이다.

2. 독일에서의 발전

(1) 발전연혁

1) 집행결과제거

① 이 법리의 논의의 출발점은 제2차세계대전 직후의 전형적 경우이다. 즉 어떤 주택이 압류되고, 즉시집행이 되었다. 그 뒤 소송에 의해 다시 그 압류가 취소되었다. 그런데도 불구하고, 압류처분에 의해 그 주택에 살고 있던 임차인이 그 집에서 물러나지 않고 계속 살고 있었다.

이 경우에 대하여, 바호프(Bachof)는, 위법한 행정행위의 집행에 의한, 계속적 침해의 제거를 구하는 결과제거청구권의 법리를 발전시켰다.[64)]

② 따라서, 결과제거청구권은 국가보상법의 빈틈을 메우고, 특히 국가의 불법에 대한, 귀책사유와 무관한 책임을 창설하려는 노력과 관련되어 있었다. 결과제거청구권은, 수용유사침해에 기한 손실보상청구권과는 대조적으로, 원래의 상태로의 원상회복을 목표로 한다.

③ 바호프가 당초에 만든 결과제거청구권은, 위와 같이, 존속력이 생기기 전에 집행된 행정행위의 직접적 결과의 제거에 제한된다.

④ 그 뒤, 결과제거청구권에 대한 논의결과, 위법한 행정행위의 집행결과에 이를 제한하는 것은 너무 좁다는 결론을 낳았다.[65)] 오늘날에 있어서는, 결과제거청구권은, 일반적으로, 위법한 행정활동의 결과제거를 목표로 한다.[66)]

64) Bachof, Die Verwaltungsgenchtliche Klage aut Vornahme einer Amtshandlung, 1951, 98ff

65) BVerfGE 69, 368ff

(2) 구체적 내용들

1) 결과제거청구권은 독일의 판례와 학설상 일반적으로 인정되어 있다. 결과제거청구권은, 그것이 이미 집행된 행정행위의 결과이든, 단순행정작용의 결과이든, 공행정조치에 기인될 수 있는, 모든 위법한 장해(상태)에 대해 주장될 수 있다.[67)]

2) 결과제거청구권은, 행정기관의 공법영역에서의 명예훼손적 발언의 철회를 요구하는 근거가 될 수도 있고, 공법적으로 활동하는 기업활동으로 인한 환경오염에 대해서도 적용될 수 있고, 취소된 위법한 행정행위로 인한 계속적인 사실상 침해의 제거에 대해서도, 나아가 위법한 건축허가에 대해 취소청구를 하여 승소한 이웃 주민에게 철거명령을 구하는 청구권의 인정에서도 적용될 수 있다.

3) 직무상 행위의 직접적으로 의도된 결과는 제거되어야 하지만, 어느 정도로 간접적인 적절한 결과가 고려될지는 아직 미해결이다.

(3) 결과제거청구권의 근거문제

1) 결과제거청구권의 근거를 '헌법상의 기본권(자유권)'에 근거해서, 공행정상의 불법에 기한 불이익처리에 대한 청구권을 통일적으로 파악한 견해에 따르면, 결과제거청구권은 가장 넓은 의미를 가지게 된다.[68)]

---

66) BVerfG Döv 1971, 857

67) BVerfGE 80, 179

68) 오센뷜은, 결과제거청구권과 공법상의 부작위청구권은 다같이 기본권상의 보호청구권에 근거하므로, 결과제거청구권은 부작위계속청구권(Untelassungsfortsetzungsanspruch)이고, 공법상의 부작위청구권은 위험제거청구권(Gefahrenbeseitigungsanspruch)이라고 한다. 그는, 침해의 위험은 소극적 지위의 방해이며, 기본권침해와 동일시 될 수 있다는 점에서, 공법상의 부작위청구권은 침해방어청구권(Störungsabwehranspruch)의 변형이라고 하며, 부작위청구권과 결과제거청구권은 소극적 지위의 침해라는 동일한 사안의 두 개의 서로 다른 모습이라고 본다. 이런 불가분의 관계를 생각하면, 공법상의 부작위청구권과 결과제거청구권을 구별할 수 없게 된다. 오센뷜은, 공법상의 부작위청구권, 결과제거청구권, 환경오염방어청구권(Immissionsabwehranspruch), 철회청구권(Widerrufsanspruch)은 그 구성요건, 책임근거에 있어 이들을 포괄하는, "포괄적 보호청구권"(umfassender Schutzanspruch)의 변형이라고 한다. 그는 이 포괄적 보호청구권은, 수용유사침해에 기한 청구권과 같이 공행정상의 불법에 대한 대응적 청구권이지만, 그 법적 효과에 있어 수용유사침해는 공행정상의 권리침해로부터 손실보상청구권을 도출하지만, 기본권에 기한 포괄적 보호청구권은 불법의 제거 내지 장래의 불법에 대한 부작위청구권을 도출하는 점이 다르다고 한다.

2) 민법규정의 유추적용설

베터만(Bettermann)은, 공법상 국가책임체계의 결함을 인정하고, 이 결함을 독일 「민법」 제1004조(침해제거 및 부작위청구권), 제862조(점유방해에 대한 제거 및 부작위청구권), 제12조(성명권)의 유추적용에 의해 보완하려고 한다.

3. 우리나라에의 도입여부

(1) 우리 학설상으로는, 다수 학자들이[69] 이 법리가 우리나라에서도 적용될 수 있다고 보고, 그 근거로서도 독일과 같이 여러 가지 견해를 제시하고 있다.

(2) 이에 대해 김동희 교수는, 이 법리의 의미, 인정범위 등에 관한 구체적 검토가 실정법과 관련해 선행되어야 한다고 하고 있다.[70]

(3) 우리나라 판례는, 당사자소송으로서 이행소송을 인정하고 있지 않으므로, 결과제거청구권의 경우 행정소송은 현재 인정되지 않는다. 따라서, ① 취소판결의 기속력(원상회복의무)에 의하거나,[71] ② 「민법」 제213조, 제214조에 기해 민사소송으로 제기하는 방법밖에 없을 것이다[대판 1987. 7. 7, 85다카1383].

69) 김남진, 박윤흔, 김도창, 이상규, 홍정선 등

70) 김동희, 행정법 I, p. 598

71) 기속력의 원상회복의무는 아직 판례에 의해 확실하게 인정된 것은 아니고, 학설에서만 주장되고 있다.

03 | 행정쟁송

제1절 행정심판과 이의신청

I 의의와 성격

1. 행정심판은, 행정청의 처분 그 밖의 공권력의 행사에 해당하는 행위 또는 불행사에 관하여 불복이 있는 때, 행정기관에 대하여 불복을 신청하고, 그 위법·부당을 심사하게 하고, 위법·부당한 행위의 시정이나 배제를 청구하는 절차이다. 법원에 대하여서가 아니라, 행정기관에 대하여 심판을 청구하는 것에 특징이 있고, 이 점에서 소송절차와 구별된다. 한편으로는 행정심판도 정식으로 심리·판단을 구하는 쟁송절차인 점에서는 소송과 공통점이 있고, 청원이나 고충민원신청과 구별된다.

2. 행정심판은, 행정청의 공권력의 행사 또는 불행사의 적부를 심사하여 그 잘못을 시정하고, 국민의 구제를 도모하는 것을 목적으로 하는 제도이고, 행정소송과 비슷한 기능을 수행한다. 다만, 행정소송이 행정권으로부터 독립한 법원에서 하는 절차이고, 법원이 중립·공정한 입장에서 신중한 절차로 법의 적용을 행하여, 행정처분의 적법성을 심사함에 대하여, 행정심판은, 행정권에 속하는 기관이 자기반성 내지 행정감독의 일환으로서 비교적 간이한 절차로 행정처분 등의 적부를 심판하는 것이고, 이 점에서 행정소송과 다르다(물론, 「헌법」 제107조 제3항에서는 행정심판의 절차는 사법절차가 준용되어야 한다고 규정하고 있으므로 그 점에서 우리나라의 행정심판은 행정소송과 더욱 유사한 점이 많다고 할 수 있다).

3. 우리 「헌법」은, 널리 법원에 있어서 재판을 받을 권리를 보장하고 있으므로(§27①), 헌법상 당연히, "개괄주의"가 인정되고, 만일 행정청이 법률에 위반하면,

그것에 의해 권리·이익이 침해된 자는 재판상 그 시정을 구할 수 있다. 따라서, 행정심판은 최종심이 될 수 없고, 재판의 전심절차로서, 행정심판의 재결에 불복이 있으면 법원에의 권리구제의 길이 확보되지 않으면 안 된다. 행정심판의 장점의 하나로서는, 소송절차에 비해 시간·비용·노력이 적게 들고, 간이·신속한 구제를 얻을 수 있는 외에 그것이 행정감독수단인 점에서, "위법한 처분"의 시정만이 아니고, 행정청의 "부당한 재량권행사"의 시정도 구할 수 있다는 점을 들 수 있다(「행정심판법」 §1).

4. 행정심판에 관한 일반법은, 「행정심판법」이다. 행정심판은 국민의 권리·이익의 침해를 구제하는 것이 주된 목적이고, 행정의 적정한 운영확보는 부차적인 목적이라고 보는 것이 타당하다(다만, 행정소송보다는 주관적 쟁송으로서의 의미가 약할 것이다).[72]

「행정심판법」은 일반개괄주의(원칙적으로 행정청의 어떠한 처분에 관하여도, 행정심판을 청구하는 것)를 인정하고 있다. 그러나, 「행정소송법」은 행정심판을 거칠 것인가, 아니면 법원에 직접 행정소송을 제기할 것인지는 사인의 선택에 맡기고 있다. 즉 일률적인 행정심판전치주의를 취하고 있지 않다.[73] 다만, 다수의 특례가 법률상 정해져 있다(국세에 관하여는 「국세기본법」, 국가공무원에 대한 불이익처분에 관하여는 「국가공무원법」, 운전면허취소처분 등에 관하여는 「도로교통법」 등).

5. 「행정심판」에 관한 우리나라의 주요판례:

1) 「고지제도의 불이행과 행정처분의 하자」에 관하여, 우리 대법원은, 「고지절차에 관한 규정은 행정처분의 상대방이 그 처분에 대한 행정심판의 절차를 밟는 데 있어 편의를 제공하려는 데 있으며 처분청이 위 규정에 따른 고지의무를 이행하지 아니하였다고 하더라도 경우에 따라서는 행정심판의 제기기간이 연장될 수 있는 것에 그치고 이로 인하여 심판의 대상이 되는 행정처분에 어떤 하자가 수반

72) 같은 취지로서, 김철용, 행정법Ⅰ, p. 562; 이런 입장에 선다고 하더라도, 행정심판제도의 이용을 일률적으로 사인에게 부과하는 것(행정심판전치주의)의 입법적 선택문제는 별개이다.

73) 행정심판전치주의를 취할 것인지는 「행정심판법」 자체의 문제는 아니고, 「행정소송법」과 관련되는데, 「행정소송법」은 원칙적으로 "자유선택주의"를 정하고 있다(§18). : 塩野宏, 行政法Ⅱ, p. 12

된다고 할 수 없다」라고 판시하고 있다[대판 1987.11.24, 87누529].

2) 「'재결이 있음을 안 날'과 심판청구기간」에 관하여 우리 대법원은, 「심판청구기간 기산점인 '처분이 있음을 안 날 '이라 함은 처분을 기재한 서류가 당사자의 주소에 송달되는 등으로 사회통념상 처분이 있음을 당사자가 알 수 있는 상태에 놓여진 때에는 반증이 없는 한 그 처분이 있음을 알았다고 추정할 수 있다」라고 판시하고 있다[대판 1995.11.24, 95누11535].

3) 「취소재결의 효력」에 관하여, 우리 대법원은, 「행정심판에 있어서 재결청의 재결내용이 처분청의 처분을 스스로 취소하는 것일 때에는 그 재결의 형성력이 발생하여 당해 행청처분은 별도의 행정처분을 기다릴 것도 없이 당연히 취소되어 소멸된다」라고 판시하고 있다[대판 1997.5.30, 96누14678].

Ⅱ 행정심판의 대상

1. 개괄주의의 채택

(1) 행정청의 처분 내지 부작위 중, 어느 것에 행정심판을 허용할 것인가의 결정방법에는, "열기(列記)주의"와 "개괄주의"가 있다. 앞의 것은, 법률이 특히 열거하고 있는 처분에 관해서만 쟁송의 제기를 인정하는 방법이고, 뒤의 것은, 법률에서 예외적으로 정한 경우를 제외하고는, 원칙적으로 모든 처분 또는 부작위에 관하여 쟁송의 제기를 인정하는 방법이다. 오늘날과 같이 행정의 영역이 계속 확대되어 가고 있는 상황에서는, 행정심판의 대상으로 모든 처분을 법률상 일일이 열거하는 것은 입법기술상 곤란할 뿐만 아니라, 국민의 권리구제에도 불충분하게 된다. 「행정심판법」은 행정심판사항에 개괄주의를 채택하고 있다(§1, §3).

(2) 다만, ① 다른 법률에 특별한 규정이 있거나, ② 대통령의 처분 또는 부작위의 경우(다른 법률에 특별한 규정이 있는 경우를 제외함)나 ③ 재결의 경우에는 행정심판에서 제외하고 있다. 여기서 ①의 "다른 법률에 특별한 규정이 있는 경우"는 조세·특허·소청 등 개별법률의 규정에 의하여 독자적인 구제절차를 마련하고 있는 경우(예: 국세기본법 등)를 가리킨다.[74]

---

74) 김철용, 행정법 I, p. 565

2. 행정심판의 대상으로서의 행정청의 "처분"과 "부작위"

(1) 처분

1) 「행정심판법」은 행정심판의 대상으로서의 "처분"을 행정청이 행하는 구체적 사실에 관한 법집행으로서의 공권력의 행사 또는 그 거부와 그 밖에 이에 준하는 "작용"이라고 정의한다(§2① i).

2) 따라서 처분에는 ① 학문상의 행정행위와, ② 공권력의 행사에 해당하는 사실행위로서 계속적 성질을 가지는 것(예: 물건의 압류, 전염병 환자의 격리조치)과, ③ 학문상의 행정행위에 준하는 행위 등이 포함된다.

따라서 처분은 일응, 행정청이, 법령에 가하여 우월적 입장에서, 직접 국민의 권리·의무를 형성하고, 그 밖의 구체적인 법률상의 효과를 발생하게 하는 것을 말한다.

사 례

주택건설사업계획승인 시 부과된 부담이 행정심판의 대상이 되는지 여부

■ 쟁점

허가관청이 사인에 대하여 주택건설사업계획을 승인 시 주택건설촉진법령에서 정하는 사항 이외에 당해 토지에 관련된 광업권 등에 대해서는 이해당사자와 협의 후 사업을 착공하라는 부담을 붙였는바, 이러한 부담에 대하여 행정심판을 제기할 수 있는지의 여부이다.

➡ 해설

일반적으로 행정행위에 대한 부관 중 부담의 경우에는 주된 행정행위와는 별도로 독립하여 쟁송의 대상이 된다고 보는 것이 통설 및 판례의 입장이다. 따라서 사인은 허가관청을 피청구인으로 하여 광업권 등에 대해서는 이해당사자와 협의 후 사업을 착공하라는 부담의 취소를 구하는 행정심판을 청구할 수 있다. 부관이 위법한 것으로 인정된다고 하더라도 이를 이유로 허가처분까지 위법이 되는 것은 아니며, 사인은 부담만을 다투어 그 취소를 구하면 되므로 그에 대한 행정심판재결이 허가처분에 직접 영향을 주지는 않는다.

3) 또한, 처분에는 거부처분이 포함되는데,(예: 인·허가 또는 행정규제발동신청을 거부하는 경우) 판례는 거부행위가 처분이 되려면 국민이 행정청에 대하여 그 신청에 따른 행정행위를 하여 줄 것을 요구할 수 있는 법규상 또는 조리상의 권리가 있어야 한다고 한다(대판 2007.10.11., 2007두1316 등).

사 례

처분내용중 허가기간만에 대하여 행정심판을 청구하여 다툴 수 있는지의 여부

■ 쟁점

A가 산림형질변경허가기간연장신청을 행정청에 하면서 연장기간을 3년으로 하여 신청하였으나 행정청이 당초 신청한 기간보다 짧은 2년으로 정하여 산림형질변경허가기간연장허가를 하였는데 이를 다투고자 할 경우 동처분이 행정심판의 대상이 되는지의 여부이다.

➡ 해설

산림형질변경허가기간연장신청에 대하여 행정청이 신청내용과 다른 기간을 정하여 행정처분을 하였고 A가 이에 대하여 행정심판을 제기하고자 하는 경우에는 처분내용 중 허가기간만에 대하여 행정심판을 청구하여 다툴 수는 없고 동처분 전체의 취소를 구하는 행정심판을 제기하여 다툴 수 있다.

4) 행정청에는, ① 행정조직법상의 행정청(국가 또는 지방자치단체의 행정에 관한 의사를 결정·표시할 수 있는 권한을 가진 행정기관) 외에, ② 법령에 의하여 행정권한의 위임·위탁을 받은 행정기관, 공공기관 및 그 기관 또는 사인이 포함된다(김동희, 행정법 I, p.616 ; 김철용, 행정법 I, p.566.).

사 례

건축허가(용도변경)신청반려처분취소청구에 대해 청구인의 청구를 인용하는 재결을 한 후 이 신청에 대해서 구청장이 재차 불허가처분을 한 경우 이행을 구하는 청구가 행정심판의 대상이 되는지의 여부

■ 쟁점

1. 논점

건축허가(용도변경)신청반려처분취소청구에 대해서 청구인의 청구를 인용하는 재결을 한 후, 다시 청구인의 사정이나 여건이 달라지지 않은 사정하에서 동일한 신청을 하고, 이 신청에 대해서 구청장이 재차 불허가처분을 한 경우 이 불허가처분의 취소와 이행을 구하는 청구가 행정심판의 대상이 되는지의 여부

2. 해석상의 문제점

가. 갑설 : 건축허가(용도변경)신청반려처분과 건축허가(용도변경)불허가처분은 별개의 처분이므로 행정심판의 대상이 된다.

나. 을설 : 건축허가(용도변경)신청반려처분과 건축허가(용도변경)불허가처분은 사실상 동일한 처분이므로 재심이 허용되지 않은 현행 행정심판법의 구조상 동일한 사항을 대상으로 한 심판청구는 불가능하다.

해설

행정심판법 제49조 제1항의 규정에 의하면 행정심판의 재결은 피청구인인 행정청을 기속하는 바, 건축허가(용도변경)신청반려처분취소청구에 대하여 재결청의 인용재결이 있었다면 청구인의 당초 신청이 반려되지 아니한 상태로 환원되므로 피청구인은 청구인의 최초 신청에 기초하여 재결의 취지에 따라, 지체없이 위 건축허가(용도변경)를 하여야 할 것이다.

따라서 인용재결이 있었음에도 불구하고 피청구인이 건축허가(용도변경)를 하지 아니하는 것은 재결의 기속력에 관한 위 행정심판법의 규정에 어긋난다고 할 것이고 청구인은 피청구인이 재결의 취지에 따른 처분을 하지 아니할 경우에는 행정심판법 제5조 제3호의 규정에 의하여 의무이행심판을 제기할 수 있다.

(2) 부작위

1) 행정심판의 대상으로 되는 부작위는, "행정청이 당사자의 신청에 대하여 상당한 기간내에 처분을 하여야 함에도 불구하고 이를 하지 않는 것"이다(「행정심판법」 §2). 예컨대 국민이 법령에 기하여 인·허가 그 밖의 신청을 하였는데도 행정청이 이를 오랫동안 방치해 두는 경우를 들 수 있다. 이러한 상태를 해소하기 위하여 행정청이 사인의 신청 등에 대하여 응답하지 않는 상태를 부작위라고 하고, 당사자에게 그 위법·부당을 다투는 길을 열어, 인·허가 등에 관련된 사무의 처리촉진을 도모하려는 것이 부작위에 대한 행정심판의 목적이다.

2) 판례는 "일정한 처분을 하여야 할 법률상 의무"를 응답의무로 이해하여 거부처분과 동일하게 당사자의 신청권을 요구하고 있다.[75] 이에 대하여는 신청권의 문제는 청구인적격 또는 본안의 문제에 불과하고, 따라서 처분을 하여 달라는 신청에 대해 행정청이 응답하지 않는 경우에는 그것만으로 부작위가 성립하는 것으로 보아야 한다는 견해가 있다.[76]

사 례

토지거래계약허가증의 발급의무를 이행하지 아니할 경우 행정심판법에 의한 의무이행심판청구의 대상이 되는지의 여부

■ 쟁점

국토이용관리법 제21조의3 제6항의 규정에 의한 토지거래계약허가증의 발급의무를 이행하지 아니

75) 김철용, 행정법 I, p. 567

76) 박정훈, 행정심판법의 구조와 기능, 행정법연구 제12호, 253쪽

할 경우 행정심판법에 의한 의무이행심판청구의 대상이 되는지의 여부

해설

행정심판법 제3조 제1항의 규정에 의하면 행정청의 처분 또는 부작위에 대하여 다른 법률에 특별한 규정이 있는 경우를 제외하고는 이 법에 의하여 행정심판을 제기할 수 있다고 하여 원칙적으로 행정청의 처분 또는 부작위에 대하여는 행정심판법에 의한 행정심판을 제기하도록 하되, 다른 법률에 특별한 규정이 있는 경우에는 해당 법률의 특별행정심판절차에 의하도록 하고 있다.

국토의 계획 및 이용에 관한 법률 제118조 제4항 본문의 규정에 의하면 시장·군수 또는 구청장은 제3항의 규정에 의한 허가신청서를 받은 때에는 그 허가신청서를 받은 날부터 민원사무처리에 관한 법률에 따른 기간 내에 허가 또는 불허가의 처분을 하고, 그 신청인에게 허가증을 발급하거나 불허가처분사유를 서면으로 통지하여야 한다고 되어 있고, 동조 제5항의 규정에 의하면 제4항의 규정에 의한 기간내에 허가증의 발급 또는 불허가처분사유의 통지가 없거나 선매협의사실의 통지가 없을 때에는 당해 기간이 만료한 날의 다음 날에 제1항의 규정에 의한 허가가 있는 것으로 보며, 이 경우 시장·군수 또는 구청장은 지체없이 신청인에게 허가증을 발급하여야 한다고 되어 있는바, 허가권자가 특별한 사유없이 신청서를 받은 날부터 제4항에 따른 기간이 경과하면 허가신청권자는 허가를 받은 것으로 의제되므로 허가의 효력은 발생하고, 허가권자는 법적으로 허가증의 발급 의무를 지게 되며. 만약 허가증을 발급하지 아니하는 경우 행정심판법상 행정심판의 대상인 '부작위'에 해당하게 된다.

한편 국토의 계획 및 이용에 관한 법률 제120조의 규정에 의하면 제118조의 규정에 의한 처분에 대한 이의가 있는 자는 그 처분을 받은 날부터 1개월 이내에 시장·군수·구청장에게 이의를 신청할 수 있도록 하고 있는 바, '제118조 에 따른 처분'이라 함은 허가·불허가 등의 처분만을 의하는 것이고, 허가의 효력이 제118조 제5항 전단의 규정에 의하여 당연히 발생한 후의 허가증발급의 무불이행의 경우까지 포함하는 개념은 아니라고 볼 것이므로 이러한 '부작위'의 경우에는 행정심판법에 의한 의무이행심판을 청구하여야 한다.

Ⅲ 행정심판기관

1. 서언

행정심판기관은 행정심판의 청구를 수리하여 이를 심리·재결하는 권한을 가진 행정기관을 말한다. 행정심판의 객관성(제32조), 공정성을 위하여는, 행정심판기관은 상당한 정도로 독립성이 보장된 합의제기관으로 하는 것이 바람직하지만, 그 밖에 신속한 권리구제, 경제성 등도 고려하여 입법정책적으로 결정된다. 2008년에 개정된 「행정심판법」은 행정심판위원회와 다른 별도의 재결청을 두던 것을(원칙적으로 처분청의 직급상급행정청) 없애고, 행정심판기관(심리와 재결기능을 모두 행함)을 행정심판위원회로 일원화하였다.

2. 행정심판위원회의 설치

(1) 종전에는 처분청, 의결기관인 행정심판위원회, 행정심판위원회의 의결에 따라 재결하는 재결청 등 행정심판과 관련된 기관의 구조가 복잡해서 국민이 알기 어려웠고, 행정심판위원회에서 의결결과를 청구인에게 직접 통보하지 못함에 따라 행정심판사건의 처리기간만 늘어나 신속한 권리구제는 행정심판제도의 취지에 맞지 않았으므로, 2008년의 「행정심판법」의 개정으로, 재결청의 개념을 없애고, 행정심판위원회에서 행정심판사건의 심리를 마치면, 직접 재결을 하도록 하였다.

(2) 행정부에 설치되는 행정심판위원회는 다음과 같다.

1) 중앙행정심판위원회

① 국민권익위원회에서 행정심판 관련 사무를 수행하는 내용으로 「부패방지 및 국민권익위원회의 설치와 운영에 관한 법률」이 제정됨에 따라 국민권익위원회에 중앙행정심판위원회를 두도록 하였다.

② 중앙행정심판위원회는 ㉠ 제6조 제1항에 따른 행정청(감사원, 국가정보원장, 국회사무총장, 국가인권위원회 등) 외의 국가행정기관의 장 또는 그 소속 행정청의 처분이나 부작위, ㉡ 특별시장·광역시장·도지사·특별자치도지사(교육감포함, 이하 "시·도지사"라고 함) 또는 특별시·광역시·도·특별자치도의 의회의 처분이나 부작위, ㉢ 지방자치단체조합 등의 처분이나 부작위에 대한 행정심판의 청구를 심리·재결한다.

2) 시·도지사 소속 행정심판위원회(시·도 행정심판위원회)

㉠ 시·도 소속 행정청의 처분이나 부작위, ㉡ 시·도의 관할구역에 있는 시·군·자치구의 장, 소속 행정청 또는 시·군·자치구의 의회의 처분이나 부작위, ㉢ 시·도의 관할구역에 있는 둘 이상의 지방자치단체(시·군·자치구를 말함)·공공법인 등이 공동으로 설립한 행정청의 처분이나 부작위에 대한 행정심판의 청구를 심리·재결한다.

3) 해당 행정청 소속 행정심판위원회

① 감사원·국가정보원장 등 대통령 소속기관의 장, ② 국회사무총장·법원행정처장·헌법재판소 사무처장 및 중앙선거관리위원회 사무총장, ③ 국가인권위원회 등 지위·성격의 독립성과 특수성 등이 인정되어 대통령령으로 정하는 행정청

처분이나 부작위에 대한 심판청구를 심리·재결하기 위하여 해당 행정청 소속으로 행정심판위원회를 둔다(§5②).

4) 처분청의 직근 상급행정기관 소속 행정심판위원회

대통령령으로 정하는 국가행정기관 소속 특별지방행정기관의 장의 처분이나 부작위에 대한 심판청구를 심리·재결하기 위하여 해당 행정청의 직급 상급행정기관 소속으로 행정심판위원회를 둔다.

5) 「행정심판법」 외의 법률에 의하여 설치된 행정심판위원회

「행정심판법」 외의 법률에서 특히 제3자적 기관으로 특별행정심판위원회를 두는 경우가 있다. 즉 공무원에 대한 불이익처분에 대한 소청의 재결청인 소청심사위원회(「국가공무원법」), 조세심판의 조세심판원(「국세기본법」) 등을 들 수 있다.[77]

사 례

토지수용재결에 대한 불복절차(수자원공사)

■ 쟁점

A는 자신의 소유토지인 충남 X시 소재 토지 일부에 대하여 수자원공사가 2010. 1. 1. 토지수용절차를 거쳐 소유권이전등기를 경료한 경우, A가 수용절차 등에 불합리한 점이 많아 승복할 수 없는 경우 이에 대한 불복을 할 수 있는지의 여부

➡ 해설

위 사건과 관련되는 법령은 토지취득보상법 및 행정심판법으로서, 토지수용재결은 토지취득보상법의 규정에 의하여 행해지는 것으로서 행정심판법 제3조 제1항의 "다른 법률에 특별한 규정이 있는 경우"에 해당하므로 토지수용재결에 불복하는 경우에 행정심판을 제기하여 다툴 수는 없고 토지취득보상법 등이 정하는 바에 따라 이의신청, 행정소송 등의 불복절차를 밟아야 할 것이다.

사 례

국민연금관련 불복절차

■ 쟁점

X는 2000. 3. 31자로 퇴직하고 국민연금관리공단 Y지사에서 실직 후 1년이 경과하면 반환일시금

77) 이들 중 1)의 중앙행정심판위원회, 2)의 시·도 행정심판위원회, 5)의 「행정심판법」 외의 법률에 의하여 설치된 행정심판위원회가 특히 중요하다고 할 수 있다.

을 지급받을 수 있다고 하여 지급받는 즉시 상환하기로 약속하고 9백만원을 대출받았는데, 1년이 경과한 후인 2001. 4. 1부터 제도가 바뀌어 지급할 수 없다고 하는바, 이는 민법상 계약의 일반 원칙에 위배되는 것이므로 반환일시금을 지급받을 수 있는지의 여부

➡ 해설

위의 내용과 관련되는 법령은 국민연금법으로서 동법 제88조 내지 92조의 규정에 의하면 가입자의 자격, 표준소득월액, 연금보험료 기타 이 법에 의한 징수금과 급여에 관한 공단의 처분에 이의가 있는 자는 공단에 심사청구를 할 수 있고, 심사청구에 대한 결정에 불복이 있는 자는 국민연금재심사위원회에 재심사청구를 할 수 있다고 규정되어 있으며, 재심사 재결에 불복하는 경우에는 행정소송을 제기하여 다투도록 되어 있다. 따라서 국민연금관리공단의 반환일시금지급거부에 대하여 불복하고자 하는 경우에는 처분이 있음을 안 날로부터 90일 이내에 국민연금공단에 심사청구를 하여야 하고, 그 결정에 불복이 있으면 국민연금재심사위원회에 재심사청구를 하여야 하며, 이러한 심사청구 및 재심사청구가 특별행정심판절차에 해당하므로 이와 별도로 행정심판법에 의한 행정심판을 청구하여 다툴 수는 없다.

사 례

양도소득세부과처분에 대한 불복절차

■ 쟁점

S는 자신의 토지를 2002년에 부동산을 매각하고 기준시가로 계산된 양도차익에 대하여 양도소득세를 부과 받았는바, 당시의 실질거래가액을 증명하기 위해 세무서로부터 공식적인 자료를 받아볼 수 있는지, 또한 그 자료가 행정심판청구의 근거가 될 수 있는지의 여부

➡ 해설

위의 경우와 관계되는 법령은 국세기본법으로서, 동법 제25조 내지 제81조의 규정에 의하여 세법에 의한 처분에 불복하고자 하는 경우에는 정해진 기간내에 국세청장에 대한 심사청구 및 조세심판원에 대한 심판청구를 하거나 법원에 행정소송을 제기하여 다투어야 하고, 행정심판법 제3조 제1항의 규정에 의하여 행정심판법에 의한 행정심판의 대상은 되지 않는다. 만약 S가 세무서로부터 특정한 자료를 받아보기 위해서는 공공기관의정보공개에관한법률에 근거하여 정보공개청구를 할 수 있으며, 공개청구한 정보가 동법에 규정된 비공개정보에 해당하지 아니하는 경우 S는 해당 정보를 받아 볼 수 있을 것이다.

Ⅳ 행정심판청구의 요건

1. 심판청구인

(1) 행정청의 위법 또는 부당한 처분에 의하여 직접 자기의 권리·이익을 침

해당한 자라면, 처분의 상대방인지, 제3자인지 여부를 묻지 않고, 행정심판을 청구할 수 있다.

사 례

위법건축물로 인하여 일조권침해 등의 피해를 입은 자가 사용승인취소청구를 할 청구인적격이 있는지의 여부

■ 쟁점

전방의 위법건축물로 인하여 일조권침해, 주택가격의 하락 등으로 재산상의 피해를 입은 자가 위법건축물의 사용승인을 한 행정기관을 상대로 사용승인취소심판청구를 하고자 할 경우 행정심판법 제9조 제1항의 법률상 이익이 있는 자에 해당되어 당사자적격이 있는지 여부

➡ 해설

행정심판법 제13조 제1항의 규정에 의하면 '취소심판은 처분의 취소 또는 변경을 구할 법률상 이익이 있는 자가 제기할 수 있다. 처분의 효과가 기간의 경과, 처분의 집행 그 밖의 사유로 인하여 소멸된 뒤에도 그 처분의 취소로 인하여 회복되는 법률상 이익이 있는 자의 경우에도 또한 같다'라고 하여 취소심판은 당해 처분의 상대방인지의 여부와는 관계없이 구체적인 처분의 취소나 변경을 구할 법률상의 이익이 있는 자는 본안재결을 구할 수 있도록 청구인적격을 인정하고 있다.

여기서 '법률상 이익'이라 함은 당해 처분의 근거가 되는 법률에 의하여 보호되는 직접적이고 구체적인 이익을 말하고, 단지 간접적이거나 사실적・경제적 이해관계를 가지는 대 불과한 경우에는 여기에 포함되지 아니한다(대판 1993. 7. 27, 93누8139)고 볼 것인 바, 구체적인 경우에 있어서 법률상 이익이 있는가는 당해 법령에서 구체적으로 보호하고 있는 이익인가의 여부를 살펴보아야 할 것이다.

따라서 청구인적격과 관련하여 건축법 제61조 제1항의 규정을 살펴보면 전용주거지역과 일반주거지역 안에서 건축하는 건축물의 높이는 일조 등의 확보를 위하여 정북방향의 인접 대지경계선으로부터의 거리에 따라 대통령령으로 정하는 높이 이하로 하여야 한다'고 되어 있는 바, 인접건축물이 이러한 높이를 초과하여 건축함으로써 일조권을 침해하였다면 당해 건축물에 대하여 사용승인을 한 행정청을 상대로 행정심판을 청구할 수 있다고 할 것이다.

(2) 제3자나 국민일반의 이익의 보호를 도모하기 위하여 행정심판을 청구하는 것은 허용되지 않는다.[78]

(3) 청구인은 자연인・법인에 한하지 않고, 법인이 아닌 사단 또는 재단도 대

78) "일본 「부당경품류 및 부당표시방지법」의 규정에 의하여, 일반소비자가 받는 이익은, 공익보호를 통하여 국민일반이 공통적으로 받는 일반적 이익 내지 반사적 이익이어서 행정심판청구의 이익이 없다"는 1978년 일본최고재판소 판례가 있다.

표자 또는 관리인이 정해져 있으면, 그 이름으로 청구를 할 수 있다(「행정심판법」 §14). 다수인이 공동으로 심판청구를 하는 때에는, 3인 이하의 대표자를 선정할 수 있다(「행정심판법」 §15). 또한, 청구인은 대리인에 의하여 당해 심판청구에 관한 행위를 하게 할 수 있다(「행정심판법」 §18).

(4) 행정청의 부작위에 대하여 행정심판의 청구인적격이 있는 자는, 당해 부작위에 대하여 일정한 처분을 구할 법률상 이익이 있는 자이다(「행정심판법」 §13③). 여기서 "처분을 구할 법률상 이익"은 관계법률이 행정청에 처분의무를 부과한 취지가 적어도 특정 개인의 이익도 아울러 보호하고자 하는 것인 때에 인정되는 이익이다.

2. 행정심판청구기간

(1) 원칙

1) 심판청구는 원칙적으로 처분이 있음을 알게 된 날로부터 90일 이내, 처분이 있었던 날부터 180일 이내에 제기하여야 한다(「행정심판법」 §27①③). 이들 기간은 불변기간이며, 두 기간 중 어느 하나라도 도과하면 당해 심판청구는 부적법한 것으로서 각하된다.

2) "처분이 있음을 알게 된 날"이란, 격지자에게 서면으로 통지하는 경우에는 그 서면이 상대방에게 도달한 날(이 경우 사회통념상 처분내용이 상대방이 알 수 있는 상태에 있게 됨), 공시송달의 경우에는 서면이 상대방에게 도달한 것으로 간주되는 날을 말한다[행정절차 제14조]. 행정심판재결례(국무총리행정심판위원회재결 1996. 3. 18. 96-42)에서는 고시 또는 공고에 의하여 행정처분을 하는 경우[행정효율과 협업촉진에 관한 규정 제6조: 예컨대, 실시계획의 승인·고시]에는, 개별통지 등에 의하여 당사자가 처분이 있은 것을 알지 않는 한 고시·공고가 효력을 발생하는 날을 「행정심판법」상의 "처분이 있은 날"로 보아 그 때부터 180일 이내에 행정심판을 제기할 수 있다고 하고 있지만, 대법원 판례[대판 1995. 8. 22, 94누5694 전원합의체]는 이와 달리 고시·공고가 효력을 발생하는 날을 「행정심판법」상의 "처분이 있음을 알게 된 날"로 보고 있다.[79]

---

79) 김계홍, 행정심판청구기간에 관한 판례의 비판적 고찰, 법제, 1999. 1, p. 33-34

사 례

환경개선부담금부과처분에 대한 심판청구기간이 경과한 경우 독촉처분에 대한 심판청구를 하여 부과처분을 다툴 수 있는지 여부

■ 쟁점

K는 자동차환경개선부담금을 2009. 9월경에 부과 받고 이를 납부하지 않다가 2010. 5. 10. 독촉고지를 받았는바, 2009. 9월에 있었던 부과처분은 행정심판을 청구할 수 있는 기간이 이미 경과하여 독촉처분에 대하여 행정심판을 제기하고자 하는데 이것이 가능한지의 여부와, 심판청구기간의 여부

➡ 해설

위의 사안은 행정심판법과 관련된 것으로서 동법 제27조의 규정에 의하면 심판청구는 처분이 있음을 알게 된 날부터 90일 이내에, 처분이 있었던 날부터 180일 이내에 제기하여야 하나, 무효등확인심판청구에는 심판청구기간의 제한이 없다. 따라서 부과처분의 무효를 주장하는 K의 심판청구는 기간제한 없이 할 수 있으며, 2010. 5. 10.자 독촉처분에 대하여는 동처분이 있음을 알게 된 날(독촉장을 받은 날)부터 90일 이내에 취소심판청구를 할 수 있다. 다만 독촉처분은 원래의 부과처분과는 구별되는 별개의 처분이므로 K는 독촉처분에 대하여 행정심판을 제기하는 경우, 원래의 부과처분이 무효가 아닌 이상 부과처분의 하자를 이유로 독촉처분의 취소를 구할 수는 없고 독촉처분 자체의 고유한 하자가 있을 경우에만 독촉처분의 취소를 구할 수 있을 것이다.

(2) 예외

1) 90일에 대한 예외

천재 · 지변 · 전쟁 · 사변 그 밖에 불가항력적인 사유가 있으면 "처분이 있음을 알게 된 날부터 90일 이내"의 기간제한은 적용되지 않는데, 그 사유가 소멸한 날부터 14일 이내에 심판청구를 제기하여야 한다(「행정심판법」 §27②).

2) 180일에 대한 예외

심판청구는 정당한 사유(이것은 재해 등 객관적 상황을 가리킴)가 있으면 처분이 있었던 날로부터 180일을 도과하더라도 제기할 수 있다(「행정심판법」 §27③ 단서).

3) 복효적 행정행위의 경우

현행법상 처분의 상대방이 아닌 제3자에 대한 통지절차가 없으므로, 처분의 제3자로서는 처분이 있음을 알지 못하는 경우가 대부분일 것이므로, 제3자에 의한 심판청구는 "처분이 있었던 날로부터 180일을 경과한 뒤"에도 가능하게 될 것이

다(대판 1992. 7. 28. 91누12844).

4) 「행정심판법」외의 법률에 의한 특례규정

「국가공무원법」 제76조 제1항 또는 「국세기본법」 제68조 등에서 심판청구기간에 관한 특례규정을 두고 있다.

3. 행정심판청구의 방식(형식과 절차)

(1) 심판청구는 일정한 사항을 기재한 서면으로 하여야 한다(「행정심판법」§18).[80] 이것은 청구의 취지·이유 등을 명확히 하기 위한 것(행정심판청구의 존재와 논점을 명확히 하고, 절차를 신중하게 진행시키기 위한 것)이다.

(2) 심판청구서는 행정심판위원회 또는 피청구인인 행정청에 제출하여야 한다(「행정심판법」 §23①). 따라서 청구인은 행정심판위원회에 직접 심판청구를 제기할 수도 있고, 피청구인인 행정청을 거쳐 심판청구를 제기할 수도 있다.

V 고지제도

1. 고지제도의 취지

행정처분에 대하여 불복이 있는 경우에, 심판청구가 가능한지 여부, 행정심판위원회·심판청구기간 등 당해 처분에 대한 행정심판제기에 필요한 사항을 일반국민이 알기란 반드시 쉬운 것은 아니다. 그래서 두게 된 것이 "고지제도"이다. 고지제도는 현행법상 「행정심판법」 제58조와, 「행정절차법」 제26조에서 함께 규정하고 있다.[81]

2. 고지의 법적 성질

고지는 준법률행위적 행정행위(예: 관념의 통지)가 아니고, 비권력적 사실행위

80) 온라인 행정심판청구제도가 실무상 먼저 도입되었다가, 이에 대한 법적 근거가 2010년에 개정된 「행정심판법」에 반영되었다(동법 제7장).

81) 김동희, 행정법 I, p. 647; 김철용, 행정법 I, p. 598

(행정서비스적 성격)라고 보는 것이 일반적이다.

3. 고지하여야 하는 경우와 고지의 내용(「행정심판법」 §58)

(1) 행정청이 서면에 의한 처분을 하는 경우 그 상대방에게 ① 처분에 관하여 행정심판을 제기할 수 있는지 여부와, ② 제기하는 경우의 심판청구절차와, ③ 청구기간을 알려야 한다.[82)]

(2) 행정청은 이해관계인(예컨대 복효적 행정행위의 경우 제3자)이 고지를 신청하면 지체없이 (1)에 열거된 사항을 알려야 한다.

4. 고지하지 않은 경우(불고지)의 구제(「행정심판법」 §27)

(1) 제출기관

행정청이 고지하지 않아 청구인이 심판청구서를 다른 행정기관에 제출한 때에는 당해 행정기관은 그 청구서를 지체없이 정당한 권한 있는 행정청에 송부해야 하고, 그 사실을 지체없이 청구인에게 통지해야 한다. 이 경우 심판청구기간을 계산함에 있어 당초의 행정기관에 청구서가 제출된 때에 심판청구가 제기된 것으로 본다.

(2) 청구기간

행정청이 심판청구기간을 알리지 않은 때에는, 처분이 있은 날부터 180일 이내에 청구하면 된다.

5. 고지를 잘못한 경우(오고지)의 구제

(1) 제출기관

행정청이 제출기관을 잘못 알려 청구서를 다른 행정기관에 제출한 때에는, 당해 행정기관은 그 청구서를 지체없이 정당한 권한 있는 행정청에 송부해야 하고,

---

82) 예컨대 "귀하는 이 처분서를 받으신 날로부터 90일 이내에 ○○도지사 또는 중앙행정심판위원회에 행정심판을 청구할 수 있습니다"라고 하게 된다.

그 사실을 지체없이 청구인에게 통지해야 한다. 이 경우 심판청구기간을 계산함에 있어 당초의 행정기관에 청구서가 제출된 때에 심판청구가 제기된 것으로 본다.

(2) 청구기간

행정청이 심판청구기간을 법정기간보다 길게 잘못 알린 때에는, 그 고지된 기간내에 심판청구가 제기되면, 그것이 법정기간 내에 제기된 것으로 본다.

Ⅵ 심리의 내용과 범위

1. 심리의 내용

(1) 요건심리

심판청구를 받은 행정청은, 우선 그 청구가 행정심판청구의 요건(청구제기요건)을 갖추고 있는지 여부를 심리하고(요건심리), 요건이 갖추어져 있지 않으면, 청구를 각하한다. 그 요건불비가 보정될 수 있는 것이면, 보정을 명할 수 있다.

(2) 본안심리

모든 요건을 갖추었다고 인정되면, 청구내용의 당부, 즉 처분 내지 부작위의 적법성과 타당성에 관한 심리로 나아간다(본안심리). 본안심리결과, 그 청구가 정당하다면 인용하고, 부당하다면 기각한다.

2. 심리의 범위

(1) 행정소송은 법원에 의한 객관적 법인식작용이므로 행정권 대(對) 사법권의 관계라든지, 소송절차 고유의 구조에서 보아 그 심리권의 범위에는 이론상 여러 가지 제약이 과해지지만, 행정심판에서는 행정기관인 행정심판위원회가 행정처분의 적법성과 타당성을 심사하는 절차이므로, 본안심사권의 범위에는 사법심사에서와 같은 제약은 없다. 심사대상은 처분 또는 부작위의 적법·위법의 문제(법률문제)에 한하지 않고, 타당·부당의 문제(재량문제)에도 미친다.

(2) 불고불리의 원칙과 불이익변경금지의 원칙

불고불리의 원칙은, 법원은 소의 제기가 없는 때 및 당사자의 청구범위를 넘어서 심리·판단하지 못한다는 것이며, 불이익변경금지의 원칙은 원처분보다 불리하게 변경하는 내용의 재결은 금지된다는 원칙이다. 「행정심판법」 제47조에서는 이들 원칙을 명문으로 규정하고 있다.

사 례

"영업정지 2개월"을 "영업정지 1개월"또는 "영업정지 15일" 등으로 변경하도록 의결할 수 있는지의 여부

■ 쟁점

식품위생법 등 위반으로 처분청이 영업정지 2개월 처분을 한 데 대하여 영업주가 이의 취소를 구하는 행정심판을 청구하였을 때 행정심판위원회에서 심리·의결을 하면서 위반의 경위, 정도를 감안 행정심판법 제43조 제3항의 규정에 따라 변경 재결토록 의결함에 있어 "영업정지 2개월"을 "영업정지 1개월", "영업정지 15일" 등으로 변경토록 의결할 수 있는지의 여부

1. 〈갑설〉 식품위생법 제75조의 규정에 근거한 동법시행규칙 별표의 행정처분기준은 행정청의 내부기준으로서 행정심판법에 근거한 행정심판위원회에서는 이에 기속될 필요없이 행정심판법 제43조의 규정에 따라 영업정지를 취소하거나, 영업정지를 과징금처분으로 변경처분하거나 영업정지 2월을 1월로 기간을 단축하는 등의 변경처분도 가능하다는 설
2. 〈을설〉 식품위생법시행규칙 별표의 행정처분기준이 비록 내부기준이라 하더라도 처분청뿐 아니라 처분청을 감독하는 기관에 소속된 행정심판위원회에서도 이를 따라야 하고 행정심판법 제43조 제3항의 규정에 근거한 변경재결을 의결함에 있어서는 당초의 처분과 다른 종류의 처분(허가취소를 영업정지로 변경 등)으로의 변경으로 그쳐야 하고, 기간의 단축 등은 변경재결로 해석할 수 없어 단축할 수 없다는 설

➡ 해설

행정심판법 제43조 제3항의 규정에 의하면 '행정심판위원회는 취소심판의 청구가 이유있다고 인정할 때에는 처분을 취소 또는 변경하거나 처분을 다른 처분으로 변경할 것을 피청구인에게 명한다'라고 되어 있다.

따라서, 행정심판위원회는 취소심판의 청구가 이유있다고 인정할 때에는 처분을 취소 또는 변경하거나 처분청에게 취소 또는 변경할 것을 명하는 재결을 할 수 있으며, 이때의 '취소'는 전부취소와 일부취소의 개념을 모두 포함하는 것으로 볼 수 있다.

이와 같이 볼 때, 행정청이 식품위생법에 의하여 영업정지 2개월의 처분을 한 데 대하여 처분을 받은 당사자가 이의 취소를 구하는 행정심판을 청구한 경우 행정심판위원회는 식품위생법시행규칙 별표 15 Ⅰ. 일반기준 제9호의 감면규정에 따라 법령위반의 경위·정도를 감안하여 영업정지 2개월의 처분을 전부 취소하는 의결을 하거나, 영업정지 2개월을 영업정지 1개월 또는 영업정지 15일로 처분의 양을 감경하는 일부취소의 재결을 할 수 있다.

사 례

행정심판재결로써 영업정지처분을 그에 갈음하는 과징금부과처분으로 변경하는 것이 가능한지의 여부

■ 쟁점

각종 인·허가에 관하여 행정법규상 관련법령 및 허가조건 등을 위반하였을 경우 소정의 영업정지 또는 과징금처분을 할 수 있도록 되어 있고 그 중 영업정지처분을 받은 자가 영업정지기간중에 행정심판을 청구하여 과징금으로 변경처분을 원하는 경우, 이에 관한 쟁점

가. 갑 설 : 행정처분을 함에 있어 영업정지 또는 과징금처분을 선택할 수 있도록 한 입법취지가 수허가자의 고통 최소화, 편의도모, 영업정지처분을 하였을 경우 예상되는 불법영업행위 등의 악순환을 예방하기 위함에 있다 할 것이므로 영업정지처분 중이라 하더라도 수허가자가 요청할 경우 영업정지처분을 취소하고 과징금처분으로 변경할 수 있다.

나. 을 설 : 사전통지와 청문시에 처분내용을 고지하였고 과징금처분을 요청하지 않았으면 일단의 영업정지처분을 한 것은 불가변력이 있기 때문에 변경처분할 수 없다.

➡ 해설

1. 영업정지처분을 받은 자가 동처분의 취소 등을 구하는 행정심판을 제기함에 있어, 처분의 근거법률이 영업정지처분에 갈음하는 과징금부과처분이 가능하도록 되어 있으므로 동영업정지처분을 그에 갈음하는 과징금부과처분으로 변경하여 줄 것을 함께 청구한 경우 행정심판재결로써 영업정지처분을 그에 갈음하는 과징금부과처분으로 변경하는 것이 가능한지의 여부에 대한 것이다.
2. 위와 관계되는 법령은 행정심판법으로서, 동법 제43조 제3항에 의하면 행정심판위원회는 취소심판의 청구가 이유있다고 인정할 때에는 처분을 취소 또는 변경하거나, 처분을 다른 처분으로 변경할 것을 처분청에게 명한다고 규정되어 있으며, 동규정상의 "변경"은 일반적으로 처분내용의 적극적 변경을 의미하는 것으로 해석되고 있다. 따라서 행정심판재결로써 영업정지처분을 법령이 규정하고 있는 바에 따라 그에 갈음하는 과징금부과처분으로 변경하는 것도 가능하다고 할 것이다. 다만, 행정심판법 제47조 제2항은 행정심판위원회는 심판청구의 대상이 되는 처분보다 청구인에게 불이익한 재결을 하지 못한다고 규정하고 있는 바, 영업정지처분을 그에 갈음하는 과징금부과처분으로 변경하는 경우에도 불이익 변경금지원칙에 반하지 않는 범위내에서만 가능할 것이다.

(3) 법령심사권

1) 행정심판에는 사법절차가 준용되어야 하고, 행정심판은 가능한 한 독립성이 보장되어 공정한 심판을 하여야 한다는 점, 그리고 국가기관은 위헌·위법인 법령을 집행해서는 안 된다는 점에서 보면 법령심사권이 인정되어야 하겠지만, 행정심판은 객관적인 법선언 작용이라고 하기보다도, 행정의 내부감독작용의 성격이 강하므로, 그 권한은 행정조직 내부에 기인하는 행정처분 또는 부작위의 하자의 시

정에 그쳐야 하고, 국민대표기관인 국회가 제정한 법률이나, 지방자치단체의 조례나 상급행정기관(예컨대 대통령)이 발령한 명령(예컨대 대통령령)의 위헌성·위법성의 심사에는 미치지 않는다고 볼 수도 있다.

2) 「행정심판법」 제59조에서는, 중앙행정심판위원회는 심판청구를 심리·재결함에 있어서 처분 또는 부작위의 근거가 되는 명령 등(대통령령·총리령·부령·예규·고시·조례·규칙 등)이 법령에 근거가 없거나 상위법령에 위배되거나 국민에게 과도한 부담을 주는 등 현저하게 불합리하다고 인정되면, 관계행정기관에 대하여 그 개정·폐지 등 적절한 시정조치를 요청할 수 있도록 하고 있고, 그 요청을 받은 행정기관은 정당한 사유가 없는 한 이에 따르도록 규정하여 일정한 제한을 두고, 법령심사권을 간접적으로 인정하고 있으나, 대통령령이나 조례의 경우에는 문제가 있다고 할 수 있다.

Ⅶ 심리절차

1. 원칙(서면심리주의와 직권심리주의)

행정심판은 행정의 자기통제의 일환으로서 사법절차보다도 그 절차의 간이성과 신속성을 강하게 요구하므로(구술심리와 대립됨), 서면심리를 원칙으로 하고, 직권심리(당사자주의에 대립됨)에 중점을 두고 있다. 다만, 심리의 공정을 유지하기 위하여는 이들 원칙의 결함을 보충할 필요가 있으므로, 「행정심판법」은, 당사자주의적 구조를 가미하여, 당사자에게 각종 절차관여의 권리(증거조사신청권)를 인정하고 있고, 청구인과 참가인에게 구술로 의견을 제시할 기회를 보장하고 있다.

2. 심리의 과정

(1) 보정

부적법한 심판청구는 각하하지만, 보정할 수 있는 것은, 상당한 기간을 정하여 그 보정을 명하여야 한다. 그 예로서 청구서의 기재의 불비, 대표자 등의 자격증명서 첨부의 결여 등 형식적 요건을 들 수 있다.

(2) 보충서면 제출권

당사자는 청구서 · 답변서 등에서 주장한 사실을 보완하고, 다른 당사자의 주장을 다시 반박하기 위하여 보충서면을 제출할 수 있다(§34).

(3) 참가

행정심판의 결과에 대하여 이해관계가 있는 제3자 또는 행정청은, 위원회의 허가를 받아 심판에 참가할 수 있고, 행정심판위원회도 필요하다고 인정하면 참가를 요구할 수 있다(§20). 이런 이해관계인은, 널리 청구의 결과에 의하여(계쟁처분이 취소되거나 처분이 유지됨에 의하여) 직접 자신의 권리 · 이익에 실질적인 불이익을 입는 자 모두를 포함한다(예컨대 폐수배출공장에 대한 규제권의 발동을 구하는 의무이행심판에 있어서의 해당 공장소유주, 건축허가를 제3자가 다투는 경우 그 건축허가를 받은 자 등).

(4) 심리방식

심리는 서면심리를 중심으로 하고, 원칙적으로 행정심판위원회의 직권으로 진행된다. 행정심판위원회는 청구인이 주장하지 않은 사항에 관하여도 심사하고, 이것에 기하여 재결할 수 있다(직권탐지권한). 또한 행정심판위원회는 수개의 행정심판을 병합 내지 분리하거나 사실규명을 위하여 필요하면 직권으로 증거조사를 할 수 있다. 또한 당사자에게 구술로 의견을 진술할 기회를 부여하고 있다(「행정심판법」 §40).

(5) 증거조사(「행정심판법」 § 35, § 36)

청구인에게는 증거물을 제출할 권리나 증거조사신청권이 주어지고, 처분청은 그 처분의 이유가 되는 사실을 증명하는 서류 그 밖의 물건을 제출할 수 있고, 청구인에게는 원칙적으로 그것들에 대한 열람청구권이 인정되지는 않고, 행정심판위원회만이 관계행정기관에 대하여 필요한 서류의 제출 또는 의견의 진술을 요구할 수 있다.[83)]

83) 일본의 경우에는 청구인에게 직접 처분청이 보유하는 자료에 대한 열람청구권이 인정되고 있다. 좋은 입법례라고 생각된다.

Ⅷ 집행부정지의 원칙과 그 예외

1. 집행부정지의 원칙

행정심판이 청구된 경우, 재결이 될 때까지 행정처분을 집행할 수 있는지 여부는 입법정책의 문제이지만, 「행정심판법」 제30조 제1항은, 행정심판청구의 남용에 의한 행정의 마비·정체를 피하기 위하여, 행정심판청구는 원칙적으로 "처분의 효력, 처분의 집행 또는 절차의 속행에 영향을 주지 않는다"라고 규정하고 있는데, 이것을 "집행부정지의 원칙"이라고 한다. 그러나, 심판청구인의 권리구제를 도모하기 위하여, 집행부정지의 원칙에도 예외가 인정되고 있다.

2. 집행정지의 요건

(1) 청구인은 행정심판위원회에 집행정지의 신청을 할 수 있고, 행정심판위원회는 직권으로 집행정지를 할 수도 있다(「행정심판법」 §30②).

(2) 행정심판위원회는 집행정지 여부를 결정하는 경우, 처분, 처분의 집행 또는 절차의 속행으로 인하여 생길 중대한 손해를 예방하기 위하여 긴급한 필요가 있다고 인정되면, 집행정지를 할 수 있다.

1) 적극적 요건

① 심판청구의 계속

집행정지는 본안인 심판청구가 계속되어 있을 것을 요건으로 한다.

② 처분의 존재

집행정지를 위해서는 먼저 그 대상인 처분이 존재해야 한다. 거부처분과 같은 소극적 처분은 집행정지의 대상이 될 수 없다는 것이 통설이다.[84)]

③ 중대한 손해발생의 우려

이것은 원상회복이 곤란한 손해 외에 금전부과처분에 따른 처분의 이행에 의한 경제적 손실이나 기업 이미지 및 신용의 훼손으로 인하여 사업자체를 계속할 수 없거나 중대한 경영상의 위기를 맞게 될 것으로 보이는 등의 사정이 존재하는 경우를 말한다.[85)]

---

84) 김철용, 행정법Ⅰ, p. 589

④ 긴급한 필요

이것은 회복하기 어려운 손해가 생길 가능성이 시간적으로 급박하거나 본안재결을 기다릴 여유가 없음을 가리킨다.[86]

2) 소극적 요건

① 공공복리에 중대한 영향을 미칠 염려가 없을 것: 이것은 집행정지는 처분이나 그 집행 또는 절차의 속행으로 인하여 사인이 입게 될 손해보다도 공공복리에 미칠 영향이 더 클 때에는 허용되지 않음을 가리킨다.[87]

② 심판청구의 내용 자체가 이유가 없는 때에는 집행정지가 허용되지 않는다고 보아야 할 것인지는 다투어지고 있다.[88] 또한, 판례에 의하면 본안에 관하여 이유있음이 명백한 경우에는 집행정지의 적극적 요건으로 볼 가능성이 높아지고 있다.

3. 집행정지의 내용

(1) 처분의 효력의 전부 또는 일부의 정지(효력정지)

예컨대 영업허가취소처분에 효력정지결정이 행해지면 취소처분의 효력 그 자체가 존속하지 않는 것이 되어 당사자는 적법하게 허가영업을 할 수 있게 된다.

집행정지의 예로서는, 「피신청인이 2010. 6. 1. 신청인에 대하여 한 제1종 보통 운전면허취소처분은 동 처분에 대한 심판청구사건의 재결이 있을 때까지 그 효력을 정지한다」(집행정지신청안건), 또는 「피청구인이 2010. 6. 1. 청구인에 대하여 한 현역병 입영처분은 동 처분에 대한 심판청구사건의 재결이 있을 때까지 그 집행을 정지한다」(직권집행정지안건)을 들 수 있다.

---

85) 일본에서도 종전에 "회복하기 어려운 손해"라고 한 요건을 완화하여 "중대한 손해를 피하기 위하여"라고 법률을 개정하였고, 법무부가 마련한 행정소송법개정안 제24조 제2항에서도 일본과 같은 개정안을 규정하고 있었다.

86) 김철용, 행정법 I, p. 589

87) 김철용, 행정법 I, p. 589

88) 우리 대법원은 "집행정지신청사건에서는 처분 자체의 적법여부를 판단할 것이 아니고, 그 처분의 집행정지에 관한 요건의 존부만을 판단하여야 하지만, 본안청구의 승소가능성의 정도 등을 종합적으로 고려하여 구체적·개별적으로 판단하여야 한다"라고 판시하고 있다.(대결 2004. 5. 12, 2003무41): 일본의 경우는 이것은 소극적 요건으로 보고 있다(原田, 行政法, p. 332).

사 례

집행정지신청에 관한 문제

■ 쟁점

X는 자신의 운전면허가 취소되자 이에 대하여 행정심판을 청구하였는데, 행정심판의 재결이 나오기 전에 운전을 할 수 있는 방법이 있는지, 그 절차는 어떠한지에 대하여 알고자 하는 경우의 문제

➡ 해설

위의 내용과 관계되는 법령은 행정심판법으로서, 동법 제30조 제5항의 규정에 의하면 행정심판의 당사자는 심판청구와 동시 또는 심판청구에 대한 의결이 있기 전까지 집행정지를 신청 할 수 있다고 되어 있고, X가 자동차운전면허취소처분에 대한 집행정지를 신청할 경우에는 신청의 취지와 원인을 기재한 집행정지신청서를 중앙행정심판위원회로 제출하여야 한다. X의 집행정지신청이 중앙행정심판위원회에서 인용되는 경우에는 X의 심판청구에 대한 재결이 있기 전까지 X에 대한 자동차운전면허취소처분의 효력이 정지되어 종전의 운전면허로써 운전할 수 있게 될 것이다.

(2) 처분의 집행의 전부 또는 일부의 정지(좁은 의미의 집행정지)

예컨대 강제퇴거명령에 집행정지결정이 행해지면 처분의 집행력이 박탈되어 강제퇴거를 시킬 수 없게 된다.[89)]

(3) 절차의 속행의 전부 또는 일부의 정지(속행정지)

예컨대 「토지취득보상법」에 의한 사업인정이 다투어진 경우 사업인정에 속행정지결정이 행해지면 후속 수용절차의 진행이 정지된다.[90)]

(4) 처분의 효력의 정지(효력정지)에는 제한이 있다.

즉 처분의 집행 또는 절차의 속행을 정지함으로써 그 목적을 달성할 수 있을 때에는, 효력정지는 허용되지 않는다. 그것은 비례원칙에 비추어 경미한 수단(좁은 의미의 집행정지, 속행정지)에 의하여 그 목적을 달성할 수 있다면, 구태여 보다 중대한 조치(효력정지)까지 정지시킬 필요가 없기 때문이다.

89) 김철용, 행정법 I, p. 588

90) 김철용, 행정법 I, p. 588

4. 집행정지 결정의 효력

집행정지결정이 통지되면 ① 형성력이 발생되며, ② 그 결정의 효력은 신청인과 피신청인에게 미치고, ③ 원칙적으로 집행정지의 시기는 집행정지결정이 통지된 때이고, 그 종기는 재결시이다.[91]

5. 집행정지결정의 취소(「행정심판법」 §30④)

집행정지를 한 후에 있어서, 집행정지가 공공복리에 중대한 영향을 미치거나 그 정지사유가 없어진 때 등 사정의 변경이 있는 때에는, 행정심판위원회는 그 집행정지를 취소할 수 있다.

집행정지결정의 취소의 예로서는 「서울지방병무청장이 2010. 6. 1. 신청인에 대하여 한 현역병입영처분집행정지결정은 이를 취소한다」를 들 수 있다.

6. 집행정지결정을 알기 쉽게 도표로 나타내면 다음과 같다.

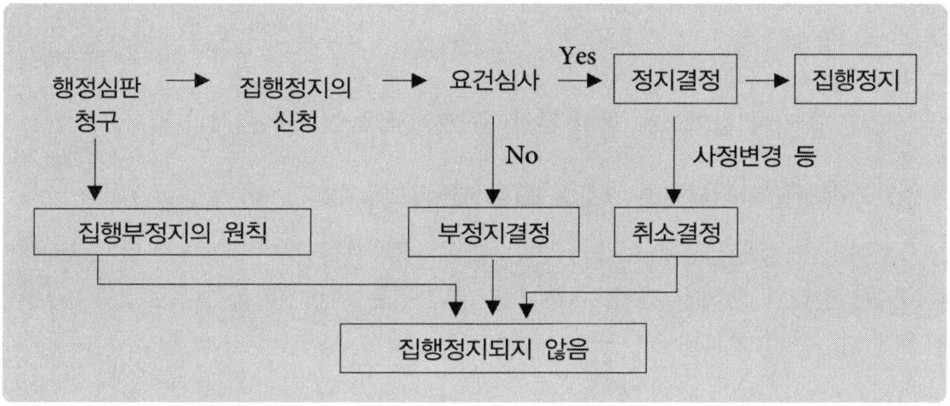

7. 임시처분

2010년의 행정심판법의 개정으로 임시처분제도가 도입되었다. 행정청의 처분이나 부작위 때문에 발생할 수 있는 당사자의 중대한 불이익이나 급박한 위험을 막

91) 김철용, 행정법 I, p. 590

기 위하여 당사자에게 임시지위를 부여할 수 있는 임시처분제도를 도입함으로써 집행정지에 비해 보다 적극적으로 당사자의 임시적 권익보호에 기여할 것으로 기대된다(「행정심판법」 §31).

Ⅸ 행정심판의 재결

1. 서언

행정심판청구에 대하여 행정심판위원회가 내리는 최종적인 판단행위를 "재결"이라고 한다.

2. 재결의 종류와 내용

(1) 각하재결(「행정심판법」 § 43①)

이것은, 행정심판의 청구가 법정기간 경과 후에 행해진 것인 때, 심판청구를 할 자격 내지 이익이 없는 자가 제기한 때 등, 행정심판청구가 부적법한 때에 내려지는 것이다.

이것은 집안에 들어오게 하지 않고 문 앞에서 돌려보내는 것과 같다.

(2) 기각재결(사정재결을 포함)(「행정심판법」 § 43②, 44)

1) 이것은 심판청구에 이유가 없는 때에 내려지는 것이다. 즉 본안의 내용에 들어가서 심리가 행해진 결과, 처분 또는 부작위는 적법·타당하다는 판단이 내려진 것이다.

2) 예외적으로, 처분이 위법 또는 부당하더라도, 이를 취소하는 것에 의하여 공공의 이익에 현저한 장해가 생기는 경우에 있어서, 심판청구인이 받는 손해의 정도, 그 손해의 배상 또는 방지의 정도 및 방법 그 밖의 일체의 사정을 고려하여, 처분을 취소하거나 철폐하는 것이 공공의 복리에 적합하지 않으면, 행정심판위원회는, 기각재결을 할 수 있다(「행정심판법」 §44①).[92] 이를 "사정재결"이라고

92) 예컨대 댐건설을 위한 하천점용허가에 대하여 그 위법을 이유로 그 취소를 청구한 경우를 들 수 있다(김동희, 행정법 I, p. 645).

한다. 이 경우에는, 행정심판위원회는, 재결로, 당해 처분이 위법 또는 부당함을 선언하지 않으면 안 된다.

3) 「행정심판법」 제44조 제2항은 행정심판위원회가 사정재결을 함에 있어 청구인에 대하여 상당한 구제방법을 취하거나 피청구인에게 상당한 구제방법을 취할 것을 명할 수 있다고 규정하고 있다.

4) 한편, "위법 또는 부당선언"에 대하여는 ① 국가배상의 전제로서의 의미로 보는 견해와, ② 사정재결은 그 자체가 당사자에게 특별한 희생을 과하는 침해행위에 해당하므로 위법·부당선언은 사정재결에 의하여 과해진 특별한 희생에 대하여 당사자에게 손실보상청구권을 발생시키는 효과를 가진다고 보는 견해가 나뉘어지고 있다. 앞의 견해에 대한 비판으로서는 "처분의 부당"의 경우는 국가배상의 요건이 아니라는 비판이 있다.[93]

5) 사정재결에 불복하는 청구인은 처분 또는 부작위의 위법을 이유로 행정소송(취소소송·부작위위법확인소송)을 제기하거나, 「국가배상법」에 의한 국가배상을 청구할 수 있다.

6) 무효등확인심판에 있어서는 사정재결은 허용되지 않는다(즉 취소심판과 의무이행심판에서만 인정된다)(「행정심판법」 §43③).

(3) 인용재결(「행정심판법」 § 43③)

이것은 심판청구에 이유가 있는 때에 내려지는 것이다. 다만, 사정재결의 경우를 제외한다. 그 구체적인 내용은 다음과 같다.

1) 취소재결

당해 처분의 전부 또는 일부를 취소하는 것을 가리킨다. 이에는 취소재결과 취소명령재결이 있으나 주로 취소재결이 내려진다.[94]

---

93) 原田, 行政法, p. 334

94) 취소재결의 예로서는 「피청구인이 2010. 6. 1. 청구인에 대하여 한 여객자동차운송사업면허취소처분은 이를 취소한다」를 들 수 있다. 일부취소재결의 예로서는 「1. 청구인의 청구중 피청구인이 2010. 9. 13. 청구인에 대하여 한 2010년도 1/4분기 고령자다수고용촉진장려금 44만원의 반환처분과 2010년도 1/4분기 고령자신규고용촉진장려금의 100분의 100에 해당하는 금액인 500만원의 추가징수금부과처분은 이를 취소한다. 2. 나머지 청구는 이를 기각한다.」를 들 수 있다(중앙행정심판위원회, 행정심판업무편람, 2002, p.

2) 변경재결

청구인의 불이익으로 되지 않는 한 원처분을 적절한 내용으로 변경할 수 있다(불이익변경금지의 원칙). 이것은 글자 그대로 처분내용을 적극적으로 변경하는 재결로 보는 것이 통설이다.95) 이것에도 변경재결과 변경명령재결이 있으나 주로 변경재결이 내려진다.

3) 무효등확인재결(「행정심판법」 §43④)

행정심판위원회는 무효등확인심판의 청구가 이유있으면 처분의 효력유무 또는 존재여부를 확인한다. 무효등확인재결의 예로서는 「피청구인이 2010. 6. 1. 청구인에 대하여 한 건설업면허취소처분은 무효임을 확인한다」를 들 수 있다.

4) 의무이행재결(「행정심판법」 §43⑤)

① **행정심판위원회는 의무이행심판의 청구가 이유있으면** 지체없이 신청에 따른 처분을 하거나 이를 할 것을 명한다. 따라서 이것에는 처분재결과 처분명령재결이 있는데, 뒤의 것이 일반적이다. 이 경우 "신청에 따른 처분"은 기속행위와 재량행위에 따라 처분청의 작위의무가 다르므로, 반드시 청구인의 "청구내용대로 처분해야 함"을 의미하는 것은 아니다.96)
의무이행재결의 예로서는 「피청구인은 청구인이 2010. 6. 1. 정보공개신청한 정보를 공개하라」를 들 수 있다.

② 기속행위의 경우
행정심판위원회는 재결로 청구인의 청구 내용대로의 처분을 하거나, 이를 할 것을 명해야 한다.

③ 재량행위의 경우

㉠ 행정청의 거부처분 또는 부작위에 대해 행정심판위원회는 위법을 이유로 해서는 청구인의 청구 내용대로 처분을 하거나, 처분청에 이를 할 것을 명할 수는

---

195).

95) 김철용, 행정법Ⅰ, p. 601: 변경처분은 원처분에 대신하여 새로운 처분을 하는 것이다: 변경재결의 예로서는 「피청구인이 2010. 8. 8. 청구인에 대하여 한 제1종 보통운전면허취소처분은 이를 110일의 제1종 보통운전면허정지처분으로 변경한다」를 들 수 있다(중앙행정심판위원회, 행정심판업무편람, 2002, p. 193).

96) 김동희, 행정법Ⅰ, p. 648

없다. 그 종국적 처분의 내용에 대하여는 행정청에 재량권이 부여되어 있기 때문이다.

㉡ 행정청의 거부처분 또는 부작위에 대해 행정심판위원회는 부당을 이유로 해서는 청구의 내용대로의 처분을 스스로 하거나, 처분청에 이를 할 것을 명할 수는 있다.[97]

(4) 재결의 종류와 내용을 알기 쉽게 도표로 나타내면 다음과 같다.

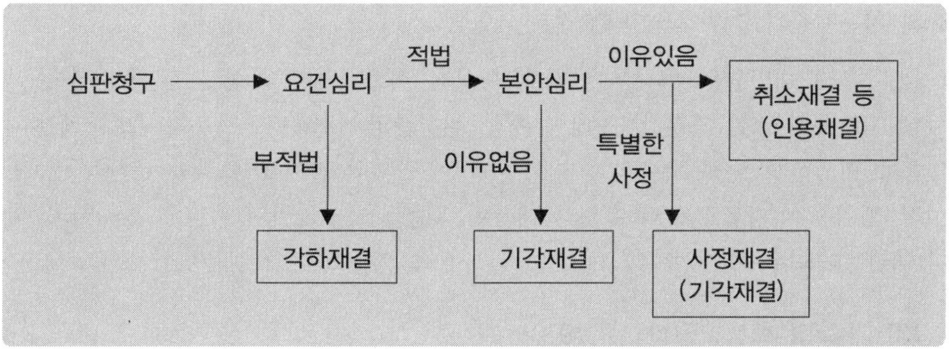

3. 재결의 방식

재결은 서면(재결서)으로 하되, 이유를 반드시 기재하여야 한다(「행정심판법」 §46). 이 "이유부기"제도는, 심판청구에 대한 행정심판위원회의 판단의 신중한 공정을 보장하고, 청구인이 쟁송을 제기하는 경우에 그 쟁점을 명확히 하는 역할을 한다.

4. 재결의 효력

재결도 행정행위의 하나이므로, 무효가 아닌 한 그 효력으로서 공정력, 집행력, 불가쟁력을 가지는 외에 쟁송의 재단행위인 특성으로서 다음의 효력을 가진다.

(1) 불가변력

이것은, 일반적인 행정행위와 달리, 그것에 하자가 있더라도, 행정심판위원회가

97) 김동희, 행정법 I, p. 648

스스로 그것을 취소 또는 변경할 수 없는 효력으로서, 재결이 행정심판위원회 자신을 구속하는 것이다.

(2) 형성력

1) 이것은 인용재결이 내려져, 원처분의 전부 또는 일부가 취소된 때에, 당해 부분의 효력이 상실되고, 당초부터 존재하지 않은 것으로 되는 효력을 말한다. 변경재결에 의하여, 원처분이 취소되고, 새로운 처분이 내려진 경우와 의무이행재결 중의 처분재결의 경우에도 또한 같다.

2) "우리 대법원은 원처분에 대한 형성적 취소재결이 확정된 후 처분청이 다시 원처분을 취소한 경우, 처분청이 행한 원처분의 취소는 원처분이 취소·소멸되었음을 확인하여 알려주는 의미의 사실 또는 관념의 통지에 불과할 뿐 새로운 형성적 행위가 아니므로 항고소송의 대상이 되는 처분이 아니다"라고 판시하고 있다(대판 1998. 4. 24, 97누17131).

(3) 기속력(「행정심판법」 § 49①)

1) 이것은, 청구를 인용하는 재결이, 그 취지를 실현하기 위하여 "심판당사자인 행정청과 관계행정청을 구속하는" 효력이다.

2) 기속력은, 청구인 그 밖의 이해관계인의 실질적인 구제를 도모하기 위하여 인정된 것으로, 처분청 그 밖의 관계행정청은, 재결의 취지를 존중하여 그 실현을 위하여 행동해야 할 실체법상의 의무를 진다. 구체적으로는, 관계행정청은 동일한 사정하에서는 동일한 내용의 처분을 반복할 수 없게 된다(반복금지효=반복금지의무).

3) 「행정심판의 재결의 기속력」에 관하여, 우리 헌법재판소는,

「헌법」 제101조 제1항과 제107조 제2항은 입법권 및 행정권으로부터 독립된 사법권의 권한과 심사범위를 규정한 것일 뿐이다. 「헌법」 제107조 제3항은 행정심판의 심리절차에서도 관계인의 충분한 의견진술 및 자료제출과 당사자의 자유로운 변론 보장 등과 같은 대심구조적 사법절차가 준용되어야 한다는 취지일 뿐, 사법절차의 심급제에 따른 불복할 권리까지 준용되어야 한다는 취지는 아니다. 그러므로 이 사건 법률조항은 「헌법」 제101조 제1항, 제107조 제2항 및 제3항에 위배되지 아니한다.

이 사건 법률조항은 행정청의 자율적 통제와 국민 권리의 신속한 구제라는 행정심판의 취지에 맞게 행정청으로 하여금 행정심판을 통하여 스스로 내부적 판단을 종결시키고자 하는 것으로서 그 합리성이 인정되고, 반면 국민이 행정청의 행위를 법원에서 다툴 수 없도록 한다면 재판받을 권리를 제한하는 것이 되므로 국민은 행정심판의 재결에도 불구하고 행정소송을 제기할 수 있도록 한 것일 뿐이므로, 평등원칙에 위배되지 아니한다.

행정심판제도가 행정통제기능을 수행하기 위해서는 중앙정부와 지방정부를 포함하여 행정청 내부에 어느 정도 그 판단기준의 통일성이 갖추어져야 하고, 행정청이 가진 전문성을 활용하고 신속하게 문제를 해결하여 분쟁해결의 효과성과 효율성을 높이기 위해 사안에 따라 국가단위로 행정심판이 이루어지는 것이 더욱 바람직할 수 있다. 이 사건 법률조항은 다층적·다면적으로 설계된 현행 행정심판제도 속에서 각 행정심판기관의 인용재결의 기속력을 인정한 것으로서, 이로 인하여 중앙행정기관이 지방행정기관을 통제하는 상황이 발생한다고 하여 그 자체로 지방자치제도의 본질적 부분을 훼손하는 정도에 이른다고 보기 어렵다. 그러므로 이 사건 법률조항은 지방자치제도의 본질적 부분을 침해하지 아니한다.」라고 판시하고 있다[헌재 2014. 6. 26, 2013헌바122].

사 례

인용재결이 있은 후 새로이 인가신청을 하였고 행정청이 이를 거부한 경우 다시 행정심판을 청구할 수 있는지 여부

■ 쟁점

도시공원 및 녹지 등에 관한 법률의 규정에 의하여 도시계획시설설치·관리인가신청을 하였는데 동 신청이 반려되었고, 동 반려처분에 대한 취소심판을 청구하여 인용재결을 받은 후 도시계획시설설치·관리인가신청을 하여 도시계획시설설치·관리인가에 대한 불허가통보를 받은 바, 위 불허가처분에 대한 행정심판청구가 행정심판법 제51조의 규정에 의한 재심판청구에 해당되는지의 여부

➡ 해설

행정심판법 제51조의 규정에 의하면 심판청구에 대한 재결이 있는 경우에는 당해 재결 및 동일한 처분 또는 부작위에 대하여는 다시 심판청구를 제기할 수 없다고 하여 재심판청구를 금지하고 있는 바, 이는 재결의 경우 비록 그 성격이 처분이라 할지라도 이미 행정청의 처분에 대한 한 차례의 자율적 재검토의 기회를 거친 결과이므로 행정심판의 의의를 이미 충족한 것으로 보아 이에 대한 행정심판청구를 금지하도록 한 것이고, 이미 한번 행정심판을 거친 동일한 처분 또는 부작위에 대하여는 무용한 절차적 반복에 따르는 행정청 및 국민의 부담을 없애자는 의미에서 행정심판청구를

금지하는 것이다. 이 경우 '동일한 처분'이라 함은 행정청의 처분에 대하여 이미 심판청구를 제기한 적이 있는 그 당해 처분을 의미한다고 할 것이다.
따라서 도시계획시설설치·관리인가를 신청하였으나 행정청의 보완요구사항을 미비하여 반려되었고, 동 반려처분에 대하여 행정심판을 제기하여 인용재결을 받았으며, 그 후 다시 도시계획시설설치·관리인가신청을 하여 동 신청에 대한 불허가처분을 받았다면, 전자인 도시계획시설설치·관리인가시 신청반려처분과 후자인 도시계획시설설치·관리인가신청불허가처분은 동일한 처분이라 할 수 없어 전자에 대한 행정심판을 거쳤다 하더라도 후자에 대한 심판청구를 할 수 있다고 할 것이다.
그러므로 도시계획시설설치·관리인가신청불허가처분에 대한 행정심판청구를 제기한다 하더라도 이는 행정심판법 제51조의 규정에 의한 재심판청구에 해당되지 아니한다고 할 것이다.

4) ① 신청에 기하여 행한 처분이 절차의 위법·부당을 이유로 취소되거나(예컨대 이유부기의 하자), ② 신청거부처분에 대한 취소재결 또는 무효확인재결의 경우 , 또는 ③ 당사자의 신청을 거부하거나 부작위로 방치한 처분의 이행을 명하는 재결이 있는 경우에는 행정청은 지체없이 그 재결의 취지에 따라 다시 이전의 신청에 대한 처분을 하여야 한다(「행정심판법」 §49 ① - ④)(재처분의무).

사 례

불허가처분에 대한 인용재결의 효력

■ 쟁점
A는 X시장의 주택건설사업계획 변경승인불허가처분에 대하여 행정심판을 청구하여 인용재결을 받았으나, X시장이 재심을 청구한다는 등의 이유로 변경승인을 하지 않고 있는 바, 이것이 재결의 기속력에 반하지 않는지의 여부

➡ 해설
행정심판법 제48조 제2항 및 제49조 제1항·제2항의 규정에 의하면 행정심판의 재결은 재결서의 정본이 A에게 송달이 있은 때부터 그 기속력을 발생하여 피청구인인 행정청을 기속하는 바, 이 경우 X시장으로부터 주택건설사업계획변경승인불허가처분을 받고, 이의 취소를 구하는 행정심판을 제기하여 Y행정심판위원회로부터 청구에 대한 인용재결을 받았다면 피청구인은 재결취지에 따라 위 불허가처분을 취소하고 당초 불허가처분사유 외에 법리상·조리상의 특별한 사유가 없다면 지체없이 위 주택건설사업계획의 변경을 승인하여야 할 것이다.

5) 거부처분에 대하여 취소심판청구를 인용하는 재결이 있는 경우에 행정청에게 재처분의무가 발생하는지에 대하여는 ① 적극설(거부처분취소재결의 기속력에는 당연히 행정청의 재처분의무가 포함된다는 견해)과,[98] ② 소극설(재처분의무는 명문의 규정이 있을 때에만 가능하다는 견해)[99]이 대립되고 있다. 판례는 전자의

견해를 취한다(대판 1988. 12. 13. 88누7880).

사 례

토석채취허가기간연장불허가처분을 취소하는 내용의 재결이 있는 경우 토석채취허가기간연장허가처분이 별도로 없더라도 토석채취작업을 할 수 있는지 여부

■ 쟁점

2010. 3. 26. X은 A행정심판위원회로부터 「피청구인이 2009. 12. 30. 청구인에 대하여 한 사유림내 토석채취허가기간연장불허가처분은 이를 취소한다」라는 취지의 재결을 받은 바, 이러한 재결이 있다 하더라도 행정청이 그 재결의 취지에 따라 토석채취허가기간연장허가처분을 하여야 토석채취작업을 할 수 있는지 아니면 당해 재결을 토석채취허가기간연장허가로 보아 토석채취작업을 할 수 있는지의 여부

➡ 해설

행정심판법 제43조 제3항의 규정에 의하면 '재결청은 취소심판의 청구가 이유있다고 인정할 때에는 처분을 취소 또는 변경하거나'라고 하여 재결의 형성력으로 인정하고 있고, 동법 제49조 제1항의 규정에 의하면 '재결은 피청구인인 행정청과 그 밖의 관계행정청을 기속한다'라고 하여 재결이 있으면 피청구인인 행정청은 재결의 내용을 실현할 의무를 지게 되고 처분을 취소하는 재결이 있는 때에는 같은 사정하에서 동일한 내용의 처분을 다시 하지 못하도록 하는 재결의 기속력을 인정하고 있다.

따라서 '토석채취허가기간연장불허가처분은 이를 취소한다'라는 재결이 있는 경우 토석채취허가기간연장불허가처분은 취소되어 없어지고 토석채취허가기간연장신청만이 존재하는 상태가 되므로 청구인이 토석채취작업을 하기 위하여는 피청구인인 행정청의 토석채취허가기간연장허가처분이 있어야 한다고 할 것이다. 이 경우 행정청은 재결의 기속력에 의하여 재결의 내용을 실현할 의무를 지게 되고 행정청은 동일한 사정하에서 다시 토석채취허가기간연장불허가처분을 할 수 없다 할 것이므로 사정이 동일하다면 신청처리기간내에 토석채취허가기간연장허가처분을 하여야 한다.

6) 기각재결에 의하여 처분이 유지되더라도, 처분청은 스스로 이것을 위법·부당하다고 인정하는 경우에는 처분을 취소할 수 있다.[100)]

7) 처분의 취소재결 또는 무효등확인재결이 행해지면, 당해 처분과 관련해 행해진 후속처분이나 사실상의 조치 등에 기한 법률관계·사실관계는 위법한 것으

98) 김동희, 행정법 I, p. 650

99) 박균성, 행정법(상), p. 943; 박정훈, 행정심판법의 구조와 기능, 행정법연구 제12호, p. 264

100) 이것은 1958년의 일본최고재판소의 판례이다.

로 되므로, 행정청은 이를 원상으로 회복할 의무를 진다.[101](원상회복의무=결과제거의무)(예컨대 건물의 철거명령이 취소되면 행정청은 이 처분을 전제로 한 계고처분을 취소해야 한다거나, 공유수면 매립면허가 취소되면 국토해양부장관은 매립공사준공인가를 취소해야 할 의무를 지게 된다.)

(4) 재결의 기속력을 확보하기 위한 제도

1) 의무이행재결의 기속력을 확보하기 위한 직접처분[행정심판 제50조]

① 당사자의 신청을 거부하거나 부작위로 방치한 처분의 이행을 명하는 재결(의무이행재결)이 있는 경우에는 처분청 또는 부작위청은 다시 이전의 신청에 대한 처분(건축허가 또는 쓰레기소각장 설치허가 등)을 하여야 한다(행정심판 제49조 제3항). 그러나 이런 이행재결의 기속력에도 불구하고 관계행정청이 처분을 하지 않는 때에는 당사자의 신청에 따라 기간을 정하여 서면으로 시정을 명하고, 그 기간 내에 이행하지 않는 경우에는 관계행정청의 처분에 갈음하여 직접 처분을 할 수 있다. 이 경우 피청구인인 행정청은 이 처분을 자신이 한 것으로 보아 관리·감독 등 필요한 조치(허가증 교부, 허가대장에의 기재, 허가취소 등)를 하여야 한다(「행정심판법」 §50).

② 의무이행재결의 이행을 거부하는 사례는 지방자치단체의 경우 그 가능성이 더욱 크다고 할 것인데, 이 경우 직접처분의 대상에 지방자치단체의 기관위임사무의 집행으로서의 처분이 포함되는 데에는 견해가 일치되지만, 지방자치단체의 자치사무의 집행으로서의 처분이 포함되는지 여부에 대하여는 다툼이 있다.[102] 생각건대, 우리 「행정심판법」은 지방자치단체의 자치사무에 속하는 처분도 그 대상으로 포함하고 있다는 점에서 자치사무의 집행으로서의 처분도 직접처분의 대상에 포함된다고 본다.

③ 행정심판위원회가 직접처분을 할 수 있는 범위는 재결의 기속력이 미치는 범위 내로서 일반적으로 재결의 주문에 기재된 내용에 한정된다(헌재 1999. 7. 22. 98헌라4).

101) 김동희, 행정법 I, p. 649; 김철용, 행정법 I, p. 604; 박균성, 행정법(상), p. 942; 홍정선, 행정법(상), p. 802

102) 김남철, 행정심판법 제37조 제2항에 의한 자치권 침해의 가능성, 행정판례연구 V, 425쪽 이하에서는 이것이 포함되지 않는다고 보고 있다.

2) 재결의 기속력을 확보하기위한 간접강제제도[행정심판 제50조의 2)

행정심판위원회는 피청구인이 제49조 제2항부터 제4항까지에 따른 처분을 하지 않으면 청구인의 신청에 의해 결정으로 상당한 기간을 정하고 피청구인이 그 기간 내에 이행하지 않으면 그 지연기간에 따라 일정한 배상을 하도록 명하거나 즉시 배상할 것을 명할 수 있다.

사 례

취소심판인용재결의 경우에도 직접처분규정이 적용되는지 여부

■ 쟁점

행정심판법 제49조 제2항의 규정이 신청을 반려한 거부처분의 취소를 구하는 취소심판인용재결의 경우에도 적용이 되는지 여부

➡ 해설

행정심판법 제49조 제2항의 규정에 의하면 당사자의 신청을 거부하거나 부작위로 방치한 처분의 이행을 명하는 재결이 있는 경우에는 행정청은 지체없이 그 재결의 취지에 따라 다시 이전의 신청에 대한 처분을 하여야 한다. 한편 동법 제50조에서는 재결청은 당해 행정청이 처분을 하지 아니하는 때에는 당사자의 신청에 따라 기간을 정하여 서면으로 시정을 명하고 그 기간 내에 이행하지 아니하는 경우에는 당해 처분을 할 수 있다고 되어 있는 바, 이는 처분의 이행을 명하는 재결이 있는 경우에 당해 행정청이 이행을 하지 아니하는 경우에는 일정한 요건하에 재결청이 당해 처분을 직접 할 수 있도록 하여 행정심판재결의 실효성을 확보하고 국민의 권리보장을 강화하려는 것으로서, 여기서 '당사자의 신청을 거부하거나 부작위로 방치한 처분의 이행을 명하는 재결'이라 함은 행정심판법 제5조의 규정에 의한 행정심판의 종류중 의무이행심판 즉 행정청의 위법 또는 부당한 거부처분이나 부작위에 대하여 일정한 처분을 하도록 하는 심판의 청구에 대응하는 재결을 의미한다 할 것이고, 취소심판은 행정청의 위법 또는 부당한 처분의 취소 또는 변경을 하는 심판으로서, 취소심판의 청구가 이유있다고 인정할 때의 재결의 방식은 처분을 취소 또는 변경하거나 처분청에게 취소 또는 변경할 것을 명할 뿐 처분의 이행을 명하는 재결방식을 취하지는 아니하므로 취소심판의 인용재결은 행정심판법 제49조 제2항의 적용대상이 아니다.

따라서, 행정심판법 제49조 제2항의 규정은 의무이행심판의 인용재결이 있는 경우에 한하여 재결청의 직접처분이 가능하도록 한 것이라 할 것이므로 취소심판의 인용재결이 있다 하더라도 재결청의 직접처분 대상은 아니다(이것은 행정심판실무의 입장이다).

사 례

처분청에서 재결청의 불허가처분을 취소한다는 재결에도 불구하고 소정의 기간이 경과하여도 처분을 하지 않거나 당초 불허가처분 및 보완사유이외에 법령상·조리상 특별한 사유가 없음에도 다시 불허가처분을 하는 경우 행정심판법 제5조 3호의 규정에 의한 의무이행심판의 대상이 되는지 여부 및 의무이행심판 인용재결의 효력

■ 쟁점

B는 2010. 3. 11. 경기도 Z시장에게 산림형질변경허가신청을 하여 2010. 3. 19. 산림형질변경불허가처분을 받은 후, 위 처분의 취소를 구하는 행정심판을 청구하여 2010. 4. 15. 경기도행정심판위원회로부터 청구에 대한 인용재결을 받았는바, 처분청에서 행정심판위원회의 불허가처분을 취소한다는 재결에도 불구하고 소정의 기간이 경과하여도 처분(허가처분 또는 불허가처분)을 하지 않거나 당초 불허가처분 및 보완사유이외에 법령상·조리상 특별한 사유가 없음에도 다시 불허가처분을 하는 경우 행정심판법 제5조 3호의 규정에 의한 의무이행심판의 대상이 되는지, 둘째, 의무이행심판을 청구하여 인용재결을 받는 경우 그 인용재결의 내용은 피청구인으로 하여금 청구인이 신청한 산림형질변경허가처분을 하도록 명하는 것에 국한되는지 아니면 직접 청구인이 신청한 산림형질변경허가처분을 하는 것도 가능한지의 여부

➡ 해설

B는 2010. 3. 11. 경기도 Z시장에게 산림형질변경허가신청을 하여 2010. 3. 19. 산림형질변경불허가처분을 받은 후 위 처분의 취소를 구하는 행정심판을 청구하여 2010. 4. 15. 경기도행정심판위원회로부터 인용재결을 받았는바, 첫 번째와 관련하여, 행정심판법 제5조 제3호의 규정에 의하면 의무이행심판은 행정청의 위법 또는 부당한 거부처분이나 부작위에 대하여 일정한 처분을 하도록 하는 심판으로 되어 있는 바, 위의 경우와 같이 경기도 Z시장의 산림형질변경불허가처분의 취소를 구하는 행정심판을 청구하여 경기도행정심판위원회로부터 인용재결을 받았음에도 불구하고 위 처분청이 부작위(행정청이 당사자의 신청에 대하여 상당한 기간내에 일정한 처분을 하여야 할 법률상 의무가 있음에도 불구하고 이를 하지 않는 것)하는 경우 또는 불허가하는 경우에 의무이행심판을 청구할 수 있으며, 두 번째와 관련하여, 동법 제43조의 규정에 의하면 행정심판위원회는 의무이행심판의 청구가 이유있다고 인정할 때에는 지체없이 신청에 따른 처분을 하거나 이를 할 것을 명할 수 있다고 되어 있는 바, B는 산림형질변경허가를 이행하라는 행정심판을 청구할 수 있고 행정심판위원회는 위 의무이행심판의 청구가 이유있다고 인정될 경우 위 청구에 따른 처분을 하거나 이를 할 것을 명할 수 있다.

사 례

직접처분의 대상 등에 관한 문제

■ 쟁점

1. 채석허가신청의무이행심판청구 및 토사채취허가연장불허가처분취소 및 의무이행심판청구사건이

직접처분의 대상이 되는지 여부

2. 피청구인에 대해 의무이행기간을 얼마나 주어야 하는지?
3. 직접처분의 형식은?
   (1) 허가자 명의(도지사 또는 시장・군수)
   (2) 기타 형식
4. 기타 의무이행심판 인용재결을 불이행하고 있는 관련 공무원(시장・군수 포함)의 책임 여부 문제는?

해설

1. 행정심판법 제49조 제2항의 규정에 의하면, 당사자의 신청을 거부하거나 부작위로 방치한 처분의 이행을 명하는 재결이 있는 경우에는 행정청은 지체없이 그 재결의 취지에 따라 다시 이전의 신청에 대한 처분을 하여야 한다. 또한 동법 제50조에 의하면 재결청은 당해 행정청이 처분을 하지 아니하는 때에는 당사자의 신청에 따라 기간을 정하여 서면으로 시정을 명하고 그 기간내에 이행하지 아니하는 경우에는 당해 처분을 할 수 있다고 되어 있고, 동법시행령 제27조의2 제1항의 규정에 의하면, 재결청은 피청구인인 행정청의 재결 불이행에 대하여 당사자의 이행신청을 받은 때에는 법 제37조 제2항 후단의 규정에 따라 재결의 취지에 따른 처분을 하여야 한다. 다만, 당해 처분의 성질 기타 불가피한 사유로 재결청이 직접 처분을 할 수 없는 경우에는 지체없이 그 사실 및 사유를 각각 통지하여야 한다고 되어 있는 바, 위 시행령 제27조의2 제1항에서 "처분의 성질 기타 불가피한 사유로 재결청이 직접 처분을 할 수 없는 경우"라 함은 당해 행정청만이 정보를 가지고 있거나(행정정보공개청구사건 등) 당해 행정청의 행정적・재정적 조치 등을 기다려야 실효를 거둘 수 있는 처분(이주대책이행청구사건, 유족연금지급이행청구 등)등과 같이 당해 행정청만이 할 수 있을 뿐 재결청이 직접 처분하기가 불가능한 경우를 말한다고 할 것이고, 따라서, 채석허가신청의무이행심판청구 및 토사채취허가연장불허가처분취소 및 의무이행심판청구사건이 위 사유에 포함되지 아니한다고 판단되는 경우 직접처분을 할 수 있다고 할 것임.

X 「행정심판」에 관한 기본판례(추가)

(1) 대판 2015. 11. 27, 2013다6759
(2) 대판 2017. 10. 31, 2015두45045
(3) 대판 2017. 2. 9, 2014두40029[재결의 기속력]
(4) 대판 2018. 7. 12, 2017두65821[재결]

제2절 행정소송

I 개설

1. 의의

(1) 국민이 행정권의 행사에 의해 위법하게 권리이익이 침해되었다고 생각하는 경우에, 법원에 소송을 제기하여 그 구제를 구하는 소송절차가 행정소송이다.

(2) 2007년 법무부가 마련한 「행정소송법」 개정안의 주요내용으로는, ① 의무이행소송의 도입, ② 예방적 금지소송의 도입, ③ 소의 변경 및 이송의 허용범위 확대, ④ 이해관계인의 소송참여기회 확대, ⑤ 집행정지요건의 완화, ⑥ 가처분제도의 도입, ⑦ 행정청에 대한 자료제출요구권 신설, ⑧ 취소판결의 기속력으로서의 결과제거의무인정 ⑨ 당사자소송에서 가집행선고제한규정 삭제 등을 들 수 있다.

2. 행정소송과 행정심판의 차이

행정소송은, 심리 · 판단하는 주체가, 행정권에서 독립된, 중립적인 제3자기관인 법원이다. 따라서 판단의 공정성 면에서 행정소송은 뛰어난 장점이 있다.

또한, 비록 엄격한 절차가 요구됨에 따라 시간과 비용이 많이 들지만, 행정소송은 법치행정을 유지하고 국민의 기본권을 확보하기 위한 필수적 제도이다.

3. 행정사건과 민사사건의 구별기준

(1) 행정이 관련된 사건 중, 어떤 것을 행정사건으로 취급하고, 어떤 것을 민사사건으로 취급할 것인지가 문제로 된다.

(2) 통설은, 전통적인 공법 · 사법 이원론에 입각하여, 행정상 법률관계가 공법관계와 사법관계로 이분됨을 전제로 하고, 공법관계에서 생기는 분쟁은 행정사건, 사법관계에서 생기는 분쟁은 민사사건이라고 본다.

(3) 「행정소송법」은, 이런 통설에 따라, 우선, 공법관계에는, 행정청은 원칙적으

로 행정행위 그 밖의 공권력을 행사해 활동한다고 보고, 공권력의 행사에 관한 불복의 소송을 항고소송으로 구성하고, 항고소송을 행정소송의 중심에 두고 있다. 이것과 함께, 공법상 법률관계에 관한 소송을 당사자소송으로 부르고, 이것을 행정소송의 하나로 하여 사법상의 법률관계에 관한 소송인 민사소송과 대비시켰다. 이와 같이, 「행정소송법」은 소송법상의 행정사건과 민사사건의 구분을, 실체법상의 공법관계와 사법관계에 대응시키고 있다.[103)]

4. 권력분립에서 오는 사법재판권의 문제

(1) 의무이행소송

1) 의무이행소송이란, 상대방의 신청에 대해 행정청이 일정한 처분을 해야 할 법적 의무가 있음에도 불구하고, 이를 하지 않거나, 신청된 처분을 거부한 경우에, 행정청에 대해 당해 처분을 할 것을 명하는 내용의 판결을 구하는 소송이다.

2) 문제는, 현행 헌법상의 권력분립제도하에서 이 소송유형이 허용되는가 하는 것이다. 현행 「행정소송법」상으로는 이 소송유형은 법정되어 있지 않다.

3) 소극설의 논리로는, ① 행정권의 1차적 판단권이 침해된다는 점, ② 입법재량의 관점에서 볼 때, 「행정소송법」은 원칙적으로 취소소송중심주의를 취하면서, 행정의 부작위에 대해서는 행정권의 1차적 판단권의 존중의 관점에서 부작위위법확인소송에 의한 구제방법만을 채택했다는 점을 들고 있다.

4) 그러나, 제한적 조건하에서 의무이행소송을 보충적으로 인정하더라도 별다른 문제가 없다는 것이 통설이다.[104)]

5) 판례는 소극설을 취하고 있다.[105)]

(2) 적극적 형성판결

1) 취소소송 중 변경소송에, 원처분에 대신하여 새로운 처분으로 대체하는 적극적 변경이 포함되는 지에 관하여 권력분립의 관점에서 이행판결에 비해 더 문

---

103) 原田, 行政法, p. 348-351

104) 김동희, 행정법 I, p. 665

105) 대판 1997. 9. 30, 97누3200

제가 있다는 것이 통설이다.[106]

2) 판례는 소극설을 취하고 있다.[107]

(3) 예방적 부작위소송(예방적 금지소송)

1) 이 소송도 행정청의 판단권 존중의 관점에서 문제가 있을 수 있지만, 일정 조건하에서는 인정할 수 있다는 것이 통설이다.[108]

2) 판례는 소극설을 취하고 있다.[109]

5. 행정소송법의 개정문제[2013년 법무부 입법예고한 「행정소송법」 전부개정 법률안]

(1) 주요내용

1) 국민의 권익구제 확대를 위한 소송제도 개선

① 의무이행소송 도입(안 제4조, 제41조 내지 제47조)

- 분쟁의 발본적·일회적 해결이 가능한 제도로 선진법제에서 대부분 도입

- 현행 권리구제절차(거부처분취소소송이나 부작위위법확인소송)의 불완전성 해소 가능

※ (건축허가)신청에 대한 행정청의 위법한 거부(부작위) 시 행정청에 '건축허가명령'을 선고하는 제도

※ 부작위위법확인소송을 존치함으로써 국민의 소송유형 선택의 자유 보장 및 행정청 스스로의 재처분 기회 보장

② 원고적격 개정(안 제12조)

- 현행 '법률상 이익'[당해 처분의 근거법률 등에 의해 보호되는 직접적, 구체적 이익]은 원고적격 범위를 제한

- 국민의 실질적 권익구제 가능성을 넓히기 위해 원고적격을 '법적 이익'으로 변경

106) 김동희, 행정법Ⅰ, p. 666
107) 대판 1997. 9. 30, 97누3200
108) 김철용, 행정법Ⅰ, p. 631
109) 대판 2006. 5. 25, 2003두11988

2) 사전 권리구제절차의 정비

① 집행정지 요건 완화 및 담보부 집행정지제도 신설(안 제24조)

- 부담적 처분의 '위법성이 명백한 경우' 및 '금전상 손해라도 손해가 중대한 경우'에 집행정지가 가능하도록 요건 완화

- 제3자에 대한 수익적 행정처분의 취소를 구하는 소송, 이른바 '제3자효 행정처분에 대한 소송'의 경우 제3자 보호를 위해 담보제공 규정을 신설

※ 이웃이 제3자에 대한 (건축허가처분)의 취소를 구함과 동시에 집행정지를 신청하는 경우, 법원은 신청자로 하여금 담보를 제공하게 하고 제3자에 대한 건축허가처분의 집행을 정지하도록 하는 제도

② 가처분제도 도입(안 제26조)

- 사전 권리구제절차의 중심인 집행정지제도는 부담적 행정처분을 중심으로 한 것이고, 수익적 행정처분에 대한 사전 권리구제절차 흠결이 있어 이를 보완하기 위해 가처분제도를 마련

※ 기한부 처분(어업면허, 체류기간연장 등)에 대한 갱신처분을 거부할 경우, 판결확정 시까지 임시로 어업활동, 체류가 가능하도록 할 급박한 사정이 있는 경우 가처분 허용

3) 이용하기 쉬운 행정소송 제도 마련

① 소의 변경 · 이송의 허용범위 확대(안 제22조, 제39조, 제43조, 제51조 및 현행 행정소송법 제7조)

- 일반 국민의 입장에서 민사소송과 행정소송의 구분이 어려워 잘못 제소하는 경우 제소기간 도과, 소각하 등 불이익이 발생할 우려가 있어 잘못 제소하는 경우 소의 변경을 허용

- 현행 규정은 행정소송의 이송에 고의 또는 중대한 과실의 요건을 추가하여 민사소송보다 더욱 엄격하게 운용되고 있어, 현행 행정소송법 제7조를 삭제하여 이송을 보다 쉽게 허용

② 관할지정제도 도입(안 제9조)

- 사건이 행정법원과 지방법원 중 어느 법원의 관할에 속하는지 명백하지 아니한 때, 고등법원이 관할법원을 지정해줄 수 있는 제도 도입

- 일반 국민의 입장에서 관할 법원 선택의 위험 및 불편을 해소

③ 결과제거의무 규정 신설(안 제32조 제4항)

- 현행법은 위법한 행정처분의 집행으로 일정한 위법상태가 발생한 경우, 이에 대한 행정청의 제거 의무는 '취소판결의 기속력'으로 규정되었으나 행정청이 자발적으로 위법한 결과를 제거하지 않는 경우 별소를 제기하여야 하는 문제점 발생

- 동 제도의 신설로 행정청에 대하여 위법한 결과를 제거하기 위한 필요 조치 의무를 부여하여 신속하게 적법 상태를 실현하도록 보장

④ 제3자 소제기 사실 통지제도 신설(안 제16조)

- 법원이 피고 외의 다른 행정청 및 이해관계가 있는 제3자에게 소제기 사실을 통지할 수 있도록 하는 규정 신설

- 행정처분으로 인해 영향 받을 이해관계자의 참여를 보장하여 일회적인 분쟁해결을 보장

4) 행정소송의 전문성 강화

- 당사자소송 활성화(안 제3조, 제48조 내지 제52조, 부칙 제1조)

- 성질상 행정소송이지만 편의상 민사소송으로 다루어지던 행정상 손해배상·부당이득반환 등 공법상 원인으로 발생하는 법률관계에 관한 소송을 행정소송의 대상으로 명시

- 행정처분의 위법성 다툼과 직접 관련된 소송의 경우 행정소송의 공익성 등을 고려할 수 있는 전문법원에서 담당

- 당사자소송 활성화에 따른 관할 혼란 방지, 지원 소재지 국민의 불편 해소 등을 고려하여 시행일을 공포 후 3년으로 함

5) 기타 사항

① 명령·규칙의 위헌판결 등 통보 대상 개정(안 제6조)

- '총무처장관'을 명령·규칙의 성질에 따라 '안전행정부장관 또는 해당 공공단체의 장'으로 개정

② 처분변경으로 인한 소의 변경 기간 연장(안 제23조 제2항)

- 현행 60일에서 90일로 기간을 연장하여, 제소기간(안 제21조)과의 균형을 맞추고 국민의 권익 구제를 확대

③ 국가를 상대로 한 가집행금지조항 삭제(현행 행정소송법 제43조)

- 동 조항은 재산권과 신속한 재판을 받을 권리에서 합리적 이유 없이 소송

당사자를 차별하는 규정으로 국민의 신속한 권익구제를 위하여 동 규정 삭제

④ 이해하기 쉬운 법률이 되도록 용어를 변경하고 어려운 한자나 일본식 표현 등을 전체적으로 정비

- 직접 자기의 법적 이익과 관계없이 행정기관의 위법한 행위에 대하여 그 시정을 구할 수 있는 '민중소송'의 명칭을 '공익소송'으로 표현 변경(안 제3조, 제53조, 제54조)

- 알기 쉬운 법령 정비기준에 따라 현행 법률에 있는 어려운 한자어, 일본어투 용어나 표현, 지나치게 줄여 쓴 용어 등을 쉬운 우리말로 바꾸고, 복잡하고 어문 규정에 어긋나는 법령문을 간결하고 올바르게 다듬어 일반 국민이 법령을 쉽게 이해할 수 있도록 법률 전체를 정비

(2) 주요 개정 조문안

1) 행정소송의 종류

제3조(행정소송의 종류) 행정소송은 다음의 네가지로 구분한다.
1. 항고소송 : 행정청의 처분 등이나 부작위에 대하여 제기하는 소송
2. 당사자소송 : 행정상 손실보상·손해배상·부당이득반환이나 그 밖의 공법상 원인으로 발생하는 법률관계에 관한 소송으로서 그 법률관계의 한쪽 당사자를 피고로 하는 소송
3. 공익소송 : 국가 또는 공공단체의 기관이 법률에 위반되는 행위를 한 때에 직접 자기의 법적 이익과 관계없이 그 시정을 구하기 위하여 제기하는 소송
4. 기관소송 : 국가 또는 공공단체의 기관 상호 간에 권한의 존부 또는 그 행사에 관한 다툼이 있을 때에 이에 대하여 제기하는 소송. 다만, 헌법재판소법 제2조의 규정에 따라 헌법재판소의 관장사항으로 되는 소송은 제외한다.

2) 항고소송

제4조(항고소송) 항고소송은 다음과 같이 구분한다.
1. 취소소송 : 행정청의 위법한 처분 등을 취소하거나 변경하는 소송
2. 무효등 확인소송 : 행정청의 처분 등의 효력 유무나 존재여부를 확인하는 소송
3. 부작위위법확인소송 : 행정청의 부작위가 위법하다는 것을 확인하는 소송
4. 의무이행소송 : 행정청의 위법한 거부처분이나 부작위에 대하여 처분을 하도록 하는 소송

3) 원고적격 등

제12조(원고적격 등) 취소소송은 처분 등의 취소를 구할 법적 이익이 있는 자가 제기할 수 있다. 처분 등의 효과가 기간의 경과, 처분 등의 집행 그 밖의 사유로 인하여 소멸된 뒤에도 그 처분 등의 취소를 구할 법적 이익이 있는 자의 경우에도 같다.

4) 가처분

제26조(가처분) ① 처분 등이나 부작위가 위법하다는 현저한 의심이 있는 경우로서 다음 각 호의 어느 하나에 해당하는 때에는 본안이 계속되고 있는 법원은 당사자의 신청에 따라 결정으로써 가처분을 할 수 있다.

1. 다툼의 대상에 관하여 현상이 바뀌면 당사자가 권리를 실행하지 못하거나 그 권리를 실행하는 것이 매우 곤란할 염려가 있어 다툼의 대상에 관한 현상을 유지할 긴급한 필요가 있는 경우
2. 다툼이 있는 법률관계에 관하여 당사자의 중대한 손해를 피하거나 급박한 위험을 피하기 위하여 임시의 지위를 정하여야할 긴급한 필요가 있는 경우

② 법원은 제1항에 따른 가처분결정을 하는 경우 소송의 대상이 된 처분 등이나 부작위의 당사자인 행정청 및 이해관계자에게 재산상 손해가 생길 우려가 있는 때에는 권리자를 지정하여 그 손해에 대한 담보를 제공하게 할 수 있다. 이 경우 권리자로 지정된 자는 그 담보물에 대해서 질권자와 동일한 권리를 가진다.

③ 제2항에 따른 담보에 대해서는 민사소송법 제122조, 제124조부터 제126조까지를 준용한다.

④ 제1항 제2호에 따른 가처분의 재판에는 변론기일이나 당사자가 참석할 수 있는 심문기일을 열어야 한다. 다만, 그 기일을 열어 심리하면 가처분의 목적을 달성할 수 없는 사정이 있는 때에는 그러하지 아니하다.

⑤ 제1항에 따른 가처분은 제24조 제2항에 따른 집행정지로 목적을 달성할 수 있는 경우에는 허용되지 아니한다.

⑥ 제1항에 따른 가처분에 대해서는 제24조 제3항, 제6항, 제7항, 제25조, 제31조, 제32조 제1항을 준용한다.

5) 의무이행판결

제44조(의무이행판결) 법원은 행정청의 거부처분이나 부작위가 위법한 때에는 다음 각 호의 구분에 따라 판결한다. 거부처분의 경우에는 이를 함께 취소한다.

1. 당사자의 신청에 따른 처분을 할 의무가 있음이 법령상 명백하고 그 의무를 이행하게 하는 것이 상당하다고 인정하는 경우에는 행정청에게 그 의무를 이행하도록 선고한다.
2. 행정청이 그 처분을 하지 않는 것이 재량권의 한계를 넘거나 그 남용이 있다고 인정하는 경우에는 행정청에게 판결의 취지를 존중하여 처분을 이행하도록 선고한다.

제45조(의무이행판결의 기속력) 행정청에게 당사자의 신청에 따른 처분을 이행하도록 선고하거나 판결의 취지를 존중하여 처분을 이행하도록 선고한 확정판결은 그 사건에 관하여 당사자인 행정청과 그 밖의 관계행정청을 기속한다.

(3) 개정안의 주요 문제점

그동안 행정법학계에서 입법의 필요성을 다수학설이 인정한 행정소송의 종류 중, 「예방적 금지소송」은 개정안에서 누락되어 있음.

Ⅱ 행정소송의 종류

1. 「행정소송법」에 따른 분류

1) 동법은 행정소송으로서, 항고소송, 당사자소송, 민중소송, 기관소송의 4가지를 규정하고 있다. 이들 소송은 크게 두 집단으로 나뉜다. 우선, 항고소송과 당사자소송은, 국민의 개인적 권리·이익의 보호를 목적으로 하는 소송(주관적 소송)이다. 이런 소송은, 「법원조직법」 제2조 제1항의 "법률상 쟁송"에 해당한다. 이에 대해, 민중소송과 기관소송은, 국민의 개인적 권리·이익의 구제는 아니고, 객관적 법질서의 적정·유지를 목적으로 한다(객관적 소송). 이런 소송은, 법률상 쟁송이 아니므로, 법률에 특별한 규정이 있는 경우에만, 법률로 정하는 자만, 제기할 수 있다.

2) 항고소송은, 행정청의 처분 등이나 부작위에 대해 제기하는 소송이다. 즉

항고소송은, 행정행위 그 밖의 행정청의 공권력의 행사에 관련되는 행위, 부작위에 의해 권리·이익이 침해된 자가, 그 행위, 부작위의 적부를 다루어 위법상태를 배제해 법적 이익의 회복을 구하는 주관적 소송이다. 항고소송은 행정소송의 중심을 이루는 소송형식이고, 행정소송의 대부분을 점유하고 있다.

3) **항고소송의 종류**로는, 다음의 세 가지(①~③)가 법정되어 있다(법정항고소송). 다음의 두 가지(④ 및 ⑤)는 무명항고소송(법정외 항고소송)이다.

즉 ① 취소소송, ② 무효등확인소송, ③ 부작위위법확인소송, ④ 의무이행소송, ⑤ 예방적 금지소송이 그것이다.

4) 취소소송

① 취소소송은, 행정청의 위법한 처분, 재결의 취소, 변경을 구하는 소송이다. 예컨대, 화물자동차운송사업을 영위하다가 사업정지처분을 받은 경우에 그 처분의 취소를 구하여 제기하는 소송이 이에 해당한다.

② 재결도, 일종의 처분이므로, 재결의 취소를 구하는 소송도 취소소송에 해당한다(다만, 우리의 경우 원처분주의를 취하고 있어, 재결취소소송은 매우 제한적으로만 허용된다).

③ 공권력의 행사에 해당하는 행정청의 행위는 공정력을 가지고, 위법하더라도 유효하므로, 취소소송은 그것을 전제로 하여, 처분의 효력의 배제를 구하는 소송이므로, 그 제기에는 제소기간의 제한이 있고, 그 기간 내에 제소하지 않으면 안된다.

④ 행정청의 처분에 대해 행정심판을 제기한 자가, 원처분을 지지하는 취지의 기각재결을 받은 경우에, 이것에 불복하고 소송을 제기할 때, 원처분을 대상으로 하여 제소해야 하는가(원처분주의), 아니면 기각재결을 다투어야 하는가(재결주의)가 문제로 되는데, 「행정소송법」은 원처분주의를 원칙적으로 채택하고 있다.

따라서, 현행법상, 기각재결에 대해 재결의 취소소송을 제기하는 것은, 원고가 재결고유의 하자를 주장해, 재결의 시정을 구하는 경우에 한한다. 또한, 예컨대, A에 대한 허가에 관해 B가 행정심판을 제기해, 재결에서 그 허가가 취소된 경우, A는 취소재결의 취소를 구하는 소송을 제기할 수 있다.

⑤ 원처분주의가 원칙이지만, 개별법률에서 재결주의를 취하는 경우가 있다(예: 감사원의 재심의판정, 중앙노동위원회의 재심판정, 특허심판원의 심결). 이런 경우에는 물론 원처분을 대상으로 제소할 수 없다.

⑥ 항고소송은, 처분 또는 부작위의 위법성 일반이 심리대상으로 된다는 것이

일반적 견해이다. 즉 처분의 적법요건 중의 하나라도 결여되면, 청구인용판결을 하게 된다는 의미에서의 위법성일반이 취소소송의 소송물이게 된다. 따라서, 취소소송에서 기각판결을 받은 경우에 그 기판력 때문에 다른 위법사유를 들어 동일한 처분에 대해 새로운 취소소송을 제기하는 것은 허용되지 않는다.[110]

⑦ 취소소송이 형성소송인지, 아니면 확인소송인지에 관해 다툼이 있지만, 통설은 형성소송설을 취한다.[111] 그 논거로는, ㉠ 취소소송이 행정청의 처분에 의해 형성된 법률관계에 대해 그 행위의 취소를 통해 원상회복을 도모한다는 점에서 형성소송적 기능을 수행하고 있고, ㉡ 취소소송의 인용판결에 대해 대세적 효력을 인정하고 있는 「행정소송법」 제29조 제1항을 들고 있다. 대법원 판례도 형성소송설을 취한다.[112]

5) 무효등확인소송

① 이것은 행정청의 처분이나 재결의 효력유무, 존재여부를 확인하는 소송인데, 무효확인소송이 실무상 그 대부분을 차지한다.

② 이 소송은, 취소소송과 달리 제소기간의 제약을 받지 않는다.

③ 처분 등이 무효이더라도, 외관상 존재함으로써 유효한 것으로 오인되어 행정청에 의해 집행될 우려가 있으므로, 처분의 상대방이나 이해관계인은 그 처분 등이 무효 또는 부존재임을 확인받을 필요가 있다.

④ 무효등확인소송의 원고적격문제에 관하여는, ㉠ 즉시확정이익설과, ㉡ 법적보호이익설이 대립되고 있지만, 2008년 3월 20일의 대법원 판례는, 종전의 판례를 변경해, 법적보호이익설을 취하고 있다.[113] 그 논거로는, i) 행정소송은 민사소송과는 그 목적, 취지, 기능을 달리하며, 현행 「행정소송법」은 무효등확인소송을 항고소송의 일종으로 규정하고 있으며, ii) 무효확인판결 자체만으로도 실효성을 확보할 수 있으며(기속력, 재처분의무), iii) 현행 「행정소송법」은 일본 「행정사건소송법」 등 외국의 일부 입법례와는 달리, 무효등확인소송의 보충성을 요구하는 명문규정이 없다는 것을 들고 있다.

⑤ 무효등확인소송의 성질에 관해서는, 확인소송설, 항고소송설, 준항고소송설

110) 김동희, 행정법 I, p. 680; 대판 1990. 3. 23, 89누5386

111) 김동희, 행정법 I, p. 680

112) 대판 2006. 7. 28, 2004두13219

113) 대판 2008. 3. 20, 2007두6342 전원합의체

이 대립하고 있는데, 통설은 준항고소송설(실질적으로는 확인소송이지만, 형식적으로는 처분의 효력의 유무를 직접 소송대상으로 한다는 견해)을 취하고 있다.

6) 부작위위법확인소송

① 부작위위법확인소송은 행정청이 상대방의 인·허가 등 신청에 대해 일정 처분을 해야 할 의무가 있는데도 불구하고 이를 방치하고 있는 경우에 이런 부작위가 위법한 것임을 확인하는 소송이다.

② 부작위위법확인소송은 상대방의 신청에 대한 행정청의 부작위(방치상태)가 위법한 것임을 확인하기 위한 것이므로, 확인소송이며, 공권력발동에 관한 소송인 점에서 항고소송이다.

③ 우리 대법원은 "**부작위위법확인의 소는 판결시를 기준으로 그 부작위의 위법함을 확인함으로써 행정청의 응답을 신속하게 해 부작위 내지 무응답이라고 하는 소극적인 위법상태를 제거하는 것을 목적으로 하는 것이고, 나아가 당해 판결의 구속력에 의해 행정청에게 처분 등을 하게 하고, 다시 당해 처분 등에 대하여 불복이 있는 때에는 그 처분 등을 다투게 하려는 제도이다**"라고 판시하고 있다.[114)]

④ 이 소송의 소송물은, 부작위의 위법성이다. 따라서 법령상 행정청에 부과되어 있는 작위의무가 기속적 처분인 경우에도 법원은 단지 부작위가 위법한 것임을 확인할 수 있는데 그친다.[115)]

⑤ 당사자의 신청권의 문제에 관해 판례는, 원고적격설과 대상적격설의 두 태도를 모두 취하고 있는 것으로 보인다.[116)]

⑥ 행정청의 위법한 부작위에 대하여는 의무이행소송을 인정하는 것이 정도이지만, 권력분립원칙에 위배될 소지가 있다는 반대의견이 있어, 현행법이 부작위위법확인소송을 규정하는데 그쳤다고 보여진다(2007년의 법무부 개정안에는 의무이행소송제도가 신설되고, 부작위위법확인소송제도가 없어지는 것으로 되어 있었다).

7) 당사자소송

① 당사자소송은 행정청의 처분 등을 원인으로 하는 법률관계에 관한 소송 그 밖에 공법상의 법률관계에 관한 소송으로서 그 법률관계의 한쪽 당사자를 피고로 하는 소송이다. 당사자소송은 공법상의 법률관계에 관한 다툼에서 당사자간의 권

---

114) 대판 1992. 7. 28, 91누7361

115) 김동희, 행정법 I, p. 682

116) 대판 2000. 2. 25, 99두11455

리관계를 판단하는 작용인 점에서, 민사소송과 구별된다.

② 당사자소송은, 형식적 당사자소송과 실질적 당사자소송으로 나뉘는데, 앞의 것은, "처분 등을 원인으로 하는 법률관계에 관한 소송으로서 그 법률관계의 한쪽 당사자를 피고로 하는 소송"이고, 뒤의 것은, "처분 등을 원인으로 하지 않는 공법상의 법률관계 자체의 존부나 효력 유무를 다투는 소송으로서 법률관계의 한쪽 당사자를 피고로 하는 소송"을 말한다.

③ 형식적 당사자소송의 예로는, 「토지취득보상법」상 토지수용위원회의 토지 등의 수용재결과 관련해 그 보상액에 다툼이 있으면 토지소유자와 사업시행자가 각각 원고 또는 피고가 되어 이를 다투도록 하고 있는 것을 들 수 있다. 실질적 당사자소송의 예로는, 공무원의 지위확인소송과 급여지급청구소송을 들 수 있다.

④ 당사자소송은 권리주체가 대등한 입장에서 권리관계를 다투는 소송이므로, 민사소송과 그 본질, 구조가 같다.

⑤ 당사자소송은 공권을 대상으로 하는데, 재판실무상 공권에 관계되는 청구도 대개는 민사소송으로 다루어져 왔다.

⑥ 당사자소송의 심리절차는, 원칙적으로 민사소송의 예에 의하지만, 취소소송에 관한 규정이 일부 준용된다(예: 제3자나 행정청의 소송참가).

8) 민중소송

① 이것은, 국가나 공공단체의 기관이 법률에 위배되는 행위를 한 때에, 사인이 직접 자기의 법률상 이익과 관계없이 그 시정을 구하기 위해 제기하는 소송을 말한다.

② 민중소송과 기관소송은, 객관적 법질서의 유지를 목적으로 하므로(객관적 소송), "법률상 쟁송"이 아니다.

③ 민중소송은 법률로 규정하는 경우에 있어, 법률로 정하는 자만 제기할 수 있다. 현행법상 민중소송이 인정되어 있는 예로는, 주민소송, 주민투표소송, 선거소송, 당선소송을 들 수 있다.

9) 기관소송

① 이것은 국가나 공공단체의 기관 상호 간에 있어서의 권한의 존부 또는 그 행사에 관한 다툼이 있을 때에 제기하는 소송이다.

② 본래 이런 소송은 상급기관의 조정 등에 의해 해결해야 하지만, 특별한 경우에는 소송에 의한 해결을 인정하고 있다.

③ 기관소송도 객관적 소송으로서, "법률상 쟁송"이 아니다. 현행법상 인정된 예로는, 지방의회의결의 재의와 단체장의 제소를 들 수 있다.

2. 청구의 성질(내용)에 따른 분류

(1) 형성소송은, 행정법상의 법률관계를 발생 · 변경 · 소멸시키는 판결을 구하는 소송인데, 그 예로써 취소소송을 들 수 있다.

(2) 이행소송은, 이행청구권의 확정과 피고에 대한 이행명령을 구하는 소송이다. 예컨대 공법상 금전지급소송, 의무이행소송을 들 수 있다.

(3) 확인소송은, 권리나 법률관계의 존재, 부존재의 확정 · 선언을 구하는 소송이다. 예컨대, 부작위위법확인소송을 들 수 있다.

Ⅲ 취소소송의 소송요건

1. 소송요건의 의의

소를 적법하게 하기 위해 요구되는 요건이 소송요건이다. 즉 소송요건은, 법원에 본안심리, 본안판결을 청구하기 위한 요건이다. 소송요건의 전부 또는 일부를 갖추지 못한 소송은 부적법하고, 그 불비를 보정할 수 없으면, 법원은 판결로 이를 각하해야 한다. 각하판결은, 본안심리, 본안판결을 거부하는 판결이다.

2. 개별적 소송요건

(1) 관할법원

1) 사물관할

행정법원의 심판권은 원칙적으로 판사 3인으로 구성된 합의부에서 행한다. 행정법원이 설치되지 않은 지역에서 지방법원의 본원이 행정사건을 담당하는 경우에도 행정사건은 원칙적으로 합의부의 관장사항이다.

2) 토지관할

① 보통재판적

취소소송의 제1심 관할법원은 피고의 소재지를 관할하는 행정법원이다. 다만, 중앙행정기관 또는 그 장이 피고인 경우의 관할법원은 대법원 소재지의 행정법원으로 한다. 행정법원이 설치되지 않은 지역에 있어서는 피고의 소재지를 관할하는 지방법원의 본원이 취소소송의 제1심 관할법원이다.

② 특별재판적

예컨대 토지의 수용에 대한 취소소송은 그 부동산의 소재지를 관할하는 행정법원에도 이를 제기할 수 있다.

③ 보통재판적도, 특별재판적도 전속관할은 아니므로, 합의관할과 응소관할도 가능하다.

(2) 처분성(대상적격)

1) 서설

취소소송의 대상인 "행정청의 위법한 처분 등"이 무엇을 의미하는지가 처분성, 즉 대상적격의 문제이다. 「행정소송법」은 취소소송사항에 관해 개괄주의를 취하고 있다.

2) 전통적 통설·판례의 견해(실체법상 개념설=일원설)[117)]

① 이 견해는 실체법상의 독일의 가장 좁은 의미의 행정행위개념을 처분개념으로 보는 견해이다.

② 이 견해는, 새로운 견해가 형식적 행정행위개념을 처분개념에 포함시키면서도 그것에 대해 공정력을 인정하지 않는 논리적 비일관성을 비판하고 있다.

③ 판례는 처분개념을 명문화한 1984년 이후에도, 처분을 독일의 가장 좁은 의미의 행정행위개념으로 보아왔었다.[118)]

3) 새로운 견해(쟁송법상 개념설=이원설)

① 이 견해는, 행정행위 외의 행위라도, 국민의 실생활에 강하게 영향을 주는

117) 유지태, 행정법, 1997, p. 479

118) 대판 1993. 4. 12, 93두2

것이 있으므로, 이런 행위에 의해 국민이 현실적으로 불이익을 입게 되고, 그러면서도, 민사소송 그 밖의 절차에서 쉽게 구제될 수 없는 경우에는, 처분성을 승인하려는 것이다(형식적 행정행위론). 이것이 현재의 통설이다.[119]

② 최근 판례중에는 처분관념을 넓은 의미로 파악하는 것도 상당수 나오고 있다. 이 새로운 판례는, 기본적으로 쟁송법상 개념설의 입장에서 처분개념을 넓은 뜻으로 파악한 것이라고 이해된다.[120]

③ 저자도 김동희 교수의 논거 등을 이유로 쟁송법적 개념설을 지지하는 것이 현행 「행정쟁송법」의 해석론으로서는 타당하다고 본다.

4) 처분성의 유무에 관해 다툼이 없는 것

① ㉠ 행정행위, ㉡ 행정행위에 준하는 권력적 행위(처분법규, 권력적 사실행위)는 처분성이 인정된다.

② 행정청의 행위 중 계약 등의 사법상 행위에는 처분성이 인정되지 않는다.

(3) 원고적격

1) 불이익처분의 상대방이 원고적격을 가지는 것에는 다툼이 없다. 문제는 제3자의 경우이다.

2) 원고적격의 판단기준

① 종래의 통설·판례는 보호규범설에 입각해, 그 법규가 개인에게 권리를 부여해 그 이익을 보호하는 취지인 경우에는 원고적격을 인정하고, 개인의 이익이 공익적 규제의 반사적 이익에 지나지 않는 경우에는 원고적격을 부정하고 있다(법률상 보호되는 이익설).

② 최근에는, 사실상의 불이익이라도 중대한 것이면 원고적격을 인정하려는 견해도 유력하다(재판상 보호가치 있는 이익설).

3) 단체소송과 원고적격

최근에는 소비자단체나 주민단체 등이 원고로 되어 행정소송을 제기하는 것을 허용하자는 의견이 강해지고 있다. 그러나, 판례는 개별법률에 근거가 없는 한(예:

---

119) 김동희, 행정법 I, p. 708
120) 김동희, 행정법 I, p. 711-712

소비자기본법상의 소비자단체소송), 이를 인정하지 않고 있다.

4) 헌법상의 기본권과 원고적격

① 우리나라 판례는, 인간의 존엄과 가치, 행복추구권, 경쟁의 자유에 관해서는 기본권도 법률상 이익에 포함된다고 하면서도, 환경권만으로는 원고적격이 인정될 수 없다고 판시하고 있다.

② 독일의 경우, 재산권, 직업의 자유, 일반적 행동의 자유, 평등권, 본인과 가족의 보호 등이 개인적 공권의 근거가 될 수 있다고 한다.[121]

(4) 좁은 의미의 소의 이익

취소소송에 의해 처분이 취소될 경우에, 현실적으로 법률상의 이익이 회복될 수 있는 상황이 아니면, 취소소송을 제기할 의미가 없다는 것이 "좁은 의미의 소의 이익"의 문제이다.

(5) 피고적격

항고소송은 처분 또는 재결을 한 행정청, 부작위청을 피고로 해서 제기해야 한다.

(6) 행정심판전치주의문제

1) 원칙은, 자유선택주의(행정심판임의주의)이다.

2) 예외는, 행정심판전치주의이다. 즉 다른 법률에서, 당해 처분에 대한 행정심판의 재결을 거치지 않으면 취소소송을 제기할 수 없다는 명시적 규정이 있는 경우에는 행정심판전치주의에 따른다.

3) 다만, 행정심판전치주의가 채택되어 있는 경우에도, ① 행정심판의 재결을 거치지 않고 제소할 수 있는 경우와, ② 행정심판 자체를 거치지 않고 직접 취소소송을 제기할 수 있는 경우가 있는데, 자세한 것은 행정심판의 해당 부분을 참조하기 바란다.

---

121) Maurer, Allg. VwR, S. 170-173

(7) 취소소송제기기간

1) 취소소송은 일정 기간 내에 제기하는 것이 필요하다. 제소기간을 경과한 뒤에는, 당해 처분이 무효가 아닌 한, 불가쟁력이 발생한다.

2) 취소소송은, 처분 등이 있음을 안 날 또는 행정심판의 재결서를 송달받은 날부터 90일 이내에 제기해야 한다.

3) 취소소송은, 처분이 있은 날 또는 재결이 있은 날부터 1년이 지나면 이를 제기하지 못하지만, 정당한 사유가 있은 경우에는 1년이 지나더라도 제기할 수 있다.

4) 2)와 3)의 기간 모두 당사자의 귀책사유가 없었던 경우에는, 그 사유가 없어진 후 2주일 내에 지연된 소송행위(제소)를 추완할 수 있다.

5) 2)와 3)의 기간은 어느 하나의 기간만이라도 경과하면 제소기간은 종료한다.[122)]

6) 「행정소송제기기간」에 관하여, 우리 대법원은, 「행정소송법 제20조 제1항이 정한 제소기간의 기산점인 '처분 등이 있음을 안 날'이란 통지, 공고 기타의 방법에 의하여 당해 처분 등이 있었다는 사실을 현실적으로 안 날을 의미한다. 상대방이 있는 행정처분의 경우에는 특별한 규정이 없는 한 의사표시의 일반적 법리에 따라 행정처분이 상대방에게 고지되어야 효력을 발생하게 되므로, 행정처분이 상대방에게 고지되어 상대방이 이러한 사실을 인식함으로써 행정처분이 있다는 사실을 현실적으로 알았을 때 행정소송법 제20조 제1항이 정한 제소기간이 진행한다고 보아야 한다.

지방보훈청장이 허혈성심장질환이 있는 갑에게 재심 서면판정 신체검사를 실시한 다음 종전과 동일하게 전(공)상군경 7급 국가유공자로 판정하는 '고엽제후유증전환 재심신체검사 무변동처분' 통보서를 송달하자 갑이 위 처분의 취소를 구한 사안에서, 위 처분이 갑에게 고지되어 처분이 있다는 사실을 현실적으로 알았을 때 행정소송법 제20조 제1항에서 정한 제소기간이 진행한다고 보아야 함에도, 갑이 통보서를 송달받기 전에 자신의 의무기록에 관한 정보공개를 청구하여 위 처분을 하는 내용의 통보서를 비롯한 일체의 서류를 교부받은 날부터 제소기간을 기산하여 위 소는 90일이 지난 후 제기한 것으로서 부적법하다고 본 원심판결에

122) 대판 1964. 9. 8, 63누196

법리를 오해한 위법이 있다」라고 판시하고 있다[대법원 2014.09.25. 선고 2014두8254].

Ⅳ 취소소송의 고지

1. 서설

일반국민이 쉽게 이해할 수 있도록 행정청은 처분을 하는 경우 행정쟁송에 관한 사항을 알려줄 필요가 있다.

2. 고지사항

행정청은 처분을 하는 경우 당사자에게 그 처분에 관해 행정소송을 제기할 수 있는지, 제기절차, 제기기간 등을 알려주어야 한다.

3. 고지의무위반에 대한 구제방법

1) 제소 기간에 관해 고지하지 않아 제소 기간을 도과한 경우에는, 고지가 되지 않았다는 사실은, 제소 기간에 규정된 "정당한 사유"의 유무판단에 있어 중요한 고려요소가 될 것이다.

2) 행정청이 고지를 게을리 하는 경우에는 관계인이 피고를 잘못 선택하여 제기한 소송을 적법한 소송으로 보고, 올바른 피고에게 소장을 송부해야 한다.

3) 제소 기간을 잘못하여 장기의 기간을 고지한 경우에는, 제소 기간의 연장을 인정해야 한다.

4) 잘못하여 행정심판전치를 고지한 경우에는 제소 기간의 기산점을 재결시로 해야 한다.

V 취소소송의 심리의 특징과 절차

1. 요건심리와 본안심리

(1) 요건심리란, 원고적격, 좁은 의미의 소의 이익 등의 소송요건을 충족했는지 여부를 심사하는 것이다. 소송요건의 어느 하나라도 흠결이 있고, 그 보정이 불가능하면, 소는 각하된다.

(2) 소송요건의 심리는 법원의 직권조사사항이다.

(3) 소송요건의 심리에는 반드시 구두변론을 요하는 것은 아니다.

(4) 소송요건이 충족된 경우에는, 법원은 본안심리에 들어간다. 본안심리는, 원고의 소송의 내용의 당부를 심사하는 것이다.

(5) 행정소송의 본안심리는, 공익과 관련이 많기 때문에, 민사소송과 달리, 그 심리절차에는 직권주의의 요소가 포함되어 있다.

2. 소송물

(1) 법원의 심리대상으로 되는 사항이 소송물이다. 취소소송의 목적은, 위법한 처분을 취소하는데 있으므로(행위소송), 취소소송의 소송물은, “처분의 위법성 일반”이다.

(2) 기속행위는 법규정에 위반하면 청구가 인용되고, 재량행위라도 법이 인정하는 재량권의 범위를 일탈하거나 남용하면, 청구가 인용되어, 처분은 위법하여 취소된다.

(3) 법률(행정절차법)상, 처분이유의 부기가 요구되는 처분이 소송에서 다투어지는 경우에, 피고측이, 처분 시에 명시한 이유 외의 이유를 주장해 처분의 적법성을 지지하는 항변을 할 수 있는가가 문제로 된다. 취소소송의 소송물을 처분의 위법성 일반으로 하면, 소송단계에서 피고가 처분이유의 추가나 변경을 하여 처분의 적법성을 유지하는 것도 허용된다고 할 수 있다. 그러나, 이를 무제한하게 인정하면, 처분이유의 부기를 인정한 의의가 상실되므로, 신의칙상, 요건사실의 동일성을 해치는 추가·변경은 허용되지 않는다. 이것이 통설이다(제한적 긍정설). 대

법원 판례도 이와 같다.[123)]

3. 위법판단의 기준시

(1) 서설

처분이 된 시점과, 취소판결이 내려지는 시점 간에는 상당한 정도로 시간이 경과하고 있는 것이 일반적이다. 그런데, 그 사이에 법령이 개정·폐지되거나 처분의 요건인 사실이 변경될 수 있다. 따라서, 처분 시에는 위법했으나, 판결 시에는 적법하다든지, 처분 시에는 적법했으나, 판결 시에는 위법하게 되는 경우도 있다.

(2) 처분시설과 판결시설

1) 이 문제의 해결에서는, 취소소송의 목적을 어디에서 찾는가가 중요하다. 통설·판례는,[124)] 취소소송의 목적을, 행해진 처분의 사법적 사후심사에 있다고 보고, 처분시설을 채용하고 있다. 즉 법원은 행정청의 일차적 판단권을 존중해야 하고, 행정청의 판단을 거치지 않은, 처분후의 사정을 고려하는 것은 허용되지 않는다.

2) 이에 대해, 판결시설은, 취소소송의 목적을 처분의 효력을 현재도 유지해야 할지 여부에 대해 두고 있다.

3) 다만, 양설이 모두 예외를 인정하고 있다. 예컨대, 처분시설에 있어서도, 하자의 치유의 법리를 인정하는데, 이 경우에는 판결 시를 기준으로 하여 위법판단을 하게 된다. 또한, 부작위위법확인소송, 의무이행소송의 경우에는, 사안의 성질상 판결시설에 의하는 것이 타당하다고 한다.

4. 심리절차

(1) 민사소송의 경우에는, 변론주의가 채용되어 있다. 변론주의는, 당사자가 주장·제출한 사실·증거만에 기초해 재판을 하는 재판자료수집방법이다.

(2) 취소소송도, 국민의 권리이익을 보호하려는 것이므로, 변론주의가 원칙이 되고 있다. 그러나, 취소소송에는, 행정의 적법성을 보장하는 기능도 있고, 이것은

123) 대판 2003. 12. 11, 2001두8837
124) 대판 2005. 4. 15, 2004두10883

직접 공익에 관계된다. 이에 따라, 「행정소송법」은, 변론주의에 대한 특칙을 두고 있다. 「행정소송법」 제26조가 그것인데, 법원은 당사자의 입증이 불충분하면, 직권으로 증인을 불러 신문하거나, 물적 증거의 제출을 촉구할 수 있다.

(3) 동조에 관하여, ① 변론주의 보충설과, ② 직권탐지주의설이 대립하고 있는데, 판례는 전자의 입장을 취한다.

(4) 한편, 우리 대법원은, 행정소송에서, 처분권주의도 인정하고 있다.[125)]

(5) 행정심판기록제출명령

1) 취소소송에서는, 행정청이 보유하고 있는 문서를 원고가 어느 정도까지 열람할 수 있는가는 중요한 문제이다.

2) 「행정소송법」 제25조에서는, 법원은 당사자의 신청이 있으면, 그 재결기관에 대해 행정심판에 관한 기록의 재결을 명할 수 있고, 이 경우 재결기관은 지체없이 그 기록을 법원에 제출하도록 규정하고 있다.

3) 또한, 원고는 「민사소송법」 제346조에 의한 문서제출명령을 신청할 수도 있다고 본다.

5. 제3자와 행정청의 소송참가

(1) 제3자의 소송참가

예컨대, 복효적 행정행위(예: 건축허가)에 대한 취소소송에 있어서, 그 취소판결은 제3자(예: 건축허가를 받은 건축주)에 대해서도, 효력을 가지므로, 그 제3자에게도, 이 소송에 참가해, 자신의 주장을 진술하고, 자신의 권리이익을 지킬 기회가 보장되어야 한다. 「행정소송법」 제16조 제1항은, 이 뜻을 규정하고 있다.

(2) 행정청의 소송참가

1) 관계 행정청에 관하여도, 소송참가를 인정할 필요가 있다. 예컨대, 처분을 받은 A가 행정심판을 청구한 바, 기각재결을 받았기 때문에 그 처분의 취소소송을 제기했다고 하자.

---

125) 대판 1993. 6. 8, 93누4526

2) 이 경우, 소송당사자는 A와 처분청이지만, 재결기관이 소송에 참가하면 소송자료가 풍부하게 되고, 객관적으로 공정한 사건의 해결을 도모할 수 있게 된다. 「행정소송법」 제17조 제1항이 이 뜻을 규정하고 있다.

(3) 제3자가 소송에 참가하면, 그는 공동소송적 보조참가인이 되고, 관계행정청이 소송에 참가하면, 그는 보조참가인이 된다.[126]

6. 취소소송에서의 입증책임

(1) 서설

처분의 요건사실의 존부가 확정되지 않은 경우에, 어느 한쪽 당사자가 입증불능의 책임을 지게 되고, 불이익한 판정을 감수해야 하는데, 이 불이익을 "입증책임(증명책임)"이라고 한다.

(2) 입증책임분배의 원칙

1) 이것에는, ① 행정행위에는 공정력이 있고, 적법성이 추정되므로 원고가 입증책임을 진다는 견해, ② 법치행정의 원칙으로부터 피고가 입증책임을 진다는 견해, ③ 원고와 피고에게 공평하게 입증책임을 분배하는 견해가 대립되는데, 제3설이 통설·판례이다.

2) 통설에 따르면(법률요건분배설), 권한행사규정의 요건사실의 존재는 그 권한행사의 필요 또는 적법성을 주장하는 자가 입증책임을 부담하므로, 적극적 처분에 대하여는 그 처분을 한 행정청이, 거부처분에 대하여는 원고가 각각 입증책임을 부담하고, 권한불행사규정이나 상실규정의 요건사실의 존재는 처분권한의 불행사나 상실을 주장하는 자가 입증책임을 부담하므로, 적극적 처분에 대하여는 원고가, 거부처분에 대하여는 처분청이 각각 입증책임을 부담한다.[127]

3) 구체적 경우

① 징계처분, 영업정지·취소처분 등의 침익적 행정행위의 적법성에 대하여는 원칙적으로 처분청에게 주장·입증책임이 있고, 사회보장급부청구에 대한 거부처

126) 김동희, 행정법 I, p. 704; 김철용, 행정법 I, p. 667

127) 사법연수원, 행정구제법, 2007, p. 232; 대판 1984. 7. 24, 84누124

분에 대하여는 그 거부사유가 원래 급부요건을 갖추지 못했음을 이유로 하는 경우에는 급부를 청구한 자에게 주장·입증책임이 있다.[128]

② 과세처분의 적법성은 일반적으로 과세관청에 입증책임이 있지만,[129] 비과세나 면세요건에 대한 입증책임은 납세의무자에게 있다.[130]

③ 처분의 절차적 적법성에 대하여는 모두 행정청에게 그 입증책임이 있다. 예컨대, 처분이 피고지자에게 적법하게 고지된 사실의 적법성은 행정청이 입증해야 한다.[131]

④ 재량처분이 재량권을 일탈·남용했다고 다투어지는 경우, 그 입증책임은 이를 주장하는 자에게 있다.[132]

⑤ 처분의 무효사유는, 무효가 예외적 사정임을 이유로, 이를 주장하는 자에게 입증책임이 있다.[133]

7. 집행정지제도

(1) 서설

1) 취소소송으로 다투고 있는 도중에, 처분이 집행되어 버리면, 소송에서 이기더라도 의미가 없게 된다. 예컨대, 원자력발전소의 설치허가를 다투고 있는 사이에, 그것이 완성되어 버리면, 사실상 이것을 철거하는 것은 어렵다.

2) 특히, 「행정소송법」상, 명문규정이 없으므로, 민사소송에서의 가처분이 행정소송에서도 인정되는지 학설대립이 있다.

3) 먼저, 소극설의 논거를 보면, ① 권력분립원칙과의 관련에서, 법원이 행정부의 판단에 앞서 처분에 대한 가처분을 하는 것은 사법권의 범위를 벗어나고, ② 「행정소송법」 제8조 제2항에서는, 동법에 특별한 규정이 없는 사항에 대해 「민사집행법」의 규정을 준용한다고 규정하고 있는데, 「행정소송법」상의 집행정지제도는 「민사집행법」에 대한 특별한 규정으로 보아야 하며, ③ 현행 「행정소송법」은 의무이

128) 대판 2004. 4. 9, 2003두12530
129) 대판 2002. 6. 14, 2001두4573
130) 대판 1990. 2. 13, 89누2851
131) 대판 1994. 10. 14, 94누4134
132) 대판 1987. 12. 8, 87누861
133) 대판 1984. 2. 28, 82누154

행소송을 인정하고 있지 않으므로 부작위에 대해 가처분제도가 적용될 소지가 없다는 것이다.

4) 이에 대해, 적극설의 논거를 보면, ① 현행 「행정소송법」상 가처분제도를 배제하는 명문규정이 없고, ②「행정소송법」 제8조 제2항에 의해 가처분에 관한 「민사집행법」의 규정이 준용될 수 있으며, ③ 「헌법」 제27조 제1항의 재판청구권에 비추어 인정되어야 한다는 것이다.

5) 제한적 적극설은, 기본적으로 적극설의 입장에 서되, 집행정지제도가 미치지 않는 한도에서만 가처분제도는 인정된다는 것이다.

6) 우리 대법원은 소극설을 취하고 있다.[134)]

7) 결어

이 문제는, 2007년에 마련한 바가 있는, 법무부의 「행정소송법」 개정안과 같이 입법적 해결이 되어야 할 것이다.

(2) 집행정지의 요건

1) 원고의 권리구제를 위해, 일정요건이 충족되면, 집행정지가 인정된다.

2) 집행정지요건에는, 다음의 4개의 적극적 요건과, 2개의 소극적 요건이 있다.

① 적극적 요건

㉠ 집행정지대상인 처분의 효력이 존재하고, 이것을 정하는 것에 의해 현실적으로 권리보전이 이루어질 것: 처분의 집행이 완료한 후에는, 집행정지는 원칙적으로 허용되지 않는다. 또한, 거부처분 등에 대한 집행정지는, 원칙적으로 논리적으로 타당하지 않다. 따라서, 집행정지가 허용되는 소송은, 취소소송과 무효등확인소송이고, 부작위위법확인소송은 제외된다.[135)]

㉡ 본안소송이 계속하고 있을 것: 본인소송의 제기와 집행정지의 신청이 동시에 되는 것이 대부분이지만, 집행정지신청 후, 그 결정시까지 본안소송이 제기되면, 집행정지신청은 추완되어 적법하게 된다. 또한, 본안소송은 적법할 것이 요구된다.[136)] 따라서, 본안소송은, 처분성・원고적격・피고적격・제소기간 등의 소송요

---

134) 대결 1992. 7. 6, 92마54
135) 김동희, 행정법Ⅰ, p. 733
136) 대판 1999. 11. 26, 99부3

건 모두를 충족시켜야 한다.

㉢ 회복하기 어려운 손해를 예방하기 위한 것일 것:

i) 우리 대법원은, 회복하기 어려운 손해란 금전보상이 불능인 경우나, 금전보상으로는 사회관념상 당사자가 참고 견딜 수 없거나, 참고 견디기 현저히 곤란한 경우의 손해를 가리킨다고 한다.137)

ii) 재산적 손해는, 원칙적으로 대체성이 있고, 금전보상 등에 의한 손해전보가 가능한 것이 많으므로, 비재산적 손해와 비교하면, "회복하기 어려운 손해"에 해당하지 않는 경우가 많다.

iii) 이 요건은 가장 중요한 요건이며 신청인이 주장·소명책임을 진다.

㉣ 긴급한 필요가 있을 것: 회복하기 어려운 손해가 존재하면, 거의 집행정지의 긴급한 필요는 인정된다.

② 소극적 요건

㉠ 공공복리에 중대한 영향을 미칠 우려가 없을 것: 이 요건에 대한 주장·소명 책임은 행정청에게 있다.138)

㉡ 본안청구의 이유없음이 명백하지 않을 것: 집행정지신청의 심리단계에 있어서, 이미 본안에 관해 신청인의 주장에 명백하게 이유가 없다고 인정되는 경우에까지 집행정지를 인정하는 것은, 집행정지제도의 취지에 반하기 때문이다.139)

(3) 집행정지절차

1) 집행정지는 본안이 계속되어 있는 법원이, 당사자의 신청이나 직권에 의해, 결정으로써 한다.

2) 신청인은 그 신청이유에 대해 소명해야 한다.

(4) 집행정지의 내용

1) 집행정지의 내용은, "처분의 효력, 그 집행, 그 절차의 속행의 전부 또는 일부의 정지"이다.

2) 처분의 효력정지는, 예컨대 공무원의 면직처분의 효력을 일시 정지하는 것

---

137) 대결 2003. 4. 25, 2003무2
138) 대결 1999. 12. 20, 99무42
139) 대결 1994. 10. 11, 94두23

이고, 처분의 집행의 정지는, 행정상 강제집행을 금지하는 것이고, 절차의 속행의 정지는, 후속처분을 하지 못하게 하는 것이다.

3) 처분의 효력정지가 가장 넓은 관념이고, 나머지 둘은 그 일부라고 할 수 있으므로, 과잉규제를 피하기 위해, 처분의 효력의 정지는 다른 두 개의 집행정지결정에 의해 달성할 수 없는 경우에만 가능하다.

(5) 집행정지의 효력

1) 구속력

① 집행정지결정은, 당사자인 행정청만이 아니라, 그 밖의 관계행정청을 구속한다.

② 구속력의 근거로는, ㉠ 기판력설과, ㉡ 특수효력설이 있는데, 후자가 통설이다.

③ 집행정지결정의 구속력에 의해, 결정 이후 행정청은 결정의 취지에 반하는 행위를 할 수 없다. 다만, 취소판결과는 달리, 결정취지에 따라 새로운 구체적 처분을 해야 하는 것은 아니다.

2) 자박력(기속력)

집행정지결정은, 그것이 인용결정이든, 각하(기각)결정이든, 법원을 구속해 자박력을 가진다.

3) 형식적 확정력

집행정지결정은, 즉시항고기간의 도과나 항고심결정에 의해 형식적 확정력을 발생시킨다.

4) 형성력

① 집행정지결정은, 행정행위의 공정력에 기한 통용력을 정지시키는 것이고, 형성력을 가진다.

② 형성력은 장래에 향해서만 발생한다. 따라서, 집행정지결정이 있으면, 당해 처분이 유효함을 전제로 해 그것에 이어지는 절차나 후속처분은 할 수 없다.

③ 집행정지결정의 효력은, 당사자 외의 제3자에게도 미친다.

(6) 집행정지의 취소

집행정지결정을 한 후에, 그 이유가 소멸하고, 그 밖의 사정이 변경하면, 법원은 결정으로써, 집행정지의 결정을 취소할 수 있다.

(7) 이상의 내용을 알기 쉽게 도표로 나타내면 다음과 같다.

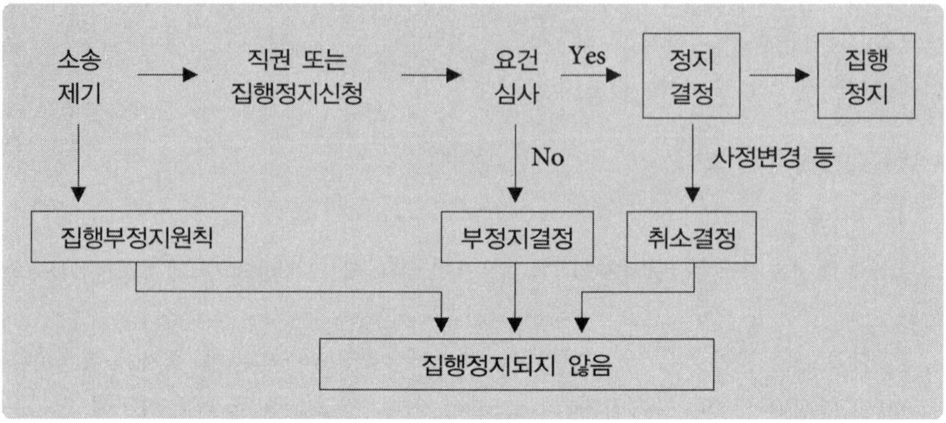

Ⅵ 관련청구소송의 병합 · 이송

1. 입법취지

「행정소송법」 제10조는, 상호관련이 있는 여러 청구를 하나의 절차에서 심판함으로써 소송경제와 사건의 신속한 처리를 도모하기 위해, 관련청구가 계속하는 법원으로부터 취소소송이 계속하는 법원에의 관련청구소송의 이송 및 병합제도를 두고 있다.

2. 동조의 적용범위

(1) 관련청구에 관해 전속관할규정이 있으면, 「행정소송법」 제10조에 의해 이송할 수 없다.

(2) 취소소송을 관련청구소송이 계속하는 법원에 이송하는 것은, 명문규정이 없으므로 원칙적으로 허용되지 않는다고 본다. 다만, 「민사소송법」 제35조 등에 의한 이송은 가능할 것이다.

(3) 취소소송이 부적법하면, 관련청구를 이송할 수 없다.[140)]

3. 관련청구의 범위

(1) 당해 처분 등과 관련되는 손해배상 · 부당이득반환 · 원상회복 등 청구소송

당해 처분 등의 위법이 그 청구원인사실을 구성하는 원상회복청구, 손해배상청구만이 관련청구에 해당한다(예: 공매처분의 취소청구와 그 위법을 이유로 하는 국가에 대한 손해배상청구).141)

(2) 당해 처분 등과 관련되는 취소소송:

1) 당해 처분과 함께 하나의 절차를 구성하는 처분의 취소청구

이것은, 쌍방의 처분 사이에 위법성의 승계가 인정되는 경우와 일치한다. 예컨대, 체납처분으로서의 압류처분과 공매처분을 들 수 있다.

2) 당해 처분에 관한 재결의 취소청구 또는 당해 재결의 대상인 처분의 취소 소송

① 전자의 경우는, 원처분주의를 채택하고 있으므로, 거의 생기지 않는다.

② 후자의 경우는, 예컨대, 원고가 우선 재결취소소송을 잘못하여 제기하였는데, 그 사이에 원처분에 관한 제소기간이 경과해 버린 경우를 들 수 있는데, 이 경우 원처분취소소송을 추가적으로 병합함으로써 원처분을 다툴 수 있게 된다.

3) 당해 처분 등의 취소를 구하는 다른 자의 취소청구

예컨대, 혐오시설의 인근주민 다수가 각각 자신이 가진 생활환경상 이익에 기해 당해 시설설치처분의 취소를 구하는 경우를 들 수 있다. 이것은 취소판결이 대세적 효력과 관계행정청을 구속하는 효력을 가지므로, 판결의 모순·저촉을 피하기 위해 인정되는 것이다.

4. 이송절차 및 판단

(1) 이송은, 관련청구소송의 당사자(참가인, 참가행정청도 포함된다)의 신청이나 직권에 의해 행한다. 취소소송의 당사자는 신청권자가 아니다.

(2) 신청을 받은 법원은, 상대방 당사자의 의견을 듣고, 허부를 재량에 따라

140) 대판 2001. 11. 27, 2000두697

141) 대판 2000. 10. 27, 99두561

결정한다.

(3) 이송결정이 확정되면, 이송을 받은 법원은 이것에 구속되고, 구 소송은 처음부터 그 법원에 계속한 것으로 된다. 이송결정이 확정한 이상, 이송을 받은 법원은, 그 이송된 사건이 자신의 관할에 속하지 않는다는 이유로 다른 관할법원에 이송하는 것이 허용되지 않는다.

5. 관련청구소송의 병합시기 및 취소소송 외에의 적용

(1) 관련청구소송의 병합은 취소소송의 사실심까지만 허용된다.

(2) 관련청구소송의 이송은, 무효등확인소송, 부작위위법확인소송, 당사자소송, 기관소송, 민중소송의 경우에도 적용이 있다.

Ⅶ 청구의 객관적 병합(행소 10②)

1. 서설

(1) 당사자의 주도에 의한 병합소송

1) 청구를 병합하면, ① 심리의 중복을 피하고, ② 당사자의 소송 추행(追行)상의 부담이 경감되게 하며, ③ 재판의 모순·저촉을 피할 수 있는 장점이 있지만, 이를 무제한으로 허용하면, ① 심리가 복잡해지고, ② 소송절차의 혼란·지연을 가져오게 된다.

2) 병합소송을 허용하는 경우에는, 어느 범위의 청구를, 누구의 판단으로, 1개의 소송절차로 심리할 수 있도록 할까를 정할 필요가 있지만, 「행정소송법」 제10조 제2항은 청구의 병합을 당사자의 주도에 맡기고 있다.

(2) 병합소송의 태양(態樣)

청구의 병합에는, ① 1인의 원고가 1인의 피고에 대해 수개의 청구를 하는 경우(소의 객관적 병합=청구의 병합)와 ② 복수의 원고로부터의, 또는 복수의 피고에 대한 수개의 청구를 1개의 소송으로 제기하는 경우(소의 주관적 병합=공동소송)가 있다.

(3) 행정소송에 있어서의 특징

1) 「행정소송법」은, 관련청구에 관한 것에 한하고 있는 점에서, 민사소송과 다르며, 관련 청구인한 취소소송과는 다른 종류인, 민사소송절차에 의해야 하는 손해배상청구 등에 관해서도 병합할 수 있다는 점도 민사소송과 다르다.

2) 청구의 병합과 비슷한 효과는, 소의 변경과 변론의 병합에 의해서도 발생한다.

2. 병합의 요건

① 취소소송과 관련청구가 모두 적법하고, ② 병합하는 청구가 관련청구이며, ③ 관련청구도 소송형태에 따른 소송요건을 갖추어야 한다.

3. 병합의 형태

병합은, 병렬적, 선택적, 예비적 병합으로 나뉜다.

4. 병합의 절차

원시적·객관적 병합의 경우에는, 원고가 소장에 복수의 청구를 기재함으로써, 처음부터 당연히 병합된 소송으로서 취급된다.

5. 병합요건이 흠결된 경우의 취급

(1) 취소소송이 부적법하면, 관련청구도 각하해야 한다는 견해와,[142] 관련청구소송은 독립한 소로 취급하고, 관할법원에 이송해야 한다.[143]

(2) 관련청구로서 병합제기된 소가 소송요건을 갖추지 못한 때에는, 소를 각하해야 한다.

142) 대판 1980. 4. 22, 78누90

143) 南 博方·高橋 滋 條解行政事件訴訟法, p. 390

6. 원고에 의한 청구의 추가적 병합

(1) 서설

1) 이것은 이미 취소소송을 제기하고 있는 원고에 대해, 당해 취소소송의 구두변론종결시까지, 관련청구소송이라면, 객관적 추가적 병합이든, 주관적 추가적 병합이든, 추가적으로 병합해 제기하는 것을 인정하는 것을 가리킨다.

2) 이 제도의 취지는, 재판의 모순·저촉이나 심리의 중복을 피하고, 당사자의 소송추행상의 부담을 경감하는 것을 도모하면서, 다른 한편으로, 그 범위 중 관련청구에 한정함으로써, 소송절차가 복잡해지는 것을 피하고, 신속한 심리와 재판을 확보하려는데 있다.

(2) 병합요건

1) 추가적 병합이 인정되려면, ① 기본으로 되는 취소소송과 관련청구소송이 모두 적법할 것, ② 추가적으로 병합하는 청구가, 종전의 취소청구의 관련청구에 해당할 것, ③ 추가적 병합의 신청인이, 기본으로 되는 취소소송의 구두변론종결시까지 이를 행할 것이 필요하다.

Ⅷ 공동소송(행소 15)

1. 서설

동조는, 청구는 주관적 병합인 공동소송의 형태에 의한 소송이 허용되는 요건을 규정한 것이다. 즉 원고가 수인이든, 피고가 수인이든, 각 당사자 간에 제기된 각 청구가, 취소소송의 관련청구라면, 1인 또는 수인의 원고로부터 취소소송과 병합하여 제소하는 것이 허용된다.

2. 병합요건

동조의 병합이 허용되려면, ① 기본으로 되는 취소소송 및 관련청구에 관한 소송이 다같이 적법할 것, ② 병합하는 청구가 관련청구에 해당할 것이 요구된다.

Ⅸ 소의 변경(행소 21)

1. 소의 종류의 변경(피고의 변경)

(1) 서설

1) 취소소송에 있어서는, 소송계속중에, 취소를 구하는 처분이 실효하면, 소의 이익이 없어진다. 이 경우, 취소소송에서 처분의 위법사유의 존부가 다투어졌으므로 취소소송의 소송자료를 그대로 이용해 손해배상 그 밖의 청구의 심리를 원고가 추행할 수 있다면, 소송경제상 도움이 되고, 특히 원고의 소송추행부담이 크게 경감된다.

2) 동조는 이런 경우, 피고의 변경을 포함한 소의 변경이 가능함을 규정하고 있다.

(2) 다른 제도와의 차이

1) 「민사소송법」에 따른 소의 변경은, 청구의 기초에 변경이 없는 경우에만 인정되고, 그 시기가 구두변론의 종결시까지인 점은, 「행정소송법」상의 소의 변경과 같다.

2) 그러나, 「민사소송법」에 따른 소의 변경의 경우는, 신청구에 관한 소송과 구 청구에 관한 소송의 당사자는 동일할 것이 필요하고, 또한 신청구는 구청구와 동종의 소송절차에 의하는 것에 한하지만, 「행정소송법」상의 소의 변경은, 형식적으로 보면, 피고를 당해 처분 등을 한 행정청으로부터 당해 처분 등에 관한 권리주체인 국가 또는 공공단체로 변경하는 것을 인정하고, 또한, 행정소송인 구 청구에서, 민사소송인 신청구에로의 변경을 인정한다는 점에서, 크게 다르다.

(3) 소의 변경의 요건

소의 변경요건은, ① 취소소송의 구두변론 종결 시까지 원고가 소의 변경을 신청할 것, ② 변경후의 청구가 당해 처분 등에 관한 사무가 귀속하는 국가나 공공단체를 피고로 하는 청구일 것, ③ 청구의 기초에 변경이 없을 것, ④ 법원이 소의 변경을 상당하다고 인정할 것 등이다.

(4) 소의 변경의 효과

소의 변경허가가 확정하면, 신청구에 관해 소송계속이 생기고, 종전의 소송절차 및 소송자료는, 당사자의 원용이 없더라도, 당연히 변경 후의 소에 승계된다.

2. 처분의 변경으로 인한 소의 변경

(1) 이 경우의 소의 변경은, 소송대상인 처분을 소송계속 중에 행정청이 변경한 경우에, 당초의 소송절차를 유지시키면서, 이에 따라, 청구를 변경하는 것을 말한다. 예컨대, 환지예정지지정처분취소청구를 환지처분취소청구로 바꾸는 것이다.

(2) 이 제도의 취지는, 원고에게 귀책사유가 없는 사유로 인한 절차의 반복을 피하게 하려는 것이다.

사 례

신청처리와 이유의 교체

정보공개청구에서 행정기관이 쟁송의 방침에 관한 것이라고 하는 이유로 비공개결정한 사례에서, 후에 소송단계에서, 행정기관이, 행정운영정보에 해당하므로 비공개하였다는 이유를 추가하는 것은 허용되는가?

해설

행정절차의 중요성, 특히 이유제시의 의의를 생각하면, 이유의 추가나 교체에 의한 하자의 치유는 인정되지 않는 것이 원칙이다. 그러나 위의 사례와 같이, 불이익처분은 아니고, 국민쪽이 행정에 의한 급부를 구하는 신청에 기한 처분의 경우에는, 소송단계에서 이유의 추가·교체를 긍정하는 견해도 있다.

그 이유는 위 사례에서 처분 시의 이유가 위법하다고 하여 처분이 소송에서 취소된 경우, 또다시 신청을 하는 경우, 행정기관은, 행정운영정보해당이라는 이유로 비공개결정을 행할 수 있고, 청구한 국민은, 다시 취소소송을 제기해야만 한다. 이러한 국민의 수고를 생각하면, 최초의 소송에서 이유의 추가·교체를 허용하여, 분쟁을 1회적으로 해결하는 것이, 급부를 구하는 국민의 이익에 합치한다. 이렇게 생각하면, 위 사례에서는 이유의 교체가 인정될 수 있다.

X 재량처분의 취소(행정소송 제27조)

1. 재량처분은, 법에 의해 허용된 행정청의 재량권의 범위 내로서 당·부당의 문제에 그칠 뿐이고, 법원에 의한 취소대상으로 되지 않지만, 동 원칙의 예외로서 재량권의 일탈이나 남용이 있으면, 그 대상으로 된다.

2. 「행정소송법」 제27조는, 처분의 위법성에 관한 법원의 심사권의 범위·한계를 긋는 것이고, 이 의미에서 동조는, 재량처분영역에 있어서의 "법률상 쟁송"의 범위(취소소송에 관한 사법심사의 한계)에 관하여, 권력분립에 관계된다는 의미에서의 헌법해석론을, 확인적으로 규정한 것이다.[144]

3. 재량처분의 취소소송에 있어서의 주장·입증책임에 관하여는, 원칙적으로 원고가, 재량권의 일탈·남용이 있다는 사실을 주장·입증해야 한다.

4. 동조는, 무효등확인소송에 관하여도 준용된다.

XI 취소소송의 판결

1. 취소소송의 판결의 종류

(1) 소송판결

1) 이것은 소송이 소송요건을 결여하는 경우, 소송을 부적법하다고 하여 각하하는 판결을 말한다.

2) 동일한 처분에 관해 소송요건을 갖춘 소송이 다시 제기되면, 법원은 본안판결을 하게 된다.

(2) 본안판결

1) 청구기각판결

① 이것은 청구가, 이유가 없다고 배척하는 판결인데, 그 특수한 것으로 사정

144) 塩野, 行政法Ⅱ, p. 256

판결이 있다.

② 사정판결은, 심리결과 계쟁처분이 위법하지만, 처분 등을 취소하는 경우 공익에 현저한 장해가 생기게 되는 때에는 법원이 청구를 기각하는 제도이다. 다만, 사익보호를 위해 사정판결의 주문에서는 그 처분 등이 위법하다는 것을 선언해야 하고, 이 경우 원고는 피고에 대해 손해전보를 청구할 수 있고, 그래도 사정판결에 불복이 있으면, 원고는 처분의 취소를 구해 상소할 수 있다.

2) 청구인용의 판결

① 이것은 본안심리결과, 원고의 청구에 이유가 있다고 인정해, 처분 등의 전부 또는 일부를 취소하는 판결이다.

② 취소판결은, 원고승소의 판결이며, 처분의 위법성을 확인하는 외에, 처분의 효력(공정력)을 소멸시키는 효력을 가진다(형성력).

③ 취소판결의 형식을 취하는 판결에는 그 실질은 처분의 무효를 확인하는 효력만 가지는 것도 있다.

④ 처분 등의 변경판결에 관하여는, ㉠ 일부취소설, ㉡ 적극적 형성 판결 내지 이행판결설이 대립되나, 전자가 통설 · 판례이다.[145)]

⑤ 청구의 일부분에만 위법이 있는 경우, 일부취소를 할 것인가, 아니면 전부취소를 할 것인가가 문제로 된다. 이에 대해, 판례는, ㉠ 가분성이 있거나, 그 처분대상의 일부가 특정될 수 있다면 일부취소가 가능하고,[146)] ㉡ 법령의 확정 · 적용에 관한 사건(조세사건 등)의 경우에는, 정당하게 인정되는 세금을 초과하는 범위에서만 위법해 취소대상이 되며,[147)] ㉢ 재량권의 일탈 · 남용에 해당하는 경우(영업정지, 과징금부과처분사건 등)에는, 그 전부를 취소할 수밖에 없고, 법원이 적정하다고 인정하는 부분을 초과한 부분만을 취소할 수는 없다고 한다.[148)]

145) 대판 1989. 5. 23, 88누8135
146) 대판 2000. 2. 11, 99두7210
147) 대판 1989. 8. 8, 88누6139
148) 대판 1993. 7. 27, 93누1077

(3) 이상을 알기쉽게 도표로 나타내면 다음과 같다.

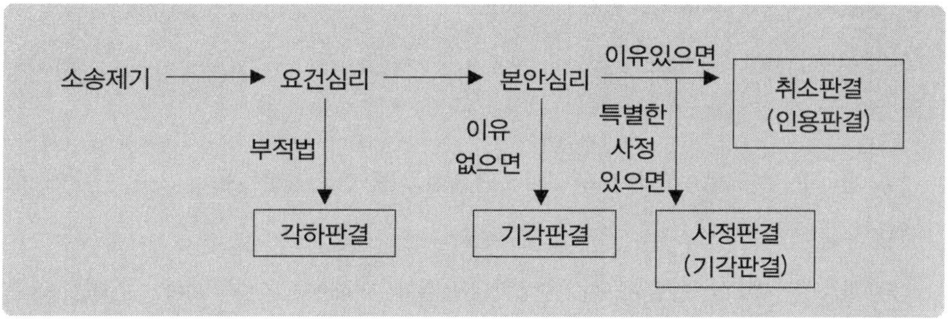

2. 판결에 의하지 않는 소송의 종료

(1) 소의 취하

1) 민사소송과 같이, 취소소송의 경우에도, 원고에 의한 소의 취하가 가능하다.

2) 원고는, 판결이 확정될 때까지는 언제든지 소를 취하할 수 있다. 다만, 피고가 본안에 관해 준비서면을 제출하고, 준비절차에 있어서 진술하거나 구두변론을 한 후에는, 피고에게도 본안판결을 받을 이익이 생기므로, 소를 취하하기 위해서는, 피고의 동의를 요한다.

(2) 소송의 인낙, 재판상 화해

이것들이 허용되는지 여부에 관해서는 다툼이 있다. 법률에 의한 행정의 원리, 공익판단우선의 관점에서는 부정적 입장이지만, 통설은 행정청에 재량이 인정되고 있으면, 그 범위 내에서, 청구의 인낙이나 재판상의 화해도 허용된다고 본다.

(3) 원고의 사망

소송물인 권리관계의 성질상 이를 승계할 수 없는 것인 경우에는, 원고의 사망에 의해, 소송은 당연히 종료하고, 법원은 그 취지를 판결로 확인하면 된다.

3. 취소판결의 방식

(1) 법원은 소송의 심리를 마치고 나면, 종국판결을 한다.

(2) 당사자는 소송에 대해 법원에서 변론해야 한다. 다만, 소를 각하하는 경우에는 반드시 구두변론을 할 필요는 없다.

(3) 판결서에는, 주문·이유·변론종결일·당사자와 그 법정대리인·법원·청구의 취지를 기재해야 한다.

(4) 판결은 선고로 효력이 생긴다. 판결선고는 변론종결일부터 2주 이내에 해야 한다.

(5) 항소는, 제1심 법원이 선고한 종국판결에 대해서 할 수 있다. 항소는 판결서가 송달된 날부터 2주 이내에 해야 한다.

4. 취소판결의 효력

(1) 기판력

1) **기판력은**, 소송물에 관해 법원이 내린 판단내용이 확정되고, 소송 당사자간에 당해 사항에 관해 다시 분쟁을 반복하지 못하게 하는 효력을 말한다. 예컨대, 영업정지처분의 취소소송결과, 당해 처분은 적법했다고 확정되면(기각판결), 원고가 다른 위법사유를 주장하여 다시 취소소송을 제기해도, 법원은 일사부재리의 원칙에 따라 그 소를 각하할 수 있다(판결의 차단효).

2) 또한, **취소판결(청구인용판결)이 내려지는 경우**에는, 당해 처분의 위법성이 확정되고, 따로 국가배상청구소송이 제기된 경우에, 행정청은 당해 처분이 적법한 것을 주장할 수 없다.

3) **취소소송**에서 기각판결이 있더라도, 처분청이 그 처분의 위법을 인정해, 직권으로 이를 취소하는 것은 물론 가능하다.

4) 기판력의 주관적 범위

당사자 및 그와 동일시할 수 있는 당사자의 승계인 간에 한한다(변론종결 후의 승계인, 그를 위해 청구목적물을 소지한 사람). 다만, 행정청을 피고로 하는 항고소송의 경우에는, 판결의 기판력은 당해 행정청이 속하는 국가 등에도 미친다.

5) 기판력의 객관적 범위

① 기판력은 소송물에 관한 판단에 생긴다.

취소소송의 소송은 당해 처분의 위법성일반이므로, 청구기각판결에서는 처분이 적법하다는 것이, 청구인용판결에서는 처분이 위법하다는 것이 기판력에 의해 확정된다.

② 구체적 위법사유의 판단과의 관계

기판력은 당해 처분의 적부라는 결론부분에 관해 생기는 통용력이다. 따라서, 취소소송에서 구체적으로 위법사유로 다투어졌기 때문에, 판결이유 중이라도 그것을 갖추고 있는지 여부가 판단된 요건이 있고, 이 요건을 고려하면 당해 처분의 적부에 관한 결론이 달라지는 경우에도, 후소에 있어서 이 요건을 문제로 하여, 당해 처분의 적부에 관한 전소의 판단을 깨뜨리는 것은 기판력에 저촉되어 허용되지 않는다. 즉 처분취소청구를 기각하는 판결이 확정되면, 그 처분이 적법하다는 점에 관하여 기판력이 발생하므로 다시 취소청구나 무효확인청구를 할 수 없다.

③ 취소판결 등의 기판력과 국가배상소송의 관계

㉠ 일본의 통설 및 판례는,149) 기판력을 인정하는 실익으로써, 처분을 취소하는 판결이 확정되면, 그 후의 국가배상소송에서 공권력의 행사의 위법성이 기판력을 가지고 확정되는 것을 들고 있다.

㉡ 그러나, 최근에는, 일본과 한국에서는, 항고소송에서의 처분의 위법성과 「국가배상법」에서의 공권력의 행사의 위법성은 반드시 같은 것은 아니라는, "위법이원론"이 유력하게 제기되는데, 이 견해에 따르면 취소소송의 판결의 기판력은, 당연히 국가배상청구소송에 미치는 것은 아니게 된다.150)

6) 기판력의 시간적 범위(기준시)

항고소송의 판결의 기판력의 기준 시는, 민사소송에서와 같이, 사실심의 구두변론종결 시라는 것이 통설이다.

(2) 형성력

1) 처분 등을 취소하는 판결이 확정되면, 당해 처분 등의 효력은 소급적으로

149) 1973년의 일본 최고재판소 판례

150) 南 博方·高橋 滋, 條解 行政事件訴訟法, p. 543

소멸하고, 처음부터 그것이 없었던 것과 같은 상태로 된다. 이것이 취소판결의 형성력이다.

2) 형성력에는 대세적(對世的) 효력이 있다.

대세적 효력을 인정하는 이유는, 예컨대, 신규영업허가에 대해 기존 영업자가 취소소송을 제기했는데 승소하여 당해 영업허가가 취소되었다고 하자. 이 경우 취소판결의 효력이 단지 원고인 기존영업자와 피고에게만 미치고, 영업허가를 받은 자에게는 미치지 않는다고 한다면, 취소소송을 제기한 의미가 없을 것이다.

3) 반대로, **취소판결에 대세적 효력이 인정되어 있으므로**, 제3자가 예기하지 못한 피해를 입지 않도록 보호장치가 마련되어야 하는데, 예컨대, 제3자의 소송참가, 제3자의 재심의 소 등을 들 수 있다.

4) 법적 성질

취소판결의 형성력은, 취소소송제도를 두는데 따른 당연한 결과라고 하는 "제도적 효력설"이 대립하는데, 타당하다고 본다.[151]

5) 주관적 범위

① 형성력의 법적 성질이 가장 크게 영향을 미치는 것이 취소판결의 제3자효이다. 예컨대, 농지의 매수처분이, 피매수인이 제기한 취소소송에서 취소된 때, 제3자인 매수농지의 매도를 받은 자는, 후소에 있어서 매수처분이 유효하게 존속하고 있다고 주장할 수 있는가 하는 문제이다.

② 「행정소송법」 제29조 제1항은 제3자효를 인정하고 있는데, 이는 긍정설에서 보면 확인규정이고, 부정설에서 보면 창설규정이 된다.

③ 한편, 「행정소송법」에서는 소송외의 제3자의 이익을 보호하기 위하여, 제3자의 소송참가, 제3자의 재심소송제도를 두고 있다.

6) 시간적 범위(소급효)

위법한 처분은 본래, 국민의 권리이익을 침해해서는 안 되는 것임에 비추어 볼 때, 소급효를 긍정하는 것이 타당하다고 할 것이다.

151) 南 博方・高橋 滋, 條解 行政事件訴訟法, p. 536-537

(3) 기속력(구속력)

1) 의의

① 취소판결이 있게 되면, 원고는 형성력에 의해 일단 구제되지만, 행정청이 동일 행위를 반복하면, 취소판결이 실질적으로 무의미하게 되고, 원고의 권리구제는 불충분하게 된다. 그래서 「행정소송법」 제30조 제1항은 취소판결의 기속력을 규정하고 있다.

② 이에 따라, 처분청·재결기관 그 밖의 관계 행정청은, 판결의 취지를 존중해서 그 실현을 위해 행동해야 할 의무를 지고 있다.

2) 법적 성질

① 기판력설

㉠ 이 견해는, 취소판결의 기속력은, 기판력의 하나의 내용으로 보고, 「행정소송법」 제30조 제1항은, 기판력을 당사자 외의 관계행정청에게 확장하기 위한 규정으로 보고 있다.

㉡ 그러나, 일반적 견해에 따르면, 기판력은, 소송물에 대한 판단의 후소에의 통용력이고, 취소소송의 소송물은 계쟁처분의 위법성일반이다. 따라서, 기판력설과 같이, 판결이유 중의 위법사유의 판단에 기판력을 인정하거나, 기판력을 계쟁 처분과는 법형식상 별개인 재처분에 미치게 하는 것은 어렵고, 소송외에서 동일처분의 반복금지라는 행위의무가 생기는 것은 기판력설에 의해 설명하기도 어렵다.

② 특수효력설

㉠ 통설은, 취소판결의 기속력은, 취소소송에 의한 권리구제의 실효성을 기하기 위해, 실정법이 특히 인정한 특수한 효력이라고 본다. 즉 취소판결에 의해 위법한 처분의 효력은 소급하여 소멸하지만, 행정청이, 예컨대, 동일한 사정에서 동일한 이유로 동일한 처분을 하거나, 처분의 취소에 의해 존재의미를 상실한 별개의 처분이, 형식상 별개의 처분임을 이유로 그대로 존속하게 되면, 취소소송에 의한 권리구제의 실효성은 기대하기 어렵다.

㉡ 따라서, 통설은 행정청에 대해, 판결의 판단내용을 존중하고, 이후 그 사건에 관해 판결의 취지에 따라, 행동하지 않으면 안 된다고 하는 특별한 의무를 부과해, 취소소송에 의한 권리구제의 실효성을 기한 규정이라고 보는 것이다. 이에 따르면, 「행정소송법」 제30조 제1항은, 기속력을 후소의 가능성에서 분리하여, 소송외에서 실체법상의 행위의무를 발생시키는 것을 규정한 것이라고 하게 된다.[152)]

3) 기속력의 내용(효력)

① 동일처분의 반복금지효

㉠ 행정청은, 동일 사정 하에서, 동일 이유에 기해, 동일한 사람에 대해, 동일 내용의 처분을 다시 할 수 없다. 달리 말하면, 사정이나 이유가 다르면, 동일 내용의 처분을 할 수 있다.

㉡ 취소판결의 기속력이 미치는 범위는, 주문과 일체로 된 이유 중의 판단에 한정된다.

㉢ 취소판결의 기속력에 반하는 동일한 재처분은, 실체법상 위법하게 되지만, 그것이 취소원인으로 되는지, 아니면 무효원인으로 되는지가 다투어진다. 대법원 판례는[153] 후자의 견해를 취하며, 국민의 권리구제의 실효를 기할 수 있으므로 타당하다고 본다.

② 재처분의무

㉠ 예컨대, 영업허가신청에 대한 거부처분에 관해 취소판결이 내려진 경우에, 행정청은, 판결의 취지에 따라, 다시 이전의 신청에 대한 처분을 해야 한다. 또한, 영업허가신청을 인정한 처분에 관해 절차상의 위법을 이유로 취소판결이 내려진 경우에도, 행정청은, 절차를 고쳐 다시 이전의 신청에 대한 처분을 해야 한다.

㉡ 거부처분이 취소되면, 형성력에 의해 거부처분의 효과는 당초에 소급해 소멸한다. 그러나, 그 거부처분의 전제로 되었던 신청의 효력에 관해서는, ⅰ) 당연히 소멸하지는 않고, 신청에 응답해야 하는 상태가 소송법상 부활한다는 견해와, ⅱ) 신청의 효과도 일체적으로 소멸되고, 재처분을 받기 위해서는 신청을 다시 할 필요가 있다는 견해가 있을 수 있는데, 「행정소송법」 제30조 제2항·제3항은 이점을 명확히 해, 이전의 신청이 계속되고, 이것에 응답할 상태가 부활한다고 명문으로 규정한 것이다.

㉢ 「행정소송법」 제30조 제3항은, 허가처분 등 수익적 처분에 있어서, 허가신청인 외의 제3자를 원고로 하는 취소판결을 상정한 것이다. 이 경우 원고인 제3자의 권리·이익은, 형성력에 의해 허가처분의 효과가 소급해 소멸하면 구제된다. 그러나 허가신청인은 재응답을 받을 이익을 가지므로 허가신청은 실효하지 않고, 동조 제2항의 경우와 같이, 행정청이 응답해야 할 상태가 부활한다. 행정청은, 위

152) 原田, 行政法, p. 418; 김동희, 행정법Ⅰ, p. 757; 김철용, 행정법Ⅰ, p. 730
153) 대판 1990. 12. 11, 90누3560

법으로 판단된 절차를 반복하지 않고, 신청에 대한 처분을 해야 한다. 동조 제3항이 절차적 위법에 의한 취소에 관해서만 명문규정을 둔 이유는, 허가처분이 실체적 위법을 이유로 취소되면, 다시 허가처분이 될 가능성은 거의 없지만, 절차적 위법을 이유로 취소되면, 다시 허가처분이 될 가능성도 높고, 동일한 절차적 위법이 반복되면, 취소판결의 원고였던 제3자의 구제의 실효성이 없어지기 때문이다. 그래서, 동조 제3항에서 말하는, "절차적 위법"이란, 새로 신청에 대한 처분을 하면 다시 허가처분이 될 여지가 있는 위법을 말한다. 예컨대, 처분청의 구성에 관한 하자, 다른 기관의 동의·승인 등의 흠결, 행위의 방식·표시에 관한 하자를 들 수 있다.[154]

㉣ 동조 제2항·제3항의 경우는, 취소판결의 형성력에 의해 재처분을 해야 할 상태가 부활하는 것을 전제로, 그 재처분에 있어서 동일한 위법을 반복할 수 없는 점에 기속력의 작용이 있다. 이 작용은 전통적으로 기속력의 내용으로 승인된, 동일처분의 반복금지효이다. 그래서 동조 제2항·제3항은, 기속력이 일반적으로 동일처분의 반복금지효를 포함하는 것을 전제로, 그 구체적 예로서 신청에 대한 처분이 취소된 경우를 취해, 그 적용을 명문화한 주의규정이라는 취지이다.

③ 원상회복의무

㉠ 처분에 기해 사실상의 조치가 집행되고 있는 경우, 처분이 취소판결에 의해 소급적으로 실효하면, 사실상의 조치도 근거를 상실한다. 그래서, 행정청은, 취소판결의 기속력에 의해 사실상태를 원상으로 회복해야할 의무를 지는가가 문제로 된다.

㉡ 협의의 원상회복의무의 법적 성질에 관하여는, ⓐ 사실상태의 원상회복의무는, 기속력의 직접적 내용은 아니고, 취소판결의 형성력에 의해 처분이 소급적으로 실효하는 결과, 공법 또는 사법상의 원상회복청구권이 성립하는 효과에 불과하다는 견해가 일본의 통설이고, ⓑ 위법한 사실상태를 행정청이 시정해야 할 법률상 의무가 행정실체법상 당연히 생기는 것은 아니므로, 원상회복의무를 행정실체법적으로 설명하기는 어렵다고 보고, 따라서 원상회복의무는 기속력의 내용이라고 보는 견해와, ⓒ 공법·사법상의 원상회복의무가 생기더라도 취소판결이 개별사안에 있어서 행정청의 행위규범을 명백히 하는 작용을 부정하는 이유로 될 수는 없다는 견해들도 유력하다.

---

154) 南 博方·高橋 滋, 條解 行政事件訴訟法, p. 552

ⓒ 예컨대, 법인세경정처분이 취소된 경우, 행정청은 징수된 법인세환급의무를 지는 경우를 들 수 있다.

ⓔ 원상회복의무는, 일반적으로 판결의 취지에 따르지 않는 위법한 사실상태에 널리 미친다고 본다.

ⓜ 행정청이 원상회복의무에 위반해 시정조치를 강구하지 않으면, 국가배상청구를 할 수 있다.

ⓑ 원상회복 자체에 관해서는, 그 원상회복의무가 민사상의 의무라면(예: 말소등기의무), 민사소송을 제기할 수 있고, 행정상 의무라면, 당사자소송(행정소송)이나 부작위위법확인소송(의무이행소송이 허용된다면 그것이 더욱 효과적임)에 의할 수 있다.

4) 기속력의 효력범위

① 주관적 범위

㉠ 기속력은 취소된 처분에 관해 당사자인 행정청과 그 밖의 관계행정청을 기속한다.

㉡ 처분이 내려진 후에 당해 행정청의 권한이 다른 행정청에 승계된 때에는, 그 승계한 행정청이, 당사자인 행정청으로 된다.

㉢ "그 밖의 관계행정청"의 예로는, 소방서장의 부동의의 위법을 이유로 건축불허가처분이 취소된 경우의 소방서장을 들 수 있다. 관계행정청은 당사자인 행정청측에 보조참가할 수 있다.

② 객관적 범위

기속력은 "그 사건"에 관해 미친다. 기판력설에 따르면, "그 사건"은, i) 주문과 일체로 된 판결이유 중의 판단에 관해 미친다는 견해와, ii) 취소된 처분의 대상인 법률관계로 보는 견해가 대립한다.

③ 시간적 범위(기준시)

기속력이 어느 시점의 사실관계, 법령을 전제로 생기는가에 대하여는, 위법판단의 기준 시가 처분 시임에 대응해, 처분 시로 해석된다.[155]

5) 기속력위반행위의 효과

우리 대법원은 무효사유로 보고 있다.[156]

---

155) 대판 1998. 1. 7, 97두22

(4) 간접강제

1) 「행정소송법」 제34조 제1항은, 재처분의무의 실효성을 담보하기 위해, 민사소송의 경우에 준해 간접강제제도를 채택하고 있다. 즉 법원은, 행정청의 재처분의무불이행 시, 시정명령후, 배상명령을 내릴 수 있고, 그 배상명령의 효력은 피고인 행정청이 속하는 국가 등에도 미치게 하고 있다.

2) 우리 대법원은, 재처분의 이행에 관한 간접강제제도는 심리적 강제수단에 불과하다고 판시하고 있다.[157)]

3) 간접강제의 결정주문의 예

「피신청인은 결정정본을 받은 날부터 ■■일 이내에 신청인이 ■■년 ■■월 ■■일자에 낸 … 신청에 대하여 허가처분을 하고, 만약 동 기간 내에 이행하지 아니할 때에는, 이 기간 만료의 다음날부터 이행완료시까지 1일 ■■원의 비율에 의한 돈을 지급하라」

5. 제3자의 재심청구

(1) 취소판결에는 대세적 효력이 인정되기 때문에, 제3자가 생각하지 못한 불이익을 받을 수도 있다. 이런 제3자를 보호하기 위해 제3자의 소송참가제도(행소16)가 있지만, 제3자가 귀책사유없이 그 소송에 참가하지 못하고 취소판결이 확정되면, 그 때의 사후적 구제로서, 제3자의 재심청구제도가 있다.

(2) 요건

1) 제3자는, "취소판결에 의해 권리가 침해당한 자이며, 자기에게 책임없는 사유로 인해 소송에 참가하지 못함으로써 판결의 결과에 영향을 미칠 공격·방어방법을 제출할 수 없었다는 것을 주장·입증해야 한다.

2) 이 소송은 확정판결이 있음을 안 날부터 30일 이내, 판결이 확정된 날부터 1년 이내에 제기해야 한다.

---

156) 대판 1982. 5. 11, 80누104
157) 대판 2004. 1. 15, 2002두2444

XII 무효등확인소송

1. 의의

무효등확인소송은 행정청의 처분 등의 효력유무 또는 존재 여부를 확인하는 소송이다.

2. 보충성의 문제

(1) 보충성의 필요성(즉시확정이익설)

1) 법리상으로는, 처분이 부존재이거나 무효인 경우에는 굳이 소송을 제기해 무효 등을 확인받을 필요는 없다. 즉 국민은 처분이 부존재 또는 무효인 것을 전제로 해, 현재의 법률관계에 관한 소송(쟁점소송[158] 또는 당사자소송)을 제기하면 충분하다.

2) 예컨대, 농지매수처분이 무효인 경우, 굳이 무효확인소송을 제기할 필요없이, 소유권확인소송을 제기하고, 그 전제문제로서 매수처분의 무효를 주장하면 된다.

3) 따라서, 무효등확인소송은, 일반적인 소송으로는 국민의 권리가 충분히 구제될 수 없는 경우에 쓰이는 보충적 소송이라는 것이 종전의 대법원판례의 입장이었다.[159]

(2) 보충성불요설(법적보호이익설)

1) 보충성불요설은 ① 우리 「행정소송법」은, 일본과 같이, 무효확인소송에서의 원고적격에 대해 특별한 제한을 두고 있지 않고, 취소소송에서와 같이, “확인을 구할 법률상 이익”이라고만 규정하고 있고, ② 무효확인소송은 항고소송이며, ③ 우리 「행정소송법」은, 취소판결의 기속력을 무효확인소송에 준용하고 있어 무효확인판결 자체만으로 판결의 실효성을 확보할 수 있다는 점을 그 논거로 하고 있고,

---

158) 쟁점소송은, 처분 등의 존부 또는 효력의 유무를 전제문제(쟁점)로 하는 현재의 법률관계에 관한 소송으로서, 사법상의 법률관계에 관한 소송이고 민사소송절차에 의해 심리되는데, 쟁점소송에 있어서 가장 중요한 쟁점은 행정청의 처분 등의 효력이다. 우리 「행정소송법」은 이를 선결문제로 다루고 있다.

159) 대판 2007. 2. 8, 2005두7273

통설의 입장이다.[160)]

2) 그러나, 최근 우리 대법원은, 보충성의 요건을 포기하는 판례변경을 결정했다.[161)] 대법원은, 행정청의 위법한 처분으로 권리·이익이 침해된 경우 부당이득반환청구소송의 제기가능성과 관계없이 처분무효확인소송을 낼 수 있다고 판시한 것이다. 그 논거는 위의 통설과 같다.

3. 원고적격

「행정소송법」 제35조상의 "법률상 이익이 있는 자"의 의미는 취소소송에서의 원고적격과 같은 뜻이라고 본다.

4. 취소소송의 규정의 준용

피고적격, 제3자의 소송참가, 판결의 기속력, 집행정지 등이 준용되고 있고, 행정심판전치주의, 제소기간, 사정판결제도는 준용되지 않는다.

5. 법적 성질

준항고소송설이 통설이지만, 위 전원합의체판결은 항고소송설에 가까운 입장이라고 보인다.

XIII 부작위위법확인소송

1. 서설

(1) 부작위위법확인소송은, 행정청이 상대방의 신청에 대해 상당한 기간 내에 어떠한 처분도 하지 않고, 이를 방치하고 있는 경우에, 이런 행정청의 부작위가 위법한 것임의 확인을 구하는 소송이다.

160) 김동희, 행정법 I, p. 765
161) 2008. 3. 20, 2007두6342(전원합의체)

(2) 부작위위법확인소송은 정당한 이유없는 행정청의 방치를 방지하고, 사무처리의 촉진을 도모함을 그 목적으로 한다.

(3) 「행정소송법」을 과거에 개정할 때, 행정청의 위법한 부작위에 대하여는 의무이행소송을 인정해야 한다는 의견도 있었으나, 사법권의 행정권에 대한 과도한 간섭이라는 반대가 있어 부작위위법확인소송을 인정하는 선에서 타협이 이루어졌는데, 이제 그 여건이 성숙하여 2007년의 법무부의 「행정소송법」 개정안에서는 의무이행소송을 도입하고, 부작위위법확인소송을 폐지하는 내용으로 되어 있었다.

2. 소송물

부작위위법확인소송의 소송물은, "부작위의 위법성"이다.

3. 부작위의 개념(소송의 대상)

부작위가 성립하려면, 다음 요건이 충족되어야 한다.

(1) 법규 또는 조리에 근거한 당사자의 신청이 있을 것:

1) 신청은 법적으로 그 대상인 처분의 발급을 구할 수 있는 경우, 즉 신청권이 있는 경우에 한정된다.[162)]

2) "신청권"에 대하여는 ① 본안판단사항으로서, 원고적격의 문제와 관계없다는 견해와, ② 소송요건으로 보는 견해가 대립하고, 후자는 다시, ① 원고적격격설과, ② 대상적격설로 나뉜다. 대법원 판례는 대상적격설을 취하고 있으나, 원고적격설을 취하는 듯한 판례도 있다.

(2) 상당한 기간이 경과했을 것:

어느 정도의 기간이 상당한 기간인지는, 처분 등의 종류·성질에 따라 다르다. 「행정절차법」 제19조 제1항의 "처분의 처리기간"은 법원의 판단의 중요한 요소가 된다.

---

162) 대판 1992. 7. 28, 91누7361

(3) 어떠한 처분이든지 처분을 해야 함에도 불구하고 하지 않았을 것:

1) 부작위는, 어떠한 응답이라도 응답해야 함에도 불구하고 아무 응답도 하지 않는 경우를 말한다.

2) "간주거부"의 경우에는 거부처분이 있었던 것으로 본다.

4. 효과 및 한계

(1) 소송결과, 행정청의 부작위가 위법하다고 판단되면, 행정청은 신속하게 신청에 대해 응답하지 않으면 안 된다. 행정청이 어떠한 처분도 하지 않으면 배상을 명하게 된다(간접강제).

(2) 부작위위법확인소송은 국민의 권리구제를 도모함에 있어 한계가 있다. 행정청은 소송결과에 따라, 다만 어떠한 처분이든지 처분을 하기만 하면 된다. 예컨대, 기속행위인 경우에도 행정청은 다시 거부처분을 할 수 있다.

5. 소의 이익

(1) 당해 소송의 계속 중에 행정청이 어떠한 처분이든지 처분을 해, 부작위상태가 해소된 때에는, 소의 이익이 소멸된다.

(2) 부작위위법확인소송은, 행정청의 부작위상태가 계속하는 한 제기할 수 있으므로 제소기간은 문제되지 않는다.

6. 위법성의 판단

(1) 판단의 기준

「국가배상법」상의 위법과, 항고소송의 위법의 관계에 관하여는, "위법성일원론"과 "위법성상대론"이 대립한다. 「국가배상」제도의 목적은 손해전보의 책임을 누가 지는 것이 타당한가의 문제이고, 항고소송에서의 위법성은 처분의 법적 효과의 발생의 전제인 요건충족성의 유무라는 입장에서 판단되어야 하므로, "위법성상대론"이 적당할 것이다.[163]

(2) 위법판단의 기준시

이에 대하여는, ① 제소시설, ② 상당한 기간이 경과한 때라는 견해(상당기간 경과시설), ③ 판결시설(사실심의 구두변론 종결시)이 대립되고 있지만, 부작위위법확인소송은 행정청의 정당한 사유없는 방치상태를 배제하기 위한 제도이므로, 판결시설이 타당하다고 본다.[164)]

7. 취소소송의 규정의 준용

피고적격, 제3자의 소송참가, 직권심리주의, 판결주의 기속력, 행정심판과의 자유선택주의 등이 준용된다.

8. 원고적격

부작위위법확인소송은 처분의 신청을 한 자로서 부작위의 위법의 확인을 구할 법률상 이익이 있는 자만이 제기할 수 있다.

XIV 당사자소송

1. 서설

(1) 「행정소송법」에서는, 당사자소송을 항고소송과 함께 행정소송의 하나의 유형으로서 명시하고 있다. 그러나, 공·사법의 실체법상의 구별이 어렵고, 그 절차적 내용에 있어서도 민사소송과 큰 차이가 없기 때문에, 당사자소송은 실무적으로는 크게 활용되지 못하고 있다.

(2) 당사자소송은, ① 행정청의 처분 등을 원인으로 하는 법률관계에 관한 소송으로서 그 법률관계의 일방당사자를 피고로 하는 소송(형식적 당사자소송이 포함됨)과, ② 공법상의 법률관계에 관한 소송으로서 그 법률관계의 일방당사자를 피고로 하는 소송(실질적 당사자소송)으로 나뉜다.

163) 南 博方·高橋 滋, 條解 行政事件訴訟法, p. 610
164) 塩野, 行政法Ⅱ, p. 211

2. 형식적 당사자소송

(1) 내용

1) 일반적 인정여부

① 이것은 형식적 당사자소송이 우리 법제상 「행정소송법」 외에 다른 법률에서 특히 개별적으로 규정하고 있지 않는 경우에도 일반적으로 인정될 수 있는지 하는 문제이다.

② 긍정설

그 논거로는, ㉠ 「행정소송법」 제3조 제2호의 규정에 형식적 당사자소송이 포함되고, ㉡ 일본의 「행정사건소송법」에서는, "법령의 규정에 의하여"라는 명문규정을 두고 있지만, 우리 「행정소송법」에는 그런 제한규정이 없는 점 등을 들고 있다.

③ 부정설

그 논거로는, 형식적 당사자 소송은 처분 등의 내용적 변경을 수반하는데, 이들 처분 등 자체의 공정력은 부인하지 않으면서도 그에 의해 형성된 법률관계를 다투는 소송이고 보면, 이런 소송은 일반적으로 허용되는 것이 아니고, 개별법상의 명시적 허용규정이 있어야 한다는 것을 들고 있다.

④ 결어

㉠ 생각건대, 실정법상 명문규정 없이, 형식적 당사자소송의 인정요건을 추가하는 것은 무리가 있으므로, 긍정설에 따르기로 한다.

㉡ 형식적 당사자소송의 대표적 예로는, 「토지취득보상법」 제85조 제2항을 들 수 있다. 동 조항에서는, 토지수용위원회가 재결한 보상금액에 불복이 있으면, 당사자(피수용자와 사업시행자) 간에 다투어 해결하도록 하고 있다.

(2) 법적 성질: 이행소송설에 의하면, 당해 소송에서는, 손실보상의 법률관계의 권리·의무의 주체가 당사자로서, 객관적으로 존재하는 보상액을 둘러싸고 주장·입증하고, 법원이 그 액을 판단한다고 한다. 따라서, 원고로서는 굳이 우선 재결의 취소를 구해야 할 실제적 필요성은 없다고 한다.

3. 실질적 당사자소송

(1) 서설

1) 이 소송의 예로는, 공무원의 지위확인소송, 급여지급청구소송 등을 들수있다.

2) 실질적 당사자소송은 항고소송과 전혀 성질이 다르다.

즉 항고소송은 행정청의 공권력의 행사·불행사의 적법여부를 다투는 소송이지만, 실질적 당사자소송은 권리주체가 대등한 입장에서 권리관계를 다투는 소송이다.

3) 실질적 당사자소송은 그 본질·구조가 통상의 민사소송과 같다.

다만, 통상의 민사소송이 사권(私權)을 대상으로 함에 대해, 실질적 당사자소송은 공권을 대상으로 하는 점에서 다르다.

4) 심리절차

당사자소송의 심리절차는, 원칙적으로 민사소송에 따르지만, 취소소송에 관한 규정중, 행정청의 소송참가, 직권심리주의, 판결의 기속력 등은 준용된다.

5) 종류

① 실질적 당사자소송에는, 「민사소송법」에서 말하는, 이행소송, 확인소송이 있고, 법률에서 특히 정하는 경우에는, 형성소송도 가능하다.[165)]

② 이행소송의 전형적 예로는, ㉠ 의원, 공무원의 봉급청구소송, ㉡ 과세처분의 무효를 전제로 하는 과오납세금의 부당이득반환청구소송을 들 수 있다. 다만, 실무상으로는, 조세과오납금반환청구소송, 국가배상청구사건은 민사소송으로 취급하고 있다.

③ 확인소송의 예로는, ㉠ 국적확인, ㉡ 지방의회의원·공무원·국공립학교학생신분·지위의 확인을 구하는 소송을 들 수 있다.[166)]

④ 확인소송은 예방적 금지소송과 밀접한 관련이 있다.

---

165) 塩野, 行政法Ⅱ, p. 232-233

166) 대판 1996. 5. 31, 95누10617; 대판 1995. 12. 22, 95누4636

XV 민중소송 · 기관소송

1. 개설

(1) 행정소송유형으로서의 항고소송과 당사자소송은 주관소송으로 이해된다.

(2) 「행정소송법」은, 민중소송과 기관소송을 법정화하고 있는데, 다음과 같은 특색이 있다.

1) 민중소송과 기관소송은, 객관적 소송에 속한다.

2) 민중소송의 대표적 예로는, 「지방자치법」상의 주민소송, 「공직선거법」상의 선거소송을 들 수 있다. 이 경우 원고는, 국민 내지 선거민인 자격으로 소송을 수행하며, 자기의 개인적 권리이익을 주장하는 것이 아니다.

3) 기관소송의 대표적 예로는, 「지방자치법」상의 지방자치단체의 장과 지방의회 간의 소송, 국가의 관여에 대한 소송을 들 수 있다.

4) 민중소송과 기관소송 둘 다 당연히는 법률상 쟁송에는 해당하지 않으므로, 이를 인정할지 여부는 입법정책의 문제이다. 이 점에 관해, 「행정소송법」은, 양자를 인정할 것인지 여부는 개별법률에 맡기고, 그 심리절차에 관해서만 통일적 규정을 두고 있다.

5) 객관적 소송으로서 단체소송이 있다. 그런데, 단체소송은, 사인 간의 분쟁(소비자단체와 기업)에도 보여지지만, 행정소송으로서의 단체소송으로는, 환경보호단체가 환경관련법령위반을 이유로, 국가 등의 결정에 관해, 소를 제기하는 것을 생각할 수 있지만, 현재로서는 이것은 인정되고 있지 않다. 입법적 개선이 요망되는 시점이다.167)

2. 민중소송

(1) 서설

민중소송은, 국가・공공단체의 기관이 법률에 위반되는 행위를 한 때에 직접

167) 塩野, 行政法 II, p. 239-241

자기의 법률상 이익과 관계없이 그 사정을 구하기 위해 제기하는 소송이다.

(2) 종류

1) 민중소송

법률이 정한 경우에, 법률에 정한 자에 한하여 제기될 수 있다.

2) 주민소송(지자 17)

① 주민소송의 기원은, 미국판례법에서 형성된, 납세자소송에 있다.

② 이 소송은, 지방자치단체의 직원이 한, 위법한 재무회계상의 관리운영을 시정하고, 지방자치단체의 재무행정의 적정한 운영을 확보하기 위해 도모하는 것이지만, 이때 지방자치제도의 취지에 적합하게 주민참정의 일환으로서 주민에 대해 제소권을 인정한 것이다.

③ 주민소송을 제기하려면, 주민감사청구를 먼저 거칠 필요가 있다.

④ 제소권자는 지방자치단체의 주민이다.

⑤ 주민소송에서는, 재무회계에 관한 행위만 심사대상이 된다.

⑥ 주민소송에는, ㉠ 행위금지청구(제1호), ㉡ 처분취소, 무효확인청구(제2호), ㉢ 게을리 한 사실의 위법확인청구(제3호), ㉣ 지방자치단체의 손해배상, 부당이득반환에 관련된 청구(제4호)가 있는데, 제4호 소송의 경우, 주민이 단체장을 피고로 해, 지방자치단체에 손해를 가한 자에게 손해배상, 부당이득반환청구를 할 것을 요구하는 소송을 제기하고, 승소판결이 확정되면, 단체장이 당해 가해자에게 손해배상청구소송을 제기하게 된다.

3) 공직선거 관련소송

민중소송중 가장 오래된 것인데, 현재는 대통령, 국회의원, 지방자치단체의장, 지방의회의원의 선거에 관해 「공직선거법」이 규정하고 있다(선거소송, 당선소송).

4) 국민투표무효소송과 주민투표무효소송

이것들도, 투표의 효력에 관해 이의가 있는 투표인이 대법원에 제소하는 민중소송이다.

3. 기관소송

(1) 서설

1) 기관소송은, 국가 또는 공공단체의 기관 상호 간에 있어서의 권한의 존부 또는 그 행사에 관한 다툼이 있을 때에 이에 대해 제기하는 소송으로서, 「헌법재판소법」제2조에 의해 헌법재판소의 관장사항으로 되는 것을 제외한 것을 말한다.

2) 「헌법」 제111조 제1항 제4호는, 국가기관 상호 간, 국가기관과 지방자치단체간 및 지방자치단체 상호 간의 권한쟁의에 관한 심판을 헌법재판소가 관장하게 하고 있다.

3) 본래, 이런 분쟁은 원칙적으로 상급기관이 재판외에서 조정 등을 통하여 해결하는 것이 합리적이지만, 특히 필요한 경우에는, 소송에 의한 해결을 인정하고 있다.

4) 현행법상 인정되는 기관소송으로서는, ① 지방자치단체의 의회의 의결, 선거에 관한 의회와 지방자치단체장 사이의 소송, ② 국가의 관여에 대한 지방자치단체의 소송이 있다.

(2) 종류

1) 지방의회와 단체장간의 분쟁

「지방자치법」은 조례의 제정·개폐, 예산에 관한 의회의 의결 등에 관해 단체장의 재의요구권을 인정하고, 이것에 의회가 응하지 않으면 대법원에 그 의결무효 확인의 소를 제기할 수 있도록 하고 있다.

2) 국가의 관여에 대한 지방자치단체의 소송

① 이것은 국가의 감독처분에 관해 지방자치단체가 불복해 그 단체장이 대법원에 제소하는 것을 말한다.

② 이것에는, ㉠ 취소·정지처분에 대한 이의소송과, ㉡ 직무이행명령에 대한 제소가 있다. 이 소송의 법적 성질에 관하여는, 이들 소송이 법인격 내부의 소송이 아니라는 점을 중시해, 특히 '이의소송'은 항고소송으로 보아야 한다는 견해가 유력하다.

XVI 「행정소송」에 관한 기본판례(추가)

(1) 헌재 2015. 3. 26, 2013헌마134['항고소송대상여부' 문제]
(2) 대판 2015. 7. 23, 2012두19496 등
(3) 대판 2015. 9. 10, 2015두41937
(4) 대판 2015. 10. 29, 2013두27517
(5) 대판 2015. 11. 27, 2013다6759
(6) 대판 2016. 3. 24, 2015두48235
(7) 대판 2016. 7. 14, 2015두4167
(8) 대판 2016. 8. 30, 2015두60617
(9) 대판 2016. 12. 27, 2014두5637
(10) 대판 2017. 1. 12, 2015두2352
(11) 대판 2017. 3. 9, 2013두16852
(12) 대판 2017. 4. 7, 2014두37122
(13) 대판 2017. 5. 17, 2016두53050
(14) 대판 2017. 6. 15, 2013두2945
(15) 대판 2017. 6. 15, 2014두46843
(16) 대판 2017. 7. 11, 2013두25499
(17) 대판 2017. 8. 29, 2016두44186
(18) 대판 2017. 10. 12, 2015두36836
(19) 헌재 2018. 1. 25, 2016헌바208[집행부정지원칙(외국입법례)]
(20) 대판 2018. 4. 12, 2017두67834
(21) 대판 2018. 4. 12, 2017두74702
(22) 대판 2018. 4. 26, 2015두53824
(23) 대판 2018. 5. 15, 2014두42306
(24) 대판 2018. 6. 28, 2015두58195
(25) 대판 2018. 6. 28, 2016두50990
(26) 헌재 2018. 6. 28, 2017헌바66[출소기간]
(27) 대판 2018. 7. 12, 2015두3485
(28) 대판 2018. 7. 12, 2017두65821
(29) 대판 2018. 8. 1, 2014두35379

(30) 대판 2018. 10. 25, 2018두43095
(31) 대판 2017. 4. 13, 2016두64241[무효확인소송]
(32) 대판 2015. 8. 21, 2015무26[당사자소송]
(33) 대판 2016. 5. 24, 2013두14863[당사자소송]
(34) 대판 2016. 11. 24, 2016수64[당사자소송]
(35) 대판 2017. 11. 9, 2015다215526[당사자소송]
(36) 대판 2014. 9. 25, 2014두8254
(37) 대판 1997. 9. 30, 97누3200
(38) 대판 2006. 5. 25, 2003두11988
(39) 대판 1990. 3. 23, 98누5386
(40) 대판 2005. 4. 15, 2004두11626
(41) 대판 2012. 9. 27, 2010두3541
(42) 대판 2009. 9. 10, 2007두20638
(43) 대판 1998. 4. 24, 97누17131
(44) 대판 2009. 4. 9, 2008두23153
(45) 대판 2011. 6. 24, 2008두9317
(46) 대판 1998. 5. 8, 97누15432
(47) 대판 2013. 9. 12, 2011두33044
(48) 대판 1999. 12. 7, 97누17568
(49) 대판 2009. 12. 10, 2009두8359
(50) 대판 2010. 4. 15, 2003두16127
(51) 대판 2012. 9. 27, 2011두27247
(52) 대판 2006. 6. 22, 2003두1684
(53) 대판 1980. 4. 30, 79두10
(54) 대결 2010. 11. 26, 2010무137
(55) 대결 2011. 4. 18, 2010마1576
(56) 대판 2013. 8. 22, 2011두26589
(57) 대판 2011. 11. 24, 2009두19021
(58) 대판 2009. 12. 10, 2009두8359
(59) 대판 2009. 6. 23, 2007두18062
(60) 헌재 2012. 2. 23, 2011헌바356

(61) 대판 2001. 3. 23, 99두5238

(62) 대판 1986. 11. 11, 85누231

(63) 대판 2011. 10. 27, 2011두14401

(64) 대판 2010. 12. 23, 2009다37725

(65) 대판 2012. 2. 23, 2011두5001

(66) 대판 2005. 4. 14, 2003두7590

(67) 대판 2009. 7. 23, 2008두10560

(68) 대판 2004. 12. 24, 2003두15195

(69) 대판 2013. 3. 28, 2013다102629

(70) 대판 2009. 10. 13, 2008다9301

(71) 대판 2010. 2. 11, 2009두18035

(72) 대판 2010. 5. 14, 2010무48

PART

04

행정조직 행정법

01 | 행정조직행정법 통칙

제1절 행정조직행정법 서론

I 행정조직법의 관념

1. 행정조직법의 의의

행정법학은 전통적으로, 국가와 국민의 관계에 관심을 가졌고, 그 경우 특히 행정행위라는 최종산물에 대한 법치국가적 통제문제가 쟁점이 되었다.

이런 관점에서 볼 때는 국가행정의 내부영역에 위치한 행정주체와 행정관청에 대한 행정조직법적 문제는 큰 관심대상이 아니었다.

2. 행정주체와 행정조직법

(1) 좁은 의미의 행정조직법은 행정기관을 규율하는 것이지만, 행정기관은 그 것이 귀속하는 행정주체의 존재를 전제로 하고 있다.[1)]

(2) 행정조직법의 문제로는, ① 행정조직법의 일반원리는 무엇인가의 문제, ② 특수법인에 대해서는 국가에 준하는 취급을 하는데, 이에 따른 특수법인의 행정주체성의 문제, ③ 행정주체 상호 간의 관계를 독립적인 법인격 간의 관계로서, 일반적인 법률관계와 같은 실체법, 절차법을 적용할 수 있는지의 문제, ④ 국가, 지방자치단체외에도 행정주체가 있는지 여부와, 만일 있다면, 그것은 무엇이며, 이런 것들과 국가, 지방자치단체 간의 관계는 무엇인가 등을 들 수 있다.

---

1) 塩野, 行政法Ⅲ, p. 4

3. 조직법규와 법률의 근거

(1) 조직법규는, ① 행정기관의 설립에 관한 법규와, ② 당해 기관의 소관사무에 관한 법규와, ③ 행정기관의 관계를 규율하는 법규로 되어 있다.

(2) 엄밀하게 말하면, ① 행정주체가 하는 사무를 어떤 행정기관에 나누어줄 것인지, 또는 ② 그 행정기관의 구체적 조직을 어떻게 구성할 것인가 하는 문제는, 침해유보의 원칙과는 논리적으로는 관계가 없다.

(3) 조직법규의 국법상 형식은, 헌법이 취하는 입법정책에 따라 다르다.

(4) 「대한민국헌법」에서는, 국민주권원리에 기해 공무원의 선임의 궁극적 근거는 국민에게 있고, 공무원의 신분은 법률이 정하는 바에 의해 보장되며, "행정각부의 설치·조직과 직무범위는 법률로 정한다"라고 규정하여(헌 96), 공무원의 임용권과 행정조직편성권을 모두 국회에 부여하고 있다.

(5) 우리나라의 국가행정조직에 관해서는, 「정부조직법」 등이 제정되어 있고, 지방자치단체의 행정조직에 관해서는, 「지방자치법」과 하위법령, 조례로 정하고 있다.

(6) 행정조직 편성권은 국회에 유보되어 있으므로, 그것을 어떻게 행사할 것인지는 국회가 민주적 절차에 따라 정할 수 있지만, 그 유보권을 포기하는 것은 헌법이 인정하지 않으므로, 행정조직의 기본적 구조에 관해서는, 법률로 규율해야 한다.

4. 조직법규의 특질

(1) 행정조직 내부관계에 있어서의 법해석상의 의문이나 분쟁에 관해, 당연히 사법심사가 미쳐야 하는 것은 아니다. 행정쟁송상 기관소송이 제한적으로만 인정되고 있는 것도 이것을 말해준다.

(2) 조직법규에는, 재판규범으로 되지 않는 것이 있다는 의미에서는, 일반적인 행정작용법에 대비해 특색이 있다고 할 수 있지만, 조직법규도 경우에 따라서는 재판규범으로 될 수 있으므로, 개별적 심사가 필요하다.[2)]

Ⅱ 행정주체

1. 의의

행정주체란, 행정임무를 수행하고, 행정임무의 수행을 위해 필요한 권리·의무를 가진, 독자적 임무의 수행자로서, 공법에 근거한 법인격을 가진 법주체를 말한다.

2. 종류

(1) 국가

국가는 시원적 행정주체이고, 공법상 사단으로 법인에 해당한다.

(2) 지방자치단체

지방자치단체는, 헌법과 법률에 의해 전래적인 권력을 가지는 공법인으로서, 독립된 행정주체이다.

(3) 그 밖의 행정주체

1) 서설

① 이것은, 독립적 행정조직으로서 권리능력을 가진 것을 포괄하는 것을 가리킨다.

② 이것은, 일반적으로 스스로 행정주체이면서, 또한 주된 행정주체(국가, 지방자치단체)에 간접적으로 귀속될 수 있는 행정조직이다(간접행정).

③ 예컨대, 공법상 사단, 영조물 및 재단, 공무수탁사인, 국가에 귀속될 수 있는 사법상의 자연인, 법인을 들 수 있다.

2) 공법상 사단

① 이것은, 구성원을 가지면서, 구성원의 교체와는 관계없이 독립적으로 존재하고, 일반적으로 고권적 행정수단을 가지며, 특정 공적 임무를 수행할 목적으로 설립되었고, 국가의 법적 감독하에 놓이며, 국가의 고권적 행위에 의해 창설된 공법상 법인을 말하며, 공공조합이라고도 한다.

---

2) 塩野, 行政法Ⅲ, p. 16-18

② 공법상 사단의 특색으로는, ㉠ 강제가입제, ㉡ 설립·해산시에 국가의 의사가 관여함, ㉢ 국가감독이 있음, ㉣ 업무수행에 공권력이 부여됨, ㉤ 경비의 강제징수가 인정되는 것 등을 들 수 있다.[3]

3) 공법상 영조물

① 이것은 특정 목적을 지속적으로 실현하기 위해 공행정주체에 의해 설립되는, 인적·물적 수단의 결합체로서 권리능력 있는 공법상 법인을 말한다(예: 한국은행).

② 이것에는, 구성원은 없고, 이용자만 있다.

③ 공법상 영조물은 조직법에 근거하는 영조물권력에 의해 이용규칙을 발령할 수 있다.

④ 영조물의 목적은 주로 일정한 급부를 수행하는 데 있다. 영조물의 이용은 대부분 자발적이다[예: 목욕장, 실내수영장]. 다만, 그 이용이 법률로 강제될 수도 있다[예: 교도소:].

그 이용이 자발적인 경우에는, 그 이용관계는 공법적으로도, 사[私]법적으로도 형성될 수 있다. 영조물은 영조물주체[=행정주체: 연방, 주, 게마인데 등]에 의하여 설립되며, 영조물주체는 영조물의 임무와 조직을 확정하고, 감독권을 가진다.

「법인격 있는 영조물」은 그 자체가 행정주체이고, 따라서 법률에 의하거나, 법률의 위임에 기하여 설립된다. 「법인격 있는 영조물」은 자신에게 부여된 임무를 자기책임하에 수행한다.

「법인격 없는 영조물」은 독립적인 행정주체가 아니고, 단지 그 「영조물주체의 일부」일 뿐이다[예: 도서관, 박물관, 병원, 도시공단].

4) 공법상 재단

① 이것은 재산의 출연자에 의해 목적이 정해진 재산의 관리를 위한, 권리능력 있는 공법상 법인이라고 할 수 있다(예: 한국과학재단).

② 공법상 재단에는 구성원은 없고, 수익자만 있다.

③ 공법상 재단도 국가의 감독하에 놓인다.

④ 공법상 재단은 국가의 감독을 받는다. 재산출연자의 영향력은 재단설립행위와, 그와 결합된 목적결정에 의하여 제한된다.

---

3) 塩野, 行政法Ⅲ, p. 104-105

5) 공무수탁사인

① 제한된 범위 내에서 국가, 지방자치단체는 일정한 공적 임무를 개별 사인에게 위탁하는 경우도 있다(예: 선장, 기장). 이것이 공무수탁사인이다.

② 공무수탁사인은 특정 행정임무를 독자적으로, 고권적으로, 독립적이고 고유한 책임으로 수행한다.

③ 공무수탁사인은 행정주체에 속하고, 국가의 간접적 행정영역에 속한다.

④ 공무수탁사인은 대외적 관계에서 「행정관청」이다. 공무수탁사인은 여전히 사(私)법상 권리주체이지만, 제한된 범위 내에서는 고권적으로 행위할 수 있다 [예: 행정처분의 발령, 수수료의 징수].

공무수탁사인은 공무위탁을 한 행정주체의 법적 감독과 전문감독 [즉 적법성 감독과 합목적성감독]을 받는다. 공무수탁사인은 제한된 범위 안에서는, 공무수탁사인 자신이 「행정주체」이다[예: 국가가 인정한 대체학교로서의 사립학교, 기술감독사단(TÜV: 운전면허, 자동차검사업무를 수행하는 사(私)법상 법인)].

⑤ 공무수탁사인과 행정보조자(독립적이지 않고, 위탁을 받고, 위탁한 행정청의 지시에 따라 단순한 보조활동을 수행함)는 구별된다. 행정보조자는, 행정주체도 아니고, 행정청도 아니다. 한편, 사기업(민간단체)은, 공무수탁사인도 아니고, 행정보조자도 아니며, 단지 사(私)법상 계약[예: 불법주차한 자동차의 견인, 도로건설공사를 하는 것: 협력계약]에 의해, 행정주체를 위해 그 계약이행을 한다. 「사기업」은 위탁의 범위 내에서는 독립적으로 활동하는 점에서, 「행정보조자」와 다르고, 「고권적 권한이 없다」는 점에서, 공무수탁사인과 다르다. 「사기업」과 「행정보조자」의 경우, 그 행위는 직접 행정주체[위탁한 행정청]에 귀속한다. 이것은 국가배상과 관계된다.

6) 감독문제

① 국가의 직접행정에서, 독일의 경우, 최상급관청은 하급관청에 대하여 법적 감독권과 전문감독권(합목적성감독권)을 가진다. 광범한 감독권에 의해, 모든 파생적 고권적 행위는, 계층제의 정점[내각과 주무장관]을 통해 의회에 대한 책임을 질 수 있게 된다 [민주적 정당성].

② 국가의 간접행정에서 원칙적으로 이들은(재단, 영조물, 사단) 국가의 직접행정의 기관에 의한 법적 감독하에 놓인다.

제2절 행정기관

I 개념

1. 서설

(1) 행정기관 개념 중 하나는, 당해 행정기관과 사인의 관계, 즉 외부관계를 기준으로 해 행정기관을 개념짓는다. 즉 행정작용법상의 인·허가 등의 대외적 권한을 행사하는 자를, 우선, 핵심적 행정기관으로 두고, 그것을 보조하는 기관 등은, 그 주변에 두는 방법이다(작용법적 기관개념=방사적 기관개념).

(2) 또 하나는, 담당하는 사무를 단위로 해 파악하는 것이다(사무배분적 기관개념=포괄적 기관개념).

2. 작용법적 기관개념

(1) 의의

1) 이 개념의 핵심에 있게 되는 것이 "행정관청"이다.

2) 행정관청이란, 행정에 관해 국가의사를 결정하고, 국민에 대해 이것을 표시할 수 있는 권능을 부여받은 국가기관이다. 행정관청의 주변에는, 보조기관, 자문기관, 집행기관이 배치되어 있다.

3) 작용법적 기관개념은, 외부관계적인 것으로서, 매우 형식적인 구조(행정관청의 의사결정과정에는 무관심함)를 가진다.

4) 「정부조직법」은 사무배분적 기관개념을 채택하고 있다.

5) 「행정절차법」, 「행정심판법」, 「행정소송법」상의 "행정청" 개념은, 조직법적으로 보면 행정관청에 대응한다. 즉 행정작용법에서는 행정기관을, 행정관청 개념으로 보는 것이 일반적이다.

6) 「지방자치법」도 행정관청적 기관개념을 사용하고 있다.

(2) 기능

1) 행정관청법리는, 행정기관의 외부에 대한 권한의 발동단위에 주목한다. 이것은 법치국가 내지 법치주의를 기초로 하는 행정법이론의 관심의 소재에 대응한다. 즉 이 경우는 국가권력의 발동의 법적 통제에 중심이 두어져 있다.

2) 행정관청법리는, 특히, 행정관청에게 법률에 의해 부여된 권한의 행사, 특히 법적 행위형식으로서의 행정행위의 발급권한을 당해 행정관청 외의 자가 행사할 수 있는지를 문제시한다. 이것은 행정법 일반이론이 행정행위를 중심으로 구성되었던 것을 반영한다.[4)]

3) 행정관청법리는, 작용법분야에서의 시민적 법치국가개념의 조직법적 표현이다. 이 법리는, 행정실무를 지배하고 있고, 법원의 판결에서도 채택되고 있다.

3. 사무배분적 기관개념(포괄적 기관개념)

(1) 의의

1) 이 개념은, 「정부조직법」이 취하는 제정법상의 행정기관개념이다.

2) 「정부조직법」에서는, 부 · 처 · 청을 원칙적으로 중앙행정기관으로 규정하고 있다.

3) 또한, 각 부처 「직제」(대통령령)에서도, 각 부처의 소관사무가 실 · 국 단위로 규정되고 있다.

4) 행정관청개념에서의 행정관청의 전형인 장관은, 사무배분적 기관개념에서는, "각 부의 장"으로 나타난다.

(2) 기능

1) 사무배분적 기관개념은, 행정주체가 하는 행정 전체를 시야에 넣고 이것을 어떻게 계통지우고, 각각의 행정기관에 할당할 것인가 하는 점에 그 관심이 있다.

2) 또한, 행정행위 외에, 행정조사, 행정계획, 행정지도 등 다양한 행정의 행위형식에도 관심이 깊다.

---

4) 塩野, 行政法Ⅲ, p. 22-23

3) 또한, 행정관청법리에서는, 행정관청과의 관계에서의 의미만 주로 보았던 보조기관, 자문기관 등도, 독자적 존재의의를 가진 것으로 볼 수 있게 되었다.

4) 결국, 행정관청적 기관개념이, 단순한 "fiction" 위에 정립된 것이라면, 포괄적 기관개념은 현실에 더 적합한 인식과 표현이다.[5)]

4. 두 개의 기관개념의 관계

(1) 행정관청적 기관개념은, 법률적 개념에 중점이 있고, 사무배분적 기관개념은, 행정정책적 개념에 중점이 있다.

(2) 행정관청적 기관개념은 독일법에서 유래하고, 사무배분적 기관개념은 영미법에서 유래한다.[6)]

5. 행정기관관계

사무배분적 기관개념에서도, 지휘감독관계, 위임·대리관계, 공조관계, 조정관계, 평가·감사관계, 관리관계 등이 있다.

Ⅱ 종류

1. 행정관청(의사기관)

(1) 이것은 법상 주어진 권한의 범위 안에서 행정주체의 행정에 관한 의사, 판단을 경정해 이를 외부에 대해 표시하는 권한을 가진 행정기관을 말한다.

(2) 이것은 행정청이라고도 한다.

2. 의결기관

(1) 행정관청은 표시권한만 가지고, 의사결정권한은 별도의 합의제행정기관에

5) 塩野, 行政法Ⅲ, p. 25
6) 塩野, 行政法Ⅲ, p. 25-28

게 부여하기도 한다(예: 징계위원회). 이런 합의제 행정기관이 의결기관이다.

(2) 의사기관은 의결기관의 의결에 법적으로 구속된다.

(3) 합의제 행정기관으로서의 의결기관은 대외적으로 의사를 표시할 권한을 가지지 못하지만, 합의제 행정관청은 그렇지 않다.

3. 보조기관

(1) 이것은 행정청의 의사결정을 보조하거나, 행정청의 명을 받아 사무에 종사하는 기관을 말한다(예: 차관, 국장, 과장).

(2) 보조기관은 스스로 의사를 결정·표시할 권한은 없지만, 의사기관으로부터 권한의 위임이 있으면, 위임의 범위 안에서 의사기관의 지위에 선다.

4. 보좌기관

(1) 이것은 행정관청이나 보조기관을 지원해 행정목적 달성에 간접적으로 공헌한다.

(2) 보좌기관은 주로 정책기획, 계획 입안·연구·조사를 한다.

5. 집행기관

이것은 행정관청의 명을 받고 실력을 행사함으로써 국가의사를 강제적으로 실현·집행하는 기관을 말한다(예: 경찰공무원).

6. 감사·감독기관

이것은 행정기관의 업무·회계를 감독·조사·감사하는 권한을 가진 기관을 말한다(예: 감사원).

7. 현업기관(공기업기관)

이것은 공익사업을 경영하고 관리하는 기관을 말한다(예: 우편관서·국공립학교).

8. 부속기관

(1) 이것은 행정권의 직접적 행사를 임무로 하는 기관에 부속해 그 기관을 지원하는 기관을 말한다.

(2) 자문기관, 시험연구기관, 교육훈련기관, 문화기관, 의료기관, 제조기관, 휴양기관, 관리보존기관이 이에 속한다.

제3절 행정관청

I 의의

1. 종래에는 행정관청에 법인격이 인정되는지 여부가 논의되었으나, 오늘날은 실익이 없는 것으로 보고 있다.

2. 행정관청은, 장관 등 독임제가 일반적이지만, 행정위원회 등 합의제 행정관청도 많아지고 있다.

II 권한의 의의와 한계

1. 권한의 의의

(1) 행정관청이 법령상 유효하게 국가의 의사, 판단을 결정, 표시할 수 있는 범위가 행정관청의 권한 또는 관할이다.

(2) 행정관청은 법에 의해 부여된 권한의 범위 안에서만, 국가의 의사·판단을 결정·표시할 수 있다.

(3) 특정 행정관청에 조직법상 권한이 주어져 있다고 하더라도, 개인의 권리침해를 위해서는 그 밖에 작용법의 수권규범이 필요하다.

2. 권한의 범위

(1) 사물적(사항적) 권한

예컨대, 각부 장관의 소관업무를 각각 들 수 있다.

(2) 지역적 관할

예컨대, 세무서장은 지역적으로 그 권한이 미치는 범위가 한정된다.

(3) 인적 권한

예컨대, 국립대학교의 총장의 권한은 소속 직원과 학생에 한정된다.

(4) 형식적 권한

예컨대, 부령제정은 각부 장관에 한정된다.

(5) 권한의 범위에 관한 법규에 위반하는 행위는, 주체의 하자나 무권원의 문제를 발생시킨다.[7]

Ⅲ 권한의 대리와 위임

1. 서설

행정관청의 권한은 당해 행정관청이 스스로 행사하는 것이 법률에 의한 행정의 원칙이 요청하는 바이다. 그러나, 실제상 필요에 따라 이 권한을 타자(他者)에게 행사하게 하는 경우가 있다. 그것을 위한 법기술이 권한의 대리, 위임방법이다.

2. 권한의 대리

(1) 의의

1) 이것은, 행정관청의 권한의 전부 또는 일부를 다른 자(다른 행정기관, 보조기관)가 피대리관청을 위한 것임을 표시해, 자기의 이름으로 행사하고 그것이 피

7) 塩野, 行政法Ⅲ, p. 30-31

대리관청의 행위로서의 효력을 발생한다.

2) 이것은, 수권대리와 법정대리로 나뉜다.

(2) 종류

법정대리는, ① 일정요건이 생긴 경우에 지정이라는 행위에 의해 대리관계가 생기는 "지정대리"와, ② 법정요건이 충족되면, 당연히 대리관계가 생기는 "좁은 의미의 법정대리"로 나뉜다.

(3) 권한대리의 효과

1) 법정대리와 수권대리의 같은 점

대리자의 행위는 피대리관청의 행위로서의 법적 효과를 가진다는 점은 양자가 동일하다.

2) 법정대리와 수권대리의 차이점

① 법률의 근거와의 관계

㉠ 좁은 의미의 법정대리는, 개념상, 법률의 정함이 있음이 전제된다. 지정대리는 특별한 법률의 근거가 없이도 인정된다.

㉡ 수권대리는, 법률의 근거가 필요없다는 것이 다수설이다. 그 논리로는, 피대리관청에게는 지휘감독권이 남게 되고, 책임도 피대리관청에 귀속되기 때문에, 권한을 수권한 법률의 취지에 배치되는 것은 아니라는 것을 들고 있다.

㉢ 대리관청이 되는 자는, 특히 공권력의 행사에 관하여는, 명문의 근거가 없는 한, 형식적 의의의 행정기관에 한정된다.

② 대리권의 범위

㉠ 수권대리의 경우, 수권시에 이것이 명확하게 된다.

㉡ 법정대리의 경우, 대리권이 피대리관청의 권한의 전부에 미치는지가 다루어진다. 이것에 관하여는, ⅰ) 특별한 규정이 없는 한, 피대리관청의 권한의 전부에 미친다는 견해와,[8] ⅱ) 일신전속적 권한인지 여부의 기준에 의해 판단해야 한다는 견해로[9] 나뉜다.

---

8) 김동희, 행정법Ⅱ, p. 18

9) 塩野, 行政法Ⅲ, p. 32-33

㉢ 수권대리의 경우 일신전속적 행위에 관해 수권할 수 있는지도 다툼이 있다.

③ **현명(顯名)주의와 표현(表見)대리문제**

㉠ 대리에서는, 대리임을 표시함이 원칙이다(현명주의).

㉡ 표현대리법리는, 공권력행사의 경우에는, 행정의 법률적합성원칙과의 관계에서 그 적용이 없다고 보아야 할 것이다. 다만, 상대방에게 신뢰보호의 필요가 있으면, 손실보상이 인정되어야 한다.

④ **복대리(複代理)문제**

㉠ 수권대리의 경우에는, 명문규정이 없는 한, 그 수권은 대리자의 구체적 사정을 고려해 행해지므로, 복대리는 원칙적으로 허용되지 않는다.

㉡ 법정대리의 경우에는, 대리자의 구체적 사정과는 무관하게 법정사실의 발생에 따라 당연히 대리관계가 성립되므로, 그 대리권의 일부에 대한 복대리자를 선임할 수 있다.[10]

3. 권한의 위임

(1) 의의

1) 이것은 행정관청이 그의 권한의 일부를 다른 행정기관에 이양해 수임기관의 권한으로 행사하게 하는 것을 말한다.

2) 권한의 위임에 있어서는, 그 권한은 위임의 범위 안에서 수임기관의 권한이 되며, 수임기관은 권한을 그의 명의와 책임으로 행사하게 된다.

(2) 행정조직법상의 위임과 민법의 위임의 대비

1) 민법상의 위임은 대리권이 수여되는 것이 통례이다.

2) 권한의 위임에서는, 이에 의해 당해 권한은 수임관청에 이전한다. 즉 대리권을 수반하는 위임은 행정관청법리에서는 존재하지 않는다. 따라서, 예컨대, 행정행위에 있어서, 당해 행정행위를 행하는 권한이 A관청에서 B에 위임된 경우, 처분청은 B이지, 위임청인 A관청이 아니다.

3) 권한의 위임의 경우에는, 법률상의 처분권한을 변경하는 것이므로, 법률의

10) 김동희, 행정법Ⅱ, p. 19

근거가 필요하다는 것이 판례 · 통설이다.[11)]

4) 권한의 위임의 상대방은 보조기관, 대등관청, 하급행정관청, 지방자치단체 또는 그 기관, 사인 등이 된다.

(3) 내부위임 · 전결 · 대결

1) 이들은 사실상 당해 행정관청의 행위를 보조기관이나 담당자 또는 하급행정기관이 당해 행정관청의 이름으로 행하는 것을 말한다.[12)]

2) 내부위임 중 특히, 당해 행정기관 내부에서 그 보조기관이 행하는 것을 (위임)전결이라고 하며, 내부위임중 행정관청 내부에서 그 구성원의 일시부재시에 보조기관에 대신 결재하는 것을 대결(代決)이라고 한다.

3) 내부위임 · 전결 · 대결은, 대리가 아니고, 사실상의 보조집행일 뿐이라고 보는 것이 일반적이다.

(4) 「정부조직법」 제6조 제1항의 해석문제

1) 권한의 위임에 관하여는, 「정부조직법」 제6조와, 그에 근거한 「행정권한의 위임 및 위탁에 관한 규정」(대통령령)이 규정하고 있다.

2) 문제는, 개별법률상 권한의 위임에 관한 명시적 규정이 없는 경우에 「정부조직법」 제6조에 의해 권한을 위임할 수 있는지의 여부이다. 학설은 대립되고 있고, 판례는 긍정설을 취한다.[13)]

Ⅳ 행정관청의 상호관계

1. 상하관계

(1) 「정부조직법」은 당연히 행정조직에 있어서의 피라미드형을 전제로 하고 있다.

---

11) 김동희, 행정법Ⅱ, p. 22; 대판 1995. 11. 28, 94누6475
12) 대판 1995. 11. 28, 94누6475
13) 대판 1995. 7. 11, 95누12637

(2) 지휘감독권

1) 감시권

이것은 상급관청이 하급관청의 권한행사의 상황을 알아보기 위해 실시하는 조사권을 말한다.

2) 인가(승인)권

① 이것은 하급관청이 특정한 권한을 행사함에 있어 미리 상급관청의 인가(승인)를 받아야 하는 것을 말한다.

② 행정관청과 사인과의 관계에서는, 인·허가의 위법에 대해서는 취소소송이 가능하지만, 행정기관 간에는 특별한 법률의 근거가 없는 한 불복할 수 없다.

3) 지휘권(훈령권)

① 지휘권은, 개별·구체적 처분형식으로 행해지기도 하지만 일반적 지시형식으로 행해지기도 한다(예: 재량준칙, 해석기준).

② 이것도 행정기관 상호 간의 문제이므로 하급행정청은 이에 대해 불복해 소송을 제기할 수는 없다.

③ 다만, 공무원에 대해서는 직무명령으로서의 성격이 있으므로, 그 공무원으로서는 위법한 직무명령에 따라야 하는지의 문제가 있다. 이에 대하여는, ㉠ 하급관청은, 형식적 요건에 관한 심사권은 있지만, 실질적 요건에 대해서는 범죄를 구성하거나, 중대하고 명백한 법규위반으로 무효인 경우에만 복종을 거부할 수 있다는 견해와, ㉡ 법치주의의 관점에서, ①의 경우 외에도, 공무원의 법령준수의무를 우선시켜, 단순한 법령위반 중 그 법령위반이 명백한 경우에는 복종을 거부할 수 있다는 견해로 나뉜다.

4) 취소·정지권과 대집행권의 문제

① 이것은, 하급관청이 한 처분의 취소·정지권이나 대집행권을 상급관청이 가지는지의 문제이다.

② 취소·정지권 문제

취소·정지권이, 명문규정이 없는 경우에도 인정되는지 여부에 관하여는, ㉠ 하급관청의 행위가 위법·부당한 경우에 이를 교정하는 것은 감독목적달성을 위한 필수요건으로서, 그것은 감독권에 당연히 포함되고, 또한 하급관청으로서는, 일단 법률상 부여된 권한을 행사한 것이고, 이것에 대하여 상급관청은 그 감독권자의 입장에서 취소권을 행사하는 것이므로, 대집행과 같이 하급관청의 권한을 전적으로 빼앗는 것이 아니고, 이런 정도의 권한이 없다면 지휘·감독권이 있다고도 할 수 없다는 견해와, ㉡ 취소·정지는 그 효과가 직접 사인에게 미치고, 하급관청 권한의 대행을 의미하므로, 상급관청은 취소·정지권이 없고, 하급관청에 이를 명령할 수 있음에 그치며, 또한, 대집행의 경우와 같이 취소권을 인정하는 것은 법률상의 권한배분을 깨뜨리게 되고, 법률에 의한 행정의 원리에 반하게 된다는 견해로 나뉜다.

③ 대집행권의 경우에는, 일반적으로 부정설을 취하는데, 그 논거는, 하급관청의 권한은 법률상의 권한으로서, 가령 상급관청이 이것을 대집행하게 되면, 하급관청의 법률상의 권한을 빼앗는 것이 되므로, 그것은 법률의 특별한 근거를 요한다는 것이다.

2. 위임 · 대리관계

(1) 수임관청·대리관청이 하급관청이면, 위임·대리관계가 성립하더라도, 행정관청법리가 타당하므로, 이 경우에는 지휘명령의 관계가 있게 된다.

(2) 문제는 수임관청·대리관청이 하급관청이 아닌 경우이다.

1) 수권대리의 경우, 피대리자의 지휘감독권이 인정되지만, 법정대리의 경우 인정되지 않는다.

2) 위임의 경우에는, 권한이 완전히 이전하므로, 위임관청과 수임관청 간에는 감독관계가 없다(다만, 「행정권한의 위임 및 위탁에 관한 규정」에서는 지휘·감독관계가 있다고 규정함).

3. 대등관청관계

(1) 대등관청 간에 권한쟁의가 있으면, 상급관청이 이를 결정한다.

(2) 그 밖에, ① 복수의 행정관청이 하나의 국가의사를 공동으로 행사하는 경우가 있고, ② 의사결정 자체는 하나의 주관관청이 권한을 가지지만, 그 권한을 행사함에 있어서는, 다른 관청과 협의를 해야 하는 경우가 있다.

제4절 「행정조직행정법」 등에 관한 기본판례(추가)

(1) 대판 2018. 10. 25, 2018두43095[권한의 대리]

(2) 대판 2017. 9. 21, 2016두55629

(3) 대판 1995. 11. 28, 94누6475

(4) 대판 1994. 6. 14, 94누1197

(5) 대판 1990. 2. 27, 89누5287

(6) 대판 1997. 6. 27, 95누17380

(7) 헌재 2006. 11. 30, 2005헌마855

02 | 국가행정조직법

제1절 대통령, 국무총리 및 국무회의

I 대통령과 그 소속기관

1. 대통령

(1) 지위

1) 대통령은, 헌법상의 기관으로서, 행정관을 관장한다.

2) 대통령은 국민대표기관이고, 국가원수이며, 행정부의 수반이다.

(2) 선거 · 임기

대통령은 국민의 직선에 의해 선출되고, 그 임기는 5년으로 하며, 중임할 수 없다.

(3) 직무

1) 대통령의 직무는, ① 헌법 자체에서 규정한 것과, ② 개별법령에서 규정한 것이 있다.

2) 대통령의 권능은, ① 실질적으로는 입법작용인 것, ② 실질적으로는 재판작용인 것, ③ 입법권, 사법권 외의 공제적 의미에서의 국가작용에까지 미친다.

3) 대통령의 직무권한 중, 행정조직법과 관계있는 것은, 행정각부의 지휘감독권이다. 이에 따라, ①「정부조직법」 제11조에서는, 대통령은 모든 중앙행정기관의 장을 지휘 · 감독하며, 국무총리와 중앙행정기관의 장의 명령 · 처분이 위법 · 부당하다고 인정하면 중지 · 취소할 수 있도록 하고 있고, ②「정부조직법」 제12조 제1

항에서는, 대통령은 국무회의의 의장으로서 이를 소집하고, 주재한다고 규정하고 있으며, ③ 「정부조직법」 제22조 제1항에서는, 대통령의 통할하에 행정각부를 둔다고 규정하고 있다.

2. 대통령소속 특별행정기관

이것에는 감사원, 국가정보원이 있다.

3. 대통령소속 자문기관

이것에는 국가원로자문회의, 국가안전보장회의, 민주평화통일자문회의, 국민경제자문회의, 국가과학기술자문회의가 있다.

4. 대통령소속 외부적 보좌기관 겸 집행기관

「이것에는 대통령비서실, 국가안보실 및 대통령경호실이 있다.」

Ⅱ 국무총리와 그 소속기관

1. 국무총리

(1) 지위

1) 국무총리는 대통령의 보좌기관, 행정부 제2인자의 지위, 국무회의 부의장의 지위, 대통령 다음가는 상급행정관청의 지위를 가진다.

2) 「정부조직법」 제16조는, 국무총리는 대통령의 명을 받아 각 중앙행정기관의 장을 지휘·감독하도록 규정하고 있다.

(2) 임명

국무총리는 국회의 동의를 얻어 대통령이 임명한다.

(3) 권한

① 대통령의 권한대행권, ② 국무위원·행정각부장관의 임명관여권, ③ 국무회의에서의 심의·의결권, ④ 대통령의 국법상 행위에 부서할 권한, ⑤ 대통령의 명에 의한 행정각부의 통할·감독권, ⑥ 총리령 발령권, ⑦ 국회에서의 출석·발언권, ⑧ 중앙행정기관의 명령·처분의 중지·취소권을 들 수 있다.

2. 국무총리 소속 중앙행정기관

이것에는, 국가보훈처, 인사혁신처, 법제처, 식품의약품안전처, 공정거래위원회, 금융위원회, 국민권익위원회 등이 있다.

3. 국무총리 소속 보좌기관

「이것에는 국무조정실과 국무총리비서실이 있다.」

Ⅲ 국무회의

1. 지위

(1) 「헌법」은, 정부의 중요정책을 심의하는 기관으로서 국무회의를 두고 있다.

(2) 국무회의는, 의원내각제의 내각과 같이 행정권을 담당하는 합의체도 아니고, 대통령제의 각료회의와 같이 단순한 자문기관도 아니다.

(3) 「헌법」 제89조에 규정된 사항은 반드시 국무회의의 심의를 거쳐야 하되, 그 결정은 대통령을 법적으로 구속하지는 못한다.

2. 구성과 운영

(1) 국무회의는 대통령, 국무총리와 15인 이상 30인 이하의 국무위원으로 구성되고, 대통령은 그 의장이 된다.

(2) 대통령은 국무총리의 제청으로 국무위원을 임명한다.

(3) 국무위원은 의안을 심의하며, 의장에게 의안을 제출하여 국무회의의 소집을 요구할 수 있다.

3. 심의의 효과

필요적 심의사유에 해당함에도, 국무회의의 심의를 거치지 않은 대통령의 행위는 헌법위반행위로서, 탄핵소추사유가 된다.

제2절 행정각부와 그 소속기관

Ⅰ 의의

1. 행정각부는, 「헌법」에 의해 설치가 예정된 헌법기관이지만, 그 종류가 헌법상 명시되고 있지는 않다.

2. 행정각부의 장은 국무위원 중에서 임명되어야 한다.

Ⅱ 행정각부의 조직

1. 「정부조직법」상 최대의 포괄적 단위는, 부(部)이다. 설치되는 부의 구체적 명칭 등은, 「정부조직법」 제26조에 열거된다(현재 18부)[2017년 7월 26일의 「정부조직법」의 개정에 의함).

2. 행정각부는 대통령의 통할하에 설치된다. 행정각부의 장이 장관(長官)이다.

3. 국무총리가 특별히 위임하는 사무를 수행하기 위하여 부총리 2인을 두되, 기획재정부장관과 교육부장관이 각각 경제부총리와 교육·사회·문화 부총리를 겸임한다.

4. 장관의 권한으로는, ① 소관사무의 통할과 소속공무원의 지휘·감독, ② 법

률·대통령령안의 국무회의에의 제출, 국무회의 소집요고, ③ 부령의 제정, ④ 고시·훈령·예규의 발령, ⑤ 국무총리에 대한 부(部)간 조정요청 등이 있다.

5. 행정각부에는 정무직 공무원인 차관이 1~2명 두어진다.

제3절 합의제 행정기관(행정위원회) 및 청

Ⅰ 서설

행정위원회와 청은, 국무총리 또는 행정각부의 외국(外局)으로서 위치한다. 그것들은 국무총리나 장관에 소속하면서 국무총리나 행정 각부의 소관사무의 일부를 독립적으로 관장한다.

Ⅱ 행정위원회

1. 의의

(1) 「정부조직법」 제5조, 개별법률은 행정위원회를 설치하는 근거를 두고 있다.

(2) 행정위원회는 합의제기관으로서, 국가의사의 결정 자체를 담당하는 행정기관이다.

2. 특징

(1) 행정위원회는 개별법령에 의해 대외적 권한이 부여되지만, 이 경우 행정청으로 되는 것은, 부·처·청의 경우 장관이지만, 행정위원회의 경우 위원회 그 자체이다.

(2) 부·처·청의 내부 실·국은, 행정위원회의 사무국(사무처)이 된다.

(3) 행정위원회 위원의 임면방법, 임기, 자격요건은 일반 공무원과 다르게 규율된다.

3. 설치근거

행정위원회는 ① 행정의 민주화, ② 직무수행에 있어서의 정치적 중립성의 확보, ③ 전문기술적 판단의 필요, ④ 복수 당사자의 이해조정, ⑤ 준사법적 절차의 필요 등이 그 설치근거가 된다.

4. 독립성문제

(1) 이 경우, 대통령으로부터의 독립성이 가장 문제로 된다. 문제는, 헌법상 행정권이 대통령에게 속한다고 하고 있는 것과의 관계이다.

(2) 행정권을 국가를 통해 국민에 의한 민주적 통제를 받게 한다면, 국회는 행정권의 일부를 대통령의 지휘감독을 훨씬 약하게 받게 할 재량권을 가진다. 이렇게 하는 것이 헌법상의 민주적 통치구조에 반하는 것은 아니다. 다만, 그 재량권의 행사에는, 실질적 정당화근거가 있어야 한다는 한계가 있다.

(3) 행정위원회는 스스로 법률안제출권이나, 예산요구권을 가질 수 없다. 이 점에서 행정위원회는 대통령에의 종속성이 있다.

(4) 행정위원회제도의 설치정당화사유를 볼 때, 우리나라의 행정스타일을 개혁하는데 도움이 된다고 본다.

Ⅲ 청(廳)

1. 의의

(1) 청은, 당해 행정사무를 담당하는 단위가 내부 실·국으로서는 너무 큰 경우에 설치된다.

(2) 청은 정책의 "실시와 집행"에 관한 기능을 수행하기 위해 설치된다고 하나, 반드시 그런 것은 아니다.

(3) 청은 부·처와 같이 포괄적 행정기관이고, 청장이 행정관청이 된다.

제4절 내부 실·국

I 서설

1. 부·처는 그 내부가 보다 작은 행정기관으로 세분된다. 즉 실·국·본부·단·부·팀이 그것이다.

2. 「정부조직법」은 이것들의 책임자들을, 행정기관의 하나인 "보조기관"이라고 규정한다.

II 내용

1. 부·처의 실·국·과 등은 당해 부처의 소관사무와의 관련하에 편리하게 두면 된다.

2. 다만, 「행정기관의 조직과 정원에 관한 통칙」(대통령령)에 의한 제한을 받는다.

3. 행정기관은 그 최소단위로서, "직"(직위)에까지 이른다.

제5절 부속기관

I 서설

1. 내부 실·국은, 기획입안, 조정, 규제업무에는 적합하지만, 서비스의 제공,

연구조직으로는 적합하지 않다. 그래서 내부 실·국과는 별개기관이 행정기관에 부설되는데, 이것이 부속기관이다.

2. 그 대표적인 것이 심의회, 시설을 가진 기관, 그 밖의 특별기관이다.

3. 부속기관과 본부와의 관계, 즉 지휘·감독관계는, 부속기관의 종류, 당해 부속기관의 업무내용에 따라 그 강약이 정해질 것이다. 예컨대 국립대학의 연구·교육이나, 심의회 등은 지휘·감독에 원칙적으로 적합하지 않을 것이다.

Ⅱ 자문기관(자문위원회)

1. 자문기관은, ① 업무내용이 전문적 지식, 경험이 있는 자의 의견을 들어 결정할 필요가 있고, ② 특히 신중한 절차를 거쳐 처리할 필요가 있을 때 설치된다.

2. 자문기관은, 법적 구속력이 없는 권고, 의견제시만 행함을 원칙으로 한다.

3. 다만, 법령으로 자문기관의 자문(심의)을 거치도록 의무지운 경우에는, 자문(심의)을 거치지 않은 행정관청의 결정은 위법하게 된다.

제6절 특별지방행정기관

Ⅰ 서설

이것은, 특정 중앙행정기관에 소속되어 당해 관할구역 내에서 시행되는 소속중앙행정기관의 권한에 속하는 행정사무를 관장하는 국가의 지방행정기관을 말한다(예: 세무서).

Ⅱ 설치기준

특별지방행정기관을 두려면, 지역적 특수성, 행정수요, 다른 기관과의 관계, 적정한 관할구역 등을 고려해야 한다.

Ⅲ 소방서 · 경찰서

1. 소방서

소방서는, 조례로, 시 · 도에 설치되므로, 지방자치단체의 집행기관의 지위를 가진다.

2. 지방경찰청, 경찰서

이들은 시 · 도지사의 지휘 · 감독을 받지 않고, 경찰청장의 지휘감독을 받으므로, 국가의 지방행정관청에 해당한다.

03 | 지방자치행정법

제1절 지방자치의 의의

I 서설

1. 지방자치

(1) 지방자치는, 국가가 그 내부에 있어서, 국가와는 별개의 법인격을 가진 지역단체를 인정하고, 그 지역단체가 지역에서의 사무를 자주적으로 처리하는 것을 말한다.

(2) 지방자치는 민주정치의 기초로 되며, 지역주민의 시민으로서의 자각과 공공정신의 발양에 도움이 된다.[14)]

2. 우리나라에서의 지방자치의 역사

(1) 1987년 헌법에 와서 지방의회의 구성에 관한 유예규정이 폐지되고, 1988년에 「지방자치법」이 전면개정되었다. 이에 따라, 1991년 상반기에는 각급 지방의회가 구성되었다. 지방자치단체장의 선거는 1995년에 비로소 실시되었다.

(2) 우리나라의 지방자치제도는, 일본과 마찬가지로, 독일제도를 모델로 하고, 미국제도의 영향을 받았는데, 원칙적으로 유럽대륙형에 속한다. 다만, 우리 헌법의 정부형태에 따라, 미국식의 대통령제에 따르고 있다.

---

14) 헌재 1991. 3. 11, 91헌마21

Ⅱ 헌법적 보장

1. 「헌법」 제8장(제117조, 제118조)은, 지방자치의 장인데, 이로써 헌법상으로 지방자치제도가 보장되고 있다. 따라서, 지방자치제도에 관해서는, 단순히 입법정책에 넘겨질 수 없고, 주민자치와 단체자치가 실효적으로 가능하도록 할 것을 헌법이 직접 요구하고 있다.

2. 또한, 지방자치단체의 종류, 지방의회의 조직·권한, 의원선거, 단체장의 선임방법, 지방자치단체의 조직, 운영에 관한 사항은 법률로 정하도록 하고 있다.

3. 우리나라에서는, 지방자치단체에게는 기본권주체성이 부인된다는 것이 통설, 판례이다.[15]

Ⅲ 지방자치의 본질과 유래

1. 고유권설

이것은 자치권을 국가이전의 것으로, 지방자치단체에 고유한 것으로 본다.

「고유권」의 관념은 원래 유럽의 중세도시의 자치권의 존재를 역사적 배경으로 하고, 프랑스혁명기에 논해진 것이다. 그러나 프랑스에서는, 그 뒤 강력한 중앙집권체제가 정착되고, 오히려 벨기에, 독일 등에서 일종의 자연법으로 수용되고, 프랑크푸르트헌법에서 실정제도로 채택되었다가, 19세기의 법실증주의의 대두에 따라 부정되었다. 미국에서도, 판례상 「지방자치단체의 권능이 '본래 갖추어져 있는[=타고난] 권력'[=inherent power]」라고 하는, 「선천성 이론」[=inherent doctrine]을 취한 시대도 있었으나, 오늘날에는, 지방자치단체는 「주[州], 즉 국가[연방국가의 경우, 주(州)도 국가임]의 창조물」로 보는 것이 일반적이다. 미국연방헌법에는 지방자치관련 조항은 없으므로, 지방자치를 어느 수준의 단체에 어느 정도로 보장할 것인지」는 오로지 「주[州]의 헌법제정권자」[=주(州)의 선거민]의 의사에 의하게 된다. 일본의 경우, 제2차세계대전 후에, 일본의 현행헌법이 자연법사상에 입각하고 있고, 지방자치의 중요성에 기하여, 고유권설을 주장하는 학자들도 있다.

---

15) 헌재 1998. 3. 26, 96헌마345

그러나, 「자연법의 실증성[實證性]」이 문제되고, 「지방자치단체의 고유권」 사상이, 서구사회에 정착된 것이 아니며, 일본의 현행헌법에 강한 영향을 주는 미국에서도 이러한 법사상이 육성되지 않았으므로, 결국 「자연법적 고유권」은 그 실증성이 결여된다고 할 것이다.

2. 전래설(자치권위임설)

이것은 자치권도 국가의 통치권에서 전래된 것이고, 그 일부가 지방자치단체에 이양된 것이라고 본다.

「전래설은, 한국(및 일본·독일 등을 포함)의 경우에는, 헌법상 지방자치가 보장되고 있으므로, 단지 법률에 의하여, 지방자치단체에게 자치권이 수여되는 것은 아니다. 지방자치가 헌법상 보장되고 있는 경우, 다음 두 가지가 중요하다:

1) 지방자치단체가 구체적으로 권능을 행사할 때, 「개별적으로 법률의 수권이 필요하지 않다」는 의미에서, 「자치권보장의 권한부여기능」이 있고,

2) 지방자치단체의 권능 중에는, 「법률에 의하여 침해할 수 없는 것이 있다」는 의미에서, 「자치권보장의 방어적 기능」이 있다는 점이다.

권한부여기능면에서 보면 한국헌법 제117조가 그 기능을 담당한다. 즉 ① 주민의 복리에 관한 사무의 처리와, ② 재산의 관리와, ③ 법령의 범위 안에서 자치에 관한 규정을 제정하는 작용(입법권능)이 그것이다. 또한, 한국헌법 제118조에서는 「기타 지방자치단체의 조직과 운영에 관한 사항은 법률로 정한다」고 규정하여, 자주조직권을 인정하되, 법률에 의한 제한이 상당한 정도로 과해질 수 있음이 나타난다. 또한, 지방자치의 모든 것이 법률로 정하게 맡겨져 있다고 한다면, 그리고 국가작용의 3분설을 취한다면, 지방자치에 관한 사항은 모두 개념상 「행정」에 관한 사항으로 될 것이나[즉 광의에서의 국가행정의 일부], 헌법자체에서 지방자치단체의 권능이 부여되고 있는 현행 법제에 비추어 보면, 지방자치단체의 작용이 당연히 「행정」에만 그친다고 보기는 어려운 측면도 있다.

3. 결어

전래설이 다수설이고, 그 중에서 "제도적 보장설"이 많은 지지를 받고 있다.[16]

Ⅳ 주민자치와 단체자치

1. 지방자치는 주민자치와 단체자치로 구성되어 있다.

2. 주민자치는, 그 지역에서의 통치가, 그 지역주민의 창의와 책임하에 행해지는 것을 의미하고, 단체자치는, 국가내부에서, 국가로부터 정치적으로 독립한 법인격을 가지고 일정지역을 기초로 하는 단체가, 그 지역에서의 공공사무를 스스로의 의사, 책임에 기해 처리하는 것을 말한다.

Ⅴ 국가와 지방자치단체의 역할분담의 원칙

1. 서설

「지방자치분권 및 지방행정체제개편에 관한 특별법」(이하 「지방분권법」이라 함) 제7조는, 지방분권의 기본이념으로서, 국가와 지방자치단체 간 또는 지방자치단체 상호 간의 역할을 합리적으로 분담하여 내실 있는 지방자치를 실현함을 들고 있다.

2. 국가사무의 처리제한

「지방자치법」 제11조에서는, 법률에 다른 규정이 없는 한, ① 국가존립에 필요한 사무, ② 전국적으로 통일적 처리를 요하는 사무, ③ 전국적 규모의 사무, ④ 전국적 규모와 비슷한 규모의 사무, ⑤ 전국적으로 기준을 통일하고 조정해야 할 필요가 있는 사무, ⑥ 지방자치단체의 기술, 재정능력으로 감당하기 어려운 사무 등은 지방자치단체가 처리할 수 없는 사무로 규정하고 있다.

3. 시 · 도 사무의 기준(지방자치 제10조)

① 처리결과가 2개 이상의 시 · 군 · 구에 미치는 광역적 사무, ② 시 · 도 단위로 동일한 기준에 따라 처리되어야 할 사무, ③ 시 · 도 단위로 통일성을 유지할

16) 김동희, 행정법Ⅱ, p. 52; 헌재 2006. 3. 30, 2003헌마2

필요가 있는 사무, ④ 시·군·구가 독자적으로 처리하기에 부적당한 사무, ⑤ 국가와 시·군·구 사이의 연락·조정사무, ⑥ 2개 이상의 시·군·구가 공동으로 설치하는 것이 적당한 규모의 시설을 설치·관리하는 사무는 시·도에게 배분함을 원칙으로 한다.

4. 「지방자치분권 및 지방행정체제개편에 관한 특별법」상의 역할분담원칙과 추진과제

(1) 사무불중복의 원칙(지방분권 제9조 제1항)

국가와 지방자치단체 간, 지방자치단체 상호 간의 사무는 서로 중복되지 않게 배분되어야 한다.

(2) 보충성(보완성)의 원칙(지방분권 제9조 제2항)

사무배분에 있어, 기초자치단체를 최우선으로 하고, 다음에 광역지방자치단체를 우선하게 하며, 국가는 마지막으로 광역지방자치단체도 처리하기 힘든 사무만 처리해야 한다.

(3) 사무의 포괄적 이양의 원칙(지방분권 제9조 제3항)

국가가 사무를 이양할 때에는 해당 지방자치단체가 그 사무를 자기 책임하에 종합적으로 처리할 수 있도록 관련사무를 포괄적으로 이양해야 한다.

(4) 지방자치분권의 추진과제

1) 국가는 특별지방행정기관을 정비해야 한다(지방분권 제12조).

2) 국가는 지방세의 비율을 확대하고, 낙후지역에 대한 재정조정책임을 강화해야 한다(지방분권 제13조).

3) 국가는 조례제정범위가 확대되도록 법적 조치를 취해야 한다(지방분권 제14조).

4) 국가와 지방자치단체는, 주민투표·주민소환·주민소송·주민발의제도를 보완하는 등 주민직접참여제도를 강화해야 한다(지방분권 제15조).

5) 국가와 지방자치단체는 특별지방자치단체제도를 도입·활용하도록 노력해야 한다(지방분권 제17조 제3항).

제2절 지방자치단체의 의의와 종류

I 지방자치단체의 의의

1. 지방자치단체의 개념

(1) 서설

1) 지방자치단체는 공법인[지방자치 제3조 제1항]이고, ① 국가영토의 일정구역을 기초로 하고, ② 그 구역 내의 주민을 구성원으로 하며, ③ 헌법과 법률에 기한 자치권을 가지고, ④ 구역 내의 지방적 사무를 스스로 처리하는 통치단체이다.

2) 지방자치단체는 법률에 의해 설치된다[지방자치 제4조 제1항].

3) 지방자치단체는, 헌법에 근거하여, 자치입법권, 행정집행권 등이 인정되어 있고, 국가와 함께 행정주체가 된다. 다만, 지방자치단체는 넓은 의미의 "국가의 행정기구"의 일환이다.

(2) 주민

1) 「지방자치법」상, 주민은 지방자치단체의 구역 안에 주소를 가진 자로 한다[지방자치 제12조]. 주민등록지가 원칙적으로 주소가 된다.

2) 외국인도 주민으로서의 권리와 의무를 가진다. 다만, 피선거권은 인정되지 않는다.

3) 법인도 주민으로 된다.

(3) 구역

1) 구역 내에 주소를 가지는 자는, 당연히 그 지방자치단체의 구성원이 된다.

2) 구역 내에 있는 자는, 주민이든 아니든, 모두 그 단체의 권능하에 놓인다.

3) 그 단체의 권능은, 원칙적으로, 지역적으로 그 구역 내에만 미친다.

4) 지방자치단체의 구역은 변경할 수 있다[지방자치 제4조 제1항].

5) 「공유수면 관리 및 매립에 관한 법률」에 따른 매립지가 속할 지방자치단체는 행정안전부장관이 결정한다. 그 절차는 다음과 같다[지방자치 제4조 제4항부터 제9항까지]:

① 매립지의 경우에는 매립면허관청 또는 관련 지방자치단체의 장이 동법에 따른 준공검사 전에 행정안전부장관에게 해당 지역이 속할 지방자치단체의 결정을 신청하여야 한다.

② 행정안전부장관은 신청을 받은 후 지체없이 그 사실을 20일 이상 관보나 인터넷 등의 방법으로 널리 알려야 한다.

③ 행정안전부장관은 ②에 따른 기간이 끝난 후 지방자치단체중앙분쟁조정위원회의 심의·의결에 따라 매립지가 속할 지방자치단체를 결정하고, 그 결과를 매립면허관청이나 관계 지방자치단체의 장에게 통보하고 공고하여야 한다.

④ 관계지방자치단체의 장은 ③에 따른 행정안전부장관의 결정에 이의가 있으면 그 결과를 통보받은 날부터 15일 이내에 대법원에 소송을 제기할 수 있다.

⑤ 행정안전부장관은 ④에 따라 대법원의 인용결정이 있으면 그 취지에 따라 다시 결정하여야 한다.

2. 헌법상의 "지방자치단체"의 의의

(1) 「지방자치법」상 보통지방자치단체인 시·도와 시·군·구가 헌법상의 지방자치단체에 해당한다.

(2) 현재 채택되어 있는 시·도와 시·군·구의 2단계만이 헌법상 요청에 부합되는 것은 아니다.

3. 지방자치단체의 명칭과 사무소

(1) 지방자치단체의 명칭은 변경할 수 있지만, 법률로 해야 한다[지방자치 제4조 제1항].

(2) 지방자치단체의 사무소의 위치를 변경하거나, 새로 설정하려면, 지방자치단체의 조례로 정한다[지방자치 제6조].

4. 법인격

(1) 「지방자치법」 제3조 제1항은 명문으로 「지방자치단체는 법인으로 한다」라고 규정하고 있다.

(2) 법인의 성격에 관하여는, 「공법상의 사단법인」으로 보는 독일의 이론과, 특별한 공법인[즉, 국가에 가까운 존재로서, 국가와 사회의 중간적 단체]으로 보는 일본의 견해가 대립된다. 일본의 견해는, 지방자치단체가 사회적 서비스를 제공하는 사업단체로서의 지위뿐 아니라, 통치단체로서의 성격을 가짐을 강조하는 것인데, 우리나라의 경우는 법률유보의 원칙이 자치입법권에 적용되는 등 독일 쪽에 가까운 것으로 생각된다.

Ⅱ 지방자치단체의 종류

1. 서설

(1) 「지방자치법」상, 지방자치단체는, 보통지방자치단체와 특별지방자치단체로 나뉜다. 전자에는 시・도, 시・군・구(자치구에 한하며, 이하 같다)가 있고, 후자에는 지방자치단체조합이 있다.

(2) 양자 모두 법인이다.

(3) 이상을 알기 쉽게 도표로 나타내면, 다음과 같다.

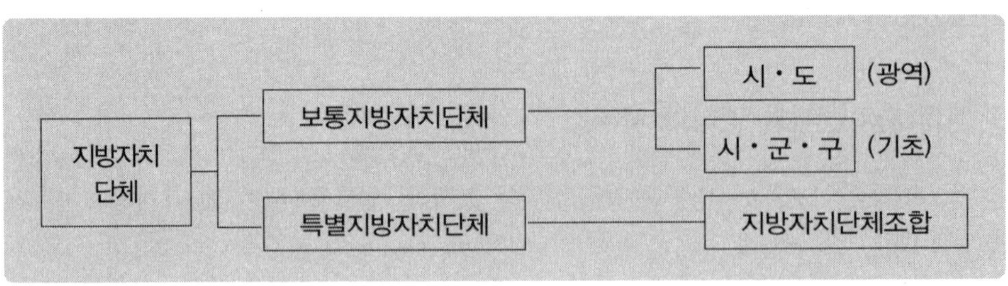

2. 시・군・구

(1) 시・군・구는 기초지방자치단체이다.

(2) 보통지방자치단체의 사무로 되어 있는 사무중, 시·도가 처리하는 것 외는, 모두 시·군·구의 사무로 된다(시·군·구 우선의 원칙=보충성의 원칙).

3. 시·도(특별시, 광역시, 특별자치시, 도, 특별자치도)

(1) 시도는 시·군·구를 포괄하는 광역지방자치단체이다.

(2) 시·도가 시·군·구의 상위에 서는 지방자치단체인 것은 아니다. 양자는, 지방자치단체라는 의미에서는 동등하고, 상하관계나 지배·피지배 관계에 있지 않다.

(3) 특별시·광역시에는, 보통지방자치단체인 자치구가 설치되어 있다.

(4) 자치구제도는 1988년에 「지방자치법」이 전문개정될 때 도입된 것이다. 「지방자치법」 제2조 제2항에서는, 「자치구의 자치권의 범위는 법령으로 정하는 바에 따라 시·군과 다르게 할 수 있다」라고 규정하고 있다. 자치구의 자치권을 일부 제한할 수 있도록 한 것은 단일 생활공동체로서의 대도시가 가지는 특성을 고려하기 위해서였다. 자치구는 시·군과 마찬가지로 기초자치단체에 해당하지만 자치사무의 범위에서 도[道]지역의 경우 시·군에 배분된 사무의 일부를 부여받지 못하고, 이에 따라 재정에서도 시·군세의 일부 세목을 특별시와 광역시에 넘겨주고, 그 대신 특별시와 광역시에서 운영하는 「조정교부금」[「지방자치법」 제173조에 근거함]을 배분받게 되는 등 자주재정권의 제한을 받는다.

4. 특별지방자치단체

(1) 이것은, 특수한 목적·조직·권능을 가진 지방자치단체이다. 즉 이것은, 「지방자치법」에서, 보통지방자치단체에 의해 처리되어서는, 그 목적을 충분히 달성할 수 없는 사무의 처리를 위해, 한정적·전문적 사무처리권능이 인정된 지역적 단체로서 인정하고 있는 것이다(예: 소방, 폐기물처리, 상·하수도 등).

(2) 현행제도로는, 지방자치단체조합만이 이에 해당하지만, 아직 설치된 것은 없다.

(3) 지방자치단체조합은, 보통지방자치단체가, 그 사무의 일부 또는 전부를 공

동처리하기 위해 두는 기관이다.

(4) 지방자치단체조합은, 똑같은 사무공동처리기구인 행정협의회와는 그 법인격 유무에서 원칙적으로 다르다.

(5) 특별지방자치단체는 헌법상의 자치권을 가지지 못한다. 따라서, 그 단체장이 주민의 직접공선에 의하지 않고, 직접공선에 의한 의회도 없다. 「지방자치법」 제160조 제2항에서는, 「지방자치단체조합회의」의 위원과 「지방자치단체조합장」은 그 조합규약으로 정하는 바에 따라 선임한다고 규정하고 있으나, 동조 제3항에서는, 「관계 지방의회의원과 그 단체장은 지방자치단체조합회의의 위원이나 지방자치단체조합장을 겸할 수 있다」라고 규정하고 있다.

제3절 지방자치단체의 사무

Ⅰ 지방자치단체의 권능

1. 지방자치단체는 그 기본적 권능으로서, 자치행정권, 자치입법권을 가진다.

2. 「지방자치법」 제9조 제1항은, ① 관할구역의 자치사무와, ② 법령에 따라 지방자치단체에 속하는 사무(단체위임사무)를, 지방자치단체가 처리하는 사무로 규정하고 있다.

Ⅱ 지방자치단체의 사무

1. 서설

(1) 자치사무(고유사무)

이것은 지방자치단체에 고유한 것으로서, 주민의 복지를 증진한다고 하는, 본래의 존립목적을 실현하기 위한 사무이다.

(2) 단체위임사무

이것은 국가나 다른 지방자치단체 그 밖의 공공단체의 사무가 법률 또는 이에 기한 하위법령에 의해 지방자치단체에게 그 처리가 위임된 사무이다.

(3) 기관위임사무

1) 이것은, 지방자치단체의 집행기관, 특히 시・도지사, 시장・군수・구청장을 국가기관으로 해, 이것에 국가사무를 위임해 집행하게 하는 것을 말한다.

2) 기관위임사무의 집행에 있어서는, 시・도지사는 주무장관의, 시장・군수・구청장은 국가기관으로서의 시・도지사의 지휘・감독을 받고, 직무이행명령 등의 제도가 마련되어 있으며, 기관위임사무에 대한 지방의회의 감시기능은 제한된다.

(4) 「지방자치법」 제9조 제2항은, 지방자치단체의 사무를 예시하고 있다.

2. 자치사무

(1) 자치사무에 관하여는, 지방자치단체는, 법령에 위반하지 않는 한 모든 사항에 관해 조례를 제정할 수 있다(다만, 지방자치법 제22조의 제한이 있음).

(2) 자치사무에 관하여, 지방의회는 의결권, 서류제출요구권, 행정사무감사권 및 조사권, 시정요구권을 가진다.

(3) 자치사무에 대한 국가관여의 폭은 좁다.

3. 단체위임사무

실정법상 그 예는 거의 없다.

4. 기관위임사무

(1) 이 제도는, 지방자치의 취지에 반한다는 비판이 제기되고 있다.

(2) 기관위임사무로 인해, 지방자치단체는 국가의 포괄적 지휘・감독하에 놓이게 되고, 그 결과 국가와 지방자치단체는 상하・주종관계에 놓이며, 행정책임의

소재도 불명확하게 되고, 지역실정, 행정수요의 변화에의 대응, 창의성의 발휘가 어렵게 된다[지방자치 제167조, 제169조].

(3) 기관위임사무는 지방자치단체를 국가의 하부기관으로 보는, 종래의 국가와 지방관계의 상징적 의미가 있다. 국가나 광역지방자치단체는 수임청에 대하여 '합목적성의 통제'도 할 수 있다.

(4) 앞으로 기관위임사무의 폐지 내지 대폭감축이 있을 것이 요망된다.

5. 지방자치단체의 사무처리

지방자치단체는, 법령이나 상급지방자치단체의 조례를 위반해 사무를 처리해서는 안 된다.

제4절 주 민

I 서설

1. 주민은 그 지방자치단체의 구성원이며, 지방자치의 운영주체이다. 주민은, 지방자치단체의 구역 내에 주소를 가진 자이다.

2. 주민은, 자연인이든, 법인이든 관계없다. 외국인도 그 구역 내에 주소를 가지면, 주민이 된다.

3. 실제로, 주민으로 인정받으려면, 「주민등록법」에 의한 주민등록을 할 필요가 있다.

4. 외국인의 경우에는, 「출입국관리법」 제31조에 의한 외국인등록을 해야 한다.

Ⅱ 주민의 권리

1. 개별적 내용

(1) 서비스의 제공을 받을 권리

1) 주민은, 소속 지방자치단체의 재산과 공공시설을 이용할 권리와 그 지방자치단체로부터 균등하게 행정의 혜택을 받을 권리를 가진다[지방자치 제13조 제1항].

2) 주민 외의 자도, 물론, 이런 서비스를, 법령이 정하는 바에 따라 향수할 수 있다.

(2) 참정권(주민참여권)

1) 주민은 그 지방자치단체에서 실시하는 지방의회의원과 단체장선거(지방선거)에 참여할 권리를 가진다[지방자치 제13조 제2항]. 또한, 주민은 청원권, 주민투표권, 조례의 제정·개폐청구권, 감사청구권, 주민소송제도, 주민소환제도에 관한 권리(직접참정권)를 가진다.

2) 외국인의 경우에는, 선거권, 주민감사청구, 주민소송만 인정된다.

3) 정보공개제도는 주민참여의 전제로 된다.

4) 주민투표

① 이것은, 특정문제에 대해, 주민이 직접 의사를 나타내는 제도이다. 현행법상 인정(「주민투표법」)되는 주민투표권은 법률상의 권리(법률이 보장하는 참정권)일 뿐이다[헌재 2001.6.28, 2000 헌마 735]. 따라서, 입법자가 주민투표의 결과에 반하는 입법조치를 하더라도, 헌법이 보장한 기본권침해문제는 발생하지 않는다. 그러나, 「주민의 복리사항으로서 지방자치단체의 고유사항에 대한 주민투표」의 경우에는 그 투표결과에 반하는 정책의 실행은 「국민주권의 원칙」에 어긋나는 측면이 있으므로 그 한도에서는 위헌이 성립한다고 본다. 즉 「주민투표법」 제7조의 주민투표 [= 단체장이 주민에게 과도한 부담이나 영향을 미치는 주요결정을 내림에 있어 시행하는 것]의 결과에 대해서는 해석상 법적 기속력을 부여하는 것이 타당할 것이다. [예컨대, 지방자치단체의 폐치·분합을 실행하기 전에 그 주민의 찬반을 묻는 주민투표의 경우, 우리 헌법재판소는, 법적 기속력을 인정하지 않고 있으

나 (헌재 2006.4.27, 2005 헌마 1190), 이는 주민투표의 적법절차로서의 헌법적 의미 등에 비추어 비판받고 있음].

② 주민투표의 실시요건으로는, ㉠ 주민투표청구권자의 일정수 이상의 서명에 의한 실시요구가 있거나, ㉡ 재적의원 과반수의 출석과 출석의원 3분의2 이상의 찬성으로 지방의회가 실시를 요구하거나, ㉢ 지방의회 재적의원 과반수의 출석과 출석의원 과반수의 동의를 얻어 직권으로 실시할 수 있다(주민투표 제9조).

③ 주민투표에 부쳐진 사항은, 원칙적으로 주민투표권자가 총수의 3분의1 이상의 투표와 유효투표수 과반수의 득표로 확정된다(주민투표 제24조 제1항).

④ 단체장과 지방의회는 투표결과대로 행정·재정상 필요한 조치를 해야 하고, 확정된 사항에 관해 원칙적으로 2년 이내에는 변경하거나, 새로운 결정을 할 수 없다(주민투표 제24조 제5항 및 제6항).

⑤ 주민투표의 효력에 관해 이의가 있는 주민투표권자는 일정수 이상의 서명으로, 투표결과 공표일부터 14일 이내에 관할 선거관리위원회 위원장을 피소청인으로 하여 시·군·구의 관할 선거관리위원회에, 시·도의 경우 중앙선거관리위원회에 소청할 수 있고, 그 소청결정에 불복이 있는 소청인은 관할선거관리위원회 위원장을 피고로 하여 결정서를 받은 날부터 10일 이내에 시·도의 경우 대법원에, 시·군·구의 경우 관할 고등법원에 소를 제기할 수 있다(주민투표 제25조).

⑥ 단체장은 투표의 전부 또는 일부 무효판결이 확정되면, 그 날부터 20일 이내에 무효로 된 투표구의 재투표를 실시해야 한다(주민투표 제26조 제1항).

5) 주민감사청구·주민소송

① 주민의 감사청구는, 그 지방자치단체와 단체장의 권한에 속하는 사무의 처리가 법령에 위반되거나, 공익을 현저히 해친다고 인정되는 경우, 시·도에서는 주무부장관에게, 시·군·구에서는 시·도지사에게 감사를 청구할 수 있다(지방자치 제16조).

② 지방자치단체의 19세 이상의 주민은, 일정수 이상의 연서로 감사를 청구할 수 있다.

③ 주민감사청구에 의해 그 목적을 실현할 수 없는 경우에는, 감사청구를 한 주민은, 법원에 주민소송을 제기할 수 있는 길이 열려 있다(지방자치 제17조).

6) 정보공개제도

① 정보공개제도는 주민이 각종 참정권을 적절하고 효과적으로 행사하기 위해서는 불가결하며, 주민의 알권리를 실질적으로 보장하게 되고, 행정이 설명책임(accountability)을 실행하는 수단이 된다.

② 「공공기관의 정보공개에 관한 법률」 제6조는, 공공기관은 정보의 공개를 청구하는 국민의 권리가 존중될 수 있도록 동법을 운영해야 한다고 규정하고 있다.

2. 단체장과 지방의회의원의 선거권과 피선거권

(1) 서설

「지방자치법」 제31조, 제94조는, 지방의외의원과 단체장의 직접선거를 명확하게 규정하고 있다.

(2) 선거권

1) 선거권은, ① 19세 이상의 국민으로서 선거인 명부 작성기준일 현재 당해 지방자치단체의 관할구역 안에 주민등록이 되어 있는 자, ② 영주체류자격취득일 후 3년이 경과한 19세 이상의 외국인으로서 선거인명부작성기준일 현재 당해 지방자치단체의 외국인등록대장에 등재된 자가 가진다(공직선거 제15조).

2) 특히 일정외국인에게 지방참정권을 인정하는 입법은 진취적 입법이다.

「1995년 2월 28일에 일본최고재판소는, 「일본헌법 15조 1항에서, 공무원을 선정하는 것은 '국민' 고유의 권리이다」라고 규정하고 있는데, 이 경우의 '국민'은 일본국민을 말한다」라고 해석하면서도, 「입법정책으로서, 영주자 등, 일정한 외국인에게 지방참정권을 인정하더라도 위헌은 아니다」라고 판시하고 있다. 이 판시내용에 대하여, 외국인(특히 영주자)의 선거권인정의 허용을 「지방참정권」에 한정하는 합리적 근거가 없다는 비판이 제기되고 있다.

(3) 피선거권[공직선거 제16조]

피선거권은, 지방의회의원과 단체장의 경우 선거일 현재 계속해 60일 이상 당해 지방자치단체의 관할구역 안에 주민등록이 되어 있는 국민으로서 25세 이상의 국민만이 가진다.

(4) 선거제도

1) 선거는 일정구역[선거구]을 단위로 행해진다[공직선거 제20조].

2) 지방의회의원선거구를 확정하는 경우 각 선거구간에 투표가치의 불평등이 있지 않도록 확정해야 한다.17)

3. 조례의 제정 · 개폐청구[지방자치 제15조]

(1) 이것은, 주민발안권(이니셔티브)의 일종이다.

(2) 청구대상이 되는 조례는, 조례를 제정할 수 있는 범위 내의 사항이어야 한다. 그런데, 「지방자치법」 15조 2항에서는, ①법령을 위반하는 사항, ② 지방세 · 사용료 · 수수료 · 부담금의 부과 · 징수 또는 감면에 관한 사항, ③ 행정기구를 설치하거나 변경하는 것에 관한 사항이나 공공시설의 설치를 반대하는 사항은 조례의 제정개폐청구의 대상에서 제외시키고 있는 것이 문제로 된다. 즉 법령위반사항은 당연히 제외되어야 하지만, ②와 ③의 사항은, 부담경감을 구하는 청구 등이 남발될 가능성을 우려한 것이겠으나, 조례의 제정개폐청구가 되더라도, 주민투표에서 결정하는 「레퍼런덤」 구조가 아니고, 지방의회에 부의하는 구조임에 비추어 보면, 조례제정권의 범위 내의 사항인 한 의회에 의한 합리적 판단을 신뢰하여, 청구대상을 한정할 필요는 없다고 할 것이다.

(3) 청구는, 그 지방자치단체의 의원, 단체장의 선거권을 가진 자가, 그 19세 이상 주민 총수의 일정수 이상의 자의 연서로 대표자에 의해 해당 단체장에게 청구한다. 연서하는 자도 모두 선거권자이어야 한다.

(4) 대표자는, 청구인의 청구인명부와, 조례의 제정 · 개폐안을 제출한다.

(5) 단체장은 청구를 받은 날부터 5일 이내에 그 내용을 공표해야 하며, 공표일부터 10일간 청구인명부나 그 사본을 공개 · 열람할 수 있도록 해야 한다.

(6) 단체장은 요건을 갖춘 때에는, 청구를 수리 또는 각하하고, 수리한 경우에는 수리일부터 60일 이내에 조례의 제정 · 개폐안을 지방의회에 부의해야 하며, 그

17) 우리 헌법재판소는, 시 · 도의원 지역선거구의 획정에서 상한인구수와 하한인구수의 비율이 4:1을 초과한 것을 위헌으로 판시했다(헌재 2007. 3. 29, 2005헌마985 등).

결과를 대표자에게 알려야 한다.

(7) 청구가 성립되더라도, 당해 조례의 제정·개폐 여부는 지방의회가 결정한다. 즉 주민의사가 최종적인 것은 아니다(지방자치 제15조의2).

즉 주민으로부터의 직접청구로 곧바로 조례가 제정되는 것이 아니고, 의회에 부의되어, 외회의 결정에 맡겨지게 된다. 실제로는, 직접 청구된 조례안이 의회에서 가결되는 예는 낮다(일본의 경우는 10%임). 따라서, 직접청구가 된 후, 의회에 부의하지 않고, 주민투표를 행하는 것(또는 지방의회의 의결을 걷치더라도 최종결정권은 주민투표를 통해 주민이 가지도록 하는 것)이 더욱 더 주민자치의 원칙을 살리는 것이 될 것이다. 예컨대, 미국의 주[州]에서는, 20세기초부터 주[州]민이 법안과 헌법개정안을 발의하는 주[州]민발안의 제도를 채택하는 것이 증가했고, 미국의 주민발안의 경우, 발의가 되면, 곧바로 주[州]민의 투표에 맡기는 주[州]가 상당히 많다[독일의 경우도 같음: 예컨대 작센-안할트주(州.)의 「주민표결법」제4장].

4. 주민의 감사청구(지방자치 제16조)

(1) 시·도에서는 주무부장관에게, 시·군·구에서는 시·도지사, 일정수 이상의 19세 이상 주민은 사무집행의 감사를 청구한다.

(2) 감사청구의 대상으로 되는 사무는, 그 지방자치단체와 단체장의 권한에 속하는 사무이다.

(3) 청구는, 그 지방자치단체의 의원, 단체장의 선거권을 가진 자가, 19세 이상의 주민 중 일정수 이상의 자의 연서로써 대표자에 의해 청구한다.

(4) 주무부장관, 시·도지사는 청구수리일부터 60일 이내에 감사청구된 사항에 대해 감사를 끝내야 하고, 감사결과를 대표자와 단체장에게 서면으로 알리고, 공표해야 한다.

(5) 주무부장관, 시·도지사는 감사청구를 처리할 때 청구인의 대표자에게 증거제출, 의견진술기회를 주어야 한다.

(6) 주무부장관, 시·도지사는 감사결과에 따라 기간을 정해 해당 단체장에게 필요한 조치를 요구할 수 있다. 이 경우 단체장은 이를 성실히 이행하고, 그 조치결과를 지방의회와 주무부장관 또는 시·도지사에게 보고해야 한다.

(7) 주무부장관, 시·도지사는 조치요구내용과 단체장의 조치결과를 대표자에게 서면으로 알리고, 공표해야 한다.

5. 주민소환제(Recall)

(1) 서설

1) 이것은, 정해진 임기가 끝나기 전에 특정 공직자를 유권자의 투표로써 해임하는 것으로서 민주주의 및 대의제(대표제)의 보호장치이다.

2) 「주민소환에 관한 법률」이 2007년 5월 24일부터 시행되고 있다.

(2) 주민소환투표의 청구

1) 전년도 12월31일 현재 주민등록표 및 외국인등록표에 등록된 자 중, ① 19세 이상의 주민이나, ② 19세 이상의 외국인으로서 영주체류자격 취득일 후 3년이 경과한 자는, 해당 단체장 또는 지방의회의원에 대해 일정수 이상의 주민의 서명으로 소환사유를 구체적으로 밝혀 관할 선거관리위원회에 주민소환투표의 실시를 청구할 수 있다[주민소환 제7조].

2) 관할 선거관리위원회는, 주민소환투표청구가 적법하다고 인정하면, 지체없이 그 요지를 공표하고, 소환청구인 대표자 및 해당선출직 지방공직자에게 그 사실을 통지해야 한다.

3) 관할 선거관리위원회는 주민소환투표대상자의 소명요지 또는 소명서 제출기간이 경과한 날부터 7일 이내에 주민소환투표일과 주민소환투표안을 공고해 주민소환투표를 발의해야 한다[주민소환 제12조].

(3) 주민소환투표의 효력 및 소송

1) 주민소환투표대상자는 관할 선거관리위원회가 주민소환투표안을 공고한 때부터 주민소환투표결과를 공표할 때까지 그 권한행사가 정지된다[주민소환 제21조].

2) 주민소환은 투표권자 총수의 3분의1 이상의 투표와 유효투표 총수 과반수의 찬성으로 확정된다[주민소환 제22조].

3) 주민소환이 확정되면, 투표대상자는 그 결과가 공표된 시점부터 그 직을 상

실한다[주민소환 제23조].

4) 소환투표의 효력에 관해 이의가 있는 투표대상자나 투표권자는, 투표결과가 공표된 날부터 14일 이내에 관할 선거관리위원회 위원장을 피소청인으로 해, 지역구 시·도의원, 지역구 시·군·구의원, 시장·군수·구청장을 대상으로 한 소환투표에 있어서는 시·도 선거관리위원회에, 시·도지사를 대상으로 한 소환투표에 있어서는 중앙선거관리위원회에 소청할 수 있다[주민소환 제24조].

5) 소청결정에 불복이 있는 소청인은, 관할선거관리위원회 위원장을 피고로 해, 그 결정서를 받은 날부터 10일 이내에, 지역구 시·도의원, 지역구 시·군·구의원, 시장·군수·구청장을 대상으로 하는 주민소환투표에 있어서는 그 선거구를 관할하는 고등법원에, 시·도지사를 대상으로 한 소환투표에 있어서는 대법원에 소를 제기할 수 있다[주민소환 제24조].

6. 청원제도

(1) 지방의회에 청원하려면, 의원의 소개를 얻어 청원서를 제출해야 한다.

(2) 청원은, 그 형식적, 절차적 요건이 갖추어진 한, 의장은 이를 수리해야 한다.

(3) 수리한 청원의 채택여부는 지방의회의 재량이다.

7. 주민소송

(1) 주민감사를 청구한 주민으로서, 감사결과나 조치요구에 대해 불복이 있는 주민중 단체장 등의 직원의 재무회계상의 위법성을 지적한 주민은 소송에 의해 해당 단체장을 피고로 해, 소송을 제기할 수 있다.

(2) 미국판례법상 발전된 납세자소송(taxpayer's suit)을 도입한 것이다. 다만, ① 감사청구가 앞서야 하고, ② 청구권자, 제소권자의 요건을 주민으로 한 것이 다르다.

(3) 청구가 단체장 등에 대한 손해배상청구(4호청구)에 편중된 것은, 이 제도의 취지에 부합되지 않는다. 당초의 취지는 부패행위의 사전방지이기 때문이다.

(4) 주민소송은, ① 주민이 단독으로 제기할 수 있고, 또한 ② 주민소송에서

문제로 되는 것은, 「정치에의 참여」보다도, 「적법성확보를 위한 사[司]법통제」이며, ③ 선거권이 없는 법인도 주민소송을 제기할 수 있는 점에 비추어, 주민소송을 직접민주주의의 제도로 위치지우는 것은 의문점이 있다. 협의의 직접민주주의를 「정책형성과정에의 주민의 직접참여」라고 본다면, 주민소송은 직접민주주의를 위한 제도는 아니라고 볼 수 있다.

8. 공공시설이용권[지방자치 제13조 제1항]

주민의 복리증진을 위한 서비스의 제공은 지방자치단체의 자치사무의 중심이다.

Ⅲ 주민의 의무[지방자치 제21조]

주민의 의무로는, 비용분담의무를 들 수 있다. 또한, 참정권도 동시에 의무라고 볼 수도 있다.

제5절 지방자치단체의 권능

Ⅰ 자치조직권

1. 이것은 지방자치단체의 조직구성에 관해 스스로 결정하는 권능을 말한다.

2. 「지방자치법」, 「지방공무원법」 등에서 지방자치단체의 조직, 인사 등이 규율되고 있다.

Ⅱ 자치행정권

1. 이것은 자기가 담당하는 사무의 범위를 정하고, 그 사무를 스스로 수행하는

것을 말한다.

2. 「지방자치법」 제9조 제1항은, 관할구역의 자치사무와, 법령에 따라 지방자치단체에 속하는 사무(단체위임사무)를 지방자치단체의 사무의 범위로 규정하고 있다.

3. 급부행정은 지방자치단체의 대표적 자치사무이지만, 국가의 법령은 여러 가지 형태로 개입하고 있다(예: 도로법, 도시공원 및 녹지 등에 관한 법률, 폐기물관리법).

4. 규제행정의 경우에는, 이것을 지방자치단체가 수행하는 때에는, 침해유보의 원칙이 적용되어 법률의 근거를 요한다.

5. 지방자치단체의 "경제적" 활동이 지방자치단체의 행정활동의 범위에 해당하는지 하는 문제가 있다(예: 호텔, 골프장 경영, 시내버스).

이것에 관하여는, ① 오로지 이윤추구를 위한 것은 인정할 수 없다는 견해와, ② 이윤추구를 위한 것이라도, 그 결과 복지행정 등에 기여한다면 가능하다는 견해가 대립된다.[18]

6. 지방자치단체의 행정절차에 관하여는, 「행정절차법」이 적용된다. 또한, 개인정보법제에 관하여는 「개인정보보호법」이, 정보공개에 관하여는, 「공공기관의 정보공개에 관한 법률」이 적용된다.

7. 지방자치단체의 행정기관의 실력행사에 관하여는, 전반적으로 법률유보하에 놓인다(예: 대집행).

Ⅲ 자치재정권

이것은 뒤에 다시 논하기로 한다.

18) 塩野, 行政法Ⅲ, p. 161

Ⅳ 자치입법권

「헌법」에서 지방자치단체의 자치법규제정권이 보장되고 있으므로, 이 경우 특히 조례제정권의 범위가 문제로 된다.

제6절 조례와 규칙

Ⅰ 조례

1. 의의

(1) 조례의 제정에 관하여는, 법률에 의한 개별적 위임을 원칙적으로 요하지 않는다는 점에서 법규명령과 그 성격을 달리한다. 다만, 법률의 위임에 의해 제정되는 위임조례도 있다.

(2) 조례에는 언제나 지역적 한계가 있다.

(3) 지방자치단체는, 의무를 과하거나 권리를 제한함에 있어서는, 「지방자치법」 제22조 단서에 따라 법률의 위임을 받아야 한다.

(4) 조례는, 지방자치단체에 속하는 사무에 관한 사항을 소관사항으로 하고, 헌법 · 법령에 모순 · 저촉되지 않아야 하며, 그 효력은 헌법 · 법령보다 낮다. 다만, 국가의 법령은 헌법이 보장하는 지방자치정신을 훼손하지 않도록 해야 한다.

2. 종류

(1) 자치조례와 위임조례

1) 자치조례는 자치사무와 단체위임사무를 규율하기 위해 제정하는 조례이다.

2) 위임조례는 자치사무든, 기관위임사무든 가리지 않고, 개별법에서 조례로 정하도록 한 경우에 제정되는 조례이다.[19]

(2) 그 밖에, ① 조직조례, ② 비권력적 행정서비스에 관해 정한 조례, ③ 권력적 규제조치를 정한 조례가 있다.

3. 조례의 소관사항문제

(1) 조례로 규정할 수 있는 것은, 그 지방자치단체의 사무에 관한 사항에 한한다. 즉, ① 자치사무와, ② 단체위임사무이다.

(2) 권력적 성질을 가진 것으로서 주민의 권리, 의무에 관계되는 사항에 관해서는 자치사무의 경우에도, 「지방자치법」 제22조 단서에 따라 법률의 위임이 있어야 한다. 이것은 법치주의의 원칙에 기한 것이다.

4. 법률유보의 원칙과 조례

(1) 「지방자치법」 제22조 단서의 위헌여부

1) 위헌설

「헌법」 제117조 제1항에서는, 자치사무에 관하여는 그 내용이 무엇이든지 조례로 정할 수 있도록 하고 있는데도, 「지방자치법」 제22조 단서는, 주민의 권리제한 등은 법률의 위임이 있는 경우에만 가능하다고 하고 있으므로 위헌의 소지가 있다는 것이다.

2) 합헌설

법률과 조례간에는 민주적 정당성에 차이가 있고, 「헌법」 제37조 제2항의 취지상, 「지방자치법」 제22조 단서는 위헌이 아니라는 것이다.

3) 판례는 합헌설을 취하고 있다.[20]

(2) 포괄적 위임의 가부

조례는 자주법이므로 일정한도의 포괄적위임은 가능하다는 것이 일반적이다.[21]

---

19) 대판 2000. 5. 30, 99추85

20) 대판 1995. 5. 12, 94추28; 헌재 1995. 9. 8, 92헌마264 · 279(병합)

21) 대판 2006. 9. 8, 2004두947; 헌재 2004. 9. 23, 2002헌바76

(3) 조례와 벌칙

1) 「지방자치법」 제27조 제1항은, 지방자치단체는 조례를 위반한 행위에 대해 조례로써 1천만원 이하의 과태료를 정할 수 있도록 규정하고 있다.

2) 이와 같이, 구성요건은 포괄적으로 조례에 위임하면서, 법적 효과는 과태료만 규정하고 있어, 죄형법정주의 위반의 소지를 피하고 있다.

3) 따라서, 1천만원 이하의 과태료 부과에 있어서는 별도의 법률적 위임은 필요하지 않지만, 1천만원을 넘는 과태료를 부과하기 위해서는 별도의 법률의 위임이 필요하다.

5. 법률우위의 원칙과 조례

(1) 조례는 국가의 법령에 위반할 수 없다.[22)]

(2) 문제는, 조례로 규율하려고 하는 사항이 이미 법령에 의해 규율되고 있는 경우이다. 이 경우, 조례와 법률의 목적이 동일하더라도, 국가의 법률이, 지방자치단체에 있어, 그 지방의 실정에 따라, 특별한 규제를 하는 것을 용인하는 취지라고 해석되면, 그 조례는 국가법령에 위반되지 않는다고 본다.[23)]

(3) 예컨대, 국가법률이 오염물질의 배출기준을 정하고 있는 경우에, ① 그것이 전국일률적인 최저기준을 정한 것에 불과한 것인지, ② 아니면 기준의 정도까지 선정되고 있는 것인지 여부인데, (2)의 기준에 비추어 보면, 보다 엄격한 조례규제의 가능성을 인정하고 있다고 본다(초과조례). 다만, 당해 조례는 비례원칙 그 밖의 법원칙에 적합해야 한다.

(4) 「물환경보전법」제32조 제3항에서는, 시·도는 지역환경기준의 유지가 곤란하면, 조례로, 동법 동조 제1항 상의 배출허용기준 보다 엄격한 배출허용기준을 정할 수 있다고 규정하여, 초과조례문제를 입법적으로 해결하고 있다.

22) 대판 2002. 4. 26, 2002추23; 대판 2013. 9. 27, 2011두20734

23) 1975년의 일본최고재판소의 판례; 대판 2006. 10. 12, 2006추38; 대판 1997. 4. 25, 96추244

(5) 결어

법률유보의 원칙에 비추어 볼 때, 법률의 위임이 없는 경우 허용되는 초과·추가 조례는, 급부조건을 법령보다 완화하는 조례에 한정될 것이다.[24)]

6. 단체장의 인사권, 예산편성권, 주민투표실시권등과 조례[집행기관을 통제하는 것을 내용으로 하는 조례]

(1) 인사권침해문제

우리 대법원은, 「상위법령에서 단체장에게 기관구성원의 임명위촉의 권한을 부여하면서도 그 권한의 행사에 대한 지방의회의 동의를 받도록 하는 등의 견제·제약을 규정하거나, 그런 제약을 조례 등에서 할 수 있다고 규정하지 않는 한, 하위법규인 조례로써는 단체장의 임명위촉권을 제한할 수 없다」라고 판시하고 있다.[25)]

(2) 예산편성권침해문제

우리 대법원은, 「법률이나 상위지방자치단체의 조례에서 구청장의 예산안편성권이나 국·시비 보조금의 예산계상신청권에 대한 견제·제약을 할 수 있는 규정을 두고 있지 않고, 달리 관계규정 어디에도 구청장의 예산계상신청절차에 있어 구의회의 사전의결, 사후승인을 받도록 구조례에 위임하는 규정이 없는데도, 조례안에서 구청장에게 예산계산신청을 함에 있어 구의회의 사전의결, 사후승인을 받도록 하는 등의 법령에 없는 의무를 부과하는 것은 각 법률 및 신조례에 위반된다」라고 판시하고 있다.[26)]

(3) 주민투표실시권침해문제

우리 대법원은, 「지방자치법」에 의하면, 주민투표의 시행여부는 단체장의 재량에 맡겨져 있으므로, 그 법규정에 위반하여, 지방의회가 조례로 정하는 사항에 관하여는 반드시 주민투표를 실시하도록 규정하는 조례안은 단체장의 고유권한을 침해하는 규정이다」라고 판시하고 있다.[27)]

---

24) 김동희, 행정법Ⅱ, p. 84-85
25) 대판 1993. 2. 9, 92추93
26) 대판 1996. 5. 10, 95추87

(4) 자체평가업무문제

우리 대법원은, 「정부업무평가기본법」 제18조에서 단체장의 권한으로 정하고 있는 자체평가업무에 관한 사항에 대하여 지방의회가 사전에 적극적으로 개입하는 내용을 조례로 정하는 것은 허용되지 아니한다」라고 판시하고 있다.[28)]

7. 시 · 군 · 구조례와 시 · 도조례의 관계

「지방자치법」 제24조는, 「시 · 군 · 구조례는 시 · 도조례를 위반해서는 아니 된다」라고 규정하여, 이 한도내에서는 시 · 도우위의 원칙이 나타나고 있다.

8. 조례제정절차

(1) 조례안의 제안[지방자치 제66조]

1) 제안권은, 단체장(교육감 포함)과 지방의회의원이 가진다.

2) 의원이 제안하는 경우에는, 재적의원 5분의1 이상 또는 의원 10명 이상의 연서로 발의한다.

3) 위원회도 의안을 제출할 수 있다.

4) 19세 이상의 주민도 일정 주민수 이상의 연서로, 단체장에게 조례의 제정 · 개폐를 청구할 수 있다[지방자치 제15조].

5) 「지방자치법」 제66조의 제2에서는, '조례안예고제도'를 도입하여, 「지방의회는 심사대상인 조례안에 대하여 5일 이상의 기간을 정하여 그 취지, 주요내용, 전문을 공보나 인터넷 홈페이지 등에 게재하는 방법으로 예고할 수 있다」라고 규정하고 있다.

(2) 조례안의 의결

1) 조례안은, 원칙적으로 재적의원 과반수의 출석과, 출석의원 과반수의 찬성으로 의결한다.

27) 대판 2002. 4. 26, 2002추23
28) 대판 2007. 2. 9, 2006추45

2) 조례는 지방의회의 의결에 의해 성립한다.

3) 단체장은 조례의 제정・개폐에 관한 의결에 관해 이의가 있으면, 이송 받은 조례안의 재의를 요구할 수 있다. 이 경우 의회가 재적의원 과반수의 출석과 출석의원 3분의2 이상의 찬성으로 전과 같은 의결을 하면 의결이 확정되고, 그렇지 못하면, 조례는 성립하지 않는다[지방자치 제26조 제3항 및 제4항].

(3) 조례의 공포・시행[지방자치 제26조 제5항부터 제8항까지]

1) 공포는, 조례의 효력발생요건이다.

2) 단체장은 조례의 송부를 받으면, 재의 등의 조치를 취하지 않는 한, 그 날부터 20일 이내에 공포해야 한다.

3) 공포는, 해당 지방자치단체의 공보에 게재하는 등의 방법에 의한다.

4) 조례의 시행일은, 조례부칙에서 정하는데, 만일 그 정함이 없으면, 공포일부터 20일이 지난 때부터 효력이 발생된다.

9. 조례의 통제

(1) 단체장[지방자치 제26조, 제107조] 또는 국가 등의 감독기관[지방자치 제172조]에 의한 통제방법은, 최종적으로는, 대법원에의 제소에 의한다[대판 1999. 4. 27, 99추23; 대판 2013. 5. 23, 2012추176].

(2) 법원에 의한 통제(행정소송)로는, ① 조례에 근거한 처분의 취소소송에서 선결문제 심리방식에 의하든지, ② 조례가 처분법규에 해당되면, 직접 조례에 대한 항고소송에 의하는 것을 들 수 있다[대판 1996. 9. 20, 95누8003].

(3) 헌법재판소에 의한 통제(헌법소원)로는, ① 조례에 근거한 처분에 대한 헌법소원이나, ② 조례가 처분법규인 경우 조례 자체에 대한 헌법소원으로 다투는 것을 들 수 있다[헌재 1994. 12. 29, 92헌마216; 헌재 2009. 7. 30, 2006헌마358 전원재판부].

Ⅱ 규칙

1. 서설

(1) 단체장은, 법령에 위반하지 않는 범위 안에서, 그 권한에 속하는 사무에 관해, 규칙을 제정할 수 있다. 규칙에는, '위임규칙'과 '집행규칙'(=직권규칙)이 있다.

(2) 조례는 규칙보다 상위규범이라는 것이 대법원의 판례이다.[29]

(3) 실무상은, 조례를 집행하기 위해 단체장이 규칙으로 시행세칙을 정하거나, 조례 스스로 구체적 사항을 정하도록 규칙에 위임하는 것이 일반적이다.

(4) 규칙을 제정할 수 있는 사항은 자치사무·단체위임사무·기관위임사무를 가리지 않는다[대판 1995. 11. 14, 94누13572].

2. 규칙제정절차

(1) 규칙은, 단체장의 결재만으로 제정되고, 그 공포는 조례와 같은 방법에 의한다.

(2) 시행일은, 각각의 규칙의 부칙에서 정하게 되지만, 그 정함이 없으면, 공포일부터 20일이 지나면 효력이 발생된다[지방자치 제26조 제8항].

(3) 교육규칙은 교육감이 제정하는 규칙으로서, 그 성질, 제정, 공포절차는 일반규칙과 같다[지방교육자치 제25조].

제7절 지방자치단체의 재무

Ⅰ 서설

1. 이것은 자주재정권에 기해 지방자치단체의 예산, 결산, 수입, 지출, 재산관리

---

29) 대판 1995. 8. 22, 94누5694

사무 등을 관리·집행하는 작용을 말한다[헌법 제117조 제1항].

2. 지방자치단체의 현금·물품의 출납, 보관 등은 회계라고 하는데, 이것도 재무의 일부이다. 현금의 수입·지출이 "출납"이다.

3. 지방자치단체는, 그 재정을 수지균형의 원칙에 따라, 건전하게 운영해야 한다[건전재정의 원칙].

Ⅱ 예산과 결산

1. 회계연도

(1) 이것은, 지방자치단체의 수입·지출의 계산을 구분·정리하고, 재무회계를 명확하게 하기 위한, 일정한 기간을 말한다.

(2) 지방자치단체의 회계방식은, 금전의 수지만이 아니고, 모든 재산·물품 등의 증감·이동을 그 발생한 사실에 기해 경리하는 "발생주의"가 채택되어 있다.

(3) 회계연도 독립의 원칙

1) 이것은, 각 회계연도에 있어서의 세출은, 그 연도의 세입으로 충당해야 하는 것을 말한다.

2) 이 원칙에는, ① 계속비, ② 이월사용, ③ 채무부담행위, ④ 지난회계연도 지출, ⑤ 지난회계연도 수입 등의 예외가 있다.

(4) 회계의 구분

1) 회계는, 일반회계와 특별회계로 구분된다. 회계는 쉽게 이해할 수 있도록 단일할 것이 요망되지만(예산단일주의), 다양한 사무를 단일한 회계로만 처리하기가 곤란하므로, 특별회계를 두게 된다.

2) 특별회계는, ① 지방직영기업 등 특정사업을 운영하건, ② 특정자금, 특정세입으로써 특정세출에 충당해 일반의 세입·세출과 구분해 정리할 필요가 있을 때, 법률 또는 조례로 설치할 수 있다.

2. 예산

(1) 의의

1) 예산은, 세입과 세출의 예정계산이다.

2) 세입예산은 단지 수입의 예정계산이지만, 세출예산은, 지출의 예정계산인 동시에, 단체장에 대해 예산으로 정하는 목적과 금액의 범위 내에서 지출할 권한을 부여함과 동시에, 지출의 한도·내용을 제한하는 구속력을 가지는 법적 성격이 있다.

(2) 종류

1) 본예산과 추가경정예산

① 본예산은, 1회계연도에 걸쳐 일체의 세입·세출을 계상하고, 매년도 회계연도 개시전에 의결해야 하는 예산을 말한다.
② 추가경정예산은, 본예산의 성립후에 생긴 사유에 기해 기정예산에 추가·변경을 가할 필요가 있을 때에 편성되는 예산을 말한다.

2) 준예산과 확정예산

준예산은, 확정예산이 연도개시전에 성립되지 못한 경우, 본예산이 성립할때까지 전년도 예산에 준해 세입의 범위 안에서, 특별한 필요가 있으면, 집행되는 예산을 말한다.

(3) 내용

1) 예산은, ① 예산총칙, ② 세입·세출예산, ③ 계속비, ④ 채무부담행위, ⑤ 명시이월비를 총칭한다[지방재정 제40조].

2) 세입·세출예산

① 이것은 예산의 본체이고, 1회계연도에 있어서의 모든 수입과 지출은 모두 세입·세출 예산에 편성해야 한다(예산총계주의)[지방재정 제34조].
② 세입·세출예산은, 장·관·항·세항·목 등으로 구분된다.
③ 예측할 수 없는 예산 외의 지출, 예산초과지출에 충당하기 위해 세입·세출예산에 예비비를 계상해야 한다. 예비비의 지출은 단체장의 권한으로 행할 수 있다[지방자치 제129조; 지방재정 제43조].

④ 세입예산은 자체재원[지방세, 세외수입, 지방채]과 의존재원[국고보조금, 지방교부세]으로 구성된다.

3) 계속비[지방자치 제128조 : 지방재정 제42조]

단체장은, 공사·제조 등의 사업으로서 그 완성에 수년을 요하는 것은, 소요경비의 총액과 연도별 금액에 관해 지방의회의 의결을 얻어 계속비로서 수년도에 걸쳐 지출할 수 있다(예: 청사건설공사). 이는 「회계연도독립의 원칙」의 예외이다.

4) 명시이월비 및 사고이월비[지방재정 제50조]

① 세출예산중, 경비의 성질상 당해 회계연도 내에 그 지출을 끝내지 못할 것이 예상되어 명시이월비로서 특히 그 취지를 세입·세출예산에 명시해 미리 지방의회의 의결을 얻은 금액은 다음 회계연도에 이월해 사용할 수 있다.

② 세출예산중 회계연도 내에 지출원인 행위를 하고 불가피한 사유로 인해 회계연도내에 지출하지 못한 경비 등은 사고이월비로서 다음 회계연도에 이월해 사용할 수 있다.

5) 채무부담행위[지방재정 제44조]

세출예산의 금액, 계속비의 총액, 명시이월비의 금액의 범위에 있어서, 지방자치단체가 채무를 부담하는 행위[예: 계약]를 할 수 있으려면, 원칙적으로 예산에서 채무부담행위로 정하고 있어야 한다[사전의결의 원칙].

6) 지방채[지방재정 제11조]

① 단체장은 소관 재정투자사업과 그에 직접적으로 수반되는 경비의 충당, 긴급한 재해예방 및 복구 등의 필요가 있으면, 지방채를 발행할 수 있다. 이 경우 대통령령으로 정하는 지방채발행한도액의 범위 안에서 지방의회의 의결을 얻어야 한다.

② 예산총칙에는 지방채의 한도액을 정해야 한다.

(4) 절차

1) 예산의 편성·의결

① 단체장은 매 회계연도 예산을 편성하고[지방재정 제36조], 연도개시 전에 의회의 의결을 거쳐야 한다. 다만, 교육·학예에 관한 예산안의 편성·제출권은

시 · 도교육감에 전속한다[지방자치 제127조]

② 「지방재정법」 제39조는 「주민참여예산제」를 규정하고 있다.

③ 지방의회는 예산안을 수정할 수 있다. 다만, 증액수정에 관하여는, 한계가 있다[지방자치 제127조].

④ 지방의회의장은 예산안이 의결되면, 3일 이내에 단체장에게 이송해야 한다[지방자치 제133조].

⑤ 단체장은 지방의회의 의결이 집행할 수 없는 경비를 포함하면, 그 의결사항을 이송받은 날부터 20일 이내에 이유를 붙여 재의를 요구할 수 있다[지방자치 제108조].

⑥ 그 밖의 경우에는, 시 · 도의 경우 행정안전부장관에게, 시 · 군 · 구의 경우에는 시 · 도지사에게 보고하고 그 내용을 고시해야 한다.

2) 예산의 집행

예산의 집행권은 단체장(교육감 포함)에 전속한다.

3. 결산[지방자치 제134조]

(1) 의의

1) 결산은, 1회계연도의 세입 · 세출예산의 집행실적을 표시하기 위해 작성되는 계수표이며, 의회의 승인을 받아 확정된다. 다만, 위법 · 부당한 지출이 있더라도, 그 효력이 상실되는 것은 아니다.

2) 결산은, 재정상 책임을 명확히 하고, 다음 연도 예산의 편성 · 집행시의 지침이 된다.

3) 단체장은, 출납폐쇄후 80일 이내에 결산서 등을 작성하고, 지방의회가 선임한 검사위원의 검사의견서를 첨부해 다음 연도 지방의회의 승인을 받아야 한다.

4) 단체장은, 승인을 받으면, 5일 이내에 시 · 도의 경우 행정안전부장관에게, 시 · 군 · 구의 경우 시 · 도지사에게 보고하고, 그 내용을 고시해야 한다.

5) 단체장은, 발생주의와 복식부기 회계원리를 기초로 해 회계처리하고, 재무보고서를 작성해야 한다.

6) 단체장은, 검사위원에게 서류를 제출할 때 재무보고서와, 공인회계사의 검

토의견을 첨부해야 한다.

(2) 작성

결산은 세입·세출과 동일한 구분에 의해 작성한다.

(3) 검사위원의 결산검사

이것은, ① 계산에 과오가 있는지, ② 실제수지가 수지명령대로 되었는지, ③ 지출이 적법하게 되었는지, ④ 재정운영이 적법하게 되었는지, ⑤ 예산이 목적대로 효율적으로 집행되었는지를 주된 대상으로 한다.

(4) 승인·시정요구[지방자치 제134조]

1) 의회는 결산서 등에 의해 주민의 대표기관으로서 심사해야 한다. 이것은 확인행위일 뿐이다.

2) 결산의 심사결과 위법 또는 부당한 사항이 있으면 지방의회는 본회의 의결 후 지방자치단체 또는 해당기관에 변상 및 징계조치 등 그 시정을 요구해야 한다.

(5) 주민감시[지방재정 제48조의2]

지방자치단체의 예산 또는 기금을 집행하는 자, 단체장 등이 법령을 위반하여 지방자치단체에 손해를 가한 때에는 누구든지 그에게 시정을 요구할 수 있다.

Ⅲ 수입과 지출

1. 수입

(1) 수입은 세수입과 세외수입으로 나뉘고, 세외수입은 다시 사용료·수수료·분담금·지방채, 보조금·교부세로 구분된다.

(2) 지방교부세는, 일정기준에 따라 산정한 각 지방자치단체의 재원부족액의 규모에 응해, 국가가 지방자치단체에 대해 배분하는 세이다.

(3) 보조금은, 국고지출금으로서, 지방자치단체의 특정 지출에 충당하기 위해 일정 목적과 조건하에 국고로부터 지출되는 재정자금이다.

(4) 지방자치단체의 수입을 알기 쉽게 도표로 나타내면 다음과 같다.

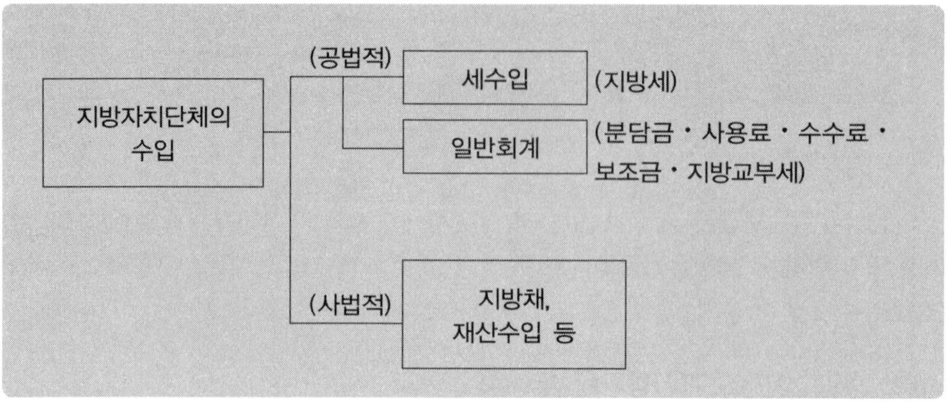

2. 지출[지방회계법]

(1) 지출은, 지출원인행위 · 지급명령 · 현금지불의 일련의 행위를 말한다.

(2) 지출원인행위는, 지방자치단체의 지출의 원인이 되는 계약 등을 말한다.

(3) 지출명령은, 재무관이 세출에 관해 채무가 확정되었다는 뜻을 지출원에게 통지하면, 그 지출원이 그 지출을 명령하는 것이다.

(4) 현금지불은, 회계관리자(지출원)는, 재무관으로부터 관계서류를 송부 받은 후, 문제가 없는지 확인한 후 지급명령을 금고에 내리면, 현금이 지불되는 것이다.

(5) 위의 지출절차를 알기 쉽게 도표로 나타내면 다음과 같다.

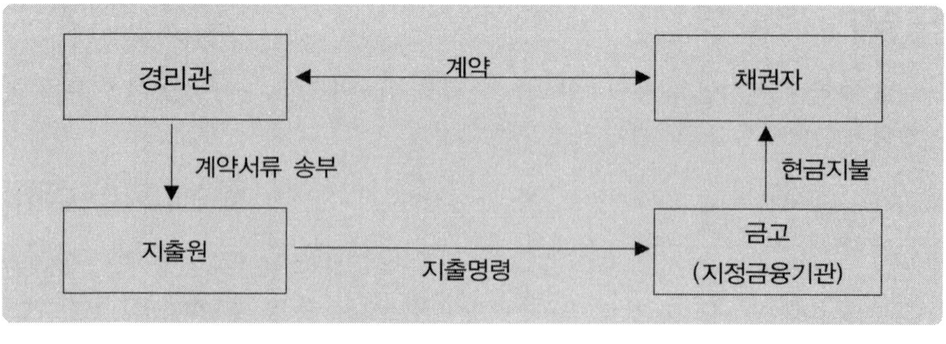

3. 지방세[지방자치 제135조 : 지방세법]

(1) 이것은, 지방자치단체가 그 경비에 충당하기 위해 자주과세권에 기해 공권력으로써 일반주민으로부터 징수하는 조세이다.

(2) 지방세에는, 부과주체에 따라서, 특별시세, 광역시세, 도세, 구세, 시 · 군세가 있고, 용도한정 여부에 따라서는 보통세와 목적세가 있다.

(3) 과세자주권의 법적 성질(법률유보의 원칙)

1) 조례준법률설

이 견해는, 법률의 위임없이도, 조례로써 지방세의 세목, 세율을 창설할 수 있다고 본다.

2) 법률위임설

이 견해는, 법률의 위임없이는 조례로써 지방세의 세목, 세율을 창설할 수 없다고 본다(지방세법률주의).

3) 판례

대법원은, 법률위임설을 취하되, 포괄적 위임이 가능하다고 본다.[30)]

(4) 부과 · 징수

단체장은 지방세를 징수하려면 납세자에게 그 과세연도 · 세목 · 세액 및 그 산출근거 · 납부기한과 납부장소를 구체적으로 밝힌 문서로 고지해야 한다[지방세징수 제12조].

(5) 권리구제[지방세기본 제89조]

지방세법 등에 따른 처분으로서 위법 또는 부당한 처분을 받았거나 필요한 처분을 받지 못하여 권리 · 이익을 침해당한 자는 이의신청 · 심사청구 또는 심판청구를 할 수 있다.

30) 대판 1995. 5. 12, 94추28

4. (수익자)분담금[지방자치 제138조]

(1) 이것은, 수인[數人]이나 지방자치단체의 일부에 대해 이익이 되는 사업에 관해, 그 필요비용에 충당하기 위해, 그 사업에 의해 특히 이익을 받는 자로부터 그 수익의 한도에 있어서 징수하는 것이다.

(2) 분담금의 부과·징수에는 법률의 근거를 요한다.

5. 사용료[지방자치 제136조]

이것은, 행정재산의 목적 외 사용에 관해 허가된 때의 사용이나, 공공시설의 이용에 관해 그 반대급부로서 징수되는 것을 말한다.

6. 수수료[지방자치 제137조]

이것은, 특정인에게 제공하는 서비스에 대해 그 비용을 상환하거나, 보상으로서 징수하는 비용을 말한다.

7. 재산

(1) 「지방자치법」 제143조는, 지방자치단체의 재산은, 법령이나 조례에 따르지 않고는, 교환·양여·대여하거나, 출자수단, 지급수단으로 사용할 수 없다고 규정하고 있다.

(2) 공유재산은, 용도에 따라, 행정재산[공용재산, 공공용재산, 기업용재산 및 보존용재산] 과 일반재산으로 구분된다.

8. 기금[지방자치 제141조]

지방자치단체는 행정목적을 달성하기 위한 경우나, 공익상 필요한 경우에는, 재산을 보유하거나, 특정자금을 운용하기 위한 기금을 설치할 수 있다.

기금의 설치·운용은 조례로 정한다.

9. 직원의 배상책임

지방자치단체의 회계관계직원이 고의나 중과실로 법령 등 및 예산에 정해진 바를 위반하여, 당해 지방자치단체에 재산상 손해를 끼친 때에는, 손해배상책임(변상책임)을 진다[회계관계 직원의 책임 제4조].

제8절 지방자치단체의 기관

I 서설

1. 단체장은 집행기관이고, 지방의회는 의사(議事)・의결기관이다. 따라서, 단체장이 지방자치단체를 통할・대표한다[대판 2009. 4. 9, 2007추103 ; 대판 2012. 11. 29, 2011추87].

2. 지방의회의 의결사항에 관하여, 「지방자치법」은 열기주의를 취하고 있다. 따라서, 의회의 의결은 원칙적으로 중요사항에 한정되어 있다.

3. 「지방자치법」 외에 「지방교육자치에 관한 법률」은, 단체장 외에, 교육・학예에 관한 시・도의 집행기관으로서 교육감을 두고 있다.

4. 단체장과 시・도 교육감 모두 주민의 직선에 의해 선출된다.

II 지방의회

1. 서설

(1) 지방의회는, 지방자치단체에서, 주민을 대표해 그 지방자치단체의 의사를 결정하는 기관이다.

(2) 지방의회의 의사결정은, 법적으로, 주민 전체의 의사로 보게 된다.

(3) 지방의회는, 행정권한도 상당히 가지고 있고, 행정기관으로서의 성격이 강하다.[31]

2. 의원의 지위 · 신분

(1) 지방의회는 주민의 직선에 의해 선출되는 의원에 의해 조직된다.

(2) 의원의 정수는, 「공직선거법」에서 규정하고 있다.

(3) 의원에 관하여는, 겸직의 금지제도가 있다[지방자치 제35조].

(4) 의원의 임기는 4년이다.

(5) 의원이 신분을 잃는 경우는, ① 임기만료, ② 선거 · 당선의 무효, ③ 피선거권의 상실, ④ 겸할 수 없는 직에의 취임, ⑤ 사직, ⑥ 제명, ⑦ 주민소환 투표에서의 확정 등을 들 수 있다.

(6) 의원은 주민의 대표로서, ① 임시회소집의 요구권, ② 위원으로 될 권리, ③ 의안의 제출권, ④ 청원을 소개할 권리, ⑤ 의정활동비 등을 받을 권리를 가진다.

(7) 지방의회의원은 더 이상 '명예직'은 아니다[대판 2013. 1. 16, 2012추84].

3. 지방의회의 조직

(1) 본회의

이것은 의회의 구성원 전원으로 조직되는, 의회의 기본적 조직이고, 의회의 의사는 이 본회의에서 결정된다.

(2) 위원회[지방자치 제56조]

1) 위원회는 본회의의 의결 전에 의회로부터 회부 받은 의안을 심사하는, 의회의 내부적 예비심사기관이다.

2) 위원회에는, ① 상임위원회와, ② 특별위원회가 있다.

31) 대판 1994. 10. 11, 94누23

(3) 의장 · 부의장

1) 의회는, 의원 중에서, 의장과 부의장을 무기명투표로 선거해야 한다.[32)]

2) 의장 · 부의장의 임기는 2년으로 한다.

3) 의장의 권한으로는, ① 의회대표권, ② 의사(議事) 정리권, ③ 회의장의 질서 유지권, ④ 의회의 사무감독권, ⑤ 위원회 출석 · 발언권을 들 수 있다.

(4) 의회사무처(사무국)[지방자치 제90조]

의회에는 사무를 처리하기 위해 조례로 사무처(사무국)를 들 수 있다.

4. 지방의회의 권한

(1) 의결권

1) 이것은, 지방자치단체의 의사(意思)를 결정해, 의회가 의결한 사안으로 되어 있는 것에 관해 결정하는 권한을 말한다.

2) 「지방자치법」 제39조의 권한(조례의 제정 · 개폐, 예산 · 결산의 결정, 계약의 체결 등 개별처분에 관한 의결권)이 대표적인 것이다.

3) 그 밖에 조례로 지방의회의 의결사항을 따로 정할 수도 있다.

(2) 선거권

대표적으로 의장 · 부의장의 선거가 있다.

(3) 감시권

1) 이것은 의회가 집행기관이 하는 행정집행에 관해 감시 · 견제하는 권한을 말한다.

2) 「지방자치법」상, ① 서류제출요구권(지방자치 제40조), ② 행정사무 감사 · 조사권(지방자치 제41조)(대판 1992. 7. 28, 92추31), ③ 단체장 · 관계공무원의 출석 · 답변요구권(지방자치 제42조), ④ 선결처분승인권(지방자치 제109조), ⑤ 예산의결권(지방자치 제39조), ⑥ 결산승인권(지방자치 제134조) 등이 있다.

---

32) 대판 1995. 1. 12, 94누2602(지방의장선거의 행정처분성)

(4) 자율권

1) 이것은 의회가 그 내부조직·운영에 관한 일정사항에 관해, 자율적으로 결정·처리하는 권한을 말한다(예: 의원의 자격심사권)[지방자치 제79조].

2) 그 밖에 의회규칙제정권[지방자치 제43조], 내부경찰권[지방자치 제82조], 내부조직권[지방자치 제48조, 제55조, 제56조 등]이 있다.

5. 의회의 소집과 회기

(1) 의회의 회의에는, 정례회와 임시회가 있다.

(2) 의회는 그 성격상 상시 개회되는 것은 아니고, 일정기간만 열린다. 의회가 활동능력을 가지는 기간을 "회기"라고 한다[지방자치 제47조].

(3) 회기는 각각 독립된 것이고, 회기 중에 의결되지 못한 안건은, 다음 회기에 인계되는 것이 원칙이다(회기계속의 원칙). 다만, 의원임기가 끝나는 경우에는 그렇지 않다[지방자치 제67조].

(4) 의회는, 재적의원 3분의1이상이 출석하지 않으면, 회의를 열 수 없다[지방자치 제63조].

(5) 의회의 회의는 공개가 원칙이다[지방자치 제65조].

(6) 회의록의 작성은 의장의 의무사항이다[지방자치 제72조].

(7) 의회의 의사는, 출석의원의 과반수로 결정하는 것이 원칙이다. 특별다수에 의한 의결을 요하는 것도 있다[지방자치 제64조].

(8) 회의장에서의 질서유지를 위해 의장은 경고, 제지, 발언취소를 명할 수 있다. 또한, 퇴거, 발언금지, 회의중지, 산회를 명할 수 있다[지방자치 제82조].

(9) 의회는 의원이 법규에 위배되는 행위를 하면 의결로 징계할 수 있다[지방자치 제86조, 제88조].[33]

33) 대판 1993. 11. 26, 93누7341

Ⅲ 단체장

1. 서설

단체장은, 지방자치단체를 대표하는 기관으로서, 제도적으로도, 실제상으로도 광범한 권한을 가지고 있다[지방자치 제93조].

2. 지위

(1) 시・도지사, 시장・군수・구청장은 주민의 직선으로 선임된다.

(2) 단체장의 임기는 4년이고, 그 계속재임은 3기에 한한다[지방자치 제95조].

(3) 단체장은, ① 대통령, 국회의원, 헌법재판소재판관, 각급선거관리위원회위원, 지방의회위원, ② 국가공무원, 지방공무원, ③ 공공기관의 임직원, ④ 협동조합의 임직원, ⑤ 교원, ⑥ 지방공사・지방공단의 임직원 등을 겸할 수 없다[지방자치 제96조].

(4) 단체장은, ① 피선거권의 상실, ② 겸임금지의 직에의 취임, ③ 선거무효・당선무효의 확정, ④ 주민소환투표의 통과, ⑤ 본인의사에 의한 퇴직에 의해 그 직을 상실한다[지방자치 제89조, 제99조].

3. 권한

(1) 통할대표권

단체장은 지방자치단체를 통할・대표한다[지방자치 제101조].

(2) 사무집행권[지방자치 제101조]

단체장은, 지방자치단체의 사무를 관리・집행한다.

(3) 단체장의 구체적 사무로서는, ① 의안제출권, ② 예산편성・집행권, ③ 지방세부과・징수권, 분담금・사용료・수수료징수권, 과태료부과권, ④ 결산제출권, ⑤ 회계감독권, ⑥ 재산관리・취득・처분권, ⑦ 공문서 보관권 등을 들 수 있다.

(4) 단체장은, 그 밖에 ① 종합조정권, ② 규칙제정권, ③ 직원임면권·지휘감독권[지방자치 제105조], ④ 사무조직권, ⑤ 시장·군수·구청장의 처분의 취소·정지권[지방자치 제169조] 등을 가진다.

(5) 직무이행명령권[지방자치 제170조]

시·도지사는, 시장·군수·구청장이 법령에 의해 그 의무에 속하는 국가의 위임사무, 시·도의 위임사무의 관리·집행을 명백히 게을리 하면, 이행명령을 발한 후, 그것이 이행되지 않는 경우 대집행을 할 수 있다.

(6) 선결처분권[지방자치 제109조]

단체장은, 지방의회의 의결사항에 관해, 지방의회가 성립하지 않거나, 지방의회의 의결사항 중 주민의 생명과 재산보호를 위해 긴급하게 필요한 사항으로서 지방의회를 소집할 시간적 여유가 없거나, 지방의회에서 의결이 지체되어, 의결되지 않으면, 선결처분을 할 수 있다. 이 경우 단체장은 지체없이 지방의회에 보고하여 승인을 받아야 한다. 승인을 받지 못하면, 그 선결처분은 그 때부터 효력을 잃는다.

(7) 재의요구·제소

1) 단체장은, 지방의회의 의결이, 월권이거나 법령에 위반되거나 공익을 현저히 해친다고 인정되거나, 예산상 집행할 수 없는 경비를 포함하고 있거나, 법령에 따라 지방자치단체에서 의무적으로 부담해야 하는 경비, 비상재해로 인한 시설의 응급복구를 위해 필요한 경비를 줄이는 의결을 하면, 이유를 붙여 재의를 요구할 수 있다[지방자치 제107조, 제108조].

2) 재의결사항이 법령에 위반되면, 단체장은 대법원에 소를 제기할 수 있다.

3) 지방의회의 재의결사항의 월권을 위법사유로 하는 소송은 기관소송에 해당한다.[34]

4) 지방의회의 의결이, 위법하거나 공익을 현저히 해치면, 시·도에 대해서는 주무부장관이, 시·군·구에 대해서는 시·도지사가 단체장에게 재의를 요구하게 할 수 있고, 단체장은 지방의회에 재의를 요구해야 한다[지방자치 제172조].

---

34) 김동희, 행정법Ⅱ, p. 107

5) 단체장은 재의결된 사항이 법령에 위반되면, 대법원에 소를 제기할 수 있다.

6) 주무부장관 또는 시·도지사는, 재의결된 사항이 법령에 위반됨에도, 단체장이 제소하지 않으면, 그 단체장에게 제소를 지시하거나, 직접 제소할 수 있다.

4. 권한대행·직무대리·권한위임제도

(1) 권한대행

단체장이 궐위된 경우, 공소제기된 후, 구금상태에 있는 경우, 의료기관에 60일 이상 계속해 입원하면 부단체장이 그 권한을 대행한다(지방자치 제111조 제1항).

(2) 직무대리[지방자치 제111조 제3항]

1) 이것은, 단체장이 출장, 휴가 등 일시적 사유로 직무를 수행할 수 없는 경우에, 단체장의 권한의 전부 또는 일부를, 다른 자가 단체장의 직무를 대리하는 것임을 명시해, 자기 이름으로 단체장에 대신해 행사하고, 그것에 의해 단체장이 한 것과 같은 효과를 발생시키고, 그 효과가 그 지방자치단체에 귀속하는 것을 말한다.

2) 대리에는, 법정대리와 수권대리가 있다.

(3) 권한의 위임[지방자치 제104조]

1) 이것은, 단체장이 권한의 일부를 다른 자에게 맡기고, 위임을 받은 자가 그것을 자기 이름과 책임으로 행사하는 것이다. 이것은 법령상 정해진 권한의 분배에 변경을 가져오므로, 위임에 관해, 법률상의 명문의 근거가 필요하다.

2) 위임의 효과는 수임자 자신에게 귀속하고, 수임자가 그 책임을 진다.

5. 재의(再議)제도

(1) 서설

1) 재의제도는, 단체장이 지방의회의 의결을 거부하여, 재심의·재의결을 요구하는 것이다.

2) 재의는, 수장(首長)제를 채택하는 경우의 특징적 조정제도이고, 단체장의 거

부권이다.

(2) 조례의 제정 · 개폐에 관한 의결에 관한 이의[지방자치 제26조]

1) 지방의회에서의 조례의 제정 · 개폐에 관한 의결에 이의가 있으면, 단체장은, 이송 받은 날부터 20일 이내에, 이유를 붙여, 지방의회로 환부하고, 재의를 요구할 수 있다.

2) 재의결과, 재적의원 과반수의 출석과 출석의원 3분의2 이상의 찬성으로, 전과 같은 의결을 하면, 그 조례안은 확정되고, 단체장은 거부할 수 없다.

(3) 위법 또는 공익을 현저히 해치는 의결[지방자치 제107조]

1) 의회의 의결이, 월권이거나, 법령에 위반되거나, 공익을 현저히 해친다고 인정되면, 단체장은 이유를 붙여 재의를 요구할 수 있다.

2) 재의결과, 재적의원 과반수의 출석과 출석의원 3분의2 이상의 찬성으로 전과 같은 의견을 말하면 그 의결사항은 확정된다.

3) 재의결된 사항이 법령에 위반되면, 단체장은 재의결된 날부터 20일 이내에, 대법원에 소를 제기할 수 있고, 집행정지결정도 신청할 수 있다.

(4) 예산상 집행불가능한 의결[지방자치 제108조]

1) 의회의 의결이, 예산상 집행할 수 없는 경비를 포함하고 있으면, 단체장은 이유를 붙여 재의를 요구할 수 있다.

2) 재의결과, 재적의원 과반수의 출석과 출석의원 3분의2 이상의 찬성으로 전과 같은 의결을 하면 그 의결은 유효하게 성립한다.

(5) 의무비, 비상재해시의 응급복구비의 감액의결[지방자치 제108조]

1) 의회가, 법령에 따라 지방자치단체에서 의무적으로 부담해야 하는 경비나, 비상재해로 인한 시설의 응급복구를 위해 필요한 경비를 감액하는 의결을 하면, 단체장은 이유를 붙여 재의를 요구할 수 있다.

2) 재의결과, 재적의원 과반수의 출석과 출석의원 3분의2 이상의 찬성으로 전과 같은 의결을 하면, 그 의결사항은 확정된다.

6. 선결처분[지방자치 제109조]

(1) 서설

선결처분은, 의회의 권한에 속하는 사항을 단체장이 대신해 하는 것을 인정하는 제도이고, 법률에 의해야 하며, 의회와의 관계에서는 법정대리의 성격을 가진다. 예산 불성립시의 예산집행제도(준예산제도 : 지방자치 제131조)와 비슷하다.

(2) 요건

1) 의회가 성립하지 않은 때

이것은 의원의 구속・제명・사직 등으로 의결정족수에 미달하게 될 때를 가리킨다.

2) 의회의 의결사항 중 주민의 생명・재산보호를 위해 긴급하게 필요한 사항으로서 지방의회를 소집할 시간적 여유가 없는 때

이것은 의회를 소집해 그 의결을 거쳐 집행하면, 시기를 놓치는 등 시간적 여유가 없음이 명백한 경우를 가리킨다.

3) 의회에서 의결이 지체되어 의결되지 않을 때

이것은 회기가 지나도록 상당기간 내에 의결하지 않는 때를 가리킨다.

(3) 선결처분 후의 조치

1) 단체장은 지체없이 의회에 보고해 승인을 받아야 한다.

2) 의회에서 승인을 받지 못하면, 선결처분은 그때부터 효력을 잃는다.

3) 단체장은 의회에서의 보고, 승인여부를 지체없이 공고해야 한다.

Ⅳ 교육위원회와 교육감

1. 개설

(1) 「지방교육자치에 관한 법률」은, 시・도의 교육・학예에 관한 집행기관으로서 교육감을 두도록 하고 있다[제주특별자치도의 경우에는 「제주특별자치도설치

및 국제자유도시조성을 위한 특별법」제63조 이하 참조].

(2) 교육감은 주민의 직선에 의해 선출된다.

2. 교육위원회

교육위원회는 2010년 2월 26일의 「지방교육자치에 관한 법률」의 개정으로 동법에서 폐지되었다. 따라서, 교육위원회는 시·도의회의 다른 위원회와 똑같은 지위만을 가지게 되었고, 종전에 가지던 특권(예: 일정한 경미한 사항의 경우 교육위원회의 의결은 시·도의회 본회의의 의결로 봄)은 모두 없어졌다['지방의회 단일구조'].

3. 교육감[지방교육자치 제18조]

(1) 지위

1) 시·도의 교육·학예에 관한 사무의 집행기관이다.

2) 임기는 4년이며, 그 계속재임은 3기에 한한다[지방교육자치 제21조].

3) 정당은 후보자를 추천할 수 없다[지방교육자치 제24조].

(2) 권한

1) 통할·대표권을 가진다.

2) 교육감은 교육·학예에 관해 시·도지사가 가지는 일반적 권한을 가진다.

3) 시·도의회의 의결에 대한 재의와 제소

① 교육감은, 교육·학예에 관한 시·도의회의 의결이, 법령에 위반되거나, 공익을 현저히 해치면, 그 의결사항을 이송받은 날부터 20일 이내에 이유를 붙여 재의를 요구할 수 있다[지방교육자치 제28조].

② 교육감이 교육부장관으로부터 재의요구를 하도록 요청받으면, 시·도의회에 재의를 요구해야 한다.

③ 재의요구를 받은, 시·도의회는 재의에 붙이고, 시·도의회 재적의원 과반수의 출석과 출석의원 각 3분의2 이상의 찬성으로 전과 같은 의결을 하면, 그 의

결사항은 확정된다.

④ 재의결된 사항이, 법령에 위반되면, 교육감은 재의결된 날부터 20일 이내에 대법원에 제소할 수 있다.

⑤ 교육부장관은 재의결된 사항이, 법령에 위반됨에도 해당 교육감이 제소하지 않으면, 해당 교육감에게 제소를 지시하거나, 직접 제소할 수 있다.

⑥ 제소한 교육감은 집행정지결정을 신청할 수 있다.

4) 선결처분권[지방교육자치 제29조]

① 교육감은, 소관사무 중, 시·도의회의 의결을 요하는 사항에 대해, 시·도의회가 성립되지 않은 때, 학생의 안전과 교육기관 등의 재산보호를 위해 긴급하게 필요한 사항으로서, 시·도의회가 소집될 시간적 여유가 없거나, 시·도의회에서 의결이 지체되어 의결되지 않은 때에는 선결처분을 할 수 있다.

② 교육감은 선결처분을 한 후 지체없이, 시·도의회에 보고해 승인을 받아야 한다.

③ 시·도의회의 승인을 받지 못하면, 그 선결처분은 그 때부터 효력을 잃는다.

④ 교육감은, 보고사항, 승인여부 등을 지체없이 공고해야 한다.

(3) 하급교육행정기관

시·도의 교육·학예에 관한 사무를 분장하기 위해 1개 또는 2개 이상의 시·군·자치구를 관할구역으로 하는 하급교육행정기관으로 교육지원청을 두고, 교육지원청에 교육장을 둔다[지방교육자치 제34조].

4. 교육재정

(1) 교육·학예에 관한 경비는, ① 교육에 관한 특별부과금, 수수료, 사용료, ② 지방교육재정교부금[지방교육재정교부금법], ③ 해당 지방자치단체의 일반회계로부터의 전입금, ④ 기타 교육·학예에 속하는 수입으로 충당한다.

(2) 의무교육에 종사하는 교원의 보수 등은 국가·지방자치단체가 부담한다.

(3) 의무교육 외의 교육관련경비는, 국가, 지방자치단체, 학부모가 부담한다.

(4) 지방교육재정교부금은, 지방교부세와 같은 법적 성질을 가진다.

(5) 국가는 예산의 범위 안에서 시·도의 교육비를 보조한다.

제9절 국가와의 관계

Ⅰ 개설

1. 지방자치를 보장하는 헌법의 취지에서 보면, 지방자치단체에 대한 중앙정부의 관여는 가능한 한 배제되는 것이 바람직하다.

2. 그러나, 다른 한편으로는, 지방자치제도도 국가가 법에 의해 인정한 것이고, 지방자치단체의 행정운영도 넓게는 국가행정의 일환이므로, 서로 완전히 독립된 것은 아니고, 그 통일성·일관성·적법성을 보장하기 위해 어느 정도는 국가나 시·도지사에 의한 관여의 여지도 남아있을 필요가 있다.[35]

3. 이 점에서, 국가의 입법적 관여, 행정적 관여, 사법적 관여가 있다. 입법적 관여는 일반적 관여, 사법적 관여는 소극적·수동적 관여, 행정적 관여는 적극적·능동적 관여이다.

Ⅱ 입법적 관여

1. 자치사무에 관해서도 국가법령의 개입이 헌법상 배제되지 않으며, 위임사무(특히 기관위임사무)에 관해서는, 개념상 당연히, 국가법령이 규율하고 있다.

2. 다만, 국가법령의 규율에 있어서는, 헌법의 지방자치의 방어적 기능을 배려할 필요가 있다.

3. 국가의 환경오염 규제에 대해, "초과조례"의 적법성이 논의되고 있다.

---

35) 川崎, 地方自治法, p. 302

Ⅲ 사법적 관여

1. 우리의 경우, 지방자치단체에는 독자적 사법권이 부여되어 있지 않다. 문제는, 지방자치단체의 입법, 행정에 관해 사법통제가 행해지는 경우에도 지방자치를 보장한 헌법의 취지에 맞게 운영해야 한다는 것이다.

2. 행정심판

단체장의 위법·부당한 처분, 부작위로 그 권익이 침해당한 자는 행정심판을 제기해 다툴 수 있다.

3. 행정소송

(1) 항고소송·당사자소송·선거소송

1) 단체장의 위법한 처분, 부작위에 의해 권익을 침해당한 자는 취소소송, 무효등확인소송, 부작위위법확인소송을 제기할 수 있고, 사인은 지방자치단체를 한쪽 당사자로 하는 당사자소송도 제기할 수 있다.

2) 지방의회의원, 단체장의 선거에 대해 다툼이 있는 선거인 등은 대법원, 고등법원에 선거소송을 제기할 수 있다.

(2) 기관소송

1) 지방의회와 지방자치단체의 장 사이의 소송

① 단체장이 지방의회의 의결에 대해 대법원에 제기하는 소송은 전형적 기관소송이다.

② 그러나, 감독관청이 직접 제소하는 경우는, 학설대립이 있다. 즉 항고소송설과 기관소송설이 그것인데, 전자의 논거는, 이 경우는 동일 법적 주체 내부에서 그 기관 상호 간의 쟁송이 아닌 것을 들고 있다.

2) 단체장과 국가기관 사이의 소송

① 단체장은, 자치사무에 관한 상급기관의 명령·처분의 취소·정지에 대해 이

의가 있으면, 대법원에 제소할 수 있는데, 이에 대해서도 학설대립이 있다. 즉 항고소송설과 기관소송설이 그것이다.

② 단체장이 자신에게 위임된 국가사무 또는 시·도의 사무에 대한 상급기관의 직무이행명령에 이의가 있는 경우에 대법원에 제소하는 소송에 대해서도, 항고소송설과 기관소송설이 대립한다.

4. 헌법소송

(1) 권한쟁의심판

지방자치단체가 당사자가 되는 권한쟁의심판으로는, 정부와 시·도, 정부와 시·군·구, 시·도와 시·도, 시·군·구와 시·군·구, 시·도와 시·군·구 간의 권한쟁의 심판을 들 수 있다.

(2) 헌법소원

1) 지방자치단체의 조례에 대해, 그것이 처분법규이면, 직접 그것을 상대로 헌법소원을 제기할 수 있고, 단체장의 처분, 부작위로 인해 기본권이 침해당한 자도, 그것을 상대로 헌법소원을 제기할 수 있다.

2) 지방자치단체나, 그 기관은 기본권의 주체가 아니므로, 헌법소원을 제기할 수 없다.[36)]

Ⅳ 행정적 관여

1. 개설

(1) 사전적 관여로는, 승인·협의·직무이행명령을, 사후적 관여로는, 명령·처분의 시정명령, 사무감사, 재의요구명령을 들 수 있다.

(2) 권력적 관여로는, 시정명령, 직무이행명령, 사무감사, 승인, 자료제출요구를, 비권력적 관여로는, 조언·지도·권고·재정지원·기술지원을 들 수 있다.

---

36) 헌재 1998. 3. 26, 96헌마345

2. 국가사무처리의 지도 · 감독[지방자치 제167조]

지방자치단체나 단체장이 위임받아 처리하는 국가사무에 관하여는, 시 · 도에서는 주무부장관의, 시 · 군 · 구에서는 1차로 시 · 도지사의, 2차로 주무부장관의 지도 · 감독을 받는다.

3. 중앙행정기관과 지방자치단체 간 협의 · 조정[지방자치 제168조]

중앙행정기관의 장과 단체장의 의견이 다르면 국무총리소속의 협의조정기구[행정협의조정위원회: 기획재정부장관, 행정안전부장관, 국무조정실장, 법제처장, 관계 중앙행정기관의 장, 관계 시 · 도지사, 기타 지방자치전문가 등으로 구성됨]가 협의 · 조정한다.

4. 지방자치단체의 자치사무에 대한 감사[지방자치 제171조]

(1) 행정안전부장관 시 · 도지사는 지방자치단체의 자치사무에 관해 보고받거나, 서류 · 장부 · 회계를 감사할 수 있다. 이 경우 감사는 법령위반사항에 한한다.

(2) 자치사무에 대해서는 합법성 통제만이 허용되지만, 단체위임사무, 기관위임사무에 대해서는 합법성통제와 합목적성통제가 모두 허용된다.

5. 시 · 도 상호 간의 분쟁조정[지방자치 제148조, 제149조]

(1) 시 · 도, 시 · 도지사 간에 분쟁이 있으면, 행정안전부장관이 당사자의 신청에 따라 조정할 수 있다. 다만, 그 분쟁이 공익을 현저히 해치면 직권으로 조정한다.

(2) 행정안전부장관은 관계중앙행정기관의 장과의 협의를 거쳐 지방자치단체중앙분쟁조정위원회의 의결에 따라 조정해야 한다.

(3) 행정안전부장관이 결정하면, 시 · 도지사는 그 결정사항을 이행해야 한다.

(4) 행정안전부장관은 조정결정사항이 성실히 이행되지 않으면, 대집행 등 필요한 조치를 할 수 있다.

6. 조례 · 규칙의 제정 · 개폐의 보고

시·도 조례·규칙이 제정·개폐되면, 시·도지사는 행정안전부장관에게 보고해야 한다.

7. 위법 · 부당한 명령 · 처분의 시정[지방자치 제169조]

(1) 시·도의 사무에 관한 그 단체장의 명령·처분이 법령에 위반되거나 현저히 부당하여 공익을 해치는 경우에는, 행정안전부장관은 시정을 명하고, 불이행시에는 취소·정지할 수 있다[자치사무의 경우에는 법령위반에 한함].

(2) 시·도지사는 취소·정지에 대하여 이의가 있으면, 대법원에 제소할 수 있다.

8. 시 · 도지사에 대한 직무이행명령[지방자치 제170조]

(1) 시·도지사가 법령의 규정에 따라 의무에 속하는 국가위임사무의 관리·집행을 명백히 게을리하면, 시·도에 대하여 행정안전부장관은 이행할 사항을 명령할 수 있다.

(2) 행정안전부장관은 시·도지사가 이행명령을 불이행하면, 대집행하거나 필요한 조치를 할 수 있다.

(3) 시·도지사는 이행명령에 이의가 있으면 대법원에 제소할 수 있다.

제10절 지방자치단체 상호 간의 관계

I 협력관계

1. 서설

(1) 지방자치단체 상호 간의 관계는, 기본적으로 시·도, 시·군·구에 관계없

이 대등・독립한다.

(2) 오늘날은, 국민경제, 교통・통신수단의 발달, 지역개발에 수반해, 주민의 일상생활권이 확대되고, 지방자치단체의 구역을 넘어서는 사무의 처리가 요청되고 있다.

(3) 따라서, 다수의 지방자치단체가 모여서 행정협의회, 지방자치단체조합을 결성하고, 계획을 수립하며, 폐기물처리, 소방, 지역발전을 촉진하는 행정사무를 공동으로 하고 있거나, 할 필요성이 높아지고 있다.

2. 협력방식

(1) 공공시설의 구역외 설치

1) 예컨대, 수도・하수도 사업같이 사무에 따라서는 다른 지방자치단체의 구역에 공공시설을 설치하거나, 다른 지방자치단체의 공공시설을 이용하게 할 필요가 있다.

2) 이 경우 관계지방자치단체의 동의를 받아 공공시설의 설치・이용관계를 설정할 수 있다.

(2) 행정협의회[지방자치 제152조]

1) 2개 이상의 지방자치단체는, 협의에 따라 상호 관련된 사무의 일부를 공동으로 처리하기 위해 행정협의회를 구성할 수 있다.

2) 지방자치단체는, 협의에 따라 규약을 정하고, 관계지방의회의 의결을 거친 다음 고시해야 한다.

3) 협의회는 회장과 위원으로 구성되지만, 법인격은 없다.

(3) 사무의 위탁[지방자치 제151조]

1) 지방자치단체나 단체장은 그 소관사무의 일부를, 다른 지방자치단체나 그 장에게 위탁해 처리하게 할 수 있다.

2) 위탁된 사무는 단체장이 관리・집행한다.

3) 사무위탁은 공법상 계약의 성질을 가진다.[37]

(4) 지방자치단체조합에 의한 공동처리[지방자치 제159조]

1) 지방자치단체조합은 2개 이상의 지방자치단체가 하나 또는 둘 이상의 사무를 공동으로 처리할 필요가 있는 경우 규약을 정해 그 지방의회의 의결을 거쳐 시·도는 행정안전부장관의, 시·군·구는 시·도의 승인을 받아 설립하는 법인이다.

2) 지방자치단체조합의 법적 성격에 관하여는, ① 특별지방자치단체설과, ② 지방자치단체간의 공동단체설이 대립한다.

3) 조합에는 조합회의와 조합장, 사무직원이 있다. 조합회의는 조합의 중요사무를 심의·의결하며, 조합장은 조합을 대표하며, 조합사무를 총괄한다.

(5) 단체장 등의 협의회[지방자치 제165조]

1) 여기에는, ① 시·도지사의 전국적 협의체, ② 시·도의회의 장의 전국적 협의회, ③ 시장·군수·구청장의 전국적 협의체, ④ 시·군·구의회의장의 전국적 협의체가 있다.

2) 4개 협의체가 모두 참가하는 지방자치단체연합체도 둘 수 있다.

3) 협의체, 연합체의 대표자는 그 설립을 행정안전부장관에게 신고해야 한다.

4) 협의체, 연합회는 지방자치에 직접적 영향을 미치는 법령 등에 관해 행정안전부장관을 거쳐 정부에 의견을 제출할 수 있다.

Ⅱ 조정·감독관계

1. 시·군·구 상호 간의 분쟁조정

(1) 시·군·구 상호 간, 시장·군수·구청장 상호 간에 다툼이 생기면, 시·도지사가 신청 또는 직권에 의해 조정할 수 있다.

(2) 시·도지사는 관계중앙행정기관의 장과의 협의를 거쳐 지방자치단체지방분쟁조정위원회의 의결에 따라 조정해야 한다.

---

37) 김동희, 행정법Ⅱ, p. 127

(3) 시・도지사는 조정에 대해 결정하면, 이를 통보해야 하고, 통보받은 시장・군수・구청장은 이를 이행해야 한다.

(4) 시・도지사는, 결정사항이 성실히 이행되지 않으면, 대집행 등 필요한 조치를 할 수 있다.

(5) 최종적으로는, 헌법재판소의 권한쟁의심판 대상이 될 수 있다.

2. 위법・부당한 명령・처분의 시정[지방자치 제169조]

(1) 시・군・구의 사무에 관한 그 단체장의 명령・처분이 법령에 위반되거나, 현저히 부당해 공익을 해치면, 시・도지사는 시정을 명하고, 불이행 시에는 취소・정지할 수 있다(자치사무의 경우는 법령위반에 한함).

(2) 시장・군수・구청장은 취소・정지에 대해 이의가 있으면 대법원에 제소할 수 있다.

3. 시장・군수・구청장에 대한 직무이행명령[지방자치 제170조]

(1) 시장・군수・구청장이 법령규정에 따라 그 의무에 속하는 국가, 시・도 위임사무의 관리・집행을 명백히 게을리 하면, 시・군・구에 대해 시・도지사는 이행할 사항을 명령할 수 있다.

(2) 시・도지사는 시장・군수・구청장이 이행명령을 불이행하면, 대집행하거나 필요한 조치를 할 수 있다.

(3) 시장・군수・구청장은 이행명령에 이의가 있으면 대법원에 제소할 수 있다.

4. 자치사무에 대한 감사[지방자치 제171조]

시・도지사는 시・군・구의 자치사무에 관해 보고받거나, 서류・장부・회계를 감사할 수 있다(감사는 법령위반에 한함).

5. 지방의회의결의 재의와 제소

이것에 대해서는 위에서 본 바와 같다.

제11절 서울특별시 등 대도시와 제주특별자치도의 행정특례

I 서울특별시의 경우

1. 지위

서울특별시는 정부의 직할하에 두되, 「서울특별시 행정특례에 관한 법률」에 따라 수도로서의 특수성을 가진다.

2. 일반행정운영상의 특례[§4]

(1) 행정안전부장관은 서울특별시의 지방채발행 승인 여부를 결정하려면 국무총리에게 보고해야 한다.

(2) 행정안전부장관은 서울특별시의 자치사무에 관한 감사를 하려면, 국무총리의 조정을 거쳐야 한다.

(3) 서울특별시소속 국가공무원의 임용 등은 서울특별시장이 하고, 이와 관련된 행정소송의 피고는 서울특별시장이 된다.

3. 수도권광역행정운영상의 특례[§5]

수도권지역에서 서울특별시와 관련된 도로·교통·환경 등에 관한 계획수립·집행에 있어 관계 중앙행정기관의 장과 서울특별시장의 의견이 다르면, 국무총리가 이를 조정한다.

4. 자치구의 재원[지방자치 제173조 : 지방재정 제29조의2]

서울특별시장은 보통세수입의 일정액을 조정교부금으로 확보하여 서울특별시 관할구역의 자치구간 재정력 격차를 조정하여야 한다[자치구조정교부금]. 서울특별시 관할구역에 있는 자치구의 경우에 재산세[선박 및 항공기에 대한 재산세와 「지방세법」 112조에 따라 산출한 재산세는 제외함]는 특별시세 및 구세인 제산세로 한다[공동과세]. 특별시세 및 구세인 재산세 중 특별시분 재산세와 구[區]분 재산세는 각각 산출된 재산세액의 100분의 50을 그 세액으로 한다.

서울특별시장은 특별시분 재산세 전액을 관할구역의 자치구에 교부하여야 한다.

Ⅱ 기타 대도시의 경우

1. 광역시

광역시장은 보통세 수입의 일정액을 조정교부금으로 확보하여 해당 광역시 관할구역의 자치구 간 재정력 격차를 조정하여야 한다.

2. 인구 50만 이상의 대도시[지방자치 제175조]

이들에 대하여는 그 특성을 고려해 법률이 정하는 바에 따라 특례를 둘 수 있다.

Ⅲ 제주특별자치도

1. 근거

「지방자치법」 제174조 제2항과 「제주특별자치도 설치 및 국제자유도시 조성을 위한 특별법」("제주특별법"이라 함)이 특례를 두고 있다.

2. 제주특별자치도의 지위[§7]

정부의 직할하에 두며, 특수한 지위를 가진다.

3. 자치조직의 자율성[§10, 11]

「지방자치법」에 불구하고, 지방의회·집행기관구성, 자치조직권, 행정시 및 읍·면·동의 설치, 행정시의 시장에 관해 특례를 두고 있다.

4. 주민참여의 확대

「지방자치법」상 주민투표, 조례의 제정·개폐청구, 주민소환제에 관한 특례를 두고 있다.

5. 도의회의 기능강화

도의회의원정수, 선거구, 인사청문회 등 자치조직에 관한 특례를 두고 있다[§8, 43].

6. 자치재정[§126, 127]

제주특별자치도세, 과세면제, 세율조정, 지방교부세, 국가의 재정지원, 지방채발행, 예산편성과정에 대한 특례를 두고 있다.

7. 교육자치[§64, 65, 74]

교육위원회구성, 교육의원선거, 도교육감, 교육재정에 관한 특례를 두고 있다.

8. 자치경찰

자치경찰기구를 두고, 치안행정위원회, 자치경찰의 직무수행, 국가경찰과 자치경찰의 관계, 자치경찰에 대한 지원·감독, 자치경찰공무원에 대한 특례를 두고 있다. 이에 따라 제주특별자치도에 자치경찰단을 두고 있고, 그 단장은 도지사가 임명하며, 도지사의 지휘·감독을 받는다. 자치경찰단장은 자치경무관으로 보한다. 자치경찰의 사무로는, ① 주민의 생활안전활동에 관한 사무, ② 지역교통활동에 관한 사무, ③ 공공시설 및 지역행사장 등의 지역경비에 관한 사무, ④ 「사법경찰관리의 직무를 행할 자와 그 직무범위에 관한 법률」에서 자치경찰공무원의 직무로 규정하고 있는 사법경찰관리의 직무를 들 수 있다.

제12절 「지방자치법」에 관한 기본판례(추가)

(1) 대판 2018. 7. 12, 2014추33[자치사무의 취소・정지권]

(2) 대판 2015. 9. 10, 2013두16746[주민소송]

(3) 대판 2015. 9. 10, 2013추517

(4) 대판 2015. 9. 24, 2014추613

(5) 대판 2016. 5. 27, 2014두8490[주민소송]

(6) 대판 2016. 9. 22, 2014추521 전원합의체[지방자치법 제172조]

(7) 대판 2017. 3. 30, 2016추5087[자치사무에 관한 명령・처분에 대한 취소・정지권]

(8) 대판 2017. 4. 7, 2014두37122[조례]

(9) 대판 2017. 9. 21, 2014두43073

(10) 대판 2017. 10. 12, 2016추5148[지방자치법 제169조]

(11) 대판 2017. 12. 5, 2016추5162

(12) 대판 2017. 12. 13, 2014추644

(13) 대판 2018. 8. 30, 2017두56193[조례]

(14) 대판 2015. 9. 10, 2013추524

(15) 헌재 2016. 6. 30, 2014헌라1

(16) 헌재 2017. 7. 27, 2016헌마531

(17) 대판 2016. 7. 22, 2012추121

(18) 헌재 2009. 5. 28. 2007헌바80

(19) 헌재 2009. 7. 30, 2007헌바75 전원재판부

(20) 헌재 2009. 3. 26, 2007헌마843

(21) 헌재 2002. 10. 31, 2001헌라1 전원재판부

(22) 대판 2001. 11. 27, 2001추573

(23) 대판 2000. 5. 30, 99추85

(24) 대판 1995. 5. 12, 94추28

(25) 대판 2006. 10. 12, 2006추38

(26) 대판 2012. 11. 22, 2010두19270 전원합의체

(27) 대판 2009. 10. 29, 2007두26285

(28) 대판 1994. 5. 10, 93추144

(29) 대판 1996. 9. 20, 95누8003

(30) 대판 2006. 7. 28, 2004다759

(31) 대판 1999. 9. 17, 99추30

(32) 대판 2007. 3. 22, 2005추62 전원합의체

(33) 대판 2013. 6. 27, 2009추206

04 공무원법

제1절 개 설

Ⅰ 공무원 제도

1. 공무원법제는, ① 자연인이 공무원의 신분을 취득·상실하는 것과 ② 공무원으로서의 권리·의무에 관한 법제도이다. 근대국가의 보편적 요소로서의 공무원 개념은, 국가조직의 구성원으로서, 일시적인 권력자에게 인적으로 예속되지 않고, 공무와 사생활이 분리되며, 공무원지위가 세습되지 않는 것이 그 중심요소이다.[38)]

2. 직업공무원제도는, 헌법상 보장된, "제도적 보장"이다.[39)]

Ⅱ 공무원의 관념

1. 헌법상의 공무원

우리 헌법재판소는, 공무원은, 임용주체가 궁극에는 주권자인 국민 또는 주민이기 때문에, 국민 전체에 대해 봉사하고 책임을 져야 하는 특별한 지위에 있고, 그가 담당한 업무가 국가, 공공단체의 공공적인 일이어서 특히 그 직무를 수행함에 있어서 공공성·공정성·성실성·중립성이 요구되기 때문에 일반근로자와는 달리 특별한 근무관계에 있는 사람이라고 판시하고 있다.[40)]

---

38) 塩野, 行政法Ⅲ, p. 230
39) 헌재 1997. 4. 24, 95헌바48
40) 헌재 1992. 4. 28, 90헌바27 등(병합); 헌재 2012. 3. 29, 2010헌마97

2. 공무원법상의 공무원

국가에 근무하는 자가 국가공무원, 지방자치단체에 근무하는 자가 지방공무원이고, 전자를 규율하는 것이 「국가공무원법」, 후자를 규율하는 것이 「지방공무원법」이다.

Ⅲ 공무원의 종류

1. 경력직공무원과 특수경력직공무원의 의의 · 종류

(1) 「국가공무원법」, 「지방공무원법」은 공무원을 위와 같이 나누고 있고, 동법들이 적용되는 것은 원칙적으로 경력직 공무원에 한한다.

(2) 특수경력직 공무원[국가공무원 제2조]

1) 이것은 경력직 공무원 외의 공무원을 말한다.

2) 이것에는 정무직과 별정직공무원이 있다.

(3) 경력직 공무원[국가공무원 제2조]

1) 이것은 실적 · 자격에 의해 임용되고, 그 신분이 보장되며, 평생토록 공무원으로 근무할 것이 예정되는 공무원이다.

2) 이것에는 일반직 공무원, 특정직 공무원이 있다.

3) 직업공무원은 주로 경력직 공무원을 가리킨다.

4) 경력직 공무원에게는 「국가공무원법」이 원칙적으로 적용된다.

(4) 공무원에 해당하는지는, ① 국가사무에 종사할 것, ② 국가의 임명권자에 의해 임명될 것, ③ 원칙적으로 국가로부터 급여를 받을 것의 3요소가 그 판단기준이다.[41)]

41) 塩野, 行政法Ⅲ, p. 240-241

2. 경력직공무원과 특수경력직공무원의 차이

(1) 이들은, 성적주의의 적용의 유무, 종신근무의 예정의 유무에 그 차이가 있다.

(2) 공무원의 채용, 승진, 전보 등에 있어서는 그 시험성적, 근무성적 기타 능력의 실증에 의하는 것이 "성적주의"이다.

Ⅳ 인사행정기관

2014년 10월의 정부조직개편으로, 국무총리소속의 인사혁신처가 중앙인사기관으로 되고, 행정조직 및 인사업무 중에서 행정조직업무만 행정안전부가 담당하게 되었다[국가공무원 제6조].

제2절 공무원근무관계의 성립 · 변경 · 소멸

Ⅰ 서설

1. 공무원의 개별적 권리 · 의무를 묶는 하나의 기본적 지위가 공무원관계이다.

2. 종전에는 독일 공법학의 이론을 계수해 '공법상의 특별권력관계'로 보았다.

3. 그러나, 현재는, 민주주의, 법치국가 원칙에 입각한 헌법하에서, 공무원도 근로자로서, 한사람의 권리주체로서 인권보장의 대상이 된다.

4. 따라서, 현행법의 공무원의 근무관계는, "제정법에 의해 규율되는 관계"이다.[42]

5. 5급공무원을 신규채용하는 경우에는 1년, 6급 이하의 공무원을 신규채용하는 경우에는 6개월간 시보로 임명한다[국가공무원 제29조].

---

42) 塩野, 行政法Ⅲ, p. 251-252

Ⅱ 근무관계의 변동

1. 변동단위

(1) 계급제[국가공무원 제4조]

1) 의의

① 이것은, 공무원의 계급이라는 관념에 기초를 두고, 사람들의 상대적·비교적 지위에 따라 계급을 구분한다. 즉 인적 특성을 기준으로 계급이 정해진다.

② 계급제는, 전통적인 신분제적 요소가 강하고, 공무원의 경력발전통로가 넓고, 계급을 기준으로 한 보수가 지급되며, 지원자의 자격요건이 일반능력자주의적이다.

③ 전통적으로 동양과 영국·프랑스·독일 등에서 실시되었다.

④ 계급제에서는 구체적 직무를 담당하게 하기 위해 "보직"(補職)이라는 관념이 사용된다.

2) 장단점

계급제는, 융통성 있는 직업구조를 형성할 수 있지만, 직무의 전문화요청을 반영하기 어렵다.

(2) 직위분류제[국가공무원 제22조]

1) 의의

① 이것은, 직무 또는 직위(job=position)라는 개념에 착안한 직무지향적 분류모형이다. 이것은 직무를 기준으로 직위를 분류한다.

② 이 제도는 1920년대에 미국연방정부가 도입했다.

③ 직위(position)는, 한 사람의 공무원에게 부여할 수 있는 직무와 책임을 말한다.

④ 직급(class)은, 직무의 종류, 곤란성과 책임도가 상당히 유사한 직위의 무리로서 동일한 직급에 속하는 직위에 대해서는 임용자격·시험·보수에 있어 같은 취급을 할 수 있다.

⑤ 직류(sub-series)는, 동일한 직렬 내에서 담당분야가 동일한 직무의 범주를 말한다.

⑥ 직렬(series of classes)은, 직무의 종류가 유사하고, 그 곤란성, 책임의 정도가 다른 직급의 범주를 말한다.

⑦ 수립절차

준비작업, 직무조사, 직무분석 · 평가[국가공무원 제22조의2], 직급명세서 작성, 정급(定級)[국가공무원 제23조], 유지관리단계로 나뉜다.

2) 장 · 단점

직위분류제는 객관적이지만, 기계적일 수 있다.

(3) 우리 정부의 직업구조형성

1) 정부수립시에는 1급부터 5급까지의 5계급제를 채택했다.

2) 1963년에 「국가공무원법」의 개정과, 「직위분류법」의 제정이 있었다. 이로써 계급제를 직위분류제로 바꾸려고 했으나, 결국 그 사업은 중단되었다.

3) 현재도, 「국가공무원법」 제3장은 직위분류제의 원칙과 그 단계적 도입을 규정하고 있다. 계급구조는 9계급제가 채택되어 있다(1~3급은 고위공무원단으로 통합되어 있음)[국가공무원 제4조].

4) 2000년에, 계약제에 의한 개방형 임용제 채택[국가공무원 제28조의4], 성과연봉제 채택, 직위공모제 채택[국가공무원 제28조의5], 부처간 인사교류 확대, 분류방법의 다원화, 고위공무원단 구성[국가공무원 제28조의6] 등이 이루어져, 탈관료화시대의 변화의 소용돌이 속에 있다.[43]

Ⅲ 공무원 근무관계의 성립

1. 성립행위(임명, 채용)의 법적 성질

(1) 일반적인 공무원임명행위에 관하여는, ① 공법상 계약인지, ② 쌍방적 행정행위(=협력을 요하는 행정행위)인지가[44] 다투어진다. 후자가 다수설이다.

43) 오석홍, 인사행정론, 박영사, 2005, p. 72-87

44) 김동희, 행정법Ⅱ, p. 143

(2) 어느 설에 의하든지 상대방의 동의가 있어야 공무원관계가 성립한다.

(3) 이 문제를 논하는 실익은, 임용행위에 대한 다툼이 있을 때 어떤 소송형태에 의하게 되는가를 정하는데 있다. 즉 임명을 행정행위로 보면, 취소소송, 무효확인소송에 의하게 될 것이다.

(4) 공법상 계약에 의하여 공무원을 임용하는 방법도 가능한데[예컨대, 종전의 계약직 공무원과 유사하게 임명하는 경우], 이 경우의 법적 분쟁의 해결은 당사자소송에 의한다[대판 1996. 5. 31, 95누10617].

2. 임명형식과 성립시기

(1) 임명은, 임용장의 교부에 의하게 되지만, 이것은 임용의 효력요건은 아니고, 임용행위를 확인·증명하는 의미밖에 없다.45)

(2) 공무원의 임명은 원칙적으로 임용장 또는 임용통지서에 기재된 일자에 임용된 것으로 본다. 다만, 임용장이 도달된 일자가 임용장에 기재된 일자보다 늦으면, 실제도달날짜에 효력이 발생한다.46)

3. 성립요건

(1) 대한민국 국민은 공무원이 될 일반적 능력을 가지지만, 외국인의 경우 논의가 있다.

(2) 「국가공무원법」, 「교육공무원법」, 「지방공무원법」 등에서는 비권력적이고 기술성이 중시되는 정부업무의 경우 이를 허용하고 있다.

(3) 소극요건(능력요건=결격사유)

1) 이것은 「국가공무원법」 등에 규정되어 있다. 결격사유에 해당되면, 공직에 취임되지 못한다.47)

45) 김동희, 행정법Ⅱ, p. 147
46) 대판 1962. 11. 15, 62누165
47) 대판 2005. 7. 28, 2003두469

2) 구체적 내용으로는, ① 피성년후견인 등 민사상 능력이 제한·상실된 자, ② 권고이상의 실형 등 형사상 유죄판결을 받았거나 처벌 받은 자, 공무원법상의 징계처분을 받은 자로서 일정기간이 지나지 않은 자 등을 들 수 있다.

(4) 적극요건(성적요건)

1) 적극요건으로는 성적주의의 원칙이 있고, 그 방법으로 원칙적으로 공개경쟁 채용방법이 채택되어 있다.

2) 예외적으로 특별채용도 인정되고 있다.

4. 임용권자

(1) 행정기관소속 5급 이상 공무원 및 고위공무원단에 속하는 일반직 공무원은 소속장관의 제청으로 인사혁신처장과 협의를 거친 후에 국무총리를 거쳐 대통령이 임명한다.

(2) 소속장관은 소속공무원에 대하여 위 (1)에 열거된 공무원 외의 공무원을 임용한다.

Ⅳ 공무원근무관계의 변경

1. 이것은 공무원의 신분을 유지하면서 그 내용에 일시적·영구적 변경을 가하는 것인데, 승진, 전직, 전보, 강임 등이 있다.

2. 전직, 전보는 동등한 관직 간의 이동인데, '전직'[국가공무원 제28조의3]은 「직렬을 달리하는 임명」으로서 대개 소속부처가 바뀌게 되고, 전직시험을 거쳐야 하며, '전보'는 「동일 직급내에서의 보직변경 또는 고위공무원단 직위 간의 보직변경」이다. '전입'은 「국회, 법원, 헌법재판소, 선거관리위원회 및 행정부 상호 간에 다른 기관 소속 공무원을 받아들이는 것」을 말한다[국가공무원 제28조의2][대판 2001. 12. 11, 99두1823].

3. 이것들에 있어서도 능력주의원칙이 타당하다.

4. 재판상 문제는, 전직과 전보도 처분성이 인정되는가 하는 것인데, 그것이 불이익에 해당되면 처분에 해당된다고 볼 것이다.

5. 전직, 전보시에 본인의 동의를 요하는지는, 전직의 경우에는 동의를 요한다고 보지만, 전보의 경우에는 행정조직의 통솔상 동의는 필요하지 않다고 본다.

6. 겸임은, 현재 특정직위를 가지고 있는 공무원을, 그 직위를 보유한 채로 다른 공직에 임명하거나, 다른 기관·단체의 임직원을 공무원으로 임용하는 것을 가리킨다[국가공무원 제32조의3].

7. 파견근무란, 자기 본래의 직무에서 일정기간 떠나 다른 기관에서 근무하는 것이다[국가공무원 제32조의4].

8. 휴직은, 공무원으로서의 신분을 보유하게 하면서, 직무담임을 일시적으로 해제하는 행위로서, 휴직기간 중 직무에 종사하지 못하며, 휴직기간이 만료되면 복직신고로써 당연히 복직된다. 휴직에는 '직권휴직'과 '의원휴직'이 있다[국가공무원 제71조 및 제73조][대판 2014. 6. 12, 2012두4852].

9. 직위해제란, 직위를 계속 유지시킬 수 없는 사유가 있을 때, 직위를 부여하지 않는 것이며 본인에게 귀책사유가 있을 때 행함으로, 제재적 의미를 가진, 보직해제이다. 직위해제 후 징계나, 직권면직을 해도 법적문제는 없다.[48]

10. 직위해제처분의 하자는 직권면직처분에 승계되지 않는다.[49]

11. 강임이란 동일한 직렬내에서 하위직급의 직위에 임명하는 등의 행위를 말한다.

12. '정직'이란 공무원의 신분을 유지하되 직무에는 종사하지 못하는 것을 말한다. 이는 징계처분의 하나이다[국가공무원 제80조].

48) 대판 1984. 2. 28, 83누489; 헌재 2006. 5. 25, 2004헌바12
49) 대판 1970. 1. 27, 68누10

V 공무원근무관계의 소멸

1. 당연퇴직[국가공무원 제69조]

(1) 이것은 일정한 사유의 발생으로 별도의 행위를 요하지 않고 당연히 공무원관계가 소멸하는 것이다(예: 결격사유해당, 정년, 사망 등)[헌재 2002. 8. 29, 2001헌마788, 2002헌마173(병합) ; 대판 2016. 12. 29, 2014두43806].

(2) 이 경우 퇴직발령의 통보는 항고소송의 대상이 되는 처분이 아니다.[50]

(3) 정년제도에는 일반직 공무원에게 적용되는 연령정년제도외에, 특수한 경우 근속정년제도, 계급정년제도가 있다[국가공무원 제74조][헌재 2016. 3. 31, 2014헌마581; 헌재 2000. 12. 14, 99헌마112 · 137(병합)].

2. 의원면직

(1) 이것은 당해 공무원의 자발적 의사에 기해 공무원관계를 소멸시키는 행위이다.

(2) 의원면직처분은 공무원 본인의 신청을 요건으로 하는 쌍방적 행정행위이다[대판 1971. 3. 23, 71누7].

즉 임명권자가 사직원을 승인(면직처분)하기까지는, 공무원관계는 존속하고, 면직처분에 의해 비로소 그 관계가 소멸한다.

(3) 사직의 의사표시의 철회 · 취소는, 그에 터잡은 의원면직처분이 있을 때까지 원칙적으로 할 수 있다.[51]

(4) 사직의 의사표시는 행정요건적 사인의 공법행위이다.[대판 1997. 12. 12, 97누13962; 대판 2001. 8. 24, 99두9971).[52]

---

50) 대판 1995. 11. 14, 95누2036; 대판 1994. 12. 27, 91누9244
51) 대판 1993. 7. 27, 92누16942
52) 홍정선, 행정법원론[하], p. 334

3. 일방적 면직[=강제면직]

(1) 징계면직

이것은 공무원의 신분을 박탈하는 징계수단으로서, 파면과 해임이 있다.

(2) 직권면직

이것은 법정사유에 해당하면, 임용권자가 직권으로 행하는 면직처분이다(예: 직제·정원의 개폐로 폐직·과원이 된 때)[국가공무원 제70조][대판 2010. 6. 24, 2010두3770].

참고판례

「국가공무원법 일부개정법률」 및 「지방공무원법 일부개정법률」의 주요내용

공무원의 금품 관련 비리를 근절·예방하기 위하여 공무원으로 재직 중 직무와 관련하여 「형법」상의 횡령죄 등으로 일정한 형벌을 받은 경우를 공무원의 임용결격 및 당연퇴직 사유로 추가하고, 징계의 실효성을 높이기 위하여 금품 및 향응을 수수하거나 공금을 횡령·유용한 공무원에게 해당 징계 외에 금품 및 향응수수액 또는 공금의 횡령·유용액의 5배 내에서 징계부가금(懲戒附加金)을 부과할 수 있는 근거를 마련하는 등 현행 제도의 운영상 나타난 일부 미비점을 개선·보완하려는 것임[국가공무원 제78조의2].

제3절 공무원의 권리·의무·책임

I 서설

1. 여기서는, 공무원관계 중 개별적 관계를 살펴본다.

2. 사법상의 고용관계와의 차이점은 다음과 같다.

(1) 고용계약과 달리, 공무원의 권리·의무의 내용은 법령에 의해 대부분 규정된다(근로조건법정주의).

(2) 공무원의 권리·의무의 규율은 공무원관계에서의 직원의 기본적 인권의 문제이다.[53)]

Ⅱ 공무원의 권리

1. 직무수행권[신분보유권과 직위보유권][헌법 제7조 제2항 ; 국가공무원 제68조]

(1) 공무원은 그 관직을 함부로 빼앗기지 않을 권리를 가진다.

(2) 공무원 법제상의 신분보장은, 공무원이 보유하는 관직 그것을 보장한다는 뜻이다.

(3) 직권면직, 강임은 징계와는 성질을 달리하고, 책임추궁의 요소를 포함하지 않는다. 직위해제도 징계와는 다르다. 이들에 대해서는, 불이익처분으로서 소청을 제기할 수 있다. 즉, 행정쟁송법상 처분에 해당한다.

(4) 정년은, 공무원이 일정연령에 달하면, 그때까지 보유하던 지위에서 물러나는 것을 말한다. 정년은 공무원 각자의 개별적 자질을 문제로 하지 않는 점에서 직권면직, 직위해제와 다르다.

2. 재산적 권리

(1) 보수청구권[공무원보수규정 제4조]

1) 공무원법에서는, 근무조건법정주의의 하나로서, 보수법정주의가 엄격하게 채택되어 있다. '보수'는 「봉급과 수당들을 합산한 금액」을 말한다[대판 2018. 2. 28, 2017두64606].

2) 보수의 성격에 관하여는, ① 반대급부설과, ② 생활자료설이 대립한다. 원칙적으로는 반대급부설이 타당하지만,[54)] 각종 수당에서 생활자료설의 성격도 나타나

53) 塩野, 行政法Ⅲ, p. 265
54) 塩野, 行政法Ⅲ, p. 271

고 있다.

3) 보수청구권은 공권이므로 포기가 허용되지 않는지에 관해 학설대립이 있으나, 공권성을 강조하는 것이 일반적이다. 구체적으로는, 실정법규정에 따를 것이다[국세징수 제33조].

4) 보수에 관한 분쟁은 행정소송의 대상이다[대판 1991. 5. 10, 90다10766; 대판 1999. 7. 23, 97누10857].

(2) 연금청구권

1) 퇴직연금 등은, 공무원이 일정기간 근무하고 퇴직 또는 사망한 경우에, 공무원이나 그 유족에게 지급되는 급여이다. 공무원은 「공무원연금법」이 정하는 바에 따라 연금수급권을 가진다. 연금제도는 보험원리를 기초로 한 사회보장제도의 의미를 가진다[헌재 2013. 9. 26, 2011헌바272; 헌재 2016. 3. 31, 2015헌바18].

2) 공무로 인한 부상, 질병에 대한 급여지급은, 노동의 제공에 따르는 보상인데, 민간의 경우 「산업재해보상보험법」에 의한다[대판 1992. 5. 12, 91누13632].

3) 연금은 적법하게 임용된 공무원에게만 지급된다[대판 1998. 1. 23, 97누16985]

3. 기본권

(1) 공무원도 근로자로서 헌법상의 근로기본권을 가진다. 또한, 공무원도 사상·표현의 자유 등 기본권의 주체이다. 공무원의 경우 기본권의 직접적용의 문제이다[헌재 2012. 3. 29, 2010헌마97].

(2) 공무원의 기본권은, 현실적으로는, 공무수행과정에서 각종 제약을 받는다.

(3) 공무원법제는, 공무원도 기본권을 가진다는 전제하에, 복무, 즉 의무의 측면에서 이 문제를 다루고 있다.

4. 권리보장청구권(절차적 보장제도)

(1) 직무수행권, 재산적권리, 기본권에 관해, 사용자인 국가 등으로부터 침해를 받으면, 최종적으로는 법원에 의한 구제가 인정된다[행정소송제기권].

(2) 그 밖에 공무원법제는, 고충심사청구권(국가공무원 제76조의2)[대판 1987. 12. 8, 87누657], 직장협의회 설립·운영권[공무원 직장협의회의 설립·운영에 관한 법률], 노동조합설립·운영권[공무원의 노동조합 설립 및 운영 등에 관한 법률; 교원의 노동조합설립 및 운영 등에 관한 법률; 헌재 2008. 12. 26, 2005헌마971·1193; 2006헌마198(병합) 전원재판부], 소청심사청구제도[국가공무원 제9조: 교원의 지위향상 및 교육활동 보호를 위한 특별법 제7조]를 마련하고 있다.

Ⅲ 공무원의 의무

1. 선서의무

공무원은 원칙적으로 취임할 때에 선서해야 한다.

2. 성실의무[대판 2008. 10. 9, 2006두13626]

이것은 공무원에게 부과된 가장 기본적인 중요한 의무이다[국가공무원 제56조].[55)]

3. 법령준수의무[국가공무원 제56조]

(1) 공무원은 성실히 법령을 준수해야 한다. 이것은 법치주의에 그 궁극적 근거가 있다.[56)]

(2) 공무원은 국민전체에 대한 봉사자로서 「헌법에 대한 충성의무」가 있다.

4. 복종의무[국가공무원 제57조]

(1) 공무원은 직무를 수행함에 있어서 소속상관의 직무상 명령에 복종해야 한다.

(2) 특히 문제되는 것은, 공무원은 상사의 직무상 명령이 위법한 경우에 따르

55) 대판 1989. 5. 23, 88누3161
56) 塩野, 行政法Ⅲ, p. 280

지 않을 수 있는가 하는 것이다. 학설은, 형식적 요건을 심사할 수 있는 것은 의문이 없으나, 실질적 요건에 관해서는, ① 소극설(직무명령이 무효[중대하고, 동시에 명백한 하자]인 경우를 제외하고는 직원은 직무명령에의 복종을 거부할 수 없다는 견해), ② 적극설(공무원은 법령준수의무가 있으므로, 적법성여부를 심사해 위법한 명령인 한, 그것에 복종할 수 없다는 견해), ③ 절충설(직무명령의 위법성이 명백하면, 복종을 거부할 수 있다는 견해)이[57] 대립한다. 대법원판례는 소극설 내지 절충설에 입각한 것으로 보인다.[58]

5. 직무전념의무

(1) 직장이탈금지[국가공무원 제58조]

1) 공무원은 소속 상관의 허가 또는 정당한 이유 없이 직장을 이탈하지 못한다. 이것은 근무시간 중의 문제이다[대판 1991. 11. 12, 91누3666; 대판 1996. 6. 14, 96누2521].

2) 이 의무의 예외는, 휴직, 휴가, 공휴일, 직위해제 중인 경우를 들 수 있다.

3) 이 의무의 위반 시에는 징계책임, 형사상 책임도 성립될 수 있다.

(2) 영리업무 및 겸직금지

공무원은 공무 외의 영리를 목적으로 하는 업무에 종사하지 못하며, 소속기관의 장의 허가 없이 다른 직무를 겸할 수 없다.

6. 영예제한

(1) 공무원이 외국정부로부터 영예, 증여를 받으려면, 대통령의 허가를 받아야 한다.

(2) 공무원이 외국 또는 외국인, 외국단체로부터 직무와 관련해 선물을 받으려면 소속기관장에게 신고하고, 그 선물을 인도해야 한다[국가공무원 제62조].

---

57) 김동희, 행정법Ⅱ, p. 166

58) 대판 1988. 2. 23, 87도2358; 대판 2001. 8. 24, 2000두7704

7. 정치운동금지[헌법 제7조 : 국가공무원 제65조]

(1) 공무원의 정치적 중립성은 법률에 의해 보장된다.

(2) 공무원은 정당 등의 결성에 관여하거나 정당 등에 가입할 수 없고, 선거에 있어 특정정당, 특정인의 지지·반대를 하기 위해, 투표를 하거나 하지 않도록 권유운동을 할 수 없으며, 다른 공무원에게 이런 권유운동 등을 하도록 요구하거나, 정치적 행위의 보복, 보상으로서 불이익, 이익을 약속해서는 안 된다. 이 의무의 위반 시에는 처벌된다.

(3) 예외적으로, 정치운동, 집단행위가 허용되는 공무원이 법령상 정해져 있다(예: 대통령).

8. 집단행동금지[국가공무원 제66조]

(1) 공무원은 사실상 노무에 종사하는 자 외에는 노동운동 그 밖의 공무외의 일을 위한 집단적 행위를 할 수 없다[대판 2005. 4. 15, 2003도2960; 대판 2017. 4. 13, 2014두846 ; 대판 1992. 3. 27, 91누9145].

(2) 이에 대한 예외로서는, ① 사실상 노무에 종사하는 공무원, ② 정치활동이 허용된 일정 공무원들, ③ 대학교원을 제외한 교원, ④ 공무원노동조합에 가입할 수 있는 6급 이하의 공무원, 기능직·계약직 공무원 등을 들 수 있다.

(3) 우리 헌법재판소는, 「국가공무원법」 제66조의 집단행동금지규정을 합헌이라고 판시하고 있다.[59]

(4) 이 의무의 위반 시에도 벌칙이 부과된다.

9. 친절·공정의무[국가공무원 제59조]

공무원은 국민전체의 봉사자로서, 친절·공정하게 집무해야 한다.

---

59) 헌재 2007. 8. 30, 2003헌바51 등 병합

10. 비밀엄수의무[국가공무원 第60조]

(1) 공무원은 재직중은 물론 퇴직 후에도 직무상 알게 된 비밀을 엄수해야 한다.

(2) "비밀"은, 실질적으로도 그것을 비밀로 보호할 가치가 있다고 인정되는 것을 요한다는 실질설이 통설[60]·판례이다.

(3) 이 의무의 위반시, 징계처분과 형사처벌[형법 제126조, 제127조]을 받게 된다.

(4) 공무원의 비밀엄수의무와 국민의 알권리(정보공개청구권)가 상호 충돌될 수도 있다.[61]

(5) 공무원 등이 증인·감정인으로 법원의 심문을 받는 경우, 소속기관장이 승인한 사항만 진술할 수 있다[형사소송 제147조, 제177조: 민사소송 제306조, 제333조]

11. 품위유지의무[국가공무원 第63조]

(1) 공무원은 직무의 내외를 불문하고 그 품위를 손상하는 행위를 해서는 안 된다[대판 2017. 4. 13, 2014두8469; 대판 2013. 9. 12, 2011두20079].

(2) 이 의무에 위반하는 행위의 판단기준은, 공무전체의 신뢰를 손상하는 것이 무엇인가에 따라 판단되어야 한다.

12. 청렴의무[국가공무원 第61조]

(1) 공무원은 직무와 관련하여 직접, 간접을 불문하고, 사례, 증여, 향응을 수수할 수 없고, 직무상의 관계여하를 불문하고 그 소속상관에 증여하거나 소속공무원으로부터 증여를 받아서는 안 된다.

(2) 이 의무위반은, 징계사유 외에 형사처벌[뇌물죄]의 대상이 된다.

(3) 「공직자윤리법」은, 공직자의 부정한 재산증식을 방지하고, 공무집행의 공정성을 확보함을 그 목적으로 하여, 재산등록·공개의무, 퇴직공직자의 취업제한, 선

60) 김동희, 행정법Ⅱ, p. 169; 대판 1996. 10. 11, 94누7171

61) 塩野, 行政法Ⅲ, p. 255

물신고의무 등을 규정하고 있다.

13. 병역사항신고의무

「공직자 등의 병역사항 신고 및 공개에 관한 법률」 제2조는 공직자와 그 직계비속 등의 병역비리사건에의 개입을 방지하기 위해 병역사항을 신고하도록 하고 있다.

14. 공직자가 준수해야 할 '행동강령'

'행동강령'은 「부패방지 및 국민권익위원회의 설치와 운영에 관한 법률」 제8조에 근거한다. '행동강령'은 공무원에 대하여 구속력을 가진다.[62]

Ⅳ 공무원의 책임[탄핵 등 '헌법상 책임'은 헌법학의 문제임]

1. 징계책임[행정법상 책임][국가공무원 제78조]

(1) 의의

이것은, 근무관계의 질서유지를 위해 공무원의 공무원으로서의 개별적 의무위반행위에 대해 그 책임을 추궁하고, 공무원에게 법적 제재[벌]를 과하는 것이다.

(2) 징계사유

원칙적으로 '법정주의'[법률유보의 원칙]에 의하며, ① 공무원법령위반, ② 직무상의무위반, ③ 체면 · 위신손상행위 등을 들 수 있다.

(3) 징계종류

1) 징계에는 파면, 해임, 강등, 정직, 감봉, 견책의 6가지가 있다[국가공무원 제79조][대판 1991. 11. 12, 91누2700].

2) 견책도, 공무원법상의 불이익처분으로서 행정쟁송이 인정된다[국가공무원 제80조].

---

62) 홍정선, 행정법원론(하), p. 368.

3) 징계는 형벌은 아니므로, 형벌과 병과될 수 있다.

4) 징계처분에 대하여는 징계권자의 재량이 인정된다.[63]

5) 징계는 징계위원회의 의결을 거쳐 소속기관장[또는 상급감독기관의 장, 중앙행정기관의 장]이 행한다.

6) 징계처분에 관하여는, 「행정절차법」상의 불이익처분에 관한 규정이 적용되지 않는다.

7) 징계절차

① 징계위원회의 의결은 징계권자를 법적으로 구속한다[대판 1991. 12. 24, 90누1007; 대판 1990. 11. 27, 90누5580].

② 징계위원회는, 징계사건 심의시, 반드시 혐의자를 출석시켜 진술의 기회를 주어야 하고, 이를 위반한 의결은 무효이다[국가공무원 제81조, 제13조][대판 2018. 3. 13, 2016두33339].

③ 징계처분은 징계의결서의 사본을 첨부한 징계처분사유설명서를 교부함으로써 행한다. 다만, 그 교부가 징계처분의 효력발생요건은 아니다.[64]

징계시효는 원칙적으로 징계사유발생일부터 3년이다(뇌물, 공금횡령등의 경우는 5년).

8) 징계에 대한 구제제도로는, 소청심사청구와, 행정소송이 있다. 「국가공무원법」 등은 소청전치주의를 취하고 있다[국가공무원 제14조, 제16조; 행정소송 제19조 단서][대판 2010. 9. 9, 2008다6953; 2008. 10. 9, 2008두11853·11860; 헌재 2015. 3. 26, 2013헌바186].

2. 변상책임

(1) 서설

이것은 공무원이 국가, 지방자치단체에 대해 직무상 의무위반행위로 인하여 재산상의 손해를 발생하게 한 경우에, 그 손해의 배상을 하는 것을 말한다[국가회계 제28조, 지방재정 제71조].

---

63) 대판 2002. 9. 24, 2002두6620

64) 대판 1970. 1. 27, 68누10; 대판 1991. 12. 24, 90누1007

(2) 「회계관계직원 등의 책임에 관한 법률」상의 변상책임

1) 동법의 적용대상이 되는 회계관계직원 등은, 국가의 예산·회계관계법령에 의해 국가 등의 회계사무를 집행하는 자를 말한다.

2) 변상책임의 주관적 요건은, 고의 또는 중대한 과실이 원칙적인데, 현금·물품의 출납·보관직원의 경우에는 선관주의의무가 규정되어 있다[제4조].

3) 이것은 감사원의 변상 판정에 의하거나, 기관장, 감독기관의장 등이 당해 직원에 대해 변상을 명함으로써 시행된다[감사원 제31조, 회계관계직원책임 제6조].

4) 직원은 감사원에 대해 재심의를 청구할 수 있다.

5) 감사원의 재심의판정에 대하여는 감사원을 당사자로 하여 행정소송을 제기할 수 있다.

6) 일반공무원의 변상책임에게는, 민법의 불법행위법이 적용되되, 주관적 요건은 고의, 중과실에 한한다고 볼 것이다.[65]

(3) 「국가배상법」상의 구상책임

1) 공무원의 직무상 불법행위나, 영조물의 설치·관리상 하자로 인한 국가배상이 국가 등으로부터 피해자에게 행해진 경우, 공무원에게 고의, 중과실이 있거나, 원인에 대한 책임이 있으면, 국가 등은 공무원에게 구상할 수 있다[제2조 제2항, 제5조 제2항].

2) 공무원의 직무행위로서 사경제적 작용에 기한 손해배상을 국가 등이 피해자에게 한 경우에는, 「민법」 제766조상의 사용자책임 규정에 기하여 공무원에게 그 원인에 대한 책임이 있으면, 국가 등은 그에게 구상할 수 있다.

(4) 「지방자치법」상의 주민소송과의 관계

「주민소송」중 제4호 소송에 대해 손해배상청구 등을 명하는 판결이 확정되면, 당사자는 손해배상을 해야 한다.

---

65) 塩野, 行政法Ⅲ, p. 301

3. 형사책임

(1) 공무원이 지는 형사책임에는 형사벌책임과 행정벌책임[예컨대, 국가공무원 제84]이 있다. 전자는 형사법상의 법익침해에 대한 형사제재이고, 후자는 행정법규에 의해 보장되는 법익의 침해에 대한 형사제재를 말한다.

(2) 형사벌에도, 직무범죄(직무집행범위 자체가 법익을 침해하는 것[형법 제122조 - 제128조: 직무유기죄 등])와, 준직무범죄(직무에 관련해 법익을 침해하는 것[형법 제129조 - 제133조: 수뢰죄 등])가 있다.

4. 민사상 책임(선택적 청구권문제)

(1) 이것은 공무원이 공법상 직무집행과 관련해 일반국민에게 손해를 가한 경우, 국민에 대해 그 공무원도 직접 민사법상의 책임을 지는가의 문제이다.

(2) 여기 대해서는, 대위책임설, 자기책임설, 절충설의 입장에서 각각 견해가 다른데, 우리 대법원은 절충설을 취한다.[66]

즉, 경과실인 경우에는 국가만이 국민에 대해 책임을 지고, 고의, 중과실인 경우에는 국가와 공무원이 모두 국민에 대해 책임을 진다.

제4절 「공무원법」에 관한 기본판례(추가)

(1) 헌재 1989. 12. 18, 89헌마 32 · 33

(2) 헌재 2012. 3. 29, 2010헌마97

(3) 대판 2001. 12. 1, 99두1823

(4) 대판 1970. 1. 27, 68누10

(5) 헌재 2008. 12. 26, 2006헌마462

(6) 헌재 2002. 7. 18, 2000헌바57

(7) 헌재 2013. 9. 26, 2011헌바272

66) 대판 1996. 2. 15, 95다38677(전원합의체)

(8) 대판 2013. 9. 12, 2011두20079

(9) 대판 1996. 10. 11, 84누7171

(10) 헌재 2007. 8. 30, 2003헌바51, 2005헌가5(병합)

(11) 대판 2002. 7. 26, 2001두3532

(12) 대판 2013. 7. 25, 2012두12297

PART

05

행정작용법 각론

01 경찰행정법

제1절 경찰행정법 개설

I 서설

1. 경찰의 개념

(1) 실질적 의미의 경찰[경찰 제3조 제7호 ; 경직 제2조 제7호]

1) 이것은 일정한 행정작용의 성질[공공의 안녕과 질서=위험방지]에 의하여 분류되는 개념이다.

2) 18세기 이후의 소극적 목적의 경찰개념

① 이것은 1794년의 「프로이센 일반국법」의 경찰임무 규정에 잘 나타나 있다. 즉, 경찰의 직무란, 공적 평온·안전과 질서유지를 도모하고, 공중·개인에게 가해지는 위험의 예방·제거를 위해 필요한 조치를 취하는 것이라고 한다.

② "위험의 예방·제거"의 실질적 경찰개념은 1882년의 프로이센 행정고등법원의 크로이츠베르크판결에 의해 정착된다.

(2) 형식적 의미의 경찰개념[제도적 의미의 경찰개념]

이것은 실정법상 보통경찰행정기관의 권한에 속하는 모든 작용을 경찰개념으로 보는 것이다[위험방지와 범죄 수사가 중심임].

(3) 결어

현재는, 실질적 의미의 경찰개념에서 형식적(제도적) 의미의 경찰개념으로 이전되고 있다.[1)]

2. 경찰의 종류

(1) '넓은 의미의 행정경찰' 과 사법[司法]경찰

1) 행정경찰은 본래의 의미의 경찰[공공의 안녕과 질서의 유지를 위한 행정작용]을 가리킨다.

2) 사법경찰은 사법사무인 범죄의 수사작용을 말한다[형사소송 제81조, 제196조].

3) 우리나라의 경우 경찰은 양자의 기능을 모두 수행한다[헌재 2018. 8. 30, 2014헌마843].

(2) 보안경찰과 좁은 의미의 행정경찰

1) 보안경찰은 일반적인 공공의 안녕과 질서의 유지를 위한 행정작용이고, '좁은 의미의 행정경찰'은 '넓은 의미의 행정경찰' 중에서 보안경찰을 제외한 것[예컨대 보건, 건축경찰]을 가리킨다.

2) 이 구별은, 예컨대, 건축법령이 규정하고 있지 않은 경우에만 일반경찰(보안경찰)이 개입할 수 있다는 점에서 의미있는 구별이다.

(3) 국가경찰과 자치경찰[지방자치단체경찰]

1) 국가경찰은 국가사무로서의 경찰사무를 수행하기 위해 국가가 설치·유지하는 경찰을 말한다.

2) 자치경찰은 자치사무로서의 경찰사무를 수행하기 위해 지방자치단체가 설치·유지하는 경찰을 말한다.

3) 우리나라의 경우 제주특별자치도에만 자치경찰이 일부 인정되고 있다[제주특별자치도 설치 및 국제자유도시 조성을 위한 법률].

(4) 일반경찰과 청원경찰

일반경찰은 '제도적 의미의 경찰'을 가리키고, 청원경찰은 「청원경찰법」에 의하여 행해지는 경찰을 가리킨다.

---

1) Gusy, PolR, p. 4

Ⅱ 경찰권의 기초

1. 경찰권의 헌법적 기초[헌법 제37조 제2항]

(1) 위험의 예방과 제거가 국가의 임무인 한편, 국민의 자유의 촉진이 또한 헌법이 지향하는 가치이므로 양자가 충돌하는 영역이 경찰행정법영역이다.

(2) 헌법상 차지하는 경찰작용의 이런 근본적 딜레마를 항상 인식하면서 경찰행정법의 구체적 문제를 해결해 나가야 할 것이다. 경찰작용은 헌법, 특히 기본권의 구속하에 있다.

2. 공공의 안녕과 질서

(1) 공공의 안녕(공공의 안전)

1) 이것은, 법질서의 불가침성, 개인의 권리・법익의 불가침성, 국가 등의 존속・기능의 불가침을 가리킨다.

2) '법익'은, 법질서에 의해 창설, 구체화, 보호되는 이익이다.

3) '공공의 안녕'의 법익은 오직, 위법한 침해에 대항해서만 법적으로 보호된다.

(2) 공공의 질서

1) 이것은, 그 준수가 인간의 질서 잡힌 공동체의 삶의 필수적 요건으로 되는 불문법의 총체를 가리킨다.

2) 따라서, "공공의 질서"는 법률의 구성요건 바깥에 있는 사회윤리적 가치, 즉 사회적 규범의 보호를 목표로 한다.[2)]

3. 위험

(1) 위험의 제거

이것은 위험이 이미 발생했을 때[이 경우는 경찰상 '장해' 또는 '교란'에 해당

---

2) Gusy, PolR, p. 47

함] 그것을 제거하는 것이다.

(2) 위험의 예방

1) 문제는, 위험의 예방을 할 수 있는 경찰의 권한이 어디서 시작되는가 하는 점이다. 즉 언제 일반적인 삶의 리스크가 더 강화되어, 경찰의 예방조치를 필요로 하는 위험으로 되는가 하는 것이다[예컨대, 특정범죄자에 대한 정보수집활동].

2) 위험은, ① 보호이익이 리스크에 노출되어 있고, ② 이 리스크가 정상적인, 수인가능한 침해의 개연성을 초과하며, ③ 침해가 아직 발생하지 않았을 때 존재한다.

3) 이런 의미에서 위험은, "특별한, 사회적으로 수인할 수 없는 리스크"이다.

4) 위험에 관한 예측판단에 있어 특히 중요한 것이 "준거점들간의 비교형량"인데, "과잉금지의 형량원칙"이 토대가 된다.

4. 법정주의와 경찰편의주의[3)]

(1) '법정주의'는, 재량은 없고, 법률상 개입의무만 있을 때 인정된다.

(2) 이에 반해 개입여부, 개입방법에 관한 재량이 인정될 때, '경찰편의주의'라고 한다. 다만, 예외적 경우에는 재량권(오늘날은 원칙적으로 사익보호성이 인정됨)이 영으로 수축되어, 경찰개입청구권과 국가배상청구권이 발생할 수 있다[경직 제3조-제5조][4)].

---

3) 예컨대 독일 작센-안할트주(州) 경찰법 제6조.

4) 대판 2017. 11. 9, 2017다228083; 대판 2004. 9. 23, 2003다49009; 대판 2016. 4. 15, 2013다20427

제2절 경찰조직법

I 서설

1. 「헌법」

우리 헌법은 '행정조직법정주의'를 채택하고 있다[제96조 등].

2. 「정부조직법」

동법 제34조 제4항은, 「치안에 관한 사무를 관장하기 위해 행정안전부장관 소속하에 경찰청을 둔다」고 규정하고 있고, 동법 동조 제5항은, 「경찰청의 조직, 직무범위는 따로 법률로 정한다」고 규정하고 있다.

3. 「경찰법」

「경찰법」은 「정부조직법」 제34조 제5항에 근거하여 국가경찰의 기본조직과 직무범위를 정하고 있다.

4. '경찰청'은, 행정안전부의 외청이며, 경찰청사무를 지역적으로 분담·수행하게 하기 위해 시·도지사 소속하에 지방경찰청을 두고, 지방경찰청장 소속하에 경찰서를 둔다.

II 경찰의 조직

1. 보통경찰조직

(1) 서설

경찰행정관청은, 경찰사무에 관한 국가의사를 결정하고, 대외적으로 표시하는 권한을 가진 경찰행정기관으로서, 경찰청장, 지방경찰청장, 경찰서장이 있다.

(2) 경찰청장[정부조직 제34조 제4항, 경찰 제11조 제1항]

1) 경찰청장은 최상급의 경찰행정관청[치안총감]이다.

2) 경찰청장은 경찰위원회의 동의를 받아 행정자치부장관의 제청으로 국무총리를 거쳐 대통령이 임명하며, 국회의 인사청문을 거쳐야 한다[경찰 제11조 제2항].

3) 경찰청장의 임기는 2년으로 하고, 중임할 수 없다.

4) 경찰청장은 탄핵소추의 대상이 된다[경찰 제11조 제6항].

(3) 지방경찰청장

1) 지방경찰청장은 경찰청장의 지휘·감독을 받아, 관할구역 안의 국가경찰사무를 관장한다[경찰 제14조].

2) 지방경찰청장은 자치경찰행정관청이 아니다.

(4) 경찰서장

1) 지방경찰청 소속하에 경찰서를 두며, 경찰서에는 경무관·총경·경정으로 보하는 경찰서장을 둔다[경찰 제17조].

2) 경찰서장은 지방경찰청장의 지휘·감독을 받아 관할구역 안의 소관사무를 관장한다.

(5) 해양경찰청장

1) 세월호참사로 인하여 해양경찰청이 조직 개편되어 국무총리소속 국민안전처의 차관급 본부(해양경비안전본부)로 흡수되었다가, 다시 2017년 10월 19일에 해양수산부장관소속으로 해양경찰청이 복원되었다[정부조직 제43조 제2항].

2) 해양경찰청장은 해양에서의 경찰, 해양오염방제업무를 관장한다.

3) 해양경찰청장은 치안총감이다.

4) 해양경찰청장 밑에 지방해양경찰청장과 해양경찰서를 두고 있다[해양경찰청 직제 제2조].

(6) 경찰위원회

1) 경찰위원회는 경찰행정의 중요사항을 심의·의결하기 위해 행정안전부에 설치되는 경찰의결기관이다.

2) 경찰위원회는, 경찰의 중립과 민주적 운영을 위해 설치된다.

3) 경찰위원은 행정안전부장관의 제청으로 국무총리를 거쳐 대통령이 임명한다.

4) 위원의 임기는 3년이며, 연임할 수 없다.

(8) 경찰집행기관[집행경찰]

1) 경찰공무원이 보통경찰집행기관을 구성하며, 치안총감부터 순경까지 있다.

2) 경위부터 경무관까지는 사법경찰관, 순경부터 경사까지는 사법경찰리이다.

3) 일반분야의 경찰집행기관으로는, 경비경찰[경찰공무원 제20조], 기동경찰[경찰직무응원 제4조], 해양경찰이 있고, 특별분야의 경찰집행기관으로는, 의무경찰[의무경찰대 설치 및 운영에 관한 법률 제1조], 헌병이 있다.

2. 특별경찰행정기관

이것에는 계엄사령관이 있다(군인).

3. 경찰공무원

(1) 경찰공무원은 특정직공무원에 속한다.

(2) 경찰공무원은 11개의 계급[치안총감, 치안정감, 치안감, 경무관, 총경, 경정, 경감, 경위, 경사, 경장, 순경]으로 되어 있고, 직무의 종류에 따라 경과가 있다(예: 수사, 보안).

(3) 총경이상의 경찰공무원은 (해양)경찰청장의 추천에 의해 행정안전부장관(해양수산부장관)의 제청으로 국무총리를 거쳐 대통령이 임명한다.

4. 제주특별자치도 자치경찰기관[제주특별자치도 설치 및 국제자유도시 조성을 위한 특별법 제88조 – 제94조]

(1) 제주특별자치도의 자치경찰단장이 자치경찰행정청이 된다.

(2) 단장은 도지사가 임명하며, 도지사의 지휘·감독을 받는다.

(3) 단장은 자치경무관으로 보한다.

제3절 경찰권의 근거

I 서설

1. 경찰작용은 원칙적으로 침해행정이다. 따라서 법률유보하에 놓인다[헌법 제37조 제2항].[5)]

2. 임무규범(조직법규)은 사무범위를 나타낼 뿐이다. 따라서, 국민의 자유·권리를 침해하거나, 의무를 부과하는 경우에는 임무규범만으로는 부족하다.

3. 권한규범(작용법규)은 사무수행의 요건·방법 등을 규정하며, 국민의 권리·자유를 침해하거나, 의무를 부과하려면, 권한규범의 근거를 요한다.

II 개별적 수권규정에 근거한 경찰권

1. 일반경찰법상 개별적 수권규정에 근거한 경찰권(경찰상 표준조치=표준처분)

(1) 서설

1) '표준조치'란, 「개인의 자유에 대한 전형적·유형적 침해」를 의미하며[6)] 일반

5) BVerfGE 47, 79; Gusy, JA 2002, 610

6) 홍정선, 행정법원론(하), p. 442; 대판 1992. 5. 26, 91다383; 대판 1999. 12. 28, 98도138

경찰법상의 개별수권규정에 의한 경찰권을 말한다.

2) 이것은, 「경찰관직무집행법」 제3조부터 제10조의4까지에 규정되어 있다.

3) 동법의 주요내용은 대부분 행정상 즉시강제에 해당하며, 대인적·대물적·대가택조치로 되어 있다.

(2) 대인적 즉시강제수단

1) 불심검문(제3조)

① 이것은, 경찰관이 거동이 수상한 자를 발견한 때에 이를 정지시켜 질문하는 것을 말한다[7].

② 불심검문의 수단으로는, 정지[강학상 '하명'에 해당함]·질문[강학상 '행정조사'(비권력적 사실행위)에 해당함], 동행요구(임의동행), 소지품검사[흉기소지여부조사]가 있다. 그 법적 성질에 관하여는, ㉠ 행정상 즉시강제설과, ㉡ 행정조사설이 대립하고 있다.

③ 국민은, 원칙적으로 답변이 강요되지도 않고, 동행요구도 거절할 수 있다.

④ 임의동행 후에는, 경찰관은 본인에게, 가족 등에게 연락할 기회를 부여하고, 변호인의 조력을 받을 권리가 있음을 고지해야 하며, 6시간을 초과하도록 경찰관서에 있게 할 수 없다.

⑤ 소지품검사는 흉기조사에 한한다.

⑥ 동행요구시 경찰관은 증표를 제시하고, 목적·이유·동행장소를 밝혀야 한다[8].

2) 보호조치(제4조)

① 이것은, 경찰관이 거동이 수상한 자 등으로서, 보호조치를 요함이 명백하며, 응급구호를 요한다고 믿을만한 상당한 이유가 있는 자를 발견한 경우, 보건의료기관, 공공구호기관에 긴급구호를 요청하거나, 경찰관서에 보호하는 등의 조치를 말한다[9].

---

7) 대판 2014. 2. 27, 2011도1399

8) 대판 2006. 7. 6, 2005도6810; 대판 1976. 3. 9, 75도3779; 대판 1997. 8. 22, 97도1240; 대판 1995. 5. 26, 94다37226

9) 대판 2012. 12. 13, 2012도11162; 대판 1996. 10. 26, 95다45927

② 경찰관서에서의 보호는 24시간을 초과할 수 없다.

③ 보호조치를 한 때에는 지체없이 그 가족 등에게 통지해야 한다[10].

3) 위험발생의 방지조치(제5조)

① 이것은, 사람의 생명・신체에 위해를 미치거나, 재산에 중대한 손해를 끼칠 우려가 있는 위험한 사태가 발생할 경우에 이를 방지하기 위해 취하는 조치를 말한다[11].

② 방지조치로는, 억류조치・피난조치・위험방지조치가 있다.

③ 경찰관의 조치는 즉시강제에 해당한다.

4) 범죄의 예방・경고와 제지조치(제6조)

① 이것은, 경찰관이 범죄가 행해지려는 절박한 사태에 직면해, 직접적으로 범죄를 예방・경고・제지하는 조치를 하는 것을 말한다[12].

② 이것의 법적 성질은 즉시강제라고 본다.

5) 경찰장비의 사용(제10조)

① 이것은 경찰관이 직무수행 중 경찰장비(무기, 최루제 등)를 사용하는 것을 말한다[13].

② 경찰장비는, 통상의 용법에 따라, 필요한 최소한의 범위 내에서 사용해야 한다.

6) 경찰장구의 사용(제10조의2)

이것은, 경찰관이, 현행범인이거나, 사형・무기・장기 3년 이상의 징역・금고에 해당되는 죄를 범한 범인의 체포・도주와 방지를 위하거나, 자기・타인의 생명・신체에 대한 방호를 위하거나, 공무집행에 대한 항거의 억제를 위한 경우로서 상당한 이유가 있으면, 경찰장구를 사용하는 것을 말한다.

7) 분사기 등의 사용(제10조의3)

이것은, 경찰관이 범인의 체포・도주의 방지 또는 불법시위로 인한 현저한 위

10) 대판 1994. 3. 11, 93도958
11) 대판 2017. 3. 15, 2013도2168
12) 대판 2017. 3. 15, 2013도2168
13) 헌재 2018. 5. 31, 2015헌마476

해발생을 억제하기 위해 분사기 또는 최루탄을 사용하는 조치를 말한다.

8) 무기의 사용(제10조의4)

① 경찰관은 직무를 수행하기 위해 필요하다고 인정되는 범위 내에서 무기를 사용할 수 있다. 무기사용은 즉시강제의 일종이며, 최후의 수단이다.

② 무기사용의 요건으로서는, ㉠ 범인의 체포, 도주방지를 위해 필요한 때, ㉡ 자기·타인의 생명·신체에 대한 방호를 위해 필요한 때, ㉢ 공무집행에 대한 항거를 억제하기 위해 필요한 때, ㉣ 정당방위의 경우, ㉤ 긴급피난의 경우, ㉥ 중범인의 체포와 이를 위한 경찰관의 직무집행에 항거할 때, ㉦ 영장집행의 경우 항거하거나 도주하려고 할 때, ㉧ 흉기 등을 소지한 범인이 투기·투항명령에 불응하며 계속 항거할 때, 대간첩작전수행시 무장간첩이 투항명령을 받고 불응한 경우를 들 수 있다. 이 중 ㉠, ㉡, ㉢은 사람에게 위해를 주어서는 안 되는 경우이다(㉡은 위험상황은 조성되었지만, 직접적·현실적으로 생명·신체에의 침해가 가해지지 않은 경우임).

③ 무기사용의 한계로는, ㉠ 경찰비례의 원칙,[14] ㉡ 보충성의 원칙이[15] 있다.

(3) 대물적 즉시강제수단(위험야기물건의 임시영치: 제4조 제3항)

이것은 피구호자를 보호조치하면서, 피구호자가 지니고 있던 무기 등을 경찰관서에 10일 이내 임시영치하는 것을 말한다.

(4) 대가택적 '즉시강제'(제7조)

1) 일반위험방지를 위한 출입(긴급출입[동조 제1항])

① 요건으로는, ㉠ 위험사태의 발생, ㉡ 인명·신체·재산에 대한 위해가 절박할 것, ㉢ 위해방지나 피해자를 구조하기 위해 부득이하다고 인정될 것 등을 요한다[16].

② 긴급출입은 주·야간의 제한없이 가능하다.

③ 출입장소는 타인의 토지·건물 등이다.

④ 긴급출입시 관계인은 수인의무를 진다.

---

14) 대판 1991. 5. 28, 91다10084
15) 대판 1991. 9. 10, 91다19913
16) 대판 1990. 8. 14, 90도870

⑤ 경찰관은 증표를 제시해야 한다.

2) 공개된 장소에 대한 출입(예방출입)[동조 제2항]

① 출입시간은 그 영업·공개지산 내에 한한다.

② 출입장소는 흥행장·여관·음식점 기타 다수인이 출입하는 장소이다.

③ 상대방의 동의가 있어야 하지만, 범죄의 예방 등을 위해 출입을 요구하면 정당한 이유없이 거절할 수 없다.

3) 대간첩작전지역 안에서의 검색출입

이것은 경찰관이 대간첩작전수행 중 필요한 경우 작전지역 안의 공개된 장소 안을 검색하는 것을 말한다.

4) 대가택적 즉시강제는 주거의 자유를 제한하는 것이므로, 엄격한 요건하에서 만 인정된다.

(5) 사실조회확인 및 출석요구(제8조)

1) 경찰관서의 장은 직무수행에 필요하면, 국가기관 또는 공사단체에 대해 사실을 조회할 수 있다.[17)]

2) 경찰관은, ① 미아를 인수할 보호자 여부, ② 유실물을 인수할 권리자여부, ③ 사고로 인한 사상자확인, ④ 행정처분을 위한 교통사고 조사상의 사실확인을 위해 필요하면, 관계인에게 경찰관서에 출석할 것을 요구할 수 있다. 이 경우 출석을 강제할 수는 없다.

2. 특별경찰법상의 개별적 수권규정에 근거한 경찰권

구체적으로는, ① 보건경찰작용, ② 공물경찰작용, ③ 교통경찰작용, ④ 건축경찰작용, ⑤ 영업경찰작용, ⑥ 환경경찰작용, ⑦ 집회시위경찰[18)] 등이 있다.

17) 헌재 2018. 8. 30, 2014헌마368

18) 헌재 2009. 9. 24, 2008헌가25 전원재판부

Ⅲ 개괄조항[=일반조항]에 의한 일반적 수권

1. 서설

이것은 개별적 수권조항이 존재하지 않을 때, ① 공공의 안녕과 질서에 대한 위험을 방지·제거하기 위해 경찰권을 발동할 수 있도록 일반조항(개괄조항)을 두는 것이 허용되는가, 그리고 ② 허용된다면, 현행법상 그런 개괄조항이 존재하는가 하는 문제이다.

2. 독일의 개괄조항

(1) 독일의 모범초안 제8조 제1항과, 각 주(州)의 경찰법[19]은 개괄조항을 규정하고 있다.

(2) 독일의 다수설과 판례는 그 합헌성을 인정한다.

3. 우리나라의 경우

(1) 허용성부정설

이 견해는, 개괄조항에 의한 수권은, 법치국가원칙, 특히 명확성원칙에 반한다고 한다.[20]

(2) 입법필요설

개괄조항은 인정되지만, 현행법상 없으므로 입법조치가 필요하다는 견해이다.[21]

(3) 허용성 및 존재긍정설

이것에는 다시, ① 제2조설,[22] ② 제5조설,[23] ③ 제2조, 제5조, 제6조 결합설

---

19) 예컨대, 작센-안할트주(州)의 경찰법 제13조
20) 박윤흔·정형근, 행정법(하), p. 312-313
21) 홍정선, 경찰법, p. 264
22) 김남진, 경찰행정법, p. 132
23) 이운주, 경찰법상의 개괄수권조항에 관한 연구, 서울대학교 법학박사학위논문, 2005, 200쪽 이하

이[24] 대립된다.

(4) 판례

확실하지는 않지만, 제2조설인 듯한 판례가 있다.[25]

(5) 결어

저자는 제2조는 조직법규이고, 제5조는 지나친 확대해석이므로,[26] 입법필요설에 찬성하기로 한다.

제4절 경찰권의 한계

I 서설

경찰법규는 경찰권의 근거인 동시에, 그 한계이기도 하다. 따라서 법규상의 한계는 의문이 없다. 문제는, 조리(행정법의 일반원칙)상의 한계의 문제이다.

II '행정법의 일반원칙'상의 한계

1. 경찰소극목적의 원칙

이것은 경찰권은 소극적 질서유지를 위해서만 발동될 수 있다는 원칙이다. 이는 실질적 의미의 경찰개념에서 당연히 도출된다.

2. 경찰공공의 원칙

경찰은 공공의 안녕과 질서유지를 목적으로 하는 작용이다. 따라서, 개인의 활

---

24) 박정훈, 사권보호를 위한 경찰권발동에 관한 연구, 22쪽 이하

25) 대판 1986. 1. 28, 85도2448; 한편 헌재 2011. 6. 30, 2009헌마406 참조

26) 김동희, 행정법Ⅱ, p. 216

동에 대하여는 원칙적으로 개입할 수 없다.

1) 사생활불가침의 원칙

① 이것은 경찰기관은 공공의 안녕과 질서와 관계없는 개인의 생활과 행동에 간섭해서는 안 된다는 원칙이다. 이 원칙은 헌법상의 프라이버시권[헌법 제17조]을 보호하려는 것이다.

② 다만, 개인의 사생활이라고 하더라도, 동시에 공공의 안녕과 질서에 영향을 미치는 경우에는 그 범위 안에서 부득이 경찰권발동의 대상이 된다.

2) 사주소불간섭의 원칙

이것은 경찰은 일반사회와 직접 접촉되지 않는 가택 내의 생활활동에 대해 간섭해서는 안 된다는 원칙이다. 이 원칙은 헌법상의 주거의 자유[헌법 제16조]를 보호하려는 것이다[또한 음식점 등 '공개된 사주소'의 경우에는 경직 제7조 제2항이 적용됨].

3) 민사관계불간섭의 원칙

① 이것은 민사상 법률관계는 원칙적으로 특정 당사자의 이익에만 관계되므로, 분쟁이 있으면 각 개인은 법원에 민사소송·가사소송 등을 제기해 구제받아야 하고, 경찰기관이 관여할 사항이 아니라는 것이다.

② 다만, 이것이 공공의 안녕과 질서에 영향을 미치면[=공익과 관련되는 범위 안에서] 그 범위 안에서 경찰권발동의 대상이 된다[예컨대 암표매매행위].

3. 경찰평등의 원칙

이것은 경찰권발동에 있어서는, 상대방의 성별·종교 등을 이유로 하는 불합리한 차별을 해서는 안 된다는 원칙이다. 이는 헌법상의 평등원칙[헌법 제11조]의 표현이다.

4. 경찰비례의 원칙[27]

비례의 원칙은, ① 적합성의 원칙, ② 필요성(최소침해)의 원칙, ③ 좁은 의미

27) 예컨대, 독일 작센-안할트주(州) 경찰법 제5조; 한국 경직법 제1조 제2항

의 비례의 원칙(상당성의 원칙)으로 구성되어 있다.

5. 경찰책임의 원칙

1) 서설

① 이것은 누가 위험의 예방·제거를 해야 하는지, 누가 위험의 예방·제거조치를 참아야 하는지, 누가 위험의 예방·제거조치의 비용을 부담해야 하는지의 문제이다.

② 경찰책임이 있는 자가 우선적으로 위험의 예방·제거의무를 지게 된다.

2) 고권주체의 경찰책임

① 고권주체의 '실질적 경찰책임'[공공의 안녕과 질서를 침해하지 말아야 할 의무와 위험 또는 장해(교란)가 발생한 경우 그것을 제거해야 할 의무를 지는 것]은 일반적으로 인정된다.

② 고권주체의 '형식적 경찰책임'[경찰행정청의 명령에 복종할 의무를 지는 것]은 다툼이 있는데, 고권적 작용과 행정사법작용[行政私法作用]의 경우에는 부정설이 다수 학설이다. 부정설의 논거로는 '위험방지기능은 고권의 당연한 속성이므로, 경찰의 명령에 따르지 않고, 독자적으로 위험의 방지·제거를 하는 것이 타당하다.'는 것을 들고 있다[다만, 순수사법[私法]작용의 경우에는 형식적 경찰책임을 인정하는 것이 타당할 것임].

3) 경찰책임[행위책임, 상태책임 모두]의 확정에 있어 중요한 것은, 인과성 문제이다. 이것에는 다음과 같은 학설대립이 있다.

① 조건설

이 설은, 모든 조건은 결과에 대해 인과성이 있다고 한다. 이것은 너무 광범하다.

② 상당인과관계설

이 설은, 고의나 유책성요소로 인과관계설을 제한하는 견해이다.

③ 직접원인설[직접적 원인 야기설]

이 설은, 자연적 의미에서 인과관계 있는 원인적 행동 중, 단지 그 자체로서 위험의 한계를 넘어서므로 경찰위반이 되는 행동만이 경찰책임을 설정한다고 본다. 이것은 독일의 통설·판례의 입장이다.[28]

4) 행위책임[29]

① 이것은, 자기 또는 자기의 보호·감독하에 있는 사람[미성년자 또는 피고용인]의 행위로 인해 경찰위반의 상태가 발생한 경우[즉, 공공의 안녕과 질서에 위험이 야기된 경우]에 지는 경찰책임을 말한다. 이것은 고의·과실과는 관계없이 성립되는 책임이다.

② 행위책임은, 작위 외에도, 관계인에게 위험의 회피에 기여하는 행위를 할 법적 의무가 존재하면, 부작위에 의해서도 발생할 수 있다.

③ 미성년자나, 심신박약자에게도 경찰책임이 미친다.

④ 본인에 대한 경찰조치가 그 자체 허용되지 않거나, 바람직하지 않거나, 쓸모없는 경우에만 비로소 보충적으로 제3자(감독책임자)에 대한 경찰조치가 허용된다.

5) 상태책임[30]

① 이것은 물건의 소유자, 물건을 사실상 지배하는 자는 그 지배범위 안에서 그 물건으로부터 경찰위반의 상태가 발생한 경우 물건의 소유자, 사실상의 지배자가 지는 책임이다.

② 「도로교통법」 제68조 제2항의, 교통장애물의 제거의무가 대표적 예이다.

③ 상태책임은, ㉠ 물건 자체의 특성에 의하거나, ㉡ 그 주위상황에 비추어서 발생할 수도 있다.

④ 물권법상의 지위가 변경되면, 경찰법상의 책임도 변경된다. 즉, 소유자의 상태책임은 양도의 경우에 종료한다.

6) 복합적 책임

① 이것은 단일 경찰위반사실이 다수인의 행위, 다수인이 지배하는 물건의 상태에 기인하거나, 행위책임과 상태책임이 경합하는 경우 등에 발생한다.

② 국민입장에서는, 다른 경찰책임자를 거론하며 자신에 대한 경찰책임에 저항할 수 있는지의 문제이다.

③ 경찰상 처분의 상대방이 누가 될 것인지는, 법률에 특별한 규정이 없는 한 과잉금지의 원칙에 따라 판단되어야 한다.

---

28) Drews / Wacke / Vogel / Martens, p. 313 이하

29) 예컨대, 독일 작센-안할트주(州) 경찰법 제7조

30) 예컨대, 독일 작센-안할트주(州) 경찰법 제8조

④ 경찰책임자 상호 간에 자신이 부담한 책임에 대해서, 다른 책임자에게 비용상환청구를 할 수 있는지에 대하여는, 견해가 대립된다.

7) 경찰책임자 외의 사람[제3자]에 대한 경찰조치

① 이것은 '경찰상 긴급상태'로서, 위해방지를 위해 긴급한 경우 경찰책임자 외의 제3자에 대해 경찰권 발동을 허용해, 그 제3자의 권리를 침해하는 예외적 제도이므로, 매우 제한된 요건(위험 또는 장해가 급박하거나 실현되었을 것, 장해야기자에 대한 처분이 안전을 확보함에 있어 무의미할 것, 경찰자신 또는 위임받은 제3자에 의한 해결이 불가능할 것, 제3자에게 수인가능성이 있을 것, 법적 근거가 있고 경찰책임을 짐으로써 입은 손실에 대한 보상규정이 있을 것)하에서만 허용되어야 한다.

② 이런 조치는, 위험방지가 다른 방법으로 불가능한 경우에만 인정된다.

③ 경찰책임자 외의 자(제3자는)는 경찰조치를 수인하면서, 그 대신 자신에게 발생한 손실의 보상을 청구할 수 있다.

④ 「경찰관직무집행법」 제5조 제1항 제3호, 「소방기본법」 제24조 제1항의 소방활동종사명령을 들 수 있다.

8) 경찰책임의 승계

① 종전에는 경찰상의 권리·의무는 일신전속적인 것으로서 승계가능성이 없다고 보았다. 독일의 경우, 1960년대에 들어서서 경찰상 의무의 일신전속성이론은 비판받기 시작했다.

② 독일의 경우, 경찰상 의무의 승계가능성을 인정하는 계기가 된 판례는, 「건축법상 철거명령이 당해 부동산의 매수인(양수인)에게 미친다」는 것을 인정한 1969년 10월 3일의 잘란트 고등행정법원[OVG Saalouis]의 판결이었고, 이러한 판례의 입장은 그 뒤 연방행정대법원[BVerwG]이 확인하였다[31)]

③ 오늘날은, 모든 경찰상의 권리·의무가 일신전속적 성격을 갖는 것은 아님은 일반적으로 인정되고 있다. 특히 '물적 관련성이 있는 행정행위(물적 행정행위)'가 존재한다. 다만, 행위책임은 인적인 성격이 강하게 나타나기 때문에 대부분 일신전속적이다.

④ 또한, 경찰책임의 승계문제에서는, 「공공의 안녕·질서의 위해에 대한 추상

---

31) BVerwG, NJW 1971, 1624ff

적 책임[즉, 경찰처분에 의하여 구체화되지 않은 경찰책임]」인지, 아니면 「경찰조치에 의하여 구체화된 구체적 경찰책임」인지를 구별할 필요성이 있다. 왜냐하면 '추상적 경찰책임'은 승계되지 않는 다는 것이 독일의 다수학설의 입장이기 때문이다.

⑤ 책임의 승계는 선의의 승계인에게는 예측할 수 없는 손해를 가져올 수 있다. 따라서 「승계인의 보호필요성」의 관점에서, 경찰책임의 승계의 인정여부와 그 한계가 도출되어야 한다.

⑥ 경찰책임의 승계에 의해 승계인에게는 새로운 부담이 지워지게 되는 것이므로 법치국가원리에 따라 경찰책임의 승계에 관한 법적 근거가 요구된다[법률유보의 원칙].

⑦ 책임의 승계를 한계지우는 헌법원칙으로는 또한 「신뢰보호의 원칙」이 있다. '신뢰보호의 원칙'은 특히 경찰상의 위험[예: 토양오염]의 발생이 오래 되어 그 동안 권리·의무가 여러 차례 이전된 이후에 최후의 승계인에게 경찰조치를 발할 수 있는지가 문제될 때 책임의 승계를 한계지우는 원칙으로 적용된다.

⑧ 어떠한 경찰의무가 '이전·승계가능성'이 있다고 하더라도, 그 다음에는 법적 근거로서 '승계요건'이 충족되어야 한다. 이는, 법률유보원칙의 당연한 귀결이다. 의무의 승계는 승계인에게 새로운 부담(침해)이 되므로, 이전 경찰의무자에 대한 침해의 수권규정은 법적 근거로서 불충분하고, 승계인에게 의무를 근거지우기 위한 새로운 법률적 근거가 필요하다.

⑨ '경찰상의무의 법적 승계'문제는 다음과 같이 정리해 볼 수 있다.

(ⅰ) '추상적 경찰상 의무'는 승계되지 않는다.

(ⅱ) 민법상 포괄승계규정[한국민법 제1005조]이 경찰상 의무의 승계에 적용되는지는 다툼이 있다.

(ⅲ) '구체적 경찰상 의무'는 승계된다 :

ⓐ 행위책임의 경우, 명문의 법률규정이 없는 한, '구체적 경찰상 의무'는 승계되지 않는다.

ⓑ 상태책임의 경우, 명문의 법률규정이 없는 한, '구체적 경찰상 의무'는 승계되지 않는다['상태책임'의 경우 '물적 행정행위'론이 적용되는지는 다툼이 있다].

제5절 경찰작용의 행위형식

I 경찰정보활동[32)]

1. 이것은, 질서유지, 국민의 생명·신체·재산보호 등 치안상 필요한 정보를 수집·작성하고, 이를 배포하는 것을 주임무로 하는 경찰활동을 말한다.

2. 우리나라에서는, 이에 관한 법제도가 미비하다. 다만, 「개인정보보호법」과 「정보통신망이용촉진 및 정보보호 등에 관한 법률」, 「통신비밀보호법」, 「가족관계의 등록 등에 관한 법률」, 「통계법」 등에서 단편적 규정들을 두고 있다. 따라서, 경찰정보작용의 법적 근거·한계, 구체적인 정보수집·처리·교부·관리에 관한 법제를 시급히 보완해야 한다.[33)]

3. 경찰상 정보의 영역에서도, 임무규정과 권한규정은 구분되어야 한다.[34)]

4. 경찰상 정보는 '정보상 자기결정권'과 관계있다.

5. 결어[35)]

(1) 현대의 정보기술은 경찰관청에게, 위험을 인지하고 위험에 대처할 새로운 가능성을 열어준다. 이것은 오늘날 점증하고 있는 '조직범죄'와 '국제적 테러활동'을 행하는 자들도 또한, 현대적 정보기술을 사용한다는 점에서, 더욱 그 필요성이 크다.

32) 예컨대, 독일의 작센-안할트주(州) 경찰법 제15조-제33조

33) 김재광, 경찰법각론, 한국법제연구원, 2007, p. 179; 홍정선, 행정법원론(하), p. 411에서는, 경찰상 정보의 수집·관리·정정·활용·폐기에 관한 규정 및 정보수집의 대상·방법·한계를 「경찰관직무집행법」에서 새로 규정해야한다고 제언하고 있다.

34) 홍정선, 행정법원론(하), p. 409; 헌재 2005. 5. 26, 2004헌마190(병합)

35) 쉔케(W.-R. Schenke), 경찰법, 제10판, 2018년, p. 104-105

(2) 그러나, 현대적 정보기술을 경찰관청이 사용함으로 인하여, 국민의 '정보상 자기결정권'이 침해될 가능성이 커진다.

'정보상 자기결정권'은, 독일연방헌법재판소[BVerfG]의 '국세조사결정'[BVerfGE 65, 1ff]에 의해서 결정적으로 판시되었다. '국세조사결정'에서, 독일연방헌법재판소는 독일기본법[GG] 제2조 제1항[일반적 행동자유권]과 제1조 제1항[인간의 존엄과 가치]에 근거하여, 「개인정보에 대한 정보상 자기결정권」이라는 기본권을 발전시켰다.

(3) '국세조사결정'에 따라서, 오늘날의 독일의 경찰법률들은 경찰상 정보작용(수집, 처리, 이용)에 관한 광범한 규정들을 새로 법제화하였다.

(4) 새로운 경찰법률들에서는, '정보상 자기결정'의 침해에 대한 새로운 수권근거들이 규율되어있다. 물론, 독일의 「개인정보보호법」의 규정이, 경찰상 정보활동에 보충적으로 적용된다[36].

Ⅱ 그 밖의 경찰작용과 그에 대한 권리구제

1. 그 밖의 경찰작용으로는, ① 경찰하명, ② 경찰허가, ③ 경찰강제, ④ 경찰벌 등을 들 수 있다.

2. 경찰작용에 대한 권리구제제도로는, ① 국가배상제도, ② 행정상 손실보상제도, ③ 행정쟁송제도 등을 들 수 있다.

3. 결어

이것들은 모두 이 책의 제2편 「행정법통칙」부분에서 상세히 다루고 있다.

36) 예컨대 독일 작센-안할트 주(州) 경찰법 제13a조

제6절 경찰작용에서의 손실보상과 국가배상[37)]

I '장해야기자'의 손실보상청구권과 국가배상청구권

1. 경찰에 대한 손실보상청구권에 대하여는, 「해당 국민이 '장해야기자'인지, 아닌지」가 가장 중요한 의미를 가진다.

2. 경찰상 조치로 인하여 생긴 손실에 대하여, 독일의 경찰법률들은 일치하여, 「원칙적으로 손실보상을 인정하지 않고 있다」. 이것은 독일기본법[GG] 제14조[재산권보장]의 측면에서도, 문제가 없는 입법인데, 왜냐하면, 그 경우는, 「장해야기자의 재산권의 사회적 구속」에 해당하기 때문이다[38)].

3. 또한 이러한 입법태도는, 독일기본법[GG]의 「불가분조항」[독일기본법 제14조 제3항 제2문]과 「법률유보의 원칙」에 비추어 보아서도, 타당하다[39)].

4. 결론적으로 말해서, 「장해야기자가 (실질적) 경찰의무를 이행하지 않아, 경찰관청이, 이 의무를 대신 이행함으로써, 장해야기자에게 불이익이 생긴 경우」에 대하여, 손실보상을 행하는 것은 타당하지 않다.

5. (1) 다만, '장해야기자'에게, '위법한 경찰상 조치'에 의하여 손해가 발생하는 때에는, 독일의 경우 상당수의 주(州) 경찰법률들이 손실보상을 인정하고 있다[40)].

(2) 만일, 명문의 규정이 없다면, 독일의 경우에는, '수용유사침해'나 '희생(유사)보상'의 관점에서 손실보상이 인정될 수 있다.

(3) 나아가, '위법·유책한 침해'에 대하여는, 독일의 경우, 국가배상청구권이, 「독일기본법(GG)」 제34조 및 「독일민법(BGB)」 제839조에 근거해서, 추가적으로,

37) 쉔케(W.-R. Schenke), 경찰법, 제10판, 2018년, p. 376-382

38) 독일연방민사대법원판례(BGHZ 45, 23ff) 및 독일연방행정대법원판례(BVerwGE 38, 209ff)

39) 독일연방민사대법원판례(BGHZ 100, 136) , BGHZ 102, 350 및 독일연방행정대법원판례(BVerwGE 94, 1) 및 마우러/발트호프, Allg VwR, §27

40) 예컨대, 독일 작센-안할트주(州) 경찰법 제69조 제1항 제1문

인정된다.

6. 우리나라의 「경찰관직무집행법」 제11조의2 제1항 제2호[2018년 12월 24일 개정된 내용]

(1) 원칙(무보상)

경찰행정법상 경찰책임자는, 동법에 따른 적법한 경찰작용을 통하여 피해를 입은 경우에도, 보상청구권을 가질 수 없다.

(2) 예외

비례원칙에 반하는, 과도한 경찰작용으로 인하여 '재산권이나 생명·신체상 손실'을 입은 경우에는, 보상청구권을 가진다.

Ⅱ '비[非]장해야기자'의 손실보상청구권과 국가배상청구권

1. 독일의 경찰법률들은 일치하여, 「'경찰상 긴급상태'에 의하여 동원(강제종사)된 자는, 그것으로 인하여 손실을 입은 경우에는, 원칙적으로, 적정한 손실보상을 청구할 수 있다」라고 규정하고 있다[41].

2. (1) '비장해야기자의 손실보상청구권'은 원칙적으로, 오직, '적법한 경찰상 조치'의 경우에만 발생한다. 그러나, 상당수의 경찰법률들은, 또한 '위법한 경찰상 조치'의 경우에도, 손실보상청구권을 인정하고 있다[42]

(2) 일부 독일학설들은, '위법한 경찰상 조치'의 경우, 비장해야기자의 동원의 경우에는 위법여부는 중요하지 않으므로, 법률의 규정이 없더라도, 손실보상은 인정된다고 본다[반대학설은, '위법한 경찰상 조치'의 경우, 그 '위법한 동원'자체를 상대로 항고소송으로 다툴수 있으므로, 그러한 손실보상인정은 설득력이 없다고 비판하면서도, 독일에서 이미 관습법으로 인정되는, '수용유사침해'(재산권의 경우)와 '희생(유사)보상'(비재산적 가치의 경우)제도에 근거하여 손실보상이 인정될 수 있다고 본다].

41) 예컨대, 독일 작센-안할트주(州) 경찰법 제69조부터 75조까지

42) 예컨대, 독일 작센-안할트주(州) 경찰법 제69조 제1항 제2문

3. 우리나라의 「경찰관직무집행법」 제11조의2 제1항 제1호[2018년 12월 24일 개정된 내용]

(1) 경찰관의 적법한 직무집행으로 인하여 재산권이나 생명·신체상 손실을 입은 자는 손실보상청구권을 가진다.

(2) 나아가, 경찰상 조치가 '위법하지만 책임없는 경우'에도 손상보상청구권을 인정해야 한다는 학설이 있다[43].

제7절 「경찰행정법」에 관한 기본판례(추가)

(1) 대판 2016. 4. 15, 2013다20427
(2) 헌재 2017. 9. 28, 2015헌마653
(3) 대판 2017. 11. 9, 2017다228083
(4) 헌재 2018. 1. 25, 2017헌가26
(5) 헌재 2018. 8. 30, 2014헌마843 전원재판부
(6) 헌재 2018. 8. 30, 2014헌마368
(7) 대판 1993. 7. 13, 92다47564
(8) 대판 2012. 9. 13, 2010도6203
(9) 대판 2012. 12. 13, 2012도11162
(10) 대판 2013. 6. 13, 2012도9937
(11) 대판 1994. 11. 8, 94다25896
(12) 헌재 2014. 6. 26, 2011헌마815
(13) 헌재 2011. 6. 30, 2009헌마406
(14) 대판 1999. 3. 23, 98다63445
(15) 대판 1999. 6. 22, 98다61470
(16) 대판 1993. 7. 27, 93다9163
(17) 대판 1991. 9. 10, 91다19913

43) 홍정선, 행정법원론(하), p. 519

02 | 행정작용법각론 주요 판례

I 「재무 · 공물행정법」에 관한 기본판례

(1) 대판 2016. 5. 12, 2015다25524[행정재산, 용도폐지]
(2) 대판 2017. 4. 13, 2013다207941[공유일반재산
(3) 헌재 2018. 2. 22, 2016헌바470[소멸시효기간]
(4) 대판 2015. 6. 11, 2015두35215[공물의 범위결정]
(5) 대판 2018. 5. 11, 2015다41671
(6) 헌재 2018. 4. 26, 2015헌가13[분담금]
(7) 대판 2015. 12. 10, 2011두32515
(8) 대판 2009. 12. 10, 2006다87538
(9) 대판 2013. 6. 13, 2012두2764
(10) 헌재 2013. 10. 24, 2012헌바376
(11) 대판 2006. 12. 22, 2004다69311 · 68328
(12) 대판 1995. 2. 14, 94누5830
(13) 대판 2006. 3. 9, 2004다31074
(14) 대판 1996. 2. 13, 95누11023
(15) 대판 2014. 7. 16, 2011다76402
(16) 대판 2014. 9. 4, 2012두5688
(17) 헌재 2013. 10. 24, 2012헌바376[공물의 법적 특질]
(18) 대판 2006. 12. 22, 2004다68311, 68328[고양된 일반사용권]
(19) 대판 1995. 2. 14, 94누5830[공물의 특허사용]
(20) 대판 2006. 3. 9, 2004다31074[행정재산의 사용 · 수익허가)
(21) 대판 1996. 2. 13, 95누11023[행정재산의 사용 · 수익허가)
(22) 대판 2014. 9. 4, 2012두5688[변상금부과징수권과 부당이득반환청구권]

Ⅱ 「부동산공법」에 관한 2014년 이후의 기본판례

(1) 대판 2016. 1. 28, 2013두2938

(2) 헌재 2016. 6. 30, 2013헌바191, 2014헌바473(병합)

(3) 대판 2016. 8. 24, 2016두35762[인 · 허가의제]

(4) 헌재 2017. 9. 28, 2016헌마18

Ⅲ 「교육 · 문화행정법」에 관한 2014년 이후의 기본판례

(1) 헌재 2016. 2. 25, 2013헌마838

(2) 대판 2018. 7. 12, 2017두65821[취소소송]

Ⅳ 「군사 · 병역행정법」에 관한 2014년 이후의 기본판례

(1) 헌재 2018. 6. 28, 2011헌바379등[대체복무제 헌법불합치결정]

찾아보기

ㅇ

■ ㅈ ■

▣ 저자소개

[저자약력]

- 서울대학교 사회과학대학 정치학과 졸업
- 독일 본대학원(BONN大)대학원 대학원 졸업(법학석사)
- 법학박사(서울대학교 대학원 졸업, 전공 : 행정법)
- 미국 워싱턴(Wsshington)대학교 객원연구원(Visiting Scholar)
- 독일 할레(Halle)대학교 교환교수(Gastprofessor)로 강의
- 제23회 사법시험 및 제18회 행정고등고시 합격(최연소 합격), 사법연수원 제13기 수료
- 법제처 행정심판관리국 심판심의관, 사회문화법제국장, 경제법제국장, 행정법제국장 역임
- 사법시험 · 행정고시 · 외무고시 · 5급특별승진시험 · 변리사 및 국가공무원 7급 공개경쟁 채용시험 출제위원
- 현, 동국대학교 법과대학 교수
- 대통령실 행정심판위원회 위원
- 법제처 법령해석심의위원회위원
- 서울특별시 입법고문
- 국회 입법지원위원
- 국무총리 소속 특수임무수행자보상심의 위원회

[저서]

- 「중점정리 · 문제해설」 행정법(상) · 행정법(하)
- 행정법의 정석[행정법 Ⅰ], [행정법 Ⅱ]
- 행정법개론
- 법과 생활(공저)

저자와의 합의에 의해 인지 생략

행정법개론[제4판]

지은이 / 최 정 일
펴낸이 / 이 원 일
펴낸곳 / 도서출판 학림

초 판 / 2010. 08.20
제 2 판 / 2011. 03.15
제 3 판 / 2015. 01.20
제 4 판 / 2019. 08.31

서울시 도봉구 도봉로 180나길 41, 제상가 1동 239호
전화 : 02)941-7898
팩스 : (02)931-7868
메일 : hlim201@naver.com
등록 : 제25100-2009-000026호

破本은 바꿔 드립니다.
정 가 : 35,000원

ISBN 979-11-86422-27-4 93360